在绍兴的那些岁月（上）

中国社会科学出版社

图书在版编目(CIP)数据

在绍兴的那些岁月·全2册 / 王永昌著. -- 北京：
中国社会科学出版社，2022.2

ISBN 978-7-5203-9794-0

Ⅰ.①在… Ⅱ.①王… Ⅲ.①绍兴—地方史 Ⅳ.
①K295.53

中国版本图书馆CIP数据核字(2022)第031208号

出 版 人	赵剑英
责任编辑	喻　苗
责任校对	胡新芳
责任印刷	王　超

出　　版	中国社会科学出版社
社　　址	北京鼓楼西大街甲 158 号
邮　　编	100720
网　　址	http://www.csspw.cn
发 行 部	010-84083685
门 市 部	010-84029450
经　　销	新华书店及其他书店

印刷装订	绍兴市越生彩印有限公司
版　　次	2022 年 2 月第 1 版
印　　次	2022 年 2 月第 1 次印刷

开　　本	787×1092mm　1/16
印　　张	51.75
字　　数	801 千字
定　　价	458.00 元（全 2 册）

凡购买中国社会科学出版社图书,如有质量问题请与本社营销中心联系调换
电话:010-84083683

2002 年 3 月 6 日，王永昌在绍兴市政府办公室工作照

2003 年 11 月 22 日，王永昌在卧薪尝胆照壁前留影

2001年11月8日，绍兴召开领导干部大会，省委宣布王永昌任中共绍兴市委副书记，王永昌做表态发言

2001年11月13日，王永昌在环城河调研并与市民亲切交谈

2002 年 1 月 31 日，绍兴市 12345 市长热线电话开通，王永昌代市长接听第一个市民电话

2002 年 3 月 6 日，王永昌代市长在绍兴市四届人大五次会议上做政府工作报告

2003 年 11 月 22 日，谢晋从艺 60 周年暨中国残疾人艺术团绍兴演出。王永昌在活动仪式上讲话

2003 年 6 月 27 日，王永昌在绍兴会见美国前总统顾问爱伦

2004年2月23日，王永昌率市级机关干部到正在建设中的镜湖新区梅山公园参加义务植树劳动

2004年9月16日，绍兴市委、市政府在杭州举行第七届中国艺术节绍兴分会场（闭幕式）新闻发布会

2004 年 10 月 12 日，绍兴等 10 城市获 CCTV 2004 年度"最佳魅力城市"称号。王永昌在长城脚下接受奖杯

2005 年 1 月 26 日，市委书记、市长王永昌亲切看望慰问困难群众

2005 年 3 月 1 日，绍兴迪荡新城开发建设领导小组办公室正式挂牌成立。王永昌为迪荡新城开发办授牌

2005 年 7 月 30 日，王永昌在绍兴军分区慰问部队官兵

2005 年 5 月 31 日，王永昌慰问看望少年儿童

2006 年 7 月 25 日，迪荡新城商务核心区一期项目举行开工典礼，王永昌启动开工按钮

2006 年 3 月 25 日，时任中央政研室副主任方立与与会来宾们在王永昌陪同下
考察市郊"城中村"改造社区

2007 年 3 月，全国人大代表、绍兴市委书记王永昌正在接受中外记者们采访

2007 年 10 月 15 日，王永昌作为党的十七大代表与其他代表一起讨论

2007 年 10 月 28 日，第四届鲁迅文学奖颁奖仪式在绍兴举行，王永昌接受中国作协为绍兴市颁发的奖牌

2008 年 1 月 9 日，省政协副主席、绍兴市委书记王永昌为住房困难户送廉租房钥匙

2008 年 1 月 11 日，王永昌参加全市公安工作会议并接见公安英模

2005 年 8 月 12 日，王永昌在镜湖新区调研

2006 年 5 月 20 日，王永昌在兰亭调研景区工作

前言

《在绍兴的那些岁月》终于完稿了，我有一种如释重负的感觉：总算完成了自己人生中的一件大事。

我于 2001 年 11 月 8 日赴绍兴任职，2008 年 1 月 20 日当选为浙江省政协副主席，2008 年 2 月调离绍兴。前后在绍兴工作了近八个年头。

《在绍兴的那些岁月》的构思和写作，倾注了我大量的心血。我在绍兴工作时间实际上只有 7 年多，但《在绍兴的那些岁月》的写作，却花了我整整 12 年时间。早在 2008 年下半年，我就考虑要回顾总结自己在绍兴工作的经历，并着手收集和整理相关材料。首先，我请绍兴市委办公室的有关同志把我的讲话稿等有关材料加以收集并汇总成册。他们为我汇总整理了近千万字的材料。接着，我大致翻阅并挑选出其中可能要采用的材料，并请省政协有关同志复印待用。随后，我就考虑该如何去分类和整理这些资料。这些文稿材料整整装了两大箱子。

2010 年下半年和 2014 年上半年，我曾两次到中共中央党校学习，每次都把材料带到北京，总以为利用几个月的脱产学习机会可以把这些资料整理一下。但遗憾的是，这些资料最后还是原封不动地搬回了杭州。究其原因有两个：一是当时主要集中精力写作《走在山坡上的中国》一书（58万字，2014年3月出版）；二是对绍兴工作期间的材料从什么角度去整理一时还定不下来。

起初，我想把自己有一定代表性的讲话文稿，按时间先后排序或按不同内容分类来整理。显然，这样做会相对容易处理，作为资料保存也有一定意义，但总觉得缺乏创新，恐难以引起读者的兴趣。尽管整理这样的文稿主要是自我总结和留作纪念而已，不过，总还是希望能对读者有点启迪，或帮助他们了解绍兴的那段历史，或让后人从中有所借鉴。

于是，我最终否定了上述思路，转而决定把自己讲话材料中有个人见解或独到分析的文字摘录出来，再按内容专题加以分类汇编。通常情况下，我那些篇幅比较长的讲话稿，大多带有蕴含理性思考的内容，虽然表现形态上有点"务虚"，但恰恰是有一点理性思考的。换了整理这些材料的视角后，我便按照综述、城市、经济、古城、民生、工程、文化、农村、党建和县市区工作十大类去分类整理，把相关讲话材料"拆散"后再——编入各专题之中。做这样的分类后，我就请省人大、省政协和《浙商》杂志社的有关同志，帮助细化组合。为此，我和这些同志又花去了不少精力。接下来，面对这十大类专题材料，我又陷入了困境之中。因为，这十大类专题实际上可以编成十本书，体量过于庞大。这样，书稿整理就又搁置下来了。

作为回忆性文字，如果能写得有血有肉，有观点有材料，有人物有场景过程，那是最为理想的。然而如此写法，需要花费大量时间去创作。况且，这不是我所擅长的。

但《在绍兴的那些岁月》无论如何是要完成的。经过数年的反复思考，我决意在内容分类（比如城市建设管理、经济建设、民生、文化等）的基础上，再加上我以为当年工作比较有特色、有亮点的专题（比如"胆剑精神"、迪荡新城、"城中村"改造、企业家队伍、缓解土地难题、科技创新等）进行综合处理，将两方面糅合成《在绍兴的那些岁月》的框架，并且尽可能把当年的一些重要决策过程、自己当时的一些主要想法以及相关材料，进行综合整理。

按照上述思路，2016年退休后，我就着手一章一章整理和撰写起来。其中，有几章是请绍兴当年负责实际工作的领导同志执笔起草的。

《在绍兴的那些岁月》的撰写过程，可以说是含辛茹苦，颇为不易。这还是其次，更重要的是，按这种方式来整理和写作，逻辑性就差一些，而且会有只挑"好"的来写的嫌疑。因此，有必要说明一下：《在绍兴的那些岁月》中涉及的"成绩""功劳"，并不是我个人的，而是集体的，是绍兴人民创造的；我个人在绍兴工作期间，自然是尽了自己努力的，但并非都做得很好，无疑是有不少缺憾的。这里，还要顺便说一下的是，当年社会影响比较大的"新嵊环保事件""绍兴税案"，因背景资料不足等原因，没有做专题叙述；此外，考虑到篇幅等原因，有关党建、干部工作和县市工作等方面的材料，此次未收录到《在绍兴的那些岁月》之中。

当写完《在绍兴的那些岁月》时，我再一次扪心自问，我对得起自己在绍兴这八年的经历吗？聊以自慰的是：在绍兴工作的近八年时间里，我尽力了！

我感恩绍兴，感恩绍兴人民，感恩绍兴这八年！

绍兴使我的人生更有意义！

目录

第三章　情系古城终不悔：全力保护绍兴古城

第四章 迪荡新城诞生记

第五章 打响绍兴城市的"三看"品牌

绪 论

习近平同志指导绍兴
谱写新时期的"胆剑篇"*

背景介绍：

从 2021 年 3 月 2 日开始，中共中央党校的《学习时报》连载了采访实录《习近平在浙江》（共 39 篇）。《习近平在浙江》是反映习近平总书记成长历程系列采访实录的第七部。《学习时报》在编者按中指出：这组采访实录，反映的主要是习近平同志 2002 年 10 月到 2007 年 3 月任浙江省委副书记、代省长和省委书记的领导工作历程。这段历程，在习近平同志的地方领导实践中具有关键性的意义。这不仅在于他作为省委书记全面领导了浙江这样一个经济发达省份的工作，更在于他贯彻党的理论和路线方针政策，紧密结合浙江实际，提出并落实了作为浙江省域治理总纲领和总方略的"八八战略"，对浙江发展作出了全面规划和顶层设计，为浙江转型发展和长远发展奠定了坚实基础，也成为习近平新时代中国特色社会主义思想形成的重要理念和实践准备。这组采访实录，通过对当年省委省政府领导同志、省直部门和地市领导干部、企业家和基层干部、专家学者和记者等的访谈，为我们做了生动翔实的现场呈现①。

---

* 本绪论为作者接受中央党校采访组采访实录，原题为《习书记指导绍兴谱写新时期的"胆剑篇"》，发表于 2021 年 3 月 15 日《学习时报》（第 11 篇）；《习近平在浙江》，中共中央党校出版社 2021 年版，第 233 页。

① 来源：http://cpc.people.com.cn/GB/67481/436924/

采访对象： 王永昌，1953 年 1 月生，浙江金华人。2002 年 3 月，任绍兴市委副书记、市长。2004 年 5 月，任绍兴市委书记。后历任浙江省政协副主席、省人大常委会副主任。2016 年 4 月退休。

采 访 组： 田玉珏　薛伟江　路　也

采访日期： 2017 年 9 月 17 日

采访地点： 杭州市大华饭店

采访组： 王主任您好！习近平同志在浙江工作期间，您曾先后担任绍兴市市长和市委书记。请您首先讲讲当时他对绍兴的评价是怎样的？

王永昌： 绍兴是一座历史文化名城，习近平同志对绍兴发展方向的指导，在我的印象中，也是从文化开始谈起的。2003 年 1 月 20 日省两会期间，习近平同志出席绍兴代表团的讨论会。他讲道："绍兴有很多典故值得我们借鉴和学习。今天，我们弘扬越王勾践卧薪尝胆、'十年生聚，十年教训'的精神，就是要围绕全面建设小康社会、提前基本实现现代化的目标，卧薪尝胆，艰苦奋斗，努力谱写新时期的'胆剑篇'。绍兴这块土地曾经在历史上创造了辉煌，相信将来能够创造更大的辉煌。"这篇讲话虽然不长，但给在场的干部和代表们留下了极为深刻的印象，大家都觉得习近平同志一定看过很多书，具有很高的人文素养。绍兴从新石器时代中期的小黄山文化开始，至今已有约 9000 年历史。即便从公元前 490 年越国定都算起，绍兴也有 2500 年的建城史，在浙江乃至全国都是历史最为悠久的城市之一。吴王夫差和越王勾践的故事大家都耳熟能详，习近平同志用短短十来分钟的讲话，将绍兴历史的精华概括为"胆剑精神"，是很了不起的。那时，我就感到，习近平同志很善于挖掘地区的历史文化价值，重视把绍兴当地的历史文化继承并发扬光大，让传统文化为新时期的发展服务。

后来，习近平同志又多次阐述"胆剑精神"。在 2003 年 7 月 16 日召开的绍兴市新一届市政府第一次全体会议上，我根据习近平同志在年初省两会讲话的内容，作了以"发扬'胆剑精神'，谱写新时期的胆

2002 年 3 月 9 日，王永昌在绍兴市第四届人民代表大会第五次会议上当选为绍兴市市长，会后接受媒体采访

剑篇"为主题的讲话。习近平同志在这篇讲话稿上批示："希望你带领绍兴市政府一班人，按照胡锦涛总书记'七一'重要讲话精神，认真践行'三个代表'重要思想，结合绍兴实际、与时俱进、开拓创新，扎实工作、勤政为民，谱写好新时期的'胆剑篇'。" 2004 年 8 月 24 日，习近平同志听取绍兴市委、市政府工作汇报后，再次强调在新时期弘扬"胆剑精神"的重要性。他指出："要进一步把广大基层干部加快发展的积极性引导好、保护好、发挥好。要大力弘扬'胆剑精神'。过去有一部历史剧《胆剑篇》，专门描写越王勾践卧薪尝胆、奋发有为，这种精神很好。越王勾践生于绍兴，绍兴更要发扬'胆剑精神'。绍兴正是因为弘扬了这一精神，才从一个农业小城发展成为今天这样的工业新兴城市、全面发展的城市。要继续发扬这种精神，使之成为加快发展的不竭动力。"

习近平同志的这些指示给我们极大的鼓舞。2004 年我担任市委书记后，就在全市范围内开展了"胆剑精神"大讨论，主要讨论新时期"胆剑精神"的具体内涵，以及如何结合工作将"胆剑精神"落到实处。

通过大讨论,既传承了绍兴悠久的文脉,又给绍兴的历史文化赋予新的精神特质,同时激发了干部群众克服困难的勇气,为绍兴的发展注入了强大精神动力。

采访组: 当时绍兴在经济发展方面遇到了哪些问题? 在"胆剑精神"指引下,你们是如何贯彻落实"八八战略",实现转型发展的?

王永昌: 习近平同志刚到浙江工作的时候,全国正处于经济发展过热的时期,土地、煤炭、电力等生产要素供应紧张,2004 年,国家进行了宏观调控。在这样的大背景下,绍兴乃至浙江的发展速度开始下降。我们都很担心,经济降下来,会不会降得太多? 以后还能不能回升? 如何实现可持续发展? 这成了摆在我们面前的一大难题。

在这个时候,习近平同志对绍兴再次强调要发扬"胆剑精神"的要求。我理解,他就是希望绍兴将历史与现实相结合,把这种精神作为落实科学发展观和"八八战略"、推动绍兴率先发展、富民强市的强大动力,就是要求我们既要卧薪尝胆、奋发图强,还要敢作敢为、创新创业,把绍兴人精明务实的性格与大气开放的气度结合起来,谱写新时期的"胆剑篇"。

习近平同志把当时的经济发展局势看得非常透彻、全面。他认为,过去那种缺地了批地、缺煤了找煤、缺电了发电的做法,只是解决表面一时的矛盾,是"头痛医头、脚痛医脚"。现在中央的宏观调控和经济速度的下降既是挑战,也是机遇。浙江可以借这个机会,淘汰落后产能,重点扶持一些新兴产业,变被动为主动,化消极为积极,以此倒逼浙江产业转型升级。习近平同志通过到各地市深入调查研究,在 2003 年 7 月召开的省委十一届四次全体(扩大)会议上,全面系统总结了浙江发展的八个优势、提出了面向未来发展的八项举措,简称"八八战略"。这个战略从浙江工作全局的角度,聚焦如何发挥优势、如何补齐短板,为解决发展中产生的问题、保持经济快速协调健康发展指明了方向。

在推进"八八战略"实施中,习近平同志还针对各地实际情况制定不同的具体发展策略。2006 年 1 月 18 日,习近平同志在与参加省十届人大四次会议的绍兴代表团代表交流时，对绍兴作出这样的评价："绍兴的工作是很不错的，省委是满意的。绍兴在全省处在一个很醒目、很招眼的位置。我们讲综合实力排名，是杭、宁、温、绍，绍兴在全省的位次，跟浙江省在全国的位次差不多，是第 4 位。绍兴处于这个位次确实是不容易的。我经常讲，来浙江工作之前，对绍兴的印象就是，绍兴是一个历史文化名城。一提到绍兴，就想起江南水乡，想起乌篷船、乌毡帽，想起鲁迅，想起闰土，想起茴香豆、孔乙己。到了浙江，一些去过绍兴的人跟我说，绍兴是一个新兴工业城市，是一个民营经济实力雄厚的城市，经济特色非常鲜明。来了以后，感觉确实如此。绍兴我来得不少，上年就来过 5 次，累计 24 次，方方面面都看了。总的体会是，绍兴很不错，经济社会发展比较协调，形成了自身发展优势，是浙江引以为豪的地方。现在，绍兴提出要'率先发展、统筹发展、和谐发展'，这是一个目标。"

要实现"率先发展、统筹发展、和谐发展"的目标，首先要了解自身的优势和短板，思考怎样取长补短。绍兴当年化工、纺织业比较发达，有好几家龙头上市企业，但从全国范围来看，绍兴的化工纺织技术并不是最先进的，产品竞争力较弱。针对这种情况，习近平同志在多次调研后指出，绍兴的工业虽然比较发达，但地理空间有限，且紧邻杭州、宁波，要从绍兴的实际出发，因地制宜发展规模工业。他认为，大型化工和纺织企业较多是绍兴的发展优势，要进一步保持这个优势。企业有做大做强的意愿是好事，政府应当积极培育支持，但企业也不是越大越好，不应当一味追求航空母舰式的企业。现在这些企业遇上了"成长的烦恼"，就会有一个"腾笼换鸟、凤凰涅槃"的过程。一方面，企业要靠自身的努力升级，创造更多发展机会，推动现有企业转型升级；另一方面，要"跳出浙江发展浙江"，顺应工业的空间梯度转移规律，引导一些不再适应绍兴经济发展的产业往内地转移，同时扶持其他新兴产业的发展，而不是"一条路走到黑"。

省委作出"八八战略"决策后，绍兴市委及时传达、学习和贯彻。2004 年 7 月下旬，我们举办了专题读书会，深刻领会"八八战略"的内涵、实质和重大意义。7月底,市委又召开五届三次全会,就贯彻落实"八八战略"作出全面部署。根据习近平同志的要求,我们还成立了工作小组,对国家宏观调控政策进行全面梳理,并在全市范围内召开了企业大会,与上千家企业一起,共同商讨如何在习近平同志"八八战略"指引下落实宏观调控,加快转型升级,推动科学发展。后来,我们将习近平同志的"八八战略"以及他针对绍兴实际情况作出的战略部署进一步细化,出台了一系列政策,采取了很多措施。比如,我们提倡当地企业与其他省市的龙头企业进行配套整合,不再单纯追求企业的大而全,而是因地制宜办企业;我们鼓励企业进行创新,在推动科技创新、打造科技型企业的同时,基于原有技术和设备开发新产品,进行产品创新、品牌提升;我们还改变了衡量经济发展的指标,不再以总的产量来论英雄,而是以实际产出的效率来衡量地区发展,而且鼓励和扶持高科技企业。最重要的一点,是我们开始有意识地培养企业家队伍。发展最后还是要靠人,我们组织绍兴的干部和企业家一同赴长三角、珠三角地区学习考察,集中学习和落实习近平同志提出的方针政策,邀请企业家列席旁听一些与当地经济发展相关的会议,通过把绍兴企业家的思想统一到习近平同志的"八八战略"上,扭转了人们心中固有的落后观念,取得了很好的效果。

在2004年8月的一次调研中,习近平同志高度肯定了绍兴在贯彻实施"八八战略"上作出的努力,并对我们提出了新的要求:"希望你们一气呵成,步步为营地抓下去,因为落实科学发展观、贯彻'八八战略'不是一天两天的事,也不是一年两年的事,是今后方向性的、长期的任务,必须不断夯实基础,不断深化发展。"

采访组:您刚才提到"腾笼换鸟、凤凰涅槃",就您了解,习近平同志当时有哪些精彩论述?

王永昌:2006年1月18日,习近平同志参加省十届人大四次会议绍兴代表团讨论时的一番话给我留下深刻印象。他指出:"经济增长方式的转变,决定着今后经济发展的走向,我们现在正处于这样一个关键时期、重要时期,所以要有紧迫感。不是说这个事'逼'过来了,

2003 年 11 月 22 日，王永昌向前来绍兴参观的宾客介绍越王勾践卧薪尝胆的历史

我们才这么做。但是，确实'逼'过来了，我们就要采取'倒逼'机制，不能由于逼过来了，就把我们逼垮了、压垮了。即使有阵痛，也不能有骄、娇二气，不能怨天尤人，只能顺应这个形势。你跟规律去斗，是斗不过的。有的人斗不过规律，于是就怕，临阵脱逃，这也是不对的。应该学会适应，学会掌握规律。无论生物进化，还是人类历史的发展，都是一个不断顺应规律的过程。人类进化到这个程度，人长成这个样子，都是适应的结果。"

习近平同志对我们讲，什么事都有辩证关系，如果因为资源条件受到约束，就索性"鸟去笼空"，是不可取的。应该摒弃这种消极态度，主动借机"腾笼换鸟"，运用倒逼机制，养出吃得少、下蛋多、飞得高的"鸟"，才是大好事。他说，像中国这样大的一个国家，资源、能源都消耗不起，不能走资源能源消耗型、经济附属依赖型的发展道路，只能靠自己。靠自己，就必须有自主创新能力，必须有自力更生精神。所以，他提倡我们浙江不但要加快推进"腾笼换鸟"，而且还要实现"凤凰涅槃"。"凤凰涅槃"是一个创新的过程，是一种浴火重生，是一种脱胎换骨。"腾笼换鸟、凤凰涅槃"都是一个调整结构、转变增长方式的过程。

当然,"凤凰涅槃"更侧重创新。

习近平同志用"腾笼换鸟、凤凰涅槃"八个字形象地说明了"转方式、调结构"的重大意义和方向路径。他的这些思路和理念,有力地推动了浙江经济爬坡过坎,在实践中取得了成功。

采访组:绍兴在落实"八八战略"、推动经济转型升级过程中,遇到过哪些突出问题? 习近平同志提出了哪些解决问题的思路和举措?

王永昌:在贯彻实施"八八战略"过程中,我们和其他兄弟地市一样,也遇到了很多发展中的问题。其中,接待基层群众上访一直是老大难问题。有一次,我跟随习近平同志一起陪同一位中央领导同志到绍兴枫桥考察。在去往枫桥的路上,突然有一个上访群众挡住了去路。领导调研的路上出现这种情况,我们市委感觉压力很大,脸上也无光。没想到习近平同志很体谅我们,说:"发展中总会遇到这样那样的矛盾,群众在领导考察期间上访,出现这种情况也是难免的。关键是要做好工作,弄清楚情况,把工作做得更实。"

在化解基层矛盾、构建和谐社会上,习近平同志不仅提出要求,而且实实在在地将各项工作落在实处。2004 年,习近平同志提出建设"平安浙江"的重大战略构想。我们绍兴结合自身特色,将推广"枫桥经验"作为构建"平安浙江"的一个抓手。所谓"枫桥经验",就是在20 世纪 60 年代初,由绍兴诸暨市枫桥镇干部群众创造的"发动和依靠群众,小事不出村,大事不出镇,矛盾不上交,就地化解"的基层治理经验。随着改革开放不断推进,生产要素和人口流动性增大,人口素质提高,群众法制意识增强,有些干群矛盾比过去更加突出,社会矛盾也出现一些新特点。针对这些情况,习近平同志带领我们转变理念和思路,赋予"枫桥经验"新的时代内涵。他一再向我们强调:"要始终把握住'枫桥经验'的核心,就在于努力减少矛盾,矛盾产生了以后要及时化解,无论'枫桥经验'的形式和具体内容随着时代怎么改变,这种服务群众的宗旨永远不能变。"

绍兴在转型升级过程中遇到的另一个问题就是如何处理经济发展与环境治理的矛盾,新昌当年发生的一起群体性事件就是典型。群体性事件发生后，中央领导很快作出批示，绍兴的干部深感内疚，一方面拎着"乌纱帽"如履薄冰地工作，另一方面也觉得，如果事态进一步扩大，不利于地方经济发展，对不起人民，更对不起习近平同志对我们的信任，大家压力都很大。

针对全省出现的几次环境事件，习近平同志体现出超强的运筹帷幄、统揽全局的能力。他有针对性地专门召开了省委常委会，在会上详细观看了相关录像，并听取汇报。他说，应该站在整个社会发展进程和工业化进程的全局视角来看待环保事件。浙江因为工业化发展较快，发生这类事情，也是因为过去几十年环境恶化积累的结果，有它的必然性。但同时，如果我们工作做得到位，就可以减少类似事件的发生。接着，习近平同志详细阐述了接下来应该怎么做，并一再强调，要秉承"一切为了老百姓"的原则来处理环保事件。

在当时那种情况下，习近平同志的这番话，让我们放下了思想包袱，明确了接下来的工作目标和工作方法，一下子有了"主心骨"。当天晚上，绍兴市委连夜召开常委扩大会议，会议只有一项议题，就是学习习近平同志的讲话，把大家的认识统一到讲话精神上来。

紧接着，我们一鼓作气，采取多种措施来控制局面。首先是抓思想，用习近平同志讲话精神统一整个新昌和嵊州基层干部的思想；其次是组织工作队伍，深入企业、群众，挨家挨户地做工作；再次是关停企业生产环节中产生污染的部分，造成的损失由政府和企业共同承担；然后是组织企业和周边的村民缔结友好关系，村民对企业生产进行监督，企业自觉接受监督，还资助村民定期进行免费体检；同时，对新昌开展全面治理，对企业排污状况进行全面排查整顿。一套"组合拳"下来，我们在习近平同志确定的基调下，化被动为主动，妥善处理了群体性事件。

这起群体性事件接近尾声的时候，我向习近平同志作了报告，并希望他抽空来视察一下。习近平同志并没有很快答应下来，他先让省委办公厅绍兴籍的工作人员趁假期回家探亲的机会深入基层了解情况，当得知确实如我汇报的那样，不仅把问题处理得很好，而且矛盾双方还缔结了友好关系，他才欣然前往视察，对我们的工作给予了表扬肯定,并提出了新的要求。通过这次群体性事件,我们对习近平同志更加钦佩了,他总是站在历史进程的角度来看待问题,当全国上下都关注经济发展的时候,他看到的是生态环境建设的必要性和紧迫性,提出"生态浙江"的发展理念;在突发事件的危急关头,他能沉着处置,替大家卸下包袱,自己担起责任,带领干部群众坚定向前。这一切的根源,就在于他所做的一切都是为了百姓,他的心中时时刻刻想着人民。

采访组:请您再详细介绍一下,习近平同志是怎样挖掘绍兴历史文化价值、发挥历史文化优势的?

王永昌:前面我讲到了,第一次见到习近平同志,就感觉到他很善于挖掘地区的历史文化价值,后来的工作也证实了这一点。2005 年 5 月 17 日,他率领省委分管文化建设的有关领导和省直厅局领导,专程来绍兴调研文化工作。考察途中,他对我们说:"在浙江省的这些城市中,绍兴建城最早,历史名人最多,毛主席就曾讲绍兴是'鉴湖越台名士乡'。绍兴历史文化积淀十分深厚,可以说,绍兴是浙江的'罗马'。"听到习近平同志对绍兴的这一评价,我感到很震撼,看似简单的一个概括,不仅进一步廓清了绍兴的历史定位,也饱含着他对绍兴未来的

2005 年 3 月 23 日,王永昌带领市四套班子领导学习参观"胆剑精神"展览

期待。

从那以后，绍兴就一直沿着习近平同志指出的道路，努力挖掘本地的历史文化名人和历史文化故事，让绍兴成为浙江的"罗马"。大禹的故事就是比较典型的一个。大禹治水是中国古代的神话传说故事，传说大禹死后安葬于会稽山上，也就是今天的绍兴。我国历史上水患频发，从夏启开始，历代帝王都会亲自或派大臣祭祀大禹。改革开放以来，我们虽然也定期开展祭拜大禹的活动，但因为中央和省里强调要减少节会，所以只是一年小祭，五年中祭，十年大祭。2005年5月那次考察，习近平同志了解到这个情况，就很坚定地说："大禹文化是中国优秀传统文化的重要组成部分，大禹故事家喻户晓，大禹精神是要世代传承弘扬的。有的地方没有什么历史话题，都在拼命翻历史做文章，而你们绍兴是有深厚历史文化底蕴的，你们要年年祭大禹，要办好这个祭祀活动。"他还说："祭大禹不只是一省一市的事，它本身就是国家层面的，起点高、影响大、意义深。我们要继承中华民族的传统文化精神，要祭拜大禹这种科学治水的精神，祭拜他三过家门而不入的家国情怀，发挥好大禹精神的现代意义。"听了习近平同志的这一指示，我们如梦方醒，也感到更有底气了。现在我们年年都举办祭拜大禹的活动，在弘扬中华民族优秀历史文化方面发挥了很大的作用。

习近平同志在挖掘绍兴历史文化价值方面，不仅仅是指明方向、解放思想，还将文化建设融于干部队伍建设的方方面面。还是在2005年5月这次考察中，习近平同志在路上问我会不会背诵《兰亭集序》。我如实汇报，《兰亭集序》的创作背景和基本内容大致是了解的，开头几句基本能背，但全文背不下来。于是，他就让我能背几句背几句。我背了几句，还是有差错。当时我觉得挺尴尬的，但习近平同志很平易近人，主动为我解了围。接着，他语重心长地对我们说："一方水土养一方人，今天的发展是过去历史的延续。作为一地的党政领导，一定要了解当地的历史沿革、历史文化、历史人物和传统经典名篇，有些还要下功夫背诵，把这些作为当地的文化名片。绍兴历史文化深厚，历史名人荟萃，是我们今天发展十分宝贵的资源。"他还特别指出，《兰亭集序》《钗头凤》这两篇作品的写作地点就在绍兴,要求我们把这两篇作品能背下来。从那天开始,我把《兰亭集序》和《钗头凤》打印了好几份,分别放在办公桌、床头和公文包里,一有空就拿出来背上几句,最终背了下来。

2015 年 5 月,习近平同志担任总书记后第一次回浙江视察。5 月27 日,在听取浙江省委省政府工作汇报后,习近平总书记发表了重要讲话。在讲到培育社会主义核心价值观和文化建设时,他突然指着我说:"永昌同志,我当年要求你们绍兴党政领导要会背王羲之的《兰亭集序》和陆游的《钗头凤》,你们都会背了吧?"我听了赶忙站起来报告:"总书记,按照您的要求,我们都下功夫背下来了。"他笑着点了点头。这件事情给我的印象非常深,没想到十年前的事情他还记得。我想除了他记忆力好之外,更重要的是,习近平同志一直都记挂着绍兴的发展。也说明在他心中,领导干部一定要了解当地历史文化的思想是一以贯之的。现在回想起来,习近平同志是想通过背诵这种方式,让大家了解当地的历史文化名人,激励地方领导干部提升人文素养。现在,每当我们向别人介绍起绍兴的时候,总会有说不尽的话题,对绍兴历史文化的自豪感也油然而生。我觉得,后来习近平总书记提出的"文化自信",一个重要内涵就是领导干部要熟悉所在地区的历史文化传统,并想尽一切方法使之发扬光大。

采访组:习近平同志在浙江工作期间,给您留下了哪些深刻印象?

王永昌:习近平同志有着高度的政治责任感和坚定的理想信念。有一次,谈到党内腐败问题时,习近平同志对我说:"我们作为党的高级领导干部,就是要为党和人民而奋斗,不怕牺牲我们自己,如果我们都不为

绍兴兰亭

党奋斗牺牲,谁还会为党奋斗牺牲?"他的理想信念和奋斗精神之坚定,不是我们常人能够想象的。

习近平同志有很强的规矩意识,凡是省委作出的部署,他都非常注重贯彻落实的实效。我举一个习近平同志谈防止"南辕北辙"的例子。2004年8月24日,习近平同志来绍兴作专题工作调研,听取我代表市委市政府所作的工作汇报后发表了长时间的讲话。他说:"省委的决策,是中央方针、政策在浙江的具体化,各级地方党委、政府应坚决贯彻落实。我们不是看你平常讲几句表态的话,也不是看你平常在那里不亦乐乎地忙,我们要看你是不是忙在上级重大决策的贯彻落实上,看你是不是忙到点子上。如果中央的大政方针你没有认真贯彻执行,对省委的决策决议你心不在焉,然后说我忙了很多东西,这叫做'哪壶不开提哪壶',甚至是南辕北辙。"

他讲道:"一个决策决议的实施执行有一个过程,不是轻而易举的,要真正在全省上下形成共识,切切实实地抓起来,必须做很多落实的工作。一个木匠拿锤子钉钉子,那钉子不是一锤子钉进去的,得打几锤子才能把钉子钉到墙上去。抓落实也是这样一个过程。对下面的同志,对各级党组织抓落实,要听其言、观其行。抓落实不能满足于会议部署,要督查、反馈以及开一些经验交流会,总结、再总结,部署、

绍兴沈园《钗头凤》照壁

再部署,经过几个回合、几个过程,才能把一件事贯彻落实下去,这是一个规律。永昌同志的汇报能讲到这个程度,表明必须干这么长的时间,才能有这么深的体会。否则,那也只是一个表态性的发言。我在一次会议上讲过一个观点,贯彻落实上级决策,有一个过程。第一步,就是大家对上级的决策部署,有响应比没响应好。我曾到某个地方去调研,当地领导汇报当中只字不提'八八战略',我说我就是来检查这项工作的,你汇报了半天都不给我汇报这项工作,这几个月你在忙什么呀? 我就讲得很不客气。所以,从没响应到有响应,有一个过程,只有在脑子里有位置,对上级的决策部署才会有回应。现在,我很高兴地看到,各级对省委的决策部署都有回应。有的是上午开了会议,下午就有信息来了,说已经贯彻了。这首先要肯定,但在肯定的基础上,还要想想真正落实了没有,这就是第二步,不要形成'雷声大雨点小'或形式上的回应,关键还要看是否真抓实干了。"

习近平同志在讲话中对我们贯彻落实"八八战略"的举措也给予肯定:"绍兴在这方面是做得好的,一个是态度坚决,另一个是行动扎实。你们开了两个会,一个是全委会,另一个是读书会,这对统一思想是有好处的。再一个,你们的具体举措有针对性,是结合绍兴实际的。中央的决策要贯彻,在省里就具体化为'八八战略'。省委的'八八战略'要积极贯彻落实,要变为绍兴自己的东西。是不是跟上级的东西一脉相承,是不是掌握了上级精神的实质,是不是你说你的、我干我的,一看一听就知道了。"

习近平同志的这一重要讲话,给我们党政领导干部上了一堂生动的党课和领导方法课,给我们许多深刻的启示。作为党的一级组织的负责人,要同党中央和上级党委的决策保持高度一致,并结合当地实际扎扎实实地贯彻落实好,工作忙要忙到点子上,干要干到关键处,切不可自以为是,自搞一套,要防止南辕北辙。

在这次讲话中,习近平同志还讲到另一个要防止的"南辕北辙"现象,也给我们留下了深刻印象。他指出:"我们要切实抓好生态建设。浙江人民不能生活在一个被污染的环境中。江南烟雨、山清水秀,本身是一幅美不胜收的景象。浙江不能因为工业发展了，就破坏了这种生态环境。如果环境破坏了，也就违背了人民群众的意愿。本来，我们发展经济，就是为了让人民群众享受更好的生活。如果工业发达了，环境污染了，群众受害了，这不是南辕北辙吗？本来想造福群众，结果是群众遭殃。过去的发展往往不够重视这一问题。"

习近平同志说，保护生态不仅仅是保护环境，实际上也是发展生态经济。他回忆起有一次省党政代表团去四川考察的经历，四川省除了成都等地工业企业比较集中，其他地方可以说都是"农业社会"。从一定意义上讲，越原始、越自然，就越有商品效应、商品价值，像九寨沟等地都可以开发生态旅游。他强调："生态即产业，生态即经济，生态即资源。环境保护得好不吃亏，越保护得好就越有经营价值。因此，我们一定要重视环境保护，抓好生态建设，走循环经济、资源节约型的发展道路。"

第一个要防止的"南辕北辙"，是讲要学习贯彻落实中央和上级组织的决策部署，而不能自搞一套，自行其是。第二个要防止的"南辕北辙"，不仅讲的是生态观，而且是讲我们的决策和工作一定要符合人民的根本利益，造福百姓，而不能让百姓遭殃。这就告诉我们，一个合格的、有作为的党政领导，要吃透上级精神，在此基础上为百姓谋福祉。要时刻警惕出现两个"南辕北辙"，才能避免给党和人民的事业造成损害。

习近平同志还十分注重调查研究。他是一个很务实的领导，经常通过各种渠道调查研究。以绍兴为例，他在浙江工作期间，曾先后到绍兴考察指导工作 30 余次。每次谋划一件大事，出台一些重要文件之前都一定会开展主题调研。提出建设"文化大省"之前，他调研了绍兴的历史文化；提出建设"平安浙江"之前，他调研了绍兴"枫桥经验"。也正因为这些深入基层的调研，习近平同志讲出的话接地气，经他手出台的文件行得通，他谋划的大事做得成。

习近平同志有着丰富的阅历和深厚的历史文化功底。和他聊天对话的时候，总会在不经意间感受到一股强大的气场，给人"腹有诗

2005 年恢复重建的卧薪尝胆遗址

书气自华"的感觉。同时,他又很有亲和力,说话也很风趣幽默。记得他担任国家副主席期间,我到北京看望他。他当时给我讲,中国传统文化历史悠久,是世界文明中最璀璨的一颗明珠。他认为,我们要将马克思主义与中国传统文化相结合,用马克思主义来引领和指导中国传统文化,将其发扬光大。

我和浙江的干部群众一样,对习近平同志充满敬意。他对基层情况熟悉,对我们干部群众很了解很关心。2015 年 5 月 27 日下午,他回浙江视察工作期间,亲切接见了我们。在同我握手时,总书记微笑着说:"永昌同志,你是个哲学家啊。"虽然是一句带有鼓励性的话,但没想到这么多年过去了,党和国家大事又十分繁重,他还记得我们这些基层干部的履历情况,记得我是哲学博士。我将永远铭记总书记的亲切关怀,激励自己活到老学到老,尽力为党和人民做些有益的事。

虽然从这次见面后,我只能在电视里和报纸上看到他的身影,但每每听到他的消息,我依然觉得非常亲切,也就更加想念他在浙江谋篇布局、挥斥方遒的日日夜夜,想念他带领我们"干在实处,走在前列"的那段峥嵘岁月。

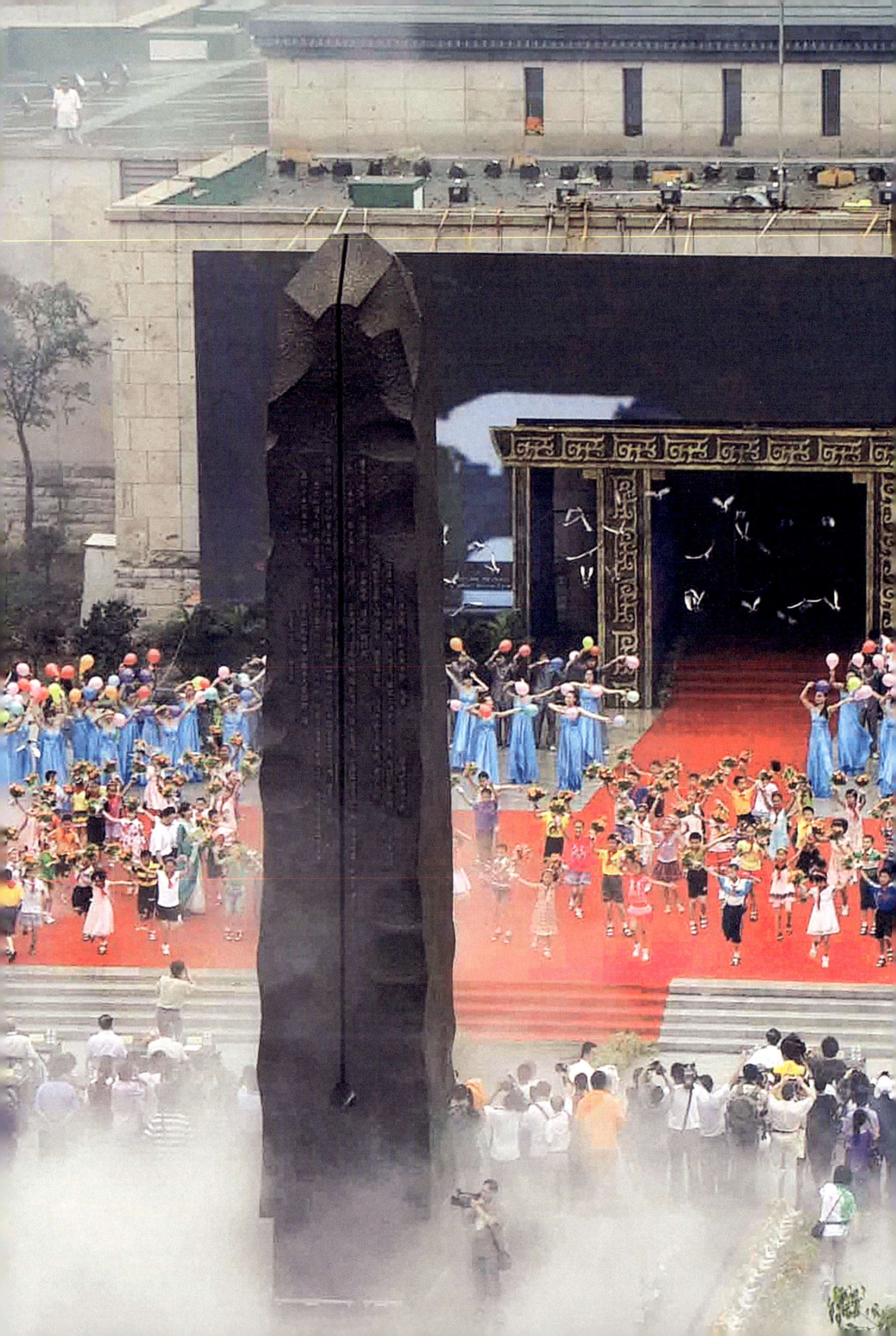

第一章

绍兴的风骨：弘扬『胆剑精神』

在第一章里，我介绍了"胆剑精神"是习近平同志于 2003 年 1 月 19 日首次提出的，后来又在其他重要场合做了强调。这里，我想更具体地讲一讲当年开展"胆剑精神"讨论的大致情况。

一 "胆剑精神"的提出

我听了习近平同志2003年1月19日发表的讲话后，深受教育和启迪，更深感责任重大、使命如天。如何大力弘扬卧薪尝胆、奋发图强、埋头苦干的精神？如何谱写好新时期"胆剑篇"，向党和人民交上一份满意的答卷？我一直在思考这些问题并在自己的实际工作中努力给出应有的回答。

2004年5月25日，在组织的信任和大家的支持下，我被任命为绍兴市委书记兼市长（2005年2月22日卸任市长）。随后，我多次在重要会议和场合中，强调绍兴要大力弘扬"胆剑精神"。比如，2004年7月9日，我在嵊州市调研结束时的讲话，标题就是"卧薪尝胆谋发展同心同德干事业"。

2004年7月10日，绍兴市委召开常委扩大会议。会议专题研究部署如何适应国家宏观调控政策、进一步做好经济工作。我在会上以"主动适应抢机遇 攻坚克难促发展"为题发表了讲话，指出："越是困难的时候，越要强调精神和意志的力量，越要保持良好的精神状态，越要比基础、比实力，比勇气、比毅力、比精神、比作风、比智慧、比策略、比团结、比合力。困难时刻，方显英雄本色。只要精神不滑坡，只要意志不松垮，办法总比困难多。我们要弘扬卧薪尝胆精神，坚定目标，坚韧不拔，不事张扬，埋头苦干，咬紧牙关，共渡难关，促进经济社会新发展。"

2004年7月14日，我在上虞市调研结束时的讲话，标题是"励精图

治打实基础 奋发有为加速崛起"，再次强调了"胆剑精神"的要义。

2004年7月24日至25日，在市委举办的"科学发展观与绍兴"专题读书会上，我围绕"树立科学发展观，贯彻'八八战略'，率先走出区域全面协调可持续发展新路子"主题，做了讲话，在谈到优化创新区域文化，加快推进文化名城向文化强市提升时，更明确指出："区域文化的创新提升是落实科学发展观的重要内容。绍兴是文化名城，这方面优势很多。但历史文化名城只能说明过去，这是我们的优势，要继续发扬光大。同时要结合新的形势、新的要求，大力发展现代文化，进一步向文化强市提升。特别是要大力弘扬'卧薪尝胆、奋发图强、敢作敢为、创业创新'的'胆剑精神'，积极推进教育现代化工程和文化精品工程建设，进一步办好'七艺节'，为落实科学发展观提供强大的精神动力。"

2004年7月30日召开的市委五届三次全体(扩大)会议通过了《中共绍兴市委关于树立科学发展观、贯彻"八八战略"、推进率先发展、实现富民强市的决定》，其中一项重要决策，就是要在全市开展"弘扬'胆剑精神'、推进率先发展、实现富民强市"的大讨论与实践活动。

2004年7月30日，绍兴市委举行五届三次全体(扩大)会议

2004年8月24日，习近平同志专门到绍兴来视察指导工作，我代表市委、市政府以"深入贯彻'八八战略'，推进率先发展，实现富民强市"为主题做了工作汇报。"倡导一种精神：'胆剑精神'"是市里重点要抓的六大任务之一。当时汇报的原文是："习书记在去年（指2003年）省'两会'期间参加绍兴代表团讨论时，要求我们挖掘提升'胆剑精神'，谱写新时期的'胆剑篇'，这具有很强的现实针对性。'卧薪尝胆、奋发图强、敢作敢为、创新创业'的'胆剑精神'，是绍兴最大的人文优势，是绍兴最宝贵的精神财富。在我们最近召开的市委五届三次全会上，我们已明确提出，要深入研究'胆剑精神'，从历史与现实的结合，从思想和精神的升华，挖掘思想精髓，提升精神品质，使'胆剑精神'成为绍兴具有鲜明特色的人文精神；要广泛宣传'胆剑精神'，加强舆论引导，扩大对外宣传，使'胆剑精神'成为绍兴人的精神品质和精神品牌；要大力弘扬'胆剑精神'，广泛开展弘扬'胆剑精神'教育活动，使'胆剑精神'成为落实科学发展观、省委'八八战略'，推动绍兴率先发展、富民强市的强大动力。我们弘扬新时期的'胆剑精神'，就是既要卧薪尝胆、奋发图强，又要敢作敢为、创新创业，把绍兴人精明务实的性格与大气开放的气度结合起来，创新创业创大业，谋事干事干大事，努力谱写新时期的'胆剑篇'。"

在汇报的结语部分，我再次提到了"胆剑精神"："这几年我们各项工作都得到了较好的推进，并取得了较好的成绩，但与省委、省政府的要求相比，还有不小的差距。我们决心以这次习书记考察调研为新的契机，在'八八战略'的指导下，围绕'推进率先发展、实现富民强市'这个主题，谋科学发展之势，鼓科学发展之劲，求科学发展之策，务科学发展之实，统科学发展之力，努力率先走出区域全面协调可持续发展的新路子，谱写新时期的'胆剑篇'，为全省全面建设小康社会和提前基本实现现代化做出更大贡献。"

习近平同志在听取我的汇报后做了重要讲话，要求我们牢固树立和认真落实科学发展观，努力建设平安市县和推进文化发展，大力弘扬"胆剑精神"。

二 "胆剑精神"与"绍兴精神"

对"胆剑精神"与"绍兴精神"的关系,学术上可以研究讨论。但我认为,首先应有个"绍兴文化"大概念,"绍兴文化"中那些核心的思想观念、价值观念,或者说内在的思想品性,经过历史检验和积淀,能适应、推动社会文明进步的人文精神,才能真正构成"绍兴精神"。"绍兴文化"和"绍兴精神"的共同之处,是必须有绍兴区域特色,它与全国其他区域文化及中华文化既有共性又有个性。

"胆剑精神"与"绍兴精神"也不完全是含义相同的概念。"绍兴精神"的内容更为丰富一些,而"胆剑精神"则是"绍兴精神"的一部分。我个人认为,"胆剑精神"是"绍兴精神"的核心内容,是最具代表性的。

对绍兴区域文化精神,历史上有不少名人进行过描述。比如,鲁迅先生在其《女吊》开篇中就引用了明末王思任的一句话:"夫越乃报仇雪耻之国,非藏垢纳污之地也。"[①] 弘光元年(1645 年)清兵攻破南京,明朝宰相马士英逃往浙江,王思任骂他说:"叛兵至则束手无措,强敌来则缩颈先逃……且欲求奔吾越;夫越乃报仇雪耻之国,非藏垢纳污之地也。"鲁王监国于绍兴,思任曾为礼部尚书,不久,绍兴城破,他在门上大书"不降"二字,后发誓不再入城,拒绝清军邀其合作,最终绝食而死。

当然,人们是可以从不同角度揭示绍兴精神的。比如,大禹治水,

---

① 王思任(1574—1646 年),山阴(今绍兴)人,深受古越文化熏陶和影响。

2005 年 4 月 20 日，王永昌作为主祭人参加公祭大禹陵典礼

王充的"疾虚妄，崇实知"，王阳明的"知行合一"，鲁迅先生说的"韧的战斗"和"孺子牛"精神等，都是绍兴精神的重要内容。

改革开放以来，绍兴市对"绍兴精神"曾开展过几次讨论。1988年，绍兴市委提出了要弘扬绍兴优秀人文精神，并决定在全市范围开展绍兴精神大讨论，引导大家分别从传统、现实和未来的坐标角度，去寻找和提炼绍兴精神。当时，绍兴县（现柯桥区）提出了"涉千山万水、说千言万语、想千方百计、历千辛万苦"的"四千精神"。这一概括很切实浙商的创业实践，从而产生了广泛影响，被全省乡镇企业界所普遍认同，并作为浙江的"创业精神"。随后，这"四千精神"在全国产生了影响。当然，浙商的"四千精神"是否绍兴县（现柯桥区）最早提出，尚待考证。2000 年，绍兴市和全省同步讨论浙江精神，再次对"绍兴精神"做了广泛讨论，并形成了"坚忍不拔、奋发图强、崇尚科学、务实创新"的"绍兴精神"。这实际上是 2000 年省里提炼出的"自强不息、坚韧不拔、勇于创新、讲求实效"的浙江精神（2006 年，"浙江精神"又再次提炼为十二个字："求真务实、诚信和谐、开放图强"）的贯彻落实。

2004 年，面对经济运行中的深层次矛盾和发展中的困难，我提议在全市开展"胆剑精神"的讨论。"这一讨论重在激活和放大古越文化中具有生命力和现代价值的传统，并加以现代性转换和整合。讨论最终形成了'卧薪尝胆、奋发图强、敢作敢为、创新创业'的新时期'胆剑精神'，为全市人民攻坚克难、拼搏奋进提供精神支撑，为绍兴的率先发展、富民强市提供精神动力。"①

当时，人们对"胆剑精神"有不同认识。有的人认为，已有了"坚忍不拔、奋发图强、崇尚科学、务实创新"的"绍兴精神"，不必再提新的了。而我认为，作为区域的"绍兴精神"，应有区域特色，同时应突出核心文化价值观，而"胆剑精神"恰当地体现了这一要求。再说，"胆剑精神"只是作为"绍兴精神"和绍兴文化的核心内容，并不能代替和囊括所有的"绍兴精神"和绍兴文化，所以，把"胆剑精神"提升为"绍兴精神"，并赋予新时期的时代内容，不但理论上能成立，在实践上也是很有意义的。

---

① 谭志桂主编:《绍兴:提升文化软实力》,浙江人民出版社 2007 年版,第 123 页。

三 "胆剑精神"的主要含义

关于"胆剑精神"的具体含义，我们提炼概括为"卧薪尝胆、奋发图强、敢作敢为、创新创业"十六个字。但是，这十六个字又以"胆剑"为核心，所以，大家又多焦聚于"胆剑"的含义上。当然，一提到"胆剑"，自然就会想起当年越王勾践"卧薪尝胆"的历史故事。

对"胆剑"如何理解，有一次在回答记者提问时，我做了说明。

记者问：据我们了解，绍兴市委、市政府特别重视培育城市精神，倡导和弘扬"卧薪尝胆、奋发图强、敢作敢为、创新创业"的"胆剑精神"。"胆剑精神"是几千年前的产物，带有报仇复国印记，在新的历史时期有什么新的内涵吗？

我回答：历年来，绍兴市委、市政府十分注重在加强古城保护中提升城市文化特色，在弘扬"胆剑精神"中提升地域人文精神，在开展创建活动中整体提升城市形象，在基础设施建设中提升文化阵地建设，在举办重大节会中提升文化品牌，在深化体制改革中提升文化软实力，在推进教育现代化中提升市民素质。我们之所以大力弘扬"胆剑精神"，这是有深刻的历史背景的。"胆剑精神"当然不是狭义地指越王勾践的"卧薪尝胆"精神，无论就其主旨、精髓还是实质而言，显然已不包括也不应该包括其具有历史局限性的报仇雪恨之义，而是绍兴悠久历史文化积淀和优秀人文精神的集中概括，是渗透着区域文化鲜明个性的城市精神，其特点就是刚柔相济。在绍兴，"刚"有绍剧，"柔"有越剧；"刚"有鲁迅、马寅初、秋瑾，"柔"有师爷文化。所有这些，都集中反映在"胆剑精神"上。"胆"是指胆识、意志,韬光养晦,是一种软功夫;"剑"是指敢作敢为的精神,是硬功夫。"胆剑精神"文武相通、刚柔相济,是"绍兴精神"更有个性、更有特色的表达,是"绍兴精神"的核心和灵魂。从古越到现代,绍兴历代优秀儿女无不受其熏陶、哺育,也无不对其加以传承和丰富。正是有了这种精神,绍兴创造了灿烂的历史文化,孕育了一大批仁人志士,形成了特有的绍兴名人现象;正是有了这种精神,绍兴在改革开放以来抓住一个又一个机遇,克服一个又一个难题,发展了块状经济,培育了专业市场,形成了市场化改革的先发优势,取得了经济社会发展的显著成就,造就了鲜明的绍兴经济特色。

我继续解释说,面对新形势、新任务、新要求,我们的经济发展要从"制造型"向"创造型"转变、从"创业型"向"创新型"提升,我们要实现率先发展、富民强市,就必须大力弘扬"胆剑精神",努力谱写新时期的"胆剑篇"。

我还指出,弘扬"胆剑精神",就要坚定目标、永不放弃。越王勾践"十年生聚、十年教训",旨在东山再起,成就大业。现在,我们要率先发展、富民强市,一定要坚定发展信心,成就发展大业。弘扬"胆剑精神",就要坚韧不拔、永不懈怠。现在我们的发展遇到一些困难和压力,属于前进中的问题、成长中的烦恼,关键要有战胜困难的精神和意志。我们倡导"胆剑精神",就是要始终保持良好的精神状态,树立坚韧不拔、刻苦自励的决心和意志,励精图治,奋发图强,创新创业创大业,谋事干事干大事,努力在攻坚克难中推进率先发展。在弘扬"胆剑精神"中,我们要从历史与现实的结合、从思想和精神的升华上进行理论研讨,挖掘思想精髓,提升精神品质,并形成一批重要的研究成果,使"胆剑精神"家喻户晓、深入人心,真正成为具有鲜明绍兴特色的人文精神,成为绍兴人的精神品质和精神品牌,成为落实科学发展观,推动绍兴率先发展、富民强市的强大动力。

我在2005年6月30日召开的绍兴市纪念中国共产党成立84周年群英大会上,以"学习先进典型、弘扬'胆剑精神',为推进率先发展、实现富民强市建功立业"为题的讲话中,强调绍兴要推进率先发展、实现富民强市,必须大力弘扬"胆剑精神"。伟大的事业呼唤崇高的精神。我们必须大力弘扬新时期"胆剑精神",激励广大干部群众积极投身推进率先发展、实现富民强市的伟大实践。

讲话中比较具体地阐述了"胆剑精神"的基本含义。下面就是当时的主要论述。

"'胆剑精神'是'绍兴精神'的核心和灵魂。2500年前,越王勾践卧薪尝胆,谱写了颇具传奇色彩的'胆剑篇'。'卧薪尝胆、奋发图强、敢作敢为、创新创业'的'胆剑精神',是中华民族精神的重要组成部分,是绍兴悠久历史文化和优秀人文精神的集中概括,是绍兴人的精神品质和精神品牌。绍兴人之所以能够历经磨难而不衰,饱尝艰辛而不屈,千锤百炼而愈加坚强,从根本上说,靠的就是'胆剑精神'。绍兴的历史是一部弘扬'胆剑精神'的历史,过去的绍兴因'胆剑精神'而迅速崛起,现在的绍兴因'胆剑精神'而急流勇进,未来的绍兴也将因'胆剑精神'而辉煌灿烂。"

我在讲话中指出,各条战线上的"先进典型是'胆剑精神'的集中体现。绍兴改革开放二十多年来,不同时期涌现出来的各类先进典型和优秀人才,不仅创造了丰厚的物质财富,而且创造了巨大的精神财富。在他们身上,体现了爱岗敬业、为国为民的主人翁精神,艰苦奋斗、奋发图强的拼搏精神,创新创业、与时俱进的进取精神,淡泊名利、任劳任怨的奉献精神,紧密协作、相互关爱的团队精神。这种精神,是'胆剑精神'的生动体现,在新时期具有强大的生命力。我们要保持党的先进性,全面落实'干在实处、走在前列'的要求,顺利实现'率先发展、富民强市'的战略目标,就必须大力弘扬新时期'胆剑精神',使'胆剑精神'真正成为推动绍兴加快发展、率先发展、协调发展的强大精神动力"。

四 为什么要开展"胆剑精神"的大讨论

2005 年 4 月 8 日,绍兴市委召开了理论学习中心组学习会。会议主要是进一步学习胡锦涛同志关于浙江工作的重要讲话精神,学习省委关于贯彻落实胡锦涛同志重要讲话精神的有关工作部署,学习中央和省委关于开展保持共产党员先进性教育活动的有关精神,并结合绍兴实际,深入开展"弘扬'胆剑精神'、推进率先发展、实现富民强市"讨论与实践活动,进一步增强率先发展的意识,树立科学发展的理念,明确全面发展的目标,加快推进经济强市、文化强市和生态绍兴、和谐绍兴建设。在学习会上,我结合前阶段市里开展"弘扬'胆剑精神'、推进率先发展、实现富民强市"讨论与实践活动的情况,就如何深入开展好这一活动做出了部署。

首先,我重点对为什么要开展"弘扬'胆剑精神'、推进率先发展、实现富民强市"讨论与实践活动,做了阐述。

根据中央和省委的部署,2005 年上半年,我们在全市县及县以上党政机关和部分企事业单位广泛开展了保持共产党员先进性教育活动。为了使先进性教育活动进一步增强实践性、提高实效性,市委提出,开展先进性教育活动,必须紧密结合绍兴实际,把推进率先发展、实现富民强市作为先进性教育活动的根本落脚点,并部署开展了"弘扬'胆剑精神'、推进率先发展、实现富民强市"的讨论与实践活动。市委之所以部署开展这一讨论与实践活动,主要是基于以下几方面的考虑:

第一,这是扎实开展先进性教育活动的重要载体。开展先进性教育活动，必须坚持规定动作做到位、自选动作创特色。开展"弘扬'胆剑精神'、推进率先发展、实现富民强市"讨论与实践活动，是结合绍兴实际搞好先进性教育活动的重要载体，是绍兴市先进性教育活动的个性所在、特色所在，也是使先进性教育活动取得扎实成效的重要保证。前段时间，中央督导组听了汇报后，也对这项工作给予了充分肯定。

　　第二，这是深入贯彻胡锦涛同志关于浙江工作重要讲话精神的具体措施。最近一段时间，胡锦涛同志连续两次对浙江工作提出要求。一次是在听取省委主要领导工作汇报后，胡锦涛同志指出，浙江要在落实科学发展观、转变经济增长方式方面走在前列，要在构建和谐社会方面走在前列，要在加强党的先进性建设方面走在前列。另一次是在全国"两会"期间参加浙江代表团审议时，胡锦涛同志要求浙江发扬成绩，再接再厉，紧紧抓住发展机遇，充分利用发展优势，积极挖掘发展潜力，努力在全面建设小康社会、加快推进社会主义现代化进程中继续走在前列。习近平同志在 2004 年 8 月来绍兴视察时，要求绍兴在推进经济增长方式转变、优化经济结构方面走在前列，在创新枫桥经验、建设平安浙江方面走在前列，在挖掘文化优势、建设先进文化方面走在前列。我们开展"弘扬'胆剑精神'、推进率先发展、实现富民强市"讨论与实践活动，主要目的就是要进一步分析绍兴当前发展的优势和潜力、问题和困难、办法和举措，按照胡锦涛同志和习近平同志所要求的那样，增强走在前列的意识，牢记科学发展的使命，树立和谐发展的理念，弘扬求真务实的精神，努力在全面建设小康社会、加快推进社会主义现代化的进程中走在全省乃至全国前列。

　　第三，这是推进绍兴新阶段新发展的重大举措。当前，全国经济正处于新一轮的增长周期，这一时期，原材料和重化工业的拉动作用十分明显。但在这方面，绍兴没有优势。因此，绍兴的发展将面临更大的挑战和更多的困难。可以说，绍兴正处于加快发展、率先发展、协调发展的关键时期。我们要在发展困难加大、发展压力增大的情况下，实现新的发展，这就迫切需要我们总结过去、展望未来，更好地提炼经验、发挥优势，梳理问题、商讨对策，统一思想、明确思路，鼓舞斗志、激励干劲，进一步增强调整经济结构、转变经济增长方式的危机感和紧迫感，增强"弘扬'胆剑精神'、推进率先发展、实现富民强市"的责任感和使命感。这是市委决定开展这一讨论与实践活动最主要的意图。

第四，这是深入实施推进率先发展、实现富民强市"13458"战略部署的迫切需要。2004年，我们按照科学发展观和省委"八八战略"的要求，根据新的形势，结合绍兴实际，提出了推进率先发展、实现富民强市的

2005年6月12日，王永昌在绍兴吼山越王勾践雕像前留影

"13458"战略部署，这是新阶段绍兴发展的总定位、奋斗前进的总目标、各项工作的总要求。开展讨论与实践活动，是对市委这一战略部署的再学习、再宣传、再深化、再提高，有利于进一步统一思想、凝聚力量，推进这一战略部署的贯彻落实。

第五，这是深入开展形势政策宣传教育"三个代表在浙江"大讨论活动的实际行动。为推进先进性教育活动的深入开展，中央部署了形势政策宣传教育活动，省委部署了"三个代表在浙江"大讨论活动和"先锋形象"大讨论活动。我们开展"弘扬'胆剑精神'、推进率先发展、实现富民强市"讨论与实践活动，较好地整合了上级的这些要求，是结合绍兴实际落实好中央和省委要求的实际行动，对于激励全市广大干部群众满怀信心地投身"推进率先发展、实现富民强市"的实践，具有十分重要的意义。

五　如何弘扬"胆剑精神"

在 2005 年 6 月 30 日召开的绍兴市纪念中国共产党成立 84 周年群英大会的讲话中，我又一次阐述了在新的历史条件下如何弘扬"胆剑精神"问题。

"首先，弘扬'胆剑精神'，就要树立干在实处、走在前列的坚定信念。越王勾践'十年生聚、十年教训'，图的是成就事业。历代绍兴优秀儿女、仁人志士，志存高远，信念坚定，为我们创造了灿烂的历史，树立了学习的榜样。绍兴的发展前景灿烂、任务艰巨，一代人要有一代人的贡献，一代人要有一代人的作为。现在，省委提出了'干在实处、走在前列'的要求，习近平同志也明确要求绍兴在经济发展、文化建设和平安市建设方面走在全省前列，谱写新时期发展的'胆剑篇'。'干在实处、走在前列'，这是省委的殷切期望，也是我们各级党组织和广大党员干部所必须树立的远大志向。绍兴是个干事业的好地方，现在正逢干事业的黄金期，也有干事业的大舞台。我们要切实增强前列意识，牢固树立'干在实处、走在前列'的信心和决心，争创一流，追求卓越，使各方面工作都走在前列；要切实增强责任意识，始终保持强烈的事业心和责任感，在其位谋其政，在其位尽其责，用诚心干事业，用热情干事业，用责任干事业；要切实增强发展意识，聚精会神搞建设，一心一意谋发展，鼓励干事的、批评混事的、处理败事的、惩处腐败的，为加快绍兴发展营造良好环境。

出土的最早的越王剑　　仿制的越王剑

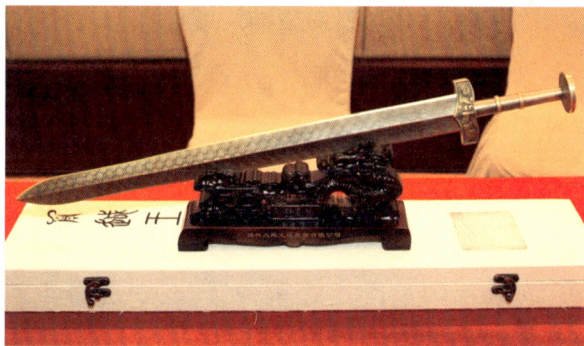

"其次，弘扬'胆剑精神'，就要培养敢作敢为、创新创业的精神品质。一个国家要兴旺发达，一个民族要自立自强，一个地区要持续发展，无不需要一种敢作敢为、创新创业的精神来支撑。推进率先发展、实现富民强市有漫长的创业之路要走，每个阶段都会遇到大量新情况、新问题。特别是绍兴经过二十多年的快速发展，人均 GDP 已突破 3600 美元，比全国更早地进入了发展的关键阶段。这一阶段不仅原有的深层次矛盾愈加凸显，而且遇到的新情况、新问题更早，碰到的新制约、新挑战更多。我们一定要在科学发展观的引领下，结合绍兴实际，以创新的精神研究新问题，以创新的思路破解新难题。尤其是当前，我们要推进产业高级化、城乡一体化、经济国际化、体制市场化、社会和谐化，着力建设经济强市、文化强市、生态绍兴、和谐绍兴，更需要有一种敢作敢为、创新创业的精神品质。我们要唱响创业的时代主旋律，大力培育创业文化，努力增强创业本领，鼓励支持自主创业，使全民创业、自主创业、艰苦创业蔚然成风，最大限度地释放民众创业致富的巨大能量。我们要尊重劳动、尊重知识、尊重人才、尊重创造，引导人们开阔眼界、开阔思路、开阔胸襟，在全社会营造鼓励创造、善待挫折、宽容失败、激励成功的良好氛围。全市广大干部群众都要有敢于突破前人的勇气和智慧，努力创出绝活、创出特色，永不满足，永不懈怠，敢与强的比，敢向高的攀，敢同勇的争，敢和快的赛，不断实现自我超越。

"再次，弘扬'胆剑精神'，就要保持攻坚克难、艰苦奋斗的坚强意志。'胆剑精神'昭示我们，越是遇到困难的时候，越是出现转折的时候，越是外部影响增大的时候，越要求我们有良好的精神状态和坚强的意志品质。绍兴正处'爬坡过坎'的发展阶段，当前和今后几年，将经受经济、体制、社会结构等方面转型所带来的严峻考验。如果没有不畏艰辛、励精图治的良好精神，没有艰苦奋斗、顽强拼搏的扎实作风，就难以克服发展道路上的重重困难。我们要有善打硬仗、敢于碰硬的精神，碰到问题不回避，有的放矢解决问题；碰到矛盾不上交，立足自身化解矛盾；碰到困难不低头，迎难而上克服困难。我们要有埋头苦干、恪尽职守的作风，保持一抓到底的狠劲、一说就干的实劲、一以贯之的韧劲，一步一步地抓，一件一件地干，一个问题一个问题地解决。我们要有无私奉献、敬业乐业的品质，干一行爱一行精一行，正确处理个人利益、集体利益和国家利益的关系，努力做到吃苦在前、享受在后，克己奉公、多作贡献，努力谱写现代化建设的新篇章。

"最后，弘扬'胆剑精神'，就要塑造务实为民、清正廉洁的良好形象。'三过家门而不入'的治水英雄大禹，'横眉冷对千夫指、俯首甘为孺子牛'的民族之魂鲁迅，'鞠躬尽瘁、死而后已'的革命伟人周恩来，这些绍兴的仁人志士在亲身实践'胆剑精神'的同时，也为我们铸造了一座座为民造福、清廉高洁的人生丰碑。天地之间，人民为大。我们弘扬'胆剑精神'，就要以为民、务实、清廉的良好形象来赢得群众的广泛支持和热情拥护，团结最广大的人民群众踊跃投身绍兴现代化建设的伟大实践。我们要坚持立党为公、执政为民，做到权为民所用、情为民所系、利为民所谋，关心群众安危冷暖，记住百姓衣食住行，努力实现好、维护好、发展好人民群众的根本利益。要坚持实事求是、量力而行，重实际、办实事、求实效，注重并善于从群众实践中汲取智慧和力量，实实在在地造福老百姓，让人民群众过上更加富裕安康的生活。要坚持以身作则、率先垂范，加强党性修养，正确行使权力，树立正确的世界观、人生观、价值观，追求高尚的生活情趣，始终做到一尘不染、一身正气。"

六　开展"胆剑精神"大讨论重点要解决哪些问题

在 2005 年 4 月 8 日中心组学习会上，我专门分析了这个问题。指出，"弘扬'胆剑精神'、推进率先发展、实现富民强市"讨论与实践活动，是一种载体、一种形式，其根本目的是要着力解决影响发展、束缚发展、制约发展的一些实际问题。从根本上说，就是要紧紧抓住加快发展、率先发展、协调发展这条主线，不断提高党领导发展的能力和水平，激发全市干部群众加快发展的热情和干劲，扎扎实实推进经济强市、文化强市和生态绍兴、和谐绍兴建设。

具体来说，重点要解决以下五个方面的问题。

第一，进一步增强率先发展的意识。 2005 年全国"两会"期间，时任中共中央总书记胡锦涛提出浙江应努力在全面建设小康社会、加快推进社会主义现代化的进程中继续走在前列。2004 年以来，时任浙江省委书记习近平多次要求绍兴在各个方面走在全省的前列。坚持率先发展，就是"走在前列"意识的具体体现，完全符合中央、省委精神，也符合绍兴发展实际。绍兴要推进率先发展、实现富民强市，应该说，优势十分明显：具有较为雄厚的综合实力，具有灵活的体制基础，具有鲜明的产业特色，具有悠久的人文优势，具有较好的区位优势，等等。我们要通过这次讨论与实践活动，进一步增强加快发展、率先发展的信心，围绕"三个率先"，争取"六个前列"，即围绕率先走出区域全面协调可持续发展的新路子、率先在 2007 年全面建成小康社会、率先在 2015 年基本实现初步现代化这"三个率先"，努力在推进经济增长方式上走在全省前列，在推进城乡一体化发展上走在全省前列，在推进文化建设上走在全省前列，在推进和谐社会建设上走在全省前列，在推进生态市建设上走在全省前列，在推进体制机制创新上走在全省前列，加快推进绍兴率先发展、富民强市步伐，为全省全面建设小康社会和率先基本实现现代化做出更大贡献。绍兴在这六个方面走在全省前列，有条件、有基础，我们要通过讨论和实践活动，进一步增强广大党员干部推进绍兴率先发展的意识和信心。

第二，进一步树立科学发展的理念。科学发展观是党中央做出的重大决策，是发展观的与时俱进，是执政理念的重大飞跃，它指明了新世纪新阶段我国现代化建设的发展道路、发展模式和发展战略，是我们做好改革发展稳定各项工作的根本指针。改革开放以来，绍兴经济社会发展取得了显著成就，为率先走出区域全面协调可持续发展的新路子打下了很好的基础。当然，绍兴发展成绩与科学发展观的要求相比还有很大的差距，还存在许多突出矛盾和问题：特别是经济结构不尽合理，增长方式以粗放型为主，资源保障压力加大，人才、科技支撑不足，城市规模偏小，区域竞争压力增大，城乡和社会发展不够协调，等等。推进科学发展，是政治的要求、理性的判断、实践的呼声、群众的愿望。我们必须审时度势，顺势而为，通过这次讨论与实践活动，进一步保持清醒头脑，增强忧患意识，创新发展理念，以科学发展观和省委"八八战略"统领经济社会发展全局，在全市经济社会全面协调可持续发展方面取得新的成绩。

第三，进一步明确全面发展的目标。2004年召开的市委五届三次、四次全会，做出了推进率先发展、实现富民强市的"13458"战略部署，即坚持"一个统领"、围绕"三个率先"、实现"四个目标"、抓实"五个战略重点"、推进"八个创新提升"。建设经济强市、文化强市，打造生态绍兴、和谐绍兴，涵盖了经济社会发展的方方面面，完全符合绍兴发展实际，是绍兴市以科学发展观为指导，推进率先发展、实现富民强市的具体目标，也是历届市委、市政府所追求的工作目标。我们要通过这次讨论与实践活动，进一步明确和深化经济强市、文化强市、生态绍兴、和谐绍兴的内涵,切实增强工作的主动性和针对性。

建设经济强市,就是要加快把绍兴建成长三角重要的先进制造业基地、农业产业化基地和旅游休闲基地,建成百万人口的现代化生态型大城市,保持经济总量在全国同类城市中排前十位,着力提升经济竞争力。绍兴要增强综合实力,关键的问题有两个:一个是要提升历史文化名城的品位,另一个是要优化产业结构,加快经济发展。当前,尤其要痛下决心,以凤凰涅槃精神,加快经济结构的适应性调整和战略性调整步伐,根据"一产提效、二产提质、三产提速"的要求,着力推进产业结构创新、产品结构创新、投资结构创新、技术结构创新、外贸结构创新、空间结构创新、企业结构创新、管理结构创新、企业家素质创新和服务环境创新。

建设文化强市,就要大力弘扬"胆剑精神",基本形成适应经济社会发展、满足人民群众需求的,融历史文化与现代文明于一体的文化格局,建成全国文明城市,着力提升文化软实力。绍兴建城有 2500 年历史,为我们留下了灿烂辉煌的文化积淀。我们有责任、有义务在前人的基础上增添现代文化的活力,续写绍兴文化的新篇章。建设文化强市,重点要抓好"十个一",即塑造一种城市精神、创建一个全国文明城、建设一个学习型城市、建设一批文化设施、建设一个黄酒城、创作一批文化精品、推出一批群文活动、培养一批文化人才、挖掘一批文化资源、发展一批文化产业。

打造生态绍兴,就是要建立起比较完善的生态经济、生态环境、生态文化和生态景观四大体系,创建成中国人居环境奖城市,建成国家级生态市,着力提升环境承载力。绍兴生态市建设起步比较早,优势明显,已连续两年获"全省生态建设优秀市"称号,并被国家环保总局列为全国生态市建设三个试点市之一,已走在全省乃至全国前列。但是,绍兴生态市建设也面临不少困难,可以说任重而道远,必须扎实推进"十个一批"生态示范工程。

打造和谐绍兴,就是要建设民主法治、公平正义、诚信友爱、充满活力、安定有序、人与自然和谐相处的社会,着力提升社会凝聚力。我

演艺人员正在绍兴越王城表演越王勾践的故事

们所要建设的和谐绍兴，应该是发展和谐的绍兴，使经济始终保持平稳健康发展；应该是城乡和谐的绍兴，使城乡一体化进程不断推进；应该是利益和谐的绍兴，使各阶层、各方面的利益更加协调；应该是管理和谐的绍兴，使整个社会充满生机和活力。

第四，进一步激发推进发展的干劲。绍兴正处于发展机遇期、改革攻坚期、稳定关键期，抓好当前的发展，事关全局、事关长远。我们要通过这次讨论与实践活动，使全市广大党员干部的思想进一步统一起来，精神进一步振奋起来，信心进一步坚定起来，干劲进一步激发起来，更好地落实市委提出的"攻坚克难、创新发展、统筹和谐、务实为民"的工作基调，更好地凝聚起方方面面推进率先发展的强大力量。一要进一步增强发展的使命感和责任感。牢记使命，明确责任，不断强化干净干事、干事创业意识，推动各项工作不断有新的突破、新的亮点、新的作为。二要大力弘扬"胆剑精神"。始终保持良好的精神状态，拼意志、拼精神、拼毅力，比拼劲、比韧劲、比干劲，努力在攻坚克难中推进率先发展。特别是当前，工业经济发展碰到了一些困难，更需要我们加强服务、活血化瘀，保护企业家的积极性，激发企业家的创造性。三要发扬求真务实的作风。结合先进性教育活动，大力弘扬求真务实精神，切实转变工作作风，扎实整改在服务意识、服务方式、工作措施、办事效率等方面存在的突出问题，真正把各项工作做实、做细、做具体。

第五，进一步落实加快发展的举措。市委为认真贯彻"13458"的工作部署和"攻坚克难、创新发展、统筹和谐、务实为民"的工作基调，已将2005年的重点工作整合为"七大系列活动"。当务之急，就是要扎实推进这"七大系列活动"：一是创新发展系列活动，二是统筹城乡发展系列活动，三是文化繁荣系列活动，四是为民办实事系列活动，五是创建平安绍兴系列活动，六是深化改革系列活动，七是固本强基系列活动。关于这"七大系列活动"，市委、市政府已落实了牵头领导和责任人。各部门要高度重视，主要领导要切实负责，做到工作到位、责任到人，努力创出特色和经验。各县（市、区）要上下联动，对照工作载体，分解工作任务，抓好工作落实。

七 如何深化"胆剑精神"大讨论

开展"弘扬'胆剑精神'、推进率先发展、实现富民强市"讨论与实践活动，是一项事关全局、事关长远的部署。全市各地各部门要从讲政治、讲大局的高度，充分认识这项活动的重要性和必要性，加强领导，全力推进，以确保取得实效。

第一，广泛发动。各地各部门在前阶段宣传发动的基础上，进一步营造声势、营造氛围，始终保持一定的力度和温度，真正把广大党员干部的热情激发出来，积极参与到讨论与实践活动中来。新闻媒体开辟专栏、专题，进一步加大宣传力度，大张旗鼓地宣传先进典型和成功经验。各级领导带头参与，发挥好示范作用。坚持市县联动，加强协调，营造合力，推动面上讨论与实践活动的广泛深入开展。

第二，精心组织。讨论与实践活动已在面上全面展开，取得了初步成效。下一步，重点开展以下十项活动：一是组织一次专题形势报告会，围绕"胆剑精神"与绍兴人文精神、宏观经济形势与绍兴经济社会发展、"十五"建设成就与"十一五"发展战略，广泛开展宣传教育；二是举办一次"十五"建设成就图片展，并组织党员干部实地参观"十五"建设成就；三是组织一次评选"十五"时期"群众满意的十件大事""十大建设成就""十大建设功臣"活动；四是组织一次"学习名人先贤、弘扬'胆剑精神'"学习参观活动；五是组织一场以展示"十五"成就为主题的文艺晚会和以弘扬"胆剑精神"为主题的演讲比赛；六是召开一次全市各类先进人物的代表大会，进一步掀起学习典型、宣传典型、争当典型的热潮；七是开展一次推进绍兴率先发展的"金点子"征集评选活动和"我为绍兴率先发展献一策"征文活动；八是组织一次经济形势分析会，重点是研究分析第一季度经济运行情况，找准问题，分析原因，落实对策；九是开展一次集中调研活动，根据大讨论情况，列出重点课题，组织专题调研；十是召开一次市委读书会，交流调研成果，分析发展优势，剖析存在问题，研究发展对策，为谋划"十一五"发展思路奠定基础。各级各部门要按照这个总体部署，精心组织，抓好落实，并力求创出特色、务求实效。

第三，抓好结合。一是与正在开展的保持共产党员先进性教育活动有机结合起来，促进党员素质的提高，激发干部群众推进率先发展、实现富民强市的热情和干劲。二是与学习和宣传各种党员先进典型有机结合起来，在全社会营造学习先进、争当先进的浓厚氛围，凝聚起社会各界的力量。三是与抓好当前各项工作有机结合起来，推动以"七大系列活动"为重点的各项工作的落实。四是与搞好"十五"总结与"十一五"规划有机结合起来，深入研究绍兴今后一个时期发展的对策思路。

第四，出好成果。一是在先进性教育上出好成果，使讨论和实践活动成为绍兴市先进性教育活动的特色和亮点，创造出新的经验。二是在编制"十一五"规划上出好成果，通过广集民智、广泛调研、深入研讨，努力编制好"十一五"规划，切实增强规划的指导性、针对性和操作性，使之真正成为指导绍兴今后发展的纲领性文件。三是在落实科学发展观上出好成果，努力在化解要素制约、转变经济增长方式、构建和谐社会等方面创出新业绩。四是在完成年度目标任务上出好成果，确保当年各项工作部署扎实推进、落到实处，圆满完成经济社会发展的各项目标任务，一步一个脚印地推进绍兴率先发展、富民强市进程。

八 拍摄电视连续剧《越王勾践》

2005 年 10 月 19 日，王永昌等市领导看望越王勾践剧组人员

2005 年，由中央电视台中国电视剧制作中心和绍兴广播电视总台等单位联合投资摄制的《越王勾践》开拍。

2005 年 9 月 3 日，我和市委分管领导参加了开拍仪式并做了致辞，现将全文附录如下：

今天，我们在景色迷人的吼山风景区隆重举行电视连续剧《越王勾践》开机仪式。在此，我谨代表绍兴市委、市政府，对电视剧《越王勾践》的顺利开拍表示热烈的祝贺！对参加开机仪式的各位领导和朋友们表示热烈的欢迎！对电视剧《越王勾践》全体演职人员表示由衷的敬意和感谢！

越王勾践忍辱负重，卧薪尝胆，经过"十年生聚、十年教训"，东山再起，终成大业，谱写了一曲颇具传奇色彩的"胆剑篇"。越王勾践的故事家喻户晓，是一个很有历史意义和现实教育意义的好题材。两千多年来，"卧薪尝胆、奋发图强、敢作敢为、创新创业"的"胆剑精神"，一直哺育着古越大地，成为绍兴人的精神品格，绍兴人文精神的核心内容，同时也成为中华民族精神的重要组成部分。绍兴正在加快建设经济强市、文化强市，积极打造生态绍兴、和谐绍兴。电视剧《越王勾践》，生动展现了"胆剑精神"，是我们建设文化强市的一个重要载体，它对进一步弘扬新时期"胆剑精神"，提升绍兴人文精神，提高绍兴知名度、美誉度，增强绍兴城市综合竞争力，推进绍兴率先发展、富民强市进程具有重大意义和积极作用。

《越王勾践》总投资 2500 多万元，是一次历史题材电视剧的鸿篇巨制，是中央电视台中国电视剧制作中心本年度的一部重点剧目。电视剧不仅有一个好题材，而且还有一个难得一见的好剧本和才华横溢的好剧组。剧本是经过编剧张敬等艺术创作人员四年倾心打造、精心修改而成的；导演由黄健中、元彬担纲；主要演员由陈宝国、鲍国安、尤勇、李光洁、姚安濂等实力派演员组成，演职人员阵容强大。我们对电视剧《越王勾践》高度关注，寄予厚望。相信通过各方的共同努力，电视剧《越王勾践》一定能成为艺术感染力和社会影响力俱佳的一流精品，激励绍兴人民创新创业，再谱 21 世纪的"胆剑"新篇。

最后，衷心祝愿《越王勾践》摄制工作圆满成功。

九 十多年后绍兴市委再次做出开展弘扬 "胆剑精神"学习实践活动的决定

2019 年 10 月 25 日，为贯彻落实党的十九大精神、开展"不忘初心、牢记使命"的主题教育活动，中共绍兴市委再次做出开展"弘扬'胆剑精神'、勇于担当作为"学习实践活动的决定，并以中共绍兴市委"不忘初心、牢记使命"主题教育领导小组办公室名义下发《关于在主题教育中开展"弘扬'胆剑精神'、勇于担当作为"学习实践活动的通知》（以下简称《通知》），要求从 10 月下旬至 11 月底，组织全市党员干部认真贯彻落实习近平总书记对绍兴"胆剑精神"的指示精神，大力弘扬"卧薪尝胆、奋发图强、敢作敢为、创新创业"的"胆剑精神"，进一步激发全市党员、干部干事创业新热情，决定结合"不忘初心、牢记使命"主题教育，在全市开展"弘扬'胆剑精神'、勇于担当作为"学习实践活动。具体部署了组织专题学习活动、专题征文活动、以"学先进、担使命、抓落实"为主题的党日活动、开展"干部不担当不作为问题"大排查活动，以及解决一批群众关心的操心事、烦心事、揪心事等活动。

《通知》指出："'胆剑精神'是绍兴历史传统文化的精神内核，'弘扬胆剑精神、勇于担当作为'学习实践活动是全市'不忘初心、牢记使命'主题教育扎实有效开展的一个重要载体。各地各部门（单位）要加强领导，精心组织，周密部署，积极引导全市党员、干部更加自觉地践行使命担当，进一步发扬中华民族的传统精神，要把开展'弘扬胆剑精神、勇于担当作为'学习实践活动与当前正在做的各项工作紧密

绍兴越王台旧址

结合起来，切实以勇于担当的精神统一思想认识、以勇于担当的境界提升干部队伍素质、以勇于担当的要求推动当前各项工作，确保取得实实在在的成效，为绍兴综合经济实力重返全国'30强'提供强有力的保障。"

《通知》要求各地各单位切实加强对开展"弘扬'胆剑精神'、勇于担当作为"学习实践活动的宣传报道，营造浓厚的舆论氛围，特别要结合全市新时代"担当作为好干部"的宣传，加大对党员干部弘扬'胆剑精神'、勇于担当作为、推进改革发展典型事例的宣传力度，及时反映绍兴市开展"不忘初心、牢记使命"主题教育的先进经验和实践成果。

第二章 为官的天职：
人民群众是天是地
记住百姓衣食住行

　　每个人从小都受父母和乡邻熏陶。记得小时候就常听父亲和邻居大人们说："当官不为民做主，不如回家卖红薯。"中华民族优秀传统文化中朴素的民本思想是极为深厚的。古人常讲，"德莫高于爱民，行莫贱于害民"。这类爱民为民思想，早已内化成了中华民族的优秀传统文化，世代相传。我在党政机关工作三十多年，每次回家探望父母，他们从来都没有替个人或亲友向我提过什么要求，他们也从来不认为当官的儿子应该"发财"，能够为家里带来什么好处。我老爸几乎是个文盲，平时说话不多，但他每每开口，就会反复告诫我："当个好官，就是要亲民守法，为老百姓做点好事。"这是多么淳朴善良的农民情怀啊！父亲朴素的言语，其实直抵为官者应遵循的基本"底线"。对父亲的教诲，我时时铭记在心，并努力践行。

一 为官者的天职

人民是天是地，为民谋利而不是为己谋私利，这是为官者的天职。也正因为如此，我坚守自己主政市政府时的工作原则，把为民谋利作为第一责任，坚持"权为民所用，情为民所系，利为民所谋"的执政理念，把群众的呼声作为第一信号，把群众的利益作为第一追求，把群众的满意作为第一标准。我反复告诫自己，也要求其他领导干部，要处处关心群众安危冷暖，时时记住百姓衣食住行。

领导干部眼中要有最大的"人"，这个"人"就是人民群众。万事悠悠，唯此为大。心中有没有老百姓，是检验领导干部政治素养、道德品质的重要标准。眼中没有老百姓的"官"，不是真正的好"官"，也不是老百姓所需要的"官"。

领导干部心中要有最真的情怀，这个情怀就是对人民群众的深厚感情和关爱之情。对人民群众没有感情、没有热情、没有激情的干部，是不称职的，也是不正常的。只有对人民群众怀有深厚感情，干事创业才会有强大的动力，为民谋利才会无怨无悔、无私奉献。

领导干部胸中要有最好的办法，这个办法就是为人民群众扶贫帮困和创业致富的办法举措。帮助解决人民群众的困难，要有具体办法和实际行动。首先要加快发展，创造更多的社会物质财富，也要广泛发动社会方方面面的力量参与帮扶活动，更要把为民办实事工作纳入制度化、规范化轨道。

绍兴有个最大的"家"，即由435万绍兴人组成的一个温暖的大

2004年10月20日，王永昌在越城区慰问困难群众

家庭。绍兴人民谦恭礼让、乐善好施，一方有难、八方相助，8256平方公里的绍兴大地充溢着关爱、流淌着真情。我们有了这样一个温馨的大家庭，再大的困难都能克服。

为什么高度重视、关注民生问题？这是因为，关心、关注、解决好民生问题，是我们坚持立党为公、执政为民，巩固党的执政地位的根本要求。我们党的执政地位不是与生俱来的，也不是一劳永逸的。我们党能不能长期执政，从根本上讲取决于人民群众的认同感和信任感。巩固党执政的群众基础，就必须始终坚持为人民执政、靠人民执政，为人民服务、让人民谋幸福。

人民是天是地，人民是根是本，人民利益高于一切。我们必须牢记群众利益无小事，始终做到以民为本、以民为重、以民为先，以高度的政治责任感，带着深厚的感情，关心群众安危冷暖，记住百姓衣食住行，切实维护人民群众的根本利益。

二 一封难忘的信访件

2004 年 5 月，经组织推荐和考察，省委拟任我为绍兴市委书记。按规定程序，《浙江日报》刊出我的任前公示。公示后，组织部门收到了唯一一件群众信访，反映我之前没有处理他写给我的一件信访。

组织部门很认真负责，专门派人来调查核实。我告诉他们，信访件具体什么内容、什么时间、我如何批示的，的确记不起来了；但可以肯定的是，只要是我收到过的信访件，我肯定处理过。随后，我请秘书检查来信来访及我处理情况的登记记录。结果一查，确实收到过这一信访件，而且我也批示处理过了。但是，群众来信要求解决的问题并不一定都应解决、能解决。这位群众反映的是村里的征地等问题，而且是 ×× 市 ×× 乡 ×× 村的。按一般程序，我批转给 ×× 市的市长去处理了。

这件事说大也大，颇令领导干部思考。首先，群众的事无小事，或者看似小事，处理不慎也可能是变成大事；其次，凡是领导收转的信件、文件及批阅件，应及时登记造册，以便备查；最后，对那些重要信访，批示后还要督促检查落实情况，难以解决的也应有个说明。

起初，对此事我还感到有些"委屈"，因为除了反映领导干部问题的信访外，对群众的信访我是坚持做到了件件必阅看、件件必处理的，而且从自己到绍兴上任的第一天开始，直到离任为止，我都坚持了这一做法。说实话，几年来都坚持不懈地做到这一点，是很不容易的。回想起来，这一点倒是令人欣慰的。

通常情况下，一位党政主要负责人到新的岗位任职后，社会各界会比较关注，也会有更多的期待，因而各类上访特别是信访会比较多。我初到绍兴任代市长、市长时也是如此。

当然，如果一个地方正处于城市大改建、大拆建、大建设时期，或者正赶上体制、政策大调整时期，自然会触及不同群体的利益，因而群众各类诉求、上访就会比较多。20世纪90年代和21世纪头十年，正是绍兴企业等体制改革调整和城市拆迁较多、发展较快的时期，所以群众上访较多也是正常的。

就领导干部来讲，对群众各类来信来访，可以用多种办法处理。比如，可以让工作人员转信访局处理，也可以由身边工作人员代为处理。更多的领导干部是让身边工作人员先过滤筛选，挑出一些重要的来信批阅处理。这当然有利于领导同志腾出时间去处理其他事情；不过，我觉得，群众来信来访主要是出于对党组织、政府或领导人的信任，确有这样那样的利益诉求或困难需要帮助解决，即便有些不太合理或不符合政策要求的诉求，也需要宣传解释、沟通疏解；同时，群众来信来访是领导干部了解、掌握基层情况和社情民意的重要渠道，有的领导干部宁可化专门时间去基层调研，也不愿意花些时间看看群众来信，这可是一种"低成本""送上门"的调查研究。当然，更重要的是，为官的职责，察民情、听民意、解民忧、帮民困、办民事、谋民利，是领导干部的"天职"。正因为这样，我坚持亲力亲为，坚持自己亲自处理每一件群众来信，并酌情批阅。

三 "12345"市长公开电话

作为人民公仆的"官员"，自然要以为民办事为天职。到绍兴任市长之职，我怀有一个朴素的愿望：尽可能为老百姓多办事。而作为市长，要为老百姓多办实事，重要的是想办法建制度、立机制，调动各级领导干部的工作积极性，让政府各个部门都去为老百姓多做实事好事。

来绍兴履职之初，群众来信如雪花般向我飞来，有寄予期望的，有提意见建议的，但更多的是老百姓要求帮助解决各种各样实际困难或诉求的。这自然令我马上想到杭州市已开办的市长热线——"12345"市长公开电话受理中心。来绍兴任职前，我是杭州市委常委兼市委秘书长，对市长公开电话热线的运行机制和实际效果比较了解。为此，我就思考和酝酿能否同样在绍兴设立市长公开电话的事。

首先，我对市区的群众上访情况、信访的数量及其反映的主要问题做了调查研究，从中了解市长公开电话能够受理的内容范围，以及受理后调解、化解、解决的可能性。

其次，通过市政府办公室同志侧面了解市区党政机关及其领导干部对外地或本市建立市长公开电话（市长热线）的认可程度情况。

最后，说来也巧，正在我们考虑建绍兴市市长公开电话是否可行的时候，2001年12月16日（我是11月8日来绍兴任职的）《绍兴日报》读者之声版刊登了《嵊州市"12345"市长专线真灵》的信访调查稿，我阅读后即"请市府办做进一步调研，并总结一下嵊州市的做法"。据了解，嵊州市自2000年6月15日设立市长专线电话以来，在直接听取群众的呼声、督促领导干部树立服务意识、促进干部作风变化等方面，都取得了较好成效，受到了群众的好评。

随后，市政府秘书长和办公室的同志迅速展开工作，而且效率很高，很快就形成了筹建绍兴市市长公开电话（号码为"12345"）的筹备方案。在此基础上，向市委做了请示汇报，与人大、政协主要领导做了交流沟通，得到各方高度赞成和肯定。这样，筹建方案便进入了实施阶段。

为使"12345"市长公开电话受理中心更好地为民排忧解难，提高解决实际问题的能力，市委、市政府专门从市劳动、建设、民政、信访等13个部门首批抽调21名人员到中心工作。2001年12月27日，对即将进入中心的21名工作人员进行了为期3天的业务培训。培训期间，中心工作人员接受了有关政策法规和中心软件使用等方面的授课，并专程到杭州市"12345"市长公开电话受理中心参观学习。开班时，我看望了参加培训的中心工作人员，并希望中心工作人员努力学习业务知识，牢固树立为民服务思想，说千言万语，想千方百计，为民排忧解难谋利益，争取把"12345"办成党和政府与群众的"连心线"和有权威的能为民办实事的服务中心。

2001年12月27日，在"12345"市长公开电话开通前夕，我就建立市长公开电话的目的、意义和工作要求，接受了《绍兴日报》记者的专访。

2001年12月底召开的市政府四届八次全体会议上，我在部署2002年政府工作任务和新一年政府要办的8件实事中，把建立"12345"市长热线作为第一件实事做了安排，并指出："为了落实好中央、省委和市委关于加强作风建设的决定，进一步改善我市的投资环境和发展环境，市政府各部门要把'12345'市长热线作为察民情、解民忧和办民事的有效载体来抓，积极支持和配合。市长热线要在听取群众意见、关注热点问题、化解社会矛盾、强化工作督查上下功夫，积极探索新形势下为民服务的新途径。此项工作由市政府办公室具体负责落实。"

2001年12月31日上午，绍兴市委、市政府正式成立了绍兴市市长公开电话受理中心，并举行了"绍兴市市长公开电话受理中心"授牌仪式，市委、市人大、市政府、市政协主要领导出席了"12345"市长热线电话开通仪式。市委主要领导和我分别就开通市长热线电话的重要意义、如何切实办好发表了重要讲话。

我在讲话中就"12345"市长热线电话的职能目标、政府各部门支持配合及对办好受理中心等提出了要求。

首先，我解释了开设"12345"市长热线的缘由。我在2002年1月27日接受采访时指出，设立"12345"市长公开电话，是市委、市政府深入贯彻落实中央和省委有关精神要求，切实转变机关工作作风的一个重要举措，也是我们了解社情民意，接受群众监督，为民排忧解难的一个重要渠道和窗口，目的是在党和政府与人民群众之间架起沟通的桥梁和纽带。办好"12345"市长公开电话，对于密切联系群众，转变工作作风，提高办事效率，树立党和政府良好形象，促进绍兴改革开放和现代化建设事业，都将起到积极的作用。

其次，我介绍了"12345"市长热线受理范围。一是社会生活中发生的热点、难点问题并需要政府解决的有关意见和建议；二是对绍兴改革开放、经济建设、市政建设、城市管理方面的意见和建议；三是对政府各部门工作职责、办事程序、政策法规和招商引资的咨询、意见和建议；四是对政府工作及工作人员的批评、意见和建议。中心将在受理基层单位和人民群众通过电话反映政府工作的批评、意见和建议的基础上，向有关责任单位交办和转办群众来电反映的问题，督促检查办理情况，及时反馈处理结果。

再次，我强调了"12345"市长热线的职责目标。我对市长公开电话寄予了很高的期望，要求把"12345"市长公开电话办成党和政府与人民群众沟通的桥梁、体察社情民意的"晴雨表"、为民办实事的"快速通道"、人民群众监督政府机关依法行政的一个有效载体，以及培养锻炼干部的重要场所。因此，各级各部门要把办好市长公开电话作为检验工作成效的重要标准，作为服务于民的大事、实事来抓。

最后，我表达了对"12345"市长热线工作人员的期望。我希望中心工作人员牢固树立责任重于泰山的思想，切实增强责任感和事业心；坚持为民服务第一的思想，文明礼貌待人，客观公正，尽心尽力，善于协调，善于做群众工作；从严管理，对群众反馈的问题真正做到件件有落实，事事有交代。总之，中心工作人员要"心系群众，情系热线""说千言万语为民解难，想千方百计为民谋利"，加强学习，不断提高自身素质，努力把"12345"市长公开电话办成党委和政府与群众的"连心线"。

市长公开电话开通后，受理中心工作运转正常，得到各界高度评价，开局良好。2002年4月17日，我专门召开了市长公开电话协调小组成员会议。从当时两个多月的运转情况来看，"12345"不仅是运转正常，而且取得的成绩超出预期。当时，受理中心已接到群众来电6983件，现场答复的有3050件，占来电总数的43.68%，这说明受理中心工作人员有较高的工作水平、政策水平，提出问题能当场回答，这也是一个成绩。受理中心交办的3917件中有3540件得到了反馈，反馈率达到90.38%，反馈率比较高，体现了"件件要落实，事事有回音"的要求。经过抽样问卷调查，群众满意率为87%，初步得到了群众的信任，应该说很不容易。除了这些来电以外，我还经常给他们交办一些来信，处理的数量不少，处理的效率也比较高。经过两个多月的运转，可以说市长公开电话已初步实现了原定的五个方面的职责目标。这也说明，市委、市政府的决策是正确的，"12345"的运行是良好的，各个部门也是重视的，人民群众对党和政府更加信任了。

自"12345"市长热线电话开通以来，前后运行了近十年的时间。在这十年间，"12345"市长热线电话的确为绍兴人民办了不少实事好事，架设了政府与百姓之间的沟通桥梁，从一个很重要的方面体现了政府工作理念，也成为我处理政务的一个得力助手。回忆起来，自然会有更多的感怀，我感谢所有关心、支持和参与"12345"市长热线的同志们。

四 引起中央领导关注的大楼

"看病难"是长期困扰老百姓的一个大难题。讲起"看病难"，几乎人人都有一本苦水经。我自己也亲身经历过这样的"苦水"。

（一）我所经历的"看病难"

我一生中永远不能忘记的经历之一，就是我父亲曾因重病到金华某医院就诊，需要住院治疗，可是没有病床可以安排。父亲只能躺在医院门诊楼的走廊过道里挺了好几天，我们兄妹几个跟着照料父亲。尽管那时我已在省级机关担任处级领导，曾想过找找熟人帮助安排个病床，但一看到走廊里到处都是"住院"的病人，也就作罢了。因为，肯定是医院实在满足不了病人的需要，才造成如此困境的。

我永远不能忘记的经历之二，就是我曾推着独轮车送妹妹到金华某医院就医，排了大半天的队，好不容易轮到就诊，一位年青的医生简单问过我妹妹的病情后，就匆忙下诊断结论，说是感冒。吃了两天药，病情反而严重起来，我只好推车数十里，到另一个当地有点名气的中医师那里去就诊。老中医严谨认真，问诊心细，医道医术不错，正确判断是某脏器的炎症。对症下药，病情很快好转。从这件事也可以反映出一个问题，即"看病难"易造成误诊。事实上，老百姓不但希望有地方看病，更希望能看好病，这就需要德才俱佳的医生，同时也需要有比较充足的医疗条件。

（二）倡导"宝塔形"医疗服务组织结构

我到绍兴市任职不久，当时市政府分管文体委工作的副市长告诉我，将于2002年1月17日召开全市卫生工作会议，我要做会议主题讲话。

于是，我抽出时间就全市卫生事业特别是市区卫生事业情况做了调查研究。在全市卫生工作会议上，我以"发展卫生事业 造福人民群众"为主题，发表了经自己慎重思考过的讲话。在阐述了医疗卫生事业发展事关全局，事关经济发展与社会进步，事关改革开放成果的巩固，事关人民群众的切身利益的基础上，提出了要努力构建一种"宝塔形"的医疗卫生服务体系。

具体地说，就是处在"塔尖"的应该是高水平、综合性的一两所较大的医院，它能够代表整个绍兴的医疗水平和整体形象，同时还应是辐射全市区域性的医疗中心，要通过各种途径赋予其医疗指导职能。处在"塔中间"的是一批特色专科医院，其某一领域、某些方面的医疗水平较高。办医院也与搞经济一样要创特色，没有特色就没有生命力，就没有竞争力。"塔基"则是面向社会、面向基层、面向广大群众的社区（农村）卫生服务站，就像一张网一样铺开来，切实保障人民群众对日常医疗卫生服务的需求。形成这么一个"宝塔形"的体系，一方面有助于提高我们的医疗水平和优化医疗资源配置，另一方面也有助于更好地为基层、为群众提供医疗卫生服务。

我在讲话中指出，市政府今后对卫生事业的支持，重点是三个。一是处在"塔尖"的大医院。因为它是综合性的、代表区域最高医疗水平的医院，市里要重点关注、重点支持，政策上重点倾斜。二是主要承担社会职能的卫生服务机构。如卫生执法、预防、疾控方面的服务机构，政策上要多支持。三是社区卫生服务站。它与群众利益密切联系，服务功能强，要予以重点支持，切实改善基层群众的健康服务。

（三）建立15分钟社区服务圈

在2002年1月17日全市卫生工作会议的讲话中，我还特别强调要更加重视面向老百姓的社区卫生服务站的建设。

建设社区卫生服务站，不但受老百姓的欢迎，而且对整个卫生事业的发展也有积极的促进作用。我曾到快阁苑搞社区调研，那里有个社区卫生服务站，是市第七医院办的，实行免费服务，当然药品是要收钱的。我问他们亏不亏？他们说要亏一点，但医院是赚的，能生存下去。为什么呢？就是他们对接待的病人实行"转诊"，站里初诊的病人，转到医院里去了，等于扩大了市场，所以他们是堤内损失堤外补，社区亏钱医院补。我问病人服务怎么样，他们说服务蛮好。还有罗门社区，那里住了八千多居民，但还没有社区卫生服务站，那个社区的主任向我提出要建社区卫生服务站。这说明基层搞社区卫生服务站的积极性很高。医院不亏，老百姓欢迎，何乐而不为？我考虑在城市中，若干年以后原则上每个社区都应当有卫生服务站，建好了以后，"小病在社区，大病进医院"。

这项工作在农村开展难度会更大一点，因为服务站不是社区化的，而是分散在一个个村子里，农民群众"看病难"的问题更突出，农村医疗卫生服务更需要得到加强。我们要真正把为人民服务、为人民谋利、实践"三个代表"重要思想，通过一件一件实实在在的事体现出来，真正为老百姓排忧解难。

会上，我说，我希望我们的各级领导和卫生工作者，如果讲原则、讲政治，就站在实践"三个代表"的角度来考虑问题；如果讲良心、讲德性，就站在同情老百姓、发发善心的角度，真正把这项工作做实做好。

（四）初访市人民医院

我们对老百姓"看病难"都有切身感受，对加快发展医疗卫生事业自然也有特殊的紧迫感。我到绍兴任职前，绍兴市就已初步决策要扩建市人民医院；我到任后，自然要接着推进这项重要工作。

经过一段时间的调研谋划，市委、市政府决定市区 2002 年启动和推进"1718"工程建设，即 17 个城市基础设施工程，18 个教育卫生等社会事业工程。2002 年 2 月 27 日，市委、市政府召开了市区重点建设工程动员大会。会上部署的卫生系统的建设工程有五项：抓紧启动建设市人民医院扩建工程；基本完成市妇保院扩建工程；抓紧实施市第七医院迁建工程；基本完成绍兴第二医院扩建工程；启动建设市公共卫生中心。

由于历史发展过程中的客观局限性，绍兴市区也同其他城市一样，多数医疗设施（医院）都集中在8.32平方公里的古城范围。对此，我在前一阶段调研中已看到了这个问题，并在2002年1月17日召开的全市卫生工作会议上的讲话中，明确提出了这个问题："我们的医疗卫生资源是不是充分利用起来了？布局是不是很合理了？恐怕还很有潜力。就市区来说，多数医院集中在老城区，特别是8.32平方公里的古城里。这当然是历史形成的，但我想今后医院的发展从范围和区域上讲，应该与整个经济社会发展相适应，与城市发展的总体思路相适应。要按照'三个组团'的格局来考虑一些大的布局，包括整合医疗卫生资源。我赞成卫生部门提出的'控制总量、调整存量、优化增量、提高质量'的方针，一些有条件有可能的医院应该跳出老城区，向古城外实现新的更大的发展。"

这次讲话中我虽然没有点出具体哪个医院、哪个项目要搬迁或易地新建，但大的规划布局和思路方向已经十分明确了。从现实可能和长远发展考虑，我同分管副市长商量，为了与城市化发展、历史古城保护、政府支持重点医院相适立，市人民医院新的扩建工程不宜就地拆建，而应搬出古城去易地新建。

我的这一想法，政府分管领导和卫生部门负责同志一时想不通，坚持要在原院址建新的医疗大楼。经过几个月磨合，我的同事们仍坚持不想搬建。为此，我专门抽时间到位于市中心的人民医院去调研。

一走进市人民医院，只见密密麻麻、高低不一、左转右拐的到处都是房子。穿过门诊、住院楼时，出现了我曾经历过的相似的一幕：过道走廊里全是病人！这我完全理解。然后我和同事们爬到医院里最高的楼上，看看拟新建的大楼具体选址及其与周边环境的协调性问题。当我朝西南方向望去时，眼前就是革命先烈秋瑾就义的旧址，再前方，就是绍兴古城的象征性标志——越王山（龙山）。

　　初访市人民医院，我得出这样几个结论：一是新建扩建市人民医院是必要的，而且越快越好；二是修修补补式扩建从中长期发展看，本身不能满足社会需要；三是在原地新建高楼完全与绍兴古城保护相左，很可能会犯下历史性决策错误；四是市人民医院旧址虽占地不多，但位于市中心地段，单位价值很高，建新拆旧可以盘活不少资金，再加上政府新投入资金，可以到古城外新建一个较大规模的现代化医院。

　　这样，我就打定主意：无论如何必须易地新建。

（五）一位中央领导同志的点赞

　　经过反复沟通交流，大家逐步统一了意见，易地新建人民医院，并选址在现在这个地方——城市北入口处。

　　当年，这一带的高层建筑物几乎没有。新建的人民医院大楼拔地而起，其体量、高度都显得格外引人注目。

　　2007年6月，新建的人民医院门诊大楼正处于结顶、竣工之际，大楼显得雄峻高大。7月1日，一位中央领导来绍兴视察工作，并在绍兴召开专题座谈会。他们从袍江开发区高速路口下高速，沿绍三线进入市区。按接待计划，我和市里其他领导在绍兴饭店等候。

2004年1月5日，绍兴市人民医院新院开工仪式

当领导下车后，一位省里陪同的领导马上问我，说进城时城雕（那时我们叫"城市转盘"，转盘中间是城雕，后来拆除了）的边上那幢高楼，是什么建筑？干什么用的？

原来，刚才路过高楼时这位中央领导让车上的同志们猜一猜这楼是干什么用的，而车上多数人猜它是一座大酒店。

我回答说，那座高楼是市政府投资的新的人民医院。当听到我的这一回答后，这位中央领导脸上露出了欣慰的笑容，并称赞好。听到这位中央领导同志的点赞，我和市里的同志们都十分高兴。

（六）市人民医院新院建成启用

2007 年 10 月 28 日，绍兴市人民医院新院建成并正式启用。我在启用庆典上做了 5 分钟左右的简要致辞。

我说："市人民医院新院建设工程是我市一项民生工程、实事工程。经过 3 年多时间的努力，一家环境优美、设施先进、技术力量雄厚的现代化医院已矗立在我们面前，这标志着绍兴市医疗卫生服务能力进一步增强，医疗卫生服务体系进一步健全，医疗卫生事业发展又上了一个新的台阶，必将对绍兴市经济社会发展起到新的更大作用……健康是人全面发展的基础，关系千家万户幸福……希望全市卫生系统深入贯彻科学发展观，加快改革发展，着力构建覆盖城乡的健康保障网，为全市人民提供安全、有效、方便、价廉的医疗卫生服务……希望市人民医院以新院启用为契机，坚持信誉立院、质量兴院、科教强院，秉承'以病人为中心'的服务理念，努力打造成为环境一流、设施一流、技术一流、管理一流、服务一流的现代化医院，充分发挥医疗龙头作用，为提高全市人民健康水平做出新的贡献……衷心祝愿绍兴市人民医院的明天更加美好！衷心祝愿我市卫生事业发展更上一层楼！衷心祝愿全市人民幸福安康！"

简短的致辞，蕴含了我和同事们浓浓的心血和深厚的情怀。对我来说，也终于看到我 2002 年提出的"宝塔形"的"塔尖"——新的绍兴市人民医院建成并投入使用，开始为绍兴人民服务了！同时，也终于迈出了为保护绍兴古城从此不再在古城里建有损古城风貌的超高超大的建筑物的第一步！

（七）让老百姓"少生病、看得了病、看得起病、看得好病"

在 2002 年初的全市卫生工作会议上，我提出了努力构建"宝塔形"医疗卫生服务体系的目标设想，提出了"抓两头、放中间、活全局"的思路和方略。对政府来说，对"塔尖"（若干家重点医院）和"塔基"（社区卫生服务）要全力以赴建好、管好，而对"塔中"的各类专科医疗组织，则可以放开，包括用社会力量来办医，但政府要管好、服务好。

后来，我们又根据实践发展，提出了"大卫生"观念，形成了构建与全面小康社会相适应的健康保障网的目标和要求。所谓构建与全面小康社会相适应的健康保障网，就是要逐步实现让老百姓"少生病、看得了病、看得起病、看得好病"的保障体系。

第一，提高疾病预防控制水平，使群众"少生病"。主要工作：一是完善疾病预防控制中心建设。率先实行卫生监督和预防保健体制改革，成立卫生监督和疾病预防控制机构，强化疾病预防控制。所有县（市、区）都建成了高档次的疾病控制中心，形成了市、县（市、区）、乡镇、村四级预防保健网络。二是实行体检制度。特别是社区服务中心定期对群众进行体检，并建立健康档案。三是加强环境综合整治。结合卫生村镇创建、百万农民饮用水工程、"百村示范、千村整治"工程等，深入开展爱国卫生运动，改善群众生活环境。当时绍兴已成为国家环保模范城市、国家卫生城市、国家园林城市。农村自来水普及率达 92%，农村卫生厕所普及率达 95%。四是推进食品放心工程。开展以食品卫生、职业病防治、医疗市场等为重点的专项整治活动，严肃查处严重危害群众健康的违法案件，确保群众饮食安全。

第二，健全社区卫生服务网络，使群众"有地方看病"。在我任职期间，绍兴市积极构筑以市、县（市、区）两级医疗卫生机构为主体，以乡镇（街道）卫生院（社区卫生服务中心）为枢纽，以社区卫生服务站、村卫生室等为基础的医疗卫生服务体系。"十五"期间，全市共投入资金 25.08 亿元,新建、扩建了一批城乡医疗卫生机构,特别是在抓好一批重大医疗基础设施建设的同时,重点推进城乡社区卫生服务体系建设,逐步实现每个乡镇都办好一家社区卫生服务中心,每个村都有社区卫生服务站。到 2007 年,全市已有社区卫生服务中心 118 个、服务站 650 个,其中农村社区卫生服务中心 107 个、服务站 576 个,基本实现了城乡社区卫生服务机构全覆盖,确保居民 10—15 分钟就能到社区卫生服务中心(站)就医,初步形成了"小病在社区、大病进医院"的医疗服务格局。

第三,整体推进医疗保险制度改革,使群众"看得起病"。 为了从根本上解决群众"看病难、看病贵"的问题,绍兴着力从四个方面入手,保障群众"看得起病"。一是扩大城镇职工基本医疗保险面。到 2007 年,全市基本医疗保险总参保单位达 6935 家,总参保人数达 49.4 万人,基本覆盖所有企业职工。二是全面推行新型农村合作医疗制度。到 2007 年,全市所有乡镇和 97% 以上的行政村都建立了新型农村合作医疗制度,参加合作医疗的人员已达 300.55 万人,占应参加人口的86.8%;已有 51.6 万人次报销合作医疗金,其中住院报销 14.1 万人次,报销金额达 2.55 亿元。三是建立特困家庭医疗救助制度。建立医疗救助机制,对低保对象、重点优抚对象等实行医疗费减免措施。2001年,还建立了绍兴市惠民医院,为弱势群体提供医疗优惠措施。四是规范医疗服务价格。特别是规范药品集中招标采购,推行医疗服务收费标准公示制,努力降低医疗费用。

第四,努力提升医疗服务水平,使群众"看得好病"。 在确保群众"看得好病"方面,绍兴市重点抓了以下几方面工作。一是加快重点医疗机构的建设。"十五"期间,全市新建了博爱医院等一批重点医院,完成了15 个重大医院工程建设,绍兴市人民医院新院等一批医院正在抓紧建设,为提高医疗质量创造了条件。二是改善社区卫生服务机构的医疗设施。绍兴市先后投入大量资金,加大对社区卫生服务机构的设备配备,每个社区卫生服务中心都配有 X 光机、B 超机、心电图机、生化分析仪等检查设施。三是规范和整顿社会医疗机构。严厉打击非法行医,

绍兴市人民医院新院

依法加强对农村卫生室、个体诊疗机构的整顿和规范，2001年上半年就取缔、关闭了215家无证医疗机构。四是着力提高医务人员素质。加大社区医师、护士等卫生技术人员的全科医学、社区护理学教育力度，大力引进高等医学院校毕业生到社区卫生服务中心工作。加强岗位培训，提高人员素质和专业技术能力。五是创新服务方式。实行延时服务制，通过开通社区卫生服务热线、设立社区电话医生、延长中心和站点服务时间等方式，为人民群众提供方便快捷的社区卫生服务。开展契约式服务，针对服务层次多样化和服务人群的扩大，为一些保健意识强的群众"量身定制"价格不等的社区卫生保健套餐服务，提供个性化的契约式服务。推行联村责任医生制，明确责任医生工作职责，公示服务内容、联系电话，做到群众"随叫随到"，提供24小时不间断服务。

解决"看病难"几乎是个永无止境的过程。尽管我们提出了建构让老百姓"少生病、看得了病、看得起病、看得好病"的保障体系的思路和目标，也尽了最大努力并取得了相当不易的成绩，但实际上还远远未能满足绍兴人民的健康需求。

五 一所全国少见的学校

改革开放以来，各地对教育事业发展都是比较重视的，几乎年年为民办实事工程，都有教育领域的工程。我在绍兴工作近八年的时间里，有关教育事业方面的几件大事，我将在文化建设一章中具体做些介绍。但这里要讲一讲建"农民工子女学校"的事。

大家知道，改革开放以来，伟大的中国农民工群体为各地经济和城市建设做出了重大贡献。如果没有农民工，许多企业和城市是难以正常运转的。而且，企业和城市里那些又苦又累的力气活，差不多都是由农民工扛着的。

农民工群体的生存生活也带来了不少需要政府关注和解决的社会问题。其中问题之一，就是他们的子女入托上学难。初始阶段，是各种社会力量办托办学，客观上为政府和农民工们解决了一些难题。但由于体制、办学资源等原因，也产生了办学诚信、质量、安全等诸多新问题新情况。

缓解农民工子弟"入学难"问题，有助于为经济和城市发展创造更好的环境，同时也能更好地维护农民工及其子女的合法权益（包括接受义务教育的权益），充分尊重农民工的社会价值和地位。为此，根据绍兴实际办学能力，我们积极创造条件，逐步将农民工子弟的初级阶段教育纳入体制内的国民教育体系，并为此让现有中小学挖潜力扩招农民工子女入学，同时，市政府决定在市区专门建设一所农民工子弟小学——袍江新区的群贤小学。这一方面缓解农民工子女上学难问题；另一方面是树立一个示范，以对全市解决农民工子女"入学难"问题起积极的引领作用。

2006年9月8日，在第22个教师节来临之际，总投资3000余万元的现代化农民工子弟学校——群贤小学建成开学了。我在落成暨开学典礼上，以"让民工子女读上书读好书 在同一片蓝天下共同成长"为题，发表了讲话。现辑录部分内容，以作纪念，并以此记住中国农民工的历史贡献！

绍兴的经济社会快速发展，这其中就有广大进城务工人员的重要贡献。为了让进城务工人员同样享受到绍兴改革发展的成果，更好地在绍兴安居乐业，市委、市政府一直十分重视解决进城务工人员子女入学问题，相继出台了一系列政策意见，在全国率先建立了进城务工人员子女"入学绿卡"制度，目前已创办了进城务工人员子弟学校21所，有5万多名流动少年儿童在我市入学。

切实做好进城务工人员子女的教育工作，是深入贯彻《义务教育法》保障外来民工子女受教育权利的重要抓手……绍兴是一座充满爱心的城市，进城务工人员的子女是新绍兴人，我们有责任有义务为他们创造良好的就学条件。我们要进一步提高认识，采取有力措施，满腔热情地为外来民工办实事，确保外来民工子女在我市"读上书、读好书"。要对进城务工人员子女因材施教，耐心教育，潜移默化地影响他们；要真心关爱进城务工人员子女，在学习、生活和心理上关心和帮助他们；要教育本地学生与进城务工人员子女相互融合，在同一片蓝天下共同成长。

我们不但要解决外来民工子女在绍兴入学难问题，更重要的是要使他们"进得来、学得好"。群贤小学是我市第一所公办的进城务工人员子弟学校。我们要花大力气办好群贤小学，力争通过几年努力，把学校打造成办学条件一流、师资队伍一流、教学管理一流、教育质量一流的名优学校，在全市甚至全国民工子弟学校中起到示范带动作用。

六 用真情去开展"七难七助"活动

天有不测风云,月有阴晴圆缺,社会也有破缺漏洞。古今中外,概莫能外。当然,社会制度完善、社会政策良善,为政者广施良策,则社会运行的"破漏"就会少一些。为政者在不断健全完善社会体制和社会政策的同时,还需要倡导或开展各种社会帮扶救助活动,以帮助困难群众缓解生活之忧。

社会是需要人道、人文关怀的。这也是人类文明和进步所必需的。我在绍兴任职期间,坚持把为民办实事作为一项重要工作来抓,要求各级"记住百姓衣食住行,关心群众安危冷暖",扎实开展了百姓安居、充分就业、农民致富、社会保障、全民安康、教育文化、民主法治、平安建设、环境优化、基础设施十大实事工程,让广大群众特别是弱势群体共享改革发展的成果。在具体工作中,重点抓了开展"七助"行动、缓解"七难"问题的工作。

（一）一次规模最大的活动与一次最动情的讲话

对那些因各种原因而致贫、致困的群众来说,过年往往成为"过难关",特别需要政府和各界的关心和帮助。

2005 年 1 月 31 日,我们组织了全市万名机关党员下基层送温暖活动。这也许是多年来发动机关干部深入基层、深入群众开展帮扶活动规模最大的一次活动,起码是我在担任绍兴党政主要领导期间组织的规模最大的一次活动。在这次活动启动仪式上,我以"心中要装有

王永昌慰问贫困群众

最大的'人'行动要用最真的情"为题，发表了一次最为动情的讲话。讲话的全文是：

今天，我们在这里隆重举行"万名机关党员下基层送温暖活动"启动仪式。刚才，市建设局、教育局、民政局三个部门的领导做了表态发言，深受鼓舞，很受启发，充分反映了市级机关广大党员干部极高的觉悟和姿态。

开展"万名机关党员下基层送温暖活动"，是市委、市政府关心群众安危冷暖、深入了解百姓衣食住行的一项重要部署，是我们实践"三个代表"重要思想的一个实际行动，也是我们正在开展的保持共产党员先进性教育活动的一个重要载体。自市委、市政府对这项活动做出部署以来，市级机关各部门、各单位积极响应、迅速行动，发动机关党员干部捐款捐物、帮困问寒，古城大地涌动着一股股爱心暖流。现在，时至岁末，我们正式启动"万名机关党员下基层送温暖活动"，目的是在全市集中一段时间，进一步掀起更大范围、更大力度、更大声势的党员干部下基层送温暖热潮，带去党和政府对基层同志、困难群众的关爱。借此机会，我想讲三句话。

第一句话：心中要有最大的"人"。心中要有最大的"人"，这个"人"就是人民群众。我们常说，人民是天是地，人民是根是本。人民群众是我们的衣食父母，万事悠悠，唯此为大。这些年来，绍兴经济发展，社会进步，人民生活水平不断提高。但我们应该看到，目前全市还有一些基层干部的工作环境、生活条件不够好；一些父老乡亲仍然生活在比较艰苦的条件下；一些城市居民下岗待业，收入微薄；一些山区百姓生活还比较艰辛；还有不少群众存在这样或那样的困难。我们关心群众安危冷暖，记住百姓衣食住行，关键是心中要装着最大的"人"，特别要切实关心基层同志和困难群众的生产生活，切实为他们排忧解难。

最近，我们正在开展保持共产党员先进性教育。党的先进性的本质要求是立党为公、执政为民，实现好、维护好、发展好最广大人民的根本利益。我们提出，开展党员先进性教育必须着力于解决实际问题，其中一个重要的方面就是在为民办实事上要有新举措。开展"万名机关党员下基层送温暖活动"，就是为民办实事的一个重要举措，就是开展共产党员先进性教育的一个重要载体，就是在以我们的实际行动践行"三个代表"重要思想，体现党的先进性。我们要通过这次"万名机关党员下基层送温暖活动"，努力达到党员受教育、群众得实惠的目的。党员受教育，就是要使机关党员在下基层送温暖中，倾听群众的呼声，了解群众的疾苦，感受群众的力量，使自己受到生动的群众观教育，得到一次心灵的洗礼；群众得实惠，就是要让基层同志和困难群众得到实实在在的利益，感受到党和政府的温暖。

第二句话：行动要用最真的情。就是要带着深厚感情为群众办实事。这次"万名机关党员下基层送温暖活动"，主要包括"市县领导下基层、局办领导进厂村、万名党员送温暖"三种形式。行动要用真的情，就要求我们带着感情去倾听群众的呼声。要深入基层干部、深入困难群众进行走访慰问，特别要深入到困难多、问题多、矛盾多的地方，倾听群众的呼声，体察群众的情绪，征求群众的意见。行动要用最真的情，就要求我们带着感情为民办实事。要在春节前对优扶对象、低保家庭、困难群众进行一次集中走访慰问，为困难企业、联系村办一件实事，集中解决他们最需要解决的突出问题。要发动党员开展"为困难群众送一条棉被、一袋大米、一笔慰问金、办一件实事"的"四个一"活动。行动要用最真的情，就要求我们树立踏实的作风。要深入细致，一地一处、一家一户做工作，面对面、心贴心、实打实，具体情况具体分析，具体困难具体帮助。要严格执行党风廉政建设有关规定，轻车简从，不增加基层负担，不接受吃请，不收受礼物。

第三句话：为民要有最好的"法"。就是为人民群众扶贫帮困要有很好的办法和举措。"万名机关党员下基层送温暖活动"只是我们为民办实事的一个具体举措，也只能解决某一群众、某一方面的具体问题。要真正从根本上解决人民群众的困难问题，关键要建立长效机制，把为民办实事工作纳入制度化、规范化轨道。前段时间，市委、市政府专门出台了《关于加强为民办实事工作的若干意见》，提出当前和今后一个时期要全面实施百姓安居、充分就业、农民致富、社会保障、全民安康、教育文化、民主法治、平安建设、环境优化、基础设施十大工程，努力构筑为民办实事的长效机制。元旦后，市委、市政府又立即召开为民办实事工作会议，结合当前实际，提出近期要大力开展"七助"行动、着力缓解"七难"问题，就是要开展"助业"行动，缓解"就业难"问题；开展"助居"行动，缓解"住房难"问题；开展"助医"行动，缓解"看病难"问题；开展"助学"行动，缓解"上学难"问题；开展"助行"行动，缓解"出行难"问题；开展"助困"行动，缓解困难群众"生活难"问题；开展"助安"行动，缓解"治安难"问题。这是市委、市政府为切实为民办实事的具体举措。各级各部门要结合党员先进性教育活动，根据部门工作职责，真正把开展"七助"行动、缓解"七难"问题的工作做实、做细、做具体，使群众高兴、让群众满意。

同志们，群众利益是最高的利益；为群众谋利益，是党员干部的天职。开展"万名机关党员下基层送温暖活动"，是一件得人心、暖人心、稳人心的大实事、大好事。绍兴是一个温暖的大家庭。全体机关党员干部要积极行动起来,投身到这次下基层送温暖的活动中去,真正做到关心群众安危冷暖、记住百姓衣食住行,无怨无悔地做绍兴人民的孝子,确保这次活动取得实实在在的成效,确保全市人民过上一个欢乐祥和的春节。

(二)开展"助业"行动,缓解"就业难"

我们积极开展"助业"行动,缓解"就业难"问题。按照"政府服务企业、市场选择就业、个人自主创业"的要求,着力构筑城乡一体化的人力资源市场和就业服务体系。一是大力开发就业岗位。发展劳动密集型产业,开发公益性就业岗位,每年新增城镇就业岗位5万个以上。二是加强对就业困难人员的援助。为就业困难者开通"绿色通道"。三年来共帮助2.5万名就业困难人员安置就业。三是加大农民培训力度。全面实施"百万农民培训工程",每年培训农民10万人,转移农民6万—8万人。到2007年底,全市75%的农村劳动力已转移到第二、第三产业。

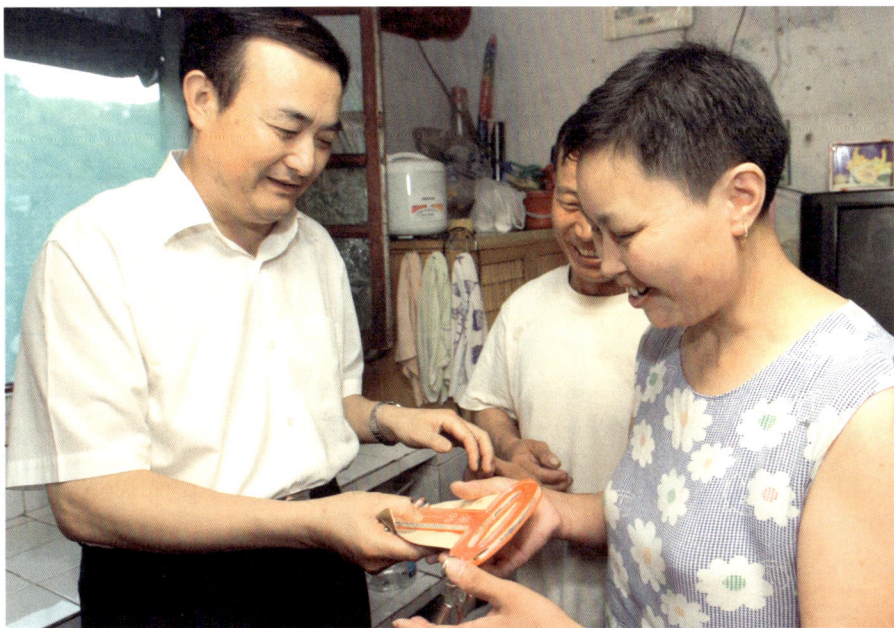

2006年6月28日,王永昌为住房困难户送上廉租房钥匙

（三）开展"助居"行动，缓解"住房难"

按照"居者有其屋"的要求，我们努力构筑满足多元需求的住房供应和保障体系。一是增加商品住宅供应。全面落实城市居住发展规划，制定实施经济适用房销售管理实施意见，稳定中心城区房价，市区城镇居民人均住房使用面积达25平方米，农村居民人均生活用房面积达59.3平方米。二是着力解决城镇困难家庭住房问题。累计建设安居房、经济适用房1.3万套，新一轮12万平方米经济适用房建设进展顺利。完善廉租房制度，基本解决人均住房建筑面积12平方米以下城镇低收入家庭的住房问题。三是积极推进"城中村"改造。到2005年时，绍兴中心城市已累计投入资金94亿元，拆迁村庄85个，新建48个小区，入住户数2.5万户。绍兴的"城中村（园中村）"改造工作得到了各级充分肯定和群众积极拥护。

（四）开展"助医"行动，缓解"看病难"

加强公共卫生体系建设，努力使群众"少生病、有地方看病、看得起病、看得好病"。一是围绕"少生病"，提高疾病预防控制水平。完善疾病预防控制体系建设，建立完善了市、县、镇、村四级预防保健网络。二是围绕"有地方看病"，建立健全社区卫生服务体系。实现社区卫生服务网络全覆盖，城镇居民10—15分钟就能到社区服务站就医。三是围绕"看得起病"，提升医疗保障和救助水平。推进新型农村合作医疗制度，2004年行政村覆盖面已达100%，参加人数315.6万人，占应参加人数的90.4%。完善低保对象和特困群众医疗救助制度，2004年全市就有12957名困难群众得到救助，支出救助金371万元。四是围绕"看得好病"，努力提高医疗质量。新建了市人民医院新院、市第七人民医院和急救中心，努力改善医疗设施，提高医疗服务质量。

（五）开展"助学"行动，缓解"上学难"

围绕"让更多的人接受更好的教育"的目标，努力实现"好上学""上好学"。一是优化教育资源配置。加快高标准普及十五年教育，2004 年，全市义务教育阶段入学率达 99.8%，初中升高中入学率达 95.53%，居全省第一。全市高校已有 5 所，在校生达 3 万人。二是提升整体办学水平。实施教育现代化工程和教师素质提升工程，全市有教育强乡镇 111 个，占乡镇总数的 98%，基本实现优质教育普及化。三是不让一个学生因困失学。2004 年列入帮困助学的对象就有 4.5 万人，资助金额达 4000 万元。2005 年秋季已全面落实城乡义务教育免收学杂费政策。

（六）开展"助行"行动，缓解"出行难"

制定规划、加快建设、加强管理，着力解决"行路难、停车难"问题。一是加大道路建设力度。抓好甬金高速、嘉绍高速（钱塘江绍兴跨江大桥）、绍诸高速、诸永高速公路绍兴段、104 国道嵊州段以及杭甬运河等重大交通工程建设，在全省率先实现"县县通高速"。推进市区道路建设，先后完成了胜利西路和解放北路延伸、西大门拓宽等城市道路建设。二是实施"公交优先"。优化公交线路，增加公交班次，市区增开了学生专线车。推进城乡公交一体化，通等级公路的 3599 个行政村都开通了客车。三是提高管理水平。完善了中心城市停车场布点规划，增设临时停车点和泊位。2005 年我们又出台了"增设停车场""整治电动三轮货运车"等 9 条措施，缓解城区交通压力。

（七）开展"助困"行动，缓解困难群体"生活难"

围绕"不让一户家庭因生活困难而过不下去"的目标，进一步加大对困难群众和弱势群体的帮扶力度。一是落实城乡一体的最低生活保障制度，基本实现应保尽保，并不断提高城乡居民最低生活保障金标准。二是大力发展慈善事业。全市慈善冠名基金已达 10.8 亿元，

2005 年 12 月 15 日，王永昌为扶贫济困捐款

救助人数 6596 人。三是大力发展老年人事业。农村"五保"和城镇"三无"对象集中供养率分别达 98.73% 和 99.30%，均位居全省前列。四是广泛开展结对帮扶和送温暖活动。2004 年就走访慰问 11.9 万人次，慰问金达 2520 万元。

（八）开展"助安"行动，缓解"治安难"

围绕营造稳定的社会政治环境、平安的社会治安环境和有序的生产生活环境，进一步加大平安建设力度。一是坚持依法从严治市，严厉打击各种犯罪活动和社会丑恶现象，特别是精心组织"打黑除恶""两抢一盗"专项行动。二是夯实维稳平台，全市所有乡镇（街道）

都建立了综治工作中心，在社区（村）建立了综治工作站。三是开展平安系列创建，深入开展"八创建""八进社区（村）"活动，切实加强安全生产管理，防止重特大事故发生。2004 年群众安全感满意率达到98.56%。

（九）奉献爱心　播种希望

重视子女教育，关心教育事业，帮扶困难群体，绍兴都是有良好传统的。比如，市县关工委的老领导们和华侨界、企业界的许多知名人士，都很热心奉献爱心。这里，我讲一件令我感动的事。

2005 年 8 月 20 日，市关工委举行受资助大学生的汇报会，市委老书记、市关工委领导陈礼安同志邀请我参加。我听了学生和企业家发言后，也即席发了言：

今天我们在这里举行帮困助学金捐资仪式和受资助大学生汇报会。刚才，听了受资助学生的汇报和企业家的发言，我的心情久久不能平静。今天的汇报会很有意义，实际上是一个奉献爱心的会议，是一个

2006 年 11 月 17 日，市委、市政府召开"送温暖、献爱心"活动动员大会

播种希望的会议,是一个感恩的会议,是一个激励人生的会议。

今天的汇报会,使我们深深感受到市、县各级关工委是一个奉献爱心的大家庭。近年来,市关工委在老领导关心下,始终怀着为民之心,办着为民之事,关心着下一代的健康成长,多次组织社会各界为帮困助学活动出资、出力,为贫困家庭子女上学读书创造了良好条件,提供了帮助和方便,同时也倡导了助人为乐、扶贫济困、无私奉献的良好社会风尚。据市关工委和慈善总会统计,自 2001 年到 2005 年,全市共有 62000 多名大、中、小学生得到各种资助,募集各种资金 3200 多万元,其中全市共有 1505 名贫困家庭大学生得到资助,总金额达 860 万元。2005 年市区又有 114 名贫困家庭子女被列为资助对象。市关工委、市慈善总会和社会各界一直关心、帮助贫困家庭子女的上学问题,特别是市关工委更是花了大量的心血,付出了大量的劳动,为贫困家庭子女的上学问题解决了实实在在的困难。他们的工作充满着人间的真情、真爱,他们的工作在平凡中显现着崇高。

今天的汇报会,使我们深深感受到绍兴企业家们宽广、高尚的胸怀。在社会各界帮助贫困家庭子女上学的活动中,企业界一直以来都是名副其实的主力军,他们始终关心、支持着帮困助学活动。刚才,来自轻纺城的企业家又为我市帮困助学活动进行了捐资,他们的一片赤诚之心和强烈的社会责任感,体现了一名优秀企业家的素质和胸襟,在他们身上集中体现了绍兴企业家的精神风貌。他们艰苦创业,事业有成,自觉做到富而思源,回报社会,值得全社会提倡。他们努力为政府排忧,为百姓解难,热心公益,值得全市人民学习。他们的善举,是富有远见卓识的正义之举、文明之举、高尚之举,值得全市各界大力提倡和弘扬。

今天的汇报会,使我们深深感受到绍兴的年轻人立志成才、昂扬走向明天的信心和决心。古人说:"穷且益坚,不坠青云之志。"刚才,受资助学生在汇报中都把困难当作财富,把困难转化为学习和成才的动力,并在学习和工作中都取得了较好的成绩。我们希望所有受资助的学生都要敢于正视困难,面对现实,树雄心,立大志,努力把社会各界的关爱化作发愤学习、锻炼品德、立志成才、报效祖国的思想动力。自觉树立正确的世界观、人生观、价值观；自觉养成严谨的学风、刻苦的精神，珍惜学习机会；自觉做到不慕奢华，不事攀比，始终保持艰苦朴素的作风，以优异的成绩来报答社会对你们的关爱。

今天的汇报会，使我们深深感受到发展绍兴、富裕百姓的责任。在绍兴全市人民的努力奋斗下，绍兴市经济社会有了很大的发展和进步。2004年，绍兴市中心城市综合实力居全国第42位、浙江省第3位；GDP总量在全国大中城市中排第28位，全国地级市中排第8位；被中央电视台评为"最佳中国魅力城市"；被《福布斯》杂志评为"2004年度中国大陆最佳商业城市排行榜"第9位；在浙江农村小康社会实现度排名中排第2；等等。所有这些成绩的取得，都凝聚着全市人民的智慧和力量，都是全市人民共同奋斗的结果，值得我们自豪。与此同时，我们也应看到我市经济社会发展中还存在着不少的困难和问题，还有不少困难家庭和人们需要帮助。因此，我们说，绍兴要有更大的发展，绍兴的困难家庭和人们要得到更多的关心和帮助，就需要我们团结起来，不断增强使命感和责任感，大力发扬新时期"胆剑精神"，努力去创新创业和发展，为创造更加美好的明天而共同奋斗。

赠人玫瑰，手有余香；奉献爱心，收获希望。为教育事业发展出力，播下的是收获未来的希望种子。眼前的今天也许看不到什么政绩，但历史会无声地告诉来者。

为便于读者更全面了解"七助"活动，尤其更全面地记录当年开展"七助"活动的整体情况，我把发表在《今日浙江》2007年第9期的相关纪实材料收录如下。

常思为民之策　常办利民之事
——绍兴市开展"七助"行动纪实

经济社会发展了，如何让广大人民群众特别是弱势群体共享改革发展的成果？绍兴市近年来开展的抓"七助"、解"七难"活动开出了一剂良方。

"人民是天是地，人民是根是本"

近年来，绍兴市经济社会快速发展，人民生活水平显著提高。2006年全市实现生产总值 1678.2 亿元，经济总量居全国大中城市第 31 位、同类城市第 11 位；人均生产总值超过 4800 美元，城镇居民人均可支配收入 19486 元，农村居民人均纯收入 8619 元。

为让改革发展成果惠及广大群众，2004 年底，绍兴市委、市政府出台了《关于加强为民办实事工作的若干意见》，明确提出当前和今后一个时期要全面实施百姓安居、充分就业、农民致富、社会保障、全民安康、教育文化、民主法治、平安建设、环境优化、基础设施等十大民心实事工程。2005 年 1 月 5 日，绍兴市委、市政府在新年召开的第一个大会，就是大规模为民办实事工作专题会议。绍兴市委、市政府围绕这"十大民心实事工程"，针对群众"就业难""住房难""看病难""上学难""出行难""贫困家庭生活难""治安难"这"七难"，决定开展"助业""助居""助医""助学""助行""助困""助安"这"七助"行动。主要任务目标写入《政府工作报告》，向全市人民作出承诺。

"人民是天是地，人民是根是本。为民办实事绝不是一时之事，更不是为了作秀，而必须注重实效，注重根本，注重长效机制的建立，把工作纳入制度化、规范化轨道。"绍兴市委书记王永昌说。为此，绍兴市建立和完善了民情反映机制、社会保障机制、便民服务机制、多元投入机制、责任落实机制。在"为民办实事"任务分解表上，共有 44 项具体任务，责任部门涉及绍兴市发改委、建设局、城改办、劳动和社会保障局、文体局等 14 个。

此后两年来，绍兴市全力推进"七助"行动，既关注眼前的、显性的问题，又关注长远的、隐性的问题，加强政府在社会管理、公共服务方面的职能，为一座城市谋划更和谐的发展图景。

"关心群众安危冷暖，记住百姓衣食住行"

绍兴市委、市政府始终坚持把为民办实事工作作为一项重要工作来抓，要求各级"关心群众安危冷暖、记住百姓衣食住行"，切实把各项措施落到实处。

"就业是民生之本，是最大的社会保障。"绍兴市劳动和社会保障局局长吕斌说。近年来，绍兴市积极构建就业大市场，建立了一个以市人力资源市场为龙头，市、县相连，辐射街道（乡镇）、社区基层劳动保障平台的城乡统一的人力资源市场体系，基本实现了"中心城区有市场、乡镇街道有网点、社区有窗口"。特别是实行就业全程服务，把服务职能延伸到了基层，帮助许多困难人员实现了就业。邵美娣是市区府山街道水沟营社区居民，几年前丈夫因病去世，家里欠下一大笔债，自己下岗失业，儿子还在读中学。已经40多岁的邵美娣想找份工作，却到处碰壁。无奈之下，她向社区求助。很快，社区帮她安排了一个打扫楼道的公益性岗位，每周只需打扫两次，每月就可领到180元。随后，有了自信的邵美娣又通过人力资源市场找了一份营业员的工作，两份工作加起来，母子俩的开销基本可以维持了。

安居才能乐业。居者有其屋，是人民群众生活的最基本要求。之前，市民陈建国一家三口和父母、姐姐一家挤在市区东大池社区一间60多平方米的房子里。作为普通工薪阶层，购新房力不从心。这一窘境直到他申请到了一套125平方米的经济适用房才得到化解。据他自己计算，购买这套房子足足比市场价便宜了20多万元。通过加大安居房建设力度，扩大廉租房实施范围，绍兴市已基本解决了人均生活用房面积12平方米以下城镇低收入家庭的住房问题。现在，城镇居民人均住房建筑面积达33.9平方米，农村居民人均生活用房面积为60.1平方米。

"少生病、有地方看病、看得起病、看得好病"，围绕这一目标，绍兴市开展一系列"助医"行动。绍兴市市长张金如连续五次到鉴湖镇督查饮用水工程建设，为了南部山区5个村庄早日喝上清洁水，一天也不能拖！"现在的社区卫生服务站可好了，去看病骑上个小三轮，六七分钟就到了。"绍兴县（现柯桥区）小赭村66岁的马老汉边说边比画。绍兴市近年来投入3亿多元，新建、扩建乡镇卫生院，完善市、县（市、区）、乡镇、村四级预防保健网络。全市建成了符合标准的 107 个社区卫生服务中心、576 个服务站,已基本实现社区卫生服务机构的全覆盖。2006年底,全市所有的村建立了新型农村合作医疗制度,318.5 万农民享受到了合作医疗带来的优惠。

与此同时,"助行""助学""助困""助安"等一系列活动也扎实开展,广大群众切切实实得到了实惠。来自浙江统计局城市调查队的数字表明,绍兴人安全感满意率达 98.56%,被评为全国综合治理工作优秀市。有了安全感,才会有幸福感。绍兴城市居民生活质量居全国第 20 位,被誉为最具幸福感的城市之一。

"推动全民创业、促进全民就业、实现全民保障"

"推动全民创业、促进全民就业、实现全民保障,是指城乡居民各尽其职、各尽其能、各干其事、各得其所,就是人人想干事、人人有事干、人人有保障。"市委书记王永昌在今年春节后的重民生促和谐暨深化为民办实事动员大会上说。

为把抓"七助"、解"七难"活动推向深入,构筑一套为民办实事的长效机制,今年,绍兴市专门出台了《关于推动全民创业促进全民就业实现全民保障的意见》。围绕千方百计提倡敬业创业、千方百计增加就业、千方百计提高劳动者就业水平、千方百计提高社会保障水平的要求,排出了 15 项活动内容和载体,主要包括开展宣传活动月活动;组织开展全民创业专题调研活动;组织开展"零就业家庭"援助专项行动;组织开展"科技创新月"活动;组织开展"百企结对、千村帮扶、万户创业"活动;组织开展充分就业社区创建活动;组织开展大学生自主创业服务活动;组织创办残疾人扶贫基地,承办全国残疾人自强创业论坛;组织开展职业技术教育提升活动;组织开展劳动力系列培训活动;组织开展人才引进招聘系列活动;组织开展岗位技能大比武活动;继续开展打造"零欠薪城市"专项行动;组织开展社会保障扩面提质活动;组织开展全市"五十佳"(十佳创业人员、十佳高技能人才、十佳外来务工人员、十佳助业先进单位、十佳充分就业社区)评选活动。

目前,这项活动正在全市上下深入推进。最近,上虞市专门召开全市创新创业动员大会,打算通过优势企业培育一批、龙头企业带动一批、块状经济集聚一批、整合资源发展一批、标准厂房引进一批、工商互动催生一批等方法,引导企业和群众走各具特色的创业之路。在新的一年里,绍兴在医疗保障制度改革方面将有新的突破。最近,《绍兴市区未成年人医疗保障试行方法》和《绍兴市区城镇居民医疗保障试行办法》相继出台,这将使市区 20 多万老年人、未成年人以及其他尚未纳入社会医疗保障的人员受益,市区人员的医疗保障基本实现全覆盖。

七 实施十大民心实事工程

开展"七助"行动，解决"七难"问题，既是当时的现实任务，也是长期的工作。作为党和政府来说，只停留在"七难七助"上是远远不够的，更重要的是要长期坚持下去，并形成制度化举措。为此，市委、市政府专门出台了《关于加强为民办实事工作的若干意见》，明确提出要全面实施十大民心实事工程。

一是实施百姓安居工程，努力改善城乡居民的居住条件；二是实施充分就业工程，促进城乡居民的就业和再就业；三是实施农民致富工程，提高农民群众的收入水平和生活质量；四是实施社会保障工程，构筑城乡居民基本生活保障安全网；五是实施全民安康工程，提高城乡居民的健康水平；六是实施教育文化工程，满足城乡居民的教育和文化需求；七是实施民主法治工程，保障人民群众的民主权利和合法权益；八是实施平安建设工程，创造人民群众安定和谐的社会环境；九是实施环境优化工程，改善城乡居民的生活环境；十是实施基础设施工程，为人民群众提供良好的设施环境。

这十大工程就是对民办实事做出整体性和全局性的部署，侧重于中长期的常规性工作安排。

八 民生重在制度安排

　　执政为民,要造福千家万户,要普施惠民政策,既要做近期性、补助性的帮扶工作,更要做长期的、管全局的、普惠性的制度安排,防止出现一阵风、朝令夕改的现象。这就要根据上级有关制度、政策和当地实际,全力做好社会保障体系建设。

　　建立健全与经济发展水平相适应的社会保障体系,既有利于扶助弱势群体,维护公平正义,又能普惠全体公民,协调各方利益,构建和谐文明社会。经济社会发展、经济总量扩大、综合实力增强,为全面推

2007年2月28日,市委召开绍兴市重民生促和谐暨深化为民办实事动员大会

进社会保障体系建设奠定了物质基础，我们必须顺势而为，积极创新，以"大社保"的理念指导实践，坚持社会就业、社会保险、社会救助、优抚福利齐头并进，建立健全区域性的社会保障体系，为经济发展和社会稳定创造良好的条件。

在实践中，我们的具体做法如下。

（一）构筑更加完善的新型社会就业体系

坚持"就业是民生之本"原则，加强对就业和再就业工作的宏观指导，实施积极的就业和再就业政策，拓展就业领域，加强劳动力（人力资源）市场建设，率先建立劳动者自主择业，市场调节就业、政府引导和促进就业的社会就业体系，努力实现充分就业。

第一，发展经济扩大就业。按照经济发展与扩大就业良性互动的要求，积极走新型工业化道路，着力打造先进制造业基地，大力发展非公有制经济，制定实施商贸业发展纲要，积极发展第三产业，培育新的经济增长点，努力增加就业岗位。多年来，民营经济占绍兴市经济总量95%左右，民营经济从业人员占全部从业人员80%左右。2004年全市新增就业岗位5.52万个，城镇登记失业率控制在3.8%以内。

第二，强化培训促进就业。绍兴市委、市政府制定实施了《中共绍兴市委、绍兴市人民政府关于加强农民培训和转移工作的若干意见》，以"百万农民培训工程"为抓手，努力提高劳动者素质。2004年全市建立农村劳动力转移培训基地75家，采用"企业出订单、培训机构出菜单、政府来买单"的办法，组织劳动力转移就业培训12.9万人次，其中培训被征地农民4.4万人次，居浙江省第一。2004年，全市已有68%的农村劳动力转移到了第二、第三产业。

第三，健全市场帮助就业。加快人力资源市场建设，规范各级各类职业介绍机构，建立和完善市场化就业机制，逐步实现市、县（市、区）、乡镇（街道）、社区四级人力资源信息联网，并在浙江省率先建立中高级人才服务中心。2004年，全市共举办人力资源招聘洽谈会120多次，接受求职登记 30.6 万余人次,为 4.35 万家次用人单位成功介绍 18.6 万人次就业,市场就业已成为劳动者就业的主渠道。

第四,政策扶持引导就业。我们认真落实各项再就业优惠政策,制定实施《中共绍兴市委 绍兴市人民政府关于进一步做好下岗失业人员再就业工作的若干意见》,大力开发适合就业困难人员的就业岗位,积极实施"4050"工程,2004 年共促进下岗失业人员实现再就业 2.3 万人。积极优化财政支出结构,建立 1.1 亿元的促进再就业基金,已使用再就业基金 1500 多万元,促进再就业 3.7 万人,30% 以上为就业困难人员。

(二)构筑完善新型社会保险体系

根据经济社会发展水平,坚持个人账户和社会统筹相配套,权利与义务相对应,公平与效率相结合,整体推进养老、医疗、失业、工伤、生育五大保险,逐步实现城乡接轨、"五保"合一、全面覆盖,率先建立起广覆盖、多层次、多渠道的区域性社会保险体系。

第一,努力扩大养老保险覆盖面。认真贯彻《浙江省职工基本养老保险条例》,以非公企业和新办企业、新招职工为重点,依法推进养老保险扩面工作。到 2004 年底,企业职工养老保险总参保单位达到 1.83 万余家,总参保人数超过 76 万余人,企业覆盖面达 100%,职工参保率达 89% 以上;基金收入 13.5 亿元,基金支付能力达 21.38 个月。顺应推进城市化的进程,在全市范围内建立被征地农民基本生活保障制度,根据不同标准,享受待遇分别为每月 100 元、200 元、250 元、300 元。到 2004 年底,全市已有 32 万被征地农民参加基本生活保障,占总被征地农民的 70% 左右,7.2 万人已按月领取养老保障金,占参保人数的 24%。到 2005 年,绍兴市区已基本实现了养老保险全覆盖。

第二,积极推进医疗保险。进一步扩大城镇职工基本医疗保险实施范围,市区已向所有企业和职工敞开大门。到 2004 年底,全市基本医疗保险总参保单位达 5654 家,城镇职工参保人数达 44.3 万人,其中市区参保人数为 14.8 万人，新增 1.3 万人。在全市全面推行以大病医疗统筹为主的农村新型合作医疗制度，切实解决农村大病特困户、计划生育困难户和重大疾病的大额医疗支出。到 2004 年底，累计已有 293.6 万人参加保险，占全市农业人口的 75% 以上，有 4.5 万人次报销 8571 万元医药费。

第三，全面推进工伤、失业和生育保险。坚持积极推荐、个人自愿、稳步推进的原则，逐步将工伤、失业和生育保险实施范围，扩大到各类企业、个体经济从业人员和城镇自由职业人员，努力扩大覆盖面。与此同时，对农村"双农独女户"按"低门槛进入、低门槛享受"的原则，纳入城镇职工养老保险体系，解决他们的"老有所养"问题。

（三）构筑完善新型社会救助体系

按照"政府主导、社会参与、镇（乡）街实施"的要求，健全"老有所养、幼有所教、残有所助、病有所医"的扶贫帮困长效机制，率先建立起组织网络化、管理制度化、服务社会化、救助保障与经济发展水平相适应的新型社会救助体系。

第一，全面落实最低生活保障制度。摸清低保对象，科学制定标准，在应保尽保的前提下，适当提高低保标准，按时足额发放低保金。2004 年，全市城乡共有 26199 户 43585 人享受最低生活保障，约占全市总人数的 1%，基本实现应保尽保、应补尽补。城镇低保生活标准为 230 元 / 日，农村为 150 元 / 日，2003 年共支出低保金 4240 万元。

第二，普遍建立特大病医疗救助制度。坚持以政府投入为主，鼓励社会救助等多渠道筹资基金，切实解决"因病致贫""因病返贫"问题。积极实施《绍兴市发展社区卫生服务实施意见》，健全预防、医疗、保健、康复、健康教育和计生服务"六位一体"的社区医疗服务网络。到 2004 年底，全市社区卫生服务机构创建面达到 100%，服务人群覆盖率达 80%，有效解决了群众"少生病、有地方看病、看得起病、看得好病"的问题。

第三，集中供养农村"五保"对象和城镇"三无"对象。按照"政府主导、社会参与，分级分担、健全保障，整体推进、个人自愿"的原则，全面推行农村"五保"对象和城镇"三无"对象集中供养制度。2004年，全市有集中供养对象4430人，已入院集中供养3877人，入院供养率87.5%；户院挂钩供养675人，占10.1%，合计集中供养率达97.6%，处浙江省领先水平。

第四，着力推进扶贫帮困送温暖工作。 在实施社会专项救助的同时，以社会互助、临时帮困和送温暖活动为补充，切实解决好困难群众的学习、生活问题。全市67个慈善组织的慈善资金总额累计1.32亿元，设立了企业冠名慈善救助基金2.16亿元，近8.5万人次（户）得到各种专项救助，救助资金累计达3900万元。2004年共走访慰问各类困难对象近7万户13万人次，慰问资金达2892万元。我们还专门出台《绍兴市区贫困家庭子女大学助学办法》，给予最高1.2万元的教育救助，已救助95人，救助金额达48.4万元。实行教育券制度，2004年仅市区就发放"教育券"3903张，资助金额259万元。

（四）构筑完善新型优抚福利体系

按照"思想教育、扶持生产、群众优待、国家抚恤"的方针，率先建立起"国家、社会和群众相结合"和"抚恤、优待和褒扬相结合"的多层次优抚福利体系，确保优抚对象抚恤标准逐年提高，合法权益得到依法维护，社会政治待遇不断提高。

第一，积极构筑社会福利服务网。 坚持"建设与挖潜相结合、政府投资与社会集资相结合、建设示范性福利设施与发展社区设施相结合"的原则，着力构筑以国办社会福利机构为示范、其他多种所有制形式的社会福利机构为骨干、社区福利服务为依托、居家供养为基础的社会福利服务网络。到2004年，累计投资4530万元，新建（改建）敬老院50所；投资8000余万元，建起"星光老年之家"120个。截至2004年底，全市拥有社会福利床位6000多张，有65%的行政村建起老年活动室，老龄工作规范化社区达56%，绍兴县（现柯桥区）成为全国首批老龄工作先进县。

2003 年 2 月 19 日晚上，王永昌等市领导赶到市人民医院，代表市委、市政府看望了市区 "2·18" 特大交通事故中的受伤人员

第二，认真做好福利彩票发行工作。积极支持民政部门抓好福利彩票发行，为社会福利事业发展提供了资金支持。全市已有福利彩票投注站 220 个，2004 年销售达 5450 万元，同比增长 167%。

第三，切实抓好优抚安置工作。开展全市义务兵家属优待金专项检查，规范优抚对象抚恤补助标准自然增长机制，并保证优抚对象同等条件下就业、就学、住房、医疗、低保、救助等优先权。建立退役士兵安置保障金制度，实行城镇复员士官、退伍义务兵全部货币安置，完善农村退役士兵安置措施，全市退役士兵自谋职业率 100%，重点安置对象自谋职业率 90% 以上，处浙江省领先水平，连续六年被省委、省政府、省军区授予全省 "退役士兵安置先进市"。

九 欢歌"百姓经济"

开展帮扶救济活动和建立健全社会保障制度,对解决民生问题固然十分重要,但要改善民生,最根本的途径还在于经济发展和社会文明进步。

推动经济发展和社会文明进步的途径办法很多,不同发展时期、不同级层岗位、不同职能部门其重心和任务也各不相同。从发展的主体角度讲,最根本的是如何调动人民群众的积极性和创造性。老百姓是自己的主人,也是自己致富的主人。

因此,从直接的意义上讲,就是要倡导、鼓励、保护和引导"百姓经济"的发展。"百姓经济"的内涵和真谛是,老百姓主动参与到经济活动之中,自己解决劳动就业和发家致富。改革开放以来,最可行、最典型的"百姓经济"就是个体工商业、家庭经营、个体私有的民营经济。

（一）到绍兴任职第 40 天的一个座谈会:市场经济实质上也是一种"百姓经济"

我到绍兴任职第 40 天(2001 年 12 月 17 日),专门召开了发展非公有制经济座谈会,一方面是调查了解绍兴的经济情况,另一方面也借座谈会谈谈自己的一些理念和想法,并以此推动工作的展开。这次座谈会上,我主要讲了六个方面的想法。

第一,应该放手支持民营经济发展。在发展非公有制经济问题上,中央早有定论：党的十五大指出非公有制经济是社会主义市场经济的重要组成部分，从而确立了它的经济地位；九届全国人大二次会议通过的《宪法修正案》，把非公有制经济的地位和作用载入《宪法》，从而确立了它的法律地位；2001年时任中共中央总书记江泽民在"七一"讲话中，又把非公有制经济人士明确为有中国特色社会主义的建设者，从而确立了它的政治地位。我们必须按照中央的要求，把非公有制经济作为社会主义市场经济的一个重要组成部分，放手、放胆地支持其发展。

第二，非公有制经济也可以叫"百姓经济"。把整个经济划分为公有制经济和非公有制经济，仅仅是一种按照资产所有权的属性区分经济形态的方法，这并不影响我们对非公有制经济重要地位和作用的认识与把握。在发展市场经济的过程中，我们的一些提法确实也有一个演变过程。通俗地说，非公有制经济也可以叫"百姓经济"。为什么这么讲呢？一方面，相对于国有、集体经济而言，非公有制经济不是由国家或集体办的，而是由老百姓自己办起来的；另一方面，就区域经济

2005年6月12日，王永昌在越城区皋埠镇调研时与农户亲切交谈

来讲,非公有制经济越来越成为经济发展的主体。市场经济实质上是一种"百姓经济",而不是"官办经济"。更深层次的意义还在于,非公有制经济是一种"富民经济"。因为,农村老百姓最重要的致富途径就是通过发展非公有制经济,人人参与,自己发展自己。因此,我们的非公有制经济就是"百姓经济",就是老百姓脱贫致富的经济,就是老百姓自强自立的经济。

第三,"百姓经济"是绍兴经济的重要组成部分,也是绍兴经济发展的重要经验。首先,非公有制经济已成为绍兴经济的重要组成部分。非公有制经济一部分是土生土长的,一部分是转制过来的。从量上看已占了绍兴经济的大头,比例起码为60%—70%。非公有制经济已经成为绍兴市经济的一个重要支撑点、一个重要组成部分、一个重要增长点。非公有制经济的作用越来越大,绍兴经济的现在和未来都离不开非公有制经济的发展。

其次,非公有制经济是解决就业的重要途径。2001年,全市个体工商户和私营企业有15.46万家,其中个体工商户14万家、私营企业1.46万家,解决就业56.7万人。绍兴全市总人口433万人,实际劳动力266万人,非公有制经济解决的就业人数约占全市劳动力的21%。而且,这仅仅是个体工商户和私营企业注册登记时的就业人数,实际上可能远远不止这些。

再次,非公有制经济是财政税收的重要来源。在绍兴市税收总收入中,非公有制经济的贡献份额相当大。尤其是诸暨市,2000年该市非公有制经济税收已占税收总量的86%。

复次,非公有制经济是外贸出口的生力军。绍兴市外贸出口增幅已连续两年位居浙江省第一,外贸企业的发展势头很好,其中很大一部分属于非公有制经济,私营企业中有相当一部分已拥有自营进出口权。

最后,我们还要看到,非公有制经济是培养企业家的摇篮。绍兴市规模比较大的企业,相当一部分是由小规模的个体、私营企业发展而来的。在发展过程中,培养了大批的企业经营管理人才,为绍兴市经济的持续发展提供了人才保障。

因此，我认为，"绍兴经济在发展中有很多经验可以总结，这其中一条十分重要的经验，就是非公有制经济发展得比较快、比较早，公有制企业转制工作抓得比较紧"。

第四，把握"百姓经济"的特点。首先，"百姓经济"是一种创业型经济。非公有制经济是人民群众自我发展起来的，自强自立意识比较强。从土生土长的非公有制企业来看，它的发展不仅仅是为了解决吃饭问题，在有了一定的原始积累以后，更多的是为了创业，是为了干一番事业，而且越发展创业意识越强。从转制而来的企业看，原来虽然也在创业，但转制后创业和发展的意识更强。非公有制经济这种创业型的特点更适应市场经济的要求，这是它的生命力之所在。

其次，"百姓经济"是一种能人型经济。非公有制经济在开始阶段往往是由一两个人或一个家庭创办的，以后企业不断发展、不断做大，经过大浪淘沙能生存下来，充分说明他们适应市场竞争的能力比较强。这些经营者在企业里面的威信比较高，但压力也比较大。因此，这是一种能人型经济。

这种能人型经济的最大好处是什么？我认为，一是管理的成本比较低；二是决策的效率比较高，因为它往往是由一个人、几个人或者是由家庭成员进行决策和管理的，这在激烈的市场竞争中是一个很大的优势。非公有制经济家族化、个人化色彩比较浓，这在一定发展阶段是不可避免的。当然，一些规模大的企业也在逐步走管理创新的道路。有些企业年产值已达几亿元，甚至更多，这个时候再靠一个人或一个家庭的能力来管理企业就远远不够了，必须上升到第二个发展阶段，即"精英化"阶段。所谓精英化，就是企业家聘请一些精英来协助管理企业。

绍兴市非公有制经济在 21 世纪初已出现了"精英化经济"的迹象，但总体而言仍是一种能人型经济。随着形势的发展，非公有制企业最终还是要朝着建立现代企业制度的方向发展，进入更高的发展阶段。

再次，"百姓经济"是一种块状经济。绍兴的"百姓经济"，一个重要特征表现为块状特色经济。比如，绍兴县（现柯桥区）主要是围绕纺织业形成产业链；嵊州市主要是围绕领带、机电等产品形成块状经济；新昌县主要是围绕医药、化工等方面形成特色经济；诸暨市的块状经济特征更加明显，有大唐袜业、山下湖珍珠、枫桥服装、店口五金等；还有上虞市（现上虞区）的崧厦伞业；等等，都表现为一种块状经济。

我到诸暨考察后得到这样一个启示：在农村，非公有制经济的发展之所以常常表现为一种块状经济，这并不是偶然的，而是由农村的实际情况所决定的。农村老百姓的模仿能力比较强，他们看到你这里做袜子、做杯子能赚钱，知道可以往这个路子上发展，他们马上就学，从而逐步在几个村，甚至是几个镇形成了特色块状经济。这种块状经济发展的效果相当好，一个块状形成一个产业，生产一种产品，解决了农村的工业化问题，解决了农村老百姓的就业问题，也解决了千家万户的脱贫致富问题。所以，我们应该大力支持、鼓励这种块状经济的发展。

最后，"百姓经济"是一种候鸟型经济。也就是说，非公有制经济就像候鸟一样，哪里的气候、环境合适，它就会去哪里安家，具有一定的流动性。对于这种流动性，我认为应该持肯定、积极的态度。我们应当鼓励流动。任何一家企业，它总是在上规模、上档次的时候搬家，搬一次家，就会有一次新的发展，而且一般情况下总是越搬越好的。但我们首先是鼓励在整个绍兴市范围内流动，这句话可能有点本位主义。不过，如果我们的企业觉得到外地去有更大的发展前途，我们不但不拖后腿，而且还要帮助做工作。绍兴的企业能走向全国，走向国际，也是绍兴的光荣。而且我相信，他们今后做得更好了，肯定也不会忘记老家，反过来又会回家乡投资。

第五，为发展"百姓经济"政府要改善服务工作。"百姓经济"的这些特点，决定了我们政府部门必须有针对性地做好工作，尽可能为其创造良好的发展条件。

首先，要按照中央的要求，满腔热情、一心一意地鼓励和支持非公有制发展，公有制经济和非公有制经济都是绍兴经济的有机组成部分，我们必须进一步转变观念，一视同仁地、公平地对待我们的"百姓经济"。

其次，要看到非公有制经济创业的艰辛，充分理解和尊重他们。不要只看到他们现在有了几百万元，甚至几千万元资产，就认为他们过得真潇洒，赚钱真容易。其实看起来容易，做起来很不容易，要创办一个成功的企业是非常艰辛的。

最后，要客观公正地依法行政，处理好依法行政、依法管理与高效服务的关系。对一些不需要审批的项目，要坚决取消审批，有些事情能快办的，就要快办。对保留审批的事项，要尽可能改串联审批为并联审批，以提高效率。除提供高效的审批服务外，我们还要尽最大可能为非公有制经济创造良好的综合发展环境，包括法制环境、政策环境、舆论环境，包括基础设施硬件环境，也包括部门、领导与企业家感情的环境等。总而言之，我们要针对"百姓经济"的特点，进一步转变机关工作作风，搞好优质服务。

第六，如何发展和提升"百姓经济"？ 非公有制经济发展的成绩很大，但也面临着新的危机。我们的企业规模与先进地区相比尚有一定的差距，我们的高新技术企业和名牌企业数也相对较少。在面临着国际国内新形势，面临着我国加入WTO的新挑战下，我们必须围绕提高企业的竞争力，着力做好以下几篇文章。

一是要进一步做好调整产权结构的文章。在市场经济条件下，企业尤其是上规模以后的企业，产权结构并非越单一越好。我们要按照建立现代企业制度的要求，积极探索适应市场经济要求的企业产权结构。当然，选择什么样的产权结构、产权制度是企业自己决策的事情，政府不会干预。

二是要进一步做好企业内部管理的文章。在有些企业中存在重生产轻管理的现象，这个问题要引起重视。管理是门大学问，企业的生产经营不能见物不见人。要进一步完善法人治理结构，充分调动全体职工的积极性,加强企业内部管理,向管理要效益。企业家个人的力量毕竟是有限的,希望大家积极探索现代企业管理方法,多从加强管理上做些文章。

三是要进一步做好技术创新的文章。非公有制经济绝大多数从事的是传统产业。传统产业不是不好,俗话说,只有过时的产品,没有过时的产业。产业是不会过时的,如纺织业从传统纺织开始一直到现在也没有过时。而企业生产的产品如果跟不上市场需求变化,很快就会过时。所以,企业要想生存得更好、发展得更快,关键还是要不断地进行投入,不断地进行技术改造,不断地进行产品创新、技术创新。

四是要进一步做好品牌经营的文章。企业发展到一定规模,要想再上一个台阶,就必须十分重视品牌经营,扩大品牌的知名度,尽可能把企业的品牌做优、做强、做大。企业的竞争力、企业的实力很大程度上取决于产品的品牌、企业的品牌。过去推销产品靠关系、靠渠道、靠其他方法,现在可不行了;我们原有的体制优势随着国有、集体企业的转制也在逐渐消失。所以,企业要持续发展,最终还是要靠实力、靠产品、靠品牌,企业家要在品牌经营方面做好文章。

五是要进一步做好诚实信用的文章。企业在发展过程中要守信用、讲信誉。市场经济说到底,一是法制经济,二是信用经济。法制是强制性的,而信用才是根本。有了信用,就等于有了市场。现在绍兴的企业在全省乃至全国都树立了较高的信用度,这很可贵,绍兴的企业就是要做到说一是一,诚实信用,不搞假冒伪劣。我们的企业也好,银行也好,方方面面都要共同努力,进一步创造良好的信用形象。

总之,我们对绍兴非公有制经济的发展寄予厚望,对绍兴的"百姓经济"寄予厚望。政府部门将尽最大的可能为非公有制经济创造良好的发展环境。希望你们大胆地、放心地、一如既往地往前走,争取健康、持续、更快的发展,在不断发展自己的同时,也为整个绍兴经济的繁荣和绍兴老百姓的致富做出新的、更大的贡献。

（二）在诸暨的一个座谈会："百姓经济"、民营经济是"民生民有民营"经济

2002年11月11日，我在诸暨市组织全市政府有关领导和部门以及企业家代表展开了现场调研参观活动后，又召开了一个全市发展民营经济经验交流会。会上，我围绕"学习贯彻十六大精神　努力开创民营经济发展新局面"主题做了交流发言。

首先，我认为繁荣"百姓经济"必然带来"百姓富裕"的事实。

"今天大家参观了诸暨市的店口工业园区和盾安、万安两家企业，以及大唐袜业市场，一路过来，热火朝天，充满生机。大唐镇一带年产袜子65亿双，全世界人均超过一双，袜业市场连跳三级，从老市场到新市场，再到工业园区，并在国际化方面迈出了实质性的步伐。统计数据表明，大唐镇2万多人口，每两户创办一家企业。这样的地方能没有生机吗？老百姓能不富裕吗？下午，诸暨、上虞、嵊州市政府和柯桥开发委以及万丰、步森集团交流了各自的经验。诸暨市政府介绍了'解放思想，始终坚持主体地位不动摇；加大扶持，始终坚持优化环境不动摇；突出重点，始终坚持升级提质不动摇'的做法和经验，并突出强调了一手抓大企业大集团，一手抓块状经济的重要作用。上虞市（现上虞区）政府着重介绍了个私经济发展年活动的主要做法和基本成效，2011年1—9月上虞市新发展个私企业1995家，平均每月增加200多家，速度惊人，势头很好。嵊州市提出既要扶持重点，又要遍地开花；既要规范，又要放活的工作思路，并有针对性地采取措施，取得了明显效果。新昌万丰奥特公司坚持走科技强企、多元经营、资本经营、品牌经营、诚信经营和人本经营'六条路'，有理论、有实践，具有一定的典型意义。步森集团讲的'百年步森、永恒青春'代表了大家的共同愿望，民营经济应该保持永恒的青春、永恒的活力、永恒的发展。我们有这种雄心、这种信念、这种气魄，民营经济的发展一定会迎来更加辉煌灿烂的明天。总之，今天的会议是一次党的十六大精神的学习贯彻会，是一次民营企业发展经验的总结交流

2007年1月9日，王永昌参加绍兴市工商联召开的全国民营企业500强绍兴入围企业暨市工商联执委迎春座谈会

会，更是一次按照党的十六大精神要求，进一步加快民营经济发展的动员部署会。"

其次，我交流了学习党的十六大有关新时期民营经济的地位和作用精神的体会。

"党的十六大报告就民营经济的发展专门做出了重要的论述。在回顾总结部分指出，'个体、私营等非公有制经济较快发展'，这是对民营经济发展的肯定；在论述'三个代表'重要思想时，强调'必须最广泛最充分地调动一切积极因素'，重申了个体户、私营企业主等社会阶层都是中国特色社会主义事业的建设者，同时提出，'一切合法的劳动收入和合法的非劳动收入，都应该得到保护'；在第四部分论述'坚持和完善基本经济制度，深化国有资产管理体制改革'时，讲到了两个'必须毫不动摇'：即必须毫不动摇地巩固和发展公有制经济，必须毫不动摇地鼓励、支持和引导非公有制经济发展。两个'必须毫不动摇'后面还有第三条，那就是坚持公有制为主体，促进非公有制经济发展，统一于现代化建设的进程中，不能把两者对立起来。

"党的十六大报告对民营经济来说，一是充分肯定了非公有制经济发展的成绩；二是从理论上、思想上、政治上、体制上、政策上，再次肯定了非公有制经济的地位和作用；三是指出在市场经济条件下，对非公有制经济和公有制经济应该一视同仁，共同发展；四是强调必须毫不动摇地鼓励、支持、引导非公有制经济的发展；五是把非公有制经济看作我们全面建设小康社会，基本实现现代化，建设有中国特色社会主义事业和中华民族伟大复兴的重要力量。

"为此，我们一定要进一步认清形势，坚定信心，振奋精神，扎实工作，谋求民营经济更快更好的发展，努力开创我市民营经济发展新局面。"

再次，我分析了绍兴民营经济较快发展的主要经验。

回顾这些年来的发展历程，绍兴市民营经济之所以能保持持续、快速、健康的发展态势，主要得益于以下几个方面。

"一是与时俱进的思想观念。回顾发展历程，我们对邓小平理论充满了感情，对解放思想、与时俱进有着切身的体会。任何时候故步自封，用过时的理论和框框来限制，民营经济都难以发展。党的十六大报告又一次提出了解放思想、更新观念的问题。发展永无止境，创新也永无止境。因此，凡是对民营经济发展不利的思想观念，我们就要坚决破除，决不迟疑。支持发展、鼓励创新、与时俱进，是一个方向问题，是一个永恒的主题。

"二是充满活力的经济体制。民营经济是按市场经济要求发展起来的，它有着巨大的、生生不息的内在动力。主要体现在五个方面。第一，这是一种百姓经济。民营经济'民生民有民营'，有着强大的内在动力，谁也遏制不了。'资本主义尾巴'今天割了，明天又长，'野火烧不尽，春风吹又生'。第二，这是一种能充分调动创办主体积极性的经济。这种体制与创办主体的利益有效地结合在一起，能够最大限度地激发人的积极性。第三，这是一种千家万户的经济。这种经济的主体是千家万户，是'打人民战争'。第四，这是一种市场经济。民营经济的发展离不开市场，它按照市场要求来发展，按照市场规则来竞争，按照市场机制来运行；同时，市场的千变万化又能激励催生千百万个市场主体，进一步提升市场主体的实力。第五，这是一种自负盈亏的经济。因为它有一种'跳楼机制'，如果你成功了，就能'上天揽月'；如果你失败了，就要跌入'万丈深渊'，当然经过长期的发展，人类创造了一种有限责任公司，使企业风险有限化。

"三是得天独厚的历史文化。我们的民营经济一经诞生就根植于深厚的历史文化土壤之中，它一有条件就阳光灿烂，充满生机。历史上我们这一带思想比较开放，思维比较务实，'永嘉学派''永康学派'的务实理念很能说明问题，因此这里经商历史较早，商品经济比较发达。远的如义乌、永康等地曾有'修锣补锅跑江湖，鸡毛换糖弹棉花'的说法；近的如柯桥的纺织业比较发达，历史上就有'日出万丈绸'的壮观。这个传统就是一种历史文化，是民营经济根植的深厚土壤。它经过上千年的积淀，是我们独有的，人家很难学到。因此，我们要倍加珍惜，发挥优势，并把它转化为现实的生产力，不断促进发展。

"四是块状经济和专业市场共生共荣。块状经济和专业市场是民营经济的重要依托，两者相辅相成、共同繁荣。通过块状经济和专业市场带动民营经济的发展，这是我们的一大特色。

"五是企业家的吃苦精神。我们企业家的吃苦精神有口皆碑，在计划经济时代，凭着吃苦精神，全国各地到处跑，哪儿都有他们的脚印，这恰恰是我们发展民营经济的一个优势和资本。他们在外面闯世界、跑市场、搞营销。正是这些千军万马的'百姓经济'，支撑了绍兴经济的发展。他们的经营策略是薄利多销，把规模做大，积小利成大利，聚沙成塔。经过几十年的发展，不少企业积小胜为大胜，积薄利为厚利，一步步发展起来，站稳脚跟，创出了一片新天地。"

最后，我就如何使全市民营经济"提质扩量"，开创民营经济发展新局面，做了工作部署。

"所谓'扩量'，就是要进一步扩大民营企业数量，不断壮大民营经济规模，努力实现新的跨越；所谓'提质'，就是要进一步提高企业家队伍整体素质，提高产品档次，做强优势产业，着力培育一批大企业大集团，培育一批行业'领头羊'，切实增强企业的竞争力。"

具体要抓好如下"九个一批"。

"第一，培育主体，发展一批。在市场经济条件下，有竞争才有发展，这就必须培育数量众多的市场主体。作为政府，要千方百计创造有利于发展民营经济的良好环境，培育更多的市场主体，挖掘更多的社会资源，使民营经济创造更多的社会财富，使老百姓安居乐业。当前最关键的是要进一步更新观念，加快发展民营经济。为保持经济的持续高效发展，任何时候都应该有源源不断的、新的市场主体诞生。现在的大企业就是从过去的中小企业中发展起来的，通过日积月累，才有了今天的规模和实力；现在的大企业家也是从小作坊的家庭业主中成长起来的。所以我们还是要重视培育新的市场主体，特别是欠发达地区，更需要发展量大面广的百姓经济，把千家万户动员起来，若干年后肯定会从中涌现出一批大企业大集团。

"第二，做大做强，扶持一批。就是要通过扶大扶优扶强，发展一批大企业大集团。现在不少企业已经有了一定的规模和档次，我们要引导、扶持、激励他们进一步做大做优做强，发展成为顶天立地的'航空母舰'。绍兴市在扶大扶优扶强和促进企业上市方面出台了专门政策，目标是通过政策激励，力争在'十五'期间培育出三五十家年销售收入在 10 亿元以上的规模企业。

"第三，技术改造，提升一批。要通过技术改造，引导民营企业提升技术层次，扩大企业规模。

"第四，招商引资，引进一批。通过招商引资把外面的企业'引进来'，进一步做好'无中生有'文章。

"第五，深化改革，转化一批。绍兴市的国有企业产权意义上的改革已基本完成，下一步重点要加大事业单位、中介组织的改革力度，尽可能把它们改制为民营企业，进一步把它们推向市场，真正成为市场主体。

"第六，发展园区，集聚一批。在新的形势下，要通过发展园区来集聚企业，优化布局，进一步提升民营经济的发展水平。

"第七，家庭工业，储备一批。在农村发展家庭工业要从实际出发，不具备条件的不一定要迁到园区内，特别是在起步阶段，需要一个过渡期，等发展到一定阶段、有了实力，那自然就会向园区集聚。

"第八，引进人才，创业一批。重点要通过引进人才和技术，发展一批民营科技企业。有关部门在绍兴经济开发区建设了一个创业园，要认真落实培育措施，引进留学人员到园区来创业。

"第九，块状特色，孵化一批。就是通过园区建设，做强块状特色经济，不断孵化新的民营企业，使之成为新的经济增长点。

"围绕上述'九个一批'，各级政府要为民营企业的发展创造良好的发展环境。特别对民营企业的注册资本和其他市场准入前置条件限制要进一步放宽，对中小企业的用地和融资要提供方便。有关部门要采取切实措施，提供有效服务，为民营企业发展提供更大的便利。"

十 呼唤"山区经济"

许多不了解绍兴的人都对绍兴有一个误会，以为绍兴地处平原。确实，自古就有"宁绍平原"的说法，外地人到绍兴来，看到的也主要是绍兴市区和平原地带的风貌。事实上，从自然地理角度来看，绍兴地形以丘陵为主，可以说是一个地道的山区地带。要解决好绍兴老百姓的民生问题，重点、难点都在山区群众如何致富上。

所以，我内心一直牵挂、惦记着山区百姓的生活，我在绍兴任职期间始终重视山区发展，也经常围绕如何让山区百姓尽快致富展开调研，寻找对策。

（一）走遍全市所有乡镇

我在绍兴工作期间，有计划地先后走遍了全市所有乡镇，有的重点乡镇可能去过数十次。我也几乎走遍了全市各县有代表性的山区地带，先后数次就发展山区经济问题进行调研。还到新昌山区的一个乡做了蹲点调研，"解剖麻雀"，并帮助协调解决一些民生和发展难题。

在山区所见所闻，令我启发良多，使我深受教育。比如，山区群众由原来"穷山恶水"到"好山好水"发展理念和思路的变化，令我印象深刻。我在2005年召开的一次会议上说："今年，我花了20多天时间到农村调查研究，重点是跑山区。几年前，我跑山区的时候，基层的干部和群众告诉我，我们这里是穷山恶水，意思是说山区发展的条件比较差。但是，今年我有一个强烈的印象，哪怕是在深山老林，干部和群众的观念、理念都发生了很大的变化,他们都讲,我们现在可是真山真水、好山好水、青山秀水,他们已把山区作为一个新的发展增长点,发展信心非常足,精神状态非常好,出乎我的预料。"

山区群众的认识和实践,给我们做好山区工作提供了极大的信心和动力。

(二)一个难忘的工作会议

2005 年,我花了 20 多天时间到农村,重点是到山区调研。

山区是个大社会,是一个具有特殊性的社会。我认为,山区发展更多的是一种政府主导性的行为。假如城市经济是以市场经济为主导的话,那么农村经济、山区经济应该是以政府为主导的。从理论上讲,市场经济不相信眼泪,不同情弱者。但政府不是市场,它要扶持关爱弱者。我们的农村、农业、农民,在一定程度上是弱者,政府要更多地加以关注,更加重视山区的发展。

2005 年 9 月 29 日,我主持召开了全市发展山区的工作会议。这样的专题会议,市里是难得召开的。通常,市里年年召开农村工作会议,却极少召开山区工作会议。但我认为,对绍兴来说,山区发展、山区工作是个非常大的题目,也是个非常大的问题。这是因为,绍兴实际上是个山区市,"七山二水一分田",绝大部分是山区;山区经济总量尽管不是很大,但它的人口、面积占全市的比重非常大;随着工业化、城市化、现代化进程的推进,经济和社会的发展越来越取决于环境的承载力,山区的环境怎样,直接关系到绍兴市的发展。随着时间的推移,山区的地位和作用会越来越凸现出来。

会后,我们对山区发展做了广泛调研,市委、市政府还形成了《关于进一步加快山区发展的若干意见》。这在绍兴发展史上是第一个政策性文件,积极推动了绍兴山区的发展。

(三)山区发展的八条路径

从普遍性方面来说,山区发展的有效思路、载体、办法、途径,大致有

2007 年 4 月 3 日，王永昌赴新昌县澄潭镇棠村开展蹲点调研

以下八条路径。

第一，走特色化之路。也就是说要发展特色农业、生态农村、高效农业，如茶叶、水果、蔬菜、花卉、毛笋（竹）等。山区在很大程度上，在相当一个时期，仍然是要靠山吃山的。

第二，走产业化之路。农业产业要做大做强，就要加快发展农产品深加工，培育农业龙头企业，发展农业加工园区，拉长产业链，提高附加值。如新昌的丰岛企业、上虞的蔬菜加工业等。

第三，走工业化之路。山区、农村也要走工业化之路。现在看来，山区的个私工业仍然具有顽强的生命力。特别是像绍兴县（现柯桥区）工业化那么发达的地方，山区乡镇又重新兴起了家庭工业。如稽东镇，2004 年就增加了 100 多家，增幅达 109%。嵊州最南端贵门乡的上坞山村，在几百米的高山腰上，前不着村、后不着店，却建起了一个纺织小区，发展了 20 台高档剑杆织机。高山的织布声，奏响了一曲曲老百姓的致富曲。一台纺织机，一年少则一万元的收入，多则两三万元，几年下来，就会有一个较大的积累。更重要的是，通过发展个私工业，可

以培养和提高人的素质。

第四,走城镇化之路。山区也要走城镇化之路,该下山的就下山,通过做"减法"来增加农民收入,使山区农民尽可能向集镇和中心村集聚,以城镇化来推动山区发展。

第五,走统筹化之路。政府要加大公共财政转移支付力度,科学谋划基础设施、社会事业发展,加大交通、信息、卫生、教育、医疗、超市、社会保障等方面的社会统筹力度,促进农村经济社会事业协调发展。

第六,走外向化之路。走出绍兴甚至走到国外去发展,这是绍兴发展的一个重要特点。到2005年,绍兴已在市外外拓农业基地500万亩(包括水面承包等),提前实现了在绍兴之外打造"第二个绍兴"的目标。走外向化发展之路,能有效拓展农业发展空间和农民致富途径。

第七,走市场化之路。农业也要走向市场。要围绕市场开发产品,加大品牌创新力度,提高农产品附加值。

第八,走科技化之路。要加快实施科技兴农,加大农民培训力度,全面提高农民素质,提高山区生产力发展水平。

发展山区,诸如此类的途径有很多,我们要积极探索,然后加以总结推广。更具体的办法、措施,各地都有,其中,"农庄经济"也是一种新的办法。

(四)发展山区经济的若干举措

调研、开会是为了解决实际问题,推动工作。为此,我们还出台了如下若干实际举措。

第一,市里成立加快山区发展工作领导小组,由市委、市政府有关领导任正副组长,各县(市、区)也要加强对山区发展的领导。

第二,市里专门出台《关于进一步加快山区发展的若干意见》,各县(市、区)也要参照执行,并在这个"门槛"上出台一些政策措施。

第三,各位市委常委要在原有联系点的基础上,挂钩联系人均年收入5000元以下的乡镇,并要把有关部门、发达乡镇捆绑进来,切实加大帮扶力度。

　　第四，各县（市、区）、各部门要增加责任意识，形成工作合力，确保人、财、物等各方面进一步向山区倾斜。

　　第五，高度重视山区基层党组织建设。要以先进性教育活动为契机，进一步加强山区基层党组织、领导班子、党员干部队伍建设。无论是发展经济，还是社会稳定工作，关键都在于人。凡是一个地方搞得好的、发展致富快的，肯定有一个好的班子，有一个好的带头人，这是一个基本规律。譬如，新昌县外婆坑村，是绍兴的边远山区，已靠近东阳了，却靠种茶叶致富，他们已把未来两三年农民年收入的目标定为一万元。那里的村班子、村支部书记的素质不错。这样的"领头羊"多了，我们的山区发展就有希望了。

十一　发展"家庭经济"

　　"家庭工业"是家庭经济发展到一定阶段的产物。在工业化初期阶段更为普遍存在。我们倡导和扶持个体工商户发展，在很大程度上就是支持家庭经济的发展。

　　多年来，我不但在农村、山区调研中发现家庭工业的巨大意义，而且在绍兴县（现柯桥区）和诸暨市几个经济发达的乡镇调研时，也看到了家庭工业的发展前景。实践证明，无论在发达地区还是贫困山区，现代家庭工业都具有强大的生命力。

（一）家庭工业的生命力

　　我认为，家庭工业之所以有自己顽强的生命力，主要是有五个原因。

　　第一，家庭工业是一种家庭经济。家庭工业是以家庭为单位组织生产的经济形态。家庭不仅是社会生活的基本单元，也是经济活动的基本单位。古往今来，家庭都承担着生产、生活等多种功能。从马克思主义理论角度分析，家庭生产包括家庭经济生产和人类自身生产；从社会角度来讲，家庭是具有经济功能的基本单位，完全离开经济活动的家庭是不存在的。

　　第二，家庭工业是一种百姓经济。家庭工业是一种百姓经济、"草根"经济和富民经济。它是一种典型的、与千家万户紧密联系在一起的经济形态。

　　第三，家庭工业是一种特色经济。如果一个村的家庭工业形成了一定规模以后,往往会具有自己的特色,形成"一村一品"的区域性开放经济,并对周边区域起到积极的带动作用。

第四,家庭工业是一种创业型经济。家庭工业不是简单的打工经济,而是老百姓靠自己勤劳致富的创业型经济。

第五,家庭工业可以是一种现代经济。家庭工业存在于整个现代社会经济形态之中,是可以与现代经济紧密联系在一起,并和现代产业相配套的一种经济形态。一方面,它的产业层次相对较低,另一方面,它又和现代生产力相适应。社会的生产力是分层次的,发展模式也具有多样性。因此,家庭工业的存在有其必然性。我们千万不要单纯以看待现代工业的眼光去看待家庭工业,不要以看待城市的眼光去看待乡镇发展家庭工业,也千万不要以看待发达地区的眼光去看待欠发达地区发展家庭工业。经济再发达的国家、工业再发达的地区也有家庭工业。

浙江的发展实践也证明,家庭工业、民营经济对于推动浙江发展意义重大。浙江省第十二次党代会提出"创业富民、创新强省"的发展战略,这非常符合浙江发展的历史和经验,也非常符合浙江发展的现实要求。

(二)发展现代家庭工业的八大好处

家庭经济有生命力,在于它对老百姓有不可替代的实际好处。

第一,实现农民致富。一个家庭如果拥有几台织布机,每年就会有万余元的利润,这对于每年仅有几千元收入的农民来讲,是一笔不小的收益。

第二,增加集体收入。通过发展现代家庭工业,拓宽了村集体经济的增收途径。比如村里把空闲的房子租给农民创办企业,每年就可以增加一些集体收入。

第三,促进农民转移。转移富余农村劳动力,是推动农村发展的一个非常大的问题。一方面,我们要鼓励农民外出打工,另一方面,更要通过发展现代家庭工业,使农民实现当地就业。这对于促进农民转移,具有非常重要的意义。

第四,保障农民就业。通过发展现代家庭工业,解决农民就业问题,这是最大的也是最根本的保障。

第五,提高农民素质。教育对提高农民素质起着重要作用,但最根本的方法是让农民去创业,让农民进入市场,在实践中接受教育,这是最好的教育。一个农民,创办家庭工业,就会主动出去见世面,并且随着企业的发展,他们的能力会越来越强,素质会越来越高。因此,可以说家庭工业是提高农民素质的大学校。

第六,加速提升城镇化水平。发展现代家庭工业,可以推动一个村、一个镇的经济社会发展,并能迅速形成一个中心村、中心镇,进而加快城镇化进程。

第七,加快发展农村经济。发展现代家庭工业,可以很好地实现工业反哺农业,进而又推动第二、第三产业的协调发展。

第八,推进和谐社会建设。一个地方的经济发展了,就能推动其他各项社会事业发展,促进社会安定和谐。

因此,我们要带着对农民的深厚感情来看待家庭工业发展,从惠民、利民、安民的角度来推动绍兴现代家庭工业又好又快发展。

(三)推动现代家庭工业健康发展

第一,明确发展目标。要制定现代家庭工业的发展蓝图,确定当年以及此后若干年的发展目标。

第二,加强规划。要充分结合镇、村现行布局规划,抓紧制定完善现代家庭工业发展规划,有条件的地方要建立一些现代家庭工业集聚区。

第三,因村而宜。各镇、村要充分结合自身特点,确定现代家庭工业发展方向,做到因村而宜。

第四,加强政策支持。农民拿出几千元、几万元来创业是一件很不容易的事情,因此,在起步阶段,政府要加大扶持力度。政府宁可节约其他方面的开支,也要尽可能支持现代家庭工业发展。

我在绍兴任职期间,各地出台了很多措施,比如绍兴县(现柯桥区）家庭工业企业新建厂房，政府按面积给予一定补贴；嵊州市、新昌县对家庭工业企业每买一台机器也给予一定补贴。对基层政府支持现代家庭工业发展的做法，中央领导也很关注。2007年3月，我在参加全国人大会议期间，向时任国务院副总理吴仪简单介绍了绍兴市现代家庭工业的发展情况。她听了后认为这个做法非常好。她说通过发展现代家庭工业来推动农村经济发展，这是一种扶贫的造血手段，是发展农村经济的根本办法。

第五，加强典型示范。典型示范是引导发展现代家庭工业的一种最有效的办法，所以要注意多树典型。

第六，加强村企结对。村企结对是推动现代家庭工业发展的一个好办法。把现代规模企业发动起来，鼓励企业积极反哺农村经济，把大企业、大集团的信息、市场、技术优势，与广大农户的人力资源优势结合起来，使得家庭工业的生产与企业生产相配套，为农民创业提供市场保障，减小创业风险，有利于更好地推动家庭工业发展。

第七，加强服务。积极为农户搭建创业平台，搞好各类培训，提供资金担保、市场信息等方面的服务，帮助他们大力发展现代家庭工业。

第八，加强管理。在支持现代家庭工业发展的同时，也要加强管理和引导，对于一些严重污染环境、存在安全隐患的项目绝对不碰。

总的来说，我们要在总结过去经验的基础上，在更高的平台上，继续坚定不移地加快推进现代家庭工业发展，进一步造福百姓，早日建成一个惠及全市人民的全面小康社会。

新昌县澄潭镇棠村的蹲点调研报告（摘要）

根据省、市开展"作风建设年"活动和省"百名书记下基层蹲点调研"活动的统一部署，我于2007年4月3日至7日，围绕"发展家庭工业，推动全民创业，加快社会主义新农村建设步伐"的主题，在新昌县澄潭镇棠村开展蹲点调研，并形成了一个调研报告。现就有关内容摘要如下。

棠村位于偏僻的新昌县西部山区,全村518户、1472人,有家庭工业户109户,菊花种植基地280亩,2006年农民人均纯收入7610元,是新昌县新农村建设示范村,属于欠发达乡村发展家庭工业、促进农民增收致富的一个典型。

调研分析棠村家庭工业发展情况,以点带面指导全市工作,是我这次蹲点调研的主要内容。棠村的实践告诉我们,发展家庭工业具有广阔前景,推动家庭工业特别是现代家庭工业健康发展,是推动全民创业、推进新农村建设的重要途径。

一、基本现状

棠村是新昌县的纺织专业村和发展家庭工业示范村,家庭工业从20世纪80年代开始起步,90年代进入快速发展轨道,目前正处于稳步发展阶段。全村518户家庭中,拥有家庭工业109家,占全村总户数的21%,其中织机94家、机械10家、羊毛衫2家、其他3家。棠村的家庭工业主要有以下特点。

一是发展环境比较宽松。2005年新昌县出台了《关于鼓励支持家庭工业发展的若干意见》,县政府对每新办一户家庭工业直接奖励1000元,并实行预备期申报制,免收前两年税费。澄潭镇也全力扶持家庭工业发展,出台《澄潭镇临时用地管理办法》,同时积极引导家庭工业做好内接"新昌大企业"、北接"柯桥大市场"、西接"义乌大超市"的"三接轨"文章。85.6%的村民认为村里对发展家庭工业"很支持"和"支持"。

二是单体规模不断扩大。不少家庭工业户通过艰苦创业,已形成一定规模,逐渐独立出来成为个私企业,形成了一系列产业链,逐步向产业化方向发展。如吕兴祥已创办了新昌县灵川铸造厂,年销售300多万元;王继炜创办的浙江纵豪机械有限公司年销售超过了3000万元。

三是"一村一品"的格局初步形成。棠村依托本地的产业优势、资源优势和市场优势,织布业不断壮大,全村已有织机户94家、织机306台,成了远近闻名的织机专业村。

四是示范带动效应明显。家庭工业是一种"看样经济",尝到甜头的村民对发展家庭工业的热情很高。问卷调查发现,只有4.3%的家庭工业户想转行"发展其他产业"，近50%的家庭工业户想"扩大规模""更新设备"，未发展家庭工业的农户也耐不住寂寞，大都有发展织布、加工机械配件的意愿。

二、主要成效

棠村家庭工业保持着良好的发展态势，这主要是因为发展家庭工业的诸多好处在实践中得到了充分印证。

一是转移了农民。家庭工业主要以家庭为生产场所，劳动力以家庭成员、本村村民为主，使从土地里解放出来的农民，不用外出打工，就能在家门口实现就业，既实现了农民的"有效转移"，又大大缓解了社会就业压力。棠村的280亩土地"统租"给丰岛公司建菊花基地后，一大批劳动力转移到第二、第三产业，全村109户家庭工业就吸纳劳动力300多人。

二是富裕了农民。家庭工业以小型机械、换代设备为主，具有成本低、占地少、经营灵活、进入门槛低等特点，是农民增收致富的重要途径。从棠村的情况看，一台投资2万元左右的小剑杆织机，一年净收入就在1.5万元左右，用一年半时间就可收回投资。棠村发展家庭工业的年收入800万元左右，仅此一项村民人均增收就达5600多元。

三是提升了农民。村民以家庭工业为纽带，与千变万化的市场发生联系，增强了市场经济意识，提高了参与市场竞争的能力。村民说，"我们忙了、富了，搞赌博和封建迷信的就少了"。村干部也说，"村民一心一意办家庭工厂，化解了一些不安定因素，村风民风有了根本性好转"。

四是加快了农村工业化进程。家庭工业的发展，使得一批大企业的部分产品和产品配件有了扩散延伸的基地。如新昌县16家大企业依托当地的家庭工业，已建立了20个外协加工基地，形成了"以大带小、以小促大"的双赢格局。同时，家庭工业是龙头企业的派生物，也是中小企业的孵化器，成千上万的家庭工业的成长，为工业经济发展提供了强大的后备力量。如澄潭镇有织机户860多家，拥有织布机3000多台，年产值达3.5亿元，占全镇生产总值的65%左右。

五是缓解了生产要素制约。近年来，土地、资金等要素制约比较突出,而家庭工业发展主要利用闲置土地和农村居民储蓄,化零为整,有效缓解了要素制约。如棠村家庭工业户创办初期的资金,97.7%靠"自有资金""私人借贷"。

三、存在问题

棠村家庭工业的发展形势总体上比较好,成效也很大,但也面临着不少困难和问题。

一是整体产业层次较低,产品附加值偏低。棠村的家庭工业大多数从事传统行业的产品加工,没有自己的品牌,大多停留在低档次、低利润的层次。如织布加工的"9088"棉纱布利润已从前几年的每米1元多下降到0.7—0.8元,一台织机连续工作1小时,净利润只有1元多一点。

二是从业者思想观念滞后,存在小富即安现象。从业者文化素质偏低,满足于小打小闹,舍不得添置先进设备,对产品的市场前景并不明确,规模较小,处于一种自然发展状态。在棠村,76.3%的业主文化水平在"初中"以下,82.9%的业主"没有参加过技术培训"或认为"不需要参加任何培训",74.9%的业主认为设备"不需要更新"或"暂时不需要更新",57.1%的业主对产品前景"不清楚"。

三是信息不对称,抗市场风险能力弱。棠村织布业多属来料加工,由于信息不对称,对中间商依赖性强,组织化水平较低,产业链松散。如棠村自行定价的业主只占9%左右,并有27%的业主认为存在"相互压价"的现象。

四是外部制约因素增多。棠村的家庭工业已发展到一定阶段,初步完成了原始积累阶段,进一步提升发展面临土地、资金、用电等制约。调查显示,80%左右的业主认为,发展过程中遇到的最大问题是"资金短缺"和"缺少场地"。

五是造成一定的环境污染。棠村的纺织加工户给周围造成了噪声污染,一些机械、五金类家庭工业存在乱堆乱放固体废弃物的现象,造成了一定的环境污染。调查显示,40%左右的业主承认有环境污染,并因此产生了一些邻里纠纷。

六是存在安全隐患。家庭工业由于作坊、仓库和住房"三位一体"，消防设施不全，电线私接乱拉，存在一些安全隐患。调查中，30%左右的家庭工业户发生过安全生产事故。

四、几点启示

棠村发展家庭工业的实践启迪我们，家庭工业并没有过时，我们要实事求是地看待家庭工业问题，明确发展思路，加强服务指导，出台政策措施，促进传统家庭工业向现代家庭工业提升，为推进社会主义新农村建设夯实物质基础。

启示之一：发展家庭工业具有广阔前景。家庭工业发展在新时期仍具有强大的生命力。这是因为：一是家庭工业顺应专业化趋势。现代企业分工越来越细，专业化生产趋势明显，需要多层次、多门类的协作配套网络。家庭工业既能保证质量，又能降低成本，在现代化大生产条件下仍占有一席之地。如澄潭镇高惠杨飞布厂有外协家庭工业80多家、织机500台，年销售2600万元，产品还进了"沃尔玛"超市。二是家庭工业综合效益好。家庭工业小批量、多品牌、应变快，投入少、产出高、吸纳劳动力多，经济效益和社会效益好，是夯实区域工业发展基础的有效途径。如新昌县家庭工业遍布16个乡镇（街道），从业人员5万多人，年销售收入50多亿元，为农民增收5亿多元。三是家庭工业是推动全民创业的重要平台。在缺资金、缺土地、缺管理经验而无力发展大企业的情况下，家庭工业成本低、占地少、市场准入门槛低、设备操作简单，能使剩余劳动力"闲有所事、事有所值"，是推动全民创业、促进全民就业的重要平台。棠村村民、原毛纺厂退休职工葛美燕组织农妇绣花加工，业务已扩散到周边乡镇和邻县，最多时能带动1000多户农妇绣花，常年在家绣花的农妇，年收入就有七八千元。四是家庭工业是发展农村经济新的增长点。随着经济快速发展，城市土地要素越来越紧缺，大量的建设用地集中在镇、村一级。为减少发展成本，相当一部分工业又将从城市回归农村，这为家庭工业的兴起提供了良好土壤。

启示之二：要研究和把握现代家庭工业的特点。加强对现代家庭工业的研究，把握其特点，对于推动现代家庭工业发展具有积极意义。与传统家庭工业相比,现代家庭工业至少具有以下几个特点。一是经济结构调整的时代产物。家庭工业是新时期农村经济结构调整、三次产业分化的产物,与改革开放初期"村村点火、家家冒烟"的家庭工厂不一样。二是体现了社会专业化分工。家庭工业是与大企业、大集团配套、接轨的,是社会化大生产专业分工的产物,它与龙头企业共同构成松散型的生产集团。三是具有一定的科技创新能力。从业人员有较高的科技文化素质,拥有比较先进的生产设备,产品具有较高的技术含量、附加值和市场竞争能力。四是发展潜力较大。家庭工业发展到一定阶段,必然会上一个档次和规模,成长为各类中小型企业,走向发展工业经济的前台。

启示之三:传统家庭工业要向现代家庭工业提升。传统家庭工业向现代家庭工业的转变,这是经济社会发展的必然规律,也是保持家庭工业活力的内在要求。一要着力创新思想观念。针对部分干部对发展家庭工业的模糊认识,部分群众对自主创业信心不足、小富即安的心态,要大张旗鼓地宣传兴办家庭工业的各项政策,激发"能人办企业、百姓创家业"的热情。二要着力提高业主素质。加强对家庭工业从业人员的教育、培训,强化他们的质量意识、法律意识和风险意识,提高生产技术水平和企业管理水平,增强市场竞争能力和自我发展能力。三要着力优化产业结构。发挥传统产业的比较优势,巩固传统产业,形成"一村一品""一家一品",努力形成规模效应,培育具有竞争力的块状经济。挖掘潜在优势,千方百计从外地引进适宜于本地家庭工业生产的各类产品,拓展新的产业亮点,形成新的家庭工业产业链。帮助家庭工业户通过生产工艺改造和技术革新,适应多品种产品的生产,不断丰富产品结构。四要着力壮大家庭工业群体。我市目前办家庭工业的,主要是农村劳动力。要积极鼓励市内外家庭工业能人异地办厂或开设分厂,鼓励企事业单位干部职工和公务员投资兴办家庭工业,扶持一个点,带动一个片,富裕一方群众。五要着力开辟家庭工业集聚区。家庭工业发展较快的地区,要结合新农村建设规划,鼓励以市场运作方式开发建设家庭工业集聚区,实现各种生产要素的集聚整合,拓展发展空间,发挥规模效应,推进家庭工业集约发展,推动家庭工业"二次创业"。

启示之四：要为家庭工业发展创造良好环境。我市家庭工业发展总体上仍处于政府推动阶段，各级党委、政府要加强规划引导、产业引导和政策引导，积极孵化和培育更多、更优的家庭工业。一要制定扶持政策。针对制约家庭工业发展的突出问题，加大信贷、资金、税费、土地等方面的扶持力度，鼓励家庭工业户技术创新，缓解家庭工业的要素制约，推动民营企业"腾笼换鸟"、龙头企业延伸加工。二要优化部门服务。在创业培训、融资担保、信息提供、设备采购、原料供应、产品销售、市场开拓等方面开展全方位服务，管理时要重服务，坚持就宽不就严，先发展后规范。三要完善中介组织。加快行业协会、商会发展步伐，强化同业监管和行业自律，规范生产行为，防止恶性竞争。积极培育经纪人，营造"一户经纪人带一村、多户经纪人带一片"的格局。大力发展法律、咨询等中介服务，推进社会信用平台建设。四要加强舆论引导。广泛宣传发展家庭工业的有关政策，宣传报道家庭工业的先进典型，典型示范，以点带面，推动家庭工业特别是现代家庭工业健康发展。

十二 推动"全民创业"

大约在 2006 年，我在农村调研中得到启发，考虑在全市范围开展"全民创业"活动。

（一）"发展力量在民间"

解决民生问题，不能只凭领导个人意志、临时性政策。作为一个地方的党政主要领导，应该瞻前顾后、系统谋定。总体上说，临时性的帮扶活动是解决少数特别困难或突发性困难的群众所面临问题的有效办法，它主要起辅助性作用。社会保障体系是解决所有公民社会福利保障的制度安排，它带有长期性和普惠性功能。而真正要解决好民生问题，最根本的途径是经济发展、社会进步和提高公民自身的创业就业能力。

中国改革就是从家庭承包、家庭创业开始的。绍兴的发展也是从个体工商、个私经济、家庭经济起步的。我在欠发达山区和发达乡镇调研中，深切地感受到了家庭工业、家庭经济的生命力，由此受到启示：可以将家庭经济进一步拓展，推动全民干事创业，这样不但能从根本上解决民生问题，而且也会使社会充满活力、充满积极向上的正能量。

由此，我在调研和统一思想的基础上，决定在全市倡导"全民创业"活动。2007 年，全市开展了以"推动全民创业、促进全民就业、实现全民保障"为主题的活动。

我认为"全民创业"在四个维度上具有重要意义。

第一，"全民创业"是发展之源泉。从发展角度来讲，解决好人民群众的创业、就业、保障问题，实际上涉及发展的动力、发展的源泉、发展的大局。一人创业兴家，人人创业兴市、兴国。在经济多元化、市场化、国际化发展的今天，只有激发全社会的创业热情，进一步调动广大群众自主创业的积极性，不断提高全市创新创业的水平，才能为加快发展提供强大的内在动力；才能把更多的人才和资源引向创业致富、发展经济的主战场，为创造社会财富提供不竭源泉。因此，要大力提倡创业富民，实现创业、就业和保障良性互动，推动经济社会又好又快发展。

第二，"全民创业"是民生之根本。从当前城乡居民的要求和愿望来看，民生问题主要就是创业、就业、保障问题。坚持以人为本、执政为民，就是要解决好创业、就业、保障的问题。可以说，推动全民创业、促进全民就业、实现全民保障，是解决民生问题的治本之策。

第三，"全民创业"是实践之经验。绍兴市能够取得快速发展，一条根本的经验，就是大力发展民本经济，这是一种创业型的经济，是老百姓自己来创业、自己来发展、自己来致富的经济。通过发展民本经济，源源不断地培养出企业和企业家，从而带动就业、促进保障。与此同时，绍兴虽然是经济发达地区，但与先进地区和发达国家相比，发展水平还不高，发展还不平衡。因此，要坚持率先发展不动摇，发展民本经济不停步，在更高的起点和平台上创业。这是实践经验的总结，也是绍兴发展的内在要求。

第四，"全民创业"是全民之职责。有效解决民生问题，既是党委、政府的基本职责，也是老百姓自身应尽义务和应负的责任。因此，一方面，要强化党委、政府的组织领导和公共服务功能，营造良好的发展环境；另一方面，要注重发挥社会主体的作用，充分调动社会成员的积极性。老百姓的就业、生活问题，首先要自己解决，自己解决不了，再寻求社会帮助，不能一有困难就找政府。要积极引导老百姓奋发图强、敬业创业，营造创新创业、敢作敢为的良好氛围。

历史是人民创造的。我们做任何事情，想实现任何目标，都只有依靠人民群众，为了人民群众。人民始终是推动发展的根本力量。

因此，我们必须最大限度地把全市上下的积极性调动起来，把方方面面的创造性激发出来，把人民群众的智慧和力量凝聚起来，聚万众之心，举全市之力，才能建设全面小康社会。

（二）部署建设"全民创业型社会"

平心而论，长期以来，我都高度重视民生问题，坚持执政为民，把解决民生问题摆上非常重要的位置，始终把为民办实事作为一项重要工作来抓。我在绍兴任职期间，坚持以抓"七助"解"七难"为抓手，兴办了一批为民办实事的项目，开展了一系列为民办实事的活动，营造了一个为民办实事的良好氛围。在推进经济发展、社会进步的同时，全市城乡居民的生活水准、生活品质、生活环境都有了新的提高。在 2006 年公布的中国城市居民生活质量排行榜中，绍兴的幸福感指数居全国第 20 位、浙江省第 3 位，全市农村的全面小康实现程度达到 74.6%，全市就业和社会保障工作也都走在了全省前列。

2007 年，我们又在全市组织开展了"推动全民创业、促进全民就业、实现全民保障"活动，着力建设全民创业型社会。要求"百企结对、千村帮扶、万户创业"，推动城乡居民各尽其职、各尽其能、各得其所，继续营造百姓创家业、能人创实业、干部创事业的生动局面。

我们确定的 2007 年工作思路和重点是，"重创新促发展、重民生促和谐"。2007 年 2 月 27 日，市里专门召开了全市重创新促发展企业大会，对创新发展工作做出了安排。28 日，又专门召开了全市重民生促和谐暨深化为民办实事大会，动员全市上下积极掀起全民创业、全民就业、全民保障工作新高潮，进一步深化为民办实事活动，加快推进率先发展、富民强市进程。我在会上做了"推动全民创业　促进全民就业　实现全民保障"的讲话。

（三）"全民创业"就是"人人干事业"

对市里组织开展的"全民创业"活动，开始有的同志有些不同认识，主要停留在对"全民创业"字面的理解上，提出儿童小孩、机关干部、老人怎么去创业的疑问。

这当然也是一种考虑问题的方式，至少从概念角度讲也有一定道理。但是，这里的"全民创业"是一种泛指，是鼓励人们都要有这种意识，都应尽心尽职、追求干事业。大家都知道，毛泽东同志当年曾号召"全民皆兵"，也并不是要求男女老少都去"当兵打仗"。全党动员、全民动手也不是人人去干同一件事。

为了统一思想，我们首先阐明"全民创业"内涵，是指城乡居民各尽其职、各尽其能、各干其事、各得其所，即人人想干事、人人有事干、人人有保障。

人人想干事，就是要把方方面面的积极性、创造性充分调动起来，全面激发社会创造活力，鼓励引导全民干事创业，形成各尽其能、各尽其职的良好局面。

人人有事干，就是要大力挖掘就业资源，着力拓宽就业渠道，努力创造更多的就业岗位，确保所有有就业能力和愿望的人有合适的就业岗位。

人人有保障，就是要进一步健全完善社会保障体系，努力扩大社会保障覆盖面，提升社会保障工作水平，确保人人享有不同类型的社会保障。

因此，"全民创业"首先是各人各尽其能、各司其职、各干其事，都要去追求事业、追逐理想。

"全民创业"的基本思路要抓实以下四个重点。

一是千方百计提倡敬业创业。就是要弘扬敬业创业精神，培育一批创业主体，搭建一批创业平台，努力形成鼓励、支持、热爱敬业创业的社会风尚。

二是千方百计增加就业。就是要坚持实施充分就业政策，改进工作方法，突破政策难点，送政策、送服务、送岗位，努力使城乡有就业愿望和劳动能力的劳动者基本实现就业。

三是千方百计提高劳动者就业水平。就是要继续大力发展职业技术教育，继续推进农民培训和转移工作，继续加强各行各业的技能培训,努力提升劳动者的素质,为城乡居民实现就业和稳定就业打下基础。

四是千方百计提高社会保障水平。就是要提高社会保障覆盖面,提高社会保障标准,提高社会保障管理水平,努力形成完善的社会保障体系。

(四)省委提出要建设全民创业型社会

2007年6月中旬召开的浙江省第十二次党代会报告中,明确提出浙江省今后一个时期要坚持"八八战略",走"创业富民、创新强省"的发展路子。

2007年9月,时任浙江省委书记赵洪祝同志主持召开"创业富民、创新强省"工作座谈会。他认真听取部分市、县(市、区)、省有关部门负责人、专家和企业家的发言后指出,坚定不移地走"创业富民、创新强省"之路,是省第十二次党代会做出的一项重大战略决策,是对改革开放以来浙江发展经验的深刻总结,是中国特色社会主义道路在浙江实践的深化,是浙江今后一个时期发展的主战略。我们一定要从全局和战略的高度,进一步深化对"创业富民、创新强省"的认识,明确"创业富民、创新强省"的主要任务,求真务实、真抓实干,扎实推进"创业富民、创新强省"。

赵洪祝指出,推进"创业富民、创新强省",必须坚持把支持人民群众干事业、干成事业作为"创业富民、创新强省"的根本之举,加快建设全民创业型社会;坚持把自主创新作为"创业富民、创新强省"的核心战略,加快建设创新型省份;坚持把改革开放作为"创业富民、创新强省"的动力源泉,加快完善社会主义市场经济体制;坚持把转变经济发展方式作为"创业富民、创新强省"的主攻方向,加快建设经济强省;坚持把社会主义民主法制建设作为"创业富民、创新强省"的内在要求,加快建设"法治浙江";坚持把文化创新作为"创业富民、创新强省"的重要内容,加快建设文化大省;坚持把全面改善民生作为"创业富民、创新强省"的出发点和落脚点,加快推进社会建设;坚持把弘扬浙江精神作为"创业富民、创新强省"的精神动力，加快形成在创新中创业、创业中创新的社会氛围；坚持把加强党的领导作为"创业富民、创新强省"的坚强保证，扎实推进党的建设新的伟大工程。

（五）为何发达地区还要提倡"全民创业"

在 2007 年 9 月召开的家庭工业会议上，我又一次讲到"全民创业"：

"浙江的发展实践证明，家庭工业、民营经济对于推动浙江发展意义重大。浙江省第十二次党代会提出'创业富民、创新强省'的发展战略，这非常符合浙江发展的历史和经验，也非常符合浙江发展的现实要求。我们提出要'推动全民创业、促进全民就业、实现全民保障'活动，本以为这是一种新的发展思路或模式，事实上，群众早已在走这条道路了。

"赵洪祝同志明确提出要推进'全民创业'，建设全民创业型社会、全面创新型省份。不仅如此，我们到江苏、江西、安徽学习考察时发现，他们也在全面推进'全民创业'。

2005 年 5 月 9 日，绍兴市创建全国文明城市迎检前夕，王永昌在解放路上督查劝导

"为什么越是在沿海发达地区越是在提倡'全民创业'，这个现象很值得我们关注和思考，也让我们充分认识到家庭工业的旺盛生命力。"

（六）"一人创业兴家，人人创业兴市"

2007年7月9日，我们召开了一年一度的市委读书会。为了落实省市党代会创新创业精神，会议着重围绕"创业富民、创新强市"这个主题展开务虚讨论。会上，还请了中央党校周天勇教授和浙江大学陈劲教授就创新创业问题进行了辅导。我在会上以"坚定不移走创业富民创新强市之路　加快推进科学发展实现全面小康步伐"为题，做了会议总结性发言。

我在充分阐述了"创业富民、创新强市"的重要意义后，再次专门讨论了推动全民创业、创业富民问题，指出：创造财富的动力源泉来自人民群众。我们之所以要发动群众进行新的创业，因为全民创业，是发展之源、民生之本、和谐之基。全民创业是发展的动力、发展的源泉。一人创业兴家，人人创业兴市。创业型城市才是充满活力的城市，创业型社会才是充满希望的社会。只有激发全社会创业热情，才能为创造社会财富提供不竭源泉；只有调动群众自主创业的积极性，才能从根本上解决民生问题。只要大家都把精力放在创业上，各尽其能、各干其事、各得其所，人民生活就有保障，人民群众就会致富，社会矛盾就会减少，就不会"无事生非"。

（七）如何推进"全民创业"

按照我在绍兴工作的经验，推进全民创业，要从六个方面着手。

第一，弘扬创业精神。推进创业富民，破除思想障碍尤为重要。从当前实际来看，还有部分人择业观念与现实要求不相适应，不想创业、不敢创业、不会创业不同程度地存在。所以，我们要在全社会大力培育和弘扬新时期创业精神，在全社会倡导敢于创业、勇于创业、善于创业的创业风尚，营造尊重创业、激励创业的文化氛围，让人人想创业、会创业、敢创业成为人民群众的共同追求。媒体要加强这方面的引导和宣传。对创业成功人士和企业家的引导尤为重要,要鼓励他们不断创业,做强做大。有些企业家小富即安,老百姓有个几十万元收入就觉得很不错了,企业有几亿元资产就不想再发展了。

第二,培育创业主体。创业主体的数量和质量是衡量一个地区创业水平高低的基本指标。从人人想干事、会干事、干成事的角度来讲,人人都是创业主体。我们要全面激发全社会的创业热情,着力培育各个领域、各个层次、各种类型的发展主体。一要培育一批规模企业,推动各类要素向优秀企业集中,鼓励企业做大做强。二要培育成长性中小企业,包括微型企业。三要大力发展现代家庭工业,包括非正规就业,这是转移农民、提高农民、致富农民,加快农村工业化的重要途径。进一步研究制定有关政策措施,积极推动和扶持现代家庭工业的发展。

第三,搭建创业平台。推进创业富民,搭建好创业平台是基础条件。要建立创业项目平台,为城乡居民寻找创业项目、就业岗位提供服务;要加快创业基地建设,在产业园区建设一批标准厂房和家庭工业集聚区,在城市社区开辟一批创业特色街区;要加大创业资金支持力度,不断拓宽小企业、微型企业、个体工商户等创业者的融资渠道。

第四,完善创业政策。要充分放开投资领域限制,放宽经营范围核准限制,放宽登记前置审批限制,放宽注册资本限制,放宽投资者出资方式,全面降低创业门槛。当然对法律规定的,该坚持的还是要坚持,但能变通的还是要想办法变通。广东省原省委书记任仲夷同志曾说,"贯彻上面的精神,要与实际相结合,变通不变样"。所谓变通,就是创造性地贯彻落实上面的精神。

第五,提高创业能力。大力开展劳动力系列培训教育工作,继续大力发展职业技术教育,推进农民培训和转移工作,加强各行各业的技能培训,提高劳动者的就业能力和创业本领。

第六,共享创业成果。健全社会保障体系,加强养老、医疗、失业、工伤和生育五大社会保险工作,落实最低生活保障制度,完善农村"五保"对象和城镇"三无"人员集中供养制度,积极推进社会福利和慈善事业,不断提高社会保障能力。深化抓"七助"、解"七难"工作,组织实施一批为民办实事工程,帮助一些困难群体解决生产、生活中的实际困难,努力让人民群众共享创业发展成果。

围绕推进全民创业,重点抓好以下几项具体工作。

一是加快推进农村现代家庭工业发展,出台相关规划和具体政策,召开一次全市现代家庭工业现场会。二是广泛开展"百企结对千村帮扶万户创业"活动,以企带村、以工富民,实现共同发展。三是切实抓好大学毕业生自主创业服务,加强大学生创业基地建设,引导更多大学生走自主创业就业道路。四是深入实施农民培训转移工程,突出抓好农民创业培训和农村预备劳动力集中培训。五是组织开展岗位技能大比武活动,充分展示城乡创业者风采。六是继续做好"零就业家庭"援助专项行动、充分就业社区创建活动和社会保障扩面工作,使创业、就业和保障相互促进、整体推进。

我们要努力形成百姓创家业、能人创实业、干部创事业的局面,千方百计推动全民创业,让城乡居民各尽其职、各尽其能、各干其事、各得其所,人人想干事,人人有事干,人人干成事。

(八)"全民创业"走进中南海

绍兴等地开展的"全民创业"活动,引起了北京有关专家学者和中央有关部门的关注。比如,中共中央政策研究室有一篇以《一些地方全民创业的实践、启示与建议》为题的文章,介绍了各地富有成效地开展全民创业的情况。

这份材料,将东部沿海地区,特别是绍兴市的经验作为"全民创业"的典型,做了重点介绍:

"改革以来,我国东部一些地区的较快发展,很重要一个原因就是得益于全民创业。浙江大力发展以民营企业为主的'百姓经济',使占全省四分之一以上的人口参与各种形式的创业,通过全民创业实现就业占全省就业人数的近90%。形成千方百计谋创业,千辛万苦去创业,千军万马兴创业的局面。如绍兴市,到2006年底,全市登记在册的个体工商户18.3万户,每千人达到了42户;共有各类企业10.8万家,每千人达 24.82 家。其中，规模以上私营企业 3.5 万家，每千人达 8.12 家；家庭工业 8.5 万家，每千人拥有 19.6 家。民营经济总量占全市生产总值的 90% 以上，上缴税金占 85% 以上。"

在介绍全民创业的积极培育创业主体的主要做法时，文稿指出：

"全民创业重在培育创业主体，深入开发民智，积极培植民力，有效利用民资，鼓励群众自找门路，自主创业，自闯市场，自我发展，让人民群众的创业能量充分释放出来。绍兴市走出一条多元创业主体和多种创业形式相结合的路子。一是大力发展家庭工业。到 2006 年，全市在工商局注册的家庭工业 8.5 万家，占全部工业单位总数的 83.1%；从业人员达 69.5 万人，占全部从业人员的 24.4%。实现家庭工业产值 849.1 亿元，占全部工业总产值的比重达 16.6%。二是搭平台内引外联一批创业主体。绍兴市通过以民引外、以外带外等途径，累计引进外资 51.13 亿美元，共创办外资企业 4408 家。仅工业领域引进市外国内资金 156 亿元，创办企业 989 家。三是兴建市场带动发展一批创业主体。通过专业市场培育、重大商贸项目建设和现代物流发展，集聚了一批创业主体。到 2006 年底，相继建成的中国轻纺城、中国领带城、中国伞城等各类商品专业市场 332 个，年成交额达 1076 亿元。"

绍兴当年开展的"全民创业"活动，成为中央思考创业与就业关系的实践依据，党的十七大报告在讲到民生、就业问题时，强调要"以创业带动就业"，从此成为我们国家就业政策的基本思路。

（九）大众创业，万众创新

创新、创业对一个社会的发展和进步，无疑具有基础性意义。所以，任何时代总会以各种方式提倡"全民创业"，以使人民"安居乐业"。

党的十八大以来，中央反复要求开展"大众创业、万众创新"活动，并出台了许多举措。

"大众创业、万众创新"最早是在 2014 年 9 月的夏季达沃斯论坛上由李克强总理提出的。当时他提出，要在 960 万平方公里土地上掀起"大众创业""草根创业"的新浪潮,形成"万众创新""人人创新"的新态势。此后,他在首届世界互联网大会、国务院常务会议和各种场合中频频阐释和强调这一概念,希望能激发民族的创业精神和创新基因。

2015年,李克强总理在《政府工作报告》中又提出:"大众创业、万众创新。"《政府工作报告》中如此表述:推动"大众创业、万众创新","既可以扩大就业、增加居民收入,又有利于促进社会纵向流动和公平正义"。在论及创业创新文化时,强调"让人们在创造财富的过程中,更好地实现精神追求和自身价值"。

为积极推进"大众创业、万众创新"活动,国务院还出台了《国务院关于大力推进大众创业万众创新若干政策措施的意见》(以下简称《意见》),专门建立由国家发展改革委牵头的推进"大众创业、万众创新"部际联席会议制度,统筹协调推进"大众创业、万众创新"相关工作,研究和协调《意见》实施过程中遇到的重大问题,研究提出政策措施建议等。

十三 打造生态绍兴　建设美好家园

　　人的生存离不开食物、水和空气。不仅经济发展是民生问题，生态环境也是民生问题，甚至是更根本、更长远的与老百姓息息相关的民生大问题。事实上，生态环境退化带来的诸多问题越来越成为当前经济社会发展和老百姓生活中的关切焦点。

　　因此，讲发展、讲民生不能不讲生态环境。

（一）2002 年提出"生态文明"建设

　　2002 年 10 月 30 日，绍兴市政府召开了一次绿色生态建设工作会议。这也是我到绍兴工作近一年时间后，第一次比较系统地提出生态文明建设方面的想法。

　　会上，我围绕"争创生态园林城市　共建绍兴优美环境"主题做了讲话：

　　"今天的会议既重要又很有特色。这次会议是市政府从可持续发展和生态保护的角度，第一次研究绿色生态建设的全市性会议，带有一定的超前性，具有开创性的历史意义。我相信绍兴的城镇建设史、绍兴的发展史会记住今天的会议。当前，绍兴的经济社会发展正处于一个新的阶段，在这个新的阶段提出这个问题，重视这个问题，研究这个问题，便于我们进一步统一思想，明确目标，抓好落实，推动全市的绿色生态建设向着更高层次发展。"

　　我讲话的第一个问题，就是"切实增强生态文明意识，努力打造'绿色绍兴'品牌"。

2002 年 8 月 22 日,国家环保局局长解振华向绍兴市颁发"国家环境保护模范城市"荣誉证书

(二)没有好生态,就不会有好生存好生活

我在讲话中对生态文明、生态环境建设的重要性做了多方面分析。

第一,我认为,生态环境是人类生存和发展的基础。人类的生存、发展和进步,都是建立在生态环境基础之上的,生态环境在人类发展中的作用越来越突出。从 20 世纪五六十年代起,国际上已经形成"地球只有一个"的共识。人类只有一个地球,我们要格外珍惜和保护生态环境。

第二,我强调,生态断则文明灭,生态兴则文明兴。从人类生存延续的角度看,保护绿色生态环境,就是保护我们人类自己。翻开人类文明发展史,生态环境和人类生存息息相关,世界上曾经有的几大古代文明都没有延续下来,一个根本原因,就是生态环境恶化以后,人类无法生存,其文明也随之断裂。自然环境恶化,甚至出现生态链断裂,人类就会毁灭,人类文明就无从谈起。因此,从一定意义上讲,保护我们的生态环境,就是保护我们人类自身。

第三,我提出,生态优则竞争强。从生态环境和经济发展的关系看,生态环境是我们经济发展的重要组成部分。从投资发展的角度来看,企业看好的是那些治污能力较强、生态环境较好的地区。企业正处于

新一轮的创业时期。这一轮的创业是一种更高层次上的发展,需要吸引大批优秀人才。如果没有一个很好的环境,优秀人才就较难吸引。真正的大企业家,他们更看重的是发展的环境,环境好了自然就会吸引投资。我曾经接待过一位台商,他的企业是生产体育用品的,在广东东莞干了二十来年,规模也很大。他谈了一个观点,令人开阔眼界,也令人思考。他说:"经过第一轮的发展,我们的企业需要寻找新的商机,进行第二次创业,但这轮创业是企业为了在更高的层次上谋求更长远的发展。我们既然到这里来创业,就要在这里生根开花、安家落户,不仅要考虑自己这一辈子,还要考虑下一代,我要在这里安家,我的孩子还要在这里读书、成长。从创业角度看,我们不仅仅要考虑这里的投资、土地等政策,更要看这里的发展环境。企业发展不光是我们几个人的问题,也不光是一些打工仔的问题,而是需要一大批优秀管理人才的问题。如果这里环境不好,没有一个很好的绿色的、生态的、人文的环境,打工仔就不愿意来这里,优秀人才更不肯过来。"

这位企业家的见解很有道理。绿色的、生态的、人文的自然环境对一个地方吸引投资,留住人才作用很大。生态环境已成为经济发展的一个有机组成部分,经济发展离不开生态环境,经济实力的竞争离不开发展环境的竞争,特别是生态环境的竞争。

第四,我相信,一座城市如果没有好生态就不会有好品位。从生态环境与城市的关系看,生态文明是城市文明的有机组成部分。没有良好的生态环境就不可能有好的城市生态文明,也就谈不上是一个真正的文明城市。反过来讲,在城市扩张过程中,存在的矛盾较多,面临的挑战较大,肩负的任务也较重。所以城市的规模要做大、功能要完善、景观要美化、品位要提升,一个非常重要的方面就是要加强绿色生态建设。

绍兴要建设大城市就必须有丰富的绿化,必须构建良好的生态环境。没有绿色生态建设就没有城市的优势、特色和品位。水利、森林、绿化一旦进城,它的形态、内涵就会发生根本性的变化。我们要发挥特色优势,增强生态文明意识,通过扎实的工作,进一步做强城市经济,做大城市规模,做美城市环境,把绍兴建设得更加美好。

第五，我鼓励大家一起做绿色生态建设的使者。南方经常下酸雨，甚至有时候还下红雨和黑雨。要解决这一问题，一方面要严控再上新的污染项目、调整产业结构；另一方面，一定要搞好绿色生态建设，保护好生态环境。森林绿化具有调节气温、促进降水，涵养水源、增加湿度、吸收二氧化碳、放出氧气、吸收有毒气体、净化空气、防止噪声、净化环境等功能。据专家测算：500米宽的林带，就能减少空气中二氧化硫含量的70%，氮氧化物含量的67%；每公顷常绿阔叶林每年可吸收29吨二氧化碳，释放22吨氧气，还能

2004年2月20日，王永昌为绍兴市发展环境投诉中心成立揭牌

吸收大量的氮气、氯气等；30米宽的林带可降低噪声5—10分贝。

因此，森林绿化对生态环境建设、改善我们的工作环境、提高我们的生活质量的重要性，是有目共睹的，我们要自觉地做一个绿色生态建设的使者。

总之，生产、生活、生命（生存）与生态是息息相关、紧密联系的一个整体。无论过去、现在还是将来，人类社会的进步、经济社会的发展、人民群众的生活和人类的生存与健康，都离不开良好的生态环境。

（三）建设生态绍兴的目标

当时，我为绍兴建设生态城市提出了四大目标。

第一，环境保护和生态建设水平达到浙江省、全国领先地位。

第二，确保全国环境保护模范城市复检顺利通过，创建成功"中国人居环境奖"，建成国家级生态市。

第三，逐步形成比较完善的生态经济、生态环境、生态景观和生态文化体系。

第四，努力成为浙江省、全国建设资源节约型、清洁生产型社会和发展循环经济的先行城市。

（四）建设生态绍兴的主要途径

为了建成生态绍兴，我部署了七个方面的工作。

一是搞好一个创建，即力争成功创建"中国人居环境奖"和建成国家级生态市。巩固国家环保模范城市、全国园林城市、国家节水型城市和文明城市创建成果，乘势而上，顺势而为，力争成功创建中国人居环境奖，力争到 2007 年建成国家级生态示范市，到 2012 年建成国家级生态市，并在此基础上，到 2020 年把绍兴建成现代化、国际化生态型城市。

二是抓好一批示范，即推进"十个一批"生态示范工程建设。"十个一批"生态示范工程涉及生态经济、污染整治、生态建设、生态旅游等内容，是市委、市政府从绍兴实际出发确定的生态市建设重点工作，要进一步分解任务、明确责任，坚持不懈地抓紧抓好。

三是保护好一批景观，即推进以镜湖国家城市湿地公园为龙头的生态景观工程建设。镜湖国家城市湿地公园不仅是镜湖新区开发建设的龙头工程，也是打造生态绍兴的一个重要载体。要根据重在保护、重在生态、重在文化、重在特色、重在功能的基本要求，抓紧研究政策措施，抓紧制定建设规划，抓紧启动开发建设，力争早出形象、早见成效。同时加快推进南闲区块和青甸湖、大滩、迪荡湖休闲带建设。

四是抓好一批整治，即全面实施"811"环境整治行动。加大环保执法力度，深入开展水环境污染、工业污染、城镇环境污染和农业农村污染四大整治活动，特别是要抓好重点流域、重点区域、重点行业和重点企业的污染防治工作，确保城乡环境面貌有新的改善。

五是发展一批环保产业。大力发展环保产业,对于加强污染治理、改善生态环境,对于促进经济结构调整和产业升级,具有十分重要的意义。绍兴市在发展环保产业方面已有一定的基础和优势,要进一步加大力度,促进环保产业的进一步发展。

六是保护三大水系。要切实加大对曹娥江、浦阳江、鉴湖三大水系的保护力度,进一步改善水环境质量,努力形成富有绍兴水乡特色的滨江生态体系。

七是探索绿色 GDP 考核和生态补偿机制。要抓紧探索建立包括绿色 GDP 在内的社会核算体系和领导干部政绩考核体系,促使各级领导干部树立正确的政绩观,更加重视环境保护和生态建设工作。

(五)打造绿色生态环境的"十个一批"

在我的认知中,从杭州萧山区到绍兴越城区,再到上虞,这一带是绍兴未来的城市带,也是今后发展的重点区域。未来绍兴除了是一座历史文化名城外,还应该是一座以工业、商贸为主,经济发达、环境友好、生态和谐的园林式的大城市。

这个美好的前景一直是我在绍兴任职期间的理想发展目标。从绿色生态建设方面看,绍兴市区南部山区生态保护较好,尽管有一些退耕还林的任务,但重点是保护;北部平原则是在保护基础上要重点抓好建设的区域。

当时,我结合绍兴实际,将绿色生态建设的主要任务确定为抓好"十个一批",保护好"两大重点"。抓好"十个一批"具体如下。

一是关停一批矿山。按照《矿产资源管理条例》要求,从本地实际出发,凡是有碍市容市貌的、凡是对生态造成极大危害的、凡是在一些重要道路两边可视范围内的一些矿山必须坚决关停。我责令有关部门要站在绿色生态建设和绍兴长远发展的高度来考虑这个问题,态度要坚决,措施要果断,为保护绿色生态环境,关停违法矿山绝不能手软,有关部门要切实负起责任。

二是拓展、建设一批绿地。当时,市区人均绿化用地才 7 平方米多

133

一点,我要求绍兴市下辖各县（市、区）都要积极扩大绿化面积,做出相应部署。

三是整治一批江河。 绍兴的河流很多,大的有曹娥江、浦阳江两条;小的星罗棋布,密密麻麻。当然,江河本身就是一个生态系统,如果再建起绿色的园林,那样风景就非常优美。从某种意义上说,这是一场河道革命,这场革命的成果就是造就优美的城市景观、绿色的生态园林和独特的旅游文化。

四是整治和建设一批道路。 在大城市总体发展规划中,只要有条件,道路铺设到哪里,道路沿线的绿化就应该拓展到哪里,生态园林就应该建设到哪里,并使之成为一道亮丽的风景线。

五是建设一批生态公益林（略）。

六是建设一批生态村、生态镇、生态小区、生态单位和生态农田。 这里主要有两个重点。第一,我希望林业部门好好总结一下各地的成功经验。比如,国庆村坚持十几年绿化村庄。这个村子中间有河道,两边有绿化,村里还建了公园,旁边又有山,村边还有一条高速公路通过,这样的环境相当不错。又如,长乐村总结的对联:“家里有钱,村里有钱,大家都有钱;河边种树,路边种树,到处都种树。”把有钱和有树结合起来,把经济发展和生态建设结合了起来,所以可以给一个横批:“钱树繁荣。”树钱并举,钱树繁荣,繁荣昌盛,发财致富,这个理解非常好。绿色生态村建设应成为绍兴的一绝,成为绍兴的一个景观,成为绍兴在全省乃至全国“拿得出,打得响”的一个品牌。再如,新未庄村,既是村镇建设的一个典型,也是生态建设的一个典型,两者融为一体,很有说服力和生命力。我们就是要建设一批较高档次的绿色生态村,造声势,形成气候。第二,我希望建设部门在生态小区、生态社区方面抓几个典型。绍兴河道纵横,自然条件非常适合建设生态小区,我要求今后建设的小区都应是园林式、生态化的。

七是要建设一批生态园林公园（略）。

八是要建设一批绿色生态走廊。 我希望能用绿色生态走廊把整个绍兴大城市连接起来,并以此为交通规划的基础,围绕绍兴大城市,建设一条大环城路,把绿色生态建设结合进去,绿带绕城,我相信绍兴市将变得非常美丽。在这方面上海很有经验,其做法分为三个阶段:第一阶段主要搞绿化;第二阶段搞园林化;第三阶段搞城市森林化,在城市里有森林,才显得珍贵。我建议有关部门借鉴上海的成功经验,建设若干生态化、园林式的绿色生态走廊,进一步提升城市的整体品位。

九是建设一批生态湖。绍兴有很多湖泊,我希望从生态的角度,有计划、有步骤地整治和建设这些湖泊。

十是培育发展一批生态产业。这里面包含两层意思,一是以生态的眼光来发展农业、工业和其他产业;二是生态本身可以作为一个产业来发展。

(六)把绿色生态与历史文化名城保护相结合

当时,我还希望把绿色空间、历史文化名城作为绿色生态建设的两大重点。

一是要建设好绿色空间。建设以镜湖新区为轴心的 52 平方公里绿色空间,是绍兴加快绿色生态建设的重头戏。绿色空间建设好了,那将是绍兴城市的一个品牌。"四大组团,绿色空间"这样的城市形态,在世界城市中也不多见,这是我们绍兴人的骄傲。

二是保护好历史文化名城。从广义上讲,生态文明包括文化生态、历史文化的延续和人类的延续,生态文明不是硬邦邦的、低品位的生态,而是一种有灵魂、有生命、高品位的有机生态。它之所以有生命、有灵魂,是因为它积淀着历史文化,我们有责任保护好古城的历史文化。因此,我要求以文化的眼光来保护古城,来体现绍兴的历史文化特色。我认为绍兴争创国家生态城市的优势,恰恰也在古城的历史文化和生态环境方面,这是其他城市所不具备的,生态环境比我们好的城市也许有,但是把古城的历史文化和良好的生态环境两者有机结合起来的城市却不多。所以,保护古城尤为重要。

第三章 情系古城终不悔: 全力保护绍兴古城

在我国建城史、思想文化发展史以及近现代革命史上，绍兴都留有浓墨重彩的一笔。每当有人提到"绍兴"二字，都令我肃然起敬。当我一踏入绍兴古城时，面对这块土地上诞生的名士圣贤，都会令我沉思和感奋，激励自己努力工作。

对绍兴古城，我有着一种近乎本能的炽情爱恋。从到绍兴任职的第一天起，我就感到肩负着保护绍兴古城的神圣职责。这沉甸甸的责任，使我战战兢兢，如履薄冰，生怕有负古城、有负先贤、有负绍兴人民。

20世纪90年代末，学术界和新闻界就有舆论认为，绍兴古城的保护是"有树木而无森林"、文物点的保护只是"孤岛"而已，批评"建设性破坏现象在古城中普遍存在，一个个文物孤岛在现代化建设中岌岌可危"。当然，历史街区（被称为"孤岛"）的保护也是一个重大进步，但对绍兴古城来说，仍只是一个折中性、妥协性的思路和做法。那时，人们普遍尚未认识到需要全城保护，甚至有不少认为全城保护是没有必要和没有可能的。

经过深入调研和思考，在前人古城保护成就的基础上，我提出，绍兴古城在做好点、块（街区）保护的同时，应立足于"全城保护"。当然，"全城保护"需要长期艰苦努力，才有可能做到。对此，我多少是有一些思想准备的。因为，统一大家认识有一个过程，工作中也会遇到不少阻力。同时，我也深刻意识到自己的职责，我要为整个古城保护打下良好基础。哪怕一时出不了什么政绩，我也要为保护绍兴古城尽心尽力。

常有"新官上任三把火"之说。通常情况下，一个地方党政主要领导上任时，都想甩开膀子大干一番事业，尽快让当地"旧貌变新颜"。但是，"旧貌变新颜"对古城来说，很可能会造成"致命"伤害。过去，人们往往对古城保护重视不够，容易"重新轻古"，忽视对古城、文物的保护，因而时常会发生拆毁文物点及周边风貌协调区的痛心事件。对绍兴任职的"新官"来说，尤其不可随意烧上"三把火"。当然，如果这"火"烧到古城保护上，倒是好事。但"新官"通常是不会去做这事的。因为，古城保护是难事，而且是花钱又难出政绩的事。

在江南，绍兴古城是历史最为悠久的古城。据记载，绍兴建城后2500多年来，城址就未曾变动过。两千多年来，因受制于传统农业文明，绍兴古城面积规模一直不大，以至到20世纪70—80年代，城市面积规模也只有10多平方公里，古城范围占了8.32平方公里。就绍兴古城保护而言，1949年后，城市格局和风貌曾有过几次较大的改变，这是很令人遗憾的事。

一 面对的第一个大难题

随着经济发展和社会进步，人们对古城保护的价值有了新的认识，保护实践也有了新的拓展。绍兴也是这样，20世纪90年代对绍兴历史古城的保护采取了许多措施，其中制定了古城范围内包括鲁迅故里等五大历史街区的保护规划，经上报浙江省政府审批同意后，于2002年1月1日起正式开始实施。

我是2001年11月8日赴绍兴市任代市长、2002年3月正式任市长的。这意味着我一开始履职代市长、市长时，就立即面临着古城保护法规性条例的实施。对古城保护规划中的一些规定，十多年后的今天，我仍然记得：在古城8.32平方公里范围内，新建不得超过24米高度的建筑物（屋顶）；所有新建建筑物都要与古城整体风貌相一致。我是坚决并坚持这样做的。

大家知道，市长的一个重要职责，就是负责城市规划、建设和管理，即使日常的各类新建筑物的规划、设计，也是要市长把关审批的。新的古城保护条例一经实施，那么，原来已经定过准备上马的建筑项目还要不要上、如何上？已经立项但还未动工的项目还要不要继续按原方案实施？特别是已经动工但尚未完工或者说还来得及改变规划设计的项目要不要调整？应该说，不去改变或继续让上这些项目，也是可以的，而且这样阻力也小得多。

但我经过调研和慎重考虑，觉得实施保护条例一开始就要严肃、严格，要有声势和力度。为此决定：在8.32平方公里古城范围内，凡

白墙黑瓦，冬雪覆盖的绍兴古城一角

没有立项的项目一律停止，是否立项重新评估；凡是已立项而未开工的项目，一律按照保护条例要求进行设计调整，产生的损失由政府承担；凡已开工且还来得及调整设计的项目，政府性项目必须进行调整，非政府性项目做工作争取调整。

这样做，我的压力自然很大，包括市级班子里的一些同事也曾说服我改变我的一些决策；但我觉得，一旦改变，古城保护就将难有大的作为。所以，我只好请同事们支持我的工作。

当然，有时我也会打趣我的同事们："这个保护条例是在你们手上制定的，我刚来绍兴工作，现在是在落实你们和省里的决策啊！"

二　令人汗颜的专家批评意见

我到绍兴工作不久，碰到的第二个难题，居然还是与古城保护相关的事。

毫无疑问，在我到绍兴市工作前几年，绍兴市几套领导班子和有关部门就对古城保护做了大量工作，古城保护的研究、规划、立法(规章)以及西小河等区块的保护性修复实践，都取得了积极成就。其中一个重要工作，就是启动了鲁迅故里的保护规划和区块的设计工作。

2002年1月10日，市政府委托文旅集团邀请我国著名古城保护专家上海同济大学阮仪三教授、浙江省人大常委会原副主任毛昭晰教授等专家学者，对鲁迅故里的保护规划方案进行讨论，征求意见。在论证会期间，市里邀请阮仪三、毛昭晰等专家，还实地参观考察古城一些重点街区的保护情况。我和分管副市长陪同专家考察。当专家们来到位

2007年1月12日，王永昌以市民身份参加越城区第七届人民代表大会代表选举投票

于古城的古轩亭口（秋瑾就义地）、大善塔［始建于梁天监三年（公元504 年），现塔为明代建筑］和城市广场考察时，发现城市广场的西南角正在大兴土木，即绍兴大剧院建设工程正在开挖地基。这引起了专家们的极大关注。于是，专家们现场看了大剧院的设计方案（施工现场图案），并认为此处不应该建新的大剧院。

阮仪三先生不但学术功力深，对古城、古建筑保护极富情怀，而且看问题独到尖锐，快人快语。他手指着施工现场，极为不悦地对我说，怎么能在古城中心建这么现代色彩和功能很强的大剧院呢？ 他认为这对加强绍兴古城保护是很不利的。他甚至当场要求我"下令"停止实施这项工程。我当然只能洗耳恭听，笑而不答。好在一旁的毛昭晰先生及时为我解围，他说："阮先生啊，市里建一个大剧院这样的工程项目可不是件小事，要市委、市政府集体讨论决策的，王市长刚调来绍兴工作，他的工作刚开局，要改变这个决策不太现实啊。"我忙接着说："这事我记着了。今后绍兴古城保护会多听取你们专家意见的。"阮先生也显得无奈，只好以苦笑作答。接着，专家们继续走访考察。

阮仪三先生的见解不仅令我汗颜，更令我三思，自警自省。作为古城绍兴的主要决策者，如何承历史文脉又添现代文明之风？ 通俗地说，也就是如何处理好古城保护与时代发展的关系问题。虽然不能说，历史的、过去的、古旧的东西都是好的、都值得保护的，都不能动、不能变、不能更新；但绍兴古城有其历史的特殊性，它不但历史悠久，而且在江南、在中国都是一座有代表性的古城。所以，保护显得更为重要，变动也要以保护为前提。

当然，每位决策者都会有历史的局限性。绍兴大剧院项目是前人的决策，我相信是经过反复调研、听取多方意见后慎重决策的。因为这个项目选址是个敏感地方，其间或决策后难免会有不同意见。我作为继任者，对前人这一决策要尊重，但建设的任务却落到我的身上。从方案设计的建筑造型和风格上可以看得出来，决策、设计者们已经尽最大努力体现了绍兴古城的特点。显然，阮仪三先生提出的问题实质，是建设这个大剧院的选址合适与否。

三 新绍兴人民医院选址的艰难决策

　　我上任市长后不久，碰到的第三个难题仍与古城保护有关。这就是前文提到过的新建绍兴市人民医院的选址问题。

　　绍兴市人民医院原址处在古城最中心地带，周边有鲁迅故里、秋瑾就义的古轩亭口等重点保护区。毫无疑问，老的市人民医院拥挤不堪，的确已不能满足人民群众就医需求，有必要尽快改造扩大或新建。我本人因父母在金华农村生活也常能感受老百姓就医难的困境，所以十分赞成市人民医院以及其他医院的改造扩建或新建。

　　由于历史原因，8.32平方公里的古城内（绍兴城中心）几乎集中了市级所有医疗单位，还有原绍兴县（现柯城区）的主要几家医院也大多在古城中心地带（共有10家以上）。我强烈感到这一布局极不合理，必须根据城市新的发展尽快加以改变。从2002年开始，依照新的古城保护规定，古城范围内一律不再新建超过24米高的建筑，医疗系统也必须执行这一新的规定。再说，绍兴市人民医院扩建当时只是意向性立项，到我接任市长时尚未正式立项，也没有进行资金安排、项目设计、论证等前期准备工作。当然，即使完成了这些工程前期工作，只要在工程没有破土动工或者动工了而建筑物允许更改的情况下，都必须按古城保护新规执行。当然，更为重要的是，我认为必须从未来几十年城市发展来考虑人民医院（中心医院）的选址，而不能再修修补补搞扩建了。

　　刚开始，卫生系统对我的想法有保留意见，分管卫生的副市长还多次陈述医院方面意见,试图说服我改变想法。然而,在之后的一年中,我始终态度坚决,从保护古城和医院长期发展着眼,坚持认为市人民医院应到古城外选址新建。我甚至把话说绝了:"只要我在绍兴当市长,市人民医院绝不能原址扩建,必须到古城范围之外选址新建。新建资金、土地市政府可以优先解决,具体建在何处,可以由卫生系统先提出方案。"

这样,经过一年多时间的磨合,卫生系统终于接受了我的意见。

令人高兴的是,新的市人民医院建成投入使用后不久,由于医疗条件和环境极大改善,经济效益和社会效益都很好,受到病人和社会各界好评。而且新的人民医院离古城也很近,新旧人民医院之间骑自行车花上 10 分钟左右就可以到达,所以对医务人员上下班也不会造成什么影响。

令我欣慰的是,后来医院领导为此还专门向我表达这样的意思:实践证明市政府的决策是正确的,并向我深表歉意和感谢!

四 花了心血的鲁迅故里保护工程

人类工业化、城市化的历史进程，极大地创造了新的社会生产力，也空前改变了人类生产生活方式。应该说，这种改变在过去延绵几千年的农耕文明时代，是十分缓慢微小的。就绍兴古城空间格局来说，自春秋战国时期越王勾践和大臣范蠡筑城以来，2500多年间，尽管城市的规模、河道、路巷、建筑等经历了种种变化，但基本格局却没有重大改变，这主要是几千年来农耕文明导致人类生产生活方式没有发生重大变化的缘故。但工业化以及由此导致人们生产生活方式的重大变化，必然要引起人们居住的城市空间的重大变化。

绍兴古城格局的重大改变，主要起始于新中国成立后人们要"改天换地"和"大炼钢铁"的"大跃进式"工业化运动。后来绍兴古城格局的重大改变是显而易见的：1952年至1978年间就在古城内填掉河道17条，拆除桥梁百余座，许多文保单位也成了"文物孤岛"。即便是鲁迅故居，周边的环境也遭到不当改变。1972年周家新台门被拆除，建了鲁迅纪念馆，而这座现代建筑极不协调地矗立于鲁迅故居。20世纪80年代的鲁迅路拓宽工程，又将原宽仅6米、两边屋檐隔窗相望的鲁迅路拓展成25米宽的大马路。咸亨酒店南侧则新建了百草园公寓，小区楼群风貌与鲁迅故居建筑极不协调。特别是随着现代工商经济、现代交通工具的发展，为满足市民追求现代生活的需要，到了20世纪八九十年代，古城格局和风貌变化就更大了。

这种历史性变化有其必然性和合理性。因为社会总是要发展进步的,城市自然也是要变化进步的。问题是,新的发展变化与保护古城(古迹、历史文脉)如何妥善结合、相得益彰? 这就需要城市的建设(管)者、决策者对历史文脉的演化规律、时代价值有相当的文化自觉和深厚的人文情怀,而且必须有敢于担当的勇气,以及实际操作的策略和技巧。

无论是个体还是社会,对许多事物的认识和实践,通常都有一个逐步深化的过程。比如对历史古城、历史建筑、历史文物的保护,我们都经历了由不太重视到重视的过程。可惜的是,在这个过程中,往往会付出一些历史文物遭到劫难的代价。如果我们城市决策者能早些觉醒,那么这种损失就会少一些。

长期以来,绍兴市的许多建设者、决策者,包括市内外、国内外的专家学者们,为绍兴古城的保护做了大量工作。在我到绍兴任职之前,绍兴古城的保护理念、思路和实践中最值得称道的,就是由保护古迹、文物、名人故居的"点",扩大到了保护"块",即对"街区"块状实施保护。比如,2001 年,市里就组织编制并通过了《绍兴历史文化名城保护规划》(以下简称《规划》)。《规划》中的一项重要内容,是在 8.32 平方公里的古城范围内,对鲁迅故里、越子城、书圣故里、八字桥、西小河五大片历史文化街区实行整块保护,以留下具有不同历史朝代文化内涵的遗存。

我到职后,一方面提出古城全域(全城)保护的理念、思路和目标,另一方面保护工作的重心是推进五大区块——历史街区的保护。而接手的第一个古城保护工程,就是鲁迅故里的保护。

鲁迅故里是绍兴古城保护的核心,是绍兴的镇城之宝,自然也是绍兴古城保护的重中之重。

据了解,20 世纪末 21 世纪初,绍兴市就启动了鲁迅故居的保护工作。当时就有专家建议,应扩大保护范围,将鲁迅少年时代生活的环境也保护起来,恢复鲁迅当年生活的原貌,建议将鲁迅故居保护扩大成为鲁迅故里保护,并进而保护整个历史街区。

这一建议很快得到市里的重视和采纳。于是,鲁迅故里便进入了概念性规划讨论阶段。在我 2001 年底到绍兴任职前,鲁迅故里规划已委托浙江大学、同济大学、东南大学和清华大学设计并有了初步成果。到任后不久,我听取了市文物部门的工作汇报。我觉得这项工作事关重大,自己还需要做更深入的调查研究,同时要求文物部门再邀请省内外专家召开一个专题座谈会,再听听专家们的意见。

2002 年 1 月 10 日,召开了第一次鲁迅文化旅游街区保护与发展研讨会。根据我的提议,由市政府牵头,市文旅公司出面邀请了阮仪三、毛昭晰、陈桥驿、陈文锦等 50 余位市内外著名专家、学者,在绍兴饭店召开了鲁迅历史文化街区保护与发展规划研讨会,广泛听取各方面专家的意见,会议对加快鲁迅历史文化街区的保护与发展的重要性和紧迫性达成了共识。

会上,我做了发言,主要意见如下。

第一,向与会专家学者表示感谢。"今天的会议,与会专家贡献了许多智慧,特别是对绍兴历史文化的深厚感情和对绍兴发展的关爱,我代表市政府向你们表示衷心的感谢。市文旅公司在调查基础上提供了一个供大家讨论的关于鲁迅路历史街区保护的想法,起到了抛砖引玉的作用。我从你们身上不但学到了名城保护方面的知识,更学到了你们对历史文化传承的高度责任感和使命感。"

第二,我指出,鲁迅是世界级名人,鲁迅故里"不可轻易动"。我先给专家学者们简单介绍了召开这个研讨会的初衷:"坦率地说,对绍兴历史文化名城保护和鲁迅路街区的保护,我的感受还不够深刻。对文物敏感部位的建设需要多方面听取意见,尽管讨论中会仁者见仁、智者见智,但这有利于逐步形成基本共识。我到绍兴工作后,对绍兴的文化、历史有些感想,觉得绍兴这座城市是了不起的,培育了那么多名人。对鲁迅路这一历史街区,我深感做与不做、动与不动以及如何保护,责任太大、分量太重了,不是我们市领导所能完全承担的,需要听取专家学者和社会各界的意见。鲁迅是中国也是世界的瑰宝,是文化巨匠。在决策之前,或者说形成保护和开发规划方案之前,要多听听专家们的意见,先把概念性、思路性、方向性的东西搞清楚,以防决策失误,尽最大

绍兴鲁迅故里

可能地提高决策（方案）在专家们和老百姓心目中的满意率。正是基于这样的考虑，今天召开研讨会，听听大家的真知灼见，先做一些战略性、务虚性的规划，这就是定位，要把大的方向问题先管住。"

第三，我强调，工程推进要时间服从质量、发展服从保护。当时有些同志想尽快启动和推进鲁迅故里的街区保护工程。心情可以理解，但如此重大和敏感的特殊工程，必须慎之又慎。我的想法是：工程的推进坚持质量为重，时间进度服从质量；坚持保护与开发相统一，但以保护为主，开发、发展为辅。

第四，我赞成与会专家的意见，对鲁迅路历史街区进行保护与发展，是必要的、有意义的，是很值得做的。在总体思路上，我也赞成大家的观点，像这样的历史街区，文物保护如此敏感的地方，务必贯彻抢救第一，保护为主，经济效益是其次的。会上阮仪三老师讲道，对鲁迅路历史街区的保护要体现原真性、整体性、可读性、可持续性，还有生活的延续性。这也是与会专家的共识。

第五，我进一步明确了对鲁迅故居和鲁迅路历史街区的定位，以"鲁迅文化"这一定位取代原有的"鲁迅文化旅游"这一定位。当然，对"鲁迅文化"的定位还要再具体化，比如是整体反映鲁迅文化，还是时代的一个断面？是绍兴世俗的鲁迅文化，还是精英的鲁迅文化？是鲁迅一生的文化，还是侧重鲁迅青少年时代的文化？这些都需要深化研究。

第六，就范围来说，我也赞成多数专家意见，鲁迅故居不要搞得小而全，它要与其他街区、景区相协调。绍兴古城只有 8.32 平方公里，要从点、线、面上，尽最大可能与整个古城风貌相协调。

这次会议取得了多方面的成果，包括对以前工作的总结，以及对今后深化保护、开发提供了很多宝贵的意见。会议对绍兴保护历史文化名城、鲁迅文化及鲁迅故里街区的认识，提高到了一个新的层次和新的水平。后来的实践证明，多听听各方面意见只有好处、没有坏处。决策前我们多花些时间，决策后行动会更自觉。

2002 年 1 月 23 日，我们又邀请市内专家、学者召开了第二次鲁迅历史文化街区保护与发展规划研讨会，广泛听取市内专家的意见。会上，我再次重申鲁迅文化街区保护与改造的重要性，强调要集思广益，以确保工程成功，防止成为败笔，为绍兴历史文化名城和鲁迅文化街区做出应有贡献。

在基本理念、思路确定后，鲁迅故里工程就进入了深化规划设计阶段。2002 年 6 月 22 日下午，鲁迅故里保护规划方案征求意见座谈会在杭州望湖宾馆召开。时任全国人大常委毛昭晰、时任省文物局局长鲍贤伦、时任省文物局副局长陈文锦、省建设厅原副总规划师翁可隐等省级有关部门领导、专家，以及绍兴市有关领导共 30 余人参加座谈会。会上，我着重强调了以下几点意见。

一是坚持尊重中国、江南、绍兴、古城的特点；二是坚持尊重历史，也包括现在所存在的合理的历史现实；三是坚持尊重历史文化；四是坚持尊重鲁迅；五是坚持尊重专家，广泛听取专家的意见；六是坚持尊重市民群众的意见，包括此后也要同步改善周边群众居住环境和条件，这是群众的利益。

要体现这些原则，务必贯彻"抢救第一，保护为主"，尽最大可能体现其历史文化价值，对商业营利性不是不考虑，而是要以历史文化价值为主。整个规划保护是核心，要突出保护核心，同时要体现整体性、系统性。这是对规划具体实施的一些原则性要求，也是专家提出的规划的关键、要害所在。

清华大学等五家规划设计单位做了大量工作。会上还明确，在五家设计单位前期成果的基础上，以清华大学及市规划设计院为主做更具体的规划设计。

为此，我希望：第一，清华大学、市规划设计院和市文化旅游集团有限公司要增强责任意识，争做历史功臣，而避免成为历史罪人；第二，对绍兴古城、鲁迅故里要充满感情，要全身心地投入，不仅是形似，而且要神似，要有内在的东西、灵魂的东西，这是对我们知识的考验，对把握绍兴历史文化的考验；第三，要学习消化已有的规划成果及专家们的合理意见，站在专家群体的肩膀上，充分吸收五个规划方案各自的优点，博采众长；第四，对绍兴古城的历史文化要有更深的了解，包括建筑风格、鲁迅文化；第五，在保证质量的前提下，要在市里 2002 年 8 月正式决策之前，将规划设计进一步深化细化，提交比较成熟的设计方案。

2002 年 7 月 5 日下午，我和有关领导在咸亨酒店会议室又专题听取规划设计方——清华大学范霄鹏博士和市规划设计研究院林杼等同志关于鲁迅故里的规划方案介绍，以及鲁迅故里保护工作领导小组办公室有关规划工作情况的汇报。在听了情况介绍和汇报后，我又讲了如下意见。

"第一，做好规划保护工作责任重大。现在，我和你们一样，已经与鲁迅故里命运紧紧联系在一起了，肩上担子重、责任大，这是由这一街区块的重要性、历史地位、文化价值所决定的。更关键的是与鲁迅联系在一起，与中国近代文化、绍兴历史文化名城联系在一起，必须小心翼翼，如履薄冰。我们要承担起绍兴人民赋予的重任，只能成功，不能失败。要吃透绍兴历史、绍兴精神、绍兴文化。

"第二，能否成功的几个关键性问题。首先，规划设计的基本理念是什么，你们一边做规划，一边要思考、回答这些问题——为什么要搞这样的规划？要搞成什么样子的规划？增加了什么？规划所含的文化是什么也要有一个说法，它的灵魂、核心、定位、基本特点是什么？

都需要把它们揭示、展示出来。其次，规划能否成功还在于，凡是该保护下来的都要保护下来，凡是可保护可不保护的也要保护下来。再次，凡是恢复的、修整的地方，必须做到尊重原状，要修旧如旧。此外，鲁迅故里风貌要与周边环境整体协调，反差不应太大。最后，在整个操作过程中，可能会出现一些社会矛盾，需要平稳处置，要做到有70%以上的群众认可后，再进入实际操作。

"**第三，规划中几个敏感问题需要注意**。一是鲁迅中路这条街，是关键所在，要反复斟酌，慎之又慎，如不成功，必会影响全局。二是新建南路这条路怎么搞，布局仍要深化。三是咸欢河修复整理。四是鲁迅故里的东西两个入口是重中之重。五是百草园必须原汁原味，凡是原先没有的不能新建。六是鲁迅纪念馆新馆及恢复周家新台门，十分敏感，设计要周到、周密。其他值得关注的地方还有不少，务必慎之又慎，多加讨论。"

2002年8月7日至8日，绍兴鲁迅故里保护规划评审会在市区召开。以全国历史文化名城保护专家委员会秘书长、中国城市规划设计研究院总规划师王景慧为组长的8人专家组，经过两天的踏勘和评审，通过了由清华大学、绍兴市规划设计院和市文化旅游集团有限公司共同编制的《绍兴鲁迅故里历史街区保护规划》。

我在评审会议结束时再次发表了讲话。

各位专家不辞辛苦到绍兴来，在评审过程中所体现出来的实事求是、依法办事的意识、精湛的业务水平，对我们绍兴和鲁迅故里的关爱，给我们规划的方方面面的评价和宝贵的意见，对于我们整个绍兴历史文化名城的保护以及进一步完善鲁迅故里保护规划，都将产生非常积极的作用和意义。我代表市委、市政府对各位专家表示衷心的感谢。以单老师为首的清华大学的规划团队，在绍兴深入调查，到居民中听取意见，倾注了大量心血，提交了比较理想的保护与发展规划。总的来说，这个规划很好地体现了以保护为主，合理利用的有机结合，体现了原则性和协调性、理想和现实的统一，体现了鲁迅文化遗产的继承和保护。

你们的理念、规划将一步步变为现实，对鲁迅和历史文化名城的保护做出贡献。这个规划是清华大学和绍兴市城市规划设计院共同劳动的成果，也是社会各界专家的劳动成果，包括同济大学、东南大学、浙江大学、绍兴其他规划部门，以及绍兴人民群众的意见建议，都得到了很好的反映。所以，规划是集体智慧的创造，渗透着社会各界对鲁迅故里的关心，对此，我们亦一并表示衷心感谢。

接着，我表达了几点期待。

绍兴有 4000 多年文明史，绍兴的建城史已有 2500 年，历史悠久，文脉积淀深厚，几千年来，绍兴大地上培育了许许多多杰出人物。鲁迅故里和绍兴历史文化名城的保护，使我们认识到历史的遗产是不能重复再生的，文物是不可能进行新的创造的，一旦历史文物消失将造成永久的遗憾。经济越发展，历史文化的价值越重要，鲁迅故里的地位也将会越来越凸显出来。当代各个城市的发展越来越取决于文化的力量。我们非常重视对历史文化名城的保护，鲁迅故里是我们绍兴历史文化名城最重要的组成部分，最精华之所在。鲁迅不仅是我们绍兴的，也是中国和世界的，把鲁迅故里保护好，是我们义不容辞的重任。本着对历史和鲁迅负责，对子孙后代负责的精神，我们非常重视并且花了大量精力来做好鲁迅故里的保护工作。对鲁迅故里的保护我们从来都不敢轻视，我们只觉得肩上的担子非常重，我们也非常重视专家的意见和社会各界的意见。在这以前，我们邀请了全国各地的专家参与讨论，也请多家规划单位进行规划设计。毫无疑问，对鲁迅故里的保护，将有助于绍兴做强城市经济、做大城市规模、做优城市环境、做美城市街景、做古历史名城。我们希望通过这次规划，使鲁迅故里保护成为历史文化名城的传世之作、精品之作、镇城之宝，成为名城、名人、名街区，成为省内、国内，乃至国际上名人故里的典范样本，成为弘扬古城文化、鲁迅文化、鲁迅精神的展示场所，成为文化旅游产业的"金名片"，成为我们欣赏、品味、体验、解读和展示鲁迅文化、鲁迅精神不可替代、不可动摇的中心基地。

第二个期待是希望鲁迅故里能够在历史文物保护方面成为浙江省、全国、国际的典范，在历史文物保护方面，把国家级、省级历史古迹通过保护工程保护下来,很好地加以修缮和恢复。我们希望在保护历史街区方面做出新的贡献,不仅仅要保护鲁迅故里的历史文物,还要把它作为一个整体加以保护和利用。在历史街区方面怎样整体协调和保护、开发,在这方面要进行新的探索。希望在历史街区内的市民延续生活方面也做些新的探索,因为是历史街区,一定要有民居生活,它不同于一般的保护区和景点,社区生活和整个保护要结合起来,这里也包括改善市民生活环境和提升生活质量。通过这些方面的努力,绍兴古城和鲁迅故里的历史价值将会有新的体现和提升。

最后,我对下一步工作提出了几点意见。

第一,这次专家给予了实事求是、客观的评价,肯定了规划的指导思想、思路、举措,同时也对完善规划提出了五方面的意见,编制单位要加以消化吸收,进一步完善修改规划。

第二,根据专家们和各界的意见,要对鲁迅故里的重要部位、重要节点给予更多的重视,并再听取各方面意见,进一步深化细化,特别是鲁迅路整个街景的布置设计、鲁迅故里东部入口问题,以及新建南路设计问题,要花更多精力加以完善。

第三,请有关部门会同规划编制小组做好衔接工作,有什么意见和建议要尽可能沟通,规划定下来后,各部门必须服从规划,严格按规划办事,如果迁就谈何整体规划? 在这个问题上没有讨价还价的余地。

第四,会后请文旅公司按照专家意见和有关历史文化名城法规的规定做好衔接工作,该报批的报批,尽快给市政府形成一个汇报的稿子,供市委、市政府决策参考。

第五,请组织实施责任单位文旅公司务必抓紧对整个鲁迅故里的保护和前期准备工作,要按照高起点规划、高标准建设、高强度投入、高效率运转(包括市场运作机制),搞好鲁迅故里保护工程的实施工作。

现在回忆起来,在鲁迅故里规划设计和工程实施过程中,大家意见不统一或者说决策比较难的敏感问题,主要有五个方面。

第一,如何处理保护与开发的关系? 要突出保护,大家的认识都是统一的，但在保护的基础上能否更多兼顾开发？特别是突出文化旅游功能？早期的规划方案直接叫"鲁迅故里文化旅游规划"，就反映了这种观点。我和多数专家都是不赞成的。而且我认为，越是保护越有利于文化旅游功能的发挥。因此，对于鲁迅故里，必须做到保护第一、抢救文物第一，必须在规划设计上淡化旅游开发功能。

第二，百草园要不要原状保护？百草园总体上是原汁原味保存下来的，一年四季还种有花草蔬菜。当时，有同志提出，借这次规划改造时机，百草园可恰当做些整修。但我认为，百草园应该还原鲁迅笔下的、小时候的"百草园"，越原汁原味越好。因此，不应做新的整理，但可以用现代保护手段去保护原状。尤其是百草园里鲁迅小时候捉蟋蟀的墙，更要原汁原味保护，年久破落的地方也要原状小心修复。

第三，咸亨酒店要不要拆？虽然现在的咸亨酒店并不是鲁迅笔下描写的小酒店，是后来新建的，但是几十年来，多数外地游人到绍兴古城来，差不多都要到小酒店去看看，或者喝上几杯绍兴酒。久而久之，它在人们心目中就成了那个"咸亨酒店"。所以，这个咸亨酒店不能拆、拆不得。拆了，就等于把人们心目中的"咸亨酒店"记忆、情怀也拆了。再说，这个小小的咸亨酒店，很大程度上是鲁迅故里、绍兴古城、绍兴黄酒和茴香豆的一个标志，必须把它完整地保存下来。

第四，原来的鲁迅纪念馆要不要拆？据说，鲁迅纪念馆是20世纪70年代为接待时任美国总统尼克松访华而建的。但后来尼克松先生并没有来绍兴。在鲁迅故里保护规划中，有两种不同意见：一种意见是认为应拆除，因为建筑风格与故里很不相称；另一种意见是主张保留，理由是纪念馆曾为接待尼克松先生访华而建，同时也可作为20世纪70年代的建筑风貌保留下来。广泛听取意见后，我进行了深入思考，最后下决心拆除。我的考虑是：这个纪念馆不但建筑风貌不协调，而且建筑质量一般，是赶时间凑合着建起来的，保留下来今后维修任务重；虽为准备接待尼克松先生访华而建，但尼克松先生并没到访过绍兴；更重要的是内部布局、设施简陋陈旧，无法满足新的历史条件下展示、展览、学术交流等功能的需要。为此，下决心拆旧建新，在鲁迅故里合适的地方,另择地址新建一个建筑风貌与整个故里风格相协调,内部功能多样、布局合理、设施现代化的鲁迅纪念馆。这样的取舍得到了各界的认可。

第五,鲁迅故里东入口的布局问题。鲁迅故里东入口是一个最关键、最重要部位,也是设计最难之处。因为,东入口是鲁迅故里的主入口,是参观者对鲁迅、鲁迅精神、鲁迅故里、绍兴古城获得第一印象的"风眼口"。当时主要考虑两大因素。一是入口处的空间范围。从现实空间和审美空间讲,东入口不能过大(事实上过大也不可能),但也不能过小(当时现状比较小)。后来下决心拓展到现在这样的空间格局。二是东入口的主题景观设计。记得反反复复设计了好几个方案。考虑到这里是鲁迅故里的灵魂所在,自然要展示鲁迅文化、鲁迅精神的传神之品。现在选择了鲁迅坐姿吸烟凝视的版画图(后来有版权诉讼)作为主题景观,较好地反映了鲁迅"横眉冷对千夫指,俯首甘为孺子牛"的精神,壁画前用几尊铜像,既再现了鲁迅的代表作品,又反映了绍兴地域文化。

实践证明,这个主题景观布局是比较成功的,社会各界反响也较好。唯一有点遗憾的是,鲁迅吸烟的形象不太符合现代生活的价值取向。当时我们也觉得这是一个"不足之处",但考虑到这里是反映中年后、成熟了的鲁迅,鲁迅确有吸烟的爱好,而且这一吸烟动作更能体现出鲁迅思考问题的神态,加之这个版画是一幅公众广为熟知的经典作品,所以还是下决心采用了这一作品。

鲁迅故里保护工程在规划设计和实施过程中,还有许多故事,也有许多人参与了决策和组织实施,都做出了各自的贡献,有的有文献记录,但大多并无记载。我希望,我的回忆能为后来者留下一点前人工作的记录。不过,不管有无记录,它们都已融入鲁迅故里而成为历史了。

五 50 位市长的历史文化名城保护倡议书

2004 年 4 月，我参加了由建设部举办的历史文化名城市长专题研究班，这次研究班有全国各地 50 位国家历史文化名城的市长、分管副市长参加。专题研究班结业前夕，我积极提议并参与起草讨论了《历史文化名城保护倡议书》，50 位市长共同签名。

倡议书提出，保护历史文化名城必须树立和贯彻科学的城市发展观。政府在历史文化名城保护中应起主导作用，市长应为历史文化名城保护的第一责任人。历史文化名城的保护必须遵循保护历史真实

2006 年 12 月 29 日，绍兴越王城保护整合工程正式启动，王永昌宣布开工

载体,保护历史环境,合理利用、永续利用的原则。历史文化名城应确保文物古迹、历史文化街区的真实性、完整性和相关历史环境风貌,保存历史原址、原物、原状。反对在历史文化保护区内大拆大建。

市长们在讨论中表示,我国现有 101 座历史文化名城,近年来在名城保护上产生了不少有益的经验。然而,由于没能处理好保护和发展的关系,一些名城也遭受了人为破坏。从总体上说,我国的历史文化名城正面临着九大矛盾。如名城保护和城市开发的矛盾,古城的道路结构和当代交通需求的矛盾,古民居的落后性和现代化生活需求的矛盾,名城保护的财政保障和城市经营、开发经费的矛盾,名城文化合理利用过程中的文化性和商业性的矛盾,老城区与新城区之间的政策不对等矛盾,古城保护的整体性和点、线、面保护的矛盾,破坏与恢复的矛盾,管理体制的矛盾。

名城保护面临的这些矛盾是经济发展过程中出现的新问题,各级政府不能回避,必须面对,并寻找解决矛盾的良方。解决矛盾的关键是树立科学的城市发展观,在城市现代化和历史文化保护之间寻找最佳结合点,统筹兼顾,相得益彰。在名城的保护过程中,国家应有所作为,比如制定法律法规,划定保护区,设立保护专项基金等。市长们一致认为,中国现有的 101 座历史文化名城是中国历史的文脉所在,加大对名城的保护力度,是弘扬中华文明的重要任务。

六 向着古城全域保护迈进

2005年11月21日，我就古城保护工作做了专题调研，并听取有关部门汇报后，就古城保护发表了比较系统的即席讲话。其主要内容如下。

首先，我指出了古城保护、开发和建设的重大意义。

第一，古城保护和开发是当代绍兴人的历史使命和责任，是传承历史文化、延续历史文脉的需要。绍兴是一座具有2500年历史的古城，对我们这一代绍兴人来说，应该努力保护好、利用好、开发好这座古城，使古城不断向前发展。与此同时，我们要根据时代发展有所创新、有所丰富，推进绍兴城市有机生命的延续。

第二，保护、开发古城对于建设全面小康社会和推进现代化建设具有重要意义。我们今天的建设不是也不能在文化沙漠上进行。保护、开发和建设绍兴古城，就是要把绍兴传统文化特色与现代文明有机结合起来。

第三，保护、开发古城是进一步提升城市品位、完善城市功能、改善人民生活质量、提高城市知名度和竞争力的需要，也是我们全面建设经济强市、文化强市，打造生态绍兴、和谐绍兴的需要。就整个城市发展来讲，保护和建设古城，是一篇基础性、关键性的文章。实践证明，保护和开发古城，可以为我们这个城市注入强大的发展动力和活力。

其次，我总结了当时古城保护、开发和建设的基本成效。

一是在仓桥直街、鲁迅故里、西小路和八字桥等一批文化保护点、历史街区、名人故里的保护、开发上，投入了大量资金，花了不少心血，也取得了较大的成绩。

二是稳步推进了与历史街区相适应的旧城改造工作。到2005年底，260万平方米的旧城改造工作已大部分完成，极大地改善了人民群众的生活环境。

三是在景点建设和经营方面取得了突破性进展，特别是以鲁迅故里为标志的文化景点保护、开发和建设工作取得了重大突破，改变了绍兴旅游"满天星星、独缺月亮"的格局。鲁迅故里的保护性开发为全国名人故里保护、开发和建设提供了"绍兴模式"。到2005年，鲁迅故里已成为全国100个红色旅游景点之一，被有关部门和专家充分认可，也被旅游界、文化界公认为全国文化旅游精品。在当时的绍兴市旅游工作会议上，省旅游局主要领导对鲁迅故里的评价也很高，认为鲁迅故里作为全国文化旅游龙头景点的地位是不可动摇的。

四是提升了绍兴古城保护工作在全国的良好形象。以前，我们经常听到某些专家对绍兴古城保护的批评，甚至还尖锐地指出，改造不是给古城脸上添彩，而是在古城脸上画了几道痕迹。这些年通过努力，特别是我们创新了古城保护、开发和建设理念，加大了古城保护、开发和建设力度，这种局面已经改变，而且不少工作还得到了国家有关部门和有关专家的肯定。

五是探索并实践了一些行之有效的古城保护、开发和建设的新思路、新做法。当时，在广东召开的全国古城保护会议上，不少专家和领导在会议上多次肯定了绍兴的做法，并提出要向"绍兴模式"学习。这是对绍兴古城保护、开发和建设工作的肯定。当然，今后我们在古城保护、开发和建设工作中，还要进一步创新理念，探索思路，完善措施。

再次，我提议要珍惜历史古城，打响古城品牌。

绍兴古城尽管只有8.32平方公里，但其悠久的历史文化、灿烂的名人文化和独具特色的艺术文化，在全省乃至全国的地位和作用是不可动摇的。2005年，时任浙江省委书记习近平同志在绍兴考察文化建设工作时，就这样评价绍兴：绍兴这个城市了不起，不比罗马差，这

绍兴历史街区仓桥直街

里出了不少杰出的人才，有几个城市能出这么多人才？他来绍兴市调研时，又讲到绍兴有舜有禹、百年越剧、黄酒文化、"胆剑精神"等。因此，我们要十分珍惜历史古城，努力打响古城品牌。

一要坚持古城保护方向。绍兴古城的保护、开发和建设，一定要始终以建设文化、旅游、商贸城市为发展方向和目标定位，以有利于古城保护。

二要把点、线、面的保护上升到历史街区的保护。我们不能简单、机械地停留在一个点、一条线上，而要扩大保护范围，增加文化内涵，融入生活气息，不断上升到对历史街区的保护、开发和建设。

三要由历史街区的保护上升到古城整体的保护。近年来，我们在古城保护、开发和建设方面的理念有了很大的提升，上升到了古城的整体保护高度，并做了大量的探索实践。在下一步的古城保护、开发和建设上，我们仍然要注重风貌协调，整体推进。对古城内的建筑物标高，要严格控制，不能超过24米，并作为一种制度来实施。

四要由一般的、传统的保护上升到经营古城、发展古城。保护古城，不能就保护而保护，而应该把保护与开发、保护与利用、古城保护与城市发展、古城保护与改善人民群众生活环境结合起来，使古城古而不衰，成为成长型、发展型、充满生机和活力的城市。

五要由理念上的认识上升到以体制、法规的约束来保护古城。保护古城，不能因为某个人或某位领导有保护理念，保护力度才大一点，而应该让保护古城成为一种社会的普遍认识，成为一种体制，成为一种法规性的约束。当时我们有一个专门的古城保护规划，要求有关部门根据社会的发展，不断加以完善，并自觉遵守执行。在体制方面，要求有关部门进一步理顺关系。此外，我还要求当时的市建设局牵头，尽快总结古城保护、开发和建设方面的做法和经验，进一步完善古城保护规划。我也建议宣传部门积极参与到打响绍兴古城品牌的工作中来。

最后，我部署了今后一个阶段古城保护、开发和建设的主要任务。

一要大力推进书圣故里2号街坊三期保护工程，抓紧按原计划推进八字桥龙华寺东侧地块的整合工程，拆迁等前期工作要尽早组织实施。

二要积极推进越王城保护工程。由规划局牵头，抓紧提出越王城总体规划设计方案，然后适时整体推进，努力把它打造成越文化的核心区块和经典之作，打响越文化，提升城市品位。

三要适时推进吕府保护工程。这项工程2004年已经做了决策，但由于工程涉及400多户居民的搬迁，而且目前资金也比较紧张，因此可以先缓一缓。但只要条件允许，就要尽快启动。

四要积极推进市区主要河道的疏通工程。由建设局牵头搞好规划，然后请有关部门和专家研究论证，如果可行，尽快启动。可以开发城内水上旅游，促进绍兴旅游业的发展。

五要全力推进鲁迅故里二期工程建设。鲁迅故里二期工程的开发、建设，对保护历史古城、提升古城文化品位、提高城市知名度等都有重大意义，必须作为古城保护、开发和利用的龙头工程来抓，努力把鲁迅故里打造成世界名人故里的经典、全国文化旅游的精品。开发建设鲁迅故里二期工程，要坚持一手抓保护建设，一手抓市场经营。要突出开发重点，重点抓好一东一西区块，就是抓紧推进咸亨区块1号、2号、3号、4号地块与越文化博物馆的规划设计和开发建设。在体制机制方面要有所探索和创新，投资主体可以多元化，整体工作由市文旅公司牵头。

七 古城保护座谈会是我每年春节前工作的收官之笔

我对绍兴古城和古城保护工作有着自己的认知和情怀。在绍兴任职期间，多年来我有两个惯例性做法：一是春节前的最后一个工作性质的会议，是古城保护工作座谈会；二是春节后第一个调研活动就是到绍兴县（现柯桥区）杨汛桥镇，听听乡镇村干部和企业家代表对过去一年的总结和新一年发展的打算。这两个做法坚持了多年，获益良多，至今记忆深刻。选择杨汛桥，是因为该镇经济社会处在全市乡镇最前列。

春节前的古城保护工作座谈会，通常规模不大，只请市古城保护工作部门的领导同志和市里的老领导、文史专家参加。目的是交流一下工作体会，听听大家的意见建议。

例一：2006 年 1 月 27 日在春节前座谈会上的发言。

下面是 2006 年 1 月 27 日我在春节前座谈会上听取专家意见后的总结发言全文（题目会后概括为《研究古城 保护古城 宣传古城 发展古城》）。

今天，我们在这里召开名城保护"绍兴模式"座谈会，一是为了感谢各位专家多年来对古城保护、开发和建设所做出的贡献，二是想听听大家对古城保护、开发和建设的意见。今天是一个比较特殊的日子，因为明天就是除夕了。之所以在今天还安排这样一个座谈会，一方面是

绍兴书圣故里

这几天工作还很多，另一方面也说明这项工作的重要性。

俗话说：九九归一。一个人的成长离不开一个城市的历史和文化根基。一个地方的发展，最根本的是要靠这个地方的文化。对绍兴来说，这点尤其重要。对绍兴，大家都有一种情结、一种感情。生在绍兴、长在绍兴的人是这样，像我这样虽然不是生在绍兴，但在绍兴工作、生活多年，全方位地接触绍兴、了解绍兴后，也自然而然地融入了绍兴，对绍兴也有一种挥之不去的情结。每当岁末年初梳理全年工作时，总会情不自禁地想起绍兴这座名城，惦念如何把它保护好、开发好、建设好。所以，前段时间，我就保护古城这件事，曾与建设局领导谈起过，春节前邀请几位老领导和专家为保护、开发和建设古城出出主意、想想办法、提提建议。

　　除此以外，召开这个座谈会，还有几个背景情况：一是国务院最近发了一个关于进一步加强文化遗产保护的文件，对文化遗产的保护已经引起了党中央、国务院的高度重视。这个文件，主要是针对在工业化、城市化推进过程中文化遗产保护工作所出现的问题提出的，明确了进一步加强历史文化遗产保护工作的目标、方针和要求。二是在2006年4月，世界城市遗产保护国际会议将在绍兴市召开，这不仅会对绍兴市古城保护工作产生重大意义，而且对中国城市遗产、文化保护也将产生长远的积极意义。三是在前段时间，我们在广东召开的全国古城保护工作会议上介绍了古城保护方面的经验，许多专家把它概括为"绍兴模式"。今天在这里召开这个座谈会，就是想请各位专家来深入分析"绍兴模式"，进一步提升绍兴市的古城保护工作。虽然座谈会的时间很短；但就我个人来讲，听了各位专家的意见和建议，胜读十年书。我们要把大家的意见和建议整理出来，把它转变成工作成果。我认为，绍兴发展到这个阶段，需要进一步重视和加强文化遗产的保护。绍兴在这方面做得比其他地方早一点，也比较有特色。这些成绩的取得，也凝聚着各位专家的心血。

下面，我借这个机会，简要地谈几个问题。

第一，我们有责任有义务做保护绍兴历史文化名城的薪火传人。

绍兴有着几千年的建城史，先人给我们留下了许多宝贵的财富。绍兴是一座文化底蕴非常深厚的城市，到目前为止，绍兴最大的优势、最大的价值、最高的知名度，仍然要数绍兴的历史文化；对绍兴人也好，对外地人也好，认同感最高的仍然是绍兴的历史文化。中央领导来视察时，他们谈得最多的就是：绍兴的知名度很高，历史文化很悠久，名人也很多。当然，绍兴目前的经济也是比较发达的。因此，继承绍兴的历史文脉，弘扬绍兴的历史文化传统，应该是我们当代绍兴人的历史责任。这其中，一个非常重要的任务，就是要进一步研究古城、保护古城、宣传古城、发展古城，做好保护历史文化名城的薪火传人。大家都明白，历史的东西，一旦消失就很难补救，一旦破坏了就会留下遗憾。历史虽然是人创造的，但现代人想去创造过去的历史，那是不可能的。因此，越是现代化、越是工业化、越是城市化，历史文化的价值就越能体现出时代意义。这也应了"越是民族的，越是世界的"道理。因此，保护、开发和建设绍兴古城，是我们当代人的共同任务、历史使命。这方面，各位专家已经做了大量的工作,在此,我深表感谢!

第二,要认真总结保护历史文化名城的宝贵经验。

这些年来,历届市委、市政府在保护古城方面做了大量工作,特别是在"保护什么""怎么保护"等方面所做的工作更是值得好好总结。记得我刚到绍兴工作时,有几件事我至今记忆犹新。第一件事是当时我们请了吴良镛、周干峙等专家到绍兴来,他们就对我们的古城保护工作提出了一些意见和建议;第二件事是在鲁迅故里规划的论证时,专家的意见也很尖锐;第三件事是当时曾有人在《人民日报》上撰文批评绍兴的古城保护状况。当时,各界对绍兴的古城保护批评比较多。关于这个问题,我们要用历史的、辩证的眼光来看,切不可用现在的眼光来看过去的事情。比如,外界专家提出的意见和建议,与绍兴当时的发展思路和视角有所不同,价值取向有所不同。但通过这些年的努力,外界对我们的表扬多了起来,而且被有关专家称为"绍兴模式"。这个很不简单,很值得我们总结、提炼。比如说,要形成一个共识,要有好的规划做龙头,要从点、线、面上的保护开始,再到对历史街区的保护,然后上升到全城保护。但我们的全城保护,不是平遥的那种保护方式,而是要在8.32平方公里的古城范围内做到风貌协调,也就是大家所说的,要从"文化孤岛"发展成为"文化群岛",从"文物大树"发展成为"文物森林"。这些年,我们在这方面的做法是比较成功的,特别是在历史街区的保护和开发利用上,我们应该好好地梳理一下。如果把梳理出来的做法放到全国103个古城的保护中,这就成了绍兴在古城保护方面的经验。

第三,要进一步创新提升历史文化名城保护工作。

我们要在保护中提升,在发展中创新,不断赋予古城以新的内涵,使我们的名城保护工作做得更好。在这方面,主要是抓好以下几件大事。

一是要拓展绍兴古城保护的涵盖面。绍兴古城的容量很大,以前我们在空间上的保护比较多,如各类建筑、名人故居、历史街区等,现在我们要对其他方面,如历史文化、环境风貌等的保护做进一步研究和拓展,形成更加完整、更有内涵、更有文化的综合性保护方案。

二是要加强越文化研究。省里提出,吴越文化区以绍兴为重点,这已经纳入了省里的有关规划。我们不仅仅要保护文化古城，还要加强对越文化的研究，特别要继续抓好越王城的规划、设计工作，确保这一重点工程顺利推进。

三是要加强对绍兴各个历史阶段标志性文化成果的研究和建设。绍兴在 2500 年的历史进程中，各个历史阶段的主要文化标志可以梳理一下，可以是物质形态的，也可以是非物质形态的。有了标志性的文化成果，可以延续历史文脉，提升绍兴古城的影响力。这中间，越文化的标志就是越王城。

四是要创新古城保护思路。从世界各地的情况来看，最好的办法是跳出古城来保护古城，也就是在古城外面建新城。如果外面没有拓展的地方，纯粹在古城内部进行保护和开发利用，那确实是相当难的。绍兴以前在古城保护方面能做到这个程度，实际上已经很不容易了。另外，我也有一个想法，一个城市如果不做大、不跳出去发展，永远在原来圈子里打转，"螺蛳壳里做道场"，那是没有希望和出路的。无论是古城保护还是城市的发展，外面做好了，老百姓自然就会出去，这样古城也就保护起来了。因此，我们要在发展中保护古城，在动态中来提升古城。也就是说，要加快大城市建设，为古城保护腾出更大空间，创造更好条件，推动绍兴的古城保护向着更加整体、有更深内涵的、充实更多文化的、综合性的层面发展。

第四，近期的几项具体工作。

一是要形成一篇有分量的古城保护方面的文章。通过分析总结，宣传绍兴古城，扩大绍兴古城的知名度，进一步指导古城保护工作。文章的整理撰写由市名城保护办牵头，可以邀请专家参与。

二是要更加综合、系统地研究绍兴古城。这方面，我们已做了大量的研究。但过去侧重于研究城市和古城的本身，现在要研究绍兴的整个历史，讲清 2500 年建城史的来龙去脉，出一个系统的、综合性的成果。这方面的工作，请吉振海局长牵头。另外，也可以建立一个名城研究会，为古城保护工作出出主意。

三是要加快推进越王城的规划、建设工作。这方面，市规划部门已做了大量的工作，有了初步框架。要根据专家的意见，继续加以完善，加快推进。这项工作要作为古城保护、城市建设和提高城市品位的重中之重来抓。

四是要尽快启动世界城市遗产保护国际会议的筹备工作。这项工作以市文物局为主，抓紧做好推介绍兴的文章。这方面的工作也请专家们多出主意。

例二：2008 年 1 月 31 日古城保护工作座谈会上的发言。

在 2008 年 1 月 31 日召开的古城保护工作座谈会上，我做了如下发言。

一年一度的春节即将来临，最近几年来，我有一个不成文的惯例，就是临近春节时，总要利用一个时间请有关专家和老领导，就古城保护和建设问题，听听大家的意见。今年(2008 年)座谈会这件事我也早就在考虑了。尽管我即将离开绍兴(组织上已明确我即将调回省级机关任职)，但还是觉得有必要召开这个会议。

这些年来，绍兴的古城保护工作取得了很好的成绩。比如，我们在古城保护方面形成了一个总的目标和理念，就是在"点、线、面"保护基础上，逐步形成"全城保护"的格局。又如，我们在古城保护方面形成了一个总体思路，那就是"保护古城、建设新城"和"重点保护、合理保留、局部改造、普遍改善"的具体思路。再如，这几年来，古城保护的规划政策得到了不断深化完善。更重要的是，经过大家的努力，我们在古城保护方面实实在在地做了不少工作，有效地保护了古城。尤其是在历史街区保护、开发方面很有成就。正因为如此，外界有了较高的评价。对此，我也深有体会。记得我刚到绍兴工作时，有领导和专家到绍兴考察，他们是走一路说一路，对绍兴古城保护工作很有看法。这几年，我们从理论和实践上进行探索，不但保护了古城，传承了绍兴历史文化，提升了城市功能、品位、知名度；而且拓宽了古城保护范围，提升了城市功能和城市品位，提高了居民的生活质量和水平。现在，批评的声音少了，表扬的多了，而且被学术界誉为"绍兴模式"。实践证明，保护和发展是可以统一的，保护古城和维护群众利益是可以统一的。古城保护好了，对改善群众生活是有促进作用的。绍兴综合实力和知名度的提高，其中就有古城保护工作所做的贡献。在这里，我非常感谢各位老领导、专家和建设、文物、规划、水利、旅游等部门，大家的确做了大量工作。在此，向你们表示衷心感谢。

下面，谈谈我对绍兴古城保护的期待和希望。

保护历史文化遗产就是保护历史。绍兴的古城、绍兴的历史文化，是绍兴发展的源泉、动力和最宝贵资源。绍兴发展之所以有今天的成绩，离不开绍兴的历史以及历史所积淀的优秀传统文化。

第一，希望大家都来做历史文化名城保护的薪火传人。为发扬传承绍兴的历史文化，为保护和提升绍兴这座历史文化名城，为保护具有2500年建城史的古城，希望大家尽职尽力做薪火传人，承担起承前启后、继往开来的历史责任。

第二，希望大家坚定不移地为实现"全城保护"这个目标而奋斗。正如大家所说，绍兴古城保护有成绩，也积累了一些经验，但是离8.32平方公里的"全城保护"目标还有很大距离。况且，全城保护既是一个外在形态的保护，更重要的是要注重看不见的内在的历史文化的保护、传承和提升、发展。所以，我们要按照既定的目标，首先在建筑的风貌、高度等方面严格把关，也就是一些现代的超高建筑再也不要放在古城里面了。为什么现在有很多城市的整体性保护很难，因为它们在不同时期都在建设一些不同风格的建筑，建成后又很难拆除。我们在2002年就实施了古城建筑物限高规定，从那时开始就做了大量工作，多年来一直严格按照规划执行，新的建筑物不超过24米。随着时代发展，我们的古城保护思路要进一步拓展和提升。

第三，希望大家严格执行和深化古城保护规划。古城保护规划，是我们保护古城的依据。我们的所有工作，都要统一到规划上来，不要搞更多的变通。

第四，希望大家以纪念建城2500周年为契机，进一步创新古城保

东浦古镇

护、提升城市品位。今天的座谈会,从一定意义上说,是一个进一步明确"保护古城、建设新城"总体思路,讨论纪念建城 2500 周年活动的座谈会。保护好、建设好古城,就是为了更好地迎接建城 2500 周年,进一步做好古城保护和越州新城建设。大家可以围绕这个主题,集思广益,多出主意。

第五,希望大家在实施古城保护建设的项目中,继续坚持高起点规划、高品位建设。比如鲁迅故里二期、越王城以及迎恩门、吕府、西施山、大禹陵等相关工程,都要坚持高标准、高品位,从而进一步提升古城保护工作。

总而言之,有各套班子、各个部门的齐心协力,有老领导、老专家的关心支持,绍兴的古城保护工作会越来越好,绍兴古城的价值会越来越凸现,绍兴中心城市的品位会越来越高,绍兴城市的个性会越来越鲜明。

八 保护历史古城　共享古越文化

在 2006 年 5 月 31 日召开的第二届文化遗产保护与可持续发展国际会议上，我做了专题发言。现全文附录于后。

今天，我很高兴作为东道主参加第二届文化遗产保护与可持续发展国际会议，非常感谢大会组委会为我们提供了一次广泛交流与沟通的宝贵机会，非常感谢克沙夫·瓦玛先生主持报告会，同时也非常期望各位更多地关注绍兴古城，为传承历史文化、共创现代文明做出我们应有的贡献。

借此机会，我想着重围绕"保护历史古城，共享古越文化"这一主题，谈几点意见与大家共同探讨。

（一）

绍兴是首批中国历史文化名城，是中国东部一颗文化明珠，是一座令人向往的魅力城市。几千年来，勤劳智慧的绍兴人民在这片美丽富饶的土地上繁衍生息，创造了宝贵的文化财富，留下了美好的城市记忆。历史和自然馈赠给绍兴太多的文化瑰宝，在 8.32 平方公里的古城内，文物古迹遗存数量之多、价值品位之高、文化内涵之丰富，在全国极为罕见。

绍兴被誉为"没有围墙的博物馆"，历史文脉清晰，文化积淀深厚，城市个性鲜明。绍兴古城历史悠久，公元前 490 年已经建城，近 2500 年来城址一直未变，历朝历代的文献记忆和物态记忆犹如满天星斗；绍兴

2006年5月31日，第二届文化遗产保护与可持续发展国际会议在绍兴开幕

古城风光秀丽，山清水秀，水网纵横，是典型的江南水城，是一座"漂在水上的城市"；绍兴古城名人辈出，涌现了王羲之、蔡元培、鲁迅、马寅初、周恩来等一大批仁人贤士，被毛泽东誉为"名士乡"；绍兴古城拥有丰富的民间文化，瓷文化、桥文化、酒文化、戏曲文化和书画艺术，展示了古城绍兴的迷人魅力；绍兴古城还孕育了独特的人文精神，大禹的献身精神，勾践的奋斗精神，陆游的爱国精神，蔡元培的博大精神，鲁迅的硬骨头精神，周恩来的奉献精神，既是绍兴的骄傲，也是中华民族宝贵的精神财富。总之，绍兴是一部博大精深的"线装书"，也是一座令人向往的"文化名城"。

历史文化是一个区域文化身份、历史贡献、发展水平的标志。珍惜自己的历史文化，爱护自己的城市个性，做好保护历史文化名城的薪火传人，是当代绍兴人义不容辞的历史责任。当然，我们在推动现代城市发展的过程中，也有过许多困惑。现代城市要拓展，城市功能要提升，城市环境要改善，市民生活要提高，面临着古城保护与城市化推进的各种矛盾。然而，我们更深深地感到，历史文化名城是历史的结晶，保护、开发和利用好文化名城，更是一种发展机遇。保护历史文化名城，有利于在世界经济一体化过程中促进文化的多元化，有助于实现人类社会

2006年5月31日，第二届文化遗产保护与可持续发展国际会议在绍兴举行，王永昌做特别报告

的可持续发展。绍兴这座古城所孕育的丰厚文化，是当代绍兴的最大特色、最大优势、最大财富，是绍兴发展的动力之源和重要支撑。城市越是现代化，越要依赖文化的支撑。保护历史文化遗产，就是保护生产力，就是促进可持续发展。绍兴古城的历史文化，不是现代化的包袱，而是经济社会发展的财富。只要我们更好地研究古城、保护古城、发展古城，一定能使现代化建设与历史文化名城保护交相辉映，创造城市发展的新优势。

（二）

现代城市的构成已从以工业为主的经济模式，逐步转变为多元化的文化形态，以旅游业为龙头的第三产业和新兴文化产业，在城市经济发展中具有越来越重要的地位。绍兴古城属于中国，也属于世界。既保护好绍兴古城，又注重开发利用古城，让我们共享古城文化的魅力，是我们的重大历史责任。近年来，我们严格遵循联合国教科文组织《保护非物质文化遗产公约》、我国《文物保护法》和关于加强文化遗产保护工作的要求，坚持从实际出发，把保护历史古城与发展文化旅游有机结

合起来,积极探索具有绍兴特色的古城保护和开发利用之路,着力打响"江南风情看绍兴、江南古城看绍兴、江南文化看绍兴"品牌,有力促进了文化旅游繁荣和城市可持续发展。

第一,坚持科学规划。我们着眼于把 8.32 平方公里的绍兴古城打造成为古越文化的景观城市,按照重点保护、合理保留、局部改造、普遍改善的总体思路,制定了《绍兴历史文化名城保护规划》,确定了越子城、鲁迅故里、八字桥、西小路、书圣故里五大历史街区,明确了近期、中期、远期的保护和开发利用目标。这个规划获得了 2001 年建设部优秀城市规划设计二等奖。这些年来,我们正是在这个规划指导下,开展保护古城格局、整治河湖水系、修复文物古迹、修缮历史街区的各项工作,使古城保护走上健康、规范、有效的轨道。

第二,坚持重在保护。为了保护历史遗存,延续历史文化,我们投资 4 亿元,对 8 处国家级、25 处省级、69 处市级文物保护单位和 83 处具有文物保护价值的文物点,严格按照国家文物保护法规定,实行原址、原物、原状保护,使古城范围内从新石器时代晚期到近现代的文物单位都得以较好保存。同时,我们还先后投资 11 亿元,对越子城、书圣故里、八字桥、鲁迅故里等 7 个总面积达 200 万平方米的历史街区,按照"修旧如旧、以存其真"的原则,进行保护和修缮,有效保护了绍兴古城的原有格局和风貌。经修缮后的仓桥直街还获得了联合国教科文组织亚太地区文化遗产保护优秀奖。

第三,坚持风貌协调。为了凸现绍兴古城特色,体现古城整体风貌的协调性,我们保护和延续唐朝以前形成的水城格局和宋代确立的街巷格局,保持传统水系特征,延续了小街小巷的传统韵味;保护和延续古城的空间形态,严格控制新的建筑物高度,确保古城空间轮廓和视廊的通透性;保护和延续古城的建筑风貌,对历史街区和视野范围内的建筑物进行立面改造,禁止修建不协调的建筑物,逐步恢复"粉墙黛瓦"的建筑格调,在主要道路和历史街区的人行道铺设青石板,使绍兴古城更具地方特色。

第四,坚持文化为魂。文化是城市之魂、城市之根。我们在古城保护中,深入挖掘和大力弘扬以大禹和鲁迅为代表的名人文化,以越都城为代表的古越文化,以黄酒为代表的物产文化,以越剧为代表的戏剧文化,以兰亭为代表的书法文化,以乌篷船、乌干菜、乌毡帽为代表的民俗文化,以环城河为代表的山水文化,让古城绍兴每一口新鲜湿润的空气,都吐纳着文化的芳香,并不断为古城充实新的文化元素。

第五,坚持生态和谐。绍兴水中建城,城中有山,山、水、城和谐相处。我们把人文景观与自然景观这两大优势叠加起来,使城内山、水、路、园林、古迹、民居等融为一体,进一步彰显绍兴"人文、生态、宜居"的特色。特别是我们十分重视对城区水系的规划、保护和利用,大力整治水环境,疏浚养护城区17条河道,彻底整治长12公里的环城河,使城区水系畅通,死水变活,活水更清,清水长流,保持了绍兴"东方威尼斯"的水城特色。我们还结合文物古迹和旅游线路,恢复历史园林,新增绿地广场,努力营造"水绿相依、城园一体"的城市景观。

第六,坚持打响品牌。我们着眼于推动"旅游城市"向"城市旅游"的转变,特别是重点打造一批文化旅游核心景区,进一步打响"江南文化看绍兴、江南古城看绍兴、江南风情看绍兴"品牌。比如,我们投入10亿元,重点保护和开发鲁迅故里,对鲁迅故居、三味书屋等进行严格保护,对周边环境进行风貌协调,保护面积从14公顷扩大到52公顷,现在,鲁迅故里已成为绍兴文化旅游的一张"金名片"。我们还推出了鲁迅故里修学游、鲁迅笔下风情游、兰亭书法研修游、古城文化寻踪游、跟着课本游绍兴等文化产品,深受游客欢迎。现在,我们又正在加紧规划建设越王城,力争把它建成展示古越文化的经典之作。

（三）

历史文化名城是一笔宝贵的文化财富,也是一种巨大的发展资源。我们通过扎实有效的古城保护和开发利用,较好地实现了古城保护与经济、社会、城市发展的多赢格局。近年来,绍兴相继获得了"国家环境保护模范城市""国家卫生城市""国家园林城市""中国优秀旅游城市""最佳中国魅力城市"等一系列荣誉称号,极大地增强了城市发展活力。

一是传承了历史文明,彰显了历史文化的生命力。特别是经过修缮保护的 7 个历史街区,处处充满着浓厚的文化氛围。有专家认为,绍兴成功地激发了历史文化名城的生命力,成为中国遗产的一个活生生的充满生机的展示地。

二是拓展了城市功能,提升了城市综合竞争力。随着古城保护工作的推进,城市基础设施不断改善,有力地拓展了城市的居住、休闲、文化、旅游、商贸等功能,也为经济发展搭建了宽广平台。2005 年,绍兴在中国城市竞争力 50 强中居第 29 位,中心城市综合实力居全国第 41 位。特别是我们科学利用古城资源,适度开发文化旅游,促进了古城保护与旅游发展的良性互动。上年,绍兴共接待国内外游客 1523 万人次,创旅游收入 116 亿元,文化旅游业已成为绍兴的支柱产业。

三是优化了生活环境,提高了居民生活质量。在古城保护和开发利用过程中,我们修缮了沿街居民住宅,改善了市政设施,城市环境明显改善,居民生活质量明显提高。2005 年,绍兴城市居民生活质量居全国第 18 位,被誉为"最具幸福感的城市"。

四是推进了城市化进程,促进了城市可持续发展。为有效保护古城,我们把城市发展中的增量部分移到古城之外,实施"城市北进、旅游南延、沿江开发、多向拓展"的城市发展战略,越城、柯桥、袍江和镜湖新区建设扎实推进,5.7 平方公里的迪荡新城已开发建设,推动了绍兴城市发展由"山会时代"迈向"鉴湖时代"和"杭州湾时代"。

女士们、先生们:

历史文化名城保护是一个永恒主题,推进古城保护和发展文化旅游良性互动也是一个重大课题。保护好、利用好、传承好历史文化遗产,是我们义不容辞的神圣使命,也是全人类的共同责任。我们将把名城的保护和开发利用作为一种历史责任和历史追求,牢固树立全面、协调、可持续的科学发展观,努力把绍兴这座古城保护、建设得更好,为中国和世界的文化遗产保护工作做出应有的贡献。我们也诚恳地希望各位领导、各位专家和全社会,更加支持绍兴古城保护,更加关注绍兴发展,携手共创更加美好的明天!

九 古城保护的"绍兴模式"

2004年9月24日，《光明日报》刊发该报记者叶辉写的报道，专文介绍古城保护的"绍兴模式"，颇有资料价值，现全文附录于后。

本期提示：今年(2004年)4月中旬，浙江省绍兴市市长王永昌等50位历史文化名城市长在北京联名发出《历史文化名城保护倡议书》：历史文化名城保护必须遵循保护历史真实载体，保护历史环境，合理利用、永续利用的原则。历史文化名城应确保文物古迹、历史文化街区的真实性、完整性和相关历史环境风貌，保存历史原址、原物、原状。

此前不久在绍兴举行的"全国名人故居保护和利用论坛"上，40多位文物和城建专家欣喜地发现，绍兴在古城保护中将名人故居保护发展为名人故里保护，从保护"文物大树"发展到营造"文物的森林"，恢复文物的原生态，专家称此为"绍兴模式"，此模式是全国古城保护的方向。

（一）"文物孤岛"现象

故居虽被保护，但走出故居就是繁华闹市，就是高楼大厦，名人生活过的环境风貌被破坏殆尽，故居成为现代化包围中的"文物孤岛"，这是全国名人故居保护中存在的一种现象。

2004年8月上旬，在已担任绍兴市委书记的王永昌办公室，这位在他主持下诞生了古城保护"绍兴模式"的哲学博士对此忧心忡忡。这也是他今年4月参与发起《倡议书》的原因。

但当话锋一转到绍兴,他马上变得兴致勃勃。他说,绍兴是国家级历史文化名城,是一座历史悠久、文化灿烂的古城,历史上曾是越国和南宋小朝廷的国都。公元前494年,范蠡受越王勾践之命建城时便提出"立国树都"的宗旨,一切按国都的要求进行布局。绍兴城的选址被外国专家看成是古代城市规划的杰作。

在历史的演化中,绍兴形成了丰富的文化内涵和城市个性清晰的历史文脉。5000年文明史都可以从《二十五史》中找到记录;丰富的文化内涵。我国现有的110座文化名城大致分成6种类型,而绍兴包含了古都、水乡风光和传统建筑风貌3种文化类型;宝贵的人文精神。大禹过家门而不入,勾践卧薪尝胆,蔡元培兼容并包,鲁迅的孺子牛精神,周恩来的鞠躬尽瘁、死而后已等等。自唐以降,绍兴有文武进士2238名,文武状元27名;解放以来,绍兴诞生了53名"两院"院士。毛泽东称绍兴为"名士乡",有学者将绍兴称为"文化圣城"。

半个多世纪以来,绍兴古城已受到严重破坏,仅1952年至1978年间就填掉河道17条,拆除桥梁百余座,许多文保单位也曾成为文物孤岛。即便是鲁迅故居,周边的环境也惨遭破坏1972年将周家新台门拆除,建鲁迅纪念馆,一座现代建筑极不协调地矗立在鲁迅故居旁;上世纪80年代的鲁迅路拓宽工程,宽仅6米、两边屋檐隔窗相望的鲁迅路被拓展成25米宽的大马路;咸亨酒店南新建了百草园公园,公园旁挺拔的小区楼群俯瞰着鲁迅故居。

建设性破坏现象在古城中普遍存在,一个个文物孤岛在现代化建设中岌岌可危。"绍兴模式"便是在这样的背景下诞生的。

(二)从故居到故里

鲁迅故居是绍兴古城保护的核心,是绍兴的镇城之宝。

本世纪初,绍兴开始做鲁迅故居保护规划。此后有专家建议,扩大保护范围,将鲁迅少年时代生活的环境也保护起来,恢复鲁迅当年生活的原貌,建议将鲁迅故居保护扩大成为鲁迅故里保护,并进而保护整个历史街区。

这一建议马上得到专家们的热烈响应。鲁迅故里规划讨论了3年,其间开了 13 次专家会议,争论的一个焦点便是,文物保护是否要遵循《威尼斯宪章》。

《宪章》是 1964 年 5 月在意大利威尼斯召开的第二届历史古迹建筑师及技师国际会议中通过的《国际古迹保护与修复宪章》的简称。《宪章》对文物建筑的修复确定了基本原则。

绍兴市文物局局长宣传中说,绍兴市文物局组织文物保护专家就古城和历史街区保护进行反复论证后认为,《宪章》的许多原则适用于名人故居保护,但欧式的石质建筑与我国的木构建筑材质不同,保护模式也应不同。中国的木构建筑材质不可能像西洋古建筑那样即使残损也能长时间保存,而是若不及时维修就会毁坏。《宪章》不完全适用绍兴的文物建筑修复。

但不完全按照《宪章》标准并不意味着可以任意修复,绍兴在修复中强调修旧如旧,原汁原味。按照这一原则,历史街区的修复基本上使用旧材料;在修缮中,强调"风貌协调",门窗及细部按原样用旧材,立面维修用旧青砖,墙面涂刷用纸筋灰,屋柱石墩全用旧的。

规划中有几个问题引起争议,如 600 多米长的鲁迅中路要不要恢复步行街(这里已成绍兴的主干道),若改成步行街,会影响交通;若不恢复,则鲁迅的生活环境无法展示。上世纪 70 年代建的鲁迅纪念馆与故里风貌极不协调,要不要拆。周家台门要不要恢复。

2000 年,绍兴向全国征集鲁迅故里工程规划方案,并筛选出 7 个方案,公开展出,征求社会意见;其间召集文保、城规、城建、鲁迅研究等方面的专家召开座谈会,广泛征求意见。

2002 年 8 月 8 日,国家名城保护委员会秘书长王景惠在绍兴主持召开规划评审会,终于通过了由清华大学和绍兴市设计院共同完成的规划方案。在这个方案中,保护范围已从故居扩展到故里,保护面积从 14 公顷扩增到 51.57 公顷。

2002 年 10 月,总投资 10 亿元的鲁迅故里保护工程启动。

鲁迅故里 2003 年 9 月 25 日对外开放后,马上引来好评如潮。10 月 16 日,全国数十座名人故居博物馆的负责人聚会绍兴时,对故里保护给予充分肯定。中国博物馆学会理事长张文彬说,保护名人故里并不仅仅是保护一两幢建筑,还需要保护建筑周围的环境,营造出历史人物的成长生活环境。鲁迅故里的做法值得推广。

(三)从大树到森林

在绍兴模式中,另一重要贡献是,从保护"文物大树"到营造"文物森林",以恢复文物的原生态。

王永昌说,绍兴是一座没有围墙的露天博物馆,市区有74处国家和省、市级文物保护单位和79处文物保护点。8.32平方公里的古城留下这么多文物,这在全国是少见的。

"假如没有名人故居,古城早破坏殆尽了。"宣传中说。他认为,历史文化名城是个整体,是一片森林,鲁迅、秋瑾、蔡元培等名人故居都是一棵棵大树。但是这些大树如果孤立地存在,那就成不了森林,要营造大树周边的环境,恢复其历史风貌,把文物的大树连成森林,产生森林的生态效应,恢复文物的原生态。

"森林说"源于著名文物专家吴良镛提出的保护历史街区的概念。

绍兴市规划局局长、国家一级规划师林杼对记者说,在古城保护中,欧洲早就提出全城保护的概念。但在我国实行全城保护很困难,而对历史街区进行保护则比较现实。绍兴古城保护规划的古城范围8.32平方公里,保护方法是实行点、线、面保护和古城格局和风貌保护相结合。

点是100多处文保单位和文保点;线是城中的18条河道和84座桥梁构成的城市河道水系;面是7个历史街区。

林杼说,在历史街区的恢复性保护中,绍兴摈弃了过去那种拆平推倒重来的摧毁式修复模式,而是采取保护建设并重的修复模式。历史街区是复杂的有机体,有大量的历史信息遗存,修复中既要尊重并保护好先人留下的历史文化遗产,还要满足当代人的生活需求。修复中没有像许多城市那样把大量居民迁走,而是强调保护居民不迁走,提升他们的生活。人是城市的主人,保护是为了利用。如仓桥直街,居民居住条件很差,工程实施中,2/3的人被留下,利用腾空的空间改善他们的居住质量。

2003 年 12 月 8 日，绍兴仓桥直街历史街区被联合国教科文组织授予亚太地区创建世界文化遗产优秀奖

仓桥直街历史街区上年获得联合国教科文组织亚太地区创建世界文化遗产优秀奖。

八字桥街区的民居破旧不堪，但拆除则断了文脉，古城保护中只要文脉一息尚存，就该救治。在修复中，整个街区 60% 的古建筑得以保留，重建的 34.8% 也是按照修旧如旧的原则，保留原有的风貌，并与整个街区的风格相一致。

为营造文物森林，3 年中绍兴投入 180 亿元。王永昌对此的解释是 这么多钱投下去，目的是不给历史也不给后人留下遗憾。

历史将没有遗憾。绍兴历史街区的修复把一棵棵文物大树连成文物的森林。鲁迅故里、仓桥直街、八字桥等历史街区，粉墙黛瓦、竹丝台门、乌黑柱廊、棕色油漆为基调的绍兴传统民居和谐淡雅，江南历史文化古城的原生态气息扑面而来。

（四）绍兴的人文旅游现象

文物是先进文化的载体，保护文物的目的是利用。绍兴的文物保护发挥了很好的利用价值。

在我国的旅游业中,人文旅游往往门可罗雀。而绍兴的人文旅游近年却以每年20%的速度增长,这在全国是罕见的。浙江省旅游局认为,这是一种特有的"绍兴现象"。

据宣传中介绍,新建成的鲁迅故里是保护最完整、风貌最传统、规模最大、文化内涵最丰富的人文旅游区,集旅游、购物、餐饮于一体,能满足游客的基本需求。鲁迅故居以往每年参观人数已逾百万,上海、北京、厦门、广州4个比较大的鲁迅故居加起来的游客量还不足绍兴的1/3。鲁迅故里开放后游客更是急剧上升,鲁迅故里被称为中国第一名人故里。

名人保护论坛认为,绍兴的古城保护走出了保护与发展共生的模式,在发展中保护,在保护中发展。从鲁迅故居到鲁迅故里,从文物大树到文物森林,这一成功模式代表着古城保护的方向。

十 我告别绍兴的特别方式

2008 年 1 月底,组织上已明确我将调离绍兴工作岗位,2 月办理了交接手续。在绍兴工作前后经历了八个年头,我思考了很多,最后觉得有必要对古城保护谈些期待和希望。

经过多年实践,我和绍兴的同志们一直致力于探索古城保护的独特路子,古城保护工作赢得了国内外的瞩目,有不少专家和媒体誉之为"绍兴模式"。有关部门为了更好地展示绍兴深厚的文化底蕴,总结古城保护的宝贵经验,创新古城保护方式,进一步提升古城的保护和利用水平,组织编印了《古城保护的绍兴实践》一书,希望我写一个后记。

于是,我以《我对绍兴古城的期待》为题写了些感想,并同时请《绍兴日报》刊发(2008 年 2 月 1 日),以寄托我对古城的感怀,并以此作为我离开绍兴的"告别语"。全文如下。

绍兴是一部博大精深的"线装书",是一座令人向往的文化名城。荣获"中国历史文化名城"称号 25 年来,绍兴迎着城市化的时代浪潮,一直在探寻有效保护历史文化名城的路子。经过多年的努力,绍兴的古城保护工作总算有所成绩,亦引起了国内外的广泛关注,被许多专家誉为"绍兴模式"。《古城保护的绍兴实践》一书,是对绍兴灿烂文化、悠久历史的追寻,是对绍兴古城保护工作的记录,同时也寄托着对古城未来发展的美好憧憬。

几千年来,勤劳智慧的绍兴人民在这片美丽富饶的土地上繁衍生息,创造了宝贵的文化财富,演绎着多彩的城市生命。历史和自然馈赠给绍兴很多的文化瑰宝,在8.32平方公里的古城内,文物古迹遗存数量之多、价值品位之高、文化内涵之丰富,在中国实属少见,甚至有人称之为"文化圣城"。每一个绍兴人,都有理由为之自豪。

一个人的成长,离不开一座城市的历史和文化根基。生在绍兴、长在绍兴的人,对绍兴有一种天然的情结和感情。我虽然不是生在绍兴,但有幸在绍兴工作、生活了六七年,有机会全方位地接触绍兴,也自然而然地融入了绍兴,对绍兴有一种挥之不去的情结和魂牵梦萦的感情。2003年,我在接受许多中央媒体采访时,多次讲到要弘扬古城特色,展现名城风貌,全面推进绍兴历史文化名城保护进程。每当岁末年初,我在梳理全年工作时,总会情不自禁地想起绍兴这座名城,想起如何把她保护好、开发好、建设好。2006年1月27日,也就是在除夕的前一天,我还与市里的几位专家座谈,请他们为保护、开发和建设古城出出主意、想想办法、提提建议。在这次座谈会上,我再次讲道:继承绍兴的历史文脉,弘扬绍兴的文化传统,保护、开发和建设好绍兴古城,是当代绍兴人的共同任务、历史使命;要进一步研究古城、保护古城、宣传古城、发展古城,做好历史文化名城的薪火传人。

我们是站在历史这位巨人的肩膀上前进的。历史文化名城是一笔宝贵的财富,也是一种重要的发展资源。"越是民族的,越是世界的。"城市越是现代化,越是需要文化的支撑。正是基于这种理性认识,我们制定实施《绍兴历史文化名城保护规划》,本着"重在保护、合理保留、局部改造、普遍改善"的原则,坚持"点、线、面"保护,继而推进"全城保护",把"文化孤岛"建成"文化群岛",使"文物大树"变为"文物森林",着力打响了"江南风情看绍兴、江南古城看绍兴、江南文化看绍兴"的品牌,历史古城兼具现代文明,焕发着蓬勃生机。"国家园林城市""国家卫生城市""国家环境保护模范城市""中国优秀旅游城市""中国最佳魅力城市""中国投资环境金牌城市""中国人居环境奖",这一个个荣誉称号雄辩地证明,古城的历史文化不是现代化的包袱,而是经济社会发展的财富。

客观地说，到目前为止，绍兴最大的优势、最大的价值、最高的知名度，仍然要数历史文化。绍兴古城属于中国、属于世界。坚持以科学发展观为指导，努力把绍兴古城保护、建设得更好，是我们的历史责任和时代追求。现在，保护历史文化名城的环境、条件越来越好，续写古城保护的崭新篇章正当其时。我们要进一步创新古城保护模式，以规划建设越王城为契机，深化越文化研究，形成各个历史阶段的标志性文化成果，在进一步清晰和丰富绍兴的历史文脉方面有新进展；不断拓展绍兴古城保护的覆盖面，深化"点、线、面"的保护思路，形成更加完整、更有内涵、更有文化的综合性保护方案，在推进"全城保护"方面取得新经验；切实强化古城的商贸居住、文化旅游功能，不断充实现代经济和现代文化元素，在合理开发利用古城方面有新成效。

跳出古城保护古城，是国内外古城保护的成功经验，也是保护绍兴

2012年6月航拍建设中的绍兴新城

古城的迫切需要。我们要按照"保护古城、建设新城"的思路,深化绍兴中心城市规划,加快推进"城市北进",努力建设一个与越城古城相呼应的综合性、紧密型现代新城。我相信,新城的建设,既可以促进城市各组团之间的融合发展、增强中心城市的集聚力和综合竞争力,又可以疏解古城功能,为古城保护腾出更大空间、创造更好条件。保护古城、建设新城,必将会给绍兴未来城市发展注入新的活力。

　　古城历史悠悠长,历史之河承载着数千年的文化琼浆;我们所做的点点滴滴,也必将汇入绍兴的历史长河。历史馈赠我们一个历史文化名城,当代绍兴人也一定会使她焕发更加迷人的光彩,回馈历史一个文明繁荣富强的宜居之城、文化之城、活力之城,为中国和世界的文化遗产保护工作做出应有的贡献。这是绍兴人的共同心愿,更是我的热切期盼。让我们一起努力,携手共创绍兴更加美好的明天!

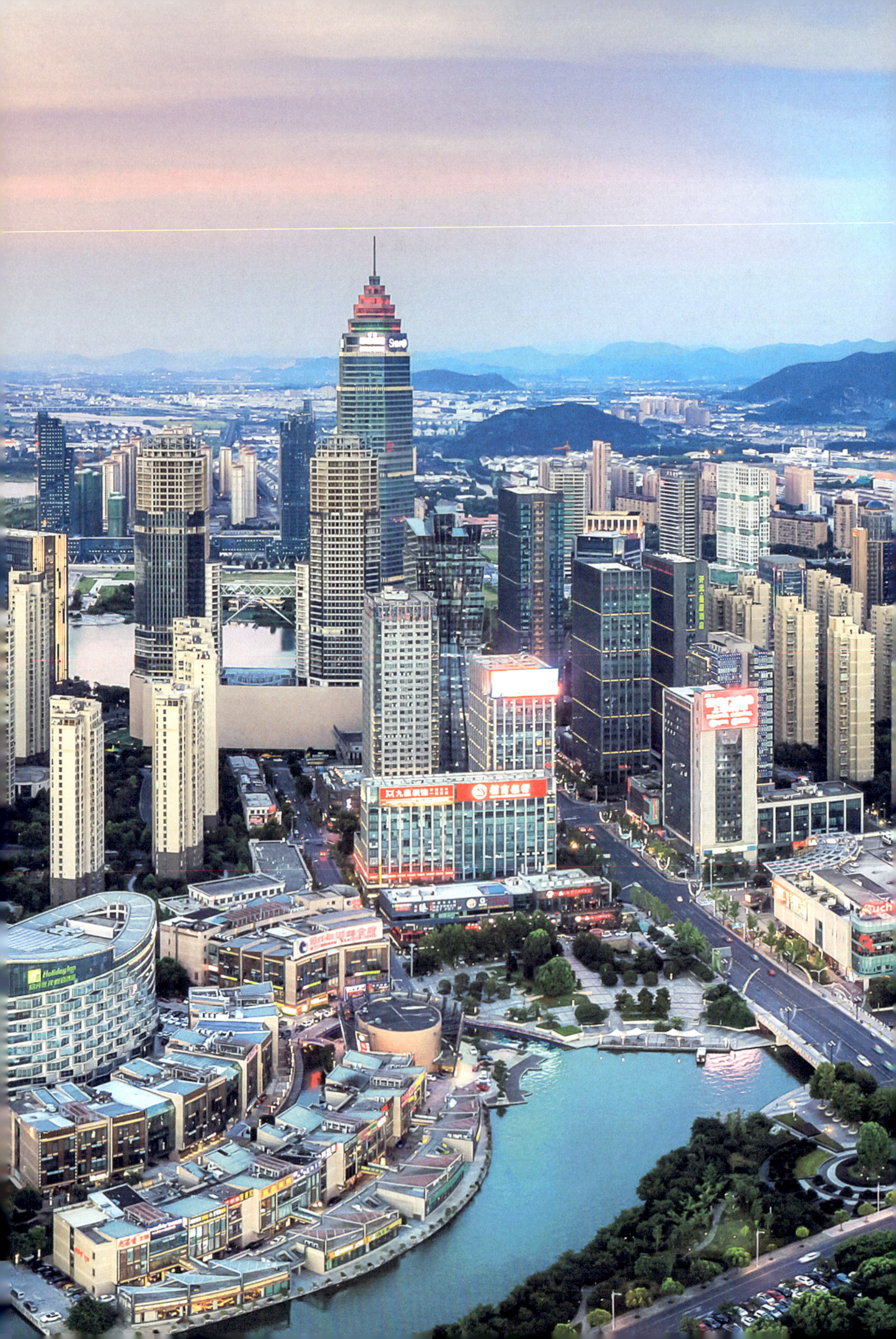
Holiday Inn

第四章 迪荡新城诞生记

迪荡新城作为绍兴城区新的商业中心,正成为市民购物的一个天堂。那么,当年为什么要建这个新城?其间经历了怎样的艰辛过程呢?

一 什么状态的决策才合适

迪荡新城的开发建设，是绍兴城市建设和经济转型发展的一次成功实践。新城的规划和建设，应该说具有一定的超前性。在已破产企业的荒芜厂区上建起一座繁华的新城，凝结了许多建设者的汗水和心智。

说实话，我对迪荡新城是有着特别情怀的，心里也有着太多的话想说。尽管如此，限于篇幅和其他缘由，我也只能讲个大概，并以此算作对绍兴、对历史、对自己有个交代。

谈起迪荡新城的规划和建设，首先要讲的是绍兴城区要不要规划建设一个 CBD 或说 CRD（中央商贸区）这个前提性问题。

当时，对于建设中央商贸城即迪荡新城，市里几套领导班子和干部群众总体是赞成的，但也存在一些不同看法。如果撇开某些非常态的异见和某些利益关联者（如新城与旧的商贸区利益格局的可能调整等）外，有不同认识和意见是正常的。根据我的体会和所见，一个较大事项的决策，如果绝大多数人都反对、不赞成，则说明这个决策不合时宜，可能是错误的或太超前了；如果大家都赞成、同意，则说明这个决策可能"成熟有余"，已经有些过时滞后了；如果多数人赞成而一部分人有不同看法，则恰恰说明这个决策"正当其时"。

我始终认为，开发建设类似迪荡新城这样的中心商贸区块，对绍兴城来说，应属"正当其时"。事实上，经济比较发达和有一定人口规模的城市，普遍都要开发建设 CBD 或说 CRD 的。

二 绍兴该来一场"消费革命"

讲到迪荡新城的开发建设,不能不说绍兴第三产业(服务业)在产业结构中占比偏低的情况。2006 年我曾在一个会议上专门针对绍兴市区消费服务业存在"短腿"的情况,提出希望开展一场"消费革命"。

(一)"第三产业"占比偏低是绍兴发展的一块"心病"

绍兴是个历史文化名城,也是一个工业经济比较发达的城市。但是,在现代化发展进程中,绍兴在经济结构和城市形态结构上的软肋也越来越凸显。

人类经济生活的历史发展,通常是从游牧时代开始,然后进入到农业社会,再进入到工业社会。随着工业化的推进,现代商贸服务业也会获得繁荣发展。在现代发达国家中,第三产业占 GDP 的比重通常高达 60%—70%。总的来说,现代产业结构是沿着第一、第二、第三产业递进的。但绍兴的第三产业占比一直在 30% 左右徘徊。2001 年 12 月初,当时我到绍兴任职不到两个月,曾专门就市区的商贸流通情况做过专题调研。当时第三产业在全市 GDP 中所占比重为 30% 左右。当时我就指出,从适应未来竞争的要求看,市区商贸服务业发展还存在一些问题,如企业总体实力不强,经营层次不高,交易手段比较落后等。为此,我提出要站在更高的层次上,通过"创特色、升品位、拓市场"实现量的扩张和质的提升,在市场竞争中实现更大更快的发展。

长期以来,绍兴工业比较发达,第三产业占比长期偏低。这不但相对绍兴自身经济结构来说是偏低的,与浙江省经济结构平均数相比也是偏低的。我们通常以绍兴工业比较发达来解释自慰。经济行家一看就知道,这仅仅是表面现象,因为第三产业的快速发展正是以工业经济的发展为基础的。毫无疑问,如果绍兴的第三产业没有得到更快的发展和提升,那将严重制约绍兴经济的协调发展和持续发展。再说,绍兴工业结构本身也存在粗放增长的弊端,高消耗、高投入、高排放的道路越走越艰难,必须大力调整经济结构,其中一个重要方向就是要加快发展商贸服务业。商贸服务业投入少、产出多,还可以较好地解决税收和就业问题。因此,加快发展商贸服务业,是经济社会发展的必然趋势。

衡量一个区域经济的发展,工业是经济实力的晴雨表,商业则是经济活力的标志。绍兴一直重视打造先进制造业基地,工业发展已有相当基础。然而,商业还跟不上工业的发展水平,可以说已经拖了绍兴所处的地位和知名度的后腿。2004年,绍兴第一产业、第二产业、第三产业增加值的比值为6:61:33,第三产业占生产总值的比重仅为33%。这个比例与周边城市及世界主要城市相比,差距很大。2001年,绍兴GDP总量超出千亿元大关,居长三角16个城市第7位;但绍兴第三产业增加值所占比重排名为第15。第三产业发展缓慢,产业结构比重不协调已制约了经济结构的改善和城市建设。

(二)提出开展"消费革命"讨论

对绍兴第三产业发展偏慢这块"心病",市领导基本上是有共识的。对加快发展商贸服务业,虽然市里经济工作会议上也经常会提出要求,但具体举措不多,更缺乏比较大的发展项目。

为什么会形成这个"短脚"呢? 原因很多。比如,绍兴原有产业结构优势与不足的"惯性驱动";绍兴离杭州城市比较近而造成的"需求外泄";绍兴城市发展滞后形成的"市场欠缺";绍兴市民传统消费观念带来的"内需不旺";等等。

在 2006 年 2 月 10 日召开的全市服务业发展工作会议上,针对绍兴传统消费观念问题,我提出要组织开展一次"消费革命"讨论活动。绍兴人有勤俭节约的优良传统,对此,我们要充分肯定,同时也要引导转变观念。现代社会,如果只赚钱、不用钱,经济发展难以顺畅循环,那也算不上是一件好事。2005 年底,绍兴市组织党政代表团到台州、温州考察,因为这两个地方的商贸服务业相当活跃,夜生活比绍兴丰富,夜经济比绍兴繁荣。我提议市委、市政府有关领导专门研究一下绍兴市区消费现状,并考虑一下开展"消费革命"讨论活动应如何实施。从经济循环的角度讲,如果产品没人消费,生产链就会断裂。最好的发展状态就是:生产出来的产品能够被及时消费,产品销售后又能不断推动再生产,形成一种大生产、大消费的循环模式。

当然,我们讨论"消费革命",并不是提倡人们把所有的积蓄都全部花完,而是要让绍兴的老百姓在发扬绍兴人勤俭节约优良传统的基础上,转变消费观念,进行理性消费、科学消费。

毫无疑问,问题的关键不只是消费观念问题,而是如何提升居民的消费能力和创造市场需求问题,解决这一问题是当政者的职责所在,也就是要积极加快发展商贸服务业,去主动引导、创造市场需求,包括让居民有地方去消费、有东西去消费。

(三)加快发展商贸服务业要有新理念

事实上,问题不在于要不要加快发展商贸服务业,而在于如何加快发展?

多年来,市委、市人大、市政府和市政协都做过广泛调研讨论,也提出过不少好意见。有不少人大代表、政协委员还提交过许多有关服务业发展的提案和建议。大家都认为,虽然市区现有传统的、一般的商贸服务业已经比较多;但功能比较齐全、档次比较高的新业态不多。2004 年,市人大还专门就这个问题进行过讨论。

2004 年 5 月,我就任市委书记后,与市领导班子的同事们一起,就开始谋划如何加快市本级的城区经济发展问题,其中试图要重点破解的难题之一,就是如何加快商贸服务业发展。

在 2004 年 7 月 22 日专题召开的"大城市商贸服务业工作会议"上,我专门阐述了要加快发展绍兴商贸服务业,必须树立新理念、厘清新思路的道理。理念决定方向,思路决定出路,没有理念的创新,没有思路的突破,就不可能有大的作为。商贸服务业要有大提升、大发展,首先必须有发展理念上的创新。

发展大商贸要有城市化理念。商贸服务业是城市经济的一部分,是城市建设和管理的一部分,是城市功能的一部分,是城市人气的一部分,商贸服务业的发展,必须和城市发展相适应。商贸服务业要有大的发展,必须有人去消费,有人的集聚;没有人,什么都是空的。所以,我们必须想尽一切办法,使各种要素,特别是人的要素加快集聚。

加快人的集聚,首先要想办法吸引常住人口。这其中一个有效途径就是发展教育,特别是高等教育和职业教育。小学、初中、高中教育阶段的学生不会离开家庭,只有高等教育和职业教育才是流动的。这些人群流动到哪里,哪里就会加快人口的集聚。此外,还要大力发展文化旅游业来加快集聚人气,推动消费。

总之,发展大商贸要有城市的理念,要把商贸服务业放在城市发展的大局中来谋划,使两者相互促进、融为一体。大家心中要有"城",在发展商贸服务业的同时,关心、支持城市的发展。

我认为,改革开放以来,绍兴的商贸服务业虽有了较大发展,但总的来说,还处在一个土不土、洋不洋、高不高、低不低的阶段,既不是完全的传统商贸业,也不是现代商贸业。为此,绍兴在新一轮发展过程中,必须树立现代商贸理念,加快发展连锁经营、物流会展、电子商务等新型商贸业态。因此,我鼓励大家多做一些研究探索,顺应商贸服务业的发展趋势,把握发展规律,满足现代市场需求。

首先,要树立产业商贸(产业物流)的理念。绍兴发展大商贸要有产业的视野。商贸服务业不仅要为老百姓的消费需求服务,还要为产业发展服务,面向第一、第二产业,使其渗透到生产领域中去。绍兴的商贸服务业一般讲是区域化的,但像柯桥的中国轻纺城、诸暨的大唐袜业市场、嵊州的领带市场等产业物流,都可以是全国性和国际性的。

其次,要树立网络商贸的理念。商贸服务业的发展要形成一个立体网络,这个网络既要有大的龙头企业、大集团,也要有面向社区、面向农村的服务网络。

最后,要树立特色商贸的理念。无论是超市、卖场,还是大商厦,都要有自己的特色,无论是品牌、经营,还是购物环境,都要有自己的个性。鲁迅路上的咸亨酒店设施不是很先进,甚至有点"落后",为什么别人愿意来? 就是因为那个地方有特色,别人来消费不单纯是喝酒、吃菜,而是要领略这个地方特有的风情、特有的文化。咸亨酒店"店小名气大",它甚至可以到全国去开连锁店,这就是特色的魅力。

(四)加快发展商贸服务业要有大举措

绍兴市区商贸要实现较快发展,需要出台几个大举措才行。

在 2004 年 7 月 22 日召开的"大城市商贸服务业工作会议"上,我提出市区加快发展大商贸的若干举措的设想。

第一,我提议,发展大商贸要有一个大龙头。即建一个相当规模、档次比较高的中央商贸城。建成后将是绍兴商贸服务业的"航空母舰",是绍兴商贸服务业的龙头和标志。我们要通过这个"龙头"的建设极大地提升绍兴商贸服务业水平、强化城市功能、改善城市形象,给市民提供一个融购物、文化、科技于一体,比较现代的、休闲的、高档次的购物场所。

第二,我强调,发展大商贸要明确古城的大定位。绍兴老城区除了要搞好历史文化名城保护外,主要功能就是要发展商贸旅游业,要使 8.32 平方公里的老城区成为一个整体古城、一个整体景观城市、一个整体旅游城市、一个整体商贸城市,其他一些功能我们要逐步疏解。

第三,我认为,发展大商贸要有大引进。要加大招商引资力度,引进一批国际国内知名的商贸服务企业,带动促进本地发展。实践证明,不开放是死路一条,我们不要怕"狼来了","狼来了"我们就"与狼共舞"，共同发展，实现共赢。

第四，我指出，发展大商贸要有大提升。要在大引进的同时，积极改造提升传统商贸服务业，扶优扶大扶强，加快培育形成一批实力雄厚、管理规范、带动明显的大型商贸企业集团。

第五，我相信，发展大商贸政府要有大引导。重点是要进行规划的引导、政策的引导，加强城市基础设施建设，完善管理服务体系，营造公平有序的发展环境。为此，市委、市政府决定建立市政府商贸办公室，专门来思考、协调商贸业的发展。

三 绍兴城市功能要来一次大提升

在南宋时代,绍兴曾有过商业繁华。但在过去数千年时光里,绍兴城一直囿于老环城河之内,这一方面有利于历史文化的积淀和传承,但另一方面也严重制约城市空间的拓展,越来越不适应现阶段的发展需要。

(一)悠悠古城不足 10 平方公里

绍兴古城演化了两千多年,但始终在环城河内的 8.32 平方公里范围内做文章。改革开放以来,这一有限空间越来越难以承载绍兴现代化发展需要。如何辟地新建、扩大城区范围,成了历届绍兴市领导班子的重大课题。比如,绍兴曾先后规划建设城东经济开发区、袍江开发区、镜湖新区等,都是为了拓展城市空间,以满足经济发展和市民生活的需要。

我们说绍兴城市经过两千多年发展仍在 10 平方公里范围发展,并非指作为古城 8.32 平方公里范围太小了,而是指围绕古城来发展经济、发展城市、提升市民生活环境,是远远不够的。也不是说在迪荡新城开发建设前,绍兴城区就只有 8.32 平方公里,事实上,当时城区范围已拓展到 30—50 平方公里,加上城东开发区、袍江开发区、镜湖新区,范围也不算太小了。我们主要是从城区商贸、市民生活紧密一体的城市功能角度讲,绍兴城市基本上是围绕古城来做文章的,这就显得过于狭小了。再说,古城 8.32 平方公里今后应以保护、发展文化旅游业为主,绍兴的现代商贸、现代购物和现代生活的功能区块,必然在古城之外求发展,才是根本办法。这就是,跳出古城建新城,建好新城保古城。

(二)在产城融合上求出路

经过调研和思考,我认为要解决绍兴市区商贸服务业发展和城市功能不全、规模不大的"短腿",就必须在产城结合上寻求突破,而开发建设城市CBD或说CRD,即建设以现代商贸为主导的城市综合功能区,显然是解决绍兴市区发展难题的有效路径之一。

在广泛调研的基础上,2004年7月22日,市里专题召开了"大城市商贸服务业工作会议"。我在会上以"建设大城市 发展大商贸"为题做了比较系统的讲话。

我在讲话中首先指出,这次会议名称中有两个词值得关注,即"大城市"和"商贸服务业"。所谓"大城市",就是说商贸服务业的发展要和城市发展的总体规划、要求、趋势相适应,商贸服务业的规划涉及整个中心城市,包括市区和柯桥。同时,"大城市"还有另一层含义,即我们希望全市范围内的商贸服务业都有更"大"的发展。所谓"商贸服务业",这个词不能只理解为传统商贸业,而主要指向的是现代服务业,要向着现代化方向去发展、去提升服务业的状况和水平。

显然,这次会议的一个核心理念和思路,就是坚持产城融合,把发展现代商贸服务业和城市建设有机结合起来,所以是"大城市商贸服务业工作会议"。我讲话的主题,就是"建设大城市 发展大商贸"。我在讲话中分析道:

"各地发展的竞争,主要是城市的竞争;而城市竞争的关键,是城市的规模和功能。商贸服务业的发展是城市规模做大、功能做强的一个重要目标、重要内容、重要途径。当今世界,但凡有一定影响力的中心城市都有自己的商贸核心区。商贸核心区是一个城市经济社会发展到一定阶段的必然产物,是一个地区的经济制高点和对外交往的平台,也是牵动区域经济发展的重要力量。

"因此,商贸服务业的发展必须和大城市的发展规划、发展思路、发展水平相一致。我们务必站在经济社会发展新阶段的高度,站在建设大城市的战略高度来认识商贸服务业的发展。城市的发展历来是'城'和'市'的紧密结合。城市建设不是空的,它必须依托产业的发展,必须依托商贸服务业的繁荣。

"绍兴要跳出原来的山阴小城,跨入'鉴湖时代',进入'杭州湾时代',要建设一个在杭州湾、在长三角有特色、有规模、有个性、有实力的城市,必须有与之相适应的商贸服务业发展。否则就会变成'有城无市',大城市建设就难以顺利推进。

"21世纪是一个国际竞争和区域竞争日趋激烈的时代,中心城市或城市圈作为竞争的基本单位,其竞争力的强弱直接影响着一个地区的经济和社会发展。长江三角洲是正在崛起的世界第六大都市圈,绍兴身在其中,能否在较短的时间内,率先发展,迅速崛起,关键在于建设一个具有较强竞争力的大城市。《绍兴大城市发展战略纲要》提出了'城市北进、旅游南延,沿江开发、多向拓展'的战略导向、'四大组团、绿色空间'的总体框架和建设百万人口现代化生态型大城市的宏伟目标,《绍兴大城市商贸服务业发展规划纲要》提出了'一主、一副、两圈'的绍兴大城市商贸服务业发展格局。在古城之外开发建设以商贸商务为主的商贸新城,可以增强绍兴城市的经济辐射功能,拓展城市空间,完善城市基本格局,强化城市综合功能,推进城市发展重心由'古城'向'鉴湖时代'和'杭州湾时代'演进。开发建设这个中央商贸区,可以成为当时绍兴大城市建设的突破口、兴奋点和增长点,有着明显的龙头带动作用,对整个绍兴中心城市的发展具有重要的战略意义。"

(三)在古城与新城融合上求突破

将绍兴建设为现代商贸新城,在规划上既要立足客观现实,又要格局开阔,放眼未来发展。一方面,建设新城要有利于保护古城,与古城有机呼应,承载古城疏解的相关功能;另一方面,建设新城要指向未来,具有开放性,为未来发展留下余地。努力使古城与新城浑然一体,相互融合发展,功能互补。

保护历史文化名城,建设现代化新城,走出一条"保古城、建新城"的新路子,是高起点推进绍兴城市化的重要内容,也是绍兴推进城市化进程中需要不断探索和实践的一个大课题。过去,老城的人口过于集中,交通比较拥挤,环境承载量早已饱和,使古城保护面临考验。前几年,通过实施古城保护战略,水乡古城的个性和魅力逐渐凸显。显然,古城的功能布局是不宜也不能建设现代商贸中心的,也就是说,要在老古城进行"伤筋动骨式"的建设,是不符合古城保护要求的。

因此,在古城周边开辟新的商贸核心区已势在必行。加快商贸新城的开发建设,引导城市人口向古城外转移,不仅有利于缓解古城超负荷的人口、交通和环境压力,也有利于强化现代商贸业的功能,丰富城市市民现代生活,实现"保古城、建新城"的良性互动,使老城古而不朽,使现代化大城市与历史文化名城相得益彰、交相辉映,从而大大提升绍兴的城市品位。

四 绍兴发展需要上个新台阶

同东南沿海各地一样,绍兴经济社会和城市发展客观上都需要转变增长方式,加快转型升级,使各项事业迈向新台阶。哪个地方觉悟早、行动快、办法好,哪个地方就能构筑发展新平台,注入发展新动力,营造发展新优势。综观各地普遍有效做法,经济转型发展的主要平台就是建设各类工业开发区(园区),然后再由开发区向城市综合体方向发展。

20世纪末和21世纪初,绍兴经济社会和城市发展也处于转型提升阶段。一是从经济方面讲,绍兴迫切需要优化经济结构,提升产业

2009年12月,建设中的迪荡新城商业步行街

层次,特别是需要大力提高现代服务业的比重,因而要求开发建设商贸核心区。二是扩大对外开放是绍兴加快发展的一个战略举措,为适应加入 WTO 的需要,构筑招商引资的新平台,寻找新的经济增长点,也迫切需要建设商贸核心区。三是随着居民生活水平的提高,消费结构升级步伐的加快,对商业服务设施和商业形态提出了更高的要求,人大代表、政协委员也多有呼吁,希望绍兴建设商贸核心区。四是从地方经济税源结构看,现代服务业已成为支撑绍兴市本级税收的主要来源,改善投资结构,进一步丰富地方税源,巩固和强化绍兴作为中心城市的经济地位,也迫切需要建设商贸核心区。

此外,绍兴先后入选"最佳中国魅力城市"和"2004 年中国大陆最佳商业城市"第 9 位,如何借势发展,巩固已有成果,争创新的荣誉,也迫切需要建设商贸核心区。

总之,开发建设商贸新城是顺应绍兴经济社会和城市发展客观规律的内在要求,也符合绍兴人民改善生活质量的迫切愿望。

五 选择何处建设现代商贸新城

现代商贸新城应选在何处？从当时形势和绍兴城市发展综合考量，主要应分析和把握以下几个问题。

首先，要考虑现代商贸新城的功能特性。这是一个集商贸服务业和城市居民生活于一体的城市综合体，并且要具有现代化指向色彩。这就决定了这个新城不可能放在古城范围内，但又不能离古城、市区中心位置太远，因为它要满足市民购物、日常生活的需要。

其次，当时绍兴城市的发展走向从现实可行性和城市总体规划角度讲，已明确以"三个组团一个绿心"（越城、袍江、柯桥和镜湖新区）为城市的基本形态，绍兴中心市区总的是以向城北发展为基本走向。因此，这个现代商贸新城总体应放在城北方向。这样，绍兴城南不可能考虑，绍兴城东早已建了城东开发区，城西土地空间属绍兴县（现柯桥区），同时又涉及饮用水水源保护问题。再说，在城北方面，其正北的大滩区块是以房地产为主的，而且已经基本开发完毕，更北一些的镜湖新区其功能定位已明确为行政、生态保护，不可能再建设商贸新城了。

经过反复比较分析，从城市发展空间形态走向角度讲，当时比较理想的可供选择的方向，一是城市西北方向的东浦区域，这里的好处是可以呼应柯桥，有利于推动"三个组团一个绿心"城市形态的形成。这也是我当时脑子里首先考虑选择的理想区块，当然也在小范围内与有关同志探讨过。但遗憾的是，那里全是农田保护范围，土地问题难以解决。特别要说明的是，当时国家宏观调控政策力度很大，征用基本农田搞项目建设基本不可能。所以，不得不忍痛放弃了东浦区块的设想。

这样，就只能转向城市东北方向考虑。这一带比较理想的方位，应该在当时的城雕以东、迪荡湖正北的袍江开发区与越城区的结合一带，也就是中兴大道至越东路之间、横跨104国道北复线（二环北路）的区域。但这里同样面临土地征用难题，这样，又不得不放弃。

最后，还要考虑现实可行性。特别在当年国家宏观调控政策和严格的土地政策条件下，征用土地是个首要的前提。区域空间很理想，但土地无法征用，也只能是纸上谈兵，无法落地。经过与国土部门咨询沟通，觉得短时间内较大面积征用农保田几乎没有什么可能性。

这样，要在上述两个比较理想区域空间里建商贸新城的想法，不得不放弃。剩下的一个相对比较理想又具有现实可行的区域，即绍钢区块便进入了我们的决策视野。

六 选择绍钢区块建现代商贸新城的现实可行性

从当时的宏观调控政策和绍钢区块的现实情况分析,在此地开发建设新城,应该说是有基础、有条件、有优势的。

第一,建设商贸新城是立足于贯彻国家宏观调控政策和有效利用绍钢区块土地资源的良好契机。面对国家宏观调控力度不减、生产要素特别是土地供给继续趋紧的情况,如何盘活存量资源,破解"瓶颈"约束,继续保持经济社会持续协调稳健快速发展,是我任市委书记期间面临的一项重要任务。绍钢区块位于绍兴市区的东北角,当时尚有相当一部分土地资源闲置未用,特别是绍钢周边区块有可用国有建设用地124公顷(约1862亩),这是十分难得的土地资源。此前市里为这块土地的开发利用,已经进行了多年的准备,并做了很大的前期投入,终于到了该出效益的时候了。如何充分利用开发建设好这块土地,使其尽快转化为现实生产力,既是当时推进大城市建设的当务之急,也是一个良好契机。

第二,此处建商贸新城适应了郊区城市化、城市郊区化的发展趋势。绍钢区块处在市区城乡接合部,这是推进城市化的难点和重点,做好这篇文章,不仅有利于推进郊区城市化,也有利于改善和提升绍兴城市的形象。可以说,现代商贸新城的开发建设,将进一步推进绍兴郊区的城市化水平,加快绍兴城市化进程,增强绍兴城市的综合竞争力,巩固和提升绍兴在全国大中城市的地位。

第三,绍钢区块建商贸新城的现实优势。迪荡新城位于绍兴市区东北角,这里恰好是古城、绍兴经济开发区、袍江工业开发区的接合

2005 年 4 月，正在准备拆迁的绍兴钢铁厂

部，东至越州大桥及东环线，西至环城东路，南至人民东路北侧，北至北复线，总面积约 5.75 平方公里，是绍兴市区的一块近郊宝地。这一地块，优势比较突出。

一是区位优势比较明显。该区块紧贴古城，北面袍江、西接柯桥、东临上虞，处在绍兴城市从古城迈向"鉴湖时代"和"杭州湾时代"的连接点，是构筑大城市的核心区块，是城市拓展的理想之地。

　　二是交通比较便利。该区块与港口、机场、高速公路相距不远,铁路、公路和运河在区内穿过,交通便利,有利于形成和发挥城市的集聚和辐射功能。

　　三是土地和水资源比较丰富。这里地势平坦,河网密布,水域面积占比为 22.9%,迪荡公园风光旖旎,水乡特色十分突出,生态环境非常优越,是建设生态型大城市的宝贵资源。

　　四是区域文化积淀比较深厚。这里有西施山、美人宫遗址、五云门、都泗门等绍兴历史上的水陆商埠,历史文化积淀深厚,文物古迹众多,历史上曾是绍兴城商业兴盛之地。开发建设这一区块,有利于丰富历史文化名城内涵。同时,这一地块村庄较少,拆迁任务较轻。可以说,建设迪荡新城,优势明显,既可行,也可操作,具有坚实的客观基础和现实性。

　　总的来讲,绍钢区块虽然有区域面积略微偏小、方位略微偏东、铁路横穿其间等欠缺,但基本符合城市形态走向和现代商贸城的功能要求,在此建设一个以商贸为主的城市综合体,应是比较理想的,特别是这里的土地是现存可用的。这就使得在绍钢区块建一个现代商贸新城成为不二选择。

　　大家都觉得绍兴要加快发展商贸服务业,但有些同志对为什么要建设现代商贸新城的意义可能考虑不多,有些同志对此类城市综合体可能接触较少,有些同志可能从更理想的区块角度分析多一些,也有些同志可能侧重从房地产、土地价格角度考虑绍钢区块的出路。这些都是可以理解的。但是,我们通过综合分析,绍兴城市最主要的矛盾是需要强化商贸功能、建设新城,而绍钢区块是相对理想又具备现实条件的区域。

七 为建设"绍钢区块"决策而做的准备

为了确保市委、市政府开发建设商贸新城做出科学合理的决策，市政府分管领导先着手就绍钢区块的历史、现状和未来可能的发展方向，进行了初步调研。

这里曾经是让绍兴人引以为自豪的钢铁厂所在地，原本属于工业用地。周边基本上是为它配套的几个厂和一个铁路货运站。绍钢等几家工厂后来因破产而关闭。土地闲置后，当时这一区块具体用途尚未着手规划。但从城市总体规划和布局方向讲，这一区块属"退二进三"范围，兼有产业用地和城市用地性质。

多年来，各城市的房地产业都比较热门，而且用于房地产开发的土地价格也比较高。但是，作为主政者应有统揽全局和长远的战略眼光。一方面要满足居民的住居要求，另一方面又要发展产业，为居民创造就业岗位。而商贸新城以产业为主，同时又可兼顾其他。再说，房地产土地出让收入毕竟是"一锤子买卖"，无法产生长远经济收益，如果过多布局还会造成土地资源浪费。

为了慎重和科学决策，市委就建设商贸新城开展了调查研究，并提交了专题调研报告，同时还着手准备概念性规划，待市委正式决策后还要进行更具体的区块规划和设计。

这里需要说明的是，对"绍钢区块"的规划研究，实际上是我任市委书记前就已经着手进行的。也就是说，绍钢破产关闭处置后不久，市政府就开始着手考虑"绍钢区块"未来的发展方向。有这么大一块土地空闲,市里提前谋划也是完全正常的。还有,当年市里一个司法机关拟在古城与绍钢区块之间新建办公大楼,我曾以此地需要整体规划为由予以拒绝,周边的一些相关地块也做了相应的控制,以便此后整体规划建设。

2004年5月,市规划局整理出了绍钢区块的基本资料及其准备邀请国内外有关规划设计机构公开招标项目说明书。公开登报后,邀请了几家符合条件、有兴趣参与投标的规划设计单位来绍兴考察调研。

(一)最早就"绍钢区块"规划提出的初步设想

2004年5月23日上午,市规划局组织召开了"绍钢区块"城市综合商贸区规划设计方案国际招标咨询会。这是涉及迪荡新城规划的第一个会,那时,这里仍叫"绍钢区块"。这个咨询会的目的,是向有兴趣参与招标的规划设计单位介绍情况。规划设计招投标属于规划的起步阶段,到形成规划设计方案并相对成熟再到规划决策,需要很长的时间。

我和分管副市长参加了这个咨询会。由于此会属情况介绍性质,况且,当时我对绍钢也还没有形成比较深入系统的想法,会上只做了简单讲话,主要想法有:

"建设综合性商贸区,这是绍兴经济与产业发展的需要,是城市功能完善的需要,是提升消费市场、提高居民生活质量的需要,是进一步提升这一区块区位发展优势的需要。

"我们的总体目标是:第一,能够在杭甬之间形成第三个标志性现代商贸集聚点;第二,能够使之成为绍兴城域内的商贸核心区;第三,能够使之成为绍兴大城市建设北进、北拓中的标志性连接点;第四,能够使之成为城市形态、城市景观的标志性区块。

"规划好'绍钢区块'城市综合商贸区,从方法论上讲,要注意以下几点:第一,注重主功能(现代商贸功能或CBD功能)与次功能(多样性功能)的统一;第二,注重历史文脉与现代文明的统一;第三,注重静态与动态的统一;第四,注重实用性与审美性的统一;第五,注重绍兴风格与世界要素的统一。"

当时我的想法大多是原则性的，提出来主要是为了供参与规划设计的专家们参考。但从中也大致可以看出我对"绍钢区块"的规划和未来发展，是寄予厚望的。

（二）对规划设计"中间成果"的评价和进一步深化的基本要求

2004年7月16日，在"绍钢区块"城市综合商贸区规划设计方案中间成果汇报会上，我做了如下讲话（摘要）。

"首先，谈谈我对这五个设计方案的感受。

"我认为五个方案各有特色、各有绝活、各具风格。从理念上讲，五个方案各有侧重点，有的从山、水、城的整体构思着手，有的从历史文化的延续着手，有的从艺术、书法、美学的角度进行跳跃性思维为特点，有的侧重于经营城市并提出了高密度开发的理念，有的侧重于以商贸开发带动周边开发的思路。五个方案的空间规划设计也各有特色，多数都是到位的。对区块内外的交通梳理、道路布局也是基本合理的。总的看，五个方案各有千秋，但我认为创意还不够，创造性的东西不是很明显。

"其次，我想重点谈谈规划设计中应注意把握好的几个方法论问题。从长远看，'绍钢区块'的规划建设，涉及整个绍兴城市的功能布局和景观布置。从短期讲，是绍兴大城市建设中一个新的兴奋点和增长点。因此，'绍钢区块'的规划建设，对中心城市的发展具有十分重要的战略意义。在规划设计中尤其要注意以下几点。

"一是要把情感注入到规划方案之中。就是要真正把它看成绍兴大城市建设的兴奋点和增长点，真正去重视它，倾注激情、感情去规划设计它。规划设计出来的方案让人一看就能兴奋起来。

"二是规划设计要高起点，使之真正成为精品。

"三是要有特色、有个性。'绍钢'这个区块是历史文化积淀十分深厚的区块，这里可能是中国最早培训宫廷美女的地方。综合商贸区的规划设计还要与'绍钢'的历史相呼应，与古城区块相呼应，与迪荡湖相呼应。

"四是要突出核心区块。就是要在核心区块建设有标志性的建筑，包括城市地标。

"五是要解开难点。如何解决铁路、公路问题，如何使这一区块与古城相呼应，是这个区块规划设计中的难题，要妥善处理。

"最后，我想谈谈深化规划设计的几点想法。

"一是定位问题。在不远的将来，我们要把绍兴建设成长三角地区拥有百万人口的生态型大城市。'绍钢区块'的规划设计，要与绍兴大城市的地位相呼应，使之成为能辐射新昌、嵊州、上虞等地域的，以商贸为主（也有一定商务）的综合性区块。

"二是历史与现代的关系问题。规划设计'绍钢区块'，注重历史文脉的延续是必要的；但就总体而言，应重在体现其时代性和现代性上。

"三是静与动的关系问题。规划设计'绍钢区块'，一定要注意静动结合。在古城的'静'和迪荡湖的'静'之间，是一个充满生机、充满活力、充满繁华、充满美感的新城，这个地段是涌动、热闹的地段，是跳动着时代音符的地段。

"四是独立性与开放性问题。'绍钢区块'作为综合商贸城，应是自成体系的，具有一定的综合性和独立性。但这一区块又是一个开放的区块，是绍兴古城走向'鉴湖时代'，走向'杭州湾时代'的连接点，是与周边地区发展相融合的。因此，特别要注重交通路网的布局。

"五是地下与地上的关系问题。要处理好地下与地上的关系，体现阴阳结合、刚柔结合。地上是'绍剧'（刚），地下是'越剧'（柔）。地下主要是做好水的文章。

"六是商贸城与古城、迪荡湖的关系问题。商贸城要与古城、迪荡湖（迪荡公园）形成有机整体。与古城主要是处理好理念上的呼应与对接问题，与迪荡湖主要是处理好借水借景的问题。

"七是战略与策略问题。商贸城的规划建设，对绍兴大城市的发展具有重大的战略意义，但在策略上应考虑开发成本、尽快集聚问题和住宅房产问题，同时还应考虑开发建设时效问题。"

（三）在规划设计成果论证会上的简要讲话

在规划设计方案取得中间成果的基础上，2004年9月24日，规划部门组织召开了国际招标论证会，也就是在这个论证会认为方案基本符合要求，设计单位进入修改完善后，即可提交市委、市政府讨论，以确定最后的中标方案。

在这次会上，因为时间关系，我提纲挈领地讲了几个问题。

首先，我解释了为什么要开发"绍钢区块"。

"这个区块的名称，现在我们暂时叫'绍钢区块'，也许将来我们可以叫'迪荡新城'（因为有天然的迪荡湖，迪荡湖是这个区块的心灵，也许未来会成为绍兴城市的城中湖。这可能是首次在公开场合提出了'迪荡新城'）。我们之所以要开发这个区块，是因为：这是发展和

拆迁进行中的绍兴钢铁厂

提升绍兴城市功能的需要；这是疏解古城、保护古城的需要；这是推进郊区城市化、城市郊区化，加快城市化进程的需要；这是适应城市空间布局的重心向北转移的需要；这是适应国家土地管理政策和宏观调控政策，实现城市可持续发展的需要；这是呼应绍兴福布斯公布的2004年度中国内地最佳商业城市排行榜名列第9位，进一步加快城市商贸业发展的需要。

"总之，商贸城的规划建设是适应绍兴经济发展、城市发展和人民生活水平提高的客观选择，是符合经济社会发展客观规律的。"

其次，我介绍了开发的基本理念和目标。

"我们希望'绍钢区块'作为城市综合商贸区，建成后能成为绍兴城市经济发展的新高地、新平台、新增长区；城市现代生活的中心区；城市建设（发展）的标志区；城市形态的景观区；城市经营、城市开发

的增值区（成长区）。"

再次，我对五个规划方案做了简单评价。我指出五个规划方案各有长处、各有特点、各有绝招，但也有一些不足之处。

从优点看，主要有：

"一是都关注了这一区块以商贸为主的特点；二是都在不同程度上关注了这一区块的地理特点，注重做好水和湖的文章；三是都关注了这一区块在交通上同时具有铁路和公路的特殊性；四是都关注了古城的保护和历史记忆的保存；五是都考虑了开发的时序性。"

从不足的方面讲：

"一是在与古城的呼应与衔接上不能令人满意，各方案过于追求独立性，不同程度上忽略了与周围环境的呼应。

"二是时代性、现代性还不够。正如陶松龄教授所说的那样，各设计单位囿于传统的规划理念，规划的时代性、现代性还不够。因此，在规划和设计的理念上还可以更放开一些，更多地体现这一区块的时代感和现代感。"

最后，我对后续的深化工作提出了建议。

"一是要进一步听取专家意见，归纳总结好专家的建议。

"二是提出一个或一个以上的综合性规划方案，提交市委、市政府讨论决策。

"三是尽早考虑开发建设的体制、机制和政策、策略问题。

"四是要特别注意这一区块的开发建设与周边地区的衔接问题，包括与大环河、大滩的衔接和呼应问题。"

八 正式决策：开发建设迪荡新城

在"绍钢区块"的概念性规划设计告一段落之后，市委、市政府办公室、有关政策部门和职能部门做了大量前期准备工作，特别是政策性、组织机构等文件准备。决策的时机日渐成熟。

"绍钢区块"总规划面积5.75平方公里，当时实际可开发建设土地也就3000多亩。如果按规划面积和开发面积的规模讲，实际上只是一个比较大的项目而已，通常市政府决策后报市委同意即可。但考虑到这里属市区范围，又拟建现代商贸新城，政府也需要造势，对内聚力开发，对外招商引资，同时又考虑到绍兴人的"绍钢情结"，属于比较敏感区块，因而市委决策是按照"准开发区"（类型建设小规模开发区）来布局和决策的。

首先是由市职能部门进行调研讨论，提出开发建设的依据、目的、思路、设想及主要措施，有关部门提出政策、体制机制、人事和财政安排建议以及概念性（理念性）规划设想等，作为市委、市政府决策的基本依据。

其次待条件成熟时，市政府召开专题会议或常务会议听取各部门汇报，进行审议决定。通常是会后修改完善再报市委审查决定。

市委收到市政府报件后，或召开财经领导小组会或召开常委会讨论决定。如果类似设立开发区、编制城市规划、五年发展计划之类的决策，通常要召开市委常委扩大会，也就是市里几套班子、市有关职能部门等领导都参与讨论决策。

2004 年 11 月 12 日，市委召开常委扩大会议，专题研究讨论开发建设迪荡新城问题。市委、市人大、市政府、市政协领导班子成员和市相关职能部门的领导参加了会议。市规划局介绍了迪荡新城的前期规划工作和三个规划预选方案的基本情况，市委政研室汇报了《关于加快迪荡新城开发建设的若干意见》的起草情况。会议的主要任务是讨论确定迪荡新城规划方案，审议通过市委、市政府《关于加快迪荡新城开发建设的若干意见》，从而统一思想、形成共识，厘清思路、形成决定，明确任务、组织实施，正式启动建设迪荡新城。各位常委、副市长和人大、政协的领导都谈了许多很好的意见建议。大家总体上十分赞同和肯定，也提出了一些修改完善意见。

会上，我以"加快迪荡新城开发建设　全面提升绍兴城市竞争力"为主题，系统阐述了如下五个问题。

一是从绍兴经济社会发展的客观趋势、绍兴城市发展的必然要求、保护古城和提升城市品位等角度，分析了开发建设迪荡新城的重要性和必要性。

二是从贯彻国家宏观调控政策和有效利用绍钢区块土地资源的

迪荡新城商贸商务核心一期项目开工仪式

良好契机、郊区城市化和城市郊区化的城市化发展趋势以及迪荡区块的现实优势等角度,分析了开发建设迪荡新城的现实性和可能性。

三是阐述了开发建设迪荡新城的总体要求和基本思路。要本着对绍兴人民、绍兴历史、绍兴未来负责的态度,认真谋划迪荡新城。综合各方面的意见,迪荡新城的功能定位可分为商贸核心区、商务办公区、休闲居住区和迪荡湖公园区;迪荡新城的性质可定为区域性的现代商贸和商务中心、绍兴大城市的水乡景观标志区、城市开发和经营的创新示范区;迪荡新城的建设目标可定为绍兴城市经济发展的新高地、绍兴商贸业的新形象、绍兴城市现代生活的新亮点、绍兴城市发展的新标志、绍兴城市迈向"鉴湖时代"和"杭州湾时代"的新动力;在建设迪荡新城中,要突出重点、突出特色、突出和谐,具体要正确处理好历史文化与现代文明、静与动、独立性与开放性的关系。迪荡新城作为综合商贸城其功能和形态都具有相对的独立性,同时要处理好主功能与次功能、地下与地上、长远与现实六个方面的关系。

四是对前期三个概念方案的优点和不足做了分析,并根据综合评析,认为可以以澳大利亚有关公司提供的规划方案为主,再听取专家、市民等各方面意见,吸收其他方案优点,进行深化完善后形成正式开发建设方案。

五是提出了迪荡新城开发建设的目标、体制、组织和具体运作问题。明确要按照"整体规划、分步推进、政府主导、市场运作"的原则和"一年打基础、二年出形象、五年基本建成"的目标要求,全面推进这项工程,并建立迪荡新城开发建设领导小组及其办公室,受市委、市政府的委托,对迪荡新城的开发建设实行统一领导和管理,确定建立迪荡新城投资发展有限公司,负责新城开发建设的具体运作,安排一定的启动资金及项目专项资金,专项用于新城的开发建设。

下面,将 2004 年 11 月 13 日下发的市委文件附后,以作为历史资料留存。

中共绍兴市委、绍兴市人民政府
关于加快迪荡新城开发建设的若干意见

各县(市、区)委、人民政府,市级各部门:

为深入贯彻落实科学发展观、省委"八八战略"和市委五届三次全会精神,全面提升绍兴城市的综合竞争力,加快推进率先发展,实现富民强市,市委、市政府决定开发建设迪荡新城。为加快迪荡新城的开发建设步伐,特提出如下意见:

一、总体思路

根据《绍兴大城市发展战略纲要》和《绍兴大城市商贸服务业发展规划纲要》的精神,按照"整体规划、分步推进、政府主导、市场运作"的开发原则和"一年打基础,二年出形象,五年基本建成"的目标要求,实施高起点规划、高效率开发、高品位建设、高效能管理,力争把迪荡新城建设成为区域性的现代商贸和商务中心、绍兴大城市的水乡景观标志区、城市开发和经营的创新示范区。

二、规划范围

迪荡新城规划控制范围,东至越州大桥及东环线,南至人民东路北侧,西至环城东路,北至北复线,总面积约 5.7 平方公里。

迪荡新城开发建设商贸核心区、商务办公区、休闲居住区和迪荡湖公园区。

三、开发体制

(1)建立迪荡新城开发建设领导小组及其办公室,受市委、市政府的委托,对迪荡新城的开发建设实行统一领导和管理。

(2)迪荡新城开发建设领导小组办公室(下称"迪荡新城开发办")为正处级的事业单位,事业编制暂定 10 名。

(3)建立迪荡新城投资发展有限公司,负责新城开发建设的具体运作。

四、开发政策

(1)按照"政府主导、市场运作"的要求,新城开发建设资金实行封闭运作、自求平衡。

(2)市财政安排一定的启动资金及项目专项资金,专项用于新城的开发建设。

(3)新城内所有土地出让金由国土、财政部门收取并扣除成本和规费后,及时返回给迪荡新城开发办。新城内其他事业性规费要严格执行有关财经制度,市财政局要加强资金管理。

(4)新城内土地使用占补平衡指标由市政府调拨解决。

(5)市发计委、建设局、国土局、规划局等有关职能部门,要提出简政授权的具体方案,提高办事效率。

五、几点要求

(1)迪荡新城开发领导小组及其办公室,作为市委、市政府的派出机构,在市委、市政府的直接领导下,独立自主地开展工作。对重大问题的确定,应事先向市委、市政府请示报告。

(2)越城区和市级有关部门要统一思想,加强宣传推介,制定相关政策,搞好协调服务,全力支持迪荡新城的开发建设。

(3)迪荡新城开发办要加强领导,积极做好开发建设的前期准备和对外招商工作,努力使新城建设有一个良好开端。

中共绍兴市委

绍兴市人民政府

2004 年 11 月 13 日

九 坚持高起点规划、建设迪荡新城

市委、市政府就开发建设迪荡新城做出正式决策后，首先要有人来做事。市委常委扩大会议后，很快就建立了开发建设领导小组及其办公室，并抽调对开发建设工作、经济工作、招商引资工作比较有经验，又有组织领导能力和对工作富有激情的袍江开发区管委会一位副主任，来担任市政府副秘书长和开发建设领导小组成员及其办公室主任，具体负责迪荡新城的开发建设工作。

财政部门安排了专项启动资金，解决了有钱办事的日常运行经费。

接着要紧的是解决有"图"干事的问题，也就是按什么规划"图纸"去建设。前面提到的几家单位的规划设计只是概念、理念性的，还必须有更具体的规划修编和城市设计。规划是迪荡新城开发建设的龙头和灵魂。如何描绘迪荡新城的蓝图，这是摆在迪荡建设者面前的首要任务。

迪荡新城规划从 2004 年 4 月开始论证到 2005 年底，大约经历了三个发展阶段。

第一阶段是 2004 年 4 月至 2004 年底，为概念性规划形成期。主要由绍兴市规划局领衔，邀请了来自美国、英国、澳大利亚等国家的五家知名设计公司对迪荡新城进行了概念性规划方案国际招标。强调规划要符合城市总体发展方向，有特色、有个性，能与绍兴城市格局有机融合，能符合绍兴城市化发展的内在功能需求，操作性较强的滨水性现代商贸城市 CBD 区域；规划方案要努力体现现代化水乡特色和历史文化积淀的原则,力求将"历史、文化、艺术"与"现代、科技、文明"有机结合。根据这些规划要求,在经过几轮角逐后,最终由澳大利亚五合国际公司中标。通过公示、听取各方意见,一个以澳大利亚五合国际公司方案为基础,吸收其他方案优点进行深化设计的概念性规划于2004年底完成。

第二阶段是2005年上半年,为迪荡新城总体规划修编期。在概念性规划的基础上,委托绍兴、杭州等地有关规划设计单位分头提出设计方案,通过比较论证,最后确定委托绍兴市城市规划设计研究院具体负责迪荡新城总体规划的深化完善工作。迪荡新城的规划用地5.78平方公里,总体布局结构为:"一轴、二心、三带、五区。""一轴"指沿胜利东路的城市发展轴;"二心"指以商贸、商务会展为核心的双核心结构;"三带"指沿环城河、浙东运河、梅龙河的生态走廊带;"五区"指五个功能分区,即商贸核心区、商务办公区、高尚居住区、会展中心区、迪荡湖城市公园。通过以上几大功能区的建设,迪荡新城将成为"购物的天堂、休闲的天堂、工作的天堂、居住的天堂"。

第三阶段是2005年5月后,主要是商贸商务核心区的城市设计工作。6月初,邀请了美国SOM、德国ASP、澳大利亚PTW、美国FLAMING、法国居古拉五家知名设计公司参与角逐,最后确定美国SOM公司担纲修编迪荡新城商贸商务核心区城市设计工作。迪荡新城商贸商务核心区城市设计方案到2005年底定稿。SOM公司的城市设计充分体现了水乡特色,集聚人气、商气之功能,构思较为独特。商务核心区的主要亮点,是高200多米的标志性建筑,即高级商务酒店。

十 一年过后的初步检验

2005 年 11 月 15 日下午,我和市里、越城区有关领导及相关部门负责人,实地踏看了迪荡新城开发建设核心区块一期的拆迁现场和市政基础设施建设的施工现场后,听取了迪荡新城开发建设领导小组办公室负责同志的工作汇报,随后与会同志就加快迪荡新城开发建设特别是规划设计、资金平衡和土地拍卖等问题发表了重要意见。最后,我发表了看法并指出:"开发建设迪荡新城是市委、市政府做出的一项重大决策。开发建设好迪荡新城,对推进绍兴大城市建设,完善绍兴城市功能,提升绍兴城市品位,提高绍兴人民生活质量,培育绍兴经济社会发展新的增长点,都有重要意义。在绍兴市区范围内,我们只剩下这一块比较完整、开发空间比较大、可操作性比较强的区块了。所以,我们务必要规划和建设好迪荡新城。现在,社会各界都对迪荡新城的开发、建设和发展寄予厚望。"

为此,我在讲话中强调了以下几个方面的问题。

首先,我总结了迪荡新城规划建设一年来取得的主要成绩。

"经过各方面特别是迪荡新城开发办全体同志的艰苦努力,迪荡新城的开发建设取得了明显进展,基本实现了'一年打基础'的目标,为下一步工作打下了良好基础。

"一是在思想认识方面打下了很好的基础。现在社会各界各方面都对迪荡新城开发建设的重要性、必要性,有了更加深刻的认识,形成了开发建设的共识。

2005 年 8 月 12 日，迪荡新城核心区基础设施工程开工

　　"二是在规划设计方面打下了很好的基础。特别是前期的规划设计做了大量工作。无论是理念性、概念性规划，还是现在的城市总体设计，都进行了反复的论证和推敲，为下一步开发建设打下了很好的基础。

　　"三是在征地拆迁方面打下了很好的基础。搞建设千难万难，最难的要数征地拆迁。迪荡新城开发建设的征地任务繁重，这方面做了大量的前期工作。

　　"四是在基础设施建设方面打下了很好的基础。市政基础设施方面，特别是在路、桥、水、电、天然气、管道、电信等方面的建设，都有了积极推进。

　　"五是在招商引资方面打下了很好的基础。尽管现在还没有大企业真正投资迪荡新城，但开发办在这方面已做了大量的前期工作，如项目的推介、信息的收集等，一些企业、公司已有投资迪荡的初步意向，这些都为下一步推进实质性的招商引资工作打下了很好的基础。

　　"六是在体制机制和队伍建设方面打下了很好的基础。迪荡新城开发建设的体制、机制和开发建设的队伍都是新组建的，但运行正常，开局不错。"

其次，我强调要进一步深化城市设计问题。

"一是规划理念的定位。在城市功能方面，要始终把握和突出迪荡新城的商贸、人居、娱乐、休闲等功能。在设计理念方面，要着重体现现代商贸城市的气派。因为，迪荡新城的核心、关键、特色、生命就在于现代化，就在于时代性。在整体规划方面，要突出水城、水乡的特色。在建筑风格方面，要坚持'限低不限高'的原则。

"二是人气、商气的集聚。开发建设好迪荡新城的关键，是要集聚人气、商气。而人气和商气的集聚则取决于新城内部功能的定位，当然也包括新城对外界的辐射和吸引能力。对这个问题，从规划建设角度看，就是要解决好新老城市之间的衔接，要着力解决好环城河的过渡问题。从目前的规划设计来看，无论是用玻璃房还是用桥梁的形式过渡，都涉及如何合理过渡的问题。新老城市衔接，原则上以桥式过渡为宜。环城河西岸，绿化要适当保留，还要有景观设计。

"三是新老环城东路的取舍。这是大家争论比较集中的问题。我们要从适合城市交通功能和新城整体发展的角度出发，找一个最佳结合点。如果从满足功能的角度看，老环城东路应该能满足交通功能，

迪荡新城建设场景

但道路的线形不是很理想。我们可以先按照保留老环城东路的方案实施,试行一段时间,观察交通情况,如果可行,保留老环城东路;如果群众反映较大,对交通影响较明显,我们再选择另一种方案,即保留新环城东路。如果保留新环城东路,原则上采用地下交通隧道形式。这种过渡方式,既不影响道路交通,也不影响环城河的绿化。

"四是胜利东路延伸段的功能定位。对此,大家已形成了共识,胜利东路延伸段不是东西方向的交通过境通道,而只是新城内部的一条主要道路。

"五是建筑群和单体建筑的设计。要力争把每个建筑单体都建成精品,同时,还要注意楼与楼的间距,不能太小。在最高楼的位置选择上,到底是建造在现在设计的这个位置上还是到湖对岸去,要进一步分析论证。另外,在新老城对接处的某些建筑物的设计,似乎现代感太强了些,天桥的体量也有点大,要再做进一步完善论证。"

讲话中,我再次敦促了关于招商引资和地块出让问题。

"一年来,迪荡新城开发办的规划设计、设施建设等工作取得了明显成效;但在招商引资和地块出让方面,还需进一步抓紧抓好。

"在 2005 年 6 月 9 日的专题协调会上,我曾提到过这个问题,但成效不够明显。对招商引资和地块出让问题,总体上要把握好以下几个原则。

"一是能够整体出让的,要尽量采取整体出让;但并不是全部都捆绑在一起出让,而是要在一定时间内,形成一种规模和气势。

"二是只要有可能,要积极争取拼盘式、捆绑式出让,有利于引进一些大企业;但出让方式一定要符合土地出让政策,土地出让价格也要合理。

"三是凡是经营性土地,都要采取市场化公开出让的方式。

"四是在引进企业的条件设置上要相对高一点,尽可能引进一些高起点、大规模、有实力的企业。

"五是迪荡新城开发办、市国土部门要尽快与省国土部门沟通汇报,抓紧时间,加快进度,争取在政策许可范围内,尽早拿出方案,尽早出让土地。"

同时，我还强调了要高度重视和加快推进拆迁工作。

"拆迁任务重，难度大。对一期范围内还没有拆迁的，要尽快做好群众思想工作，尽早完成拆迁任务，但尽量不要采用强制性手段；对于其他范围内，包括迪荡湖周边的一些拆迁任务，也要抓紧时间启动，以争取主动。对火车东站的改造问题，从目前的情况来看，铁路改道已经不可能，因此，只能按照原来的方案去实施。"

最后，我对 2006 年迪荡新城的开发建设工作做出了部署。

"'一年打基础、二年出形象、五年基本建成'，是市委、市政府开发迪荡新城定下的目标和要求。

"2006 年是迪荡新城开发建设的关键之年、攻坚之年、出形象之年，总的要求是攻坚克难，初出形象。包括城市的规划设计、迪荡湖的规划设计、基础设施建设、招商引资和项目引进、内部管理和干部队伍建设等方面都要出形象。具体要做好以下工作。

"一是要继续深化新城的规划设计。在具体技术性问题上继续深化，同时要重视建筑群、单体建筑的设计。要把迪荡湖的规划设计尽快提到议事日程上来，同时考虑和规划好新城和迪荡湖之间的通道连接问题。

"二要加快基础设施建设。在路桥网、地下管网等基础设施建设方面要继续加快进度。

"三要尽快实施新城范围内的'城中村'改造，特别要尽快完成革新、塘湾两村的拆迁任务。

"四要在招商引资方面加大力度，全力做好项目的推介工作。"

我对加快迪荡新城的开发建设提出了"六个务必"的工作要求（略）。

这是市委、市政府做出开发建设迪荡新城决策一年后，市委专门安排的一次现场专题调研协调会，市委、市政府、市人大、市政协主要领导和市政府分管领导、越城区党政主要领导及市级有关部门负责人参加了这次现场调研协调会。会后，即 2005 年 11 月 18 日，市委还就迪荡新城开发建设工作形成了一个专题会议纪要。

十一 事关迪荡新城开发建设成功与否的几个关键性举措

如果说规划理念是迪荡新城开发建设的龙头、征地拆迁是难点、资金保证是条件的话,那么招商引资(开发企业)就是关键了。因为,归根结底企业是投资、经营的主体。虽然政府是规划、开发和基础设施建设的主导力量,但投资项目及运行的主体是企业,尤其新城建成后的长期运营,要由企业来推进。因此,能否吸引企业来投资,是决定迪荡新城能否成功的关键环节。

(一)集聚人气、商气是核心

市委、市政府十分清醒地看到,迪荡新城能否成功,最根本的标志是能否集聚起一定的人气、商气,这是问题的核心所在。

为此,我们反复强调要围绕集聚人气、商气来谋划和推进新城的开发建设。而人气和商气的集聚又取决于新城内部功能的定位。因此,新城功能是提升外界辐射力和吸引力的前提。

(二)坚持高品位企业开发是成功的重要保证

迪荡新城的基本定位是现代商贸新城,是绍兴城市的现代 CBD,不是单纯开发房地产;而要形成集商贸、人居、娱乐、休闲等功能于一体的城市综合体,又非一般企业所能胜任。为此,必须尽可能引入有综合开发资质、实践经验、有相当规模实力,特别是能确保建成后同步带动引进高档商贸经营实体,并具有持续运营新城能力的开发企业。

为此,要防止低档次开发,尤其要防止零星分散式开发,防止没有持续开发实力和未来经营能力的企业入市开发建设。

（三）广泛开展招商引资

2005年初,新城开发办组建后不久,在抓好规划建设的同时,就着手开展招商引资工作。商贸服务业的招商工作要比工业项目招商难度大、落户过程更复杂、土地出让方式受限制更多。为此,开发办加大了对外宣传推介力度。2005年10月,在上海成功举办了迪荡新城商贸商务推介会,进一步扩大迪荡新城的社会影响力和投资吸引力。同时,市招商局和开发办还主动与国内外一些大企业、大财团及本地精英企业联系,争取它们前来参与开发。

2005年1月17日,我们在随浙江省政府代表团访问香港期间,还专门举行了"浙江绍兴·香港投资环境推介暨绍兴商贸新城招商说明会",我在致辞中介绍了绍兴的基本情况,并着重介绍了绍兴的商

2006年9月30日,迪荡新城世茂商贸城奠基仪式

貿业和迪荡新城的开发情况。

"商贸流通是反映一个地区经济繁荣程度的窗口,是观察一个地区综合实力和人民生活水平的晴雨表,是现代经济的火车头。城市是商流、物流、信息流、资金流和人流的中心;流通越发达,城市就越繁荣,就越具有竞争力、生命力和辐射力。一个已为国际经验所证明的基本规律是,几乎所有现代化城市的特征都表现为流通高度发达、商业日趋成熟。绍兴具有发展现代商贸服务业的良好基础和广阔前景。绍兴有较强的经济基础,在全国综合实力百强城市排位中列全国第 42 位、全省第 3 位,有很大的消费需求,2004 年城镇居民人均可支配收入和农村居民现金收入预计可达 15000 元和 6660 元,居民消费能级不断升级,全社会消费品零售总额预计超过 330 亿元。绍兴在《福布斯》公布的'2004 年中国大陆最佳商业城市排行榜'中名列第 9 位,绍兴正迎来商贸业发展的春天。

"我们顺应经济社会发展规律,把发展第三产业作为优化经济结构、增强综合竞争力的重中之重来抓,制定出台了《绍兴大城市商贸服务业发展规划纲要》。2004 年,我们在充分调查研究的基础上,做出了开发绍兴商贸新城的战略决策。绍兴商贸新城位于绍兴市区迪荡地块,总面积 5.75 平方公里。该区块紧贴古城,北连袍江,西接柯桥,东临上虞,区位优势十分明显;该区块与宁波港、上虞港、杭州萧山国际机场和杭甬高速相距不远,杭甬运河穿区而过,水陆空交通十分便利;区内地势平坦,河网密布,水面占总面积的 23%,风光旖旎的迪荡湖位于该区块北首,生态环境十分优越;区内还有西施山、美人宫等古迹和五云门、都泗门等绍兴历史上的水陆商埠遗址,历史文化积淀比较深厚,素为古代绍兴城商业兴盛之地。

"规划中的绍兴商贸新城分为商贸核心区、商务办公区、休闲居住区和迪荡湖公园区,规划方案通过国际招标确定,由著名的澳大利亚五合国际集团设计。目前,市里已成立了专门的开发机构,开发建设工作正在有序展开。我们争取通过几年努力,将之建设成区域性的现代商贸和商务中心、绍兴大城市的水乡景观标志区、城市开发和经营的创新示范区。

"我们真诚希望有更多的香港朋友关心、支持绍兴的发展，去绍兴旅游观光、投资创业，尤其欢迎大家去绍兴商贸新城投资兴业。我们将竭力为大家提供便捷的服务。"

此外，我们还在市内外各媒体广泛进行宣传报道，直接或间接开展招商活动。

（四）上海世茂集团引进落户

2006 年元旦后不久，一期 6 块商务用地公开出让获得成功。而上海世茂集团开发建设商贸城及高级商务酒店等项目，则是二期的开发项目（整体出让的 11 个地块）。上海世茂集团落户迪荡新城，为核心区块的实质性启动创造了良好的开端。

说到上海世茂集团落户迪荡新城，这里介绍一下引进的基本过程情况。之前，对世茂集团最早是如何得知迪荡新城开发项目及是谁介绍来绍兴的，我并不了解。在我离开绍兴到省政协工作 4 年后，即 2012 年 3 月 26 日，我收到了一封绍兴的群众来信，才大致了解了这个过程。信是原绍兴市招商局的某位同志写来的，他反映他在市招商局工作期间，是他与其他同志最早为引进世茂集团而牵线搭桥的，他认为自己应是引进世茂集团的主要有功人员，而按照当时市里招商引资的奖励办法，他应获得大额奖金。这位同志来信中还附"香港世茂集团牵线搭桥小记"的材料。看完材料后，如这位同志提供的材料属实的话，最早接触世茂集团并介绍来绍兴投资考察的应是市招商局的有关招商人员。先是招商人员邀请 SRSS 美国建筑事务所的上海首席代表于 2004 年 9 月 24 日来绍兴考察大滩、迪荡地块（规划），后因这位代表与世茂集团的规划总监比较熟悉，又向世茂集团推荐绍兴的大滩、迪荡地块。其间经多次联系、推介、考察，大致到 2005 年 2 月，迪荡新城开发办和市政府分管领导才参与接待世茂集团来绍兴考察的活动，此前基本上是市招商局在做引进的工作。同样根据"香港世茂集团牵线搭桥小记"的材料记载，我是 2005 年 4 月、6 月参与接待的。

2006 年 7 月 25 日，王永昌参加迪荡新城商务核心一期项目开工仪式

（五）坚持按法规政策、市场规则出让土地

毫无疑问，如果世茂集团能取得迪荡新城项目的开发，是比较符合迪荡新城功能定位和预期发展设想的。

但是，对我来说，为官从政，始终是坚持按法规政策公正处事的，这是底线，也是我处世为人的根本。根据我的从政体会，领导干部尤其在土地出让、项目建设、干部任用等问题上，要特别谨慎，严格把关。

早在 2004 年开始着手迪荡新城概念性规划时，我对引进、参与开发的企业就有公开的、合理合法的原则要求，而不是无原则的。比如，引进的企业必须与迪荡新城的开发功能定位相符合，必须有相应的规模实力；土地尽量采取整体出让，但并不是全部都捆绑在一起出让；出让方式一定要符合政策，凡经营性土地，都要采取市场化公开出让方式。

关于迪荡新城二期核心区块土地的出让，即后来由世茂集团摘牌取得开发权地块的区块，市有关部门做了大量前期的法律、政策、招投标的准备工作，市委、市政府也极为重视，坚持依法依规公开公正处置。2006 年 3 月 13 日，绍兴市政府第三十次常务会议听取并讨论了

该区块土地捆绑挂牌出让情况的汇报，会议原则同意挂牌出让方案，并强调，出让要确保在市场公平竞争的情况下进行。3月15日晚上，市委财经工作领导小组召开会议，审议讨论了该区块国有土地使用权出让方案，会议明确：要按照"成事""合法""合理""效率"原则，切实把事情办好；原则同意按整体出让、挂牌出让方案并修改完善后上报省里审批；出让起拍价按合情合理原则依法确定；对竞买人必须按规划定位设定高起点的前置条件，但设定的条件不能仅指向一家，不能排斥其他有竞争力的企业参加，事先要做好宣传推介工作，以吸引更多企业来竞争；出让方案推向市场后，必须严格按市场规则办，按设定的条件办，按法律规定办。

我们本着对绍兴长远发展负责的精神，把关是慎重、严格、合规的。我们做了我们当时能做、应该做的决策。

十二 "决战 2008 年,确保初见成效": 离开绍兴前的迪荡新城调研

我是 2008 年 2 月 22 日卸任绍兴市委书记,随后到省政协任职的。迪荡新城的开发建设,的确浸透了我的不少理念和情怀,我也寄予新城许多期望。

2008 年 1 月 17 日,在我即将告别绍兴之际,我和市有关领导同志又一次实地踏看迪荡新城建设现场,听取有关同志的工作情况汇报后,对迪荡新城的 2008 年工作提出了"决战 2008,确保初见成效"的

2005 年 11 月 15 日,王永昌专题调研迪荡新城开发建设

要求。

首先，我充分肯定了 2007 年迪荡新城建设所取得的成绩。

"迪荡新城开发，既涉及绍兴城市拓展和古城保护又涉及城市功能完善和群众生活水平的提高，同时还涉及绍兴改革开放三十年来建设成就和未来发展活力的展示，意义十分重大，社会各界高度关注，寄予厚望。2007 年，迪荡新城无论是规划建设、征地拆迁，还是招商引资等各项工作都取得了较好成绩，达到了预期的工作目标，没有辜负市委、市人大、市政府、市政协和群众的期望。我们高兴地看到，迪荡新城三年初出形象的阶段性目标已初步展现，对迪荡新城建设过去几年来所做的工作应给予充分肯定。"

其次，我提出了 2008 年迪荡新城建设的主要工作和任务。

"2008 年对迪荡新城建设是具有决定性意义的一年，要按照市里提出的'决战08，初见成效'目标，做实工作。主要工作任务是：一是核心区 A2、A3 商贸区块建成并在国庆节投入运营；二是一期 8 幢商务楼建成并投入运营；三是三期 10 幢商务楼年底基本结顶；四

首批建成的迪荡新城住宅小区

是世茂五星级酒店全面开工建设,年底进度达到地上 10 层以上;五是实施铁路屏蔽工程建设,并有较快进展;六是迪荡公园规划设计基本确定,同时考虑项目的建设开发,着手启动运作;七是梅龙湖以东区块进一步细化规划,推进征地拆迁和项目运筹,尽快启动建设;八是围绕迪荡新城东拓、南延、北进战略,全面推进核心区外围基础设施建设。"

最后,我对继续加快推进迪荡新城建设提出了希望。

"第一,坚定迪荡新城开发建设的信心和决心不动摇。要按照迪荡新城开发建设既定目标和部署,义无反顾,全力以赴抓好各项建设。

"第二,坚定迪荡新城开发建设的总体目标定位不动摇。迪荡新城规划起点高,定位科学合理,符合绍兴城市发展方向,适应优化经济结构的需要,必须坚定不移。

"第三,继续保持高强度投入。迪荡新城建设有目前的成就,其中重要原因之一就是投入的高强度。进展的高速度与投入的高强度是不可分割的,对迪荡新城这样的重点建设项目必须保持高投入。财政部门在做资金平衡时,要综合考虑迪荡新城前几年的资金结余,坚持资金自求平衡原则,保证迪荡新城建设资金所需。

"第四,各级各部门要继续齐心协力、顾全大局,支持、配合迪荡新城开发建设。迪荡新城是越州新城的重要组成部分,搞好迪荡新城建设,关系到整个绍兴的发展,是全局性的工作,要处理好各方关系,平衡好各方利益,合力推进新城建设。

"第五,要进一步深化完善迪荡湖城市公园规划设计工作。迪荡新城的规划建设是现代化、高档次的,迪荡湖城市公园也必须确保高档次规划和建设,使规划设计建成的公园真正造福绍兴人民。"

十三 令人欣慰：迪荡新城已长大了

如今，迪荡新城已成长为一个集休闲、购物、旅游、办公、居住等多种功能于一体的城市商贸中心区，或者说，按照当初的功能定位，已逐渐形成了集商贸核心区、商务办公区、会展中心区、休闲居住区和迪荡湖公园五大功能于一体的城市综合体。它是绍兴城市发展变化中的又一个大飞跃、又一次大质变。

从胜利路向东进入迪荡新城，迎面而来的就是近 21 万平方米的5A 级商贸核心区。在绍钢旧址上，崛起了一座营业面积 20 万平方米

2009 年 12 月，迪荡新城初步建成

以上集购物、餐饮、休闲、娱乐于一体的大型购物中心,为市民提供了一个形态开放、主题鲜明、内容丰富的购物、休闲、娱乐基地。

在胜利东路延伸段两侧及梅龙湖周围,是将近60万平方米的商务中心区。金融、保险、证券、中介、会计、通信、公司总部等现代商务的各种业态,已初步在迪荡新城集聚成长。这里的建筑层次以高层为主,从而形成了绍兴现代化新城区的亮丽景观。

在梅龙湖东侧,是40万平方米左右的迪荡新城会展中心区。包括会议中心、展览馆等在内的会展区,既是反映现代绍兴经济、文化发展的功能区,又是浓缩绍兴风土人情的大平台。在这里,可以承接国际性大型会议和各类节会活动。

会展中心区东侧及商贸核心区周边,错落有致地分布着休闲居住区。拔地而起的高层住宅,使居住在新城的人们临风俯瞰迪荡湖秀色及古城风貌,为人们提供高档次的优美住宅环境。

而整个新城北侧是占地近200公顷的迪荡湖公园。这个湖区是绍兴中心城市的生态型"内湖城市水广场",也许水上旅游将是这个水上广场最吸引人的地方。浩渺的迪荡湖水面,显示了水城的魅力。

迪荡新城因此湖而得名,我对这个湖的景观、地位和意义,寄予特别的情怀;未来,迪荡湖会成为真正的城中湖,成为绍兴城市的眼睛、绍兴城市的心肺,是最灵动、秀美的地方。

"购物的天堂、休闲的天堂、工作的天堂、居住的天堂",这是迪荡新城乃至整座绍兴城的新亮点。

悠久的绍兴历史文化与现代文明在这里汇合。既注重历史文脉的延续性,又体现现代性的迪荡新城,正成为绍兴城市经济发展的新高地、绍兴商贸业的新形象、绍兴城市现代生活的新亮点、绍兴城市发展的新标志。这不正是绍兴发展和绍兴人民所追求的吗?

十四 没有结束的结束语

迪荡新城虽然基本实现了当年的决策设想，但它毕竟面积不大，容量有限，而且难免受当年多种条件的限制。尽管如此，迪荡新城的决策和开发建设过程，已经接受了历史的考验。迪荡新城的未来发展，还将接受着时代的检验。

人民是评判的主体，历史是评判的基石。一切人的认识和作为，或迟或早都是要接受人民和历史检验的。

我离开绍兴后的某一年春节，收到了绍兴一位领导干部寄来的明信片，上面写着这样一行钢笔字："当你离开绍兴几年后的今天，我们才真正理解建设迪荡新城的价值！"

我感谢这位同志的评语！我也深情地把这张明信片珍藏！并且，由衷地感谢所有关心、支持、特别是参与开发建设迪荡新城的同志们！

附一：《绍钢碑记》

古越会稽，乃大禹过化之地，冶铸业发轫甚早。越国欧冶铸剑，汉代冶铜铸镜，皆驰誉一时。

新中国成立伊始，百废待兴。公元一九五七年，于绍兴古城东郊建钢铁厂，是年生铁出炉，开浙江钢铁工业之先河，成绍兴现代工业之鼻祖。此后数十年间，规模几度扩张，占地数十顷，员工五千，为企业之翘楚，利税之大户，利国利民，功不可没。

世纪更替,城市发展,绍兴钢铁厂功成身退,于二〇〇一年底停产歇业,二〇〇五年初让地于迪荡新城。迪荡新城乃绍兴传承古城文脉,面向时代未来之城市综合功能区,其建设宗旨为发展现代城市经济,展示现代城市风貌,提升现代城市生活。弹指六年即逝,创业者筚路蓝缕,坚定执着,此地商贸商务功能日臻完善,城市休闲空间得以拓展,商贾云集,业者逾万,古城倏忽充盈时代气息,行见晔晔新城拥抱未来也。

胆剑风流今追昔,旧址新颜别样红。绍钢五十年,因时而立,顺势而退。无论进退,皆随时代之潮流,承载繁荣昌盛之梦想,不离造福桑梓之意旨;或兴或消,皆书写时人之奋斗,为历史之见证,城市之记忆。抚今忆昔,莫不欣喜感叹。今建绍钢纪念公园一处,并将钢铁工人巨型雕像移址置放,以铭记钢铁之热烈,劳动之光荣,岁月之履痕。谨立此碑记缕述种切,以资纪念云。

公元二〇一一年仲夏

附二:《迪荡之歌》

高水明①

编者按:原来的绍兴钢铁厂,现在的迪荡新城。半个世纪的铸铁荣光在这短短十余年迸发出更耀眼的光芒。一条条宽敞的马路,一幢幢鳞次栉比的高楼,还有美丽大气的梅龙湖、迪荡湖……这一切巨变是时代的发展,绍兴的繁华正从这里起步。

《迪荡之歌》

西施山竖起的自豪,盛开在迪荡湖上;
钢铁基座腾起的辉煌,灿烂着你我心房;
遍地崛起的都市繁华,闪耀着时代光芒!

---

① 高水明,绍兴人,曾支边吉林镇赉插队,后返籍进绍兴钢铁厂做会计,并被聘为厂通讯员,2001年下岗,现在绍兴文理学院打工,闲暇喜欢读书撰文,知青、新、老同学群交流活跃。诗文见诸《绍兴晚报》《绍兴文理学院报》等,并乐在其中。

绍兴迪荡新城

一幢幢高楼鳞次栉比,一条条马路宽敞美丽;
一家家超市前卫大气,一爿爿商场富丽堂皇。
林林总总的诱惑,吸引着你我眼球;
琳琅满目的欲望,沿敞开的货架静静流淌……
漫步环河边,又一处购物休闲天堂;
交相辉映间,又一次心灵扬帆启航……
车水马龙,往事如潮,
火红年代的乐章总在耳际交响;
铁水奔流,钢花飞溅,

几代人的豪迈又在心头激荡……
那曾经连着田野的工厂，
绿树掩映的厂房，
还有伸进厂区的铁路、码头，
连同小河环绕的村庄，
此刻，都融进延续的辉煌——
向世界展示越地的智慧和风光。

随着工业化快速发展，中国不再是传统的农业社会，而越来越成为城市社会，传统农民在不断减少，城市市民在不断增加。城市也越来越成为经济社会发展的基本平台，成为人类文明进步的重要空间载体。地方主政者特别是市长，自然要花足够的精力抓好城市发展，否则就是不合格的领导者。

作为城市的决策者、施政者，不光要花足够的精力去推动城市建设，更重要的还在于懂得城市运行的机制和功能，了解一个城市的历史演变和特点风格，知道在什么阶段该如何去引领、塑造它，让它顺着城市发展规律和城市主体的预设合理地成长起来。事实上，城市建设和发展也是最能体现主政者胸怀和品质的。

对绍兴城市的发展，当年我的确花了一些心思，倾注了相当多的情怀。我对绍兴城市发展的理念、思路和工作重心，概括起来说，主要有以下几个方面。

一 以推进新型城市化为基本方向

城市化是经济社会的一个基本发展规律和发展趋势，在工业化的一定发展阶段，适时适度提高城市化率是加快一地发展的"加速器"。那么，当代中国的城市化具体内涵又是指什么呢？

（一）新型城市化的基本含义

在2006年10月9日召开的全市城市工作会议上，我以"坚持走新型城市化道路　合力提升城市综合竞争力"为题发表了讲话，提出新型城市化的基本内涵就是各类生产生活活动要素、资源越来越向城镇集聚的过程，也就是资源节约、环境友好、经济高效、社会和谐、大中小城市和小城镇协调发展、城乡互促共进的过程。

新型城市化道路的基本要求是"六个坚持"，即坚持把城市发展与新农村建设结合起来，走城乡互促共进的城市化道路；坚持把城市发展和优化人口、生产力布局结合起来，走大中小城市和小城镇协调发展的城市化道路；坚持把城市发展与提高资源利用效率结合起来，走资源节约的城市化道路；坚持把城市发展与环境保护和生态建设结合起来，走环境友好的城市化道路；坚持把城市发展与增长方式转变结合起来，走经济高效化的城市化道路；坚持把城市发展与构建和谐社会结合起来，走社会和谐的城市化道路。

根据上述新型城市化道路的基本内涵和基本要求，新型城市化具有以下明显特征。

一是体现为政治、经济、文化、社会、生态"五位一体"的城市化。城市化不仅仅是物质形态的城市化,同时也包含着政治清明、经济发达、文化繁荣、生态优美、社会和谐,是"五位一体"的统一体。

二是体现为集约发展、统筹发展、和谐发展的城市化。城市发展要以提高资源利用效率为核心,追求资源节约、经济高效;要注重大中小城市和小城镇协调发展,形成以城带乡、以乡促城的发展格局;要高度重视人与自然、人与社会、人与人的和谐共处,使城市成为环境友好的首善之地。

三是体现为以人为本的城市化。城市发展必须把人作为主体,着力解决事关老百姓"安居乐业"的实际问题,使全体市民共享城市发展成果。

当然,城市化的实质,就是城市人口、城市规模的扩大和城市品质、人口素质的提升,也就是城市发展量和质的统一的提升过程。

(二)为什么要加快推进新型城市化

坚持推进新型城市化,是工业化中后期的必然现象,也是推进我国现代化进程的内在要求。

第一,推进新型城市化,是落实科学发展观的客观要求。城市工作是一项全方位的系统工程,它涉及城乡、区域协调发展,涉及产业布局、资源利用和环境保护,涉及政府社会管理与公共服务等方方面面,离不开科学发展观的指导。新型城市化道路就是遵循科学发展观的城市化发展之路,是科学发展观在城市工作领域的具体实践。

第二,推进新型城市化,是推进新型工业化的重要途径。我们要走新型工业化道路,而新型工业化离不开新型城市化。假如城市粗放发展、城市化进程缓慢,新型工业化就缺少合理的空间载体。相反,城市集约发展、加快发展,将带来资源的高效配置和生态的有效保护,进而推动传统产业改造提升和高新技术产业加快发展。因此,新型城市化、新型工业化具有良性互动的内在联系,它们构成了新时期推进现代化互促共进的"两大引擎"。

第三，**推进新型城市化，是推动新农村建设的必然选择**。推进城市化与建设新农村，是现代化推进过程中相辅相成、不可或缺的两个空间上的重要组成部分。建设社会主义新农村，就要坚持以城带乡、以工促农，加快走新型城市化道路，统筹城乡发展，积极推进城乡一体化。只有这样，才能更好地推动农村富余劳动力向第二、第三产业和城镇有序转移，促进城市基础设施、公共服务、现代文明向农村延伸辐射，为新农村建设创造良好条件。

第四，**推进新型城市化，是提升绍兴城市综合竞争力的迫切需要**。近年来，绍兴市的城市化进程明显加快，有力地促进了经济社会的健康发展。但我们也必须清醒认识到，绍兴城区在21世纪初面积只有362平方公里，人口只有65万，在浙江省的11个市中分别居倒数第一位和第二位。尤其是绍兴处在杭州、宁波两大城市之间，更会感受到城市发展的巨大压力。中心城市规模过小，对招商引资、三产发展、产业升级、人才引进及各种要素的集聚，都带来很大影响，更为重要的是对各县（市、区）的辐射力和带动力不够强，在一定程度上也制约了各县（市、区）更好更快的发展。因为，现阶段经济社会的发展，最主要的是通过城市的发展来推动的；经济社会发展的动力，最主要的是城市发展的动力；经济社会发展的创新，主要来自城市的创新；经济社会发展的竞争，最主要的也是城市之间的竞争。所以城市的规模和综合实力，在很大程度上决定和制约着一个区域的发展。与此同时，我们的城市发展，总体上还是走粗放式、外延式扩张的路子，城市综合承载力不高，小城镇集聚带动能力不强，城市各组团间的融合也有待加强。绍兴要进一步提升综合竞争力，必须走新型城市化道路，使城市发展从粗放型转向集约型，真正转入科学发展的轨道。

总之，加快推进新型城市化过程，体现了时代特征和经济社会发展规律，符合绍兴实际，顺应群众意愿，是一项长期而艰巨的战略任务。

（三）加快构筑绍兴大城市的必要性

加快推进城市化，绍兴首先要做大城市，尤其加快做大绍兴市区

绍兴城市越来越美，环境越变越好，城市框架越来越大，2003年的绍兴环城河

的规模。

2002年9月15日，市委召开常委扩大会议专题研究绍兴大城市发展战略。这次会议具有重大战略意义，对绍兴今后发展关系重大。会上，我以"抓住机遇　合力建市　共创绍兴美好未来"为题做了发言。在发言中我阐明了构筑绍兴大城市的重要性，以进一步增强大家的使命感。

"第一，构筑大城市是绍兴经济社会和城市发展到一定阶段的内在要求。实践告诉我们，经济、社会和城市发展有其自身规律。我们只有顺应规律，按规律办事，才能更好地推进我们的事业。一方面，从经济社会发展现状看，绍兴正处于一个新的发展阶段，无论是从产业发展的基础看，还是从人均GDP看，都到了需要建设一个大城市的时候了，特别是从推进经济社会跨越式发展要求看，开辟新的发展空间，建设一个大城市显得尤为迫切；另一方面，从城市发展自身的要求看，绍兴正处于一个重要的转折时期。尽管当前绍兴的城市化推进得很快，城市化水平提高也很快，但与建设大城市的要求相比，城市规模还需进一步扩张，承载空间还需进一步拓展。从一定意义上讲，绍兴目前

最缺的东西可能就是缺一个大城市了。

"**第二，构筑大城市是顺应区域发展态势和符合区域竞争特点的必然选择**。这可以从两个方面来把握：一是构筑大城市顺应了区域发展态势。要把构筑绍兴大城市放在以上海为龙头的长江三角洲区域发展中来审视。当前，在这个区域内，无论是上海，还是江苏、浙江都处在城市急剧扩张的重要时期。上海、嘉兴、杭州、绍兴、宁波一带将成为长江三角洲越来越重要、外来投资越来越多、发展势头越来越好的重要区域。今后区域间的发展将越来越依托于城市的发展，并通过城市的发展来提升区域的承载力和竞争力。二是构筑大城市符合区域竞争特点。要把构筑绍兴大城市放在全省区域竞争中来考虑。从全省范围看，杭州、宁波、台州、嘉兴都处于谋求城市新一轮扩张和发展时期，各地都在通过做大城市规模、做强城市经济、做美城市环境和做优城市功能等方式，来加快城市发展，赢得竞争优势。

"总之，从更高层次和更大范围看，城市在区域经济发展中的地位越来越突出，城市的带动作用越来越强，区域间的竞争将越来越依托城市的竞争。因此，在新一轮的发展中，我们只有不断进取，开拓创新，做强做大城市，才能在未来的竞争中有更大的作为。

"**第三，构筑大城市是更好地保护和开发历史文化名城的现实需要**。绍兴古城有2500年历史，文化积淀深厚，保护和开发价值高。近年来，我们在重点区域的保护和开发方面取得了很大成绩，特别是对环城河的综合整治，为古城的整体保护和开发提供了成功经验。2001年12月，省政府批复的绍兴城市总体规划和绍兴历史文化名城保护规划，为古城的整体保护和开发提供了法规依据。市委做出了建设大城市的战略决策，为古城疏解保护、合理开发、功能拓展和品位提升，创造了十分有利的空间条件。因此，我们有基础、有条件、有能力把古城进一步保护好、开发好。

"**第四，构筑大城市是广大人民群众根本利益的具体体现**。目前，8.32平方公里的古城集聚着20多万人口，城市和环境承载能力受到了很大限制。从一定意义上说，人口过密对古城的保护带来了许多不利因素。广大人民群众对改善生活环境、提高生活质量的呼声也较为强烈。因此,市委、市政府解民情,顺民意,审时度势做出建设大城市的科学决策,体现了广大人民群众的根本利益。

"第五,构筑大城市是实现绍兴经济社会跨越式发展目标的根本举措。推进经济社会跨越式发展最根本的一条就是要看城市自身能不能实现跨越式发展,没有城市的跨越式发展,也就谈不上经济社会的跨越式发展。建设一个大城市,为经济社会跨越式发展提供了根本保证。

"构筑大城市是一个大战略、大目标,事关绍兴的长远发展,事关广大人民群众的根本利益,事关古城的保护和开发。我们要顺势应时,合乎规律,进一步增强构筑绍兴大城市的自觉性,切实肩负起建设大城市的历史使命。"

(四)高起点、高品位建设大城市

在发言中,我还重点强调了构筑绍兴大城市必须认识时代性,要有特色和有品位。

"绍兴的城市发展正处在一个历史性的变革时期,建设大城市,在绍兴经济社会发展史上具有划时代的意义。我们赶上了这样一个大好时机,一定要肩负起时代赋予我们建设大城市的历史重任。构筑绍兴大城市发展战略,要体现'高起点、高品位、大手笔'的特点,有特色、有气势、有气魄,并要有相当的超前性。

"具体应体现在以下五个方面。一是城市发展定位更准,以战略的思维和开阔的视野,把绍兴放在整个世界和长江三角洲的大背景下来审视城市的发展定位,并致力打造以轻纺为特色的重要制造业基地。二是城市发展目标更高,力争通过 20 年的努力,把绍兴建设成拥有百万人口的现代化生态型大城市。三是城市发展形态更美,城市形态将实现由单厢主城式封闭型结构向'三大组团、绿色空间'的多核组团式开放型结构的跨越。四是城市发展功能更优,将实现由单一组团综合功能向组团功能合理分工的转变。五是城市发展走向更宽远,由古城通过鉴湖水系直逼"杭州湾时代"。

2004年9月23日，王永昌陪同绍兴旅港同乡会乡贤参观绍兴友好会馆

"在城市发展的重要转折时期，我们一定要珍惜大好的历史机遇，高度重视城市规划问题。规划是城市建设的龙头，是城市发展的生命，规划出生产力，规划出效益，规划的失误是最大的失误。听了专家的介绍，特别是关于'城市绿心'规划的介绍，使我们对一些规划理念有了新的认识：一是要坚持人与自然的有机统一，规划要尊重自然，尊重环境；二是要正确处理保护、限制和开发、建设之间的关系，从一定意义上讲，限制也是一个硬道理，这很有新意；三是要高度重视对文化的追求；四是规划要充满激情和个性。"

规划确定以后，在大城市的建设中必须正确把握以下四对关系。

"一是要正确处理历史文脉与现代文明的关系。实际上这是历史文脉的继往开来问题，也就是在新形势下如何处理继承传统和开拓创新的关系问题。绍兴之所以成为绍兴，不管是过去、现在，还是将来，其根本还在于它的历史、它的文化。所以，我们要注重文脉的传承、转化和创新。在文脉相对统一的前提下，特别要高度重视绿心规划，通过规划理念、功能布局、建筑风貌等方面，以绿心为依托，来保持各个组团之间的相互呼应，来体现绍兴的历史文化和地方特色，力争把绍兴建设成

一个集历史文化与现代文明于一身的有独特个性的现代化大城市。

"二是在各个组团和绿心之间要正确处理农业文明、工业文明和生态文明之间的关系。这次讨论的纲要和规划,一个重要特点是特别重视如何处理好产业文明与城市文明的关系,并且突出'强化生态文明理念,追求绿色生态环境,增创生态发展优势'这个课题,把农业文明、工业文明和生态文明很好地结合起来,这是人类发展中带有规律性的普遍要求。在区域发展中,绍兴有这方面的优势。我们一定要有生态文明的观念,并用生态文明的理念来规划、建设、看待、发展绿心中的农业、组团中的工业,推进区域经济向更高层次发展。

"三是要正确处理大城市中规划、建设中的静与动的关系。从规划角度看,动与静是一种互动关系。城市发展应该有静有动,相互结合。从大的方面看,柯桥、袍江、越城以及滨江组团应以动为主,以发展为主,尽可能让其繁荣起来;与之相呼应,绿心应以静为主,让其宁静下来,成为令人向往的地方。但绿心的静也不是绝对的,有静也有动,应该有开发建设的地方。动静结合,静动呼应,错落有致。我们的整座大城市就像一首和谐的乐章,非常美妙。

"四是要正确处理保护和开发的关系。在城市建设中,不仅要加强对历史文化的保护,也要重视对自然、生态环境的保护。有些地方、有些方面一时看不准,没把握或者来不及建设的,可以先保护起来,先'限制'起来,对生态敏感区、发展敏感区、历史文化敏感区尤其如此,为子孙们留些余地,让后人们去做,如曹娥江两岸、绿心和滨江等这些未来城市发展带及重点区域,可以先进行概念性规划,适当加以保护,待时机成熟后,再进行开发建设。这种合理的保护和理性的限制,实际上是谋求更长远、更高层次上的发展。"

(五)构筑绍兴大城市的主要任务

在发言的最后部分,我谈了构筑绍兴大城市的机遇和任务。

"绍兴建设大城市的基础很好,各方面条件也非常有利,应时不我待,抓住机遇,乘势而上,进一步加快合力建市的步伐,为推进经济社会跨越式发展开辟新的主战场。

"一是要进一步形成共识，合力建设绍兴大城市。要把思想认识自觉地统一到市委建设一个大城市的决策上来，各级领导干部必须'胸怀大绍兴、心有大城市'，真正从思想上、感情上、规划上、氛围上、工作上来体现和落实大城市的建设。这不是一个一般性的发展问题，而是一个带有全局性和根本性的问题。在这个问题上来不得半点马虎，更来不得半点分心、分力，必须形成共识、形成合力。要充分利用现有体制和优势来推进大城市建设。国务院以及建设部最近对规划统一性问题抓得很严，都在督查，强调规划统一性、严肃性，也到绍兴市来了解过。我们这方面做得是比较好的，市规划协调管理委员会正在积极开展工作。我们大城市规划涉及柯桥、袍江、越城、绍兴经济开发区，从战略的角度讲还涉及上虞市，大家在这个问题上，眼光要放远，心胸要开阔，要以全局和根本利益为重。

"二是要进一步深化完善专项规划，并根据这些规划尽快抓紧启动相应的基础设施建设。在大城市战略纲要的指导下，交通、水利、产业布局、生态以及其他重大基础设施布局等各项规划都要抓紧，一些工程能够启动的要尽快推进和启动。

"三是要进一步深化'城市绿心'规划，并适时组织实施和建设。'城市绿心'的确是我们的优势，的确是绍兴非常宝贵的资源，这个地方建设规划好了，就能发挥独特的功能。如果说古城是绍兴城市的'根'的话，那么'城市绿心'就是绍兴的'龙眼'，或者说'心脏'，它是城市生态的源泉和动力，建设好了就可以几个组团结合在一起，呼应在一起。大城市几个组团作为一个整体，要依靠'城市绿心'凝聚在一起。'城市绿心'可以成为城市知名度的最主要的品牌、最主要的亮点。这是绍兴人民增强凝聚力、自豪感的地方，也是回归自然、享受生活的好地方。

"四是要进一步加快新的行政中心规划和设计，适时组织建设。行政中心在'城市绿心'范围内，其具体选址可以再听取方方面面意见，提出可行的方案。新行政中心建设是建设大绍兴、构筑多元组团城市形态的一个非常重要的举措,搞好了其带动辐射作用将是很大的。行政中心要有江南和绍兴的风格和特点,希望是亲水的、亲民的,要有一定的景观风格。行政中心搬迁问题还涉及包括如何带动和推动等许多方面的工作。

"五是要尽快筹划和启动建设跨江大桥和河口大闸。这对构筑大绍兴、大城市,接轨上海,走向"杭州湾时代"等都很重要,它是以后整个城市发展走向的'牛鼻子',有关部门要抓紧同上级沟通,抓紧落实。

"六是要进一步深化江滨工业新城的开发和建设。绍兴市区今后经济增长点主要就在那里,竞争的新高地也在那边,是绍兴未来发展的希望,要精心规划,加快启动,大力推进。

"七是要进一步重视三个组团接合部之间的对接、衔接,重视周围环境的整治。重点是加快做好组团间的快速通道,以及'城中村'的改造。

"八是要做好迎接'七艺节'的环境整治建设的准备工作。抓紧越城、柯桥、袍江三大区块的环境整治工程,这与大城市建设也是密切相关的。

"九是要规划长远,立足当前。要抓紧做好今年确定的城市基础设施的'1718'工程建设。

"十是要在完善规划的基础上,通过人大履行相应法律手续出台这些规划,并及时向政协进行通报商议。"

(六)建设大城市要突出市中心城市

在 2001 年 12 月 31 日召开的绍兴市政府四届八次全体会议上,我提出大力推进城市化进程和提升城市综合竞争力,是市政府今后的一项重要工作。我指出,城市化是绍兴市经济社会新一轮发展的突破口,也是城乡发展的必然趋势。我们要按照市委提出的"五年大变样"目标,坚持"高起点规划,高水平设计,高强度投入,高质量建设,高效能管理"的工作方针,坚持建设与管理、开发与保护相统一,加大推进城市化。

此外，我还分别从完善城市发展规划和布局、不失时机地推进城乡基础设施建设、切实加强历史文化名城保护、着力提高城市管理水平等方面，做了强调和工作安排。

在 2002 年 7 月 16 日召开的绍兴市政府四届九次全体会议上，我就加快绍兴城市化（大城市）工作做了更具体的布置，尤其强调了市中心城市（市本级城市）建设的重要性。我在会上指出，城市化是加快绍兴市现代化建设的重要战略举措，中心城市在全市城镇体系中处于核心地位。提高区域竞争力，关键是提高城市的集聚力和影响力。坚持合力建市战略，就是要按照"发挥多个积极性，建设一个大城市"的要求，依靠市、县、区各级各部门和全社会的力量，共同推进绍兴中心城市的建设。绍兴城市化工作要进一步突出中心城市建设这个重点。

一要继续深化中心城市规划。抓紧编制好"三大组团、绿色空间"的整体规划、分区规划和重要区块、重要路段的控制性详规，完成"文字上的大绍兴""图纸上的大绍兴""沙盘上的大绍兴"，为建设"大地上的大绍兴"打好基础。充分发挥城市总体规划协调管理委员会的作用，强化对城市规划工作的领导和对重大基础设施建设的协调。切实加强规划监管，坚决杜绝违法违规现象。

二要抓紧抓好市区的"1718"工程建设。要按照市区重点建设工程动员大会的要求抓好落实，确保工程建设的质量和进度。对工程建设中存在的筹资难、拆迁难等问题，项目业主单位要积极寻求解决办法，有关部门要主动搞好服务，市政府也要进一步加强调研、督查和协调。

三要进一步加强城市管理工作。在前期大量调查研究的基础上，要抓紧制定和实施城市管理体制改革方案，实行城市管理综合执法，形成长效管理机制。针对道路管理、河道管理、广告管理等方面存在的突出问题，要制定规范性的管理办法和实施细则。按照"政企分开、管养分离"的思路和市场化运作的要求，改革市政公用设施管理、桥梁维护、绿化养护、环境保护和卫生保洁等管理体制。

四要加大"城中村"改造力度。实施"城中村"改造是推进城市化工作的一项重要举措，更是一项造福农民的民心工程。要采取有效措施,积极推进这项工作,越城区政府要切实负起组织实施的责任,市级有关部门要积极予以配合。

五要抓好历史文化名城保护。相关部门要制定出台历史文化名城保护规划的实施意见,继续积极推进书圣故里、仓桥直街等历史街区的保护工程,抓紧启动建设八字桥历史街区保护工程,特别是要重点抓好鲁迅故里保护工程的建设。

六要巩固"创模"成果,建设国家生态城市。这是在"创模"成功的基础上提出的推进生态环境建设的新目标。绍兴市要力争通过五年左右的努力建成国家生态城市。为此,要组织开展一系列相关的调查研究,制定好生态城市规划和具体工作方案。市委、市政府要对"创模"工作进行总结表彰,对建设生态城市进行专门部署。同时,要认真开展绿色生态村镇建设活动,2002年要确保完成全市100个村、市区14个村的建设任务。

七要进一步强化城市经营。城市是最大的国有资产,城市资源是可以经营的。要继续深化土地使用制度、城市建设投融资体制和城市资源经营机制的改革,抓紧开展国土资源规划与城市总体规划的修编衔接工作,坚持经营性土地公开拍卖制度,加大土地收购储备力度,健全土地有偿租用制度,积极培育和规范土地市场。

在抓好中心城市建设的同时,还要继续加强对各县(市、区)城镇规划和建设工作的指导与协调,全面提高绍兴市城市化水平,提升城市综合竞争力。

二 提出"三看绍兴"：江南风情看绍兴，江南文化看绍兴，江南古城看绍兴

在推进城市化过程中，一个根本性问题，就是要尊重城市演变规律，尊重城市历史，尊重城市个性，使城市实现有机更替，既要在规模、数量上拓展，又要在质量、特性上得到彰显。这一点对绍兴城来说尤为重要。因为，绍兴本来就是一座有历史、有文化、有个性的城市。必须防止在所谓的"城市化""现代化"中破坏绍兴城的历史文脉。

2004 年 12 月 27 日，在央视演播室宣传绍兴城市的"三看"品牌

换句话说,在绍兴城市建设中,既要遵循城市化的普遍规律,又要遵循绍兴城自身特有的内在要求,把普遍性和特殊性有机结合起来,这才是绍兴的新型城市化,才是真正意义上的绍兴城的发展。

那么,绍兴城市集中的、鲜明的、综合的个性到底是什么?

我是 2001 年 11 月 8 日到绍兴任代市长的。2001 年 11 月 24 日,即到任半个月后,我就专门到市建设局了解绍兴城的规划和建设工作。

绍兴是越国古都,于公元前 490 年建城,至今已有 2500 多年的历史。据考证,春秋战国时期兴建的古城,保留至今的全国只有 6 座,江南有 2 座,绍兴城便是其中之一(另一座是苏州)。但就城市的形态规模来讲,悠悠 2500 多年的绍兴城,实际上只是一座小城。20 世纪末 21 世纪初,绍兴的城市化步伐很快,城区由原来的山阴小城开始走向"鉴湖时代"和"杭州湾时代",市里也提出了要建设百万人口大城市的发展目标。

调研中,我对绍兴城市规划工作发表了看法,并鲜明提出了要打响"江南风情看绍兴,江南文化看绍兴,江南古城看绍兴"的品牌。认为绍兴城市规划和建设要充分体现这个特色和理念,使绍兴成长为更有个性、更有魅力、更有文化的城市。"三看绍兴"的理念和想法,引发了大家的共鸣,各界反响强烈,并很快成为市里的决策,也一度成为绍兴城市公认度很高的品牌。

现将那天调研的现场讲话全文收录于下。

打造城市个性　凸现水乡风情

城市规划是一项战略性、综合性很强的工作,是调控和指导城市建设的基本手段。刚才,听了建设局关于绍兴城市总体规划、历史文化名城保护规划、城市绿地系统规划等情况汇报后,我认为,把绍兴的城市规划好、建设好、管理好是一种崇高的责任。我们一定要从绍兴实际出发,坚持保护与发展并重原则,树立精品意识和古城保护意识,继续把绍兴城市建设好。

2002 年 10 月 12 日,绍兴举行第 7 届中国艺术节倒计时一周年活动

第一个问题:我对绍兴现有规划的感受。

我觉得,目前绍兴城市总体规划、历史文化名城保护规划和城市绿地系统规划总体是很不错的,主要体现在这样几个方面。

第一,在历届市委、市人大、市政府、市政协的高度重视和有关部门的共同努力下,城市建设规划经历了 3 次大的修订和完善。2000 年 5 月,绍兴市区行政区划扩大,城区面积从 101 平方公里扩大到 336.5 平方公里,根据这一情况,我们对城市总体规划又进行了修订完善。从实际效果看,规划的实施已经得到社会各界的普遍赞许和认可。今后,人民群众对我们规划好城市、建设好城市、管理好城市的要求会更高,我们的担子会更重,责任也会更大。

第二,对推进城市化的背景认识比较清醒。从全省的城市格局来说,杭州与宁波的城市连绵带上需要有一个重要支点,这就是绍兴。如果我们抓住机遇,乘势而上,就能在两大城市之间左右逢源,发展自己;如果把握不准,则将面临两大城市的左右夹攻。目前杭州、宁波发展都很快,我们也要加快步伐,发展自己。

第三,对城市发展的目标定位、原则把握比较清晰。城市化的推进体现了大绍兴、大发展、大手笔的特点。城市建设已进入了一个加快发展的时期,今后城市规模会更大,功能会更全,面貌也会更优美。

第四,绍兴城市发展方向比较明确。在长江三角洲区域城市体系和全省的城市格局中,将其定位为长江三角洲南翼区域中心城市和杭州与宁波城市连绵带上的连接点。今后绍兴市将朝着长江三角洲南翼以酿酒、轻纺、电子为特色的区域中心城市的方向发展,"三大组团,绿色空间"(后来演化为越城、柯桥、袍江、江滨"四大组团")的城市结构形态将充分体现可亲、可居、可游的江南水乡风情。

第二个问题:绍兴城市的个性和特色。

今后在城市规划和实施过程中,我们还要继续认真把握和处理好一些问题。

一是城市个性和特色问题。绍兴城市集中的、鲜明的、综合的个性到底是什么? 在全国是一个什么样的地位? 弄清楚这个问题,要根据城市的历史和现状,梳理绍兴各个时期源远流长的历史文脉,进行深入研究,挖掘深刻内涵。要通过开发、建设和保护,使城市特色更鲜明、个性更突出、品牌更响亮。如果说中国北方古文化看西安的话,南方古文化能否看绍兴? 要把绍兴推向全省、全国乃至全世界,怎么推? 这要有一个载体,一个抓手,这个问题需要进行认真研究探讨。我这里提出一个课题供你们讨论参考,就是市委、市政府提出要建设"经济强市、文化名市、旅游大市"的目标,也提出了要经营城市的理念,我们要按照这些目标和思路,打响"江南风情看绍兴,江南文化看绍兴,江南古城看绍兴"的品牌。城市的规划、建设和管理也要充分体现这一重要特点。

二是城市资源问题。绍兴的自然资源和人文资源都很丰富,绍兴具有典型的江南山水风光,历史上有400多位著名诗人留下了赞美稽山鉴水的诗篇,全市共有7个省级风景区,浓郁的越乡风情,颇具特色的绍兴酒文化、石文化、桥文化吸引了众多的海内外游客。同时绍兴以其秀丽的山川哺育了众多的志士仁人,涌现了如古代的越王勾践、书法家王羲之,近现代的学界泰斗蔡元培、文化巨匠鲁迅和一代伟人周恩来等,因此,绍兴被毛泽东称为"鉴湖越台名士乡"。如此丰富的城市资源如何进一步开发利用,是一个很大的课题。

三是城市规划完善问题。城市规划是城市建设的龙头和基础。在城市总体规划明确的情况下,规划的完善要善于抓住国家现代化建设的方针、政策,找准与绍兴市实际情况的最佳结合点,提出最能反映绍兴发展规律的城市发展规划。在规划完善过程中,要认真把握宏观布局、中观规划和微观设计之间的关系,抓紧制定区块规划、控制性规划和修建性详规。概念性规划、总体性规划要高瞻远瞩,体现战略家的眼光;区块规划、控规、详规以及街景设计要与总体规划协调统一,体现设计师的风格;单体建筑要精雕细刻,多出精品,体现工匠精神。

四是古城保护问题。8.32平方公里范围内的古城保护是一个重要任务,绍兴之所以是历史文化名城,古城是最直接的物质空间承载体。我们要正确处理开发与保护之间的关系,坚持在开发中保护,在保护中开发。既要把历史遗存的保护作为城市发展的首要任务来抓,又要充分调动各方面的积极性,着力搞好现代化城市的规划和建设。我们的保护是积极的保护,而不是消极被动的保护。

在实际工作中,我们特别要抓好三个敏感区的保护。(1)历史文化

2004年4月20日,绍兴水城风情旅游节开幕

敏感区保护,应按越文化脉络,将绍兴名城的人文景观、水乡风情串联和组织起来,形成一个有系统性的名城保护结构体系。对古城的保护既要强调点、线、面的保护,又要注意全城保护,即把南宋时期形成的古城作为整体框架加以保护,古城里的布局、建筑要风格协调,同时,要把历史文化敏感区作为重中之重加以保护。(2)生态环境敏感区保护,着重要抓好绿地生态建设。(3)经济发展敏感区保护,主要是对三大组团中发展前景看好的地段区块要适当控制,确保发展的前瞻性和较大的土地收益。

两千多年来,中国江南也许只有两座城市自建城始而一直没有迁址。一个是苏州,一个是绍兴。先辈们留给我们的财富是十分丰富的,归纳起来有两个方面:一方面是无形的精神财富,这就是绍兴独特的人文精神;另一方面是有形的物质财富,这就是遍布古城内外大量的丰富的人文景观、古代建筑和自然山水风光。保护和利用好先辈们留下的财富是我们的责任。我们要打响"江南风情看绍兴"的品牌,通过几年、十几年甚至几十年的努力和不懈奋斗,把古城建设成中国一流的旅游城市。

我们的建筑要多出精品。建筑的风格要协调、得体,古城区范围内的建筑高度、密度要有序控制,建筑色彩要体现古城风情、水乡特色,并达到和谐统一。古城区范围内的建筑、街景要有助于体现绍兴历史文

2003 年 9 月 28 日,绍兴鲁镇景区正式开园

2004 年 1 月 1 日，"中国百姓生活游" 浙江开游仪式在绍兴举行

化。保护地带要只拆不建或少建。要尽最大的努力保护恢复一切可以保护和恢复的文物古迹，做到对人民负责，对历史负责，对未来负责。

五是解读历史文脉问题。要从时序的角度，以梳理历史文脉为线索，正确处理历史、现状与未来的关系。要高度重视文化在绍兴过去、现在和将来发展中的地位、作用。对绍兴历史阶段划分、文脉延续和承载空间都需要做很好的研究，如对古越文化的研究、开发和保护问题要做很好思考，唐、宋、元、明、清等各个朝代都要很好研究，古为今用，以提升发展品位。

六是规划监管问题。要本着对历史负责，对未来负责的态度，处理好规划、实施和监管的关系，城市总体规划、控制性详规和修建性详细规划等一经出台，就要严格依法实施和监管，坚决杜绝违反规划现象和违法违章建设的出现。

七是规划人才问题。城建规划部门要多出人才，多出成果，多出精品。一方面要立足绍兴本地，努力培养和造就绍兴的规划大师、设计大师；另一方面要善借"外脑"，大胆引进外地的规划人才和智力，按照市场经济办法搞好绍兴城市的规划、设计工作。同时，要进一步增强各级领导干部和广大群众的规划意识，加强城市规划法宣传，确保城市规划深入人心，落到实处。

三 规划是城市发展的"先行官"

　　中国各省份内的市长,通常情况下既是一个区域的行政领导,又是行政机关所在地城市的市长。因此,做好城市规划工作,是市长的重要职责。推进城市化、搞好城市建设,市长首先要抓住规划这个"龙头",设计好城市发展蓝图。

　　城市规划专业性很强,特别是专门领域和部门规划就更为具体了,但城市规划中有概念性规划、总体性规划,这些规划是要体现城市未来发展目标、蓝图的,要有理念、思路,而这些恰恰是市域领导者要思考的,也是应该有自己想法的。在这些方面,正是体现领导者有无思路、远见和能耐的重要领域。

　　为加强城市规划工作,在市委领导下,我力促成立绍兴市城市总体规划协调委员会和市规划局(二级局),我自己任城市总体规划协调委员会主任。成立城市总体规划协调委员会的目的,是要加强对市区(越城区)、柯桥区块和袍江开发区"三大组团"(后来又演化为越城、柯桥、袍江、江滨"四大组团")规划工作的领导,以及重大基础设施项目建设的协调落实。由于涉及多个行政区域的领导主体,所以市长要出面协调一些大的规划和项目的统分关系。成立专门的市规划局,目的就是提高规划的地位和专业化水平。

　　总体规划不是说改就能改的。通常情况下是经济社会发展五年规划出台时同步要有城市总体规划的。

（一）成立市规划局

2003 年 7 月 5 日，市里召开了绍兴市中心城市规划管理协调委员会会议暨市规划局成立授牌仪式。会上，我就成立市规划局做了讲话。主要内容如下。

首先，成立市规划局的重要性。

这次会议在绍兴的城市规划史上将具有里程碑意义。成立市规划局是绍兴大城市发展的客观需要，也体现了政府职能的转变。为什么要专门成立规划局呢？

"一是为了更好地履行市政府的职责。这些年来，城市规划工作取得了很大成绩，市建设局做了大量工作，社会各界给予了很多支持。但我们要在已有成绩的基础上，更好地履行城市政府在城市发展中的基本职责，必须进一步加强城市规划和规划管理工作。城市政府在地方党委的领导和人大的监督支持下，要履行的最基本、最重要的职责就是城市规划和规划的管理。也就是说，城市政府必须根据城市经济社会发展规律和城市发展目标，对城市的发展建设做出带有前瞻性、综合性的部署和安排，以此形成一个规

2003 年 7 月 5 日，绍兴市规划局成立授牌仪式

划,指导整个城市的发展。李瑞环同志曾经对城市规划的地位和作用有过定位,他说,城市规划和规划管理是城市建设的一项基础性工作,是城市发展的'蓝图',是城市建设、管理的基本依据,也是城市发展建设的方向和目标。城市政府要承担好自己的职责,就必须把规划问题放到重要的战略地位上来抓。

"二是为了更好地发挥城市规划的龙头作用。城市规划是城市经济社会发展、城市建设、城市管理、城市经营,以及城市发展理念、城市功能提升的'先行官',是增强城市竞争力的基础,是引导整个城市发展的一个'纲',具有'龙头'作用和战略性地位。城市规划的形成经过深入讨论、研究,听取方方面面的意见,规划形成以后又通过一定的程序批准,具有很强的科学性、超前性、系统性、法规性和严肃性。纲举才能目张,成立规划局就是要在已有的基础上进一步增强规划的严肃性和社会各界的规划意识,进一步发挥城市规划的'龙头'作用。

"三是为了更有效地整合大城市规划资源。现在绍兴大城市的建设和发展是多元的、组团式的,这就面临着规划资源的整合,有一个'统规划'的问题。成立市规划局就是要在发挥方方面面积极性的同时,把该统的统起来,形成整合优势,进一步完善大城市功能,加快大城市建设步伐。

"四是为了更有效地加强城市规划的管理工作。市规划局的基本职能或说最重要的职责就是规划管理,成立规划局一方面有利于增强规划管理的权威性;另一方面有利于提高办事效率,在项目选址、规划用地、工程规划审批等方面,更好地为企业为基层服务。"

其次,对规划局工作的期望。

我认为,要立足高起点、高标准,把规划局建设成为班子强、队伍好、业务精、效率高的工作机构。

"一是要以高度的事业心、责任心搞好城市规划。规划局的每一个同志都必须有高度的事业心、责任心,对绍兴历史、对绍兴人民、对绍兴未来负责。

"二是要以科学的规划理念组织引导城市的规划设计。规划是一门科学和艺术,规划局的全体同志都要做到业务精通。绍兴城市的规划任务还很重,大城市的总体规划要不断完善,区块规划、详细规划、专项规划要不断深化,大量的建设工程需要规划、设计。

"三是要以高效的工作机制实施规划管理。规划管理过程中环节很多,选点也好,审批也好,既要符合规划法规定的程序要求,又要尽可能压缩一些不必要的办事环节,建立高效运作机制。

"四是要以过得硬的干部队伍建设来提高规划工作水平。做好工作关键在人。要建立一支业务精、作风好、过得硬的规划管理工作队伍,保障城市规划的顺利实施,提高整个城市规划和规划管理工作水平。原有的队伍要通过学习、培训和必要的考核,不断提高素质。同时,也要尽可能地借用'外脑',引进一些高层次的专业规划人才。"

再次,要形成规划工作的合力。

"规划工作要讲大局,切实维护大城市规划的统一性。作为组团式的中心城市,我们必须认真处理好发挥多个积极性和维护规划统一性的关系,既要充分尊重和发挥好多个积极性,又要切实加强城市规划的协调和统一性。各个组团都要心中有大城市,自觉地服从城市总体规划的指导,维护这个规划的严肃性。现在我们已经有了好几个较大的开发区,一些具体的规划都是开发区自己在做,今后要切实加强规划资源的整合,强化规划工作的协调,更好地体现规划的统一性。各级各部门都要自觉服从和服务于大城市规划,积极支持和帮助规划局开展工作。要以市规划局成立为契机,乘势而上,把我们的城市规划和规划管理工作提高到一个新的水平。"

最后,进一步明确当前的规划任务。

"一是要从大城市规划的前瞻性角度系统考虑大绍兴的长远发展,积极挖掘未来一个时期新的增长点。

"二是要在城市总体规划的指导下,在已有分区规划的基础上,加紧一些重要区块的规划设计。从发展的眼光来看,如果我们的规划能够覆盖到整个规划控制区的每一寸土地,就算实现了规划工作的'自由王国'的境界了。当前,规划局要对重要区块规划分轻重缓急做好安排,重点是要抓紧做好城南、青甸湖,以及袍江工业区和绍兴生态产业园区中间地带等的规划。

"三是要抓紧做好'城中村'改造的有关规划工作。2003年内要完成北海等三个组团的规划,对2004年'城中村'改造的有关规划工作也要着手做好准备。

"四是要继续做好'710工程'中有关项目的规划工作。目前,'710工程'中涉及规划问题的还有30多个项目,规划工作要赶紧跟上。

"五是要对专项规划进行必要的梳理和完善。在总体规划指导下的城市专项规划有二三十个之多,很多规划我们还没有来得及做。随着大城市建设的推进,这项工作已迫在眉睫。城市的供水、排水、电信、电力、煤气、人防、公交、园林绿化、道路、水系等专项规划都要抓紧排队梳理,抓紧完善,有的可以委托有关部门和单位先做起来。

"六是要尽快把吕府、萧山街等保护区的规划提到议事日程上来,保护好我们的历史文化名城。

"同时,规划局要认真总结这些年来我们城市规划工作的成绩、经验以及存在的不足,就如何进一步加强城市规划管理工作,如何既发挥多个积极性,又体现规划的统一性提出意见和建议,供市委、市政府决策参考。

"我相信,通过调整绍兴中心城市规划管理协调委员会和成立规划局,一定能使绍兴的城市规划和规划管理工作再上新台阶,使城市规划与大城市建设要求相适应,使我们的城市功能、城市品位和城市竞争力进一步提高,城市凝聚力进一步增强,城市发展环境进一步优化。"

(二)"十一五"期间的"三规"工作

2006年是新一轮五年发展规划的启动年。2005年9月26日,市里召开了"三规"(经济社会发展、城市发展和土地利用三个规划)工作进展情况汇报会。我在会上做了讲话。

我指出,绍兴发展的目标是建设经济强市、文化强市、生态绍兴、和谐绍兴。在这样的背景下，绍兴城市总体规划有以下工作要做。

首先，要进一步明确绍兴城市新一轮发展的基本方位。

第一，总体定位。绍兴城市总体定位，原则上应继承过去定下来的思路，就是把绍兴建成在长三角地区、杭甬之间崛起的，历史文化与现代文明相融合的，山水风光与城市景观相辉映的，拥有百万以上人口的现代化生态型大城市。这个总定位，我认为应继续坚持。

第二，规模问题。规模问题与绍兴中心城市的规划范围是有联系的。在规划中心城市时，我们要充分考虑省委、省政府有关环杭州湾城市群的总体规划，要与省里的规划紧密衔接起来，同时还要考虑绍兴已有的发展基础和规划成果，然后再来确定绍兴城市的发展规模。确切地说，从长远来讲，在杭州和宁波之间，今后应该是一个城市带，浙江省也是这样规划的。因此，从规划角度来讲，城市规模应该往这个方向去发展。鉴于此，规划中的一些理念，包括一些措辞和表述应该及时修改。

第三，要突出绍兴的优势。绍兴历史文化名城的特色和优势，要充分体现出来。与之相适应，旅游业的发展也要体现这个优势。因为绍兴最大的旅游资源就在于绍兴是一个国家历史文化名城。

第四，要突出绍兴的产业。绍兴立身之本主要有两个方面：一是历史文化名城，二是特色产业。从历史角度讲，绍兴城市的特点是历史文化名城；从改革开放以来的发展来讲，绍兴城市的特色就是产业的发展。因此，就今后的发展来讲，我们一定要为绍兴的产业发展创造条件。

接着，我阐述了绍兴城市新一轮发展的基本理念。

城市发展的理念要与城市发展的定位相适应。概括地说，要有历史文化名城理念；要有长三角、杭州湾的理念；要有城市空间组团式、网络化发展的理念；要有生态化、水城的理念；要有城市发展北拓的理念。

其次，我介绍了绍兴城市新一轮发展的空间布局。

第一，中心城市应该按照建设杭甬之间城市群的要求进行空间布局。第二,诸暨和嵊州、新昌应该是城镇组团式的布局。第三,中心城市应该是区块组团式的布局。第四,要考虑好城镇和中心村的布局。第五,要考虑好产业的布局。第六,要考虑好重大基础设施的空间布局。

最后,我强调了当时需要进一步深化研究的几个问题。

第一,要进一步深化城市特别是中心城市的人口规模和用地规模问题。第二,要进一步深化研究城市发展的个性、特色和发展方向,特别要考虑城市形态的个性特色和方向。第三,要进一步深化研究城市发展的空间形态。第四,要进一步深化研究城市的重大基础设施布局。第五,要进一步深化研究在实现"十一五"总体规划目标的过程中,城市发展可能会遇到的主要问题,并规划好相应的应对策略。

城市总体规划,就其主要矛盾来讲,就是要千方百计解决"十一五"时期和今后一个时期发展所需的空间。我们的规划,首先不应该自己限制自己,要想办法、动脑筋,大胆规划,小心论证。如果我们自己都规划不出一个有利于绍兴发展的好规划,那还有谁来给我们创造条件呢? 要创造性地把上面的规划与自己的实际情况结合起来,并千方百计想办法来解决城市发展的空间问题。

(三)绍兴城市发展的基本战略

我认为,绍兴要谋求跨越式发展,关键是缺少一个具有较强综合竞争力的大城市,这就需要把加快绍兴大城市建设作为推进城市化的重中之重来抓。为此,我们花了很多精力研究城市发展战略,并在深入调查研究的基础上,制定了《绍兴大城市发展纲要》,进一步明确了城市发展的战略方向和目标定位。

第一,进一步明确了绍兴城市发展的战略目标。根据绍兴城市性质、特点和未来发展,我们确立的绍兴城市定位是:国家历史文化名城,国内外著名旅游城市,长江三角洲以轻纺为特色的重要制造业基地,绍兴市政治、经济、文化中心。目标定位是:到 2020 年,把绍兴建设成为长江三角洲地区和杭甬之间崛起的拥有百万人口、历史文化与现代文明相互融合、山水风光和城市景观交相辉映的现代化生态型大城市。

第二，进一步明确了绍兴城市发展的战略导向。我们提出，绍兴城市发展的战略导向是，"城市北进、旅游南延、沿江发展、多向拓展"，形成"北工、南闲、东新、西市、中秀"的功能布局，城市发展的重心逐步由"山阴会稽时代"跨入"鉴湖时代"，走向"杭州湾时代"。"北工"就是工业布局主要集中在城市北部；"南闲"就是城市南部为绿色生态保护区，以发展旅游观光、休闲度假和营造新型生活空间为主；"东新"就是城市东部以高新技术产业为主；"西市"就是纺织商贸中心在城市西部发展；"中秀"就是保护和利用好绍兴古城，展现绍兴历史文化和江南水乡风光特色。

第三，进一步明确了绍兴城市发展的框架结构。绍兴城市发展将由单厢主城式向多核组团式结构发展，形成"四大组团、绿色空间"的框架结构。"四大组团"就是越城组团、柯桥组团、袍江组团、江滨组团，其中越城组团是历史文化名城核心区和旅游、居住区；柯桥组团是国际纺织品制造贸易中心；袍江组团和江滨组团是以高新技术产业为主的现代化工业新城区。"绿色空间"是"四大组团"之间的"城市绿心"，其功能为生态功能调节区、城市休闲娱乐区、水上旅游观光区。

在制定城市发展规划时，我们要注重把握好四条原则。一是注重规划的前瞻性。立足高起点，着眼长远性。二是注重规划的科学性。制定规划时，进行深入的调查研究，广泛听取各方面的意见，邀请国内专家进行科学论证。三是注重规划的系统性。把绍兴的规划与长江三角洲地区和环杭州湾城市规划相融合，与各县（市、区）规划相衔接。在制定城市总体规划基础上，还逐步制定了历史文化名城保护和交通、水系、绿化等专项规划。四是注重规划的权威性。绍兴大城市发展纲要经市人大常委会审议通过，以法定形式加以确定，严格按照规划组织实施。

四 "五个做":城市工作的目标导向

在城市建设的实际工作中,我根据自己的工作经历和绍兴城市特点,反复强调并坚持落实"五个做"的基本思路。

没有城市化,就没有现代化。我们要积极实施"合力建市"战略,把大城市建设放在政府工作的重中之重,以迎"七艺节""创国家园林城市"为契机,高强度推进城市建设,进一步提升城市竞争力。

2002年12月31日召开的市政府四届十次全体会议上,在讲到建设大城市工作任务时,我首先比较系统地提出了基本理念和思路。我强调,2003年政府在城市建设方面要立足:做大城市规模;做美城市街景(环境);做优城市秩序(城市管理);做足古城特色;做实"双十工程"(2003年全市和市区的各十项工程);做好"城市经营"文章。

这里重点说一下"城市经营"问题,因为对城市经营或经营城市,人们一直有不同认识。虽然城市不是企业、公司,但城市发展是要有经营理念的。一个城市的市长如果没有经营理念和系统思维,将会极大地浪费城市资源和阻碍城市较快发展。所以我强调要树立科学的"经营城市"的理念。要通过整合、储备、出让土地,规划发展空间,培育房地产市场和实施住房制度改革,推进城市产业布局调整,加快城市基础设施建设,改善城市环境和提升城市品位等有效途径,使城市在经营中增值,在增值中发展,在发展中提升。要加大对基础设施、公共服务设施等"城市资产"的使用权、经营权、冠名权等衍生权益的市场化运作,进一步拓宽城市经营的领域。

2006 年 10 月 9 日，在全市城市工作会议上，我以"坚持走新型城市化道路　合力提升城市综合竞争力"为题，再次阐述了"五个做"的城市建设理念和思路。

绍兴要推进率先发展、实现富民强市的战略目标，就要坚定不移地走新型城市化道路，坚持大城市发展方向，加快中心城市建设步伐，加大社会主义新农村建设力度，加速城乡一体化进程，不断提升城市综合竞争力，努力把绍兴中心城市建成一个更具竞争力、更具知名度、更加文明的现代化城市。这个现代化城市，是经济社会协调发展、山水风光与人文景观相互映衬、历史文化与现代文明相互交融、人与自然和谐共处的城市，是内涵丰富、功能完备、品位较高的城市。

那么，加快绍兴城市化建设的基本思路和主要任务是什么呢？我认为重点有以下几个方面。

（一）做强城市经济

城市是经济发展的主要载体、平台和空间，是先进生产力、现代文明的集聚地，更是各类创新要素的发动机。虽然现代经济不完全是指城市经济，但城市经济是现代经济的重要组成部分。因为城市经济无论是从广义还是狭义上讲，都是现代经济的主导力量，是工业化与城市化的结合产物，是城市化的产业基础和助推器，是经济发展的主战场和主动力，也是城市的主功能。一个没有繁荣经济的城市，必定是一个没有活力和生命力的城市。产业是大力发展城市经济和推动城市可持续发展的重要保证。因此，从这种意义上可以讲是"产业立市"，一个城市的经济和产业就是这个城市的生命，也是这个城市得以生存、发展的基础。

一要致力于优化产业结构。按照"优化一产、提升二产、做大三产"的要求，加快推进经济结构战略性调整，促进城市经济转型。中心城市要重点发展与都市产业相适应的现代服务业和高附加值制造业，稳定发展房地产业。中小城市和集镇要因地制宜发展特色产业，提升块状经济发展水平，做大做强区域特色经济。

二要致力于增强自主创新能力。大力培育发展科技型企业,重点发展高新技术产业,进一步集聚创新要素,激活创新资源,促进经济增长从主要依靠资金和物质要素投入带动向主要依靠科技进步和人力资本带动转变,加快建设创新型城市。

三要致力于提升集约发展水平。坚持开发节约并重、节约优先,以提高资源利用效率为核心,把节地节水节能和资源综合利用落实到各个环节,重点推进高能耗企业节能降耗,积极建设资源节约型、环境友好型社会。

四要致力于推进开发区建设。开发区是城市发展的增长点和新空间,也是城市和工业最新的结合体。因此,我们要坚持把开发区作为推进经济结构战略性调整、加快转变经济增长方式的主战场,不断提升开发区建设水平,重点推进袍江工业区、绍兴县(现柯桥区)、滨海工业区、诸暨城西工业新城、杭州湾上虞新区、嵊州经济开发区、新昌高新技术产业园和绍兴生态产业园建设。

(二)做大城市规模

保持城市适度规模发展,是走新型城市化道路的基础。如果没有一定规模支撑,城市竞争力提升就会受到制约。

一要提高城市化水平。总的来说,绍兴城市化水平持续提高,基本上同全省持平,但这与绍兴经济社会发展是不够协调的。因为,绍兴经济发展一直走在全省前列。在城市化推进过程中,我们确实遇到了不少困难和突出问题,如城市规模太小、人口太少。显然,进一步做大中心城市规模,提高中心城市的集聚和辐射能力,形成大城市、中等城市、小城镇相结合的城市化合理结构,不断提高城市化水平,对于加快绍兴发展具有重大意义。但要指出的是,我们所指的"做大规模",并不仅仅指铺摊子、单纯追求外延扩张,而是指按照走新型城市化道路的要求,坚持规模扩张与内涵发展并重,同时使各种要素向中心城市和城镇集聚。

二要优化市域城镇布局。积极实施"一个中心、三大组群、三条轴线"的市域城镇体系规划,加快各县域中心城市建设,提升中心镇建设水平,推动中小城市和城镇协调发展。

三要推进中心城市各大组团建设。切实加大越城、柯桥、袍江、镜湖新区建设力度,推进迪荡新城开发建设,抓紧谋划启动江滨组团的规划建设,不断完善组团功能,推进城市发展由"山阴会稽时代"迈向"鉴湖时代"和"杭州湾时代"。当时的一项重要任务是推进大城市各组团之间的融合集聚,加快推进各组团间城市路桥、供排水、居住区等配套基础设施的对接,推进嘉绍高速通道、曹娥江大闸、曹娥江流域整治、钱塘江围涂、杭甬运河、诸永高速等重大基础设施建设,促进要素集聚、产业集聚和人口集聚,加快形成百万人口的现代化生态型大城市格局。

四要推进城乡接合部建设。稳步推进"城中村"（园中村、城郊村）改造,把它整合建设成为城市新社区,提升城市郊区现代化水平。

（三）做优城市功能

城市强不强,在于规模,更在于功能。走新型城市化道路,必须致力于城市功能的完善和整体素质的提升,不断增强城市的辐射、集聚和创新能力。

一要完善城市公共服务功能。统筹考虑生产、生活、生态需要,加快城市道路、能源、供水、通信、环保等市政基础设施,文化、教育、卫生、体育等社会事业基础设施,以及城市防洪等防灾减灾设施建设,努力建立起强有力的基础设施支撑体系。同时,要统筹城乡基础设施建设,加大农村基础设施建设力度,促进公共服务城乡均衡共享。

二要完善城市产业提升功能。加快发展符合城市性质和要素禀赋特征的城市产业,特别是要加快发展城市现代服务业,增强城市自主创新能力,提升开发区建设水平,使城市成为产业集聚和升级的重要平台,从整体上提高区域产业的竞争力。

三要完善城市生态承载功能。深入实施生态市建设"十大示范工程",加强生态环境保护,加大对重点流域、重点区域和重点企业的环境污染整治,提高对污水、废气、垃圾的处理能力和水平,有效减少污染物排放总量,全力推进国家级生态市建设。

(四)做美城市环境

坚持以人为本,致力于为全体市民创造健康、舒适、安全的生活空间,让城市更加优美文明,让百姓实现安居乐业,加快建成中国最佳人居环境城市。

一要加强市容环境综合整治。实施城市亮化美化绿化工程,稳步推进各类建筑物和背街小巷改造,深化和巩固城市环境大整治行动成果,着力营造"美化、净化、绿化、亮化、序化"的城市环境。

二要推进"城管进社区"。实现城市管理重心下移,强化街道、社区在城市管理中的基础作用,提倡参与式城市管理,使广大市民从传统的"被管理者"真正成为城市管理的主体。

三要确保城市和谐稳定。切实做好拆迁、建设、安置和撤村建居工作,保证城市水、电、气等公共产品供给安全。创新发展"枫桥经验",广泛开展平安创建系列活动,加强城市社区治安综合治理,加快推进和谐社区建设,确保居民安居乐业。

(五)做足古城文章

拥有2500年建城史的绍兴古城,是历史馈赠给我们的宝贵财富。坚持走新型城市化道路,必须做足做好古城文章,进一步打响"江南风情看绍兴,江南文化看绍兴,江南古城看绍兴"的品牌,塑造别具特色的城市风格。

一要加强古城保护。深入实施《绍兴历史文化名城保护规划》,严格保护各类文化遗产,切实加强对文物点、历史街区和古城风貌的保护、开发和管理,延续城市文脉,彰显城市文化内涵。

二要推进标志性文化设施建设。特别要积极推进鲁迅故里二期、越王城、黄酒城、越文化博物馆、综合科技馆、档案馆、游泳健身中心和会展中心等一批标志性文化设施建设,不断提升城市品位。

2005 年 6 月 6 日，长三角越剧展演在绍兴举行，王永昌祝贺著名越剧演员茅威涛演出成功

　　三要弘扬特色文化。深入挖掘和大力弘扬名人文化、戏曲文化、书法文化和民俗文化，举办好公祭大禹陵、中国兰亭书法节等重大节会活动，当前要着力办好中国越剧艺术节。同时要积极创建全国文明城市，创作一批文化精品，不断繁荣群众文化，大力弘扬新时期"胆剑精神"，形成独特的城市人文精神，塑造具有生命力的现代化城市形象。

　　我们制定了《绍兴市历史文化名城保护规划》，确定了"重点保护、合理保留、局部改造、整体改善"的原则，即对古塔、古桥、古楼、名人故居等宝贵的文化遗产进行绝对保护，对富有绍兴特色的建筑物进行合理保留，对较为典型的台门、街坊进行特色改造，对一些既没有景观价值，也没有商业价值和历史价值的民居、民宅进行大规模的拆迁改造。2001 年以来，我们花巨资对八字桥、越子城、书圣故里、西小路、鲁迅故里五大历史文化保护街区实施了修缮保护，总面积 188.7 公顷。到 2006 年，书圣故里、鲁迅故里的修缮保护已基本完成，其他四个街区的修缮保护正在分步实施。已完成的仓桥直街(属越子城保护街区)2005 年获得了联合国教科文组织亚太地区文化遗产保护优秀奖。我

2010 年第六届世界合唱比赛绍兴入选签约仪式

2004 年 9 月 29 日，第七届中国艺术节闭幕式暨颁奖仪式在绍兴举行

们还对老城区的沿街建筑进行了整体的立面改造，形成了富有绍兴特
色的粉墙黛瓦的建筑风格，进一步凸现了古城风貌。

五 成立执法局：力破城市管理难题

　　城市工作可分为城市规划、城市建设（经济、文化教育、民生、基础设施等）和城市管理（治理）三大方面。在现实生活中，最薄弱、最难办，也最不见成效的是城市管理。但作为市长，不尽力管理好城市是失职的。我在实践中，尽可能把城市规划、城市建设、城市管理结合起来，并力求突破若干个城市管理难题。

（一）第一个城市管理工作座谈会

　　我是 2001 年 11 月 8 日到绍兴任职的，两个月后的 2002 年 1 月 16 日，我就走访街道社区并召开了城市管理工作座谈会，以"加强城市管理　提升城市品位"为题做了发言。我根据这次调研的情况，结合大家提出的建议、意见，谈了一些想法。

　　首先是肯定了近年来城市管理工作所取得的成绩，主要有：思想认识不断提高、管理体制有所创新、运行机制有探索、专项治理有成效等方面。

　　当然，在充分肯定成绩的同时，我也提醒大家要对存在问题有清醒的认识。从前瞻性角度看，当时市区的城市管理工作还存在不少问题。比如，城市管理意识不强、事权不清、执法不严、保障不足、设施不全等。这些问题有的是积累性的，有的是体制性的，也有的是机制性的，解决起来都不那么容易。

　　俗话说："三分建设，七分管理。"管理在城市发展中的作用很大。

但在实际工作中,往往有不少同志存在"重建设、轻管理"的倾向。

作为领导,任何时候都要有问题意识,要善于发现问题,找到解决问题的方法和工作的突破点,进而有效解决问题。我召开这次座谈会的目的,就是要在充分肯定成绩的基础上,分析讨论并着手解决城市管理工作中存在的问题。

(二)城市管理工作的基本思路

在这次城市管理工作座谈会上,我重点谈了下一步城市管理工作的基本思路。

第一,加强领导抓认识。做好新形势下的城市管理工作,是建设经济强市、文化名市、旅游大市,实现现代化的重要内容,更是改善人民群众生活环境,提高生活质量的一件大实事。我们要率先基本实现现代化,现代化的一个很重要的方面,就是管理、治理现代化。我们要加快城市建设,完善城市功能,提高城市品位,增强城市竞争力,这些都离不开城市管理水平的提高。城市管理也是群众关注的热点问题,我收到的大多数群众来信,除了案件类的以外,十有八九都与城市管理有关。这说明人民群众对我们做好城市管理工作的期望很高。因此,各级各部门都要进一步提高认识,切实加强领导,落实责任。市城市管理委员会及其办公室要继续发挥好组织、协调、监督的作用,区、街道、社区都要把城市管理作为工作的重点,不断强化工作措施。

第二,理顺体制抓网络。要坚持标本兼治、综合治理的原则,进一步理顺城市管理体制,积极探索长效管理的路子。理顺城市管理体制的大体要求是:按照"两级政府、三级管理、四级服务"的架构,把社区纳入城市管理体制中来;坚持条块结合,以块为主,做到责权利相统一,人财物相配套;体现以人为本、服务于民的思想。在理顺体制的前提下,重点要抓好三大网络建设:围绕市容环境卫生、城市规划建设、市政园林绿化、环境绿化保护、工商行政管理、公安交通秩序等,形成一个规范有序的执法网络;根据街道、社区的职能,充分发挥党团群众组织作用,在治安、环境、卫生、文化、教育、社会保障等方面,形成以街

2003 年 9 月 20 日，绍兴市城市管理行政执法局挂牌成立

道、社区为基础的服务网络；动员社会力量参与，专业队伍监督、人大政协监督、社会公众监督、新闻舆论监督有机结合，司法手段、行政手段、经济手段、舆论手段相互补充，形成全方位、多层次的监督网络。执法、服务、监督三大网络互相促进，共同推进城市管理工作。

第三，形成合力抓协调。城市管理涉及方方面面，需要各个部门、各个方面相互配合，单靠一个部门或几个部门的力量是肯定不行的。相互配合得好，关键要形成合力，而合力要通过抓协调来解决。各级各部门的管理职责要明确，各司其职，在这个基础上要相互配合，加强协调，市城市管理委员会及其办公室的作用要强化。要充分利用街道、社区资源，加强辖区单位共建，推进城市管理。各级各部门都要关心、支持社区的建设和管理。

第四，加大力度抓载体。不同时期城市管理工作有不同的重点，因而也要有不同的载体。"三创"工作是城市管理的有效载体，当时的重点是要抓紧抓实"创模"工作，确保"创模"成功。各街道、社区都可以有自己的工作载体和抓手，扎实有效地做好城市管理和社区管理工作。

第五，完善设施抓投入。管理需要成本，管理需要付出，管理需要投入。我们要坚持高强度投入，不仅要继续加大城市基础设施投入，而且要加大城市管理的投入，给予必要的经费保障。

第六，提高水平抓队伍。城市管理关键靠人。提高城市管理水平，需要一支特别能战斗，特别肯吃苦，特别讲奉献，特别会办事的队伍。但光有人员还不够，有了人还要有一种好的体制、机制来激发他们工作的积极性、创造性。

第七，解决问题抓改革。要按照经营城市的要求，进一步加大改革力度，为城市管理注入新的活力。城市管理和设施建设方面凡是可以推向市场的，都要推向市场，进行市场化运作。比如，保洁、保绿、保序等工作，可以加快市场化改革步伐，广告资源的开发也可以通过公开拍卖的办法来经营，以此解决城市管理中的一些难题，使城市面貌、城市形象有一个大的改善。

（三）2002 年城市管理要重点抓好 10 件事

在座谈会上，我布置了 2002 年城市管理重点要抓好的 10 件事情。

第一，进一步完善城市管理的体制、机制和方法，针对道路管理、河道管理、广告管理等方面存在的问题，出台规范性的管理办法和实施细则。关于城市管理体制以及有关部门提出的综合执法问题，要在深入调研的基础上再提出方案，供市委、市政府决策。

第二，加强和完善城南街道的管理体制。请市城管办会同越城区政府提出方案。

第三，"城中村"改造要有大的进展。

第四，开展评选最优、最差小区和商店工作。评选最优、最差小区工作,由越城区政府具体组织实施;评选最优、最差商店工作,由市工商局会同商贸总公司具体组织实施。

第五,开通"市长公开电话",把越城区的"城管热线"纳入其中。对市民关注的城市管理问题,通过"市长公开电话"来沟通解决,为市民排忧解难,进一步密切政府与市民之间的联系。

第六,对老城区城市管理的基础设施布局情况、资源情况、哪些地方需要增加设施的情况组织一次调查,在此基础上制定一个规划,并加大建设力度。具体由市建设局牵头。

第七,在做好第一项工作的基础上,适时召开一次城市管理工作会议,出台有关政策性或规范性文件。

第八,按照"政企分开、管养分离"的思路,对市政公用设施管理、桥梁维护、绿化养护、环境保护和卫生保洁等体制,加大改革力度,进行市场化运作。

第九,切实抓好"三创"工作。当务之急是要抓好"创模"工作,迎接国家环保总局的验收。

第十,在商业特色街(包括夜市)建设和公安的"严管"示范街建设等方面,要有实质性进展,取得明显成效。

（四）成立城市管理行政执法局

经过努力,2003年9月20日,正式成立了市城市管理行政执法局。这在绍兴城市管理史上,具有里程碑意义。这样,绍兴城市管理终于有了一个主管部门。

市里为此专门召开了城市管理工作暨市城市管理行政执法局成立大会。会上,我做了讲话。主要内容摘录如下。

市委、市政府召开城市管理工作暨城市管理行政执法局成立大会,主要回顾总结近几年来我市城市管理工作的成绩和经验,进一步明确今后一个时期加强城市管理的目标和任务,推进城市管理行政执法体制改革,努力提升城市综合竞争力,为市民建设更加美好的家园。这次会议同时也是城市管理行政执法体制改革的动员会和城市管理行政执法局成立大会,标志着绍兴城市发展进入了城市规划、建设、管理"三驾马车"共同推进的新阶段,在绍兴城市发展史上具有里程碑式的意义。

第一,充分肯定改革开放以来,特别是近几年来,我市顺时应势,不失时机推进绍兴大城市建设,以及加大城市管理力度所取得的明显成效。这些成绩主要体现于"五个新":一是坚持以规划为龙头,城市管理的科学性有新提高;二是坚持以环境治理为重点,城市管理基础建设有新突破;三是坚持以提高管理效能为目的,城市管理体制改革有新进展;四是坚持以创建活动为载体,城市管理水平有新成效;五是坚持以机制创新为动力,积极探索城市管理市场化运作有新思路。

第二,分析了城市管理存在的问题。比如:马路市场、流动摊贩、店外设摊屡禁不止;夜排档、"螺蛳"摊扰民乱市;设摊占道,汽车乱停乱靠,自行车乱摆乱放,扰乱交通秩序;建筑渣土、污水影响环境,违章建筑时有发生,道路施工挖掘、堆放、围护不合要求;垃圾乱投放、随地吐痰、随地便溺时有所见,游医招贴等"城市牛皮癣"随处可见;公厕、停车场等城市公建设施不够配套,设施被随意破坏,公共绿地和空地被侵占等现象时有发生;等等。这些问题,常常是抓一抓,好一阵,稍一放松就回潮,像韭菜一样,割了一茬又一茬,用一句老百姓通俗的话说,就是"七八顶大盖帽管不了一顶破草帽"。

第三,阐明了城市管理的重要性。城市是人类历史进步的产物,是人类文明的集聚地,是经济社会发展的驱动器和火车头,是人类生活的主要居住地,是现代文明的创新源泉,是一个地区和国家综合实力和竞争力的主要载体,没有城市的现代化发展,就不能有社会的现代化发展。所以,我们首先要对城市管理的重要意义有新认识。

城市管理是城市发展的永恒主题。城市的生存和发展一刻也离不开城市管理。城市运行、城市秩序、城市环境、城市设施、城市文化、城市形象、城市生活、城市组织、城市安全等,都属于城市管理范畴。因此,城市管理是一个包罗万象、纷繁复杂的系统工程,关系到城市的发展和市民生产、生活的方方面面,加强城市管理具有十分重要而现实的意义。

一是加强城市管理是坚持执政为民的实际举措。本届政府工作的主题就是发展、为民。加强城市管理，就能为人民群众营造一个干净、整齐、优美、舒适的工作环境和生活环境，这是实实在在为民谋利。

二是加强城市管理是推进城市化的题中之义。大力推进城市化，努力建设大城市是我们的一个战略目标和举措。城市的发展包括规划、建设和管理，三者缺一不可。在推进城市化方面，前些阶段我们更多地强调规划和建设，并取得了有目共睹的成绩，而城市管理相对于大踏步的城市规划和建设来说，在不少方面尚有差距，有的已经成为城市化进程中的制约因素。

三是加强城市管理是促进经济社会跨越式发展的迫切需要。全面建设小康社会、率先基本实现现代化，谋求经济社会跨越式发展，离不开优美、舒适、安全的城市环境，离不开科学有序、高效文明的城市管理。只有进一步加强城市管理，不断改善生活和发展环境，才能不断提升绍兴城市的知名度、影响力和综合竞争力，才能为经济社会的发展提供良好的平台。

四是加强城市管理也是转变政府职能的重要环节。城市政府的主要职责是管好城市，管不好城市就不是合格的城市政府。我们讲要转变政府职能，打造服务型政府，如何转变？如何打造？其中重要的一条就是要加强公共管理、提供公共服务，为经济发展创造宽松的环境，为市民的安居乐业和提高生活质量提供强有力的保障。

总之，加强城市管理是大势所趋，是群众所盼，是发展所需，也是政府的职责所在，对此，各级各部门要充分认识、深刻理解。

第四，进一步明确城市管理的基本目标。下一阶段城市管理的基本目标是：认真贯彻依法治市方针，坚持以改革创新为动力，围绕率先全面建设小康社会，率先基本实现现代化的总体目标和建设一个拥有百万人口、历史文化与现代文明相互融合、山水风光与城市景观交相辉映的现代化生态型大城市的总目标，不断完善城市管理的体制和机制，不断探索城市管理的有效载体和举措，不断提高城市管理队伍的素质和能力,进而提升绍兴城市的发展力、竞争力和创造力,提升绍兴城市的功能、形象和品位,提升绍兴城市的环境质量和市民的生活质量。

城市管理的最直接的基本目标,就是为建设一个更加"整洁、有序、文明、安定"的绍兴城市而奋斗。

第五,进一步明确城市管理的基本格局。要形成并坚持"统一领导、分级负责;综合执法、各司其职;条块结合、以块为主""二级政府、三级管理、四级服务"的城市管理新格局。这就是说,市政府对全市城市管理工作实行统一领导;城市管理委员会负责城市管理重大政策的研究制定、重大事项的组织协调,以及年度重大任务的部署落实;城市管理委员会办公室作为城市管理委员会的办事机构,承担城市管理委员会的日常工作,对全市城市管理工作进行指导、督促和检查,并在城市管理中承担对市级各职能部门和越城区、绍兴经济开发区、袍江工业区、镜湖新区的协调职能;城市管理行政执法局综合统一行使城市管理中涉及市容环境卫生、规划、园林绿化、市政公用、环境保护、工商行政、公安交通七个方面的行政处罚权,城市管理的其他内容,市级各部门要根据各自的职能,切实履行职责,认真完成市政府下达的各项城市管理任务;越城区政府、绍兴经济开发区管委会、袍江工业区管委会和镜湖新区管委会要对职责范围内的城市管理工作履行直接组织、领导责任和块上的管理工作责任,加强对所属单位和镇、街道的督查,确保城市管理工作任务落到实处。各镇、街道要把城市管理作为重要任务来抓,明确分管领导,承担具体管理责任,加强对社区、行政村的综合协调,全面落实城市管理各项工作任务;社区委员会和村民委员会把辖区内的环境养护、正常生活秩序维护等作为主要任务,并督促有关物业管理组织切实做好城市管理有关工作。

第六,进一步明确近期城市管理的基本任务。围绕上述城市管理的基本目标、基本原则、基本格局,下一阶段我们要认真落实加强城市管理的各项措施,重点抓好以下几个方面。

一是积极实施城市管理行政执法体制的重大改革。

二是进一步健全城市管理规章制度。依法管理是城市管理中必须坚持的一条根本原则。要针对城市管理工作中出现的新情况、新问题和城市管理工作中的热点难点问题，依据国家和省的有关法律法规，结合绍兴实际，制定和完善相应的规范性文件，使城市管理各个方面都有法可依、有章可循。落实好《关于进一步加强城市管理工作的若干意见》等政策性文件，今后还要进一步地深化细化，根据绍兴城市管理的实际，研究制定交通秩序、市场管理、绿化养护、公建设施管理和城市卫生等方面的行政措施，制定行业公约、市民守则等，对机关、企事业单位和市民在城市工作、生活中的行为加以规范，为加大行政执法力度，开展专项整治提供依据，不断增强人们的自律意识。

三是大力开展专项整治。"脏、乱、差"是城市的顽症。要坚持突击整治与长效管理相结合、治标与治本相结合的原则，从"清洁城市"入手，花大力气，加大整治力度，实行科学化、规范化管理。一方面，要抓好城市市容环境卫生综合整治，切实解决有损城市形象的环境问题；落实"门前三包"责任制，对广告乱张贴、垃圾乱投放及河道保护、路面保洁、市场卫生、饮食卫生、绿化养护、小区环境等方面存在的突出问题开展重点整治；对市区的广告设置进行统一规划，实施广告经营权公开拍卖；对市区的各类违法、违章建筑和乱搭乱建等行为，组织集中治理，特别是对道路两侧第一视野范围内以及群众反映强烈，严重影响市容市貌，影响市民生活的违法违章建筑，要坚决予以拆除。另一方面，要抓好城市秩序的综合整治。对出租车、三轮车和残疾人专用车进行专项清理，取缔非法运营车辆，合理控制运营车辆总量，认真抓好车辆的停放管理；对马路市场、流动摊点，占道经营要区别不同情况，进行全面整治。

四是逐步完善城市公共设施。针对城市管理基础设施现状，要紧紧围绕建设大城市目标，按照"经营城市"的思路，积极推进市政事业单位的企业化经营，认真探索市政基础设施建设的市场化运作路子。结合历史文化名城的保护和开发，高起点规划，新建、改建和配套建设一批停车场、公共厕所、垃圾中转站等，特别是要抓好城南公共设施以及城乡接合部的环卫设施建设工作，努力在较短时间内使市区公建基础设施配套水平有一个较大提高。要加快实施市区道路"畅通"工程，结合街景等改造,实施路网建设与改造,健全道路交通安全设施,配套完善园林绿化等功能,提高道路通行能力。要立足于全面展示古城新貌,严格执行古城保护规划,继续抓好城市街景改造。同时,要进一步完善城南总体规划,加快与市区接轨的步伐。通过城市公共设施的完善,提升城市品位,增强城市服务功能,为进一步加强城市管理工作打好基础。

五是进一步加强社区建设。社区建设是城市管理的基础性工作,对社区建设中存在的共性问题要研究制定统一的政策,对个别的问题要区别不同的情况,要一个单位一个单位地研究,一个问题一个问题地解决。要充分调动方方面面的积极性,形成共建的合力,营造共建的氛围,切实加强以社区党组织为核心的基层组织建设,充分发挥社区组织对社区范围内的机关、企事业单位和居民户的综合管理作用,建好社区社会保障服务平台,不断完善社区的就业、医疗、养老保障和生活服务功能;不断拓展社区服务领域,鼓励和支持社会力量以公办民助、民办公助等形式从事社区服务事业,实行社区服务的社会化、产业化;抓紧做好社区规划建设,保障社区工作有必需的用房等公共设施。此外,还要引入考核竞争机制,把"评比最优最差社区、商店、建筑物"活动作为加强城市管理的一个有效载体来抓。

六是积极稳妥地推进"城中村"改造。"城中村"改造是城市建设和管理中的一件大事,是推进城市化,改善农民居住环境,提高生活质量的有力举措。我们要积极稳妥地推进"城中村"改造,努力使城乡接合部成为城市建设、城市管理的新亮点,使"城中村"成为"布局合理、配套齐全、功能完备、环境优美、文明有序"的现代化城市新社区。

七是切实抓好国家园林城市创建工作。创建国家园林城市,是绍兴市建设现代化生态型大城市的重要一步,也是争创人居环境奖城市和国家生态城市的必备条件,有利于进一步优化绍兴的投资环境和居住环境,增强绍兴的综合竞争力。根据绍兴市创建国家园林城市的总体要求,力争在2003年实现创建国家园林城市的目标,各级各部门要进一步统一思想,以创建为契机,注重历史文化与生态环境的交融渗透,加快城市风貌的整合,提升城市环境质量和管理水平。

2007 年 1 月 27 日，中国人居环境金牌奖落户绍兴，王永昌出席授牌仪式

八是不断加强城市管理的宣传教育。要充分调动和发挥人民群众作为城市管理主体的积极性、创造性，通过宣传和新闻舆论监督，不断增强广大群众的城市意识、公德意识和文明意识，提高市民的整体素质和城市文明程度，积极引导广大市民参与城市管理，努力形成人人参与城市管理的良好氛围。

（五）理顺城市管理体制

在成立大会上，我还着重论述了进一步理顺城市管理体制问题。

城市管理是一个系统工程，涉及方方面面。体制顺了才能工作顺。经过一年多时间的准备，并报经省政府批准，市里决定对城市管理执法体制进行重大改革，并正式成立了城市管理行政执法局。对此，我着重强调了三点。

第一，成立城市管理行政执法局的必要性。

成立城市管理行政执法局，开展相对集中行政处罚权工作，可以说上级有要求，外地有经验，现实有需要。所谓相对集中行政处罚权，

是指将由若干个行政机关行使的行政处罚权集中起来,交给一个行政机关统一行使。相对集中行政处罚权作为一项法律制度,是由 1996 年 3 月全国人大四次会议通过的《中华人民共和国行政处罚法》首先规定的。"综合执法"是我们对这一制度通俗的、口语化的表达。国务院在 1996 年 4 月发布的《关于贯彻实施〈中华人民共和国行政处罚法〉的通知》中,对这一制度的实施提出了指导性意见,并确定通过试点逐步推行这一制度。2002 年 8 月,国务院又颁布了《关于进一步推进相对集中行政处罚权工作的通知》,要求推广这一制度,并授权各省、自治区、直辖市人民政府可以决定在本行政区域内有计划、有步骤地开展相对集中行政处罚权工作。从 1997 年初开始,经国务院批准,北京、天津、广东、江苏、广西、山东、吉林、黑龙江等省(自治区、直辖市)的几十个城市实施了相对集中行政处罚权试点工作,浙江省的杭州市、温州市和宁波市也先后经省政府批准实施,绝大多数试点城市开展相对集中行政处罚权工作效果十分显著。从绍兴市当时的情况看,城市管理的多项行政执法权分散在多个部门,使多头管理、重复管理和相互扯皮等现象难以避免,不仅造成了人力、财力、物力的浪费,也留下了管理"盲区",影响了管理效能,因此迫切需要一个统管部门。城市发展包括规划、建设、管理三大块,当时我们已经成立了建设局、规划局,需要一个主管城市管理的部门与之相配套,确保规划、建设、管理的协调发展。

为此,从 2002 年 6 月开始,市政府组织对城市管理工作进行了全面深入调查研究,形成了 1 个调研总报告和 22 个分报告,对城市管理执法体制提出了"机构单设,管罚分离;综合执法,垂直领导;重心下移,条包块管;警力加入,经费保障;统一受理,协调指挥"的基本思路和原则,并于 2002 年 9 月向省政府上报申请开展相对集中行政处罚权工作,2003 年 4 月经省政府批准。2003 年 6 月,市政府专门成立了城市管理行政执法局筹建领导小组,全面开展了城市管理相对集中行政处罚权工作的准备和执法局的筹建工作。所以,开展城市管理相对集中行政处罚权工作,是市委、市政府通过深入调查研究、长时间酝酿、考察取经和反复论证而做出的重大决策。

根据各地经验和我们的预期目标，成立城市管理行政执法局，将原来分散在各部门的行政执法职能集中于一个执法主体，把对各类违法行为的检查或处罚合并实施，这就可以有效解决多头执法、职能交叉带来的乱收费、乱罚款、职责不清、相互扯皮、效率不高等问题，并且可以精简执法机构和执法人员，如绍兴市原来执法人员有 161 人，此后减少到 140 人，从而降低执法成本。我们充分相信，这一重大决策将对提高绍兴城市管理水平产生积极的影响。

第二，城市管理行政执法局的工作职能。

开展城市管理相对集中行政处罚权工作的主要目的，在于解决城市管理领域中长期存在的多头执法、重复执法和行政执法机构膨胀等问题，以期提高行政执法水平和效率。

这次城市管理行政执法体制调整，采取"直接领导、统一管理"模式，市城市管理行政执法局作为相对集中行使城市管理行政处罚权的行政机关，统一行使市辖区城市管理的行政处罚权。就其具体职能而言，主要是负责行使《国务院关于进一步推进相对集中行政处罚权工作的决定》规定的行政处罚权，即行使市容环境卫生管理、城市规划管理、城市园林绿化管理、市政公用事业管理等方面法律、法规、规章规定的行政处罚权；行使环境保护管理中的社会生活噪声、建筑施工噪声、城市饮食服务业排污违法行为的行政处罚权；行使工商行政管理中的店外无照商贩的行政处罚权；行使公安交通管理中对侵占道路（人行道）行为的行政处罚权；履行法律、法规、规章或者省、市人民政府规定的其他职责。

市城市管理行政执法局挂牌成立后，凡已由城市管理行政执法局行使的行政处罚权，有关部门不得再继续行使；尚未由城市管理行政执法局行使的行政处罚权，有关部门仍需切实负起责任。

市城市管理行政执法局同时挂绍兴市城市管理行政执法支队牌子，实行"一个机构，两块牌子"。市城市管理行政执法支队下设直属大队和越城区、经济开发区、袍江工业区、镜湖新区行政执法大队，采取"垂直领导、统一管理"执法模式,各执法大队不具备独立的执法主体资格。鉴于当时袍江工业区、镜湖新区实行"充分授权、封闭运作"总体管理模式,其城市管理执法也按此模式,由市城市管理行政执法局对袍江、镜湖行政执法大队给予执法授权,使其能相对独立运作。

为确保城市管理行政执法工作顺利开展,我们要求各级、各部门高度重视,以大局为重,局部利益服从全局利益,坚决执行市委、市政府的意见,对城市管理行政执法局的工作给予全力支持和配合。

第三,切实承担起城市管理中的行政执法责任。

开展相对集中行政处罚权工作,是绍兴市城市管理体制和行政执法体制的重大改革,是提高城市现代化管理水平的重大举措,全市人民和社会各界十分关注并寄予厚望。

城市管理行政执法局成立后,要从贯彻依法治国基本方略的高度,从推进城市化进程、实现高效能管理的高度着眼,按照内强素质、外树形象的要求,切实加强自身建设,造就一支思想好、作风硬、纪律严、善打硬仗的"威武之师"和"文明之师",以一流的形象、一流的业绩,回报党和人民,做到不负重托,不辱使命。

当时,我对城市管理行政执法局的工作提了三点要求。

一是要亲民执法。城市管理首先是服务。判断我们工作做得好不好,要以"人民满意不满意、人民高兴不高兴、人民答应不答应"为基本标准。加强城市管理工作要抓住执政为民这一本质,把城市管理的立足点放在以市民为中心上来,把管理者变为服务者,做到亲民执法,文明执法,决不能做"管理大爷""管理老爷"。

二是要规范执法。城市管理行政执法局作为政府的执法部门,执法人员的行为直接代表政府的形象,关系到政府的威信和法律的尊严。每一位执法人员都必须树立强烈的责任意识,抱着对城市负责,对人民负责的态度,一方面要严格执法,按照法律规定和程序办案,真正做到以事实为依据,以法律为准绳,不枉私情,不谋私利;另一方面要文明执法,防止出现粗暴执法、野蛮执法,同时还要自觉接受人民群众、新闻舆论的监督,接受人大、政协和社会各界的监督。

三是要高效执法。高效执法是成立城市管理行政执法局的重要目标之一。高效执法，就要建设一支好的行政执法队伍；有科学有效的工作机制和规章制度；有良好的工作作风、工作纪律和工作氛围。这一切，关键在人。要切实加强执法队伍建设，不断提高执法人员的自身素质。只有建设高素质执法队伍，才能实现高效能的管理。

总之，城市管理行政执法局成立后，要使城市管理多头执法的扯皮现象有一个彻底改变；执法队伍素质有较大的提高；市区主要道路、公共场所的秩序有显著改观，真正成为城市管理的"守护神"。同时，还要充分发挥好市委、市政府抓好城市管理工作的参谋助手作用。

成立城市管理行政执法局后，并不意味着各部门就不再有城市管理的责任了。有关职能调整后，各级、各部门要进一步明确各自在城市管理中的职责，进一步形成强大合力。建设、规划、工商、环保、卫生、公安等部门要根据各自的职能，切实履行好"综合执法"范围以外的城市管理职责；财政部门要将城市管理经费纳入财政预算，根据城市建设的推进、城市规模的扩大和管理要求的提高，逐年增加城市管理经费，做到与城市发展和经济增长同步；越城区政府、绍兴经济开发区管委会、袍江工业区管委会和镜湖新区管委会，各镇、街道，社区委员会和村民委员会，都要切实履行好各自职责范围内的城市管理工作的责任，齐抓共管，齐心协力，共同建设好、管理好我们的城市，我们的家园。

城市管理是难事、繁事、苦事，也是我们必须做好的大事、要事、实事。各级、各部门要站在执政为民的高度，进一步统一思想，提高认识，与时俱进，开拓创新，扎实工作，不断开创绍兴市城市管理工作的新局面。

（六）召开城市管理委员会成员会议

在 2004 年 4 月 6 日召开的城市管理委员会成员会议上，我以"加强城市管理　提升城市品位"为题，做了讲话。

这次会议有两个特点：第一个特点，会议是城市管理日常办事机构的交接会，标志着城市管理委员会日常办事机构从建设局正式移交到城市管理行政执法局；第二个特点，会议又是城市管理委员会的工作例会,不仅要回顾总结过去一年城市管理工作情况,还要分析当前城市管理工作存在的问题,明确新一年城市管理工作的主要任务。

会上,我对2003年城市管理工作做了回顾和总结。

"2003年,是我们对城市管理工作花费精力较多的一年,是体制改革力度较大的一年,也是成效最为明显的一年。

"**第一,对城市管理重要性认识有了新的提高**。随着绍兴城市化进程的加快,城市管理处在更加重要的位置。城市规划、城市建设和城市管理,是城市发展的'三驾马车'。城市规划是龙头,对城市发展起着指挥棒作用;城市建设比较凝固化,容易出形象;城市管理涉及面广、难度大、反复性强。从一定意义上说,'三分建设、七分管理',城市管理对于增强城市功能、提升城市品位、改善生活环境起着重要的作用。2003年各级各部门和社会各界对城市管理工作重要性有了新的认识,城市管理合力进一步形成。

"**第二,城市管理执法体制有了新的理顺**。在深入调查研究、学习其他兄弟城市经验的基础上,按照国务院有关文件精神,市委、市政府做出决策,并报经省政府批准,实施了城市管理相对集中行政处罚权制度,成立了城市管理行政执法局。这是绍兴市城市管理体制的重大突破。与此同时,我们还改革城市管理运作机制,在环卫等一些城市管理领域,加大市场化力度,把城市管理与城市经营有机结合起来。

"**第三,城市管理基础设施建设有了新的加强**。建设、规划等有关部门做了大量工作,推动城市基础设施更加完善配套。2003年实施的'710工程',许多项目涉及城市管理的基础设施,尤其是排污管网、公共厕所、垃圾中转站等建设都有新进展。

"**第四,城市管理专项整治取得了新的成果**。城市管理行政执法局成立以后,抓了乱设摊等现象的集中整治,各方面反响较好。这说明,只要我们考虑周全,代表大多数群众的利益,工作是可以做好的。对营运三轮车的整治也是这样,没有整治之前,信访很多,整治后运营秩序有了很大改观,群众比较满意。城南环境综合整治影响最大,越城区做了许多工作,各部门予以大力配合。原来反映城南环境问题的信访比较多,现在反映问题的来信基本没有了,收到的多是表扬信,说明整治很得民心。但要管好城南,任务还很艰巨,需要不断巩固提升。"

（七）城市管理存在的主要问题

在这次会议上,我在肯定2003年城管工作成绩的同时,也分析了当时城市管理工作中存在的问题和不足,概括起来表现在十个方面。

第一,城市管理职责还不够清。没有任何一项工作像城市管理扯皮那么多,这与城市管理本身的复杂性有关,一项管理往往有多个管理部门。现在城市管理的基本职责是清楚的,但还有一些具体工作职责需要逐步理清。当然,要使城市管理所有问题都做到职责清楚,所有问题都做到有法可依,是很难办到的。因此,要解决这些问题,需要发挥各部门的积极性、主动性和协作精神。

第二,城市秩序还不够好。表现在摊位乱摆乱放,小广告乱涂乱贴,汽车、自行车乱停乱放,建筑乱搭乱建,行人乱走乱穿马路等方面。城市管理最主要的是看秩序。城市既繁荣又有序,说明城市管理才是有水平的。

第三,城市环境还不够美。省文明办领导来绍兴市检查指导创建工作,骑着自行车在市区跑了两天,发现了许多脏、乱、差和卫生死角问题。

第四,有些习俗还不够雅。总能见到一些人随地小便,不遵守交通秩序,在绿化带上晒衣服、晒被子,在河道里洗东西,等等。

第五,空气还不够净。城市空气质量这几年来有所好转,2003年下决心停掉了几个污染严重的企业;但总的来说空气质量还不够好,整个市域范围的酸雨率很高。

第六,道路还不够畅。特别在上下班高峰期,交通拥堵现象特别明显。

第七,河水还不够清。主要是内河问题比较突出。

第八,破旧住宅还不少。虽然经过大规模的旧城改造,大片的破旧住宅已不多,但零星的还有不少。

第九,城市管理的设施还不够全。城市基础设施特别市政环卫设施的建设,跟不上城市化发展步伐,有些设施标准较低、密度不够。

第十,城市管理的经费还不太够。

(八)城市管理要开展十大整治活动

在分析了城市管理工作面临新的形势和要求后,我指出了当年和下一阶段城市管理的主要目标,即加强城市管理,开展全面整治,提升城市品位,喜迎"七艺"盛会,并重点讲了当年城管的主要任务,尤其要突出重点,"铁腕治城"。

一是交通秩序专项整顿。特别要实施城市道路交通"畅通工程",取缔各种非法营运车辆,加大对违法行为的处罚力度,加强停车场等设施的建设和管理,缓解交通堵塞状况,提高路网通行能力。

二是市容环境专项整治。按照"主干道严管、次干道严控、小街小巷规范"的要求,继续加大对马路市场、无证夜市、流动摊贩、乱写乱画、乱贴乱挂等行为的整治力度。

三是违法建筑专项整治。根据不同情况,分阶段、有重点地依法清理拆除违法违章建筑,维护城市市容景观。必须明确一个指导思想,即街道、社区要以城市管理为主,而不能以创收盈利为主。

四是城市占道行为专项整治。对占道设摊、占道停车、占道堆放、临时性占道进行商业和公益活动等行为,实行统一规划,严格控制,并按城市发展需要逐步调整,做到合理定点,规范有序。我强调,没有经规划部门同意,任何部门都不能随意设置;没有市里的统一协调,任何部门都不能乱开口子。

五是大气污染专项整治。加强空气质量监控,治理机动车尾气、工业废气、饮食服务业污水和油烟超标排放,减轻空气污染,提高大气环境质量。

六是水环境专项整治。继续以点带面,实施市区河道综合治理,加强环城河和内河管理,开展"清水河道"工程建设,清理查处侵占河道行为,加强日常河泥清淤和漂浮物打捞。要加快生活污水进管网的步伐,从根本上改善水环境质量。

七是早点摊位专项整治。推行放心早点工程，使市民吃上卫生、干净、放心的早点。

八是城市店面招牌、户外广告专项整治。通过整治，店面招牌、户外广告要成为城市的一道风景，体现绍兴的文化底蕴与特色，与城市风貌和周边景观相协调。

九是景区内外环境专项整治。对景区内外环境、经营秩序进行全面整治，以良好的秩序、优美的环境、优质的服务，迎接国内外游客，提升绍兴景点的美誉度。

十是城乡接合部专项整治。通过整治，提升绍兴"出入口"形象。

对这十大整治活动，我要求执法局牵头拿出一个实施方案，分解任务，明确责任单位、配合单位、时间要求。适当时候市政府专题召开整治动员会，把有关部门和区、街道、社区的同志都请来，全面动员部署，认真抓好落实。

重中之重可以归结为以下四个方面：一要坚持"铁腕治城"，解决一个"松"字，使城市管理纳入依法从严治理的轨道；二要全面洁化城市，解决一个"脏"字，消除各种卫生死角等；三要大力"序"化城市，解决一个"乱"字，使城市既兴旺繁荣，又井然有序；四要切实优化城市，解决一个"差"字，使城市变得更优美、更舒适。

（九）如何破解"行车难、停车难"

2004年4月30日，我就城市交通管理问题进行了专题调研。

城市"行车难、停车难"问题，这是一个带有一定普遍性的问题。随着城市化迅速推进、人民生活水平迅速提高，这个问题越来越突出。解决好"两难"问题，对于改善城市交通，提升城市品位，方便群众生活具有十分重要的意义。

首先，要充分认识加强城市交通管理，解决"两难"问题的重要性和紧迫性。

"行车难、停车难"是大中城市在城市化推进过程中普遍存在的问题，完全解决有难度，但只要思想上重视，应对措施得当，"两难"问题还是可以缓解的。解决"两难"问题,对于绍兴来讲显得非常重要与迫切。

一是适应经济社会发展的需要。经济社会的发展很大程度上要依托交通来实现,城市的物流、人流要通过交通流来实现。当时绍兴经济总量在不断增加,发展速度明显加快,到 2004 年绍兴经济总量位居全国大中城市第 29、地级市第 9,经济发展了、社会进步了,必然带来车辆增多、交通发展。而加强道路交通建设与管理,反过来又会促进经济社会的发展。

二是适应城市发展的需要。当时绍兴城市建设正处在一个大变革、大发展时期,由江南小城市向枢纽大城市发展。城市交通要适应城市化发展趋势,跟上城市化发展步伐。加强城市交通建设与管理,也是推进城市建设、管理以及城市自身发展的需要。

三是适应人民群众生活水平发展的需要。人民群众生活质量如何,重要的衡量标准是看消费水平。而消费水平提高、消费结构升级,除了住房条件改善外,一个重要体现就是个人购车。当时,绍兴市车辆平均每年增长 40%,但人均道路占有量增长只有 7%,远远不能满足人民群众生活水平提高的要求。消费结构改善,外出旅游人数增多,交通流量加大,导致城市交通问题的凸显。因此,适应人民群众生活水平发展,需要加强城市交通的建设与管理。

四是贯彻落实《道路交通安全法》的需要。道路交通问题始终是当前和今后一个时期安全生产的主要问题。2003 年全市因安全事故死亡达 800 多人,其中 774 人死于交通事故。2004 年第一季度,道路交通事故又死亡 200 多人。因此,加强城市道路交通管理,是贯彻落实《道路交通安全法》、防范和减少道路交通事故的现实需要。

多年来,绍兴城市交通工作总体上值得肯定,无论是交通规划、道路建设、设施配套,还是交通管理、公交发展,都有很大的进步。从横向看,绍兴的"两难"问题与同类城市相比,也不算突出。但是,从纵向看,绍兴的"两难"问题有所加剧。我们的城市管理水平包括交通管理水平,与绍兴经济社会发展水平及绍兴历史文化名城的地位相比还有距离。对改进城市交通秩序，群众呼声十分强烈。

管好一座城市，最难管的是人流和车流。城市越大，交通就越难管理，这是普遍现象。我们一方面要看到成绩，鼓舞斗志，增强搞好交通管理的信心；另一方面要看到任务的艰巨性，攻坚克难，树立交通管理长期作战的思想准备。

其次，关于城市交通管理的目标和思路。

我认为，绍兴城市交通管理的目标，就是要建立健全城乡一体、公交优先的城市交通体系，实现有序、便捷、安全、畅通的城市交通目标。实现这一目标，在工作思路上要把握好以下五个方面。

一是体现城乡统筹，组团一体。既要发展市区交通，又要发展市郊交通；既要发展中心城区交通，也要发展组团交通，实现城市与农村、中心城市各组团之间的交通对接，形成城市内外快速、便捷的交通网络。

二是体现公交优先，结构优化。要优先发展城市公共交通，同时做到公交车、出租车、私家车、人力车等结构配比合理，满足不同人群的交通需求。

三是体现动静结合，时空整合。既要管理静态的交通，又要管理动态的交通。要在时间和空间上进行交通整合，包括实行错时工作制，从而以时间换空间等。

四是体现保护古城，堵疏并举。绍兴是历史文化名城，道路交通管理要体现绍兴城市的特色，古城路网的基本结构要尽可能保存下来。同时要堵疏结合，标本兼治，在保护古城的前提下加强必要的道路建设。

五是体现政府主导，市场运作。对城市交通资源配置，政府要起主导作用，同时发挥市场机制的作用，特别在城市公共交通方面，要尽可能做到市场化运作。

最后，我提出了解决城市交通"两难"问题的基本举措。

第一，要优化规划。解决"两难"问题，规划起龙头作用。优化规划，首先是城市的总体规划，城市的总体功能、空间布局要满足交通不断发展的需求。这是带全局性、根本性的问题。其次是城市交通的专项规划,要按照 B 类城市交通管理要求,合理规划路网结构、站点布局。

第二,要优化设施。进一步加强路网、站点、停车场及交通管理设施等硬件建设。路网建设要凸显古城特色,增添文化内涵,体现景观要求。交通站点要向城市边缘和郊区拓展,合理布局。要下力气解决停车场问题,既要靠建设也要靠管理,对改变用途的地下停车场要进行清退,恢复其停车功能。交通管理设施建设也要加大力度,推进智能化管理,要在流量大的路口增设交通信号灯、电子警察和设置标志标线。路网、站点、停车场建设问题由市建设局负责,规划、交通、交警等部门配合。

第三,要优化管理。设施再好,不从严管理也是不行的。要下大力气优化城市道路交通管理。一是路的管理。要加强交通隔离带建设管理,做到机非分流,各行其道。绍兴骑自行车的人多,而且常占道,有条件的区域要开辟专用自行车道。停车点也有文章可做,如何设计港湾式停车点,以不影响其他车辆通行。二是车的管理。包括行车、停车的违规管理和非机动车的管理。交通流量大的路口,交警力量要上去,确保车畅其流、人畅其行。三是人的管理。当时,省文明办曾专门作过一次调查,按标准一个路口半个小时内违规闯红灯 10 人以内算合格;但他们调查的结果,市区一个路口 10 分钟内就有 30 人闯红灯。因此,加强对人的管理也很重要,当然要以教育引导为主,提倡人性化管理。总之,要围绕路、车、人,把管理的文章做透,做到长效管理、从严管理、有序管理和人性化管理。

第四,要优化体制。一要进一步优化交通管理的体制与机制。交警部门要发挥职能优势,同时依靠社会力量,加强道路交通管理。要坚持"一切为了群众、一切依靠群众",充分发挥群众在城市交通管理中的基础性作用。二要整合优化城市交通资源。要按照城乡一体、公交优先原则,优化城市交通资源,最大限度地发挥其效能。抓住"七艺节"这个契机,把市县和几个组团、建设局、交通局及其公交企业整合起来,根据"政府主导、市场运作、规模经营、有序竞争、政策扶持、优先发展"的原则,优化城市公交体制、机制,避免无序竞争。

第五,要优化素质。要加强对公安交警、城市管理行政执法人员的管理教育,不断提高他们的业务素质与执法能力。广泛宣传《道路交通安全法》,结合全国文明城市创建,加强对市民交通意识的教育,营造良好的城市交通氛围。此项工作由市委宣传部、文明办负责,有关职能部门配合。要加强城市规划、交通、建设等专门人才的培养,提高城市的整体管理能力。

当时,为切实加强城市道路交通管理、解决城市交通"两难"问题,市政府还成立了城市交通秩序整治领导小组,提出具体整治方案,做到目标、任务、措施、责任、资金五个落实。

(十)城市管理的若干重要方法

城市管理是城市发展的永恒主题。我们积极探索管理方法,切实加大管理力度,有效提高了城市管理水平和城市品位。

第一,改革城市管理体制,着力提升管理效能。城市管理是一项系统工程,体制顺才能工作顺。早在 1998 年,市政府就成立了城市管理委员会,按照统一领导、条块结合、分级管理的原则,实行重心下移,实施权力下放,建立了"两级政府、三级管理、四级服务"的城市管理框架。同时,将原分别由规划、市政、园林、房地产等部门管理的专业大队,并入城监支队,实行城建统一监察。2003 年 9 月,经省政府批准,绍兴市成立了城市管理行政执法局,将原来分散在各部门的行政执法职能集中于一个执法主体,做到"机构单设、管罚分离,综合执法、垂直领导,重心下移、条包块管,警力加入、经费保障,统一受理、协调指挥",有效解决了城市管理领域中长期存在的多头执法、重复执法和行政执法机构膨胀等问题,提高了城市管理水平和效率。

第二,切实加强专项整治,重点清除城市"顽症"。我们抓住创建国家卫生城市、创建国家环境保护模范城市、迎接市五届一次党代会等契机,实施了马路市场、流动摊贩、无证经营、非法张贴广告、三轮车、摩托车专项整治、拆违清障、"一控双达标"等整治活动,取得了明显成效。执法局成立以来,充分发挥牵头协调的作用,在市区范围内对涉及城市规划、市容环境卫生、园林绿化、市政公用、环境保护、工商行政、公安交通七大项全部和部分行政处罚权的违法、违规和违章行为开展了一系列专项整治,极大改善了城市环境,改变了城市形象,提升了城市品位。市政府还以市容环境卫生、城市交通秩序、城市占道行为、景区内外环境、招牌广告为重点,组织开展迎"七艺"城市管理十大整治活动,着力营造"整治、有序、文明、安定"的城市环境。

第三,扎实开展"双争"活动,努力提高市民素质。以"争做文明绍兴人、争创全国文明城"活动为载体,加强宣传教育,开展实践活动,引导广大市民做"开明、可亲、诚实、好学、健康"的绍兴人。广泛组织"万人行动别陋习""万束鲜花扬美德""万户千家添新绿"等十个"万字号"系列活动,着力推出"十佳文明市民""十个文明示范路口""百辆文明示范出租车"等先进典型,努力打造礼仪绍兴、信用绍兴、平安绍兴、生态绍兴、知识绍兴、活力绍兴,不断提高市民的文明素质和城市的文明程度。

六 以重点工程和区块开发为核心推进城市建设

城市建设与城市规划、城市管理一起，构成了城市的整体发展。最广义的城市建设等同于城市发展。我们讲的城市建设是不包括城市规划和城市管理的活动，主要指城市的经济、文化、民生、基础设施等内容。

一般地讲，城市建设的重点工程通常是指一些工程项目和各类开发区、商贸中心区、新区、广场等。比如，绍兴的城东开发区、袍江开发区、镜湖新区、迪荡新城、滨江新区等。

在2002年2月27日召开的市区重点建设工程动员大会上，我就对重点工程的认识和理念发表了讲话。

2001年，是市区城市重点工程建设大投入、大丰收的一年。市区51项重点工程当年完成投资43.95亿元，为年度计划的108.3%。其中，重点基础设施项目21项，当年完成投资27.69亿元，为年度计划的107.3%；重点社会事业项目12项，当年完成投资4.04亿元，为年度计划的92.1%。一大批重点工程项目的竣工，使市区城市面貌发生了新的变化，顺利实现了"三年变新样"的阶段性目标。

2002年，市区各项建设仍处在高强度投入时期，城市重点工程建设的任务依然繁重。因此，我在会上指出，我们必须进一步提高认识，进一步增强紧迫感和责任感。

第一，要充分认识到，加快城市重点工程建设，是推进城市化的必然要求。 城市化是一个大战略，当时全省各地推进城市化都是大手笔、大思路,杭州、宁波、温州、嘉兴、金华、台州等地城市建设的规模都很大,呈现了千帆竞发、百舸争流的局面;绍兴处在杭州、宁波两大城市中间,是"左右逢源"还是"左右夹攻",关键取决于绍兴的城市化发展的水平。推进城市化关键还是要靠投入,发展是硬道理,而投入是发展的基本动力。经济社会的大发展、城市化的大发展,归根结底要靠高强度的投入。21世纪初,按照省委、省政府关于加快推进城市化的战略部署,绍兴市以"扩市区,迁县址,统规划"为契机,全面推进城建、交通、水利、环保、电力、通信、教育、文化、卫生等各条战线的建设,从而迎来了城市化大发展时期。绍兴新一轮的城市化发展,需要新一轮的高强度投入。2002年,中心城市发展的大框架刚刚拉开,要在"三年变新样"的基础上,实现更大的变化,必须坚持大投入、快建设。在2002年、2003年两年内,争取再投入100亿元左右进行城市重点工程建设,从而使五年内城市基础设施建设总投资达到250亿元左右。

第二,要充分认识到,加快城市重点工程建设,是抓城市经济发展的重要内容。城市基础设施和社会事业项目,不仅具有社会功能、文化功能,而且具有重要的经济功能,是经济效益、社会效益和生态效益的统一体。城市是可以经营的,城市基础设施和社会事业项目也是可以经营的。绍兴市大量的建设资金来源于市场化、社会化、企业化运作,财政资金只是发挥了"四两拨千斤"的作用。通过城市重点工程建设,我们创造了级差地租,1999年至2001年市区土地拍卖收益达到12.9亿元,土地储备中心还有600多亩储备土地,这些都是经济效益;通过城市重点工程建设,我们解决了大量劳动力就业,集聚了人口,培育了新的税源,直接拉动了GDP增长;通过城市重点工程建设,我们改善了城市景观,推进了社会事业产业化进程,加快了旅游业等第三产业的发展步伐;通过城市重点工程建设,我们扩大了投资需求,带动了一大批相关产业发展,激活了民间资金;通过城市重点工程建设,我们还大大改善了投资硬环境,为资金、人才、信息、技术等生产要素的集聚创造了条件,促进了整个市区经济的发展。实践证明,抓城市化,抓城市重点工程建设,就是抓经济发展。

绍兴风侧江廊桥夜景

　　第三，要充分认识到，加快城市重点工程建设，是为民谋利的实际行动。在政府工作报告中，通常每年都会提出全市和市区各十大基础设施建设工程，提出一批社会事业发展的实事工程，并说到做到，取信于民。广大市民实实在在地感受到我们的城市净化了，绿化了，亮化了，美化了；感受到自己的生活环境舒适了，住房条件改善了，就学、就医更方便了。但是，总的来说，我们的城市化水平还不高，与省内外先进城市相比还有差距，还难以满足人民群众的新要求。我收到的群众来信中有许多是关于城市建设和社会事业发展方面的，有表扬的，也有提出建议和要求的。为此，我们必须坚持把为民谋利作为政府工作的第一要务，进一步加快城市重点工程建设。

　　第四，要充分认识到，加快城市重点工程建设，我们面临着极好的机遇。2002 年国家继续实施并充实扩大内需的政策，将发行 1500 亿元长期建设国债，当年央行再次降低了银行存贷款利率，存款利率降低 0.25 个百分点，贷款利率降低 0.5 个百分点，加上绍兴市民间资金比较丰富，整个建设资金的供应环境相对宽松。此外，绍兴市城市化发展形成了良好态势，干部群众的认识比较统一，中心城市三大组团（后来增设了"滨江新区"，成为"四大组团"）的建设框架初步拉开。更为重要的是,当时浙江省政府已正式批准了《绍兴市城市总体规划(2001—2020年)》及《绍兴历史文化名城保护规划》,为绍兴中心城市的发展指明了方向。省政府在批复中指出:"绍兴市要充分利用良好的区位条件、丰富的人文资源和现有的产业基础,积极强化区域发展优势,着力提升产业发展层次,不断增强经济竞争力,促使经济建设与环境保护、城市建设与名城保护的协调发展,逐步把绍兴建设成为布局合理、交通便捷、基础设施完善、经济繁荣、文化发达、环境优美的现代化城市";"近期(2005年)城市人口规模按65万人、市域城市化水平按40%,远期(2020年)城市人口规模按100万人、市域城市化水平按65%进行规划";"明确城市用地发展方向,逐步形成一城三片的组团式城市布局结构形态,合理规划并切实保护好三组团之间的绿化带";"柯桥既是绍兴县(现柯桥区)的县域中心,更是绍兴中心城市三大组团的重要组成部分。绍兴市、县要共同建立规划协调管理机构,统一协调城市规划建设中的重大问题。要充分调动绍兴县(现柯桥区)的积极性,实行统一规划,分级管理,行政管辖关系不变"。

七 绍兴是个江南水城

绍兴可以说是个江南水城。我在 2007 年 5 月 9 日督查调研水利重点工程时，专门讲到绍兴城市的这个特点。现将讲话要点摘录如下。

"今天，我们踏看了古运河二期工程、新桥江疏浚整治工程、西河工程和娄宫江清淤工程建设现场，听取了市水利局领导关于水利重点工程建设情况和迪荡湖、大滩、青甸湖'三湖'连通工程规划汇报。有关部门负责人做了很好的表态发言，我都赞成。

"绍兴是个水城，水是城市之魂。我们要切实加强水环境建设和管理，做美水环境，建设新水城，改善市民生活质量，提高水城绍兴的知名度和影响力。

"多年来，我们继承和弘扬了绍兴的治水传统，积极开展水环境整治工作，有力推动了我市水利事业和水城建设。一是进一步完善了水利、水系等建设规划；二是实施了一大批水利工程，特别是实施了古城内河、内外环河的整治和清水工程，获得了中国水环境治理优秀范例城市奖；三是防汛抗台工作扎实开展，最大限度地减少了因自然灾害带来的损失；四是城乡一体的水利设施建设不断推进，农村水环境得到改善；五是实施'百万农民饮用水'工程，农民饮用水水质有效改善。水利建设的扎实推进，改善了古城水环境和生态环境，为我市经济社会发展创造了良好的生态环境，有效改善了城乡居民的生产生活环境，有力提升了绍兴的城市形象。

"随着经济的发展、城市的发展和人民生活水平的提高，对水利工作、水环境整治工作提出了更高的要求与任务。绍兴作为水城,整治水环境工作也面临着一些新形势、新任务、新要求。我们要以科学发展观为指导,坚持以人为本、和谐发展的理念,进一步做美水环境,提升水城形象。

"下一步水利建设和水环境建设的主要任务有七项。

"**第一,关于曹娥江大闸工程**。这项工程是目前全市最大的水利工程,对推进绍兴市水利工作和水环境整治,起着十分重要的龙头示范作用。市委、市政府将一如既往地给予高度重视,全力支持这一工程建设。各地各部门要紧密配合,加快进度,确保工程质量,确保早日建成。关于闸前大桥绍兴县(现柯桥区)、上虞市(现上虞区)连接道路的建设工作,两地要积极配合,合力推进,有关问题请相关分管领导协调解决。同时,要及早考虑大闸建成后的后续管理、长效管理工作,使大闸的功能得到充分发挥。

"**第二,关于曹娥江引水工程**。这项工程是市区清水工程的关键和重点,对于提升中心城市水质、保持内河良好水环境具有战略性意义。

2004 年 1 月,王永昌参加曹娥江引水工程启动仪式

各有关部门为推进这一工程已做了大量工作。当前，务必按照科学合理的要求，继续开展深入调研，广泛论证，进一步优化规划设计方案。规划形成后，要听取人大、政协的意见，然后再提交市政府和市委讨论。决策一旦确定，就要全力以赴地推进。

"第三，关于新桥江疏浚整治工程。这项工程目前进展较快，要乘势而上，加快推进，在年底前完成水利砌坎、河道清淤等公共设施建设。

"第四，关于西环河水环境整治工程。这项工程主要涉及亭山工业小区整治和规划调整带来的王家庄村土地的征用问题。要坚持省、市已经做出的决策不动摇，坚持中心城市'优二兴三'的规划方案不动摇。

"第五，关于古运河二期工程。这项工程事关古运河入城处和绍兴西大门的门户形象，这项工程不仅是一项水利工程，而且是旧城改造的重要内容，需要综合考虑。工程规划及实施方案已经过市政府常务会议讨论，市委常委会最近也要讨论。总的要求是：一要体现西大门区块的历史与现状，要有一定的档次和品位；二要研究整治改造工作的运行机制，采用政府投入和市场化融资相结合的建设方式；三要力争资金自身平衡，政府最多只做适当补助；四要成立一个类似工程指

2003 年建成的浙东运河，绍兴运河苑

挥部的机构,相对独立地开展工作。

"第六,关于娄宫江、环城河清淤工程。这项工程是 2007 年度市区清水工程的重要内容,对于提升城市水环境、改善居民生活品质具有重要意义,必须按规划扎实推进。在实施这项工程的同时,要推进市区面上清淤工程,越城区、绍兴经济开发区、袍江工业区、镜湖新区等要切实承担各自的清淤任务,抓紧开展工作,确保完成年度计划。与此同时,要加强城区、城乡接合部小溪小沟的治理,分清轻重缓急,抓好重点地段的清淤工作。河道清淤、水环境整治,要与城市建设管理结合起来,统筹考虑,提升档次。

"第七,关于'三湖'连通工程。迪荡湖、大滩、青甸湖'三湖'连通后自成体系,这一地带,是绍兴中心城市向北拓展的过渡带,是以水生态环境为主的过渡带,是文化古城向现代新城迈进的过渡带。实施这一工程,是城市北进的需要,是进一步改善城市生态环境的需要,'三湖'连通工程建成后,也将成为一个档次较高的城市景观带。同时,'三湖'连通后,大环河也相应连通,有关水系也自然打通。因此,我们必须充分认识这一工程的重要意义,切实增强工作的责任感。

"'三湖'连通工程在实施过程中,要与下一步越州新城建设的规划、镜湖新区和袍江工业区的规划相结合,要与挖掘这一区域的历史文化积淀相结合,要与生态环境的整治相结合,努力使之成为绍兴城市的新景观、新特色、新亮点。"

八 谋划建设越州新城

2007年是我到绍兴工作的第七个年头，对绍兴城市发展规律也有了新的认识。

过去十多年来，绍兴城市坚持走"大城市"路子，拉开"组团式"框架（先是越城区、袍江开发区、柯桥新区、镜湖新区、滨江新区等）。应该说，要做大城市规模，加快城市化步伐，方向是对的。但是，绍兴城市毕竟不太具备真正建成"大城市"的基础和条件，又处于杭甬两个特大城市之间，加之工业化、城市化进程的演进规律，决定了绍兴城市（指市中心）未来发展走向不可能是有数百万人口规模的大城市。

为吸取城市发展过去往往"摊大饼式"向周边拓展而导致交通拥堵等教训，绍兴规划未来城市走的是"组团式"发展模式，以期推动形成越城、袍江开发区和柯桥区块的"三点式"城市格局。现在，绍兴县、上虞市都已撤县市设区，这样就成了新的"三个组团"式城市了。当然，这是后话。但就当年绍兴市区，即中心城区来说，或者就真正意义上的、功能完整配套的有机城市形态而言，绍兴城市（越城区行政范围）由古城老市区、镜湖新区、袍江工业区形式的"组团式"发展模式，经过几十年的发展和磨合，实践证明，对绍兴这类规模并不很大的城市而言，相对独立的"组团式"发展模式并不现实。为此，我们研究了国际尤其是国内城市形态及成长演化规律现象，得出了一些重要认识。结合绍兴城市特点，我们提出了发展绍兴中心城市的一些新理念新思路，主要有：古城重在保护和功能疏解；跳出古城向外发展新城；打通各个组团,在旧城和新区(三大组团)之间加快建设新城,使绍兴中心市区的经济、住居、教育、卫生、办公、交通等功能有序向外围拓展,其实质是把"组团式"与"摊大饼式"结合起来,走混合发展之路。这才是绍兴中心城市发展的必由之路。

为此,在广泛调研的基础上,市委着手考虑越州新城的规划工作。

2007年8月16日,我们专题召开市委常委(扩大)会议,研究和部署启动"越州新城"的工作。我在事先调研思考和听取大家意见之后,以"加快建设越州新城 做强做大中心城市"为题做了讲话。为接受历史实践检验,现全文收录于下。

加快建设越州新城 做强做大中心城市

今天的市委常委(扩大)会议,是继2000年8月7日市委常委(扩大)会议决定开发建设袍江工业区、2002年9月15日市委常委(扩大)会议确定绍兴大城市发展战略纲要、2002年12月20日市委常委(扩大)会议决定开发建设镜湖新区、2004年11月12日市委常委(扩大)会议决定开发建设迪荡新城之后,又一次对绍兴中心城市发展具有重大战略性意义的重要会议。会议的主要议题是研究决定建设新城的有关事项,明确新城建设的发展目标和总体框架,动员全市各级齐心协力推进新城开发建设。

刚才,我们分别听取了市规划局、市交通局负责人关于新城规划思路、主要交通网络布局等情况汇报。市政协介绍了深化绍兴中心城市规划,建设现代新城的专题调研报告。市委政研室就《关于深入实施大城市发展战略,加快建设新城的若干意见》的起草情况做了汇报。大家立足大局,着眼长远,围绕新城建设发表了很好的意见建议。

建设现代化大城市,是绍兴历届市委、市人大、市政府、市政协和全市人民的不懈追求。近年来,我们深入实施2002年省政府批准的绍兴大城市发展总体规划,加快推进越城、袍江、柯桥三大组团和镜湖绿心建设,城市框架不断拉大,综合功能不断提升,奠定了大城市发展的坚实基础。但是,随着大城市发展战略纲要的深入实施,中心城市建设中诸如组团之间离散性明显、中心组团（越城组团）聚合力不强等问题逐渐显露出来。2006年下半年开始，市委就着手谋划新城建设，并开展了一系列调查研究，规划、交通、国土等部门也开展了相关的前期调研工作。2007年上半年，市委、市政府专门成立"保护古城、建设新城"课题组开展专题调研。市政协在换届后也专门组织力量，围绕深化绍兴中心城市规划和建设新城这个课题，开展了广泛深入的调查研究，还专门到江苏等地进行考察，在调研基础上，形成了加快新城建设的意见和建议，这是一个高质量的调研报告。从课题组、规划局、政协调研组前阶段调研的情况看，大家对建设新城的重大意义、发展方向、基本思路、功能定位、区域范围的意见基本一致。市委政研室综合各方面的意见，起草形成了《关于深入实施大城市发展战略，加快建设新城的若干意见》。可以说，市委对于新城建设的决策是十分慎重的，调研工作是扎实深入的，并广泛听取了方方面面的意见，包括市老领导和市政府咨询组同志的意见。我们对市政协以及各相关部门前期调研所取得的成果给予充分肯定，也原则同意市委政研室提交的《关于深入实施大城市发展战略，加快建设新城的若干意见》。

建设新城的决策，是一个令人振奋的决策。当做出这个决策的时候，我们要由衷感谢全市人民为绍兴城市发展所做出的贡献，由衷感谢历届市委、市人大、市政府、市政协为绍兴经济社会又好又快发展包括绍兴城市发展所做出的贡献，由衷感谢市委政研室、市规划局、市交通局、市国土局等部门在调研新城建设思路方面所做的努力，由衷感谢市政协所提供的高质量的调研报告。在这里，我们更要由衷感谢市老领导、老同志长期以来对绍兴发展的关心、支持，他们不但在过去的日子里为绍兴大城市发展做出了贡献，而且当市委向他们汇报新城规划思路时，他们站在绍兴发展大局的高度提出有关新城建设的宝贵意见，有的老同志还专门给我们写了信，提了一些很好的意见和建议。

下面，我围绕加快建设新城、做强中心城市的主题，讲几点意见。

一、新城建设的重要性和必要性

深化中心城市规划，加快建设新城，是市委、市政府贯彻落实科学发展观,深入实施绍兴大城市发展战略纲要,加快建设现代化、生态型大城市的重大举措,对于我们迎接绍兴建城2500周年,推进绍兴古城承前启后、继往开来,对于全面提升城市综合竞争力和推进绍兴中心城市长远发展,无疑具有战略意义和深远影响。

（一）加快新城建设,是落实科学发展观、走新型城市化道路的内在要求

规划建设新城,走新型城市化道路,是我们贯彻落实科学发展观、贯彻落实中央宏观调控政策的一项重大举措。当前,我市已经进入工业化转型期、城市化加速期、国际化提升期,正面临着新一轮产业结构、城乡结构的升级变革。城市发展既是城市规模的扩大,又是城市功能的提升、城市环境的改善、城市要素的集聚。按照落实科学发展观和走新型城市化道路的要求,深化中心城市规划,走城市内涵发展之路,是推进绍兴大城市建设的必然选择。加快新城建设,集聚各种要素,有利于拓展城市发展空间,提高资源利用效率,提升居民生活品质,推进绍兴统筹发展、集约发展、和谐发展,为绍兴经济社会又好又快发展提供坚实的平台支撑。

（二）加快新城建设,顺应城市发展的一般规律

世界城市化发展的历史经验表明,当城市化水平达到一定程度,新的城市功能和传统的城市功能不断叠加,由于旧城空间狭小,必然会在旧城周边产生新城,以拓展城市发展空间,减轻由于城市过度密集而产生的种种不适,进而达到老城和新城共同繁荣的目的。这是一个带有普遍性的城市发展规律,在中国尤其是东南沿海更是如此。如宁波东部新城、杭州钱江新城、台州新城、无锡太湖新区等新城区的建设,都为我们提供了可供借鉴的经验。

（三）加快新城建设,是呼应杭甬大城市、融入长江三角洲,提高城市综合竞争力的迫切要求

在经济全球化的背景下,经济社会的竞争更多地体现为城市综合实力的竞争。绍兴地处杭甬两大城市之间,我们要保持应有的地位,首先必须做大做强自己的城市,不断提高自身竞争力。当前,长三角一体化发展已上升为国家战略,它的目标定位是建成我国综合实力最强的

经济中心、亚太地区重要的国际门户、全球重要的先进制造业基地、我国最具活力和国际竞争力的世界级城市群。绍兴作为长三角南翼的重要城市，既有资源集聚上的竞争压力，也有接轨发展、承接配套的良好机遇。绍兴如何抢抓这一新机遇，积极思考谋划中心城市发展方向和重点，事关绍兴在长三角乃至全国的地位和作用。现在，杭州和宁波规划的经济圈都已经把绍兴的一部分划入其中，如果我们不尽快做大做强自己的城市，我们城市的竞争力就会削弱，就会大树底下难长草甚至不长草，就会在一定程度上被边缘化。因此，高起点、高品质规划建设新城，尽快形成绍兴大城市，显得越来越重要、越来越迫切。各级各部门一定要有大城市意识，尽快推进大城市建设，努力提高绍兴的整体实力。这是当代绍兴人共同的使命和责任。我们必须统一思想，提高认识，众志成城，高起点、高标准、高水平建设新城，着力提升城市集聚和辐射功能，从而更好地接轨上海、呼应杭甬，提高中心城市的综合竞争力，推动绍兴在长三角城市群合作竞争、互动发展中赢得优势，加快发展成为长三角重要的区域性中心城市。

（四）加快新城建设，是优化中心城市功能的客观需要

绍兴中心城市作为组团式城市，各个组团的空间布局相对分散，功能布局重叠，用地相对粗放，公用设施共建共享率较低。同时，越城组团空间狭小，中心组团的带动力不强。中心城市集约度不高，辐射力不强，制约着大城市建设的进一步推进。在三大组团和镜湖绿心中间建设一个新城，加强相互之间的融合，进一步增强中心组团的核心竞争力，必将引起绍兴城市空间结构和形态的战略性变化，加速形成区域中心城市的框架，牵动和带动城市各个组团共同发展；也必将有力推动绍兴城市中心向北发展，实现由"山阴时代"向"鉴湖时代"进而向"杭州湾时代"迈进的战略目标。规划建设新城，是强化中心组团的客观需要，也是市委、市政府落实"重抓本级、指导全市"方针，加快中心城市自身发展的一个重大战略举措。

（五）加快新城建设，是深化历史文化名城保护的必然选择

绍兴是首批全国历史文化名城。近年来，绍兴市在推进城市化进

程中,十分注重古城保护和现代化城市建设有机结合,形成了独特的城市风貌和文化特色,探索了历史文化名城保护的"绍兴模式"。但历史文化名城保护与城市现代化建设在客观上也存在着一定的矛盾。由于老城区面积狭小、人口过度集中、建筑密度过大、道路交通不畅等问题越来越突出,古城保护受到严重制约。同时,城市现代化建设也受到明显影响。深化古城保护,必然要求我们以新城的开发建设为依托,加快老城区人口向新城疏散,行政、商贸、文化等服务功能向新城延伸,城市基础设施向新城拓展,走出一条"保护古城、建设新城"良性互动的新路子,使历史文化名城与现代化大城市相得益彰、交相辉映。

(六)加快新城建设,是实施绍兴大城市发展战略纲要的重要举措

自2002年我市编制实施《绍兴大城市发展战略纲要》和《绍兴城市总体规划》以来,绍兴县(现柯桥区)、越城区、绍兴经济开发区、袍江工业区和镜湖新区紧紧围绕"三大组团""绿色空间"的规划布局,分块开发,合力推进中心城市建设,取得了重大进展。但是,越城组团与柯桥组团、袍江组团、镜湖新区之间存在着过大的未建成区空间。在各组团的接合部规划建设新城,是对大城市发展战略纲要的继承和实施,是深化和完善纲要的重要举措。同时,新一轮城市发展规划和土地利用规划正在编制之中,抓住时机深化中心城市规划,有利于我们完善城市发展规划,进一步明确城市发展的方向和定位,进一步提升中心城市的区位优势和竞争力。这也就是说,现在规划建设新城正当其时,时机已经成熟,机遇不可错过。

实践证明,经济社会发展和城市化水平达到一定程度,规划建设一个各种要素集聚度较高、辐射力较强的现代化新城是多么重要,尤其对具有千年古城、三大组团、绿色空间的绍兴来说,显得更为迫切、更为重要。现在不是一个"要不要建设"新城的问题,而是一个"如何建设""加快建设"的问题。

二、新城的基本目标和功能定位

我们规划建设的新城,既是与古城相呼应的越城组团的拓展延伸,又是融合三大组团、绿色空间的中心区块,是具有综合性城市功能、集

约化程度较高、富有江南水乡特色的现代化新城区。这个基本目标和功能定位有这样几层意思。

（一）这个新城是绍兴大城市发展目标战略的继承和创新

我们规划建设的新城，其区域范围没有突破原来大城市发展战略纲要的规划区域，是"城市北进"战略的推进，是上一轮城市总体规划的完善，也是深化新一轮城市总体规划的重要举措，既传承了大城市发展战略纲要，又根据新形势进行了完善，充分体现了大城市建设中继承与创新的关系，是推进大城市中心城市建设的重要举措。

（二）这个新城是绍兴古城的延伸和发展

我们规划建设的新城，与古城遥相呼应、紧密相连，是越城组团建成区的向北延伸。

（三）这个新城是相对独立又融合各组团的中心区块

我们规划建设的新城，从空间上看是相对独立和完整的，但它又是与各组团相互衔接的，既承接了越城区的相关功能，又具有相对完整性、独立性的功能。这是一座经济、政治、文化、社会功能相对集中的新城，它不但与古城相呼应，又是各个组团的核心，它不仅承担着越城区的北拓功能，而且承担着呼应、带动、牵引其他各个组团的作用。

（四）这个新城是具有综合性功能的新城区

我们规划建设的新城，地处各大组团的中间地带，主要起着融合各组团的作用，因此它的功能是综合性的，集约化程度比较高。刚才有的领导也提出，新城应该是绍兴经济、政治、文化的中心。我认为这个方向是对的，但考虑到它与古城是一个整体和有一个较长时间过程，所以现在我们暂不简单地这样说。

（五）这个新城是兼具江南水乡特色和现代化特色的一座新城

我们规划建设的新城，既要保持"江南水乡"的自然景观特色，又要展示富有现代气息的新城形象，是一座富有现代魅力的"江南水城"。

（六）这个新城是绍兴现代城市建设的新标志

建成后的新城，将是绍兴现代城市建设的新标志、发展城市经济的新平台、提升居民生活品质的新天地，必将起到"保护古城、融合组团、強化核心、提升發展"的作用。

三、新城的基本區域範圍和空間形態

我們講的大城市就是包括紹虞、諸暨、嵊新這三個城鎮組群,中心城市就是三大組團和一個綠心,中心組團就是越城組團。今天我們所指的新城是狹義的概念,是指在越城、柯橋、袍江三大組團和鏡湖新區的中間地帶,建設一個融合各個組團的、集約化程度較高的現代化新城。新城的區域範圍為:由越城古城向北延伸並向東、西兩邊拓展,東至規劃中的上樊公路,北至群賢路,西至柯橋鏡水路,規劃總面積110平方公里左右,其中水域面積占63%,已有建築和基礎設施建設面積占15%,所以實際開發建設的區域25平方公里左右。

新城以越東路、中興大道(紹三公路)、解放北路、紹大線向北延伸段四大道路為主要城市發展軸,在空間形態上形成"一體兩翼"的格局,即中區、東區、西區,整體呈現出"北進、東拓、西連"的發展態勢。

東區,是越城組團和袍江組團的連接區。這個區塊要利用運河碼頭、鐵路東站大型交通樞紐和杭甬城際軌道站點,重點安排生產性服務業,作為承接袍江工業區和杭州灣南翼產業帶開發建設的重要服務基地。

中區(含迪蕩新城),是融合三大組團的功能集聚區,是新城形象集中展示區。要在推進鏡湖濕地公園建設,發展生態休閒旅遊業的同時,重點在南部區塊和迪蕩新城集中安排行政辦公、文化會展、科教研發、商貿商務和居住社區等功能區塊,形成公共服務和商住中心區。

西區,是越城組團、鏡湖新區與柯橋組團的連接區。這個區塊既要注意保護好鑒湖水系,又要積極開發利用,圍繞青甸湖,重點規劃與水系保護相適應的生態休閒、高品質居住等功能。

四、新城建設的基本思路和原則

推進新城建設,必須遵循城市建設規律,積極探索出一條科學的新城開發建設新路。在總體思路上,贊成市政協提出的"依托古城、融合組團、三湖並進、抱湖成城"的戰略布局;在建設時序上,可以有近期、中期和遠期之分,近期以中區作為啟動區塊和重點建設區塊;在建設體制上,由於新城位於三大組團和"城市綠心"的中間地帶,因此考慮在統

一领导、统一规划的前提下，根据区域管理体制，原则上由绍兴经济开发区、袍江工业区、镜湖新区分片组织实施，做到"一张图纸、分头建设、合力建城"。同时，根据新城建设的实际进展，可以不断完善组织管理体制。在具体操作中，要把握以下几条原则。

（一）注重以人为本

坚持以人为本，把促进人的全面发展、满足人的全面需求作为加快新城建设的根本目的。新城的规划建设要体现人本理念、人文精神和人性关怀，充分考虑生活、商务、创业的需要，建设较为完善的生态景观系统、综合交通系统、产业发展系统、休闲居住系统，体现城市发展的系统性、综合性和延续性，实现新城开发与经济社会发展相互促进、与人民群众安居乐业相互和谐。

（二）注重规划先导

坚持规划的导向和龙头作用，体现规划的前瞻性、科学性和严肃性。新城的建设主体不同，但规划必须做到统筹协调、共建共享。统筹考虑二产与三产、经济与社会、形态与功能、人与自然环境的关系，实现新城与整个经济社会发展规划的有机衔接。新城各区块要注重错位发展、凸显特色，避免各区块功能趋同。新城的风格特点和景观特色，要与古城遥相呼应，相得益彰。

（三）注重集约发展

立足于资源环境条件，充分发挥新城区域内的河网水系、生态资源、历史文化和产业基础等现实优势，科学合理地确定新城布局、发展方向，推动商贸服务、文化教育等优质资源向新城集聚，培育现代城市功能的潜在优势，加快人流、物流、资金流等要素向新城集中。坚持集约发展，注重集约利用土地资源。在新城开发建设中，必须始终将水源水域保护、环境保护放在首位，既要有新城形象，也要水清地绿天蓝。

（四）注重现代气派

按照现代风格的形象要求，运用国际化标准，制定高标准的规划方案，把新城建设成为现代化、生态型的城市中心，与体现绍兴悠久历史文化底蕴的老城一起形成鲜明的"一城二貌"城市风情，使悠悠古城与现代新城浑然一体、交相辉映。要根据不同的功能定位,适度提高建筑密度和高度,精心设计和建设一批高档次、高品位的精品建筑群,形成若干个代表现代风格和现代气派的城市业态,充分体现新城建设的现代化形象。这里,我们要特别强调的是各功能区块,尤其是重要地块原则上要先规划设计好再进行土地出让、项目招标,以确保规划的高起点和统一性。

(五)注重水城特色

继续做深做好水城文章,保持水乡泽国、田园水网的基本特征,使之成为滨水型的现代新城。特别是要抓好"小三湖"(青甸湖、大滩、迪荡湖)、"大三湖"(瓜渚湖、镜湖、袍江两湖)的开发建设,充分展示水城风情,合力打造富有魅力的现代江南水城。

(六)注重产业集聚

充分发挥新城区域内的产业优势和生态环境、历史文化等资源优势,大力发展城市经济,推动现代服务业、高新技术产业等向新城集聚,实现产业发展与新城建设互促共进。要结合新城实际,制定有关招商政策,积极引进符合新城功能和产业发展导向的优质项目,推动新城建设尽快形成规模,凸显主导功能。

(七)注重设施先行

超前构筑完善的基础设施及配套设施体系,是促进产业集聚的前提,也是开发建设的基本经验和基本步骤。要坚持高标准、高强度,先行启动新城的市政、交通、水利、电信、电力等公建设施规划建设,构建较为完备的城市基础设施综合网络。要着力抓好嘉绍跨江通道、绍诸高速、绕城高速、机场快速通道、曹娥江大闸、杭甬运河绍兴段、杭甬城际铁路、内河外海港口和马海大桥等重大基础设施建设,着力提升中心城市和大城市区位优势。

(八)注重市场运作

在坚持政府主导的同时,充分运用市场机制的作用去推进新城的滚动开发建设。充分利用各种融资方式,拓宽融资渠道,逐步建立起一个多渠道、多层次、多元化的投融资渠道,调动各种社会力量参与新城的开发建设。通过面向国内外公开招投标,选择优秀的投资商、建设队伍和经营管理者参与投资、建设和经营管理。按"供需平衡、集约用地、确保重点"的原则,科学制订土地出让计划,力求新城建设资金自我平衡。

五、新城建设的保障措施

新城建设是一项重大的、长期的工程,涉及的范围和部门比较多。我们必须切实强化保障措施,齐心协力加以推进,同心同德建设新城。

（一）加强组织领导

成立新城建设指导协调委员会,由市委书记、市长任主任,市人大主任、市政协主席、市委副书记以及市政府分管城市建设和开发区建设的副市长任副主任,绍兴县(现柯桥区)、越城区、绍兴经济开发区、袍江新区、镜湖新区和市级有关部门主要负责人为成员。指导协调委员会的主要职责是加强新城的统一规划,定期听取新城建设的进展情况汇报,协调新城建设中的重大事项,加强对新城建设的督促检查和工作指导。新城建设指导协调委员会下设办公室,由分管城建的市委常委、常务副市长钱建民同志负责。

（二）精心编制规划

要抓紧新一轮城市总体规划修编工作,注重新城规划与新一轮城市总体规划、土地利用规划的有机衔接,加强资源整合和功能对接。越城区、绍兴经济开发区、袍江工业区、镜湖新区要会同规划部门,对新城范围内的规划项目进行全面摸排梳理,并根据新城的规划和功能定位进行调整完善。要切实维护规划的权威性和严肃性,制止和纠正规划实施中的随意性。

（三）创新建设体制

要在新城建设指导协调委员会的统一领导、统一规划、统一管理下,先原则上实施"分区组织实施、分块负责开发"的建设机制,充分发挥各个开发区、各个组团的积极性。要创新投融资体制,以项目为依托筹措建设资金,走建设资金自求平衡的新路子;鼓励采取 BOT、BT、TOT等多种方式,引进各类社会资金参与新城基础设施和公用事业建设与经营;积极争取中央部委和省直部门的支持,利用国家开发银行贷款、国家政策性资金推进新城建设。

（四）加大政策支持

整合利用现有市级扶持经济发展政策,用足用好我市已出台的鼓励外商投资、引进外地投资和扶持现代服务业、高新技术产业发展等各类政策,并根据实际情况向新城适当倾斜。对新城建设和功能培育有重大推动作用的项目,可实行"一事一议"政策。

（五）坚持合力推进

绍兴县(现柯桥区)、越城区、绍兴经济开发区、袍江工业区和镜湖新区,要站在服从全局、服务大局的高度,全力支持新城建设。市级各部门要切实履行职责,提出相关措施,加强配合、协调和支持,促进和保障新城建设的顺利进行。宣传部门和新闻媒体要坚持正确的舆论导向,加大新城建设宣传报道力度,为新城建设和发展营造良好的舆论环境。

六、当前新城建设的主要工作

新城的规划编制和具体实施有个过程,但我们要在坚持新城总体功能定位的前提下,抓紧抓好当前各项工作,推动新城建设早启动、早实施,早出形象、早出效益。

（一）抓紧深化新城规划

要按照新城建设目标范围和功能定位,根据新一轮城市总体规划,只争朝夕,抓紧编制新城规划。要像张金如同志所强调的那样,高起点、高品位编制土地利用、道路交通、水环境整治等专项规划,并在此基础上,对一些重要区块、重要路段、重要公共设施进行相关的城市设计,并尽早按照规划设计的要求来推出项目和土地,为顺利启动新城建设打好基础。同时,在规划编制过程中,要坚持科学规划,聘请权威部门编制,体现规划的科学性;要多方论证,反复比较各种方案,结合实际好中选优;要遵循程序,严格按制度办,按程序讨论决定,确保规划科学合理。

（二）抓紧梳理、启动和推进一批项目

根据新城规划定位,对这一区域内的项目进行认真梳理。符合城市功能定位的项目,要继续加快推进;不符合城市功能定位和建设标准的项目,尽一切可能进行调整。对市区规划中拟建的重大项目也要重新梳理,尽可能把符合新城功能定位的项目纳入到新城中。要按新城规划要求,抓紧摸排和启动一批基础设施项目。

(三)抓紧推进中区建设

中区是新城的核心区块,也是目前比较成熟的区块,当务之急是要重点推进这一区块的建设,从而带动整个新城建设。要按照城市功能定位,重点推出一批项目,特别是要继续强势推进迪荡新城建设,加快形成迪荡新城的商业业态。要及早启动青甸湖、大滩、迪荡湖"三湖连通"工程和古运河二期综合整治工程(迎恩门风情水街)建设,努力建设成为集旅游、生态、休闲于一体的生态景观廊道,使之成为绍兴古城向现代新城拓展的过渡带。条件成熟的区块要抓紧推出,尽快上项目、出形象。

(四)抓紧通过决定

请市人大根据市委的决策部署,抓紧时间通过加快建设新城的决定,把市委的决策转化为法律意志,保障新城建设顺利推进。

(五)抓紧组织宣传

宣传部门和新闻媒体要认真做好宣传工作,当前要重点宣传新城

2003年9月,亮化工程后的绍兴迎恩门

建设的重要意义,重点宣传新城建设的基本方向和功能定位,营造良好的舆论氛围。不要将舆论引导到具体的项目或房地产开发等方面。

（六）抓紧组建具体工作班子

请市政府抓紧组建具体的工作班子,抽调相关人员,及时开展工作。

（七）抓紧其他组团的开发建设

在推进新城建设的同时,继续高度重视越城组团的古城保护和城南开发建设,继续重视经济开发区、袍江新区、镜湖新区的开发建设,继续重视柯桥组团的开发建设,继续重视和推进杭州湾南翼滨江组团的规划建设。特别是要从长远的角度看待湿地公园的保护,像保护开发西湖一样保护开发建设好镜湖城市湿地公园,如果没有把握,就先把它保护好,留给后人来开发建设。

（八）关于新城的名称

新城的名称事先已经征求方方面面的意见,现在集中在"越州新城"和"绍兴新城"这两个名称上。刚才,有同志对这两个名称进行了分析,都很有道理。综合前阶段征求意见的情况,我们把新城的名称定为"越州新城",这个名称既有历史文化内涵,又有越城组团拓展延伸的意义,也有作为几个组团中心的意义。另外,新城范围内的地名、路名,务必在新城规划确定前定下来。

2008 年 2 月,我调任到浙江省政协工作。越州新城的命运也告一段落,但我一直深信,绍兴中心城市走"组团式"与"外溢式"（摊大饼）相结合,加快"越州新城"规划区域范围内的城市成长,是不以人的意志为转移的历史选择,是绍兴中心城市发展的必由之路。

第六章

推进城郊大变革：改造『城中村』 造福万家人

在绍兴工作期间，我倾注大量心血的另一件事，就是"城中村"的改造。

我对"城中村"改造工作也许有特别的理解和情怀，因为我在杭州江干区工作时，对城区工作和"城中村"改造有较深的感受。

在中国波澜壮阔的城市化进程中，"城中村"对任何一个城市来说，都是十分棘手的大难题，但也是城区和城郊发展中的一个历史性机遇，对"城中村"进行改造，也是改善、提升郊区农民生活的大好事。

一 一个专题调研

随着城市化进程的加快，城区范围不断扩大，出现了一批"城中村"，破旧的村庄与城市环境很不协调，村民要求改善住房条件和居住环境的呼声十分强烈。

2001年12月27日，我到越城区专题调研"城中村"改造情况。27日上午，我在分管副市长和有关部门负责人陪同下，先后到北海街道寨下村、蕺山街道蕺山村及东湖镇龙山村，实地察看了"城中村"和"城郊村"改造情况。我们进村入户，到农民家中，详细询问他们对"城中村"和"城郊村"改造的想法和建议。

随后，我们听取了越城区委、区政府关于"城中村"和"城郊村"改造工作的情况汇报。据了解，虽然越城区此前几年已在进行"城中村"改造试点，但工作力度不大，进展不快，成效不明显。

我在此次调研中，着重明确和强调了以下几点意见。

第一，要进一步统一认识，抓住有利时机，把这项工作作为重要的民心工程、实事工程来抓。改造"城中村"和"城郊村"是实践"三个代表"重要思想、为民办实事的具体措施，是推进城市化、加强城市管理的客观要求，符合城市发展的规律和人民群众的意愿。

第二，要进一步集中力量统一推进我市"城中村"和"城郊村"改造工作。要在统一规划、统一拆迁、统一建设、统一管理的前提下，分类确定"城中村""近郊村""远郊村"不同的改造方案。把试点突破与整体推进更好地结合起来，以点带面，加快改造步伐。

第三，要把"城中村"改造成"新社区"。要充分发挥市、区、街道（镇）、村四个方面的积极性，在改造的基础上建设适应绍兴城市化发展要求的新社区。"城中村"改造要与改制相结合，对条件成熟的，在进行硬件改造的同时，要着力推进"村转居"工作，做到软硬件相配套，建设现代城市文明。

第四，要加快制定"城中村"改造规划和政策。要切实加强对"城中村"和"城郊村"改造工作的领导，加快制定总体改造规划，尽快出台有关土地征用、拆迁补偿等方面的具体政策，通过市场化的运作来推进"城中村"和"城郊村"改造。

我希望通过改造"城中村"，能建设起新的城市社区，改变城郊面貌，把当时杂乱无序的"城中村"改造成现代文明社区，以期做到同绍兴历史文化名城的地位相适应，同生机勃勃的现代化建设相适应，同城乡一体化的发展趋势相适应，并造福百姓群众。

2002年2月21日，我参加了越城区干部大会，并以"卧薪尝胆谋发展　同心同德建强区"为题，即席发表了讲话。讲话中对"城中村"改造再次做了明确表态："我们要加快'城中村'和'城郊村'改造步伐。这项工作群众呼声很高。做好了对老百姓有好处，对城市化有好处，我们为什么不做？所以说，不要再试点了，看准了就干。争取通过几年努力，使'城中村'和'城郊村'尽快地融入城市化。"

二 一个畅想曲

2002 年 11 月 24 日，在杭州黄龙饭店，有关单位举行了港澳台与内地城市发展论坛，我应邀出席了会议，并以"面向"杭州湾时代"的绍兴"为题，向与会众多专家学者，描述绍兴即将发起的一场"城郊变革"："我们将通过'城中村'改造，着力化解经济社会二元结构的矛盾，实现城乡统筹发展。"

这个时候，对"城中村"改造可能带来的"城郊变革"，还只是一个美好的畅想曲。

三年后，2005 年 11 月 19 日，当我们再次来到古城的郊外，检验这场"城郊变革"的成果时，昔日的畅想已成为眼前的现实：破旧的农房被环境优美的公寓房取代，青年农民走进工厂，成为新的产业大军，并像城里人一样享受养老保险……

与广袤的田野一道发生嬗变的，还有一座城市的生存状态和发展空间。

三 一场深刻的城郊变革

在我看来,"城中村"改造是经济社会发展的必然要求,是顺应城市化趋势的战略举措,是一场历史性的、深刻的城郊变革。

(一)从发展趋势看"城中村"改造

首先,"城中村"改造是全面建设小康社会、率先基本实现现代化的重要突破口。 党的十六大提出要全面建设小康社会,东部沿海经济发达地区要率先基本实现现代化,这是摆在我们面前的一项长期而艰巨

2007 年 5 月 15 日,王永昌主持市委、市政府城市管理工作会议

的光荣任务。从经济发展、城市化推进和老百姓觉悟程度等诸多方面看，"城中村"最有条件率先实现现代化。要通过"城中村"改造，让村民尽快地享受改革开放、经济发展和城市化带来的文明成果，为全市率先实现现代化创造条件。

其次，"城中村"改造是统筹城乡协调发展、实现城乡一体化的重要突破口。统筹城乡协调发展需要多种载体，而"城中村"改造就提供了一个较为理想的载体。通过"城中村"改造，一方面，可以实现"农村变城市，农民变市民"的目标，把郊区农村融入城市发展之中；另一方面，以此为契机，组织实施以城带乡战略，发挥强大的城市集聚辐射功能，推动城乡一体化发展，实现城乡经济的共同繁荣。

再次，"城中村"改造是加快城市化步伐、提升城市品位的重要突破口。通过"城中村"改造，有利于提升城市门户地段和城乡接合部的城市形象，使城市发展与历史文化名城地位及现代化建设要求相应，进一步提升城市品位。

最后，"城中村"改造是探索城乡二元经济、社会体制改革的重要突破口。实践证明，实行"城中村"改造，是经济发达城市的一场"城郊变革"。通过"城中村"改造，可以统筹城乡协调发展，实现城乡资源共用，设施共享，并通过改革农民户口、身份、社保和集体资产处置等措施，从根本上解决城乡二元体制结构问题。

（二）从外地经验看"城中村"改造

改革开放以来，我们或"南下"学广东，或"北上"学江苏。比如，江苏的昆山市，他们以敢为天下先的精神，把园区建设作为推进城市化和工业化的重要载体，自费创办了经济技术开发区，现已发展成为国家级经济技术开发区，建设起点之高、规模框架之大、发展速度之快，令人叹为观止。他们希望通过3—5年的努力，把整个县级市变成一个大开发区、一个大城市，这样经过长期努力，传统意义上的农村将不复存在。从苏南的经验看，随着城市化与工业化的互动发展，"城中村"改造是一个方向、一个趋势，符合经济社会发展规律，符合城市化与工业化的内在要求。因此,我们要认准这个发展大方向,要大胆地干,脚踏实地地干,毫不动摇地干。

(三)从城市走向看"城中村"改造

绍兴处于环杭州湾南翼,区位条件相对优越。从长远看,杭州与宁波之间必将形成新的经济发展产业带和区域发展城市带。绍兴城市发展正处于从"山阴会稽时代"走向"鉴湖时代"和"杭州湾时代"的重要时期。因此,我们要从融入杭州湾城市群发展的高度,来审视、看待"城中村"改造,并把它作为绍兴大城市建设的重要组成部分,积极规划建设江滨工业新城区,全力推进跨江大桥和曹娥江大闸建设,为大城市建设创造条件。

(四)从政府职责看"城中村"改造

为民谋利是政府的职责,改造"城中村"群众有呼声,基层有要求。因此,改造"城中村"是政府职责和群众愿望的有机统一,是一项看得见、摸得着的实事工程。

在绍兴裕民小区,已住进新居的村民如数家珍地喜说"城中村"改造的好处。我把改造"城中村"的好处概括为十个方面:

一是有利于改善居住条件,让农民住上比城里人更大、更好的房子;二是有利于改善学习、生活、工作环境,把城郊农村建成了现代化的城市社区;三是有利于城郊农民更多地享受城市现代文明,接受城市科技、教育、文化等的辐射,提高素质;四是有利于各种要素集聚,通过集聚迸发出新的活力,以城带乡,实现城乡一体化发展;五是有利于城市经营,降低成本,实现设施共建共享;六是有利于倡导文明新风,逐步改变几千年来遗留下来的陋习,形成科学健康的生活方式;七是有利于集约用地,提高效率,实现土地经营效益的最大化;八是有利于加强城市管理,建立良好的城市公共秩序,进一步提升城市品位;九是有利于城郊农民从根本上解决就业、就医、就学和社会保障问题,加快失土农民和城市居民的接轨;十是有利于形成新一轮改革的制高点,创造新一轮发展的新机遇。

因此，把"城中村"改造这件实事办好，好事办实，对城市的长远发展和郊区农民子孙后代的发展，都具有十分深远的意义。

（五）真心让利百姓

当市委原则确定要全面启动"城中村"改造工作后，市政府迅速进入了筹备工作。

首先是组织市政府和越城区政府开展调查研究，全面回顾从1999年以来市区几个"城中村"改造试点工作情况，总结成功经验，分析存在问题；学习了解杭州、广东、江苏等外地开展"城中村"、园中村改造的经验做法。

在调研的基础上，结合外地做法和绍兴实际，制定市区"城中村"改造的实施政策。这是问题的关键所在，为此，市政府反复研究、修改和完善。

我记得当时制定政策的指导思想，是在法规和大的政策允许的范围内，政府必须让利于民，让老百姓在"城中村"改造中得到实实在在的好处。我反复强调：这是"城中村"改造能否顺利推进并取得成功的关键。政府不应该也不想通过"城中村"改造而得到什么具体好处，政府投入的资金最后得到基本平衡就可以了。

在具体政策操作层面，主要有在旧房的确权和收购价格、每户的人口计算、每户每人"城中村"改造后新的安置房面积掌握、新旧房屋置换的价格补差、建设过渡期间的安置补贴等方面，都尽可能向拆迁户让利。我现在还记忆犹新的一个政策问题，就是人均的安置面积数量。当时提交安置面积初步方案，是根据绍兴市区过去安置面积底线基础上提出来的，我力主以杭州安置面积为参照向更宽裕的安置面积靠拢。这样，人均安置面积比原来方案提高了 5 平方米。

当然，真正让老百姓最大得益的两大政策：一是政府明确按照城市新社区的标准来建设，环境、基础设施也按照城市社区标准建设，这就提升了拆迁户未来生活环境的品位等无形价值；二是在省里有关部门支持下,这次新建的社区全部列入政府性工程项目,土地全部征用,这就使得安置的房子可以办土地证和房产证,使房子具备商品房属性,日后可以在市场上进行交易,最终每家每户的房产市场增值达数十万元甚至数百万元之多。

这些政策为"城中村"改造顺利推进,创造了基本条件。当然,这一切都离不开党政各部门和广大干部的艰苦努力。

(六)务必规划先行

这次"城中村"改造能顺利推进,除了严密制定切实可行的政策外,还因为有正确的战略和策略。而规划先行,并且要有相当规模数量的"城中村"同步改造,是其重要条件之一。

为此,市委、市政府制定了"城中村"改造工程规划。该规划的计划工程 2002 年全面启动,计划用 3 年时间,完成 41 个"城中村"的改造任务,届时有 5 万余村民将在这项工程中受益。

"城中村"改造工程的总体目标是:使城中、城郊的"农村变城市、农民变市民、分散变集中、残破变完善"。从而解决"城中村"村民住房困难,全面提升居住环境和质量;全面推进市区城市化进程,为实现市区经济社会发展创造新优势;进一步破解城乡二元管理体制,为实现城乡一体化创造现实条件。

(七)务必统一思想

"城中村"改造涉及村民和社会各界的切身利益,群众的思想工作难度很大。为全面启动和顺利推进"城中村"改造工程,市委、市政府决策前后,做了大量准备工作。首先是市委、市人大、市政府、市政协和越城区四套领导班子统一思想,共同调查研究,交流、讨论、通报规划、政策;市政协专门安排会议协商讨论;市人大专门召开常委会并做出决议。

第一,市人大常委会专门做出决议。

2002 年 6 月 19 日,绍兴市第四届人民代表大会常务委员会第三十五次会议,听取了市政府关于市区"城中村"改造工作情况的汇报。会议经过审议,原则同意市政府提出的力争用3年左右时间完成"城中村"改造工作的目标。

会议认为,"城中村"是城市化推进过程中的产物,是一定发展阶段的特殊现象。改造"城中村"事关市区广大人民群众的根本利益,对于推进城市化、实现现代化具有重要意义,是绍兴市建设经济强市、文化名市、旅游大市的题中之义,为此特做以下决议。

(1)提高认识,统一思想。改造"城中村"是推进城市化,提升城市竞争力,提高人民群众生活质量的必然要求。随着经济社会的发展和城市化进程的加快,绍兴城市规划区尤其是建成区范围内出现了一大批"城中村"。由于历史的原因,"城中村"目前的基础设施、生活环境、社会治安与管理等还存在不少问题,它既影响村民生活,又不利于加强城市建设与管理,所以,改造"城中村"势在必行。我们要统一思想认识,同心同德积极推进"城中村"改造。

(2)科学规划,精心组织。"城中村"改造规划的起点要高。要在城市总体规划指导下,坚持从"城中村"实际出发,做到分类指导,优化组合,合理布局。改造后的居民区应成为配套设施完善,生态环境优美,居住条件舒适,生活文明有序的高标准社区。在组织实施时,要突出重点,稳步实施,循序渐进,做到成熟一个、改造一个、满意一个。

(3)政策到位,依法办事。"城中村"改造政策性强,一定要从推进城市化进程的全局利益出发,又要考虑广大村民的切身利益。制定的政策既要有前瞻性,又要注意历史的沿革,在房地产权、经济补偿、农民户籍等方面,要按照有关法律法规加以完善,并加大宣传力度,做好过细的群众思想工作。政策一经实施,就要依法办事,切实维护政策的严肃性。

(4)统筹安排,加强领导。"城中村"改造是一个复杂的系统工程,是一项全局性的工作。因此,市政府要统筹安排,加强领导,精心组织,各职能部门、各级领导干部,要本着向历史和未来高度负责,向人民群众高度负责的精神,按照"三个代表"的要求,认认真真做好各项组织

法律工作者进农村讲解有关"城中村"改造的法律知识

工作和服务工作,确保"城中村"改造工作的顺利进行。

为统一思想、形成态势,市委、市政府于 2002 年 8 月 12 日专门召开市区"城中村"改造动员大会。会议要求,用 3 年左右的时间完成越城组团二环线控制范围内的 41 个"城中村"的改造任务,逐步将"城中村"改造成城市居民区,促进中心城市"五年大变样"和大城市建设目标的实现。

会议指出,加快"城中村"改造步伐,可以改善人民群众的居住环境,提高他们的生活质量,让他们更多地享受到改革开放、经济社会快速发展带来的现代文明成果。"城中村"改造工作,是一件为民谋利造福的大实事、大好事。

会议要求,各有关单位和部门要统一思想,切实增强抓好"城中村"改造工作的责任感;要明确思路,着力加快市区"城中村"改造步伐,要坚持"城中村"改造与城市总体发展要求相适应,通盘考虑与分批实施相统一,政府主导与市场运作相结合,执行政策与维护群众利益相一致,"城中村"改造与体制改革相配套。

会议强调,要狠抓当前,迅速掀起市区"城中村"改造工作的热潮。

335

扎扎实实地开展宣传发动工作，继续深化完善"城中村"改造规划，精心组织实施第一批"城中村"的改造工作，在深入调查研究的基础上抓紧制定有关配套政策，进一步明确工作职责，加强督查考核，确保"城中村"改造工作顺利开展。

动员会后，绍兴日报社等新闻单位广泛开展了宣传报道工作。比如，《绍兴日报》分别以《一项为民造福的实事工程》《一件事关发展的大事》《一件亟须解决的难事》《一件意义重大的要事》为题，于2002年8月13日至21日刊发了四篇评论文章，使社会各界和广大村民比较全面地了解"城中村"改造的意义、计划、目标、思路和政策。

第二，市有关部门给拆迁户的公开信。

在"城中村"改造工程进入实施之际，尤其是即将开始拆迁之前，市有关职能部门还专门给市区拆迁户写了一封公开信。

下面是这封信的全文。

市区拆迁户们：

再过一个月，新年的钟声又将敲响。古城绍兴，将迎来又一个如火如荼的建设年头；历史名城，离建城2500周年又近了一步。

回首几年来的城市建设，全体绍兴人都有一个共同的感觉：绍兴变美了，绍兴变大了。气势恢宏的城市广场、碧波粼粼的环城河、四通八达的道路……古城绍兴，在新的世纪里正勃发出从未有过的青春活力。

当我们流连于环城河边、漫步于城市广场，当耳边传来中外游人的赞叹声时，我们每一个绍兴人都能为自己生活在这样一个城市里而感到自豪。

古城沧桑巨变，我们不应忘了辛勤的建设者，更应该感谢你们——为此而默默奉献的拆迁户们。正是你们，为大家舍小家，义无反顾地搬离了世代居住的家园，克服了常人难以想象的离别、周转、重新适应陌生环境过程中的诸多困难，才为城市发展腾出了空间，才使城市建设得以顺利进行。绍兴城市发展史上，将铭刻你们为大家舍小家的精神。

绍兴城要变得更美，绍兴城要变得更大，绍兴人民的生活也将越来越好。刚刚获得通过的《绍兴大城市发展战略纲要》和《绍兴城市总体规划》，又吹响了建设绍兴大城市的号角，又将有一批绍兴人为了城市建设而离开家园，到一个陌生的环境中去适应新的生活。在这里，让我们向你们致以崇高的敬意。

在绍兴的发展史上，大城市建设是一项划时代的巨大工程，需要每一位绍兴人为之努力奋斗。为感谢拆迁户们多年来为城市建设做出的贡献和即将做出的新贡献，推动绍兴大城市建设，袍江工业区管委会、市"城中村"改造办公室、市建设局、市水利局等部门将与本报一起开展"城市大发展感谢拆迁户"系列活动。让我们齐心合力，共同为建设大城市而努力。

袍江工业区管委会　绍兴市城中村改造办公室

市建设局　市水利局　绍兴日报社

二〇〇二年十二月

（八）一个月后的检查

2002年8月12日动员会后，我一方面抓紧督促相关部门完善规划和政策，另一方面密切关注面上的推进情况。"城中村"改造工程启动的前半年多时间里，我几乎每个月都要调研指导一次。

比如，9月18日，我就率领分管市长及越城区政府、市级有关部门负责人，专门调研"城中村"改造工作，要求各级各部门要从为民谋利、造福百姓的高度出发，进一步统一思想，形成共识，真抓实干，乘势而上，全力推进"城中村"改造。

市委、市政府8月中旬召开市区"城中村"改造动员大会以来，通过层层发动，从上到下认识越来越统一，形成了政府重视、社会关注、部门支持、群众主动参与的良好氛围；各项筹备工作已经有了实质性启动，"城中村"改造开始进入一个新的阶段。

我反复强调，推进"城中村"改造是"百年大计"，事关百姓切身利益,事关绍兴大城市发展全局,是一项执政为民、造福于民的民心工程,是一项利在当代、惠及子孙的德政工程。各级各部门要把思想认识真正统一到市委、市政府的决策上来,落实于行动,上下齐心,群策群力,分工协作,密切配合,把"城中村"改造这件大事办成办好。

推进"城中村"改造还是一次打破城乡二元体制的重大变革。"城中村"改造的意义不仅仅在于改善城郊农民的居住条件,还是一次转变城郊农民思想观念、生活习惯、就业方式,实现城乡一体化的全面变革,具有全局性和根本性的意义。

推进"城中村"改造是一项非常复杂的系统工程,必须有强有力的保障措施。

首先,要进一步强化组织保障,切实加强领导,落实责任,建立一支"拉得出,喊得响,打得胜"的工作队伍。

其次,要进一步强化政策保障,深入开展调查研究,为推进"城中村"改造制定科学合理的政策措施。

再次,要进一步强化规划保障,抓紧完善组团详规,认真做好各村的规划定点工作,为高质量、高标准改造创造条件。

最后,要进一步强化运作机制保障,积极探索市场化改造之路。

此外,还要认真做好农民群众的工作,调动群众的积极性,这样才能扎实推进"城中村"改造。

四 向全市拓展

越城区半年多的实践证明，"城中村"改造不但可行，而且意义重大。为此，我们决定在绍兴全市范围内推进""城中村""、园中村的改造。

2003年4月28日，为交流经验、推动工作，市政府专门召开了全市"城中村"改造工作会议。当时，绍兴市的"城中村"改造已进入一个新的发展阶段。从改造范围看，已由以市区为重点逐步向全市推开转变；从发展阶段看，已由调研试点逐步向面上推开转变；从工作态势看，已由局部突破逐步向整体发展转变。随着"城中村"改造的有序推进，一方面，在全市范围内保持政策的相对统一很有必要；另一方面，越城区已提出了一些需要解决的新问题。会上，我以"明确方向明确任务 坚定不移地推进'城中村'改造"为题，发表了讲话。

会期一天。上午，参观了绍兴县（现柯桥区）裕民小区、镜湖新区大树江村、越城区塘南村、绍兴经济开发区稽山村等"城中村"改造现场；下午，听取了市城改办、绍兴县（现柯桥区）、上虞市、绍兴经济开发区、袍江工业区和镜湖新区有关负责同志的工作汇报。

会议结束前，我着重讲了三个问题。

首先，我介绍并分析了前一阶段"城中村"改造工作的主要成绩。

自2002年市区"城中村"改造工作动员大会以来，绍兴市各级按照市委、市政府的工作部署，认真贯彻坚持"城中村"改造与城市总体发展要求相适应，坚持通盘考虑与分批实施相统一，坚持执行政策与维护群众利益相一致的指导原则，"城中村"改造工作迈出了实质性

镜湖新区东浦镇农民新居

步伐,取得了阶段性成效。概括起来主要有以下几个特点。

一是领导重视。市委、市政府把"城中村"改造作为一件顺乎民心、关乎发展的大事来抓,专门成立了"城中村"改造工作领导小组,市领导带头深入基层开展调查研究,进一步增强决策的科学性和实效性;市人大、市政协多次组织代表、委员进行考察、研究,市人大常委会还专门通过了《关于城中村改造工作的决议》。市各有关部门和越城区委、区政府把"城中村"改造作为推进城市化的重中之重,全力以赴抓,整个组织体系深入到了乡镇(街道)、农村和农户,形成了"横向到边,纵向到底"的工作格局。

二是宣传到位。按照"为民谋利"要求,通过多种途径,大张旗鼓地宣传"城中村"改造的重要性、必要性,有针对性地做好广大干部群众的思想政治工作,把"城中村"改造的目的讲清,任务讲明,政策讲透,把广大干部群众的思想认识统一到市委、市政府的决策上来,把精力集中到推进"城中村"改造上来,形成强大的工作合力。

三是政策规范。通过长时间的调查研究,在总结试点经验基础上,借鉴外地成功做法,制定出台了《关于市区城中村改造工作若干意见(试行)》《市区城中村改造集体土地房屋拆迁补偿安置实施办法(试行）》等 7 个文件，为"城中村"改造提供了政策保证。

四是思路明确。顺应城市化趋势，始终把改善人民群众生活环境作为改造"城中村"的出发点和落脚点，按照"农村变城市、农民变市民，分散变集中、残破变完善"要求，实施"拆旧建新、撤村建居"，逐步把"城中村"改造成为城市居民社区。

五是成效明显。随着各种政策措施的逐步到位，各地"城中村"改造工作力度不断加大，并取得了阶段性成果。

总之，通过全市上下的共同努力，当时各地对"城中村"改造的认识比较统一，措施比较有力，政策逐步到位，营造了工作氛围，形成了工作合力，呈现出很好的发展态势。特别是越城区提出了"三三"制工作要求，在具体工作中，坚持"拆迁是真本事，打桩是硬道理，建设是硬任务"的三大理念，落实加强组织领导、完善运行机制和强化目标责任三大工作措施，打好拆迁、建设和安置三场硬仗，力争实现"拆迁一批，建设一批和准备一批"三大目标，而且在具体拆迁中贯彻政策比较到位。如塘南村，支部书记带头拆迁，工作力度大，各方关系处理稳妥，没有群众上访，确实不容易。袍江工业区坚持把完成拆迁任务作为"城中村"改造的第一要务，做到形成共识抓、集中精力抓、规范政策抓，层层落实责任，有效地推动了工作。

对前一阶段工作进行总结后，我谈了"城中村"改造顺利推进的主要体会。

（1）领导重视是关键。实践证明，"城中村"改造顺利不顺利，进展快不快，力度大不大，领导是决定因素。

（2）宣传发动是先导。坚持用事实教育群众，用政策激励群众，只有群众理解了，才会更有效地支持我们的工作。

（3）建设规划是龙头。把"城中村"改造规划纳入大城市发展规划之中，科学规划，合理定点，以城市化要求，推进"城中村"改造。

（4）政策法规是生命。政策法规是做好群众工作的保证，也是"城中村"改造工作成败的关键。有一个符合实际、操作性强的政策很重要。

（5）群众参与是根本。广大人民群众是"城中村"改造最重要的主体，一切要为了群众、依靠群众、发动群众，充分发挥广大群众在"城中村"改造中的主体作用。

（6）市场运作是保证。按照市场化要求，组织开发、建设和管理，是"城中村"改造顺利推进的重要保证。

其次，我阐述了为什么要坚定不移地推进"城中村"改造。

我重点分析了"城中村"改造对经济社会发展、推进城市化进程、解决城郊"三农"问题，加强城郊管理，提高城郊农民生活品位等方面的意义，说明这是经济社会发展的必然要求，是顺应城市化趋势的战略举措，是一场城郊革命。

最后，我阐述了如何积极有效加快"城中村"改造步伐，并着重部署了下一步的工作任务。

一是要进一步明确总体要求。要从实践为民谋利思想高度出发，按照"改造'城中村'，造福万家人"要求，加快"城中村"改造步伐，使之与整个城市化进程相适应。市区、绍兴县（现柯桥区）、上虞市（现上虞区）要站在建设绍兴大城市的高度来推进""城中村""改造，其他各县（市、区）也要从实际出发，有序推进"城中村"改造，以加快城乡一体化进程。同时，各县（市、区）都要根据实际制定一个3—5年的"城中村"改造发展规划，并把它建成精品工程、民心工程和廉政工程。

二是进一步明确总体思路。具体要做到三个"坚持"。

（1）坚持高起点规划，高标准建设。在规划定点上，优化组合，合理布局，实行"四统一"，即统一规划、统一设计、统一建设、统一管理。

（2）坚持系统实施，整体推进。努力把"城中村"改造成为"布局合理、设施配套、功能完备、环境优美、文明有序"的现代化城市新社区。

（3）坚持政府主导与市场运作相结合原则。所谓"政府主导"主要体现在两个方面："城中村"改造由政府来组织实施；由政府"统一规划，统一设计，统一建设，统一管理"。所谓"市场运作"主要体现在四个方面，即要把"城中村"改造作为一个整体来运作，通过盘活土地资产，使土地增值，实现自求平衡，滚动发展；要有一个企业化的开发主体，以"城中村"改造投资公司为依托，实行市场化运作；要把存量土地统一纳入市土地储备中心,作为"城中村"改造的专项土地储备,通过合理调转土地出让规划和节奏,实现土地资产收益的最大化;要坚持"公开、公平、公正"原则,实施"阳光工程",把建设工程完全推向市场,让市场来选择建设主体。

三是进一步明确总体政策。农民群众是"城中村"改造工作的参与者和受益者,要把农民群众的利益放在"城中村"改造工作的首位。在政策问题上要把握三点。

(1)体现平衡性。由于历史文化、体制演变以及发展状况的不同,全市要统一政策既不可能,也很难做到,但各县(市、区)应该有一个相对统一的政策,以便开展工作。特别是对处于试点准备阶段的县市来说,更要考虑政策的平衡性,以减少不必要的波动。

(2)坚持实效性。把制定、执行政策的重点放在拆迁、安置补偿两个环节上,重点突破,增强实效。

(3)突出公正性。政策一经制定就要严格地、不折不扣地执行。政策面前村村平等、户户平等,严禁政出多门,乱开口子。

四是进一步明确年度任务。2003年是绍兴市"城中村"改造的全面启动之年,更是市区改造的关键之年,做好相关工作意义重大。

(1)规划设计要超前。市区要在完成五云、外山等4个组团详细规划的评审基础上,抓紧完成13个组团的规划选址工作。

(2)拆迁力度要加大。拆迁是真本事,2003年拆迁任务很重,越城区要达到140万平方米,袍江工业区要达到150万平方米,这场硬仗一定要打好。

(3)建设进度要加快。建设是硬任务。在确保质量、安全、进度的前提下,市区15个组团要开工建设,特别是与"七艺节"重点工程建设有关的村庄,要争取提前完成拆迁任务。

(4)拆迁安置要稳妥。通过政策引导,全力做好思想工作,确保拆迁村民的顺利过渡安置。

同时,还要认真研究解决"城中村"改造过程中出现的资金、土地、设施、钉子户等配套问题,确保"城中村"改造能积极平稳地向前推进。

五 向纵深推进

经过 4 年左右的努力，全市"城中村"改造取得了积极成效。为了巩固成果，总结经验，防止出现松劲，深入推进"城中村"改造，我们于 2006 年 5 月 30 日，又专门召开了全市"城中村"、园中村改造工作会议。

会议表彰了近年来"城中村"、园中村改造工作中涌现出来的先进单位和先进个人。越城区、绍兴县（现柯桥区）和袍江工业区的负责人分别做了交流发言，其他县（市）和绍兴经济开发区、镜湖新区也做了书面交流。

会议站在贯彻落实科学发展观、推进城乡统筹发展、加快城乡一体化步伐的高度，全面回顾总结了绍兴市这些年来"城中村"、园中村改造的进展情况、基本成效和主要体会，对下阶段"城中村"、园中村改造的目标、思路、措施和模式等提出了要求，并就加强组织领导、健全体制机制、明确工作重点等进行了部署。

会上，我以"扎实推进'城中村'改造 切实把好事办实办好"为题做了讲话，强调了五点意见。

第一，"城中村"、园中村改造是一件大好事。

改造"城中村"、园中村，是贯彻落实科学发展观的生动实践，有利于全面深入贯彻落实科学发展观。改造后的"城中村"、园中村是城乡统筹发展的示范区，抓好这项工作，有利于加快城乡统筹发展步伐，是新农村建设的先导区，抓好这项工作，有利于加快推进新农村建

绍兴县(现柯桥区)新农村样板工程新未庄

设,有利于提高城市品位,强化城市功能。可以说,解决"三农"问题,特别是解决城乡接合部的"三农"问题,最根本的办法就是把这些村落纳入城市发展的轨道,让群众充分享受到城市文明。有利于从根本上代表和实现农民的利益,有利于打破城乡二元体制结构。改造"城中村"、园中村,有利于集约利用资源,盘活城乡资源,有利于提供新的发展平台,创造新的发展机遇。城市的发展,城市规模的扩大,如果不推进"城中村"、园中村改造,那是不可想象的。

总之,改造"城中村"、园中村,是经济社会发展和城市发展的必然规律,它既符合中央的要求,更符合老百姓的根本利益。

正因为如此,我们说,"改造'城中村',造福万家人"。

第二,"城中村"、园中村改造是一件大难事。

在城市发展过程中,改造"城中村"、园中村是必须做的一件大事,也是迟早要做的一件实事。但与此同时,改造"城中村"、园中村确实是一件难事。众所周知,包括法国巴黎在内的一些发达国家城市,城市贫民窟现象严重存在。什么地方最容易形成贫民窟?一般是城乡接合部。一直以来，我们国家非常重视和关心城市困难群体的生活。但是，这些连西方发达国家在城市化进程中都没有完全解决的问题，如果我们再不引起高度重视，甚至任其发展，那就很可能会引发这样那样的严重的社会问题。这方面，我们其实是有体会的。早些年，在卫生城市、文明城市创建过程中，在城乡接合部开展工作时，我们就深

2005 年的绍兴西大门

刻体会到,这个部位外来人口比较多、管理比较乱、环境比较差、发展活力比较弱。针对我国城乡接合部的这种情况,我们国家也因此第一次把"积极稳妥推进'城中村'改造"写进了"十一五"规划纲要。

我们之所以说"城中村"、园中村改造是一件难事,是因为它是一场城乡接合部的革命。不仅包括空间、居住环境的变革,也需要转变农民的思想观念。它涉及千家万户的切身利益,涉及政府的资源配置能力,而且目前存在法规保障不全的问题。在绍兴市的"城中村"、园中村改造中,要根据实际情况,借鉴杭州、宁波等地的好做法。我认为,改造"城中村"、园中村,当时可以依靠的最根本的办法是村民自治法,在尊重村民意愿的前提下,要果断地推进。有些事情虽然不可能让百分之百的群众满意,但一定要让绝大多数群众满意。这是我们做事的根本出发点。

总之,我们要努力把"城中村"、园中村改造这件好事办实办好。

第三,"城中村"、园中村改造是一件迟做不如早做的大事。

省政府在总结浙江省开发区建设工作时曾指出,如果能早一点改造开发区内的村庄,建设成本就会降低很多。确实如此,绍兴市的"城中村"、园中村改造工作如果能提前几年,改造的成效就会更好,成本也会更低。后来,"城中村"、园中村的改造成本越来越高,难度也越来越大,迟做不如早做。据有关部门统计,绍兴市各县(市、区)列入规划需要改造的村庄有 405 个。对已列入规划需要改造的村庄,各地一定要尽可能早些实施改造,以便降低改造成本,尤其在以后的城市建设包括开发区建设中,千万不要再形成新的"城中村"、园中村。

第四,"城中村"、园中村改造是一件很值得做的有为之事。

尽管"城中村"、园中村改造困难多,但也是一件有所作为、值得去做的大事。之所以说"城中村"、园中村改造是一件有为之事,是因为"城中村"、园中村改造能极大地加快城市发展,加快推进城乡一体化进程,加快实现社会主义新农村建设的"六新"目标,即发展新产业、培育新农民、建设新社区、拓展公共服务新职能、树立新风尚、构建新体制。

至于具体实施模式,各地应从实际出发。尽管绍兴市的"城中村"、园中村改造工作得到外界广泛赞誉,被称为"绍兴模式",但在新形势、新条件下,仍需要不断总结完善,积极借鉴各地的好理念与好做法,继续积极有为地做好"城中村"、园中村的改造工作。

第五,"城中村"、园中村改造是一件需要积极稳妥推进的大事。

我认为，一个地方要发展，必须善于抓住一些能带动全局、推动发展的大事。尽管这些事可能困难较多，但一定要迎难而上、敢作敢为，才能开创发展新局。

众所周知，行政村的撤并阻力大、困难多。但我在调研新农村建设过程中了解到，只要各级干部思想高度统一、认识高度一致，工作措施得力，就能较好地完成行政村的撤并任务。某市将原有的786个行政村撤并为361个，调减幅度高达54.1%，涉及面相当大。不过，从调研掌握情况看，调整后的新村，干部群众反映都较好。

一个地方如果能很好地解决发展中的难事，就能为长远发展创造非常有利的条件。而解决发展中的难题，一定要痛下决心，坚定不移，才能推进。解决了发展难题，不仅有利于发展，而且还有利于锻炼干部。干部队伍中不缺"老好人型""四平八稳型"的干部，而是缺敢打敢拼、敢于创新、敢于担当、敢于作为的干部。"城中村"、园中村改造是一场革命。革命就是一场硬仗！在打这场硬仗的过程中，能充分体现各级组织和干部的执政能力、工作能力和工作作风，同时也能培养一批"想干事、会干事、能干事"的干部。

经过几年的奋斗，绍兴市区的城市框架不断拉大，比如拓展了城南、镜湖新区，推进了迪荡新城建设等。与此同时，市区的城市品位和档次也有了明显提高，城市面貌显著改善。这些变化，与扎实有效的"城中村"、园中村改造是分不开的。

六 向全省推广

绍兴市区和全市范围的大规模"城中村"、园中村改造及取得的积极成效，引起了杭州等地和浙江省委、省政府的关注。

2006年3月25日，据时任杭州市城建委负责同志来参加由绍兴市委、市政府和浙江省委政研室共同主办的"中国绍兴·'城中村'改造与新农村建设高层论坛"时介绍，当时的浙江省委常委、杭州市委书记对新华社有关绍兴"城中村"改造的报道非常重视，报道一出来就批示给杭州市政府有关部门，并督促有关同志来绍兴调研"城中村"改造工作，并学习相关经验，此后，杭州市还形成了一个调查报告，在全市转发，介绍推广绍兴"城中村"改造经验。

在论坛会上，时任杭州市城建委负责同志说："学习绍兴市的经验，我们有几点感受。第一，感到绍兴市在推动这项工作的时候，四套班子的思想高度统一。特别是市委、市政府主要领导亲自动员、人大做决议，工作一抓到底，这是一种创举。第二，工作力度大。如越城区在短短的三年时间里，23个村全部进行拆除，现在大部分已经开始安置了。第三，杭州市有的政策比绍兴优惠多了，但绍兴"城中村"改造工作能顺利做下去，主要是政策公平、公开。第四，绍兴有一个很强的工作班子，"城中村"改造办公室的同志吃苦在前，面对面做群众工作。"

2006年8月29日和30日，浙江省委、省政府在台州召开"千村示范万村整治"工作现场会，绍兴市委、市政府在会上做了题为"加快'城中村'改造 推进城乡一体化"的发言。会后，省委有关内刊将发言材料全文刊登,在全省推广。

现将该文收录于下。

加快"城中村"改造　推进城乡一体化

"城中村"（包括区中村、园中村、城郊村）,地处城乡接合部,是城市发展的新领地,也是新农村建设的先行区。从 2000 年开始,我们以市区为重点,按照"推进城乡一体化、建设新社区、培育新市民、保障新生活、倡导新风尚、构筑新体制"的目标要求,积极实施"城中村"改造,加快推进城郊新农村建设,走出了城市郊区化、郊区现代化、城乡一体化的发展新路子。五年多来,全市累计投入资金 135 亿元,改造"城中村"193 个、拆迁 970 万平方米,新建或正在建设的农居小区 102 个,共 975 万平方米,已入住户数达 3.56 万户,受益农民 11.62 万人。

一、改造"城中村",是顺应城乡统筹发展客观规律的战略举措

"城中村"是在城乡二元体制束缚下,城市化、工业化快速推进过程中出现的特殊产物,"城中村"问题已经成为影响城乡统筹发展、和谐发展的重要障碍。积极稳妥地推进"城中村"改造,是落实科学发展观,统筹城乡发展,推进城乡一体化的必然选择。

（一）改造"城中村",是构筑经济社会发展新平台的客观要求

改革开放以来,绍兴通过发展乡镇企业和专业市场、不断深化改革和扩大开放、推进园区和城市建设,带动和促进了全市经济社会的持续快速发展。分析新一轮经济社会发展趋势,关键在于提升城乡统筹力,空间在城郊,潜力也在城郊。因此,必须把城乡接合部作为经济社会发展的主战场,积极推进"城中村"改造,着力打好"城郊革命"这场硬仗,努力形成城乡互动、交融发展的新格局。

（二）改造"城中村",是推进工业化、城市化和城郊新农村建设进程的必然要求

随着工业化和城市化进程的加快,城市的规模在扩大,城市的功能在强化,解决"城中村"问题势在必行。可以说,谁认识得深、谋划得好、

改造得早，谁就早主动、早受益。因此，改造"城中村"是一种方向、一种趋势，既顺应工业化和城市化的发展趋势，又符合城郊新农村建设要求，使工业化、城市化和新农村建设并驾齐驱。

（三）改造"城中村"，是改善城郊农民生产生活条件的迫切要求

绍兴城郊农民的房屋大多建于20世纪80年代中期，由于受历史原因的影响，村民住房困难比较突出，村内公共服务和公共设施严重缺乏，农民要求改善居住条件、提高生活质量的愿望呼声非常强烈。改造"城中村"，有利于从根本上解决城郊农民的生产生活问题，是政府职责和群众愿望的有机统一，也是一项为民造福的民心工程。

（四）改造"城中村"，是构建社会主义和谐社会的内在要求

由于受城乡二元体制的影响，"城中村"成为城市管理不到位、农村管理不着边的"游离体"，"脏乱差""假伪劣"等问题屡禁不止。如果不及时解决，则很可能出现贫民窟，成为社会最不稳定的地区，影响和谐社会的建设。改造"城中村"，有利于建立良好的城乡公共秩序，使城市发展、"城中村"发展与村民发展融合和谐。

二、改造"城中村"，必须注重把握"六个坚持"

五年来，绍兴市积极实践探索"城中村"改造，整体推进"城中村"的拆迁、建设和安置，农民培训和转移，"村改居"，社会保障体系建设和农村社区股份制改革等工作。在具体运作过程中，我们注重把握"六个坚持"。

一是坚持让利于民。让利于民是以人为本的具体实践，也是对城郊农民长期对城市和经济发展所做出奉献的回报。只有坚持让利于民，"城中村"改造工作才能得到村民的支持和拥护。因此，我们始终坚持把让利于民作为"城中村"改造工作的指导思想和首要原则。在规划选址上充分考虑群众"就近、就城、就便"的呼声意愿，在项目建设上充分考虑群众的承受能力，在拆迁、补偿、安置等政策制定上充分考虑群众的实际利益，合理合法地处置好集体资产和村民拆迁安置利益，合情合意地解决好村民转变成城市居民后的生活、就业、教育、社保等问题，切实解除农民的后顾之忧，使村民成为"城中村"改造中的参与者、享受者和得益者。

二是坚持政府主导。"城中村"改造是一项庞大的社会工程，不是

群众自发能做的,也不能完全实行市场化运作。尤其在初始阶段,没有党委、政府的组织和推动,是难以实施的。为此,我们把"城中村"改造作为近年来我市一项重中之重的工作来抓,市委切实加强组织领导,市人大专门做出决议,市政府成立了"城中村"改造领导小组,重点抓好规划设计、政策制定、利益协调和必要的资金平衡等工作。同时,运用多种形式和途径,加强面对面群众工作,讲清目的意义、讲明任务要求、讲透政策利益,争取群众最广泛的理解、认可和支持,使"城中村"改造得以快速推进。

三是坚持规划先行。改造"城中村",规划设计是龙头。为此,我们十分注重规划的先导作用。在谋划"城中村"改造总体思路中,坚持把建设现代化大城市与推进新农村建设相结合,统一规划,分步实施;在制定定点规划时,坚持把环境生态性、生活舒适性和居民方便性相结合,既遵循城市功能区要求,又尊重村民生活习惯,优化组合,合理布局,打破行政村界线,分片区、成组团建设新社区;在建筑规划设计上,坚持把继承传统建筑和体现地方特色相结合,充分展现绍兴历史文化名城和江南水乡的城市个性;在规划综合环境时,坚持以人为本、实用为先,注重居住、休闲、服务相配套,做到设施齐全、功能完备、环境优美。

四是坚持政策合理。改造"城中村",关系到群众切身利益的再分配、再调整。能否制定一套符合实际、群众实惠、公平合理的政策,是"城中村"改造工作成败的关键。为此,我们先后研究出台了《"城中村"改造集体土地房屋补偿安置实施办法(试行)》《拆迁房屋评估标准》《改造住宅安置标准》等多项政策,对房产确权、拆迁补偿、搬家补助、安置的资格和标准、临时建筑的处理等实际问题提出了具体的意见和可操作的规定。这些政策意见和规定、办法,遵循法规依据、尊重群众意愿、符合实际情况,被绝大多数群众所接受,有效地保证了"城中村"改造的平稳推进。

五是坚持统一运作。"城中村"改造是一项系统工程,涵盖规划、拆迁、建设、安置、保障等各个环节,涉及资金筹措、人员出路等各方面问题,必须统筹安排,整体推进。在思路上,把"城中村"改造作为一个整体来统一运作,对拆旧建新、保障农民生产生活、村级管理体制改革等方面通盘计划、分步推进。在组织上,专门成立"城中村"改造办公室作为统一管理机构,组建"城中村"改造投资公司作为开发主体。在工作上,注重统一规划设计,使改造后的"城中村"与城市的功能定位相统一,与城乡统筹发展格局相适应;注重统一工程建设,坚持把政府主导与市场运作相结合,积极探索自我建造式、自行开发式、委托(融资)代建式、拍卖回购式等多种建设模式;注重统一安置管理,建立安置服务工作小组,成立小区管理机构,统一承担公共管理职责,为实现专业化、社会化管理打下基础。

六是坚持公正公平。我们始终把公平公正的基本准则贯穿于"城中村"改造全过程,努力提高工作的透明度,扩大村民群众的知情权,基本形成权利公平、机会公平、规则公平、分配公平的工作机制。在政策的制定或执行中,让群众充分参与,讲究政策的全面性、平衡性,坚持执行的统一性和严肃性;在拆迁阶段的房屋丈量、价格评估、确权确户以及新房选择安置中,实现公开公示,接受群众投诉和监督;在建设工程的招投标和质量管理、竣工验收中,坚持照章办事、公开透明,从而赢得了群众的信任,保证了整个"城中村"改造工作的平稳有序。

三、改造"城中村",基本实现了"一化五新"的目标要求

改造"城中村",是一场转变农民思想观念和生活方式的革命,是保障农民利益的革命,是推进城市新发展和新农村建设的革命。通过"城中村"改造,基本实现了"一化五新"的目标和成效,为城乡统筹发展注入了新的生机活力。

(一)推进了城乡一体化发展

通过改造,"农民变成了市民",在就业、就医、就学、社会保障和社会管理方面,实现了城乡对接;通过改造,"村落变成了社区",使郊区农村融入城市的发展之中,城市空间不断拓展,城市功能日趋完善,城市文明得到共享,有力推动了城乡共同繁荣发展;通过改造,"脏乱差"变成了"风景线",改善提升了城市门户地段和城乡接合部的城市形象,促进了城市面貌的改善和城市品位的提高,加快了城市化步伐;通过改造，"分散"变成了"集中"，实现土地及各种公共资源最大限度的整合提升、集约利用，并通过集聚迸发出新的活力和效益，促进人口和产业集聚，提升了城乡一体化发展水平。

（二）建设了城市新社区

按照建设城市新社区的理念和模式来实施"城中村"改造，建成了一批档次较高、设施完备的现代居住小区。改造后的"城中村"，道路、燃气、电力、环卫等基础设施与城市配套共享，教育、卫生、超市、文化娱乐、休闲健身等公共服务设施完善健全，大大优化了生态环境、人居环境和社会环境。

（三）培育了现代新市民

在"城中村"改造过程中，我们把培育现代新市民作为一项战略任务来抓，大力实施农民培训转移工程。近三年来，全市累计有5.1万名"城中村"农民进行了定向培训，先后向二、三产业转移就业达3万余人。与此同时，围绕适应城市生活，突出抓好公民道德、城市管理、健康生活等方面的普及性教育，提升了农民的思想道德水平，也增强了市民意识、城市意识、环境意识。

（四）保障了农民新生活

如何保障和提高农民生活水平，是"城中村"改造的重要任务。我们一方面抓服务和转移提供就业保障，使城郊农民基本实现充分就业；另一方面抓制度建立社会保障，全面推行了农民养老保障、农村新型合作医疗保险、最低生活保障和社会救济制度，基本实现应保尽保、即征即保，基本形成了"青有所为、老有所养、病有所医、困有所济"的社会化保障体系。

（五）倡导了社会新风尚

针对"城中村"农民价值取向多元化、心态不平衡、行为缺规范的现象比较突出的情况，以建设文明社区为目标，切实加强基层精神文明、民主法制建设和社会管理，与城市社区相适应的科学、民主、健康、向上的社会新风尚逐步形成。在新建小区中，文明创建活动广泛开展，群众文化活动丰富多彩，管理制度不断规范，维稳体系健全完善，社会

绍兴"城中村"改造取得积极进展，图为2003年举行的"城中村"改造文艺晚会

日益和谐稳定。

（六）构筑了管理新体制

随着"城中村"改造的深入，我们按照"积极探索、平稳有序"的原则，稳步推进村级管理体制转换，对城市建成区内的"城中村"和整体性拆迁的行政村逐步实施"村改居"，建立社区居委会，基本实现户籍统一管理；对几村合并的社区，建立临时社区管委会，为建立城市社区奠定框架基础。与此同时，积极探索集体资产的管理体制改革，创新集体经济的有效实现形式。

七 向全国推介

绍兴的"城中村"改造实践也引起了政策研究部门和全国许多媒体的关注。不少报刊做了深入采访报道。这里，将新华社等有关材料收录于后，以作为重要史料记录下来。

让利于民便能赢得民心
——"城中村"改造的"绍兴模式"调查（上）

新华社记者　慎海雄　裘立华　杨金志

浙江省绍兴市经过近三年的改造，"城中村"基本告别了脏乱差，其间没有发生过大的风波，而且家家户户心情舒畅。

从高速公路进入绍兴市区，看不到有些城市"郊区像非洲、城中像欧洲"那样的差别，绍兴的郊区是宽敞整洁的马路、生气勃勃的绿化带、整洁高档的小区。

在已经安置拆迁好的金鸡塘村，记者了解到，这里的 158 户居民按照房屋资产来说都接近百万元。一位姓王的村民原来花了 10 多万元自盖了一套 160 平方米的房子，后来"城中村"改造，家中三口人都成了市民，按照每个成年人 40 平方米的标准，再加独生子女按照两个成人标准计算，家里还是分到了 160 平方米的面积。

"我们一下子成了城里人，住的环境比以前好了很多。"这位村民笑着向记者介绍说，按照政策，自己购房只需每平方米出 713 元，当时共花了11.4万元，而按照这个地段，好的房子已经卖到了每平方米6000多元。"最主要的是以前的农村房子没有产权，而现在有了三证，可以交易了。"

绍兴市政府副秘书长张鸣皋说，为了保障农民的利益，绍兴市在规划上采取了"就近、就城、就便"的原则。按照城市的总体规划要求，整个"城中村"改造以相对集中的组团形式规划建设，因此，在各个建设组团的规划定点上，有原拆原建的，也有易地新建的，但绍兴市在具体规划选址过程中，充分考虑到拆迁村民大多有恋土情结，力争兼顾原拆原建、合理布局。在绍兴市越城区已开工建设的12个组团中，属于原拆原建的有9个，占75%。对于不能原拆原建的，也就近选择好的地块建造安置小区。

为了保证拆迁农民的居住水平，绍兴市采取了"下保底、上封顶"的政策，即人均住房面积不到25平方米的补足到25平方米，最高的人均享受40平方米，在享受面积范围内，每平方米安置价只需付713元，远远低于绍兴市2000—6000多元的市场价。

绍兴市越城区41个需改造的"城中村"涉及5个街道1个镇，总户数1.6万户，人口约5万人，需拆迁旧房建筑面积约235万平方米，而建设安置房建筑面积达到了250万平方米，总投资预算超过30亿元。按照前后建筑面积的差距就可以说明，这5万农民的居住条件应该是更宽敞了。

在改造好的树下王村小区，记者发现了其与绍兴市的高档小区快阁苑仅一墙之隔。而记者看到树下王村的小区比快阁苑更为宽敞，间距大，绿化好，阳光充足，里面还有小学和社区医院。

除了硬件建设外，绍兴市还把"城中村"改造后的农民纳入社会保障体系。在绍兴市袍江工业区的越中新天地小区，一位70多岁的老农民正在中午的阳光下遛狗。"我家原来280平方米，现在变成了160平方米，我们挑了80平方米的两套，一套空着、一套出租，我很满意住这么好的房子，现在每个月还有200元钱的养老保险金。"

绍兴市越城区委书记施淑汝说，对目前的改造，绝大部分农民是满意的，但也有少部分人不满意，而这一少部分人，他们原先拥有较大的住房面积，现在改造中同样想获得更多利益。所以在改造过程中，政府也并不是没有受到冲击。

越城区在树下王村改造过程中，不明真相的老百姓在个别人的煽动下起哄，但后来经过一段时间做工作，给老百姓算明白账后，村民们是放着鞭炮、喜气洋洋地收房的，那些企图从中获取更大利益的人也就没了市场。施淑汝说："这件事说明只要坚持公开、公平、公正的原则，不与民争利，把利益真正让给农民，就肯定会得到绝大多数人的支持。"

绍兴市委书记王永昌认为，真正要把农民转变为市民，还需要做大量工作，还需要组织管理机构的城市化，即从村级组织向社区组织转变；还需要经济形态的城市化，即村级集体资产的如何量化，如何保值、增值；还需要公共事务管理城市化，以前公共财政是没有覆盖到这些"城中村"的，现在则需要政府财政支持。

包袱也能变为富矿
—— "城中村"改造的"绍兴模式"调查(下)

新华社记者　裘立华　杨金志　慎海雄

绍兴市委书记王永昌认为，"城中村"改造是"探索城乡二元经济、社会体制改革的突破口"，也是一个城市"谋求新一轮经济社会发展的大平台"。

首先，可以用最少的成本让村民尽快享受改革开放、经济发展和城市化带来的文明成果。

其次，通过"城中村"改造，统筹城乡发展，实现城乡资源共用、资源共享，并通过改革农民户口、身份、社保和集体资产处置等措施，从根本上解决城乡二元体制结构问题。

再次，"城中村"改造也是加快城市化步伐、提升城市品位的重要突破口，有利于提升城市门户地段和城乡接合部的城市形象，使绍兴的城市发展与历史文化名城地位、与现代化建设要求相适应，进一步提升城市品位。

以绍兴市城区"城中村"改造为例，改造以前绍兴市区快速发展，原来近郊的农村已经成为了名副其实的"都市里的村庄"，而原来的村民事实上已经生活在城市、劳动在城市，不再以土地耕作为主，生产和生活方式都已经与市民一致。与大多数城市一样，绍兴市原来的"城中村"无疑也是"脏乱差"集中体现的地方,给经济的快速发展和城市化进程带来了很大的压力。

与此同时,郊区农民对住房条件改善的要求也越来越强烈。绍兴市 1997 年起冻结了城郊农民建房,由于多年不能建房,城郊农民住房困难,三代同堂、子女结婚无房、成年子女同居一室等情况比较普遍,村民要求改善住房条件、提高生活质量的呼声越来越迫切。

正是在多方面要求的情况下,绍兴市从 2000 年开始对市区"城中村"改造进行探索。2002 年 6 月,绍兴市城区正式对"城中村"进行全面改造,以城市中心的越城区为主体,力争用 3—5 年的时间,对主要的 41 个行政村进行分期改造。

这改造的 41 个行政村涉及 5 个街道 1 个镇,总户数 1.6 万户,人口约 5 万人,需拆迁旧房建筑面积约 235 万平方米,建设安置房建筑面积 250 万平方米,总投资概算预计超过 30 亿元。

为解决资金问题,绍兴市通过对原来分散、零乱、土地资源利用差的村庄进行改造,挖掘出大量城市发展用地。与此同时,绍兴市还采取了市场化运作方式。绍兴市政府副秘书长张鸣皋说,按照测算,通过土地的集约利用产生的效益以及各种要素的集聚利用和节约利用,不需要几年就可以让收支平衡,而目前改造后衍生出来的经济效益和社会效益却是巨大的。

绍兴市这几年的城市经营模式无论是在学界还是在民间都引起关注和好评,这座被评为最有魅力的城市让全国上下对这古老的历史文化名城有了重新的认识。来自上海的游客胡建平对绍兴的评价是"底蕴深厚、耳目一新、干净安静、适宜居住"。

"城中村"改造还优化了绍兴市综合发展环境,促进人口和产业集聚,带动了招商引资和城市服务业的发展,中心城市的带动作用有了明显提高。同时,以前难以管理的社会治安得到了明显改善。

王永昌说:"只有要素的流动才能衍生出新的价值,这是我们走市场经济道路所总结出来的基本规律。"城中村"改造,也恰恰符合这个规律。由于这几年绍兴市"城中村"改造,使得原来分散的要素得到集约利用,积淀的文化得以焕发青春,绍兴市的现代化和城市化迅速提高,城市品位不断提升,成为了绍兴市经营城市的富矿。"

2006 年 3 月 25 日,由市委、市政府和省委政研室共同主办了"中国绍兴·'城中村'改造与新农村建设高层论坛"。

中共中央政研室副主任方立出席论坛并讲话。我在会上介绍了绍兴的历史文化和经济社会发展情况,特别是我市"城中村"改造的做法和成效。省委副秘书长、办公厅主任、政研室主任潘家玮,市委副书记史济锡分别主持了论坛。国务院研究室、建设部、新华社、省农办、省国土厅、省建设厅、省民政厅、省政府咨询委、浙江大学、省社科院、省委党校、杭州市城建委和《人民日报》《经济日报》《农民日报》《中国经济时报》的有关领导和专家应邀出席论坛,市委常委、副市长钱建民和各县(市、区)以及市级有关部门的领导参加了会议。与会人员实地考察了越城区山隐新村、绍兴经济开发区浪港新村、镜湖新区泗汇江小区后墅坊,观看了"城中村"改造专题片,并围绕改造"城中村"与推进新农村建设这一主题,进行了研讨交流。

中共中央政研室副主任方立认为:绍兴市委、市政府以改造"城中村"为抓手来推进新农村建设,抓住了社会主义新农村建设与和谐社会建设的一个重要的结合点,这是贯彻落实科学发展观的一个具体实践,也是统筹城乡发展、区域发展和工业反哺农业、城市支持农村的一个有益的探索,这对于我们实现全面建设小康社会宏伟目标,加快推进社会主义现代化建设具有非常重要的意义。

"城中村"问题,既是绍兴经济社会发展、加快城市化进程中的一个地方性问题,也是全国经济社会发展、城镇化加快发展过程中带有普遍性的问题。2005 年,北京的"城中村"是 231 个,西安是 187 个,广州是 138 个,太原是 83 个,上海、武汉、成都、重庆、贵阳等城市都出现了比较严重的"城中村"问题。绍兴市委、市政府从 2000 年初,就开始抓这个问题,你们认识比较早、抓得比较早,而且在抓的过程中,坚持从"城中村"广大农民群众的长远利益和根本利益出发,真正从

"城中村"农民兄弟的具体利益做起，特别是向农民让利，让利于民，这一点，我非常赞赏。绍兴的六条经验做法，就是让利于民、政府主导、规划先行、政策合理、统一运作、公平公正，通过这些做法较好地解决了村庄的拆迁和新社区建设，农民的培训、转移和就业等问题，以及农村经济运行、管理体制机制的创新等一系列新情况新问题，积累了一定的经验，值得肯定，绍兴的经验做法对全国各地的"城中村"改造应该是很有启发，很有借鉴意义的。

时任新华社上海分社副社长、总编辑慎海雄（现任中央宣传部副部长，中央广播电视总台台长）认为："绍兴模式"是对绍兴经验的概括和总结。"城中村"现象是各地在改革发展中反响比较强烈的一个问题。我们通过网上搜索，发现有绍兴的经验介绍。为此，我们到绍兴做了专题采访，通过实地走村串户，感觉绍兴的做法确实对中国的"城中村"改造有很大的启迪，并以"城中村"改造"绍兴模式"做了专题报道。

据他介绍，用"绍兴模式"，主要有这么几点考虑。

第一，在目前"城中村"改造当中问题相当多、矛盾积累比较厚的情况下，绍兴探索到现在这种水平，力度和成效这么大，我们觉得可以用"模式"。

第二，绍兴的"城中村"改造从理论到实践探索，思考较深，思路较清，工作较规范，效果较明显，可以用"模式"来概括。比如王永昌书记反复强调"让利于民"的问题，确实对全国的"城中村"改造有很多值得借鉴，值得推广的地方。在利益的问题上，绍兴有清醒的认识，老百姓从不理解到理解，从个别老百姓开始有埋怨、有抵触，到最后他觉得是有利的，当然政府引导的工作也做得比较好。所以我觉得绍兴成功的这一点，是它的根基。

此外，比较注重对农民进行培训，让他们掌握一技之长，有助于解决就业等问题。

我们跑了全国四五个城市，最后感觉到绍兴是有经验可写的，可以用"绍兴模式"把它总结一下，这也是六组稿子中（新华社对全国"城中村"情况的专题报道）唯一正面的一组。

八 一颗悬着的心终于放下了

"城中村"改造是我在绍兴工作期间重点推进和倾注不少心血的一项工作，它涉及千家万户老百姓的切身利益，搞不好会成为千古罪人。必须慎重决策，善做善成，以老百姓得实惠和有利发展大局为根本原则。

（一）夜访安置户

2005年深秋的一个夜晚，我一边散步休闲、一边做现场调研。当我走近一个刚安置不久的小区时，碰到了一位五十岁开外的男户主。我走向前去与他搭话。好在他不认识我是谁。于是我和他拉过几句

2006年，"城中村"改造项目城区界树坊安置房

家常话后,就直接问他:"城中村改造好不好? 你们有没有得实惠? 有没有什么不满的意见?"

他告诉我:"现在居住环境、条件比原来好多了,而且现在基本上每家有两套房子,一套自己住,一套可以出租。如果拿到市场上去交易,每家每户至少可以净增加60万以上。这等于是政府送的,是原来没想到的。"

这位拆迁安置户的回答,虽多少有点出乎我的意料之外,但想想也是在情理之中的。据有关部门的调查和评选,市区"城中村"改造工程是"最受市民欢迎的十大实事工程"(1998—2002)之一。

老百姓的开心和满意,使我曾经悬着的一颗心终于放下来了。

(二)再也不怕台风来了

2005年8月5日,《绍兴日报》记者在当年9号台风"麦莎"快速逼近浙江,全市上下正积极做好各项抗台准备工作之际,采访了2005年2月28日择房安置的金山公寓——越城区"城中村"改造的首个安置小区。陪同采访的府山街道金鸡塘村党支部书记骆根美说:"在"城中村"改造前,金鸡塘村虽然有几户人家房屋质量较好,但还有很多老房子禁不起台风的肆虐,更何况村里乱搭乱建较多,台风警报一拉响,许多村民都担心家里的房子会不会倒。现在好了,村民都住进了新房,再大的台风也不怕了。"

再也不怕台风来了。这不就是实实在在为老百姓安居乐业办实事吗?

(三)提速:郊区现代化

《绍兴日报》2005年8月23日第5版刊发了记者采写的文章,题目是《〈一次郊区现代化的提速〉——市区"城中村"改造纪事》。

这篇文章反映了我的一个重要观点:城市郊区化,郊区城市化。实际上就是讲要用市区城市文明去带动郊区的文明,尽快提高城乡接合部的城市化水平。现将该文附录于后下。

2005 年, 绍兴城区与城乡接合部航拍图

一次郊区现代化的提速

——市区 "城中村" 改造纪事

《绍兴日报》记者　李　菲

　　青山绿水田野,掩映着的一幢幢现代住宅楼,见证了市区农村的变迁。

　　今年(2005 年)2 月 28 日,对越城区府山街道金鸡塘村 500 多位村民来说,是一个久盼的日子。他们从过渡房搬进了新建的安置房小区,成为越城区 "城中村" 改造过程中最早住进新房的村民。

　　近日,记者驱车来到村民们的新家。映入眼帘的俨然是一个高档住宅小区:一排排花园式楼房前是一个圆弧型的小区广场,广场水池中央矗立着一块巨石,雕刻着 "金山公寓" 四个大字,旁边是一排整齐的墨绿色信报箱,再往前则是上百米长的绿化带,着装整齐的小区保安正在四处巡逻,环卫人员则认真地清扫着地面……

　　曾几何时,这里还是田野村落杂陈,鸡鸣狗吠不断的农村。村道两边竖着一排排电线杆,横七竖八的电线就像蜘蛛网一样;居民、厂房、仓

库交错盘结,楼房之间空间逼仄,仰头可见的只是"一线天"……

一场深刻的郊区城市化革命改变了这些村民的命运。为加快城市化进程,打破城乡二元结构,形成城乡统筹发展的格局,2002年,市委、市政府做出重大战略决策,决定以越城区为主进行"城中村"改造,用3到5年时间对越城区组团二环线控制范围内的41个行政村分批进行改造,促进中心城市"五年大变样"和大城市建设目标的实现。

5万多户,4.5万多农民的城市化之路是一场艰难的战斗,在市委、市政府的领导下,越城区委、区政府把"城中村"改造列为三大重点工作之一,建立了精干的工作班子,形成了区、街道、村三级合力,动员和组织广大干部群众合力投入拆迁改造,经过3年多的艰苦努力,这一目标正在越来越接近现实。越城区"城中村"改造办负责人告诉记者,他们已经完成了对41个村269万平方米的丈量、评估,完成了23个村的确权确户工作和近136万平方米的旧房拆迁,涉及农户约7600户,约2.4万人口。与此同时,15个安置组团的规划选址,13个组团的规划会审已经完成,其中12个组团已经开工建设,建筑面积达158万平方米。

记者驱车一路巡访,这一片曾经杂乱的土地正崭露出新的面容,广阔的城郊正在呈现出一副城市化的秀美面貌,宽阔的道路平坦如砥,新型的路灯高立两旁,曾经是一片荒村的土地上,矗立起了拥有大片绿地以及小学、幼儿园、老年活动中心等公建配套设施一应俱全的现代都市居住区。

据了解,今年,围绕城市变大而实施的10多条道路拓展工程基本都在城郊实施。此外,为"城中村"组团建设实施的道路配套工程总投资也将达数亿元,越西路南延和北延、西郊路、树下王路、王家庄路、东光路等道路的建设将为新村居民的出行带来更大方便。

加快城市郊区化,提升郊区现代化,还意味着有更多人会在广阔的郊区上忙碌。城改办有关部门负责人说,"城中村"建设将会加快进度,今明两年将有多个组团进行村民安置。同时,以郊区现代化为内涵的"城中村"改造,将在体制、软件管理上进行提速,村变居、户籍管理制度改革、被征地农民社会保障、农村劳动力转移等一系列措施将出台实施,我们有理由相信,"农村变城市,农民变市民,分散变集聚,残缺变完美"的目标,将在这一代农民身上实现。

（四）一封村民的来信

大约 2005 年下半年,我收到了一封来自绍兴城南一个村村民的来信。主要内容是希望市里也把他们列入"城中村"改造计划之中。由于该村属远郊村,不符合"城中村"改造条件,暂未列入改造计划之中。

这封来信令我欣慰,因为说明"城中村"改造是得民心的,群众是欢迎的。这更坚定了我们对"城中村"改造的信心。

2006 年 7 月 25 日《经济日报》刊发的周巍先生采写的《绍兴:探索"城中村"改造的有效途径》一文,是一篇比较系统并有理论分析的文章。现附录于下。

绍兴:探索"城中村"改造的有效途径

周　巍

"城中村",顾名思义是指城市里的村庄。根据其所处的位置,又可分为城里的"城中村"、开发区的园中村和城乡接合部的"城中村",一般是指在城市或园区内,在原农村居民点范围内形成的,户籍、土地权属、经济组织和行政机构仍保留原农村管理体制,且与周边城市或园区环境形成鲜明反差的特殊居住区。这些分布在城郊的村庄,大多建于 20 世纪 80 年代中期,布局杂乱拥挤,房屋参差不齐,违章建筑随处可见。村内配套设施缺乏,道路狭窄,是典型的脏乱差的地方。与此同时,随着外来人口大量涌入,城乡接合部也成为外来人口积聚的主要场所,从而导致这里治安情况复杂多变,不稳定因素日渐增多。因此,如何进行"城中村"的改造工作,也就成为摆在城市管理者面前的一个课题。这里,绍兴的实践经验值得关注。

"城中村"是在传统二元体制的束缚下,快速推进城市化、工业化过程中出现的特殊产物,是城市建设急剧扩张、园区工业快速发展与城郊型新农村建设相对滞后造成的特殊现象。随着经济社会的发展和城市化进程的加快,"城中村"问题已经成为影响城乡统筹发展、和谐发展的重要障碍,而越来越受到广泛关注。

不久前,新华社记者曾就此问题进行过一次全国范围内的调查,发现越是沿海地区的城市、越是经济发展较快的城市、越是迅速扩张规模的城市,"城中村"的数量往往就越多,密度也越大。"城中村"这个昔日往往是最快启动城市化的农村,而今却演变成城市中最难彻底城市化的地方。也正因为如此,突破城乡二元结构、求解"城中村"难题,也成为各级政府在建设社会主义新农村过程中努力探索和解决的问题。

记者最近在浙江省绍兴市采访,发现这里从2000年开始大力实施"城中村"改造,经过5年多的实践,目前全市"城中村"改造已经进入全面启动、整体推进的阶段,也探索出了比较行之有效的办法。

"城中村"既是各种社会问题容易集中的地区,也是充满活力和发展潜力的地方。"城中村"的改造问题,谁认识得早、认识得深谁工作主动。

绍兴市委领导在接受采访时说:"改革开放以来,在大中城市快速发展的同时,城乡接合部成为发展的焦点。这里一方面充满了潜力和活力,另一方面存在很多问题,是城乡二元结构的交界点,也是各地发展关注的敏感地区,成为各级政府深化区域平衡发展的焦点。改变城乡二元结构是工业化和城市化推进的必然课题。工业化发展到一定阶段,需要劳动力和土地,城市化的进程导致城市规模不断扩大,功能强化,城市居民住房条件的改善都会向周边拓展,因此"城中村"问题会必然客观地摆在面前,这是规律,谁认识得早、认识得深谁主动。"

据了解,目前绍兴人均GDP已超过4000美元,规模以上工业总产值3190亿元。财政收入150亿元,进出口总额105亿美元,出口81亿美元,城市居民人均可支配收入17516元,农村人均收入7704元。绍兴市领导认为,绍兴经济社会发展到一定层次,城市土地价值高。老百姓生活水平高,也对改善住房条件提出新的需求。处在城乡接合部的农民人均耕地很少,绝大多数人在城里就业或在就近的工厂打工。一些重大的基础设施,如道路管网已经全部建成了。在规划的严格控制下,绍兴农民已经有七八年时间没有建房,需要建房。新农村建设要防止大拆大建,但是浙江的实际情况是农民有需求,实际工作中发现经常是拆了建建了拆,还不如政府统一将房子建好。

基于对规律的把握、经济实力的保证和"谁认识得早、认识得深谁主动"的理念,2000年初,绍兴经济开发区着手对区内行政村实施整体拆迁改造。2002年,城市"城中村"改造工作起步,在原有"城中村"改造探索的基础上,市里又决定对越城组团二环线控制范围内的行政村,分期分批进行改造。同时,袍江工业区、镜湖新区和柯桥组团结合开发建设,分别对部分行政村实施拆迁改造。绍兴市人大常委会做出了《关于"城中村"改造工作的决议》、绍兴市政府出台了《关于市区"城中村"改造工作的若干意见》及安置拆迁补偿实施办法等一系列政策。2003年初,随着越城区"城中村"改造动员大会上,"力争经过一个时期的努力,基本实现农村变城市、农民变市民、分散变集中、残缺变完善的目标,把"城中村"改造成为布局合理、设施配套、功能完备、环境优美、文明有序的现代化城市新社区"目标的提出,绍兴大规模"城中村"改造的帷幕徐徐拉开。

目前,绍兴中心城区和浙江绍兴经济开发区、袍江工业区、镜湖新区及柯桥共列入改造计划185个村,拆迁967万平方米,已经拆完658万平方米;新建成48个小区,443万平方米,在建209万平方米;安置399万平方米,涉及人口近20万人,入住户数25332户;溢余宅基地6700多亩,已经投入资金94亿元。其中中心城区越城区已拆迁旧村23个,面积136万平方米,开工建设组团13个,总建筑面积167万平方米。基本做到"拆一还一"。除拆迁、建设外,安置、农民培训和转移、"村改居"社会保障体系建设、农村社区股份合作制改革等工作有序推进,总体进展良好。

改造"城中村"不是简单地拆旧村建新居,涉及规划、拆迁、建设、安置等各个环节,怎样把农民利益放在首位,是改造工作的重中之重。

正在进行的"城中村"改造,也可以称为城郊革命。既为革命,必然会触及各方利益。为保证"城中村"改造的顺利推进,绍兴市在改造之初便确定了"让利于民、政府主导、规划先行、政策合理、统一运作"的原则和指导思想。无论是各项政策措施的出台,还是在拆迁、建设与安置的各个环节,都始终贯彻了"公正、公平、公开"的原则。

绍兴市领导介绍说:"按照确定的原则和指导思想,我们政府在"城中村"改造中不要一分钱,而且是先掏钱,本着自求平衡的原则,滚动开发。城乡接合部农民对城市发展贡献很大,该到了还欠账的时候了,而且只有让利于民才能够得到农民的支持。"

改造"城中村",并不是简单地拆旧村建新居,它涉及规划、拆迁、建设、安置等各个环节。在专门成立的办公室的统一运作下,改造工作首先做到政策合理,原则上"城中村"定点,就近就便,安置面积和原有面积基本平衡。按照既遵照城市功能区要求,又尊重村民生活习惯的原则,绍兴在改造过程中打破行政村界线,分片区、成组团建设新社区。

如何安置、怎样补偿是拆迁改造工作的关键环节,涉及农民的利益。为此,绍兴市先后出台了《市区"城中村"改造集体土地房屋补偿安置实施办法(试行)》以及《拆迁房屋评估标准》《改造住宅安置标准》《安置房屋价格及有关附属屋补偿标准》《临时建筑补偿标准》《拆迁搬家补助、过渡补偿、提前搬迁奖励标准》等具体实施办法,对土地流转、房产确权、拆迁补偿与安置的资格、标准、违法建筑与临时建筑的处理等实际问题做出了具体、明确、可操作的规定。

拆迁住宅房屋的安置建筑面积标准为:1—2人户最大安置建筑面积标准为80平方米;3人户最大安置建筑面积标准为120平方米;4人户最大安置建筑面积标准为160平方米;5人及5人以上户最大安置建筑面积标准为200平方米。在上述最大安置建筑面积标准线下,每户实际安置建筑面积标准要结合被拆迁人原房屋建筑面积等实际情况予以确定。

拆迁住宅房屋的补偿标准是:被拆迁人原房屋建筑面积小于或等于安置建筑面积标准的,原房屋按评估价补偿;被拆迁人原房屋建筑面积大于安置建筑面积标准的,原房屋与安置建筑面积等同部分按评估价补偿,超过部分按评估价乘以补偿系数补偿。

安置房的价格为:安置房建筑面积等同于原房屋建筑面积部分,按重置价购买,其余部分按商品房价格购买;被拆迁人原住宅人均建筑面积不足25平方米,可以按安置价格购买到人均25平方米,其余部分按商品房价格购买。

按照上述规定,以越城区为例,拆迁每平方米补500元左右,新房每平方米700元左右。在改造后的金山公寓记者了解到,不少村民只花了五六万元,就住进了140多平方米的公寓房。

"城中村"改造,空间重组的背后带来的是城郊现代化的提速,更使城市的功能延伸到了农村,城市的文明辐射到了农村。在改造好的"世禾新村"记者了解到,这里是由原蕺山街道五云、沈家庄、罗家庄和西金四个村组成,改造后取名为"世禾新村",寓意世代同禾苗打交道的四个村的村民世代和睦。走进村民家里,管道煤气、有线电视、宽带、电话一应俱全。物业公司为村民们提供着治安、卫生、绿化和公共设施维护等一揽子服务。小区里,设施齐备的老年活动中心、800平方米的小区超市已经投入使用。还新建了幼儿园和小学,孩子们再也不用跑四五里路去邻村读书了。居住在那里的一位村民告诉记者:"现在住房特别宽敞,道路整洁,树也多了。厕所、垃圾箱都有了。"

越城区"城中村"改造办公室主任宋国兴说:"目前我们新开发的各个组团无论是容积率、绿化率还是公共设施建设的配套率都是一流的。各个组团的容积率均控制在1.3以下,绿地不少于30%,日照间距在1∶1.25以上,楼层均在5层以上。"

据介绍,绍兴市在"城中村"改造的实践中,针对不同情况,主要探索了四种形式:第一是自我建造式,即少数村级集体经济实力较强的村,自筹资金、自组力量、自己开发;第二是自行开发式,自行成立开发建设公司,统一规划、统一征地、统一设计、统一建设、统一安置;第三是委托(融资)代建式,即由"改造办"通过多种方式引入具有相应资质的开发商,委托其承担有关设计、建筑等事宜,"改造办"负责质监、验收和安置;第四是拍卖回购式,即先将拟建的"城中村"的土地使用权拍卖,由中标的开发商按约定的规划方案、房屋套型、公益设施等，进行开发建设，待竣工验收后再回购安置给村民。

"城中村"改造、农民变市民，不是简单的生活和居住方式的改变，农民的就业培训、社会保障、医疗保险等一系列问题是改造工作的重要内容。

"城中村"改造不可避免地带来村庄整体征迁、农民离土离村的问题，他们今后的生存和就业如何解决？亭山村村民陈金宝说："现在我们农民实际上跟城里人一模一样了，不仅住上了公寓房，还享受到了社保、劳保，加入了新型农村合作医疗保险，过上了和城里人一样的生活。这种事情，过去连想也不敢想。"

当轰隆隆的"城中村"改造推土机声响起的那一刻，农民的转岗就业、失地农民社会保障和村留地发展、农民培训等问题就摆上了绍兴市委、市政府的议事日程。记者在调查中了解到，从2004年开始，绍兴市就以提高农民就业技能为重点，以促进转移就业为目标，广泛开展农民素质教育和技能培训。根据区域特色产业发展的需要、园区企业和城市服务业用工的需求和农民转移就业的意向，采取"企业下订单、农民选菜单、政府来买单"的方式，因地制宜开展职业技能培训，先后开设了计算机、缝纫、电工、焊工、车工、建筑工、家政宾馆服务、绿化保洁、电器安装修理等涉及50余个工种的培训班，累计培训农民5.1万人，其中60%的人员获得劳动部门颁发的国家职业资格证书，既提高了农民致富的能力，又为城市经济发展提供了熟练工人。

"城中村"改造后，人们生活环境得到了明显改善，但"人往哪里去""生活如何保障"，这是失地农民面临的问题，也是社会各界非常关注的一个问题。绍兴的做法是：抓转移提供就业保障。在加强农民转移培训的同时，着力拓展就业服务。一方面构筑城乡一体劳动力市场，市、县定期举办农村劳动力交流会或专场招聘会，畅通农民转移渠道；另一方面各镇（街）及时收集、发布辖区内企业的用工信息，拓展农民就业信息途径；与此同时，出台"以奖代补"政策，鼓励各种社会中介机构来推介农民就业，多种力量促进农民转移就业。

绍兴城市的夜生活

　　在社会保障方面,按照建立城乡统筹社会保障体系的要求,对改造后的"城中村"村民,在帮助转岗就业、参加企业养老保险的基础上,全面推行了农民养老保障、农村新型合作医疗保险、最低生活保障和社会救济制度。截至 2005 年底,市区被征地农民参保缴费人数达到 119743 人,征缴养老保障金 6.726 亿元,已享受养老金人数达 32184 人,医保覆盖面为 90% 以上,基本实现应保尽保、即征即保,基本形成了"青有所为、老有所养、病有所医、困有所济"的社会化保障体系。

　　完成硬件改造后,现有的农村管理体制和机制如何与城市接轨?现有行政村的组织管理形式和集体经济组织制度如何改革? 这都是改造"城中村"过程中需要解决的问题。

　　随着"城中村"改造的深入,绍兴在积极探索城乡社会保障等制度的同时,稳步推进"村改居"和农村社区股份合作制改革,加快与城市管理体制接轨。

　　逐步转换村级管理体制。对城市建成区内的"城中村"和整体性拆迁的行政村逐步实施"村改居",成建制建成社区居委会,并按照市

2005 年的绍兴城市全景

委、市政府《关于进一步加强市区社区建设实施意见》和《关于进一步放开户籍政策的意见》，建立相关社区组织，办理村民农转非手续，基本实现户籍统一管理。对几村合并的社区，建立临时社区管委会。针对"村改居"政策性强、涉及群众利益问题多、一步到位难度大等实际，在体制转换初期，坚持了"五不变"原则：即撤一村建一居，原村两委的干部班子人员不变；管辖范围及对象不变；集体资产不变；原村福利待遇的享有对象和政策不变；原村两委会制定的各类政策及对外签订的各类经济合同均延续不变，确保管理体制平稳转变。目前，在浙江绍兴经济开发区、袍江工业区、柯桥组团中，共有 82 个村实施了"村改居"的体制转换，为建立城市社区奠定了框架基础。

改革探索集体资产管理体制。"城中村"改造后，农民身份转换、居住方式改变，原来村与村民的天然联系纽带逐步在"断裂"，村民对长期积累起来的村级集体经济如何处置及管理等倍加关心。为此，2004 年市委、市政府专门制定了《关于推进农村社区股份合作制改革的意见》，积极探索集体资产的管理体制，创新集体经济的有效实现形式。目前全市共有 96 个村实现了股份合作制改革，其中绍兴县（现柯桥区）柯桥等街道已有 85 个村进行了改制，已量化的集体资产为 132880 万元，持

股村民总数达 11.4 万人。在工作实践中，重点抓了资产清核，对村集体的经营性资产、公益性资产和资源性资产进行摸底调查，核实集体资产的家底；抓了资产量化，明确资产量化的范围、受益对象和股权设置依据，按照"保足、提足、后量化"的原则，把集体资产按股份量化到村民；抓了规范运行，对改制后的股份经济合作社制定了规范的《章程》和组织、财务、议事等各项制度，同时围绕资产保值增值、理顺董事会与两委会（居委会）关系等内容进一步进行探索，确保依法操作，规范运作。

回顾五年来的"城中村"改造历程，绍兴市委书记王永昌用"一化五新"，即推进城乡一体化和新社区、新市民、新生活、新风尚、新体制来总结。他认为，"城中村"改造转变了农民思想观念和生活方式，保障了农民利益，推进了城市发展和新农村建设。既探索突破了城乡二元体制，推进了城郊新农村建设，又加快了城市化进程，提升了城市发展的实力、魅力和竞争力。"城中村"具有很大的发展潜力、丰富的发展要素和资源，可以为城市发展注入活力，形成新的平台，蕴藏着丰富的机会。整合好了就是一种解放，就是提升，能够达到新的发展。

第七章　镜湖湿地：绍兴城市之『肾』

　　绍兴城（指中心城区）是个有深厚历史底蕴的古城，自春秋战国建城 2500 多年来，城址（古城）基本没有大的变迁过。绍兴城（城南）坐落在会稽山北侧，而东西两侧主要为工业和水源布局，加之受柯桥区、杭州市发展和交通干线布局的影响，绍兴城市大的发展必然以北向为重心。这就意味着绍兴城市框架，只能是以古城为基点、以北向为中轴，分别向西北和东北方向呈扇形拓展。

　　对绍兴市决策者来说，如何客观科学判断绍兴城市的发展定位以及未来趋势，一个重大问题是绍兴中心城区大致何时达到人口增长的峰值，并将达到多少人口规模？我认为，绍兴工业化、城市化数量快速扩张发展时期很快会接近尾声，正步入以提质强能和以大城市为龙头的区域城市群发展阶段，加上绍兴中心城区又恰好处于杭甬之间，这就决定了绍兴中心城区不应追求，也不太可能向"大城市"发展，城市空间应在原有基础上适度扩大但不能盲目过大布局。基于此，镜湖新区靠近古城的南区可主要用于城市开发建设；而北区应以生态环境保护为主，考虑到北区恰好是以湖泊水网地带为主的特点，市里决定这里建设城市湿地公园，以此作为绍兴城市之"肾"。这样，绍兴中心城市就可以形成南有会稽山、北有镜湖湿地，进而在镜湖南区、城区东北和西北方向留有扩展余地的"扇形"走向格局，避免中心城区走跳跃扩张的老路。

一 "山阴时代"步入"鉴湖时代"的产物

2007年4月23日，我在镜湖新区领导干部会议上的讲话中提出，镜湖新区的设立和新区的开发建设，顺应了绍兴城市发展的必然趋势。尽管新区开发建设启动不久，遇到了国家紧缩性的宏观调控政策，基础设施项目、土地空间等受到严重制约，但我们把贯彻落实国家宏观调控政策作为一种新的发展机遇和推动力，做出了一些积极的适应性、策略性的调整和部署，进而取得了一系列明显成效，使镜湖新区成为绍兴城市格局中的一个重要组团。

毫无疑问，镜湖新区在绍兴未来发展中的地位将越来越突出，作用也将越来越明显，因而将承担着越来越重大的责任。《绍兴大城市发展战略纲要》以及城市建设的基本思路和理念，完全符合绍兴经济社会发展与绍兴城市发展的规律。镜湖新区的诞生、存在和发展，同样合乎绍兴城市发展的必然需要。因为，绍兴城市"北进"是一种大势所趋，这是不以人的意志为转移的。镜湖新区在推动绍兴中心城市发展由"山阴时代"进入"鉴湖时代"、迈向"杭州湾时代"的进程中，将承担着特殊功能，发挥着牵引性作用。

所以，我们要以更宽广的视野、更开阔的思路，规划建设好镜湖新区，使之成为现代化的生态性新城。

二 镜湖新区功能定位要对子孙后代负责

镜湖新区功能的规划定位，就是要体现绍兴市城市总体规划要求。绍兴市城市总体规划规定：镜湖新区是绍兴城市的绿心，它处于联系绍兴大城市的越城、柯桥、袍江三大城市组团的中心地带。

2002 年，镜湖新区成立之初，绍兴市人大常委会审议通过的《绍兴大城市发展战略纲要》和《中共绍兴市委市人民政府关于加快镜湖新区（城市绿心）开发建设的若干意见》，都对镜湖新区的功能定位进行了阐述，并明确规定新区为"城市绿心"。

2004 年 12 月 6 日，我专程到镜湖新区调研，并发表了讲话，肯定了新区建立以来的工作和取得的明显成绩。

对今后的发展思路和目标，我强调要坚持规划基本定位，积极稳妥组织实施；要突出绿色生态功能，只能实施适度开发建设。

所谓坚持规划基本定位，积极稳妥组织实施，就是要坚定不移地坚持市委、市政府确定的总体规划、总体定位和总体要求，积极稳妥地加以推进。镜湖新区是绍兴大城市建设的重要组成部分，涉及空间大，建设任务重。镜湖新区建设的宏大蓝图，不是一两年就能变成现实的。理想变为现实，需要有个过程，要一步一步地组织实施，千万急躁不得。要把理想、蓝图和现实很好地结合起来，以求真务实的态度扎扎实实地推进。当时，宏观经济形势发生了很大变化，许多事情不是不想为，是想为而不能为。我鼓励大家一定要动脑筋，想办法，尽力而为，量力而行，积极稳妥地推进各项工作。

所谓突出绿色生态功能,实施适度开发建设,就是要按照镜湖新区的总体规划和基本定位,突出新区的绿色生态功能。绿色生态功能是镜湖新区的灵魂所在、特色所在。突出绿色生态功能,就是对历史负责、对子孙后代负责。要尽可能多地为以后的发展留下空间,留下宝贵的生态资源。从很大意义上讲,留下空间就是留下发展。

镜湖新区在推进工作中要坚持协调发展为先,稳定和谐为要,力求突破重点,积极稳步推进。

首先,不能忽视和淡化发展这个主题,特别是经济发展。经济发展与生态建设、重大基础设施建设并不矛盾。要坚持发展这个主题,当然,这种发展是科学发展观指导下的发展,是协调发展、集约发展。

其次,镜湖新区的开发建设,前期政府性投入较多,此后要适时加大市场化运作力度。镜湖新区的开发建设,政府要顺势而为、尽力而为,但光靠政府是不行的,一定要吸引企业参与开发建设。

最后,在具体工作中一定要处理好全面性和重点性的关系,做到有轻有重、有张有弛、主次分明。要突出集约发展,突出优势产业和优

2006年1月5日,绍兴市镜湖国家湿地公园管理委员会挂牌成立

势企业,推进经济的持续健康发展。要积极稳妥地推进"城中村"改造和重点基础设施建设。镜湖新区的基础设施建设,重点是推进"五路十桥"的建设。在"五路十桥"的建设中,重点是推进解放北路延伸段和群贤路的路桥建设。

我要求镜湖新区管委会的同志特别是领导干部务必增强责任意识,增强事业心。要进一步坚定信心,振奋精神,始终保持良好的精神状态,树立打持久战意识,扎扎实实推进各项工作。市级各部门也要一如既往地关心支持镜湖新区的发展,要保持政策的连续性,继续坚持市里原先确定的支持镜湖新区发展的各项政策。与此同时,要按照宏观形势的变化和依法行政的要求,进一步完善有关政策。

我在这次讲话中再次强调:要坚持镜湖新区"城市绿心"的规划定位和功能定位不动摇,同时要在此基础上做一些深化和完善。镜湖新区本身具有独特的生态优势,新区与其他各个组团的空间关系,也决定了新区要发挥"城市绿心"的功能。我们要站在社会文明发展、持续发展的高度来认识这一问题,看得远一点,想得深一些,不要被一时的功利思想所左右。

我在讲话中还指出,就深化完善规划而言,靠近老市区的大滩区块,是我们推进城市"北进"、建设现代新城的重要地段,当时市里正在加强对这一区块的规划,新区必须控制这里的工业布局,现有的一些工业也要逐步有序转移。但北部湖面这一区块,总体上是以建设城市湿地公园为主的生态功能区。湿地公园要坚持保护生态为主,同时要实施适度开发,发展旅游经济,但档次务必要高一些。

三 镜湖为何要建城市湿地公园

所谓湿地，是指天然或人工、长期或暂时的沼泽地、泥炭地，带有静止或流动的淡水、半咸水或咸水的水域地带，包括低潮位不超过6米的滨岸海域。湿地是重要而又特殊的生态系统，具有多种生态功能和经济社会价值，是世界上最具活力的生态系统，被誉为"地球之肾"，是自然界最富生物多样性的生态景观和人类最重要的生存环境之一，国际上通常把它与森林、海洋并称为"全球三大生态系统"。

湿地公园是一类兼有物种及其栖息地保护、生态旅游和生态环境教育功能的湿地景观区域，类似于小型保护区，但又不同于自然保护区和一般意义的公园。

城市湿地公园是指利用纳入城市绿地系统规划的适宜作为公园的天然湿地类型，通过合理的保护利用，形成保护、科普、休闲等功能于一体的公园。城市湿地公园兼有物种及其栖息地保护、生态旅游和生态环境教育功能。设立城市湿地公园旨在促进湿地资源的保护、管理和合理利用，实现湿地生态效益、经济效益和社会效益的充分发挥。根据建设部《国家城市湿地公园管理办法（试行）》规定，申请设立国家城市湿地公园必须具备下列条件：能供人们观赏、游览，开展科普教育和进行科学文化活动，并具有较高保护、观赏、文化和科学价值的；纳入城市绿地系统规划范围的；占地500亩以上能够作为公园的；具有天然湿地类型的，或具有一定的影响及代表性的区域。

绍兴镜湖城市湿地公园处在绍兴大城市"绿心"的核心区域，整体开发强度较低,不存在大规模连片的开发建设,整体上保持了一定的完整性。但是,随着经济的发展和城市化进程的加快,人为干扰不断增加,对湿地的过度开发和不合理利用污染的加剧,使镜湖城市湿地环境的完整性受到了较大影响,湿地生态环境退化严重,20世纪50年代末和60年代初围湖造田,使狭㵢湖面积由原来

镜湖湿地的自然风貌

的4.29平方公里减少到目前的2.23平方公里;早年酿酒厂搭建酒窖的需要、周边地区城市基础设施建设加快等原因,使梅山及周边湿地地形地貌遭到一定破坏;区内工业活动和居民生产生活等仍对公园环境和湿地生态的完整性存在潜在的影响。

但总体而言,镜湖城市湿地公园具有得天独厚的自然资源,境内山水资源丰富,田园风光秀丽,河道密布,湖泊众多,而且水形态丰富多样,有江、河、湖、㵢、溇、湾等。核心区域还保留有完整的水乡荷叶地风貌,局部区域还保留着比较完整的原生态湿地系统。

四 申报国家城市湿地公园意义重大

　　按照绍兴市城市总体规划，镜湖新区作为绍兴城市的绿心而纳入了城市绿地的规划范围。经过前期开发建设，以"五路十桥"为重点的镜湖新区一期骨干路网工程框架基本形成，镜湖新区已成为联系绍兴大城市越城、柯桥、袍江三大城市组团的中心，区位优势十分明显。其核心区域的镜湖湿地公园占地 23445 亩（其中，水面 8064 亩、浅滩地 15381 亩），东到解放北路以西河流、西到张家潭、南到潞家湾、北到狭猹湖。湿地公园内生物资源丰富、动植物众多，是典型的淡水河流湖泊湿地，能充分展示长江三角洲湿地的水陆交接，自然过渡的自然资源和生态景观，通过合理的保护利用，供游人观赏、游览、开展科普教育和科学文化活动，具有较高的保护、观赏、文化和科学价值，是适宜作为公园的天然湿地类型，完全具备建设部《国家城市湿地公园管理办法（试行）》规定的申报国家城市湿地公园管理的各项条件。

　　显然，申报设立国家城市湿地公园对镜湖新区开发建设和绍兴城市发展具有十分重要的意义。首先，是有利于加强镜湖湿地资源的保护。根据国务院办公厅《关于加强湿地保护管理的通知》精神和建设部《国家城市湿地公园管理办法（试行）》有关规定："已批准设立的国家城市湿地公园所在地县级以上人民政府应当设立专门的管理机构，统一负责国家城市湿地公园的保护、利用和管理工作。"这意味着，国家城市湿地公园申报成功，势必需要设立专门的管理机构，统一负责国家城市湿地公园的保护、利用和管理工作，通过设立专门的保护管

2005年9月28日，镜湖国家城市湿地公园规划方案通过评审

理机构和有效的保护管理机制，使镜湖湿地得到更加有效的保护和利用。其次，可以提高绍兴城市品位、增强城市综合竞争力。申报首批国家城市湿地公园，能在浙江省第一个拿到国家城市湿地公园的称号，将成为绍兴城市发展的一个新亮点，将极大地提升绍兴城市品位、城市发展后续力、持续发展能力以及城市综合竞争力。申报设立国家城市湿地公园，将成为绍兴的一张"金名片"，同时还将起到延续、张扬绍兴历史文化的作用。申报设立国家城市湿地公园，可以为绍兴市民提供一个就业、休闲场所，有助于促进经济社会稳定发展。最后，可以为广大人民群众提供一个生态旅游、休闲娱乐、回归自然、享受自然的乐园，一个接受科普教育、了解湿地知识的场所。大量配套设施的增设、完善，在为绍兴市民新增一个个休憩空间的同时，也会带来可观的旅游经济收入，为当地居民带来大量就业机会，从而减轻因城市"绿心"功能定位而导致的企业外迁、居民失业压力，促进社会稳定。

五 以"五个重"理念为灵魂　推进镜湖城市湿地公园建设

　　2005年,坐落在镜湖新区的湿地被建设部认定为国家城市湿地公园,这是绍兴中心城市发展史上的一件大喜事。为此,我专门撰写了以《建好镜湖湿地公园　提升绍兴城市品位》为题的文章。现将原文录于下。

建好镜湖湿地公园　提升绍兴城市品位

　　湿地与森林、海洋并称为全球三大生态系统,被誉为"地球之肾""天然蓄水库"和"天然物种库",其生态、经济和社会功能正在逐步被人们所接受。2005年5月,我市镜湖被建设部评为国家城市湿地公园。这是绍兴市城市发展史上的一件大喜事。我们将从贯彻落实科学发展观和省委"八八战略",推进绍兴率先发展、富民强市进程,建设经济强市、文化强市、生态绍兴、和谐绍兴的高度,按照"重在保护、生态优先、合理利用、良性发展"的方针,着眼长远,注重特色,科学规划,突出重点,努力将湿地公园建设成为优化生态环境的生态工程,造福子孙后代的利民工程,提高绍兴城市品位、增强城市综合竞争力的品牌工程,延续、张扬绍兴历史文化的文脉工程,镜湖新区开发建设的龙头工程,真正使湿地公园成为人与自然和谐共处的典范,成为绍兴城市的又一亮点和"金名片"。

　　建设镜湖国家城市湿地公园,必须突出"五个重在"。

一、重在保护

　　湿地是一种原生态环境。江泽民同志曾指出,要提高广大干部群众对保护湿地重要性的认识,在条件具备的地区,要采取抢救性措施,管护好已经建立的湿地保护区。建设湿地,重点是要做好保护工作,而保护湿地,不能只局限于对水资源的保护,而是要从生态系统持续发展的角度来研究保护,维护生态平衡,确保生物多样性,实现资源可持续利用。

建设镜湖国家城市湿地公园,要加强对水系统和动植物的保护。水系统和动植物是湿地保护区内最重要的生态和景观资源。全力保护、整理湿地内稠密的水网河道,重点保护好白鹭生存与繁衍环境,建立白鹭觅食区、白鹭观赏点和白鹭观察点,成立以白鹭为重点的鸟类研究所,定期或不定期地开展动植物链的研究,为湿地的可持续利用奠定基础。要加强对湿地周边民俗风情的保护。拓宽视野,创新思路,在不破坏湿地生态的前提下,通过河渠行舟、古街集市、社戏龙舟等形式,充分体现绍兴人的风土人情。要加强对历史文化遗存的保护。有选择地对部分遗存进行保护和修复,充分展现镜湖湿地厚实的文化底蕴和良好的人文景观,加强对梅山等周边景区的保护、挖掘和开发。

二、重在生态

湿地是生物多样性的富集地,也是世界上最具活力的生态系统。保护和建设镜湖国家城市湿地公园,应该牢固树立"生态优先"的理念。

在总体要求上,要突出以保护湿地生态系统和改善湿地生态功能为核心,努力从整体上维护湿地的生态系统功能,充分体现城市湿地在改善生态环境、休闲方式和科普教育等方面的作用。从镜湖湿地的现状看,其生态性、生物的多样性离湿地公园应有的功能尚有较大差距,对此,必须加强保护和恢复性建设,防止破坏性开发。在规划目标上,城市湿地公园,虽然类似于小型保护区,但又不同于自然保护区和一般意义上的公园,它是一种兼有物种及其栖息地保护、生态旅游和生态环境教育功能的湿地景观区域。要在强化湿地生物多样性、维护湿地生态特性和基本功能的前提下,按照统筹兼顾、协调发展的要求,处理好自然与人文、城市与湿地、保护与开发、共性与个性、长远与当前、理念与实践六对关系,不断促进湿地资源的可持续利用,真正实现生态环境

2003 年 8 月 28 日，王永昌在杭州推介镜湖新区项目

和经济社会双赢。在具体措施上，要加强对水资源的合理调配和管理，全面控制环境污染，积极治理湿地退化，努力使湿地生态系统进入良性循环。通过组织专门力量，开展对周围环境、水面、土地、山地资源和生物物种资源的调查研究，抓好水系统、动植物的保护工作，加大对违法建设、违规用地和占用水面、破坏生态环境等行为的查处力度，加强万亩绿地和梅山栖息白鹭的管理，做好启动区内的企业的拆迁工作，防止环境污染、湿地退化。

三、重在文化

绍兴素有"山清水秀之乡、历史文物之邦、名人荟萃之地"的盛誉，是首批中国历史文化名城、首批中国优秀旅游城市、国家环境保护模范城市、全国创建文明城市先进城市、最佳中国魅力城市。绍兴有独特的水文化、桥文化、酒文化、书法文化、戏曲文化和名人文化。我们要用开拓的精神、开明的思路、开放的举措，把自然、原始的环境和资源保护好、利用好，把历史的、传统的文化积淀挖掘好、开发好，做到历史文化与现代文明相互融合、越乡风情与湿地风光相得益彰、人文景观与山水湖泊相互交织，真正使镜湖国家城市湿地公园成为绍兴的生态乐园。

四、重在特色

镜湖城市湿地是典型的淡水河流湖泊型湿地。保护和建设镜湖国家城市湿地公园,既要体现湿地特色,更要彰显绍兴个性。突出水乡特色。镜湖北靠绍兴最大的淡水湖,东依白鹭集聚栖息地梅山,西邻历史文化古镇东浦,南临纵横交错、千姿百态的河流湖泊。这是镜湖独有的优势。建设湿地公园,就要充分结合这些江南水乡特有的条件和优势,努力凸显镜湖水国泽乡的个性。突出古城特色。绍兴是一座有着2500年建城史的历史文化名城,这里有独特的民俗民风,厚实的文化底蕴,优秀的民族文化,动人的民间传说,这些都为保护、建设湿地公园提供了思路,为不断丰富湿地公园内涵,增加湿地公园的灵性指明了方向。

五、重在功能

建设城市湿地公园,必须妥善处理好"城市""湿地"和"公园"的关系。对于镜湖来讲,就是要紧紧抓住水、湖、鸟(白鹭)等关键要素,努力挖掘和发挥城市湿地的各方面功能。

生态调节功能。湿地对环境具有很强的生态调节功能。建设镜湖国家城市湿地公园,要充分发挥其保护生物多样性、维持淡水资源、降解污染物等方面的重要功能,努力把镜湖建设成为绍兴大城市的生态功能调节区。

旅游、观光功能。长期以来,湿地特有的资源优势和环境优势,一直是人们观光、旅游、娱乐的选择。绍兴作为旅游大市,要合理开发利用湿地丰富的水资源和野生动植物资源,着重挖掘和推出湿地观光旅游、风情旅游、人文旅游,努力实现湿地生态、经济、社会三大效益的协调统一。

科普教育功能。利用湿地丰富的野生动植物等资源和生物、地理等方面演化进程的重要、独特信息,通过建立各种场馆,对广大青少年开展各种形式的科学知识普及教育。

生物生产力功能。事实证明,湿地生物生产力极高,甚至超过了最集约经营的农业生产系统。要加强对湿地公园的景观生态分析、评价、规划、设计,努力建立生物生产力高、生态效益好的湿地生态农业,确实把湿地有限的资源循环综合利用。

六 建设部批准设立镜湖国家城市湿地公园

2005 年初,随着国家对生态保护的日益重视,镜湖新区管委会根据镜湖新区功能定位,及时做出决策,把制定镜湖城市湿地保护规划列入镜湖新区 2005 年工作要点,并在《镜湖新区 2005 年重点工作目标任务分解表》上将开展生态保护研究作为一项工作内容进行分解,落实责任单位、责任人和分管领导。

随后,镜湖新区着手开始进行国家城市湿地公园申报工作。2005

2005 年 1 月 5 日,建设部为绍兴镜湖湿地公园授证

年 5 月 12 日,绍兴市人民政府向省建设厅上报了《关于在镜湖新区湿地设立国家城市湿地公园的请示》,在建设部、省建设厅的关心和支持下,以及有关市级部门的大力帮助下,5 月 20 日,建设部正式发文(城建〔2005〕82 号)批准设立包括绍兴镜湖国家城市湿地公园在内的 9 个国家城市湿地公园。镜湖国家城市湿地公园成为建设部批准设立的首批国家城市湿地公园,也是浙江省内第一个国家城市湿地公园。

通过调研,我们提出了建设一个融生态保护、休闲旅游、科普教育等功能于一体具有绍兴江南特色、典型的淡水河流湖泊型城市湿地公园的发展方向,要建成融自然生态和历史文化于一体的具有绍兴江南特色的城市湿地公园,使镜湖湿地内生物多样性基本得到有效保护,基本实现生态平衡,湿地生态效益、经济效益、社会效益和基本功能得到明显发挥,生态调节功能得到充分体现,基本实现人与自然和谐共存,成为绍兴大城市的生态调节中心,成为市民的休闲观光和科普教育中心。

市政府建立了镜湖国家城市湿地公园领导小组,批准设立镜湖国家城市湿地公园管委会(与镜湖新区管委会实行一套班子两块牌子)和镜湖国家城市湿地公园管理处,统一负责镜湖国家城市湿地公园的保护、管理与利用工作。并于 2006 年 1 月 5 日举行了镜湖国家城市湿地公园授牌仪式,时任建设部副部长仇保兴亲自到绍兴为"镜湖国家城市湿地公园"授牌。

七 建好镜湖湿地公园 提升绍兴城市品位

2005 年 6 月 8 日,为进一步统一思想,提高认识,抓紧抓好镜湖国家城市湿地公园建设的各项工作,市四套班子及有关部门领导到镜湖新区调研镜湖国家城市湿地公园的建设情况。我在调研时指出,镜湖湿地公园获得国家城市湿地公园的称号,是绍兴市城市建设中一件可喜可贺的大好事。在大家发言的基础上,我围绕三个方面工作做了讲话。

首先,分析并介绍了建设国家城市湿地公园的重大意义。

第一,这是一项优化生态环境的生态工程。城市湿地是"城市之肾",湿地是与森林、海洋并列的全球三大生态系统之一。保护好、建设好湿地公园,是我们保护自然环境、优化生态环境的一项重大工程。

第二,这是一项造福子孙后代的利民工程。绍兴能有一个城市湿地公园,的确非常难得。保护和建设好城市湿地公园,对提升老百姓的生活质量、改善老百姓的生活环境,对推进城市可持续发展、造福子孙后代,有着非常深远的意义。因此,保护和建设镜湖城市湿地公园是一项利民工程、民心工程。

第三,这是一项提高绍兴城市品位、增强城市综合竞争力的品牌工程。绍兴市在浙江省范围内第一个取得了国家城市湿地公园的"金名片",这是绍兴的骄傲,必将成为绍兴发展的又一亮点,进一步提升绍兴的知名度,增强绍兴的发展潜力,提高绍兴的综合竞争力。

第四,这是一项延续、张扬绍兴历史文化的文脉工程。湿地公园既是绍兴市的自然环境资源,也是延续、张扬绍兴文化很重要的载体,我们一定要想方设法把它建设成为延续、张扬绍兴文化的一个新亮点。绍兴的文化内涵十分丰富,在保护和建设湿地公园的过程中,一定要挖掘和拓展文化内涵,提升湿地公园的文化品位。

第五,这是一项镜湖新区开发建设的龙头工程。镜湖新区成为国家城市湿地公园,对开发建设镜湖新区是一个很好的载体。镜湖新区要在原有规划的基础上,对湿地公园进行全面保护和适度开发。要把建设好国家城市湿地公园作为推动镜湖新区建设的龙头工程、核心工作。镜湖国家城市湿地公园,不仅是镜湖新区开发建设的龙头工程,也是建设生态绍兴的一个重要载体和龙头工程。

其次,我强调了建好镜湖国家城市湿地公园应把握的基本要求。

一要重在保护。城市湿地公园首先要全力保护好现有的水面、植被、动物和文化遗存。湿地是一个原生态的环境,保护湿地,就是要维护湿地的生态平衡,保护湿地生物的多样性,发挥湿地功能,实现资源的可持续利用。

二要重在生态。保护和建设城市湿地,要牢固树立"生态优先"的理念。当然,保护生态环境,并不排除适度的开发利用,但开发利用是适度的,是为了体现生态原则、凸显生态功能。

三要重在文化。我们不仅要把自然、原始的环境和资源保护好,还要挖掘历史文化积淀,使湿地公园体现镜湖特色,体现绍兴文化,同时也适当体现时代风貌。

四要重在特色。建设镜湖国家城市湿地公园,要体现自身特点,彰显绍兴个性。镜湖是典型的淡水河流湖泊型湿地,这是镜湖的特色。我们要根据这一特色,努力规划和建设一些既符合生态要求又能吸引游客的项目,如白鹭保护区、梅山公园等。

五要重在功能。建设湿地公园要突出其调节生态和旅游观光的功能,同时不断开发湿地公园在其他方面的功能。

总之,保护和建设镜湖国家城市湿地公园,核心的问题是要处理好生态保护和适度开发利用的关系,真正做到保护和开发利用之间的规划不矛盾、建设不冲突。

最后，我要求迅速启动、稳步推进镜湖国家城市湿地公园建设，并做好十方面的工作。

一是建立组织。要成立一个建设镜湖国家城市湿地公园的组织机构，原则上采取与镜湖新区一套班子两块牌子的办法。同时成立建设镜湖国家城市湿地公园领导小组。

二是抓紧研究政策措施。要抓紧研究湿地公园保护、开发、管理等方面的政策，包括如何争取上级有关部门的优惠政策。

三是加快制定湿地公园建设规划。要在原来镜湖新区规划的基础上，按照城市湿地公园的要求进行完善。规划要与绍兴市城市总体规划和土地利用总体规划相衔接。尽快确定湿地公园建设的基本框架。

四是对镜湖新区及周边地区实施严格的保护措施。在规划和建设湿地公园的同时，要抓紧对周边地区进行一次全面调查，采取严格的管理和保护措施，以利于开发建设的顺利推进。

五是进一步理顺各种管理权限和管理职权。

六是策划、组织好宣传推介活动。

七是做好人才的引进、储备工作。

八是做好项目申报工作，可以考虑把保护和建设镜湖国家城市湿地公园作为一个重点项目上报，以便争取相关的土地指标等优惠政策的支持。

九是要积极准备，尽快搞一个保护和建设镜湖国家城市湿地公园的授牌和启动仪式。

十是镜湖新区要尽快形成规划、建设湿地公园的工作计划。

八　市委专题研究镜湖湿地公园和迪荡新城建设

2005年8月12日上午,我组织市四套班子领导实地考察了镜湖国家城市湿地公园和迪荡新城开发建设情况,参加了迪荡新城核心区基础设施工程开工典礼,下午又分别听取两个单位负责人的工作汇报,并进行了深入讨论和研究。

市四套班子领导专门花一天时间专题研究一项工作,是不多见的。这充分说明市委、市政府对镜湖国家城市湿地公园和迪荡新城开发建设工作的重视和关心,也显示了坚定不移地推进这两项工作的信心和决心。

会上,我强调以下几个问题。

第一,充分肯定镜湖新区和迪荡新城前阶段工作所取得的成效。

镜湖新区的基础设施建设稳步推进,并在国家、省、市有关部门的支持下,被建设部命名为"镜湖国家城市湿地公园"。这一荣誉不仅对镜湖新区,而且对整个绍兴乃至南方地区湿地建设,都具有十分重要的意义。迪荡新城开发办自2005年初正式组建以来,规划设计、拆迁征地等前期工作进展顺利,开发建设有序推进。镜湖新区和迪荡新城开发建设工作成绩值得充分肯定,其共同特点是:思想认识高度统一;规划设计全面深化;征地拆迁进展顺利;项目建设有序推进;队伍建设得到加强。

第二,加快推进镜湖国家城市湿地公园和迪荡新城开发建设意义重大。

(1)这是城市发展战略的新拓展。城市北拓,是绍兴城市发展的战略导向和基本走势。镜湖新区特别是湿地公园和迪荡新城的开发建设，是城市北拓的具体举措。

（2）这是城市理念的新拓展。有利于树立生态理念，实现人与自然的和谐相处；有利于强化水的理念，绍兴是一座漂在水上的城市，水在城中，城在水中，水城交融；有利于强化城市组团式发展理念，凸显"绿心"功能；有利于进一步做大城市规模，提高城市综合竞争力；有利于推进绍兴城市商贸业的更快发展，有利于优化经济结构，提升产业层次，是城市经济理念的拓展。

（3）这是城市功能的新拓展。绍兴老城区，历史文化底蕴深厚，具有丰富的文化内涵。镜湖国家城市湿地公园体现自然生态，能有效提升城市的生态功能。迪荡新城与袍江开发区、柯桥组团，是以发展现代经济为主的。建设好迪荡新城，能有效提升现代城市的经济功能。

（4）这是城市发展的新载体。镜湖新区和迪荡新城的开发建设是推进城市郊区化、郊区现代化的重大举措。特别是镜湖新区有了国家城市湿地公园这块牌子，使镜湖新区的开发建设有了新载体，充实了新内容，可以说是"柳暗花明又一村"。总之，这两个大工程的实施，有利于拓展城市空间、完善城市格局、扩大城市规模。

（5）这是城市品位的新提升。建好镜湖国家城市湿地公园，不仅

镜湖湿地公园一角

优化了城市生态功能,也必将成为绍兴的又一张"金名片"。迪荡新城的开发建设,有利于凸显现代化城市形象,使现代化大城市与历史文化名城相得益彰、交相辉映,从而大大提升绍兴的城市品位。

总之,开发建设好镜湖国家城市湿地公园和迪荡新城,必将推动绍兴城市的新发展,提升中心城市的综合竞争力。镜湖湿地公园是我们留给子孙后代的宝贵财富,它的开发建设,不是三五年的事,随着时间的推移,它的重要价值必将越来越凸显。

第三,全面推进镜湖国家城市湿地公园和迪荡新城开发建设的工作要求。

(1)要进一步明确总体要求。镜湖新区的开发建设要坚持市委、市政府提出的"坚持规划基本定位、积极稳妥组织实施、突出绿色生态功能、实施适度开发建设"的指导性要求。建设镜湖国家城市湿地公园时,要牢牢把握重在保护、重在生态、重在文化、重在特色、重在功能的基本原则,努力把湿地公园建设成为生态自然与现代休闲、自然风光与人文景观相融合的生态乐园,建成绍兴大城市生态功能的调节区,成为绍兴城市发展的一个新亮点,成为绍兴的一张新"名片"。要妥善处理好"城市""湿地""公园"的三者关系,抓住水、湖、鸟(白鹭)这三个关键要素,把生态与休闲结合起来,打响独特品牌。

(2)要进一步深化规划设计。镜湖新区要继续深化总体规划,加快做好镜湖国家城市湿地公园总体规划和其他分区详规及配套规划的编制。原则同意镜湖新区提出的湿地保护范围,但要有科学依据;原则同意湿地的五个功能区块的划分,但要进一步突出自然生态的保护。

(3)要进一步加快推进征地拆迁。

(4)要进一步加快项目建设。镜湖新区要在稳步推进"城中村"改造和"五路十桥"工程建设的同时,抓紧启动梅山启动区块的建设,进行适度开发利用。要按照"少改造、多保留,少建设、多修复,少人工、多自然"的要求,抓紧规划,及时建设。

(5)要进一步加强宣传推介。

(6)要进一步加强队伍建设。

九　对镜湖新区工作和湿地公园开发建设的要求

　　我自担任市委书记后，对镜湖新区建设花了不少精力，经常去调研指导工作。2005年差不多每隔两三个月就要过问镜湖新区工作。11月16日，我组织市里几位领导专门到镜湖新区调研指导工作。我在讲话中强调："开发建设镜湖新区，是市委、市政府做出的重大决策。按照省政府对绍兴中心城市整体规划的批复文件，镜湖新区属于大城市的一个'绿心'，是非常重要的组成部分。镜湖新区在绍兴城市几个组团中处于中心地位，是整个城市北拓的重要区块，是绍兴大城市由'山阴会稽时代'向'鉴湖时代'发展，进而迈向'杭州湾时代'的一个非常重要的地块。同时，镜湖新区具有独特的生态调节功能，镜湖新区以及国家城市湿地公园，是我们提升城市形象、提高城市知名度的一个新亮点。所以，市里非常关注、十分关心镜湖新区的保护和建设工作，并且为此倾注了大量的心血。"

　　我在充分肯定2005年镜湖新区取得工作成绩的基础上，对2006年工作提出了要求。

　　"总的是要继续坚定不移地贯彻'坚持规划基本定位，积极稳妥组织实施，突出绿色生态功能，实施适度开发建设'这一总体的指导性要求，打实基础，包括思想的基础、规划的基础、基础设施的基础等；要在已有的基础上，在工作理念以及规划、建设、管理等方面进一步提高品位，提升档次；要突出湿地公园的规划、保护和建设，继续抓好已经定下来的'五路十桥'等基础设施建设，继续高度重视征地、租地、

"城中村"改造等工作；要初展形象，在规划方面，包括湿地公园的总体规划和核心区块规划要有实质性进展，路网框架、与之相适应的基础设施配套建设，以及湿地公园的启动区块——梅山区块的开发建设形象，也应初步展现出来。

"2006年的工作基本目标，主要是'四个确保'：一是确保经济社会统筹协调发展；二是确保社会平安稳定和谐；三是确保高起点编制湿地公园总体规划，并且启动区块——梅山景区力争在2006年'五一'前开园；四是确保党员干部队伍起好先锋、示范、表率作用，使先进性教育活动真正见成效。"

2006年的具体工作任务有五项。

"第一，切实抓好以'五路十桥'为龙头的基础设施建设。 2006年安排基础设施投入5亿元，具体抓好这几项工作：一要抓好'五路十桥'及其配套工程建设。在确保质量的前提下，抓紧时间，能快就不要拖。二要抓好涉及湿地公园开发的基础设施建设。规划大致出来以后，要抓紧时间，早谋划、早安排，有些要做的工作如拆迁工作要抓紧推进。三要做好镜湖新区绿化工作，特别是湿地公园在生态、绿化方面还有

镜湖湿地公园绿色生态

大量工作要做。四要尽快开展从市区大滩到梅山的水道沿线区域的规划建设，高标准推进建设。

"**第二，切实抓好以梅山风景区为龙头的湿地公园规划建设**。一要按照湿地公园的整体规划，保护生态，保护生物的多样性。二要处理好保护和开发的关系，除了保护自然、保护湿地以外，一定要突出山水，做足山水文章。三要做好生物多样性文章，白鹭是湿地公园的一个亮点。有一句古诗叫'一行白鹭上青天'，现在我们是'一群白鹭向梅山'。四要精致和谐，不要搞粗糙的、与整个湿地公园不相适应的东西。

"**第三，切实抓好"城中村"改造和安置工作**。继续加大"城中村"改造的投入，力争完成60多万平方米的安置房建设。与此同时，胜利西路延伸段建设涉及镜湖新区的一些拆迁工作，2006年务必作为一个重点加以突破。

"**第四，切实抓好经济社会发展工作**。一方面，要保护生态；另一方面，也要发展经济，确保老百姓安居乐业。发展要体现科学发展观要求，体现镜湖新区生态型的特色。要加大产业结构调整力度，加快经济增长方式转变。农业方面要大力发展都市型的休闲、生态农业；工业方面要按照新型工业化的要求，发展科技型、环保型、生态型、都市型的工业，档次要高一点，有污染的要严格控制，粗放型的就别再上马了；三产服务业重点是发展休闲旅游业，要开发一些湿地旅游项目。

"**第五，切实抓好社会稳定，加强党员干部队伍建设，为新区的开发建设提供有力保障**。"

十 镜湖和湿地公园要有自己的品牌和特色

在 2005 年 11 月 16 日的调研讲话中,我还强调了镜湖和湿地公园要有自己的品牌和特色。我建议规划部门和镜湖新区认真考虑以下几个问题。

第一,要千方百计打响梅山景区的品牌。梅山景区是整个湿地公园的一个精华、一个亮点。要围绕梅山做文章,争取搞出一点名堂来,吸引人来旅游。

第二,除了梅山以外,湿地公园也要有特色的东西、好看的东西、吸引人的东西。我曾收到一位老同志来信,他在信中提议,镜湖新区湿地公园能否种植大面积的荷花,以荷花建园? 他查阅了一些资料,据说历史上镜湖的荷花品种是全国最全的。因此,我要求规划部门深入挖掘镜湖的特色。

第三,在保留这个地方原有的地形地貌特色的同时,要解决目前地形地貌过于平面化的缺陷。我认为,镜湖湿地的地形过于平面化。而一个景区过于平面化,就会产生平淡的感觉。当然,人的审美观不一样,会有不同感受。我希望规划部门和镜湖新区加强规划研究,设法解决过于平面化的问题。

第四,在整体布局上要处理好静与动的关系。镜湖湖面当然以静为主,但如果都是静态的,那就缺乏活力;如果都是动的,这个地方就不是湿地了。我建议可以专门拿出几个区块来,静的就是静的,如核心保护区块,这个就是自然原始的,人到这里来就有回归自然,返璞归真的感受。反过来,也要划出几个区块,动的就是动的,做到动静结合,有动有静。

十一 奋战六十天确保"五一"开园

2006年3月1日，我们举行了镜湖国家城市湿地公园建设动员大会，并在湿地公园举行植树活动。主要目的是动员各级特别是镜湖新区广大干部积极行动起来，高起点规划、高强度推进、高质量建设，奋战六十天，确保湿地公园的核心景区——梅山景区"五一"节前开园。

我在动员大会上指出，开发建设镜湖国家城市湿地公园，是一项保护自然环境的生态工程、惠及子孙后代的利民工程、提升城市品位的品牌工程、延续绍兴历史文脉的文化工程。市里对镜湖国家城市湿地公园的建设十分重视，曾多次调查研究，进行工作指导，明确提出要坚持"重在保护、重在生态、重在文化、重在特色、重在功能"的开发原

2006年3月1日，王永昌在镜湖新区参加植树活动

则,努力把镜湖国家城市湿地公园建设成为人与自然和谐共处的典范,成为绍兴城市的又一亮点和"金名片"。

我在动员大会上强调,开发建设镜湖国家城市湿地公园是2006年市里确定的八大重点工程之一,当时已进入实质性开发建设的关键阶段,必须以昂扬的斗志、务实的作风、扎实的工作,高起点、高质量、高强度推进,使湿地公园快出形象、出好形象。按市里规划,镜湖国家城市湿地公园梅山景区要在当年"五一"节前建成开放。为实现这个目标,市里要求各有关部门和干部群众迅速行动起来,鼓足干劲,顽强拼搏,奋战六十天,确保梅山景区"五一"节前开园。

围绕这一目标任务,我提出了四点要求。

第一,坚定目标。确保镜湖国家城市湿地公园梅山景区在"五一"节前开园,是市里做出的重大决策,是向全市人民做出的承诺。为此,必须目标坚定,意志坚决,竭尽全力,确保实现。

第二,明确任务。为实现梅山景区"五一"节前开园,要抓紧深化完善梅山景区规划,扎实推进镜湖新区以"五路十桥"为重点的基础设施建设,尽快启动、扎实推进梅山景区保护性开发建设,抓紧落实梅山景区开园的一系列活动,全面做好开园前的各项准备工作。

第三,落实责任。各级各部门要切实增强责任感和紧迫感,做到齐心协力、密切配合。镜湖新区全体干部要保持良好精神状态,争分夺秒,扎实工作,确保各项任务如期完成。市有关部门和绍兴县(现柯桥区)、越城区要积极配合,大力支持,形成开发建设的强大合力。

第四,精心组织。各级各部门特别是镜湖新区管委会要围绕工作任务,倒排工作时间,确保工作落实。施工单位要抓紧施工,确保工程质量,确保按期完工。要精心组织好梅山景区开园的各项准备活动,确保开园成功。

镜湖国家城市湿地公园是绍兴城市建设中的又一张"金名片",全市各级各部门务必要统一思想,强化大局意识,确保开发建设工作强势推进,全力打响镜湖湿地公园品牌,确保"五一"节前顺利开园,进一步提升绍兴城市的知名度、美誉度和综合竞争力。

十二 镜湖国家城市湿地公园顺利开园

2006 年 4 月 30 日上午，镜湖国家城市湿地公园举行了开园仪式。

绍兴素有"山清水秀之乡、历史文物之邦、名人荟萃之地"的盛誉，又有水乡、桥乡、酒乡、书法之乡、戏曲之乡和名士之乡的美称。镜湖国家城市湿地公园是建设部批准设立的首批国家城市湿地公园，是典型的淡水湖泊型城市湿地公园，是绍兴市又一张城市"金名片"。

2005 年 5 月以来，我们按照"重在保护、重在生态、重在文化、重在特色、重在功能"的原则，对湿地公园的功能布局进行了规划和建设，对湿地公园的生态环境进行了修复，对湿地公园的文化遗存进行了挖掘和保护。经过一年左右时间的努力，湿地公园已成为一个集湿地景观与历史文化、自然风光与现代休闲于一体的多功能景区，也成为广大人民群众生态旅游、休闲娱乐、享受自然的乐园。

建设湿地公园，功在当代，利在千秋。我们要进一步找准湿地保护与开发的最佳结合点和平衡点，努力探索湿地保护与开发的双赢模式，努力把镜湖国家城市湿地公园建设成为人与自然和谐共处的典范和绍兴城市的"金名片"，为建设经济强市、文化强市，打造生态绍兴、和谐绍兴做出新的更大贡献。

湿地国际、建设部、联合国环境规划署、市四套班子和省级有关部门领导，部分国际国内湿地专家和"两院"院士，国内一些重要科研机构和高等院校的代表，上海旅游界代表和来自江苏等省城市湿地公园代表，中央、省、市新闻单位代表，市级有关部门、各县（市、区）

2006 年 4 月 30 日，王永昌参加镜湖新区举行的"爱心放养　回归自然"活动

代表等 200 余名中外来宾应邀参加了开园仪式。开园仪式后，各级领导和来宾参加了湿地水上游线首航（乘船畅游梅山湿地）、"爱心放养　回归自然"湿地放养活动、"百名记者聚焦镜湖湿地"新闻采风活动、首届城市湿地保护与合理利用高峰论坛和庆祝镜湖国家城市湿地公园成功开园大型综艺晚会——《镜湖之春》（以镜湖湿地为背景主题、具有浓郁的水乡特色）等开园系列活动。2006 年 4 月 29 日下午，CCTV-4《让世界了解你》中国绍兴—澳大利亚墨累桥城市连线对话节目在湿地景区录播。

通过系列活动，向外界全方位展示了镜湖湿地形象，展示了镜湖景区独特的水乡地貌、丰富的湿地景观和珍贵的文化遗存，有效提升了镜湖国家城市湿地公园在国内外的知名度和美誉度。时任建设部副部长仇保兴、时任浙江省副省长陈加元等发来贺信，祝贺镜湖国家城市湿地公园隆重开园，并高度称赞绍兴在城市湿地保护与利用方面所取得的成绩。

应邀出席镜湖国家城市湿地公园开园仪式和首届"城市湿地保

2005 年 6 月，市民在镜湖国家城市湿地公园参观

护与合理利用"高峰论坛的国际国内专家，普遍赞赏和认同镜湖国家城市湿地公园保护与利用工作。湿地国际首席执行官珍妮对镜湖国家城市湿地保护管理与合理利用工作给予了很高评价："湿地保护从我做起，绍兴提供了一个非常好的样板！"

十三 建设城市之"肾" 打造生态绍兴

在镜湖国家城市湿地公园开园之际，2006 年 4 月 30 日下午，我们还举行了"城市湿地保护与合理利用"高峰论坛，我在会上发表了致辞。

我指出，湿地与森林、海洋并称为全球三大生态系统，被誉为"地球之肾""生命的摇篮"和"物种基因库"。保护好湿地，对于维护生态平衡、实现人与自然和谐共处、促进经济社会可持续发展等都具有十分重要的意义。

我在致辞中简要回顾了绍兴市开发镜湖湿地的历程。介绍了我们坚持把开发利用湿地当作一项保护自然环境的生态工程、惠及子孙后代的利民工程、提升城市品位的品牌工程、延续绍兴历史文脉的文化工程，精心谋划，全力推进的主要做法。早在 2002 年，绍兴市就提出了规划绍兴中心城市绿色空间的理念和建设生态湿地的设想，保留了镜湖新区完整的水乡荷叶地貌和原生态湿地系统。2005 年 5 月，镜湖湖泊区域被建设部批准为城市湿地公园，这使绍兴市全面步入了修复好、保护好、管理好、利用好湿地资源的加速期。

湿地保护是一项长期而艰巨的任务，也是一项综合性系统工程。绍兴市将不懈努力把镜湖国家城市湿地公园建设成人与自然和谐共处的典范，打造成绍兴大城市之"肾"。

坚持重在保护，是城市湿地保护与合理利用的基本要求。湿地是一种原生态环境。我们在湿地公园建设中，并非局限于对水资源的保护，而是从保护生态发展的角度出发，研究湿地保护，维护生态平衡，确保生物多样性；从保护湿地内自然环境与资源条件出发，加强水网河道、生物生存繁衍环境的保护，为湿地可持续利用奠定基础；从传承湿地周边民俗民情、修复湿地内历史文化遗存着手，全面展示镜湖湿地厚实的文化底蕴和良好的人文景观。

坚持重在生态，是城市湿地保护与合理利用的本质要求。湿地是生物多样性的富集地，也是世界上最具活力的生态系统。我们在湿地公园建设中，牢固树立"生态优先"的理念，以保护湿地生态系统和改善湿地生态功能为核心，妥善处理自然与人文、城市与湿地、保护与开发、共性与个性、长远与当前、理念与实践等方面的关系，加大了湿地资源的管理力度，改善了生物生存环境，较好地实现了生态环境和经济社会的"双赢"。

坚持重在特色，是城市湿地保护与合理利用的个性要求。镜湖国家城市湿地公园是典型的淡水河流湖泊型湿地。我们在湿地公园建设中，坚持体现特色、彰显个性，突出江南水乡的优势，做足了水乡泽国、生态良好的文章；突出历史古城的优势，做透了民俗民风、历史遗存的文章；突出文化名城的优势，做深了古城文化、越乡风情的文章。从而使镜湖湿地公园的综合建设收到了历史文化和现代文明相互融合、越乡风情和湿地风光相得益彰、人文景观和山水湖泊相互交织的良好效果。

坚持重在功能，是城市湿地保护与合理利用的根本要求。建设城市湿地公园，必须妥善处理好"城市""湿地"与"公园"的关系，努力挖掘和发挥城市湿地的各方面功能。我们在湿地公园建设中，着眼于强化生态调节功能，使之成为绍兴大城市的生态调节区；着眼于强化旅游观光功能，努力实现湿地生态、经济、社会三大效益的协调统一；着眼于强化科普教育功能，对广大市民特别是青少年普及湿地知识；着眼于强化生物生产力功能，综合利用湿地有限资源。

此次论坛的举办，为镜湖城市湿地公园在保护中发展、在发展中保护的综合建设注入了新的动力，为绍兴建设经济强市、文化强市、生镜湖绿心——绍兴城市之"肾"

态绍兴、和谐绍兴创造了新的机遇。

我相信镜湖新区在绍兴未来发展中的地位将越来越突出,作用将越来越明显,因而也承担着越来越重大的责任。我们要以更宽广的视野、更开阔的思路,进一步建设好镜湖新区和湿地公园,使之真正成为一个现代化新城区。

附录一:《镜湖湿地文化》(序)

湿地与森林、海洋并称为全球三大生态系统,被誉为"地球之肾",其生态、经济和社会功能正在逐步被人们所接受。2005年5月20日,我市镜湖被建设部评为国家城市湿地公园,成为我省第一个国家城市湿地公园。这是我市城市发展史上的一件大喜事。

镜湖湿地位于越城、柯桥、袍江三大城市组团中间,是典型的淡水湖泊型湿地,也是名副其实的城市湿地、绍兴大城市之"肾"。这里不仅有稠密曲折的河湖港汊、平川陡起的孤峰翠屏、鸥鹭翔集的自然风光,更有古桥避塘的水乡文化、风韵独特的古镇文化、历史悠久的酒文化和桥文化。

2005年以来,我们按照"重在保护、重在生态、重在文化、重在特色、重在功能"的原则,对镜湖湿地的功能布局进行了规划建设、生态环境进行了管理修复、文化遗存进行了保护挖掘,镜湖湿地已成为一个集湿地景观与历史文化、自然风光与现代休闲于一体的多功能景区,广大人民群众享受自然、放飞心情的好去处,我市又一张亮丽的城市"金名片"。

一直以来,市政协非常关心、支持镜湖湿地的保护和建设,曾多次到镜湖湿地公园建设现场检查指导工作。这次又专门组织力量对镜湖湿地资源尤其是文化资源作了深入的调研、挖掘和梳理,并编写了《镜湖湿地文化》一书。这是一件很有意义的事。《镜湖湿地文化》一书图文并茂、雅俗兼济。她以新颖独特的视角,生动形象地介绍了镜湖湿地的历史文化、自然风光和湿地知识等,是一本集知识性、史料性于一体,可读性很强的普及性读物。希望通过此书的出版,能使全社会更多地了解湿地知识,更好地保护和建设镜湖湿地,为绍兴建设经济强市、文化强市,打造生态绍兴、和谐绍兴做出更大贡献。

2006 年 8 月

附录二：实施清水工程　谱写治水篇章
（根据录音整理）

今天,市委、市政府在这里召开实施清水工程暨市区内河清淤工程动员大会,主要目的是动员相关部门和县(市、区),齐心协力,落实责任,全面推进清水工程。在创建全国文明城市和实施市区环境整治过程中,宣传舆论部门也对内河整治进行了宣传报道,营造了良好的氛围。市政府常务会议对清水工程专门进行了研究,并召开了专题协调会议。市委常委会也专门听取市政府汇报,并进行了研究讨论。大家一致认为,清水工程是一件大事、一件好事、一件实事,抓好这项工程,对于进一步改善市区水质、美化城市环境、提升市民生活质量都具有非常重要的意义。

下面,根据市委常委会讨论的意见,简要讲几点意见。

第一,水是绍兴城市之脉。

绍兴是一座水城,市区河道是城市的血脉。城市的规划、建设、格局和市区河道紧紧联系在一起。市区河道已经成为城市的基本格局、基本框架,成为绍兴的基本特色、基本个性。绍兴离开了水,就不是原来的绍兴城。绍兴几千年的历史,和水紧紧联系在一起,是一座典型的江南水城。我们实施清水工程,治理市区的水环境,就是为了进一步张扬城市个性,进一步提升城市功能,进一步打响治水这张"金名片"。

第二,水与绍兴百姓的生活息息相关。

绍兴人民特别是市区百姓的生活环境、生活质量,都与水息息相关。广大群众对改善市区河道水质的呼声比较高。治理好水环境,对进一步改善市民生产生活环境,提高百姓生活质量具有重要意义。清水工程是一项民心工程、实事工程。

第三,绍兴有宝贵的治水历史。

绍兴有光荣的治水传统,我们中华民族的老祖宗大禹,晚年来到我们绍兴。大禹治水主要是在黄河流域,是我们民族的治水英雄,但在绍兴也留下了治水的功绩。另外,上次我们去看一个水利局开发的新景点,那里有一篇乾隆皇帝写的关于杭州湾治水的文献,专门讲了绍兴的治水。因此,绍兴有辉煌的治水史,几千年的城市发展史,都和治水联系在一起。历届市委、市政府也都非常重视治水。长期以来,绍兴的治水工作一直走在全省、全国前列。我们引以为豪的环城河整治工程,被评为"中国人居环境范例奖",是全省乃至全国的治水典型。今年,我们还获得了"中国人居环境奖""城市水环境治理范例奖"。

我们取得的成绩值得肯定。但是,我们要继往开来,做治水传统的薪火传人,仍然面临着新的使命,仍然要看到任务还十分艰巨,离群众的要求还有不少差距。一方面,绍兴生态环境承载压力越来越大。绍兴的地貌总体是"七山一水两分田",大部分是山区,平原地带多数集中在上虞、绍兴、越城区,生态环境承载力很有限。另一方面,绍兴的经济结构有待调整,纺织、化工等产业的排污量很大,治污任务很艰巨。除此以外,尽管这些年,我们经常在清除市区河道淤泥,但河道的自我净化能力也有所下降。随着经济和城市的发展,工业用水、生活用水大大

2007 年 9 月航拍的镜湖全景

增加，水量、水源则不断减少。面对日益严峻的形势，我们必须把清水工程看作一项继往开来的历史工程，继续做好治水这篇文章，谱写治水新篇章，这是我们的责任和使命。

第四，实施清水工程要有新目标。

对市区河道的水质，外地客人经常表扬我们。像昨天有个客人，刚刚从上海过来，他说上海河道的水又黑又臭，绍兴的水质不错。虽然如此，但我们的水质总体还不是很好，而且时好时坏。我们要通过两三年的努力，彻底改善市区河道水质，也就是说要使水变得更清、流动得更快，力争达到三类水标准。就是要像张市长说的那样，要能够跳到河里去洗澡。这是个比较形象的说法。其实，在内环河里现在就有游泳的。我们要通过实施清水工程，使他们游得更舒畅。

第五，实施清水工程要有新举措。

实施清水工程要坚持清淤、截污、引水和整治"四管齐下"，逐步建立健全河道长效管理机制。实施清水工程的目标是治理市区水质，但水体是一个系统，涉及的不仅仅是市区，还包括周边的县（市、区）。所以今天也请上虞市（现上虞区）、绍兴县（现柯桥区）的领导来参加会议，目的是要在更大范围内把水治理好。上虞市主要关系到我们的水源和饮用水问题。而绍兴县(现柯桥区)与市区的联系更加紧密,市区河道的外围多数在绍兴县(现柯桥区),市区河水大部分都是从绍兴县(现柯桥区)三江口流出去,也有很多水是从绍兴县(现柯桥区)流入。因此,外围县(市、区)的水质治理工作十分重要。此外,我们还要将清水工程与曹娥江大闸、浙东引水工程、水库建设、古运河整治、大环河开通、"三湖"联通等工程合理整合,全面加以推进。

第六,实施清水工程关键要抓好引水工程。

实施清水工程,最关键的是抓好引水工程。现在,我们是用外环城河水来冲洗河道,但由于其水质本身就不是很好,效果不很理想。这次,我们初步准备从曹娥江引水进入市区内河。水利部门要多听听专家意见,尽快拿出可行性方案。方案出来以后,要听取方方面面的意见,形成共识。一旦确定最终方案以后,要抓紧实施,不要拖泥带水。这件事情做好了,就能让市区河道的水彻底地清起来、动起来。在实施河道清淤过程中,一定要有城市的理念、文化的理念、生态景观的理念,不能像过去那样只是把河泥清除一下就好了。我们要把河道清淤与景观建设结合起来,搞一点景观美化工作,显现出一定的文化和档次。

第七,实施清水工程要加强协调配合。

市委、市政府高度重视清水工程,工程领导小组组长由市长担任,常务和分管副市长任副组长。各部门要按照市委、市政府要求,各尽其责,尽心尽力,抓好落实。清水工程就像城市管理工作一样,涉及方方面面,部门间必须加强协调合作,相关县(市、区)也要齐心协力,合力推进清水工程。特别是越城区,要注重外围水质的改善。宣传舆论部门要做好相关宣传引导工作,积极发动群众参与到治水、管水、爱水活动中来,努力使绍兴水城更美更靓,使绍兴百姓的生活质量更好更高。

在绍兴的那些岁月（下）

中国社会科学出版社

目 录

第十章 醉在绍兴:千年古酒话振兴

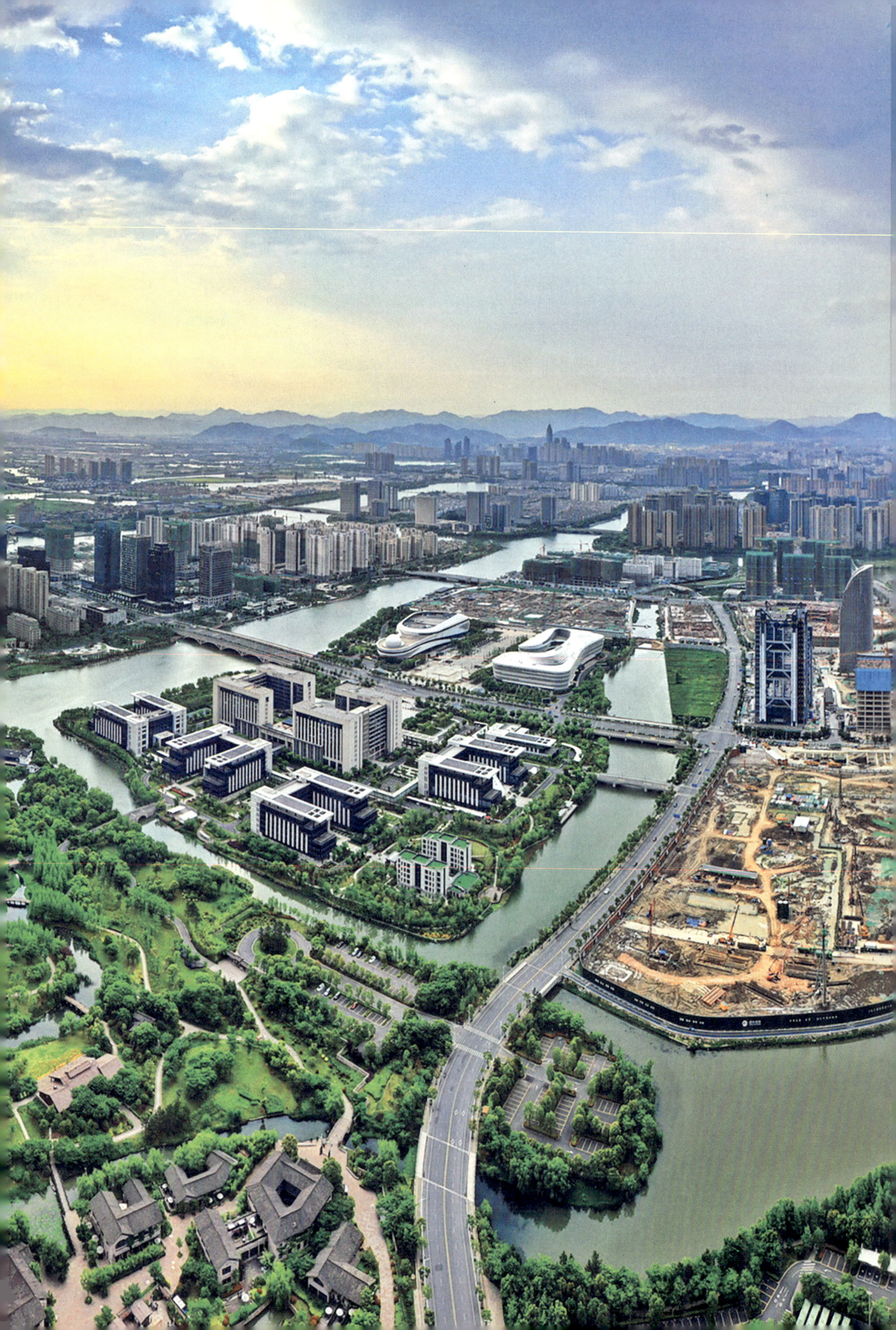

第八章

经济苦旅：
对绍兴经济发展的
思考与实践

　　纵观几千年历史长河，除了在这块土地上培育出无数名人贤士外，绍兴人最大的贡献，就是造就了一座非常有个性、有特点、有知名度的历史文化名城。

　　改革开放以来，勤劳智慧的绍兴人又创造了经济发展的新成就。现在的绍兴人也许正在创造着新的奇迹，就是在杭甬之间有可能崛起一座融历史文化与现代文明于一体的现代化生态型大城市，这就是未来的绍兴城。

　　经济发展是社会存在和进步的基础，也是党政领导的重点工作。我在绍兴工作七八年时间，经济工作自然是花工夫最多的工作。因而在实践中也有一些心得值得一述。

一 把握一个大趋势：绍兴发展进入新阶段

我们人的行为要自由一些，就需要对事物的发展规律和趋势有所了解，从而用于指导自己的活动。领导干部如果能对经济发展规律和发展趋势多掌握一些，那么，领导经济工作的自由度也就会高一些。2005年，我在给市委党校中青年干部培训班讲课中，专门分析了绍兴经济发展的基本情况和领导干部应多学习和掌握一些基本知识。

（一）领导干部要有一点基本功

党政主要领导一定要善于学习，勤于思考，要懂得一些历史发展知识、经济学和金融学知识。从领导经济工作角度讲，宏观上要知道世界经济科技发展基本进程、中国经济科技发展基本情况和国家经济社会发展的中长期规划，中观上要掌握本省本、市经济结构特点及发展趋向，微观上要了解本地企业结构及未来投资方向。了解了这些基本情况，我们就能大致把握经济发展的基本趋势，知道大致的发展方向，然后去倡导和支持符合发展方向的、有成长潜力的经济行为，进而去引领当地经济发展。这种努力也许短期见不到什么成效，还以为只是虚的道理，但从长远看，一定会收到磨刀不误砍柴工的效果。

（二）绍兴发展的新难题

在浙江，绍兴的工业化起步早，发展条件较好，发展基础也比较扎实。20世纪80年代后，绍兴抓住传统计划体制下短缺经济的机遇，

2005 年 4 月 26 日,王永昌在袍江工业区调研

率先发展了乡镇工业;抓住了新旧体制交替过程中商品流通不畅的机遇,率先发展了一大批专业市场;抓住了经济体制改革的机遇,积极推进产权制度改革,推动了民营经济较快发展。

20 世纪 90 年代末以后,绍兴又抓住城市化进程加快的机遇,拉大了中心城市框架,推进了城乡基础设施建设,发展了袍江工业区等一批园区,实现了工业园区和城市化互动发展。后来,按照科学发展观和省委"八八战略"的要求,做出了推进率先发展、实现富民强市的战略部署,进一步提升了发展理念,明确了发展思路,创新了发展举措,探索了发展路子,推动了经济社会全面协调可持续发展。

总的来说,进入 21 世纪以后,绍兴人均 GDP 超过 3000 美元,经济社会发展到了工业化、城市化中后期阶段。根据国际发达国家走过的一般规律和中国的国情,绍兴的发展也进入了一个转型升级阶段。原来粗放型增长老路越走越窄,需要走创新型发展之路,要探索着走出一条统筹协调、全面进步的可持续发展之路。

这一转型升级阶段既是一个"发展黄金期",也是一个"矛盾凸显期"。这个时期,既耽误不起,更失误不起。面对当时绍兴发展状况,

既有优势，也有劣势；既面临机遇，也面临挑战。绍兴当时（21世纪头十年前后）面临的矛盾和困难，主要体现在以下八个方面。

第一，正处于工业化加速提升时期，但经济发展中的素质性、结构性矛盾日益显现。绍兴市正处于工业化中期向中后期迈进的阶段。世界经济发展的一般规律表明，工业化中后期，重化工业和高新技术产业的拉动作用十分明显，第三产业将加快发展。但在这些方面，绍兴都没有突出优势。绍兴市以第二产业为主，第二产业增加值占全市经济总量的60%；就工业经济而言，大都以轻纺产业为主，非纺产业占工业经济总量的比重不到50%；就产业层次而言，大都以传统产业为主，高技术产业增加值占工业增加值的比重不到5%。由此造成了经济增长方式比较粗放，高投入、高消耗、低效益的现象比较严重。一是规模小，从总体上看，绍兴缺少"航空母舰"式的企业。二是高投入，固定资产形成总额占生产总值的比重曾高达49.2%。三是高能耗，我在绍兴任职的几年中，每增加1个单位生产总值所消耗的电力是"九五"末期的近2倍。四是低效益，21世纪初，全市总资产贡献率12%，同比下降1.1%；成本费用利润率6%，同比下降0.69%；工业增加值率19.9%，低于全国平均水平。绍兴市经济发展碰到的困难和问题，从根本上说是产业结构不尽合理、增长方式比较粗放等结构性、素质性矛盾造成的。

第二，正处于城市化加速推进时期，但要素短缺对城市化进程的制约作用越来越明显。2003年之前，我们拉大了中心城市发展框架，推进了一大批基础设施建设，发展了一批工业园区，城市化有了快速发展。但2003年以来，为响应国家宏观调控政策，我们在土地、资金、电力等要素的利用上做出了限制，城市化推进碰到了相当大的困难。绍兴中心城市规模依然偏小，这是严重制约绍兴市经济社会发展的一个大问题。绍兴城区面积（整个越城区范围）为362平方公里，建成区面积大约只有50平方公里，中心城市人口约64万。这样的城市规模，不要说与苏州、杭州、宁波等大城市去竞争，就是与省内其他地市比，也处在劣势地位。改革开放以来，绍兴市市区人口和市区面积在全省 11 个地市中的排位,分别是第 10 位和第 11 位。城市规模过小,对招商引资、三产发展、产业升级、人才引进等都带来了很大影响。

第三,正处于城乡发展加速融合时期,但统筹城乡发展任务还十分艰巨。随着工业化和城市化的不断推进,由城乡二元向城乡一体化发展的趋势日益明显,城乡融合程度越来越高。绍兴市城乡统筹发展谋划较早,亮点较多,成效比较明显。从一定意义上讲,"走了一村又一村,村村像城镇;过了一镇又一镇,镇镇像农村",是对城乡融合的一种生动写照。但对照城乡一体化的要求,我们的差距还不小。如城乡分隔的体制障碍还没有完全破除,城乡二元的户籍制度、就业格局依然存在;城乡经济发展还不平衡,城镇和农村居民收入差距不但没有缩小,反而在继续拉大;城乡基础设施建设不平衡,农村基础设施缺乏足够投入,规划不系统,设施不配套,布局不合理,共享性较差;城乡公共事业发展不平衡,农村教育、卫生资源相对贫乏,农村社会保障起点低、覆盖面小;等等。

第四,正处于科技和人才对经济社会发展的支撑作用越来越强化的时期,但绍兴市的科技竞争力和人才竞争力依然偏弱。为此,我们加快实施了"打造科技绍兴、提升绍兴实力"的战略部署,科技竞争力和人才竞争力有所提升,特别是高新技术企业数量增长较快,在浙江省处于领先地位。但绍兴市的总体科技水平不容乐观,特别是本地高校和本地科研院所数量偏少,科研能力特别是自主开发能力依然偏弱,高档设备生产不出高档产品,附加值低;人才总量只占人口总量的4.7%,低于全省 4.9% 的平均水平,高层次、高技能人才尤其缺乏。因此,如何提高科技和人才竞争力,切实把经济社会发展转移到依靠科技进步和提高劳动者素质的轨道上来,是摆在我们面前的一项紧迫而现实的任务。

第五,正处于市场化改革由企业微观主体为主向社会其他领域全面推进时期,但深化改革的难度日益加大。绍兴市场取向改革起步早、推进快,正进一步向社会领域拓展。但改革越是向前推进,触及的矛盾越深,涉及的利益关系越多,碰到的阻力越大。为进一步深化改革,我们加快了国有企业和国有资产监督管理体制、文化管理体制和运营机制、事业单位、行政管理体制和审批制度、社会保障体制等改革步伐。

第六，正处于生态环境要求不断提升时期，但经济粗放型发展所带来的高排放、高污染现象尚未得到根本性改变。"绿水青山就是金山银山"，保护生态环境，促进生产生活环境由"环境治理"向"生态建设"提升，是落实科学发展观的必然要求，是维护广大人民群众根本利益的重要体现。绍兴环境保护虽然取得了很大成绩，城市环境综合整治定量考核曾名列全省第一；但环境承载力仍十分有限，粗放型发展带来的高排放、高污染现象依然存在。2004 年全市有 74.4% 的河段水质低于地面水环境质量三类标准，比 2003 年增加 4.4 个百分点。全市城镇酸雨率达 88.9%，比 2003 年增加 7.9 个百分点。特别是重点流域、重点区域、重点行业的污染问题十分突出，生态环境系统依然面临很大压力。

第七，正处于文化与经济相互融合、文化软实力在区域综合竞争力中作用日益突出的时期，但现代文化特别是文化产业发展相对滞后，文化对经济的推动作用尚不明显。绍兴是历史文化名城，建设文化强市具有独特优势；但相对于比较深厚的历史文化积淀和比较发达的经济发展水平而言，现代文化发展相对滞后。如教育方面，绍兴高等教育近年来虽然发展迅速，但总体水平仍然落后于全省平均水平。文化设施方面，公益性文化设施特别是农村文化设施比较落后。文化产业方面，产业规模不大，发展水平比较低，文化产业增加值仅占全市生产总值的 0.2% 左右，文化与经济的互动作用不明显。

第八，正处于加快构建和谐社会的关键时期，但维护社会和谐稳定的压力不断增大。构建社会主义和谐社会，是提高党的执政能力、全面推进中国特色社会主义事业的重大战略决策。但随着体制转轨、社会结构转变、经济社会加速发展和城市化快速推进，统筹兼顾各方利益、维护社会和谐稳定的压力逐渐增大。特别是人民内部矛盾趋向复杂化、多样化，因人民内部矛盾而引起的各类群体性事件处于多发时期，部分困难群众的生产生活还没有得到充分保障，社会治安和安全生产方面存在的问题也还有不少,因而打造"和谐绍兴"任重而道远。

（三）绍兴发展进入新阶段

21 世纪以来,绍兴发展正处在一个新的发展阶段。从经济结构看,正处在工业化中期向中后期迈进的时期;从城乡结构看,正处在城乡二元向城乡一体化发展的时期;从市场化改革看,正处在体制从企业微观主体为主向社会其他领域全面推进的时期;从社会交往和经济联系看,正处在由国内为主向国际化、全球化发展的时期;从人民群众的生活水平看,正处在由总体小康向全面小康迈进的时期。

在这样的发展阶段,我们必须审时度势,正确把握经济社会发展的内在规律和趋势,不能一味追求经济快速增长,而要追求经济增长的质量和效益;不能单纯追求经济发展,而要追求社会全面进步;不能片面追求某一方面的进步,而要追求社会的和谐发展。

在这样的发展阶段,我们必须充分体现全面协调的原则,切实做到在追求数量的基础上追求质量,在追求质量的基础上追求新的增量。我们提出建设经济强市、文化强市,打造生态绍兴、和谐绍兴,是一个系统的发展目标,体现了经济增长速度和效益的统一,体现了经济发展和社会进步的统一,体现了经济发展和生态建设的统一,体现了加快社会发展和实现社会和谐的统一。一句话,体现了经济社会全面协调可持续发展。

总之,我们要顺应绍兴发展的内在规律和基本趋势,要对新的发展阶段有客观而系统的科学把握。

二 提出一个发展目标：建设经济强市

中国现行制度优势和执政风格之一，就是对未来发展和年度工作都有明确的目标要求，从而增强发展的连续性和工作的预见性。

（一）经济强市与文化强市、生态绍兴、和谐绍兴

我在绍兴任市委书记期间，根据已有发展基础和工作理念，提出了建设经济强市、文化强市、生态绍兴、和谐绍兴的中长期发展目标。

下面，我们分别介绍一下这四个目标的主要内涵。

建设经济强市的主要内涵有：

第一，城市的经济规模、产业优势和特色经济的竞争力等应处在全省、长三角甚至全国的前列；

第二，在经济发展的基本要求和导向方面，应努力在提高经济质量的基础上扩大经济总量；

第三，更加注重经济结构的优化，增长方式的转变，发展模式的转型，更加注重发展集约型经济、循环型经济和生态型经济，争取在集约发展、统筹发展、协调发展等方面走出新的路子，取得新的突破，并在全省走在前列。

建设文化强市的主要内涵有：

第一，文化发展与经济社会发展相适应，与人民群众的精神文化需求相一致；

第二，文化软实力成为经济社会发展的重要组成部分和重要推动

力,并在全省、长三角和全国范围内有较高的知名度及影响力;

第三,区域传统文化更富个性特色,并得到传承发扬,现代文化得到繁荣发展。

建设生态绍兴的主要内涵有:

第一,努力做到生态环境的承载力与经济社会发展相一致、相适应,生态环境得到有效保护,经济社会发展对生态环境的破坏不断减少;

第二,生态环境建设成为经济社会发展的重要指导原则、重要追求目标、重要建设内容,人与自然的和谐程度不断提升。

建设和谐绍兴的主要内涵有:

第一,就是要坚持以人为本的发展理念,使社会和谐稳定成为推动经济社会发展的重要指导原则和追求目标;

第二,使整个社会既有竞争活力又有安定有序,既有经济高度发达又有社会全面进步,实现人与人、人与社会、人与自然的和谐。

(二)经济强市的五个目标

经过调研和工作实践,我们提出了建设经济强市的主要目标:

一是保持经济总量和人均生产总值在全省前4位,全国同类城市前10位;

二是形成一两个在长三角、全国甚至国际上有区域特色和竞争能力的产业集群;

三是形成一批优势产品、优势企业和优势企业家;

四是在转变增长方式、统筹协调发展、推进体制创新等方面取得明显进展,并走在全省、全国前列;

五是保持城市综合竞争力全省前3位,在全国的位置有所前移。

(三)建设经济强市的八大路途

推动经济发展的具体途径、举措很多,结合绍兴实际,主要有以下八大路途。

纺织工业是绍兴的经济龙头

一是推进发展理念的创新。深入贯彻落实科学发展观和省委"八八战略"，深入实施推进率先发展、实现富民强市的"13458"战略部署。

二是推进产业结构优化。调整就是机遇。必须以凤凰涅槃般的精神抓产业结构的调整和升级，否则就会丧失机遇。调整就是发展。因为调整是围绕发展进行的，目的是促进更快、更好发展，要正确认识调整过程中付出的代价，正确处理结构调整与发展速度的关系。调整要重在优势。主要应立足现实，充分发挥现有优势和特色。调整要重在产业优化。农业方面，要大力发展特色农业、开放农业、生态农业，提高农民组织化程度，提升农业产业化；工业方面，要按照新型工业化的要求，按照绍兴市已经形成的建设先进制造业基地的思路，处理好提升纺织业和发展非纺产业的关系，努力打造全国纺织业制造中心、世界纺织业贸易中心，打响"中国轻纺看绍兴"的品牌。调整要用好

"有形之手"。正确处理市场机制"无形之手"和政府"有形之手"的关系，发挥政府的引导作用，抓好理念的引导、产业规划和产业导向的引导、市场机制的引导、政策的引导、环境的引导等。

三是推进经济科技化。调整经济结构、转变增长方式的根本动力是科技进步。要高度重视科技进步和科技创新，加强科技创新体系建设，开展创建科技型企业活动，真正使企业抢占技术制高点、市场制高点和产品价值制高点。

四是推进经济循环化。发展循环经济，是转变经济增长方式的重要举措，也是缓解资源要素瓶颈制约的治本之策。就绍兴来说，资源环境约束的问题比其他地区更为突出，要更加自觉地发展循环经济。

五是推进经济国际化。扩大对外开放，增强国际竞争力，是一个重大的战略取向和发展动力。要始终坚持跳出绍兴发展绍兴，狠抓招商引资，狠抓外贸出口转型，为推进发展创造更大的空间。

六是推进经济体制市场化。深化改革是加快发展的根本动力。体制机制改革任务繁重艰巨。推进体制创新，关键是要形成有利于调整经济结构和转变增长方式的体制机制，特别是要强化生产要素的市场化配置，真正形成一种推进经济增长方式转变的"倒逼"机制。

七是推进发展空间园区化。建设经济强市，开发区负有重大责任。要坚持按照"集聚、统筹、规范、提升"的要求，加快开发区由依靠规模扩张向依靠内涵增长的转变，由依靠资源的粗放利用向依靠资源的集约利用转变，由依靠政策推动向依靠创新推动转变，由依靠工业的集聚发展向依靠产业的协调发展和城乡统筹发展转变，真正使开发区成为贯彻科学发展观的先行区。

八是推进发展平台城市化。经济强市建设，城市是最大的平台。要坚持大城市发展战略，继续推进越城、柯桥、袍江和镜湖新区相结合的大城市发展框架，不断提升城市的综合功能。当前，尤其要高度重视城市郊区化和郊区现代化，抓好"城中村"改造、迪荡新城等重大工程建设。各县（市、区）也要加快县域中心城市建设，不断增强城市的集聚和辐射能力。

三 明确一个执政理念：最大任务就是发展，最大责任就是为民

主政一地，工作千头万绪。在绍兴工作期间，我始终坚守的理念是：发展与为民。

2002 年 12 月 31 日，我在市政府四届十次全体会议上的讲话中明确指出，发展决定一切。要始终突出发展这一主题，树立强烈的发展意识，集中全市人民的智慧和力量，聚精会神搞建设，一心一意谋发展，走生产发展、生活富裕、生态良好的发展道路。坚持经济发展从量的扩张向质的提高转变的方针，在提高质量和效益的基础上努力实现量的扩张，继续保持经济总量、发展速度、增长质量、经济活力和可持续发展能力在全省的领先地位。

在 2003 年 6 月 19 日召开的新一届市政府的第一次全体会议上，我就新一届市政府如何做好工作谈了意见，明确指出：新一届市政府的最大任务就是发展，最大责任就是为民。

发展是执政兴国的第一要务，不发展，一切都无从谈起。要建设全面小康社会，提前基本实现现代化，离不开发展；要增强区域经济竞争优势，提升绍兴市在国内外的地位和影响力，离不开发展；要改善人民生活，解决当前经济社会发展中的各种矛盾和问题，归根结底还是离不开发展。

发展的根本目的在于不断满足人民群众日益增长的物质文化需求，为人民群众谋利益。我们是人民的政府，为民谋利是我们的天职，我们的根本使命就是使绍兴人民过上幸福美满的生活。

在此次会议上,我布置了下一阶段政府工作的五大目标、五大要求、五大工程。

五大目标,即经济实力再上新台阶,城市建设再有新进展,体制优势和开放水平再有新提升,社会文明程度再有新提高,人民生活再有新改善。

五大要求,即坚持把发展作为第一要务,把推进城市化作为第一抓手,把改革开放作为第一动力,把为民谋利作为第一责任,把求真务实作为第一要求。

五大工程,即经济发展培大育强工程,城市建设"百项千亿"工程,科技教育创新工程,生态环境整治优化工程,人民生活安居乐业工程。

四 实施一个基本战略：创业富民 创新强市

2007 年 7 月 9 日，市委举办了一年一度的读书会。这次读书会全面总结和讨论了"创业富民、创新强市"问题。读书会还分别听取了中央党校周天勇教授围绕创业问题的讲座和浙江大学陈劲教授关于推进创新的辅导。

读书会上，我重点围绕这个主题与大家做了交流探讨。

（一）为什么要实施"创业富民、创新强市"

绍兴为什么要开展"创业富民、创新强市"活动呢？我分别从时代的要求、发展的规律、实践的经验方面做了分析。

第一，推进"创业富民、创新强市"，是贯彻落实科学发展观和省党代会精神的具体行动。前不久召开的省党代会已明确提出，全省要走"创业富民、创新强省"之路。

第二，推进"创业富民、创新强市"，是人类文明发展的基本动力。人类的进步、人类的文明、人类的发展，是通过不断的创业创新来实现的。离开了创业，离开了创新，社会发展的动力也就不存在了。社会文明的积累，在一定意义上也是人类创业创新成果的积累。这是一个普遍的规律。

第三，推进"创业富民、创新强市"，是浙江改革开放以来成功实践的深刻总结。走"创业富民、创新强省"之路，这是对浙江改革开放以来发展实践的科学总结。正因为浙江人民不断发扬艰苦创业精神，不断解放思想,不断改革创新,才会有今天浙江的发展成就。

第四,推进"创业富民、创新强市",是应对现实发展严峻挑战的客观需要。当时,绍兴的现代化建设已进入了一个新的发展阶段,经济发展正由"投资驱动"向"创新驱动"转型。转变发展方式、优化经济结构,需要进行新的创业、新的创新。我们任何时候都需要新的创业,在新的发展阶段,更需要新的更高层次的创业。

第五,推进"创业富民、创新强市",是绍兴推进科学发展、实现全面小康的迫切要求。要实现这一奋斗目标,就要鼓励、引导和支持城乡居民积极投身全面小康建设实践,形成百姓创家业、能人创实业、干部创事业的时代热潮,实现共建共享。

(二)创新强市的"九大任务"

创造财富的动力源泉来自人民群众。推动全民创业,是发展之源、民生之本、和谐之基。

创业是发展之源,是因为全民创业是发展的动力、发展的源泉。创业是民生之本,是因为只有调动群众自主创业的积极性,才能从根本上解决民生问题。创业是和谐之基,是因为只有大家都把精力放在创业上,人民生活才有保障,人民群众才会致富,社会矛盾才会减少。因此,我们要推动全民创业,让城乡居民各尽其职、各尽其能、各干其事、各得其所,人人想干事,人人有事干,人人干成事。

这里重点讲一讲创新强市问题。

创新是一个民族进步的灵魂,是社会发展的不竭动力。当今时代,是一个"创新制胜"的时代。只有不断创新,才能紧跟时代潮流,走在发展前列,引领社会前进。我们要把创新强市放在更加突出位置,作为推进经济社会又好又快发展的核心战略,贯穿经济社会发展的全过程,加快建设创新型城市。推进创新强市,就是要全面推进发展理念创新、科技自主创新、产业结构创新、体制机制创新、城乡布局创新、文化发展创新和社会管理创新等,依靠创新发展提升综合实力和竞争力。

建设创新强市的九大工作任务。

一是以培育科技型企业为着力点，推进发展动力创新。如果说改革开放以来绍兴经济发展的主要推动力，第一阶段依靠的是资金、能源、劳动力等生产要素的大量投入，第二阶段依靠的是以产权制度改革为核心的体制机制创新，那么21世纪初及今后发展的主要支撑点和推动力，则是依靠科技创新。我们再搞粗放型发展是不行的，要充分认识到科技创新是我们经济发展的主要推动力，要把科技创新放在更加突出的位置上。推进科技创新，必须把培育科技型企业作为重点工作和主要载体来抓。

二是以节能降耗减排为着力点，推进发展方式创新。2006年，全社会从业人员劳动生产率为95289元/人，为2003年的1.5倍，年均增长达18.2%，远远高出GDP增速。土地集约利用水平不断提高，全市开发区单位面积投资强度由2003年的104.5万元/亩上升到2006年的250万元/亩，单位面积产出由2003年的75.7万元/亩上升到2006年的280万元/亩。工业废水排放达标率不断提高，2006年工业废水达标率为98.09%，比2003年提高0.88个百分点；工业废水中COD排放量基本得到有效控制，2006年工业废水中COD排放量为4.54万吨，比2005年减少0.77万吨。但绍兴转变发展方式仍然面临着很多困难，特别是节能减排压力依然很大。到2006年，绍兴万元生产总值综合能耗、COD和二氧化硫排放总量都在全省平均水平之上。因此，我们要把节能降耗减排作为倒逼机制，推进发展方式创新。

三是以发展第三产业为着力点，推进产业结构创新。总的来说，绍兴现代农业发展水平不断提高，先进制造业基地建设积极推进，第三产业也在发展加快。2006年全市第三产业增速达到14.6%，创下近十年最高增幅，三次产业结构正在不断优化。但三次产业结构仍不合理，特别是第三产业规模总体偏小、比重不高。但不能从这种不合理现象中，得出工业发展过头的错误结论。工业仍然需要不断做大做强、提质提效。但从三次产业结构来讲，我们更重要的是要在不断提升发展第一、第二产业的同时，花更多的精力，采取更有力的措施，加快培育发展第三产业。2006年，绍兴市第三产业增加值占生产总值的比重为33.7%，低于全省平均水平。产业结构发展的普遍规律，就是第三产业的比重应越来越高，达到60%甚至70%左右，才是产业结构现代化的正常状态。我们要顺势而为，把加快发展第三产业作为新的经济增长点和结构调整的战略重点来抓。

四是以加快中心城、中心镇、中心村建设为着力点，推进城乡布局创新。推进新型城市化，加快新农村建设，创新城乡布局结构，是创新强市的重要战略任务。中心城、镇和村，是城乡统筹发展的主要平台，要把抓中心城、中心镇和中心村建设，放到非常重要的位置上。要不断提升中心城市集聚辐射能力，推进中心镇、村建设和城乡统筹水平。

五是以提升机关效能为着力点，推进体制机制创新。体制机制决定着一个地区发展进步的活力，决定着一个地区的创造力和竞争力。要不断深化体制机制改革，推动体制改革从企业微观层面重点转向宏观管理层面，不断完善落实科学发展观的体制机制。尤其要深化要素配置市场化改革，深化公共事业和社会管理体制改革，深化行政管理体制改革，深化企业改革，完善法人治理结构。

六是以加强区域经济合作和外贸增长方式转变为着力点，推进对外开放创新。扩大对外开放仍然是我们的一个重大战略，仍然是我们推进发展的重要动力，要加强区域经济合作，大力发展开放型经济。

七是以培育和谐文化为着力点，推进文化发展创新。绍兴的传统文化非常有优势、有特色，但现代文化相对薄弱，要作为重点来发展，不断推进文化发展创新。

八是以发展"枫桥经验"为着力点，推进社会管理创新。"以创新促和谐"，也就是说，在社会管理方面，我们也要不断创新，以创新"枫桥经验"为着力点，促进管理更加有序，社会更加和谐。

九是以创新型人才队伍建设为着力点，推进人的素质创新。创新强市，最终要靠人去落实。因此，提高人的素质，是推进创新强市的关键环节。要不断提高全民整体素质，深入实施市民素质提升工程，广泛开展"争做文明绍兴人、争创全国文明城"活动，提高市民文明素质；

2007年4月29日，市委召开全市人才工作会议

要加强企业家队伍建设，要把企业家队伍的培养、教育、引导、关心放到非常重要的位置上，特别是市经贸委要把企业家的队伍建设作为重点，不能光见项目不见人；要培育和引进创新人才，充分开发国内、国际两种人才资源，紧紧抓住培养、吸引、用好人才三个环节，大力推进高层次创新人才和专业技能人才队伍建设，营造人才辈出、人尽其才的社会氛围，以"人才洼地"的形成促进"创新高地"的建设。

五 落实一个基本思路：适应性调整解难题 战略性调整抓结构

从不同角度分析，领导经济工作可以有不同的思路。我主要从抓当前与抓长远相统一的视角谈点工作方法，这就是：抓当前，重在适应性调整；抓长远，重在战略性调整。

（一）领导经济工作要当前和长远"两手抓"

一般地说，领导干部抓经济工作，应一手抓当前稳增长保发展，一手抓长远促发展。

抓当前，重在根据当期国际、国内经济可预期的形势，尤其是国家宏观政策，结合当地实际，适应性做出调整，主要通过政策、项目、解难题，保持经济适度稳定增长，防止大起大落。抓长远，是一个慢活，重在根据经济社会发展和当地发展优势，注重产业等结构调整，注入新的发展动力，强化有特色、有竞争力、有潜力的产业以及拓展发展空间，尤其注重科技进步、人才培育以及基础设施等发展环境的塑造。

2003 年和 2004 年间，我国经济发展进入了新一轮的强势宏观调控时期，地方经济和每个企业都必须面对宏观环境，做出各种各样的适应性调整。我在实际经济工作中体会到，作为地方领导（其实国家层面和企业层面也如此），在工作思路和布局安排上，必须照应好当前的发展和长远发展的关系，当前的一两年经济要有所增长，而未来又要有好的发展潜能和前景。

我认为，眼前的经济工作主要适应宏观环境，缓解发展难题，创造好的发展环境。我把它概括为：主动适应抢机遇或适应性调整解难题。而立足长远的发展，主要是注入发展新动力，抓好产业、城乡、空间、动力、企业等结构调整，转变增长方式，也就是"战略性调整抓结构"。

比如，在 2004 年 6 月 2 日召开的全市领导干部会议上，我专门谈到了这个问题。

"我们要切实抓好经济结构的战略性调整和适应性调整，确保经济的稳健运行。宏观经济形势的变化，生产要素供给的趋紧，是一种压力、是一种困难。这种压力和困难，各地都是共同的，带有普遍性。我们要把它作为发展的一种机遇和动力，努力在困难中抢先发展。这就需要比思路、比实力、比意志力，需要我们动脑筋、想办法、下苦功。从大的方面来讲，就是要做好适应性调整和战略性调整这两篇文章。

"在适应性调整方面，除了我们在工作布局上的调整外，更重要的是要化解当前要素供给紧张的局面。市政府在 2004 年 4 月专门成立了'优化资源配置、促进经济发展'工作领导小组，下设七个组，涉及土地、资金、电力、油煤、粮食安全、公共卫生安全和集约发展等方面，主要目的是千方百计适应当前宏观经济形势的变化，千方百计缓解要素供给紧张的局面。适应性调整的关键是优化资源配置，用足用好存量资源。到目前为止，除了土地问题难度更大以外，其他各方面都有所缓和。我们一定要咬住牙关，攻坚克难，共渡难关。财政部门要做好必要的资金准备，用来解决重点工作中可能出现的困难和问题。全市上下一定要把有限的资源集中到发展上来，集中到重点工作上来，同时一定要注重节约，集约发展。

"战略性调整，涉及产业结构的调整、技术创新、体制创新等方面，涉及经济增长方式的转变。我们要树立科学发展观，着眼长远，淘汰高能耗、高污染的落后工艺和设备，实现从粗放型发展到集约型发展的转变。"

（二）适应性调整重在抢抓发展新机遇

2004 年 5 月 13 日，针对当时宏观经济环境，我们专门举行了一

2006 年 10 月 21 日，中国国际纺织品博览会在柯桥中国轻纺城举行

个宏观经济形势报告会。请北京有关专家分析国家宏观经济形势、中央宏观调控政策及今后走向。会上，我做了一个以主动适应新形势谋求新发展为主题的讲话，强调要牢固树立和落实科学发展观，做好适应性调整和战略性调整两篇文章。

如何主动适应新形势，力求保持经济稳定发展？

首先要把宏观调控本身当作发展机遇来看待。面对当前宏观经济环境怎么办？怨天尤人没有用，消极抵触更要不得。地方政府应该自觉和中央保持一致，毫不含糊地坚决贯彻中央宏观调控政策，并主动适应新形势，积极有为谋发展。谁能醒得早一点，理解得深一点，采取的措施更对路一点，谁就能拥有更大的主动权。

为此，我们要正确理解和把握中央的一系列宏观调控政策。中央采取的政策措施主要有七个方面：一是加强金融调控和信贷管理；二是强化土地管理，治理整顿土地市场秩序；三是全面清理在建项目、拟建项目，严格控制新上项目；四是加强经济运行调节，促进煤电油运及其他重要原材料的供需衔接；五是鼓励粮食生产，加强粮食市场管理，确保粮食安全;六是在全国范围内开展资源节约活动,建设节约型社会;七是运用行政和法律手段,查处违法违规行为,包括对人的查处。可见,中央宏观调控政策并不是简单地给经济降温,而是要把各方面加快发展的积极性进一步引导到深化改革、优化结构、提高效益上来。

更重要的是,我们要把贯彻中央宏观调控政策作为一个新的发展机遇来抓。宏观环境宽松时有机遇,宏观环境偏紧时同样有机遇,发展的机遇任何时候都有。一个地方、一个部门的领导是否高明,就看他在关键的时候能否审时度势,抢抓机遇,促进发展。随后,我重点分析了当时面临的一些机遇,主要有四个。

一是"倒逼型"机遇。转变经济增长方式需要压力,要素供应趋紧是一种压力,中央一系列宏观调控政策的出台是一种压力但更是一种动力。实践在给我们上课,宏观形势及调控政策的新变化"逼迫"我们加快转变经济增长方式,走集约发展道路。我们要化被动为主动,主动适应抢机遇。

二是"困难型"机遇。要素供给紧张确实给我们的发展带来了很大困难。但我们困难人家也困难,把握得好,克服困难的过程就是抢抓机遇的过程。谁克服困难的态度更积极、措施更有力,谁的机遇就更大,发展也就可以更快。

三是"整合型"机遇。宏观调控的过程就是各种要素重新组合、各类企业重新"洗牌"的过程。在这个过程中,谁遇事敏锐,发现早,抓得早,谁就把握了机遇。其实,每次宏观调控期间都会有很多企业整合、重组。因此,作为政府,还是要理直气壮抓投入,把握好产业导向,引导企业选准选好项目,支持企业把项目搞上去,加快建设,早出效益。只要困难时期挺过去了,就会有更大的发展空间,更强的区域经济竞争力。作为企业,特别是有较强实力的企业,一定要善于发现和把握机遇,主动出击,发展壮大自己,而切不可消极等待,无所事事。

四是"差异性"机遇。无论一个地方还是一个企业,你和人家越有差异,你就越有优势,越有条件发展。绍兴传统产业所占的比重较大,面临的市场竞争压力较大。但我们也要看到自己的产业特色和优势，如纺织业已经形成了完整的产业链，科技含量在不断提高，一批规模企业具备了相当强的实力，发展潜力很大。我们要进一步发挥优势，做好做足差异化、特色化这篇文章，这是我们主动适应宏观调控的重要方法。

困难的时候拼实力，同时也是拼智力的时候。希望大家都来开动脑筋，主动适应新形势，抢抓新机遇，谋求新发展。

（三）适应性调整重在缓解难题求发展

主动适应抢机遇，关键要攻坚克难促发展。适应宏观形势的新变化，就要化解发展难题，做好"活血化瘀"的文章，保持良好的经济发展态势。

这方面，当时我们花了很多精力来缓解发展难题。2003年10月，我就土地、电力及金融、外贸政策调整等问题，做了系统调研并提出了缓解办法。

我认为，当时绍兴发展中出现了一些新情况、新问题。比如，土地、电力、资金等要素供给制约再度凸显出来，国家对金融政策、出口退税政策做了局部调整。对此，我们深入研究，积极应对，有所作为，在挑战中寻找和把握机遇，化不利为有利，谋求经济社会更快更好的发展。化解发展的难题主要涉及以下几个方面。

第一，关于拓展用地空间和土地市场秩序整顿问题。

土地是民生之本、财富之源，是最重要的生产要素之一。绍兴当时正处在城市化、工业化加速推进时期，发展建设用地需求旺盛，但发展后备空间却严重不足，形成了一对尖锐矛盾。

在严格保护耕地的前提下，要保障用地供给，就必须千方百计地扩大用地空间。用地空间从哪里来？

解决的基本途径是八个字："开源、节流、搞活、整合。""开源"就是最大限度地扩大建设用地供应量；"节流"就是通过集约化用地最大限度地减少粗放、低效的建设用地需求；"搞活"就是研究落实依法用足用活用好现有的土地政策；"整合"就是对土地资源进行重组，创造出新的用地空间。

围绕"开源、节流、搞活、整合"的八字方针,我们具体从十个方面采取了措施。

一要向区域以外要空间。要外引要素,充分利用区域以外的资金、人才等各种生产要素为我所用。外拓基地,鼓励农民到市外建农业基地,引导企业把资源消耗大、科技含量低、单位用地产出率低的产业或产品基地移出去,缓解本地发展空间的不足。外购空间,通过异地代保,异地垦造耕地等途径,降低本地基本农田保护面积,尽可能节约本地发展空间。

二要向围垦造地要空间。造地重点是充分利用海涂、荒草地和废弃地等后备土地资源。绍兴海涂资源相对比较丰富,尚有围涂潜力。荒草地和废弃地可以通过复垦整理,新造一些耕地。在围垦造地工作中,要坚持"谁投资、谁受益"的原则,多方筹措资金,调动各地造地积极性。

三要向土地整理要空间。一般来说,整理土地的面积与新增耕地面积比在 10∶1 以上,通过土地整理新增耕地的产出率较高,周期较短,是扩大用地空间比较快的途径。土地整理主要潜力在优质园地整理,要通过优质园地整理划补基本农田,置换城市周边及重点开发区的基本农田,能有效缓解城镇用地空间不足的压力。

四要向集约用地要空间。要实行建设用地定额管理制度,对企业用地的容积率、投资强度、用地结构比例严格把关,把建设项目的投资规模、资金到位状况、建筑密度、容积率等各项指标引为配置土地资源的重要依据,严格控制建设项目的用地规模,提高土地利用的集约化程度。

五要向立体开发要空间。"空间"是个立体的概念,不仅包括地面,还包括地下和空中。要对城市地下空间资源做进一步的调查评估,对地下空间资源的开发利用进行总体规划。空中资源的利用潜力也很大,开发区、新城区可以适当规划建设一批高层建筑,既节约城市空间,又改善城市形象,还可以增添城市的现代化气息。

六要向盘活存量要空间。对闲置土地,要积极采取措施,该收回的要坚决收回,该收取闲置费的要收取闲置费,该流转的要流转,要多管齐下,努力减少土地闲置现象。同时,要加快供地速度,提高供地率,向时间要空间。盘活存量还要通过现有建设用地的整理来满足新的建设用地需求,重点要放在农村和城乡接合部,结合"城中村"改造和"新农村"建设,撤并零星的农村居民点和企业,提高存量建设用地的利用率。

七要向规划调整要空间。在规划修编或局部调整过程中,要注重与新的城市体系规划相衔接,力求土地利用规划与城市规划在规划时段、用地方向、规模布局上协调一致;针对一些市、县、乡镇行政区划调整、经济区位重心发生变化的实际,按照法定程序,把原来分散布局的建设留用地及待置换地向重点城镇及开发区集中,拓展重点发展区域的用地空间。

八要向产业优化要空间。要通过产业结构调整,优先发展占地面积小、经济效益好、单位用地产出率高的产业,通过关、停、并、转,逐步淘汰或转移一批经济效益低、资源消耗大、单位用地产出率低的粗放型产业。继续实行"优二兴三"政策,运用土地价格杠杆,调整优化城市用地结构、功能,增加市政公用设施和绿化用地,大力发展商贸、旅游、会展、文化等第三产业,节约城市用地空间。

九要向强化管理要空间。从用地的源头抓起,严格建设用地审批和用地情况的督促检查,避免人为因素加剧用地紧张状况。严格执行工业用地出让最低限价制度,对低于综合成本价的,坚持"谁承诺、谁补差"。继续强化政府对土地一级市场的垄断和调控,坚持土地集中统一供应制度,不断推进土地收购储备,真正做到土地供应"一个龙头进水,一个龙头放水"。

十要向城市化要空间。长期以来,农村人口人均占用土地(指住宅等生活用地)是城市人口的2倍以上。大力推进城市化,尽管短期内或许会加剧用地空间不足的矛盾;但长远来看,通过城市化集聚人口、减少农村人口对土地的粗放占用,也是扩大用地空间的一条根本出路。

在大力拓展用地空间的同时,还要十分重视搞好土地市场秩序的治理整顿工作。这是中央针对土地市场状况做出的一项重要决策,必须坚决执行。重点要在以下四个方面采取措施。

一是要以集约化用地为着力点,进一步整合、规范、提升各类开发区(园区)。对"村村冒烟、户户点火"而言,相对集中搞开发区(园区)符合经济规律,是一种历史的进步。绍兴市开发区(园区)主要不是开而不发的问题,而是发展空间不足和投资密度不够大的问题。要坚持走集约化的发展道路,通过"禁、撤、整、改、扩"对全市 75 个各类开发区(园区)进行整合。对有条件争取、符合要求的开发区(园区),要最大限度地保留下来,尽可能为绍兴市经济发展提供足够的承载空间。

二是要以公正、公平、公开为基本原则,坚持"四统一、一集中",进一步完善经营性土地市场。要进一步规范特殊地块出让价格,对一些零星的、特殊的,且不适合拍卖的地块,出让价格必须以周边地块的市场价为参照,并由集体讨论决定;要进一步完善城市国有土地使用管理制度,针对有相当多的城市国有土地分散在各个部门,并无偿使用的情况,我认为原则上凡不符合划拨目录的都要转而实行有偿使用;要进一步完善已出让土地的事后监管,按照城市规划要求,实行跟踪监督。

三是要以保障农民、提高农民、转移农民、富裕农民为基本目标,进一步做好被征地农民的保障工作。按照城乡统筹的基本思路,进一步总结完善绍兴县(现柯桥区)"有保障、有股份、有技能,农村社区化"的"三有一化"经验,加快"城中村"改造、"园中村"改造步伐,建立健全被征地农民的养老保险、生活保障基金和职业技能培训制度,大力推进城乡体制接轨,不断加快农村向社区、农民向市民的转变步伐。

四是以制度化、法规化、经常化为基本要求,进一步健全土地管理制度,落实行政执法措施。要根据中央、省里的要求,进一步理顺土地管理权限,不断深化和完善相关制度,进一步加大对违法违规用地的整改处理和土地出让金收缴力度,切实维护制度的严肃性。同时,要认真做好土地信访接待工作,及时化解各种矛盾,确保社会稳定。

第二,关于电力供应和热电建设问题。

电力是国民经济的基础产业和经济发展的先行产业,对经济增长和社会稳定起着举足轻重的作用。2003年1—9月，绍兴全市生产总值760亿元，比2002年同期增长14.2%；全社会用电量突破100亿度，同比增长24.9%，其中工业用电增长24%，生活用电增长26.9%。在经济快速发展的情况下，缺电问题又开始凸显出来。电力不足已成为绍兴经济发展的一个"瓶颈"，而且短期内难以突破。

在这一形势下，加快地方热电建设是缓解电力供应紧张状况的一个重要举措。绍兴市按照"立足全局、谋求发展；立足近期、着眼长远；立足热电、以热定电；立足市场、政府引导"的原则，进一步加快了热电建设步伐。

针对当时绍兴电力问题，我指出重点要抓好五项工作。

一是抓紧修订完善全市特别是绍虞平原的供电供热规划，以及市区热电厂的布局调整规划。

二是继续加快电网建设步伐，确保电力"进得来、供得出"。

三是加快热电项目上报审批和建设工作。

四是积极支持符合产业政策和产业布局要求的地方热电项目建设。

五是要立足长远，积极创造条件，向上争取大电厂建设项目。有关部门要继续做好天然气发电项目的争取工作。

第三，关于金融政策调整及应对问题。

国家金融政策调整是在深入分析宏观经济形势的基础上做出的。此次金融政策调整，概括起来有这么几个特点。

一是总量调控。通过发行中央银行票据，上调存款准备金率，提高出借的上层资金利润等手段，调控信贷的总量。

二是结构调整。控制对房地产、开发区、建筑施工企业以及化纤、水泥、钢铁、造纸等城市建设和相关产业的贷款规模，防止出现低水平重复建设。

三是加强监管。适度上收一些信贷权限，加强风险监管，从管理角度对信贷总量和结构进行引导。

四是内部搞活。鼓励各家银行通过内部整合、上下联动、横向调剂等办法，积极拓展贷款空间，优化信贷结构，最大限度地提高资金的使用效率。

总量控制、结构调整、加强监管、内部搞活是一个有机整体，对这些调控举措，我们要深入理解，积极执行。同时，要积极有为，进一步做好搞活、整合的文章，充分发挥各家银行的积极性，按照市场规律办事。随着经济的发展，国家货币、财政政策仍会有所调整，我们要积极稳健、妥善应对，不要消极被动，也不要神经过敏，反应过度。

为适应此次国家金融政策的调整，我指出重点要做好五项工作。

一要把握好基本态度和基本思路。理性地判断、清醒地把握；积极有为，把政策调整作为机遇来抓；牢牢把握发展这个基本原则，围绕发展做文章；化不利为有利，政府、企业和银行共同努力，化解不利影响。

二要充分利用商业银行内部搞活政策。从有利于绍兴经济、金融发展的角度出发，千方百计做深做透"借船出海""借梯登高""借鸡生蛋"的文章，积极争取上级行、兄弟行的支持，把上级行、兄弟行的信贷指标作为一种信贷资源来运用。

三要树立开放的意识。积极处理好本市银行和市外银行的关系，既要立足本市银行，又要树立开放的理念，欢迎、支持、鼓励外地银行、外地资金来绍兴发展。当时，市外资金投入已占全市贷款规模的25%左右。政府将按照市场原则，客观公正地处理本地银行和外地银行的关系，既鼓励、支持、依靠本地银行，又充分调动市外银行的积极性，吸引外地资金为我所用。

四要加快金融业务的创新。在做好常规性的加大贷款力度、用足贷款规模、盘活存量贷款等措施的同时，加快金融业务的创新，积极开辟新的融资渠道。比如，要积极稳健地发展票据业务，鼓励利用外币信贷资金。

五要创造良好的发展环境。要进一步加强信用建设，提倡诚信。信用是市场经济的基础，贷款是建立在信用基础之上的，政府要加强对企业信用理念的引导和教育；要进一步发挥桥梁纽带作用，政府要和银行积极沟通，把重点建设项目及时推荐给银行；要在办理权证方面，给企业更多的支持；要进一步完善贷款担保体系建设，为企业贷款创造良好条件。

第四，关于出口退税政策调整及应对问题。

此次国家出口退税政策调整的主要背景和原因有三个方面。

一是出口退税欠账太多、难以为继。2002年，全国出口退税欠账达2477亿元，2003年很可能冲破3000亿元，中央财政压力很大。出口退税欠账带来的社会反响很大，再不调整政策很可能出现恶性循环。

二是现行的退税机制不尽合理。当时的增值税采取的是中央和地方的分税制，中央占75%、地方占25%；但增值税的退税，责权利不统一，出口退税都是中央财政出，地方应该为中央考虑，为中央分忧。

三是贸易顺差导致人民币升值压力很大。21世纪头几年，全国外贸出口高速增长，国际贸易顺差很大，外汇储备急剧增加，国际上要求人民币升值的呼声也随之增强。保持人民币币值稳定事关大局，调低出口退税率在一定程度上减少贸易顺差，从而在国际收支上有所平衡，缓解人民币升值压力。

此次国家出口退税政策调整的主要特点有三个。

一是重在优化出口产品结构。政策调整以后，出口退税率平均下降3个百分点，但是对鼓励类产品、一般产品和限制产品是不一样的，具有引导出口产品结构调整的作用。

二是重在解决现行出口退税的体制弊端，化解欠税等矛盾。"老账要还，新账不欠"，逐步解决出口退税的欠账问题。

三是重在建立机制。出口退税由中央和地方财政共同负担，为退税资金提供了保障。

总体而言，中央的此次出口退税政策调整是积极、稳妥、适度的，具有较强的可操作性。

出口退税率调低肯定会带来一些压力，特别是出口企业的效益会受到一定的影响，对此，我希望各有关部门审时度势，保持清醒头脑，宁可把困难看得多一点，思想准备得充分一点，做到坚定信心，积极应对，加快外贸发展不动摇。

一要善于化解成本。对出口退税率下降带来的影响，要善于让社会各界特别是外商来共担。政府要承担一部分，企业要承担一部分，同时也要让我们企业的客户承担一部分。企业要把政策调整同客户讲清楚，然后通过产品价格的适度提高来共担风险。当然，与客户共担风险要求企业有过硬的产品质量、优良的商业信誉以及亲密的感情联络，这方面企业要多做些努力。

二要不失时机地调整产品结构和市场结构。通过加强企业管理、提高科技水平等，使我们的出口产品由低档次产品向中高档产品转移，提高产品附加值；要努力实现产品市场的多元化，特别要向欧美市场进军。通过产品结构和市场结构调整，消化出口退税率下降引起的成本提高和利润下降影响。

三要不失时机地改善营销方式。提倡零距离销售，和客户直接进行买卖，减少中间环节；引导企业到境外设立公司，减少政策调整带来的影响；鼓励适度的加工贸易；提倡外贸公司加快工贸一体化发展步伐。

四要坚持不懈地做好招商引资工作。外资企业是外贸出口的主要增长点，吸引外资有利于保持外贸的持续快速增长。

五要搞好协调服务。外经贸局、经贸委、财政局、国税局、海关、商检局、人民银行外管局等有关部门要及时、优质地搞好全方位服务，为企业发展创造良好的环境。同时，创新服务方式，不断提高服务效率和水平。

六要出台一些扶持政策。对自营出口实绩突出的企业、国家商务部确定的重点扶持出口品牌以及赴境外设立公司的企业，市政府将研究制定一些激励措施。

七要进一步树立信用理念。信用是市场经济的灵魂，政府要讲诚信，企业也要讲诚信，政府、企业、社会要共同努力，打造"信用绍兴"。依靠诚信赢得客户，依靠诚信赢得发展。

2005 年 12 月 31 日，王永昌为绍兴市工贸国有资本经营有限公司授牌

（四）做好战略性调整的"八个转变"

国家进行宏观调控，也是地方调整经济结构、提高经济增长质量和效益的重要契机。因此，我们在做好适应性调整的同时，还要着眼长远，因势利导，着力做好战略性调整这篇文章，促使经济增长方式从投资拉动型、数量扩张型、资源消耗型向质量效益型、集约增长型转变。具体要推进"八个转变"。

一是推进投资结构转变。按照国家宏观调控政策要求，市里制定了产业指导目录，注重遏制盲目投资和低水平重复建设，引导资金投放到有市场、有效益的项目上去，投放到低能耗、无污染、技术含量高的项目上去，投放到需要强化的薄弱环节上去，从而提高投资效益。特别要严把技改投向关，大力发展错位型、更新型、配套型、拉长型技改。

二是推进产业结构转变。着力推进产业结构调整，在坚持工业立市的同时，重视发展第一、第三产业，加快发展现代农业和现代商贸业。关心支持房地产业的发展，同时引导房地产商处理好开发商利益和市民利益的关系。在第二产业的发展中，要特别鼓励发展高新技术产业和环保型、资源节约型产业。

三是推进出口贸易结构转变。其一，要调整出口产品，引导和支持高科技含量、高附加值产品的出口。其二，要调整出口市场，在巩固传统市场的同时，大力拓展新兴市场。其三，要调整出口方式，在支持一般贸易的同时，大力发展加工贸易，积极实施以发展加工贸易为重点的外贸转型战略。

四是推进资源配置结构转变。优化配置现有存量资源，积极争取各种增量资源。把有限的资源更多地配置到重点项目上去，同时要积极盘活存量资源，更多地利用市外资源，努力建设节约型社会，推进资

2006 年 9 月 23 日，王永昌参观绍兴首届房地产交易会

源配置的优化和资源的集约利用。

五是推进企业结构转变。企业结构的转变涉及许多方面，重点是坚持扶优扶强原则，大力扶持发展科技型、出口型、环保型、品牌型和效益型企业，推动生产要素向优势企业集聚。同时要引导企业并购重组，鼓励优势企业做大做强。

六是推进融资结构转变。其一，要调动市内银行的积极性，进一步创新服务方式，实现企业与银行的互利共赢；其二，要积极利用市外资金，扩大外地银行与绍兴企业的业务关系；其三，要加快企业上市步伐，抓住机遇，乘势而上，进一步做大"绍兴板块"；其四，要加大招商引资力度，充分利用市外、境外、国外资金。

七是推进空间结构转变。其一，要继续推进城市化进程，进一步完善城市功能，增强要素集聚能力；其二，要优化、提升、整合园区建设，抓紧推进有关项目建设，集中力量把当时保留下来的 13 个园区建设得更好；其三，要鼓励企业梯度转移，鼓励农业外拓。

八是推进城乡结构转变。按照城乡一体、统筹发展的要求，进一步打破城乡二元结构，推动城乡共同繁荣。

落实科学发展观、做好战略性调整文章，涉及的内容还有很多，比如转变发展理念、转变政绩观、转变发展动力结构、加快体制改革和科技创新、建设节约型社会等，都是具有长期战略意义的。

（五）人民日报《情况汇编》刊文介绍绍兴做法

2003 年特别是 2004 年以来，我们结合绍兴实际花了大量精力贯彻落实国家的宏观调控政策，提出了适应性调整解难题，战略性调整抓结构，并在实践中将两者结合起来，力争有新的办法和举措。

2004 年中，《人民日报》组织几个考察报道小组到全国各地了解贯彻中央宏观调控政策情况。6 月有一个小组来绍兴调研，我比较详细地向他们介绍了绍兴的具体做法。他们调研后很感兴趣，事后形成了一份内参报告，在人民日报《情况汇编》上刊发。现将此报告附后。

绍兴市贯彻宏观调控着力抓好"八大创新"

记者鲍洪俊报道：今年以来，浙江省绍兴市贯彻中央宏观调控政策，推进战略性调整，着力抓好"八大创新"，全市经济在上年高位增长的平台上继续保持了较好的发展态势。

（一）强化精神状态创新

市委、市政府注重激励鼓劲，强化精神创新，始终把保持奋发有为、积极向上的精神状态作为首要任务来抓。大力倡导奋发图强、艰苦创业的"胆剑"精神，引导干部群众做到只争朝夕而不等待观望，大胆创新而不因循守旧，知难而进而不畏首畏尾，真抓实干而不坐而论道，奋发有为而不安于现状，使各级更加坚定、清醒、有作为。及时组织各县（市、区）及市级有关部门外学苏南、萧山，内学绍兴，积极倡导比基础、比实力、比勇气、比毅力、比精神、比作风、比智慧、比策略、比团结、比合力活动，坚决克服消极、畏难和无所适从的情绪，努力保护、引导和发挥好各方面加快发展的积极性，进一步形成心齐、气顺、劲足、实干的良好氛围。

（二）强化发展理念创新

突出强化三种意识。一是强化抢抓机遇意识。这次国家宏观调控是一种"倒逼型"机遇、"困难型"机遇、"整合型"机遇，更是一种"差异性"机遇，绍兴要化被动为主动，主动适应抢机遇。二是强化忧患意识。上年全市人均生产总值已经超过 3000 美元。但总的来说，经济增长仍然没有走出"高投入、高能耗、高排放、低效益"的粗放型增长路子。2003 年每增加 1 亿元 GDP 所需投资是"九五"时期的 2.06 倍。如果增长方式不转变，那么生产要素的供给将难以为继。必须把宏观调控作为促进绍兴新一轮发展的"清醒剂"，切实推进经济增长方式转变。三是强化加快发展意识。千方百计在贯彻中央宏观调控政策与绍兴实际相结合上下功夫，以适应促发展；千方百计把各方面加快发展的积极性保护好、发挥好，以合力促发展；千方百计缓解要素供给矛盾，以保障促发展；千方百计多下基层搞服务，以服务促发展；千方百计优化资源配置，以整合促发展。

(三)强化经济结构创新

把这次宏观调控作为调整优化经济结构、转变经济增长方式的重要契机,着力推进"六个转变"。一是推进投资结构转变。把投资引导到高技术含量、高附加值、高市场占有率的项目上,遏止盲目投资和低水平重复建设。严把技改投向关,对原定全市 40 余个重点技改项目重新筛选、排队,砍掉了 4 个水平较低、技术含量不高的项目,进一步优化了技改投资结构。二是推进产业结构转变。全力打造以"一个中心、二大基地、十大主产区"为重点的先进制造业基地,重视确保粮食安全和发展效益农业;更加重视发展旅游、商贸、物流、会展等现代服务业。三是推进出口贸易结构转变。及时确立了以发展加工贸易为重点的外贸转型战略,今年 1—5 月加工贸易出口增长 82.5%,占出口比重的 10%,同比提高 1.6 个百分点。四是推进空间结构转变。积极引导有条件的企业实行"走出去"与"引进来"相结合,不断拓展发展空间。目前全市已有一批企业走出绍兴,向外特别是向中西部地区投资创业。全市累计外拓农业基地 270 多万亩。五是推进企业结构转变。六是推进城乡结构转变。

(四)强化要素配置创新

针对用地控紧的情况,妥善处置闲置或低效利用的存量土地。对能统一建标准厂房的,不分散自建厂房;能建多层厂房的,不搞平面扩张。针对用电趋紧的情况,进一步加强科学调度,实行有序用电。针对银根收紧情况,重点做好本地银行和外地银行融资文章,创新金融手段,挖掘增贷潜力。

(五)强化体制机制创新

一是继续创新企业制度。特别是充分利用证券资源,加大企业上市扶持力度,提高企业直接融资能力。今年以来全市已新上市企业 5 家,已发行待挂牌 2 家,目前全市已上市及发行公司有 23 家,累计筹集资金 77.70 亿元,其中今年新增 16.17 亿元。二是积极引导企业并购重组。三是深化社会保障改革。在提高标准,扩大覆盖面的同时,普遍建立乡街"社保中心"，进一步健全了社会保障体系。积极推进农村集体资产改革，努力实现人人有技能、人人有职业、人人有保障、人人有股份。

（六）强化发展动力创新

加强科技创新平台建设，强化企业内部科技创新，注重人才培养。重视企业家和一线工人的技能培训。

（七）注重强化经济运行形态创新

专门研究制定了建设资源节约型社会的若干意见，全面推进能源、水、土地和环境等资源节约和综合利用，促进资源节约利用由节约型经济向节约型社会拓展。

（八）强化发展环境创新

打造"平安绍兴"，创造良好社会环境；转变工作作风，创造良好服务环境。加大扶持力度，创造良好政策环境。把握正确导向，创造良好舆论环境。为应对宏观调控，缓解要素供应紧张的矛盾，4月专门设立资金保障、有序用电、油煤调配、土地整合、粮食安全、防控非典、集约发展7个工作小组，尽最大努力帮助基层企业解决实际问题。最近，又组织开展一次由市领导分别带队的"走百家、明实情、办实事"重点企业调研活动，加强政企沟通，加强思想引导，为基层、为企业排忧解难。

绍兴市委书记王永昌向记者介绍，2004年上半年，全市生产总值583亿元，同比增长15.5%；规模以上工业企业实现总产值1100亿元，同比增长33.6%；全社会固定资产投资307.83亿元，增长14.5%，增幅同比回落44个百分点，其中工业性投资204.7亿元，增长15.8%，增幅同比回落44.2个百分点；全社会消费品零售总额165亿元，同比增长15.1%；进出口总额38.3亿美元，同比增长52.6%，其中自营出口28.9亿美元，同比增长56.1%；合同利用外资8.6亿美元，同比增长47.8%，实际利用外资3.88亿美元，同比增长43.1%；财政总收入53亿元，同比增长36.6%，其中地方财政收入30.49亿元，同比增长40.2%；城镇居民人均可支配收入8458元，农村居民人均现金收入4348元，分别增长20.9%和13.5%。

（人民日报《情况汇编》2004年8月6日）

六 立足一个发展重点：推进增长方式转变

　　如果说经济结构调整是经济发展的永恒主题的话，那么我们对经济结构调整的思考和把握就是一个永无止境的过程。2006年7月31日，我主持召开了促进经济结构战略性调整的专题座谈会，并围绕"推进经济结构战略性调整、实现增长方式根本性转变"这个主题，发表了自己的一些观点。

（一）为什么要加大对经济结构战略性调整的推进力度

　　一般来讲，经济结构调整主要有适应性调整和战略性调整两种取向。适应性调整主要着眼于眼前的要素供给和制约现状，是一种及时性、应急性的调整；战略性调整则着眼于长远的经济结构的调整。一般情况下，适应性调整和战略性调整是相伴出现的，只是在特定的阶段会有所侧重。我们要顺势而为、乘势而上，努力促进绍兴经济结构战略性调整，这主要基于以下几个背景。

　　一是深入贯彻落实科学发展观、全国经济形势通报会精神和省委"八八战略"的需要。科学发展观落实到经济发展上，就是要转变经济增长方式，优化经济结构，保持经济又好又快发展。

　　二是由当时绍兴经济发展状况所决定的。从总体上讲，21世纪头几年，绍兴经济保持着又好又快发展的良好势头，经济结构的优势和特色也较明显。但随后经济结构的单向性和产业层次的传统性缺陷越来越暴露出来，使经济发展存在不少困难。比如，经济发展所需的资源和要素比较短缺；劳动力的成本不断上升，经济运行的成本也一直处于上升趋势；经济发展中的科技创新能力比较弱，产品的科技含量和附加值较低；经济发展造成的环境压力较大，有些环保指标仍处在高位；社会处于矛盾的多发期。解决这些矛盾和问题，仅仅依靠适应性调整是远远不够的。因此，我们必须转变增长方式，优化经济结构，提升经济发展的质量和竞争力，努力走集约发展、创新发展、协调发展、科学发展之路。

三是由绍兴经济社会发展的阶段性特征所决定的。改革开放以来几十年时间里，绍兴的发展总体上处在一个原始积累的初级阶段，注重的是量的扩张、做大规模。随着国际、国内环境的变化和市场的调整，绍兴经济必须更加注重质的提升，大力推进经济结构调整。这是经济发展中带有规律性的问题。

总之，我们要按照中央和省委的要求，结合绍兴实际，以"凤凰涅槃""壮士断腕"的精神，痛下决心，努力把经济结构适应性调整和战略性调整结合起来，着力推进经济结构的战略性调整。

（二）推进经济结构战略性调整的基本要求

如何推进经济结构战略性调整呢？我认为，应注重以下几个方面的思路。

一要做特做强绍兴的产业，特别是优势产业。绍兴经济结构调整，必须立足于优势产业，进一步把绍兴的三次产业做特做强。

二要大力提倡和发展新兴产业。在做特做强优势产业的同时，不排斥新兴产业的发展。实践证明，优势产业也有一个从无到有再到优的发展过程。因此，我们要满腔热情地对待新兴产业。

三要改造提升传统产业，大力发展高新技术产业。从此前绍兴发展高新技术产业的情况看，要在短时间内提升高新技术产业的比重，是很不容易的。但困难再多，也必须在加强传统产业发展的基础上，大力发展高新技术产业，坚持"两条腿"走路。

四要处理好经济发展中质与量的关系。努力在提升质的基础上扩张量,始终做到质量并重、提质扩量。

五要处理好生产与生活、生产与消费的关系。讲经济结构调整,我们不能仅仅把眼光放在制造和生产上,而应该高度重视三产服务业的发展,充分发挥消费对生产的拉动作用。

(三)经济结构战略性调整的主要内容

从一般意义上讲,经济结构调整主要包括四大方面的内容,即产业结构、区域经济结构、城乡经济结构、国际国内经济结构。结合绍兴实际,推进经济结构战略性调整的主要内容有以下五个方面。

一是优化三次产业结构。从绍兴2006年经济发展情况看,第一、第三产业的发展势头都比往年好。特别是第一季度,第三产业的发展势头创下了历史新高。我们一方面不能放松对工业的发展;另一方面要更加注重第一、第三产业的发展,真正确保三次产业协调发展。

二是优化产业内部结构。要在三次产业协调发展的基础上,通过优化产品结构、企业结构等途径,促进绍兴产业内部优势行业持续、健康发展。

三是优化空间结构。要切实抓好空间结构布局。我们要抓紧做好城镇体系布局、开发区(园区)布局和各区域内的功能定位布局(如设立鼓励开发区、限制开发区、禁止开发区)等工作,不断提高集约利用空间的能力。

四是优化城乡结构。优化城乡结构,既是经济结构调整的内容,也是社会结构调整的内容。我们要努力打破城乡二元结构,着力推进城乡统筹发展。

五是优化对外贸易结构。要努力提高自营出口能力,实施外贸转型战略,大力发展加工贸易。

(四)推进经济结构战略性调整的主要路径

明确了基本思路、任务后,更重要的是要解决路径问题。

一要推进经济发展科技化。自主创新、科技创新已越来越成为经济发展的主动力和竞争力，也越来越成为经济持续健康发展的关键。要提高产业竞争力，实现产业结构高级化，关键在于经济发展科技化。我们必须及时把体制优势、产业优势尽快转化为科技优势，用高新技术改造提升传统产业，发展高新技术企业，培养科技型企业。

二要推进经济发展集群化。大力发展优势产业、特色产业，努力在区域内做大做强块状经济，切实把各种优势产业集聚起来，形成品牌经济，降低商务成本。与此同时，既要鼓励发展新兴产业，也要大力发展主导产业、集群产业。集群就是特色，特色就是优势。我们要切实通过提高经济发展的集群化程度，努力推动经济结构的战略性调整。这里，我们要强调一下农业结构调整问题。就农业结构调整而言，着重要做好六个方面工作：其一，要做到粮食生产不放松；其二，要大力发展茶叶、花卉、珍珠、蔬菜、畜禽等特色产业和现代物流；其三，要发展壮大农业龙头企业；其四，要抓好外向型农业发展；其五，要加强体制机制的建设；其六，要不断提升农民素质。

三要推进经济发展园区化。推进经济结构战略性调整必须落实在空间上，抓好开发区（园区）的开发建设。从现实情况看，绍兴市经济发展的增量、招商引资的比重等，大部分来自开发区（园区）。我们要在加大工业企业向开发区（园区）集聚的同时，鼓励农业龙头企业向开发区（园区）集聚，努力把开发区（园区）建设成为绍兴市经济发展的重要增长点。

四要推进经济发展集约化。按照发展循环经济要求，鼓励企业节能降耗，加大生态环境保护力度，加强环境友好型社会建设，不断提高资源集约利用效率和集约化发展水平。

五要推进经济发展规模化。在提升质量的基础上，各行各业都要着力培育一批规模型企业，把企业做大做强。如绍兴市农业龙头企业虽然数量较多，但规模大的却不多。在经济发展过程中，我们既要形成"满天星斗"的良好发展局面，也要培育造就一批"航空母舰式"企业，从而推动行业发展。

六要推进经济发展国际化。我们讲经济结构调整，必须站在全球化、国际化的角度来谋划和审视，大力拓展外贸出口，优化外贸出口结构。加强招商引资，提高外资利用水平，努力通过对外开放，促进绍兴经济发展，提高绍兴企业家国际化素质。

（五）转变经济增长方式的着力点

2006 年 9 月 28 日，我专门召开了推进经济集约发展的座谈会。会议的目的是推动全市各级坚持走新型经济增长方式之路，促进绍兴经济集约发展、创新发展、协调发展。我在会上的讲话中指出："绍兴经济增长方式正处在一个由粗放型增长方式向集约型增长方式转变的发展阶段。过去，我们的增长方式是粗放型、扩张型，总体表现为高投入、高能耗、高排放、低效益的'三高一低'特点。现在，我们要努力走科技含量高、经济效益好、资源消耗低、环境污染少的新型增长之路。这是最大的发展机遇和根本出路。虽然我们在转变经济增长方式方面压力较大；但同时潜力也比较大，早一点觉醒，早一点行动，早一点采取措施，就是一种新的发展机遇、一种新的发展动力。因此，我们必须切实增强走新型经济增长方式之路的紧迫感、责任感。"

根据新型经济增长方式的要求和当年绍兴经济发展中存在的薄弱环节等情况，我在会议上强调，推进经济增长方式转变，必须着力抓好六个方面的工作。

一要致力于节能降耗，不断提高经济持续增长能力。要围绕建设资源节约型社会、环境友好型社会和发展循环经济等要求，切实抓好节能降耗工作，加强单位 GDP 能耗和环境污染、"三废"控制。

二要致力于优化产业结构，不断提高经济运行质量。在绍兴经济结构中，第三产业是短板，但发展潜力较大。2005 年，绍兴市市区第三产业增加值占生产总值的比重为 44% 左右，全市平均为 33.3%，在全省的排名相对靠后。造成三产比重低的原因，主要是绍兴市工业比较发达，但我们不能因此而放松对第三产业的发展。绍兴作为旅游城市，发展城市经济，提升第三产业，还是有很大潜力的。在工业经济发展方面，要加快提升传统产业，积极实施产业梯度转移，尽可能引进一些符合产业目录导向的项目。同时，要加快发展新兴产业，包括高新技术产业。发展新兴产业，不是你想发展就能发展的，一定要按经济规律办事。我们只能顺势而为、乘势而上，严格限制不符合环保要求，或者说不符合集约发展要求的项目。

三要致力于"腾笼换鸟"，不断提高生产要素的产出效益。要建立新的考核指标，比如，投入产出率、单位面积投入强度、资产贡献率等。特别是要高度重视土地的集约利用，进一步盘活土地存量，提高土地单位面积投资强度和产出效益。尤其要鼓励开发区和企业积极开展二次开发、深度开发，让企业充分利用现有土地、厂房进行集约发展。根据新的土地政策，闲置土地将要收税，这对集约利用土地有好处，也可以促进企业抓紧利用空闲土地。

四要致力于建设科技型企业，不断提高科技创新能力。提高科技创新能力，就是提高经济发展的科技贡献率。加强这方面工作，总的载体是抓科技型企业的培育和建设。在新的考核体系中，也可以把科技型企业的数量作为一项考核指标。

五要完善评价考核体系。对现行经济评价指标可以继续进行考核。新的考核体系由市统计局牵头，在原有基础上进一步完善，特别要针对三产占 GDP 比重、财政占 GDP 比重、高新技术产业比重较低等薄弱点强化考核。

六要进一步完善激励政策。当年推动经济发展的激励政策比较多。我认为，今后出台的政策要体现经济增长方式转变，体现新的考核评价体系，"市长奖"的评选也要体现这方面的原则。对企业效益考核要抓住关键指标，重点考核财政贡献率。

七　引导一个大产业：绍兴纺织业的调整和出路

绍兴经济结构的调整，首先要分析纺织业的情况。因为，纺织业曾是绍兴的第一大产业，绍兴是声名在外的纺织大市。从一定意义上可以说，"中国纺织看绍兴"。为此，我曾经专门梳理过绍兴纺织业的情况以及新形势下结构调整问题。

（一）绍兴纺织业的发展历程

纺织业是绍兴经济的"龙头产业"，在全市工业经济中占据"半壁江山"。从绍兴纺织业的发展历程看，主要是"五次革命"奠定了绍兴纺织大市的基础。

一是"化纤"革命（20世纪80年代初期）。绍兴纺织业具有悠久的历史，自古就有"日出华舍万丈绸"的美誉。20世纪80年代初，绍兴的企业家在这个市场缝隙中抓住了历史性机遇，大批乡镇企业迅速崛起。短短几年时间，绍兴以化纤为主的纺织工业已初成气候，到20世纪80年代中期，绍兴年产化纤纺织品已经超过亿米。

二是"市场"革命（1988年）。1987年前后，绍兴纺织工业出现"增产不增收"的尴尬局面，绍兴人意识到：流通跟不上生产，市场销售方式如果只停留于"摆摊叫卖"的原始方式，就不可能实现大发展。于是，1988年10月1日，在政府部门的牵头下，柯桥轻纺市场（中国轻纺城）应运而生，几经扩建，已发展成为亚洲最大的纺织品贸易集散中心。其他专业市场，如纺织原料市场、服装市场、鞋革市场、皮件市场、小商品市场、服装辅料市场、装饰材料市场等，也迅速在中国轻纺城内及周边地区崛起。全市 65% 以上的纺织产品通过柯桥轻纺市场（中国轻纺城）走向全国、走向全世界，并集聚了巨大的资金流、信息流和技术流。

三是"体制"革命（1993 年）。早在 1993 年，绍兴就开始探索以股份合作制为主要内容的乡镇企业产权制度改革。1998 年前后又掀起了股份制改造的浪潮。"两次改制"为绍兴经济发展提供了强大动力，也大大增强了纺织企业在市场竞争中的活力。

四是"无梭化"革命（1995 年前后）。邓小平同志南方谈话后，全国掀起了新一轮改革开放高潮。那时，有大批进口面料占据中国轻纺城，而本地面料却无人问津，绍兴轻纺业面临新的危机。主要原因在于国内外企业的装备和技术差距，国外纺织企业已实现无梭化，印染采用电脑分色制版，而绍兴全是有梭织机，印染全是手工分色描稿。于是从 1995 年起，绍兴发动了一场"无梭化"革命，3 年中淘汰了 4 万台有梭织机，引进了 2 万多台无梭织机，使无梭化率达到 50% 以上。这是绍兴纺织发展史上一次脱胎换骨的革命，绍兴的纺织企业装备水平一下子达到 20 世纪 90 年代中期世界发达国家水平。

五是"外贸"革命。1998 年，受亚洲金融危机影响，绍兴纺织业受到沉重打击。几经市场洗礼的绍兴人从全球范围的比较中找到了症结：绍兴的纺织品出口率太低，仅 3% 左右。当年，市、县政府适时出台了鼓励扩大自营出口的一系列配套政策。企业也看到了"提高产品档次，打向国际市场"的巨大商机。一时间，纺织企业中掀起了"外贸"革命。1998 年至 2003 年，全市纺织品自营出口年均增长速度超过 50%。在国内纺织行业不景气的情况下，绍兴纺织业依靠开拓国际市场，保持了生机和活力。

通过"五次革命"，绍兴已经成为国内重要的纺织制造业基地。到 2003 年底，全市共有纺织企业 5.6 万家，从业人员 59.2 万人，规模以上纺织企业 2003 年实现销售收入 906 亿元、利润 44.5 亿元，分别占全国纺织行业的 7% 和 12%。

因此,纺织业可以说是绍兴经济的重要主体,是绍兴经济发展的主要支撑和基础。纺织业是绍兴的支柱产业,已占全市工业经济的半壁江山。离开了纺织业,绍兴的工业经济发展将不可想象。绍兴纺织业是绍兴区域经济最大的特色和优势。纺织业是支撑绍兴财政、税收和就业的主要产业。就政府而言,关心经济很大程度上就是关心税收和就业。纺织业是绍兴经济国际化的龙头和主导,2005年时,纺织品的出口占全市外贸出口总量的75%以上。

(二)绍兴纺织业的优势和不足

绍兴纺织业经过几十年的快速发展,逐步形成了自己的比较优势。

一是产业链比较完整。化纤原料、纺织机械、印染、服装服饰等与纺织相关的行业都比较发达。2005年,聚酯总产能160万吨,占全国总产能的25%左右;涤纶长丝总产能167.5万吨,占全国总产能的35%左右;年产各类织物35亿米,占全国的总产能1/6;印染布70亿米,占全国总产能的32%;各类服装3.5亿件,占全国总产能的2%;领带3亿条,占全国总产能的80%;袜子80亿双,占全国总产能的65%;年产各类纺织机械5万余台;仅龙盛、闰土两家企业分散染料产量就占全国总产量的47.1%。

二是块状特色鲜明。越城区和绍兴县(现柯桥区)以化纤产品为主,上虞以棉纺织和印染染料为主,嵊州以领带为主,诸暨以袜子、衬衫为主,新昌以毛纺和纺机为主。6个县(市、区)的纺织工业在全省都占据重要一席,全市化纤布生产量、领带生产量、袜子生产量、纺织品成交量均全国第一。

三是专业市场健全。纺织专业市场起步早、数量多、规模大、综合功能强,现已拥有中国轻纺城、钱清化纤原料市场、大唐袜业市场、嵊州领带城等一批有较高知名度的专业市场。以专业市场网络为依托,形成了大区域范围的产业集群,如以中国轻纺城为中心,形成了半径约30公里的大纺织产业区域。正是这些市场,把绍兴的纺织产业链不断拉长做大;也正是这些市场,把绍兴的纺织产品与国内外需求联结起来，形成了巨大商机。

四是技术装备比较先进。经过多年的技术改造，绍兴纺织业的技术装备水平有了很大的提高。2005年，化纤行业进口设备比例接近60%，在全国处于领先地位。织造行业已有各类织机7万台，其中拥有先进的无梭织机4.5万台，无梭织机中70%为进口设备，全行业无梭化率为64.3%；绍兴县（现柯桥区）拥有无梭织机2.67万台，约占全国总量的1/5，无梭化率达到78%。印染行业设备进口比例较高，高温高压染色机占1/3，平网印花机和圆网印花机均占40%左右。服装行业的技术装备也比较先进，共有进口服装生产流水线43条、进口袜机1.3万多台。

五是形成了一批规模企业。化纤、织造、印染、服装、染料、纺机等各个行业都形成了一批龙头骨干企业。当年，在化纤行业，远东、赐富、大普、浙化联等企业年销售规模均在10亿元以上，其中远东超过了50亿元；在织造行业，纵横、南方、越隆等企业的年销售规模超过了10亿元；在印染行业，亚太、永通年销售规模达到了30亿元以上；在服装行业，恒柏、步森等企业年销售规模都在亿元以上，其品牌在国内具有一定的知名度；在染料行业，龙盛集团、闰土集团年销售规模均为10亿—15亿元；在纺机行业，精工、泰坦、日发等企业均为国内纺机行业中的骨干企业，产品在国内市场占有较高的份额。

绍兴纺织业经过长期的发展，积累了一定的优势，但与国内外先进地区相比，也还存在着不少差距。主要表现在以下三个方面。

一是产品结构单一。绍兴纺织业的主体是众多的中小企业，一些企业自身开发能力较弱，加上面料可仿制性强，它们对中低档面料乐此不疲，以致产品结构趋同，产品以化纤类服装面料为主，装饰、产业用布所占比例较小，精加工、深加工产品较少，附加值较低。

二是科技创新能力偏弱。相当一部分纺织企业重装备引进，轻技术开发，技术开发投入只占销售收入的1%左右，致使绍兴纺织产品的主流仍停留在中低档水平，如涤纶丝90%是长丝类，其中极大部分是常规丝。几家档次较高的服装企业，如恒柏集团、步森集团使用的面料大部分来自外地或国外。诸暨的袜业、嵊州的领带已形成相当的生产规模，但多数企业的生产方式还是以定牌、来料加工为主，自有品牌少且知名度不高。

三是产业开放度不高。纺织品出口数量虽然庞大，但以附加值较低的一般产品为主，缺少强势品牌的产品出口。项目引进以小项目为主，缺乏起点高、规模大的优势项目。企业到海外设立营销中心、研发中心的比较少，很难跟上国际纺织品发展潮流，在国际竞争中缺乏技术品牌优势。

（三）纺织业是一个有着强大生命力的产业

纺织业是人类的必需产业。只有过时的产品，没有过时的产业。纺织业是一个不会过时、没有夕阳的产业。不管人类社会如何发展，纺织业都将与人类生活紧密相连。

经过几十年的发展，绍兴纺织业已积累了雄厚的产业基础和竞争实力，企业对各种困难和问题的应对能力已有了很大提高。

绍兴已形成了一大批有实力、有竞争能力的企业，培养了一大批有远见、有魄力的企业家。2005年，绍兴市纺织行业已有规模企业1500多家，在全国、全省各类百强企业中，绍兴的纺织企业也占了相当比重。

（四）纺织业发展正处于关键时期

我在绍兴任职期间，绍兴市纺织业正处在发展的关键时期。

这个时期，我们面临着较多的困难和问题，特别是由于产品档次低、市场变化快、要素制约大、科技人才缺而引发的矛盾和问题，更显突出。

这个时期不再是一般意义上的简单扩张型发展时期，而是一个更高要求和层次上的调整、提升与整合发展时期。

这个时期，各种生产要素的制约明显增强，生产成本明显提高，劳动力特别是科技人才更加短缺，环保问题也更加突出。

这个时期,不仅要化解发展过程中碰到的一般性矛盾和问题,还要进行产业的大调整、大提升。这种大调整,虽然会给企业的发展带来暂时的困难和问题,但也会给企业带来发展机遇。我们要认清形势,牢固树立科学发展观,努力调整纺织产业结构,切实提高纺织业的运行质量,真正把传统的粗放型发展转变为集约化、科技化发展,再创绍兴纺织业的新辉煌。

（五）绍兴纺织业是有生命力的

2005 年 7 月 12 日,我在纺织企业座谈会上的讲话中指出,绍兴纺织业是有生命力的,是有广阔发展前途的,要在调整和创新中寻求新的发展动力。

我还专门为绍兴纺织业的发展提出了六条建议。

一是坚定不移地按照新型工业化的发展要求,努力把绍兴打造成全国纺织业制造中心、世界纺织业贸易中心,打响"中国轻纺看绍兴"的品牌。

二是进一步拉长产业链,提高产业一体化水平。这是绍兴纺织业的发展方向。当时,绍兴已有一批企业把织造、印染、制衣等集于一体,在拉长产业链方面走在了全市的前列。另外,也有一批企业通过跨行业发展,做大做强了企业,增强了企业的发展后劲。

三是进一步提高企业国际化水平。要继续鼓励企业"走出去",大力拓展外贸出口,优化外贸出口,抢占更多国际市场份额。与此同时,也要加快纺织业的梯度转移。

四是进一步提高纺织业的科技化水平。纺织业的竞争将越来越取决于科技的竞争。提高产品的附加值和竞争力,实际上就是要提高产品的科技含量。如果说过去更多的是通过改革来推动发展,那么今后的发展将主要依靠科技和人才来推动。为此,企业一定要充分认识科技和人才的重要性,加大在科技研发和人才培养等方面的投入。

五是进一步提高纺织产品的品牌化、高档化和差别化水平。绍兴市的纺织业必须走品牌化、高档化、差别化发展之路,特别是在新产品、新材料、新品种的开发、生产方面，要做足、做优差别化的文章。

六是进一步提高纺织业集约化发展水平。走集约化发展之路，就是要按照科学发展观的要求，大力发展循环经济、生态经济、资源节约型经济，加强信息化管理，不断提高管理水平。

（六）绍兴如何打造中国和国际纺织中心

绍兴纺织业正处在一个由传统纺织业向现代纺织业转变，由国内市场为主向国内外市场并举转变，由劳动密集型向资本技术密集型转变，由布局相对分散向产业集聚转变的重要时期，需要我们在更高层次上、更大范围内来谋划和发展。

打造国内国际纺织中心不是一朝一夕的事，我们计划实施"两步走"：第一步，到2007年前后，成为全国一流的先进纺织制造业基地；第二步，到2012年前后，建成以化纤为主要特色的国际纺织中心。

实现上述目标，重点是要实现"四个化"。

一是技术高新化。产品研发能力、技术创新能力、经营管理能力逐步达到国际水平。技术研究和开发经费投入占销售收入的比例达

2007年1月17日，王永昌在中国（绍兴）国际纺织精品行业论坛暨国贸大厦鼎级商汇落成仪式上讲话

到 2% 以上。以纺织技术和经营管理人才为重点的各类高层次人才达到 6000 人以上。

二是产业规模化。到 2007 年纺织品销售收入达到 2500 亿元，占全国总量的 10% 以上，并有 2—3 家企业销售收入超 100 亿元，7—8 家企业销售收入超 50 亿元。

三是结构合理化。纺织业增长方式由粗放型向集约型转变。纺织品高、中、低档比例调整到 20∶40∶40；功能性差别化率达到 30% 以上；装饰用和产业用纺织面料占纺织面料总量的比重达到 30% 以上；生态纺织品销售收入占全部纺织品销售收入的 40% 以上。

四是生产国际化。到 2007 年，40% 以上企业通过国际通行的质量、环保、安全、生态等标准认证，纺织品外销比例由目前的 25% 提高到 40% 以上，五年内引进外资 15 亿美元以上，逐步成为国际纺织品的重要供应基地和技术开发基地。

打造国内国际纺织中心目标，重点要在产业、规划、平台、政策、科技上抓好落实，最终落实到企业上，实实在在地加以推进。

第一，抓产业落实。打造国内国际纺织中心关键是要充分发挥已经形成的产业优势。为此，我们紧紧抓住化纤、印染、织造、纺机等一批优势行业，重点扶持，通过进一步做大做强优势行业，把国内国际纺织中心建设的任务落到实处。

第二，抓规划落实。我们在深入调研的基础上，专门制定了专项规划纲要，明确了国内国际纺织中心建设的指导思想、基本原则、战略目标、发展重点、工作载体和主要举措，提出了"强化上下游，拉长产业链，增强差异性，提高附加值"的发展思路。各县（市、区）也围绕总体规划，结合本地实际，制定相关专项发展规划，比如绍兴县（现柯桥区）的打造国内国际纺织制造、贸易两大中心规划，诸暨市的构建国际袜业中心规划，嵊州市的建设国际领带城规划，等等。

第三，抓平台落实。为了更好地承载国内国际纺织中心建设，及时启动杭州湾绍兴产业带建设，东翼重点发展以印染染料为主的精细化工制造业，西翼重点发展纺织原料制造业，南翼重点发展高档纺织品制造等高新技术产业,积极鼓励纺织企业向工业园区集聚。

第四,抓政策落实。政策是政府服务和引导的主要手段。围绕大企业发展、优势产品培育、工业园区提升、技术改造投入、技术创新推进、开放型经济发展、企业信息化建设、现代物流建设八大重点,制定出台以推进国内国际纺织中心建设为重点的三十条政策意见,运用税收优惠、财政奖励、配套投入、荣誉激励等多种手段激发企业和社会各界的积极性。比如,市政府每年安排500万元人民币专项经费,专门奖励与浙江大学"产学研"合作项目;对创中国名牌或中国驰名商标的企业奖励50万元人民币;对当年自营出口实绩在1000万美元以上的企业给予10万元人民币奖励。

第五,抓科技落实。科技是国内国际纺织中心建设的原动力。我们重点培育化纤、织造、印染、纺机等行业技术创新示范服务企业,形成以绍兴轻纺科技中心为核心,十家行业技术创新示范服务企业为重点的区域技术创新体系,又被认定为"国家纺织高新技术产业基地",并被评为"全国技术创新工程示范城市"。

第六,抓企业落实。说一千道一万,打造国际纺织中心的工作,关键要落实到企业上。企业是国际纺织中心建设的主体。只有把广大纺织企业发动起来,建设国际纺织中心才有坚实的基础。抓企业落实,我们主要抓三条。一是抓大企业的培育。我们选择了62家优势骨干企业作为绍兴打造先进制造业基地的重点培育扶持对象。二是抓企业规划与政府规划的衔接。政府出台总体规划后,我们积极引导帮助优势骨干企业按照国内国际纺织中心建设要求制定中长期发展规划,从加大投入、科技创新、培育品牌、扩大开放、资本经营、强化管理、提高素质等方面着手,努力做大做优做强,保持竞争优势。三是抓项目的落实。围绕国际纺织中心建设的总体目标,我们积极引导企业排出了一大批重点技改项目,计划五年内纺织全行业累计投入达到1000亿元,年均增长25%以上。

八 缓解一个大难题：拓展土地空间

长期以来，发展中的一个大难题，就是土地空间不足。

经济发展、基础设施、城市化、文化教育、老百姓住房改善等，都需要土地空间。土地是"当家人"最头疼的一个难题。也正因为这样，我花大量时间调研绍兴的土地资源和国家的土地政策，提出了缓解这个难题的一些思路和办法。这个问题的思考，可以说我付出了不少心血，所以，我想把当年的材料尽可能完整地保存下来。

（一）一次以破解土地"瓶颈" 拓展发展空间为主题的政府工作务虚会

2003 年 9 月 29 日，市政府就拓展发展空间这一问题召开了工作务虚会。拓展发展空间是一个老问题，因为经济社会发展总是需要不断地拓展空间的，同时也是一项紧迫的任务，当时各地政府都越来越感到空间不足给发展带来了巨大压力。这次会议是绍兴市政府第一次系统研究探讨发展空间问题。我事先花了不少精力，做了认真准备，会上做了一个总结性讲话，系统探讨和回答了六个问题。

第一个问题，什么是发展空间？

在讲话中，我开宗明义地回答了一个问题，什么是发展空间？

"空间"是事物存在、发展、运动的载体和形态。

"发展"，从某种意义上说就是各种要素在空间上的组合。"发展空间"是一个任何时代都共有的普遍性问题。因此，讨论发展空间问题需要从大处着眼,小处着手。"大处"就是从客观的、普遍的、思想方法的角度把握"发展空间";"小处"就是从当前工作中碰到的具体实际问题出发来认识和解决"发展空间"问题。

从广义上理解,拓展发展空间就是要充分挖掘经济社会的发展潜力,拓宽发展领域,培育新的增长点,促进可持续发展,最终实现有限区域的无限发展。这是一个大概念,包括经济社会发展的方方面面,如产业空间的拓展、市场空间的拓展、人才空间的拓展等。事实上,物质是不同元素以不同方式组合起来,在不同空间中的存在和运动。化学、物理学、经济学等学科就是从不同角度研究、探讨不同对象在不同时空的组合方式。所以,广义空间是一门大学问。我在讲话中指出,召开这次会议专题研究"发展空间"问题,目的就是要认识发展空间、整合发展空间、提升发展空间、经营发展空间、拓展发展空间,让有限空间发挥最大效益。

这次会议着重要探讨的,当然是狭义的"发展空间"问题。

从狭义上理解,拓展发展空间主要是指区位地理空间的拓展,这就直接涉及土地问题。当时绍兴市在发展中遇到了用地空间不足、耕地占补平衡难、生态环境保护压力加大等问题。随着经济社会的不断发展,这个问题将越来越突出。我们已经和将要面临余地不多的问题,有空间却不能使用的问题,征地成本增加、工作难度加大的问题,土地管理政策更加严格、更加规范,外拓、外移、外购空间难度加大的问题,等等。

这些问题的出现说明了什么,意味着什么,为什么会出现,下一步将如何演化?

要解答这些问题,需要我们从发展的历史进程、深层内涵,以及更普遍、宏观的角度去看问题。这些问题的出现,充分说明了我们的发展内容、发展时态、发展阶段、发展方式、发展途径、发展方位和发展政策、体制都进入了一个新的阶段。

从发展内容看,我们需要经济、社会协调发展;从发展时态看,发展要有可持续性,空间要可持续利用;从发展阶段看,我们进入了经济社会跨越式发展、城市化快速推进的新阶段，特别是农业产业化、新型工业化、体制市场化、城乡一体化步入了一个新时期，提出了新要求；从发展方式看，我们正在由量的扩张、粗放型增长向集约化、整合型发展和质的提升转变；从发展途径看，过去是发展出题目，改革做文章，现在更多的是发展出题目，发展做文章；从发展方位看，我们要跳出绍兴发展绍兴；从发展政策、体制看，我们的一些法规、政策、体制看来已不太符合发展的要求。

因此，发展空间问题并不仅是单纯的土地问题，它涉及发展理念、发展方式，涉及城乡统筹发展和各行各业协调发展等问题，我们要通过树立积极进取、科学合理的发展观，立足发展空间，又跳出发展空间，才能从根本上解决可持续发展问题。

面对当时存在的问题，我指出拓展发展空间是当务之急、发展之要。

第二个问题，如何拓展发展空间？

土地是民生之本、财富之源，是最重要的生产要素之一。

当时绍兴市经济社会发展遭受"空间"制约，最突出的表现就是在土地问题上。因此，我建议大家把土地问题作为全局性的问题来考虑。

就土地层面理解，拓展发展空间主要是要解决好四个问题：用地空间、用地指标、征地和耕地占补平衡。也就是说，我们拓展发展空间，首先要千方百计扩大用地空间，但有了用地空间还不能直接用于发展、建设，这只是一个潜在空间，要想转化为实际可用空间还必须想办法解决用地指标，还要稳妥细致地做好征地工作，最后还要认认真真地落实好耕地占补平衡，经过"用地空间→用地指标→征地→耕地占补平衡"这样一个流程，我们的发展空间才能最终得以拓展，四个环节缺一不可，其中核心和关键是用地空间。

为什么说现在拓展空间是当务之急、发展之要？主要可以从以下几个方面来理解。

首先，一切发展都要有空间。大到人类社会的演进、人类文明的传承,中到一个城市的发展,小到一家企业的做大做强,最终都要落实到一定的空间上。从一定意义上说,经济社会发展的过程实际上就是空间不断拓展的过程。此前绍兴主要通过行政区划的调整来解决城市经济社会发展的空间问题。但从现实发展需求看,仅仅依靠行政区划调整来拓展发展空间是远远不够的,我们必须从更高层面,更深层次上来理解、探索和解决发展空间问题。

其次,经济社会发展到新阶段需要发展空间新的拓展。拓展发展空间是城市发展的强大动力。绍兴古城从范蠡筑城至今已有近 2500 年的历史,过去一直是一座山阴小城,如今正在迈向"鉴湖时代"和"杭州湾时代"。从 8.32 平方公里的古城,到开发城东、城南,建设袍江、镜湖,启动杭州湾绍兴工业新城区,绍兴正在大步迈向"四大组团 + 城市绿心"的百万人口大城市。进入 21 世纪,市委、市政府提出要率先全面建成小康社会、率先基本实现现代化,提出要实施"工业立市、开放兴市、文化强市、合力建市"战略,谋求经济社会的跨越式发展,提出要建设融历史文化与现代文明于一体的百万人口大城市,提出要着力打造先进制造业基地,这些战略的实施、这些目标的实现,都对发展空间提出了更多、更高的需求。拓展发展空间已经成为我们一项紧迫的战略任务,是我们必须研究解决的一个重大课题。

最后,发展空间矛盾日趋突出。与经济社会跨越式发展对空间的巨大需求相矛盾的是,发展空间的拓展潜力越来越小,土地供求矛盾越来越突出,空间已经成为绍兴市经济社会加速发展的最大制约要素之一,在招商引资和技术改造中"项目等土地"的情况已经凸显。

一是发展后备空间越来越小。2003 年,绍兴的市域面积 8256 平方公里(1238 万亩)。其中,农用地 6770 平方公里(1015 万亩),约占 82%;建设用地 130 万亩,约占 11%;未利用地 93 万亩,约占 8%。由于受自然资源和资金、技术的限制,我们现在拓展发展空间最主要的需求是耕地,在 1015 万亩农用地中,耕地面积为 318 万亩、园地面积为 90 万亩、林地面积为 524 万亩、水面面积为 83 万亩,基本上是"六山一水三分田"的格局。318 万亩耕地按全市 433 万人口分摊,全市人均耕地只有 0.7 亩,不到新中国成立初期的 1/2,不到全国人均耕地的 1/2,也低于联合国粮农组织确定的人均 0.8 亩的耕地警戒线,所以说,绍兴市总体上耕地资源不足。在 318 万亩耕地中,农保田又占了 270 万亩,省政府下达绍兴市基本农田保护率为 85%,而"基本农田是一条不可逾越的红线",在土地利用总体规划修编调整前是根本动不了的。除去基本农田,剩下的耕地就只有 48 万亩左右,其中建设留用地 11 万亩,待置换地 37 万亩。绍兴市土地利用总体规划的规划时间是 1997 年至 2010 年,也就是说,这 48 万亩耕地要用 14 年。经过近几年的发展,全市的规划建设留用地实际已只剩下 5.1 万亩,其中市本级 2.26 万亩;待置换地还剩 18.9 万亩,其中市本级 6.48 万亩,这就是当时我们拥有的发展后备空间。那么,我们的实际用地需求怎么样呢? 据国土部门统计,全市建设用地 1999 年是 1.05 万亩,2000 年是 2.55 万亩,2001 年是 4.43 万亩,2002 年是 6.94 万亩。截至 2003 年 9 月 25 日,全市已上报用地 4.7 万亩,其中占用耕地 3.7 万亩,已批准 3.1 万亩,预计全年建设用地将达到 8 万亩,按照这个速度,当时我们估计,再过两三年我们就将无地可用了。

绍兴市正处于城市化、工业化的加速推进时期,发展建设用地需求旺盛,但发展后备空间严重不足,这是一对尖锐的矛盾。

二是用地指标严重短缺。用地不仅要有空间,还要有指标。省里给绍兴市的计划用地指标是每年 6000 亩左右,2002 年绍兴市实际的建设占用耕地是 5.22 万亩,2003 年 8 万亩建设用地需求中耕地预计在 7 万亩以上,也就是说省里下达的计划指标不足我们实际需要的 1/10。巨大的差额怎么解决? 当时主要是走三条路。第一条路是通过土地整理等获取一部分折抵指标;第二条路是依靠重点项目申请追加指标;第三条路是直接向外地买指标。2002 年绍兴市建设占用耕地中,省下达计划指标 5200 亩,折抵指标 3.53 万亩,向省申请追加计划指标 1.17 万亩。这三条路从形势发展看,有的还可以走,有的是越来越难走。像土地整理,好整理的土地我们已经整理得差不多了,剩下的主要是滩涂、荒草地和废弃地,开发的难度大、成本高。遇到困难最大的是去外地买折抵指标，买折抵指标一方面是价钱越来越高，原来是每亩 1 万元左右，现在是每亩 2.5 万—3 万元，而且还很难买到。省内其他地区普遍加强了对指标流通的限制，将用地指标提高到"发展权"的高度，有的地方甚至提出"谁将指标调出去就追究谁的责任"。另一方面是省国土厅又对折抵指标调剂审批附加了条件，即指标调出方必须同时安排与调剂数目相等的指标由省厅统筹安排，当时绍兴县（现柯桥区）、上虞市都碰到了这类情况。用地指标的紧张对发展空间的拓展形成了很大制约。

三是市区用地极度紧张。用地空间不足，用地指标短缺是全市现象，但相比而言，市区的用地需求最大，土地后备资源却最少。当时绍兴市市区面积只有 350 平方公里，是全省 11 个市中直管面积最小的，因几乎没有土地整理、土地开发等资源，省里"搞活"用地的一些政策市区几乎无法享受。但同时，随着城市化的推进，市区的建设用地需求快速增长。可以说，用地问题不解决，我们的大城市建设将无地可用，杭州湾绍兴工业新城区有可能成为"空中楼阁"。

此外，当时出现的一些新情况有可能进一步加剧发展空间危机。第一个新情况，国家对土地管得越来越严，对土地违法行为查处力度越来越大。《国务院办公厅关于清理整顿各类开发区加强建设用地管理的通知》明确要求：省级以上开发区"对超过规划建设用地规模和范围的开发土地，要依法处理"，"开发区建设用地必须符合土地利用总体规划并纳入土地利用年度计划"，"要严格按照法定程序征用土地"，"严禁低价协议出让土地，协议供地必须提前公布供地方案"，"要严格控制设立以成片土地开发为条件的开发区"，等等。这从长远利益来说当然是好事情，但从眼前来看，将对解决发展空间问题带来很大的压力。

第二个新情况，国家和省对供地方式的规范化要求越来越严，这给我们招商引资带来了很大的压力。当时我们招商引资中的工业用地基本上都是协议出让，按规定，此后都要实行竞争性的挂牌出让。随着招商引资领域的不断扩大，除了工业项目，还有商贸、旅游等三产项目,这些项目我们一方面非常希望把它引进来;另一方面在供地方式上又不能违规,必须公开出让,这个压力就很大。

第三个新情况,由于征地补偿标准调整、折抵指标价格高涨等因素,土地征用综合成本不断提高,实际上也就提高了拓展发展空间的成本。2002 年,市区平均征地成本为 6.4 万元/亩,折抵指标购入成本 2.5 万元/亩,再加上其他各项规费测算,每亩土地的综合成本已达 11.9 万元,加上基础设施配套,每亩土地成本高达 20 万元。县(市)的征地成本一般是每亩 5 万—8 万元,基础设施配套以后每亩 15 万元左右。而当时我们的工业用地出让,市本级开发区 10 万元/亩,对高新技术企业、农业龙头企业以 7.5 万元/亩优惠出让,如综合成本高于 7.5 万元/亩,则以成本价出让,可以说在工业用地出让中已无土地收益可言。而且即使这样的低价出让,我们在招商引资时也仍然没有什么价格优势。

第四个新情况,耕地占补平衡越来越难,也给拓展发展空间造成了一定的压力。耕地占补平衡是法定义务,计划指标用地必须用多少补多少。当时绍兴已经连续七年实现耕地占补平衡,有六年被省里评为"耕地保护先进市"。但是绍兴市耕地的后备资源严重不足,新开发耕地的成本越来越高。近几年,市本级为实现占补平衡已异地垦造耕地 2 万亩,投入资金 6000 万元以上,到 2003 年,异地垦造耕地价格已由 2002 年的每亩 4000 元涨至每亩 6000 元。

拓展发展空间是提升区域综合竞争力,保障经济社会可持续发展的重要途径。随着绍兴市经济社会发展步伐的进一步加快,我们对发展空间的需求是一个不断增长的变量,并且这些需求的刚性很强,而以土地为载体的空间是有限的,是一个刚性更强的常量。从一定意义上讲,土地是不可再生资源,用完了就没有了。所以,缺乏土地空间,比缺电、缺资金要难解决得多。刚性的需求增长,遇到刚性的供应制约,发展空间不足已经给绍兴市经济社会发展带来了一定的负面影响,已经成为绍兴市进一步改善投资环境的"瓶颈"。因此,可以说拓展发展空间是当务之急、发展之要。

第三个问题，如何扩大用地空间？

为此，我强调，必须千方百计扩大用地空间。

拓展发展空间的核心和关键是要扩大用地空间，要确保有地可用。

解决扩大用地空间问题的基本方针，是要实行"六个并举"：一是保护与保障并抓，既要保护耕地又要保障发展用地供给；二是市内与市外并举，既要利用市内空间又要利用市外空间；三是扩量与提质并进，既要积极扩大用地空间，又要不断提高集约化用地水平；四是眼前与长远并重，既要保障眼前需求，又要兼顾长远利益；五是有取与有舍并行，既要保障重点建设用地，又要严格控制一般用地；六是严管与拓展并取，既要严格土地管理，又要在扩大用地空间上积极有为。

具体从十个方面采取措施。

第一，向市域以外要空间。化人为我，化外为内，跳出绍兴发展绍兴。一是要外引要素。充分利用市外各种生产要素为我所用，包括资金、人才等。二是要外拓基地。当时绍兴市的农业外拓力度比较大，到2003年外拓农业基地已经超过了200万亩，这从一定程度上缓解了农业生产的用地需求。对工业企业，我们也要出台政策，鼓励企业把资源消耗大、科技含量低、单位用地产出率低的产业或产品基地移出市外，以缓解本地发展空间不足的问题。三是要外购空间。基本农田必须保护好，这是一条不可逾越的"红线"，但是我们可以通过异地代保，降低本地基本农田保护面积。2003年，绍兴市在市外异地代保基本农田面积仅5000亩，其中绍兴县（现柯桥区）在遂昌落实3000亩，越城区在湖州代保2000亩，另外市内上虞、嵊州、新昌等地为市区代保了基本农田5万亩。上海市长期在新疆造地和代保农田，这是一条值得学习和借鉴的经验。除了基本农田异地代保外，还有异地垦造耕地、异地调剂折抵指标，只要能在市外解决的，就要尽可能节约本地的空间。

第二，向围垦造地要空间。围垦造地做的是"无中生有"的文章，也是扩大用地空间的一条主要途径。全市可用于围垦造地的主要后备土地资源是海涂、荒草地和废弃地。绍兴市的海涂资源相对比较丰富,到 2003 年已围涂 40 万亩,垦造耕地 15 万亩,当时上虞尚有 5 万亩的围涂潜力,而且已围海涂中有很多宜农荒地和闲散废弃地可供垦殖造地,这一块还有相当大的潜力可挖。按照绍兴市土地利用总体规划,到 2010 年,全市荒草地和废弃地尚可通过复垦整理,新造耕地 6 万亩左右。特别是废弃地绝大部分靠近城镇和村庄,交通条件好,具有较高的利用价值,必须加快对这部分资源的复垦利用。在围垦造地工作中,我们要坚持"谁投资、谁受益"的原则,多方筹措资金,调动各地的造地积极性。

第三,向土地整理要空间。土地整理是扩大用地空间比较快的途径。1999 年以来,全市通过土地整理共净增耕地 8.73 万亩,有效扩大了用地空间。一般来说,整理土地的面积与新增耕地面积比在10∶1 以上,通过土地整理,新增耕地的产出率较高、周期较短,因此这项工作我们要继续做好。我们特别要向园地整理要空间。绍兴市拥有园地资源 90 万亩,据国土部门调查,其中坡度小于 6 度的宜耕园地共有 39 万亩,通过合理引导、增加投入,大力开展优质园地整治,在扩大用地空间上还是有较大潜力的。到 2003 年,绍兴市已经通过优质园地整治划补基本农田,扩大用地空间近万亩,而且正在实施的项目有 20 个,验收后可扩大用地空间约 2.7 万亩。通过优质园地整理划补基本农田,置换城市周边及重点开发区的基本农田,将有效缓解城镇用地空间不足的压力。同时这也是省里鼓励的一个方向,省里决定从 2003 年起允许将优质园地整理后划补基本农田,这是一个机遇,我们要充分利用。

第四,向集约用地要空间。土地有限,用法无限。当时绍兴市在用地空间问题上呈现出总量不足与粗放用地并存的现象。从投资密度来看,2003 年绍兴市的平均投资密度为每亩 45 万元人民币左右,处于全省的中游水平,而当时江苏省平均投资密度为每亩 200 万元人民币,是绍兴市的 4 倍,新加坡、马来西亚和我国台湾地区平均投资密度达到每亩 100 万美元,是绍兴市的近 20 倍。当时绍兴市 10 个开发区的工业性投入与基础设施投入每亩不到 50 万元人民币,乡镇工业园区仅 29 万/亩；而苏州市要求省级以上开发区每亩投入不低于 33 万美元，乡镇工业园区投入每亩不低于 20 万美元。苏州工业园区要求外商投资企业每亩土地投资额不低于 40 万美元，内资企业不低于 200 万元人民币。这些都从一个侧面反映出绍兴市土地利用集约化程度不高。由于工业用地地价偏低，有些单位和个人把"圈地"作为一种投资渠道，出现了以小项目多占地、以建标准厂房为名占地，甚至虚报项目圈地现象，使本来十分稀缺的土地资源成为最廉价的生产要素，助长了粗放用地现象，有的可能准备待机炒卖。2003 年，全市开发区和园区工业项目大多数仍为一层厂房，平均容积率仅为 0.39，与当时浙江省有关部门规定的容积率 0.8 相比，相差一半。针对土地的粗放使用状况，国土部门要严格实行建设用地定额管理制度，对企业用地的容积率、投资强度、用地结构比例严格把关；计划、财政、建设及各行业管理部门要把建设项目的投资规模、资金到位状况、建筑密度、容积率等各项指标引为配置土地资源的依据，共同把关，严格控制建设项目的用地规模，提高土地利用的集约化程度。向集约用地要空间，还要结合这次开发区、园区的清理整合，对那些布局不合理、土地低效利用的低、小、散工业园区进行撤并、整合，优化土地资源的配置。对保留的工业园区也要加强综合规划，搞好区域布局，提高服务设施和基础设施的共享度，节约用地空间。

第五，向立体开发要空间。平面空间有限，立体空间无限。"空间"是个立体的概念，不仅包括地面，还包括地下和空中。城市用地空间由地面向地下延伸，部分城市功能由地面转入地下，这是世界城市发展中的一个普遍现象，也是衡量一个城市现代化的重要标志。开发利用城市的地下空间，始于 20 世纪 50 年代。目前一些发达国家城市地下空间的开发已具有相当水平与规模，有的发达国家已开始尝试开发利用 50—100 米的深层地下空间。在国内，一些大城市也纷纷把扩大用地空间的目光投向地下。现代城市可谓是寸土寸金，开发利用地下空间为用地空间的拓展提供了广阔的天地。在开发利用地下空间方面，绍兴市起步比较晚，但已经有了一些尝试，也取得了比较好的效果,像城市广场下面的大型停车场、诚达超市等。在讲话中,我建议规划、建设、国土等部门对城市地下空间资源做进一步的调查评估,对地下空间资源的开发利用做出总体规划。此外,空中资源的利用潜力也很大,除了8.32平方公里的老城区以外,开发区、新城区可以适当地规划建设一批高层建筑,既能节约城市空间,也可以改善城市形象,提高城市的现代化程度。

第六,向盘活存量要空间。盘活存量土地是减少新增用地供给压力的有效途径,也是扩大用地空间的潜力所在。在当前发展空间压力越来越大,用地指标越来越紧的情况下,土地闲置尤其令人痛心,不能容忍。土地闲置现象的产生原因是多方面的,有的是由于前些年土地供给的粗放,导致部分企业的"圈地"行为,部分土地征用未用;有的是办理土地征用后未落实项目而使土地闲置抛荒。以市区(含袍江、城东、越城区)为例,2000年至2002年的供地率分别为74.4%、70.3%和52.3%,尚有11000多亩土地未办理具体项目供地手续。土地闲置抛荒既造成一段时间内土地得不到合理利用,也使本来就十分紧张的用地指标更趋紧张。对闲置土地,国土部门要积极采取措施,该收回的要坚决收回,该收取闲置费的抓紧收取,该流转的帮助流转,通过加强宣传、加强巡查、加强执法、加强服务,多管齐下,努力减少土地闲置现象。同时要努力加快供地速度,提高供地率,向时间要空间。盘活存量土地还有一个建设用地整理问题,也就是要通过现有建设用地的整理来满足新的建设用地需求。城市的土地集约利用程度大大高于农村,因此建设用地整理的重点应该放在农村和城乡接合部,结合"城中村"改造和"新农村"建设,撤并零星的农村居民点和企业,提高存量建设用地的利用率。

第七,向规划调整要空间。2003年国土资源部把浙江省列为当时全国唯一的省级土地利用总体规划试点,省里在准备全省土地利用总体规划的编制工作中,已经有意向要向国土资源部做工作,积极争取核减浙江省基本农田保护任务,以扩大用地空间。当时我提出要抓住省里重新编制土地利用总体规划的机会,在2004年开展绍兴市新一轮土地利用总体规划的修编或局部调整工作，积极向上争取核减绍兴市的基本农田保护任务。在规划编制过程中，要注重与新的城市体系规划相衔接，力求土地利用规划与城市规划在规划时段、用地方向、规模布局上协调一致；要针对一些市、县、乡镇行政区划调整、经济区位重心发生变化的实际，按照法定程序，把原来分散布局的建设留用地及待置换地向重点城镇及开发区集中，拓展重点发展区域的用地空间。

第八，向产业优化要空间。绍兴市的建设占用耕地，除了城镇基础设施建设以外，大量集中于工业。因此，我们要通过产业结构调整，优先发展占地面积小、经济效益好、单位用地产出率高的产业，通过关、停、并、转，逐步淘汰或转移一批经济效益低、资源消耗大、单位用地产出率低的粗放型产业。在产业布局上，鼓励企业进园区，统一集中建设基础服务设施，提高资源共享度。同时，继续实行"优二兴三"政策，运用土地价格杠杆，调整优化城市用地结构、功能，增加市政公用设施和绿化用地，大力发展商贸、旅游、会展、文化等第三产业，节约城市用地空间。

第九，向强化管理要空间。从用地的源头抓起，在严格建设用地审批的同时，严格用地情况的督促检查，避免人为因素加剧用地紧张状况。在审批建设用地时，要与业主签订协议，对不能按时建成投产的业主要研究采取一些相应的制裁措施，以杜绝征而不建、建而不用，人为造成土地浪费的现象。要严格执行土地转让的有关规定，避免大量土地的人为"空转"，杜绝乱占乱用、违规转让。要进一步规范土地市场秩序，坚持经营性用地招标、拍卖、挂牌出让制度，规范协议出让，严格限制划拨用地范围。严格执行工业用地出让最低限价制度，对低于综合成本价的，坚持"谁承诺、谁补差"原则。同时，要继续强化政府对土地一级市场的垄断和调控，坚持土地集中统一供应制度，不断推进土地收购储备，真正做到土地供应"一个龙头进水，一个龙头放水"。

第十，向城市化要空间。这是缓解用地空间不足问题的长远之计。

尽管城市化发展也需要建设用地，甚至在初期还需要一定数量的启动地块，但它是充分节约土地的发展方式。当时，绍兴市在制定土地利用总体规划时的一组数字表明：市县城、建制镇、乡村建设用地面积构成比约为 1:1:7，乡村建设用地占全市建设用地的 74%，而市域中心城市、县域中心城市建设用地只占总量的 12%。2003 年，绍兴市城市人口（包括市、县城人口）人均建设用地指标在国家城市建设用地标准中为二级水平，属于偏低；而乡村人均建设用地达 99.2 平方米，远远超国家标准。省计委的一份调查也显示，农村人口人均占用土地是城市人口的 2 倍以上。因此，大力推进城市化，尽管短期内或许会加剧用地空间不足的矛盾，但长远看，通过城市化集聚人口，减少农村人口对土地的粗放占用，是扩大用地空间的一条根本出路。

第四个问题，如何加快空间转化保用地？

有了用地空间，拓展发展空间的基础性、前提性问题就解决了；但并非万事大吉，要让用地空间转化为供给发展建设的实际可用空间，还必须认真做好争取用地指标、征地和耕地占补平衡工作。只有全力以赴加快潜在空间向实际可用空间转化，才能有效保障发展建设用地供给，才能最终实现发展空间的拓展。

第一，积极争取用地指标。当时对用地指标我提出的解决途径主要有五条。

一是合理安排计划指标。浙江省每年下达绍兴市的计划指标约为 6000 亩，对绍兴市的用地量来说可谓是杯水车薪；但合理分解指标，充分发挥有限计划指标的作用十分重要。计划指标原则上要保重点，即保证交通、能源等重点项目和城市基础设施建设用地，减轻政府的投资压力。

二是积极争取省留计划指标。通过以项目带指标，1999 年以来绍兴市共争取到追加计划指标 3.36 万亩，各地要继续做好省留指标争取工作，争取更多的"双追加"指标。省里有关文件规定：国家和省重点建设项目、投资超 1000 万美元的重大外商投资项目，可以申请"省留规划建设占用耕地指标"和"省留农转用计划指标"。2002 年和

2003年我们在"双追加"指标的争取上都取得了相当不错的成绩，到2003年下半年，全市已争取"双追加"用地指标6700多亩，其中2003年已获得3700多亩，已经超过全年浙江省下达绍兴市计划用地指标的一半，对缓解土地供求矛盾、拓展发展空间发挥了相当大的作用。我鼓励各级各部门要更好地利用这一政策，一方面重点项目要积极争取进国家和省"计划盘子"；另一方面要加强宣传，做好申报服务，积极争取省留指标。对争取到的计划指标要合理配置，形成"谁争取谁受益"的机制，鼓励广大企业积极争取"双追加"指标。

三是通过土地整理获取折抵指标。这是解决用地指标的主要途径之一。省里政策规定土地整理折抵指标为新增耕地面积的72%，而新增耕地面积一般可以达到或超过土地整理面积的10%。1999—2002年，全市通过验收的土地整理项目共有304个，整理面积54万亩，新增耕地5.9万亩，获折抵指标4.3万亩。2003年以来，全市土地整理已通过市复验项目233个，整理面积近20万亩，新增耕地2.8万亩，可获取折抵指标2.1万亩，对缓解用地指标的矛盾发挥了很大的作用。

四是通过退宅还耕获取折抵指标。退宅还耕也是增加耕地面积，获取折抵指标的有效手段，而且折抵指标率是100%，同时省里还有每亩5000元的补助，可谓一举多得。2003年我们已经实施退宅还耕项目47个，整理面积1044亩，新增耕地1044亩，可获取折抵指标1044亩。各地要进一步将退宅还耕与"千村整治、百村示范"结合起来，与"移民下山"结合起来，在改善农村村容村貌的同时，获得补助和折抵指标。

五是通过围垦造地和土地开发获取折抵指标。

2003年省里进一步调整了土地开发整理的有关激励政策。第一个新政策是，从2003年起，当年经省复核验收的土地开发新增加耕地，占补平衡有结余部分，按30%土地指标奖励开展土地开发的县市；第二个新政策是，按围垦海涂规划，经批准的围涂工程在原省定补助政策不变的同时，新增耕地占补平衡有节余部分，钱塘江流域围涂可奖励 30% 的土地指标。这些新政策我们要很好地加以利用,新开发出来的土地要及时报省验收,尽快获取折抵指标。

第二,稳妥细致做好征地工作。有了用地空间,有了用地指标,还必须认真、细致、稳妥地做好征地工作,从而保障发展空间的顺利拓展。征地问题是一个直接影响到被征地农民切身利益、事关农村稳定大局、备受社会关注的大问题,目前很多集体上访都直接或间接地和征地有关。

征地难突出表现为"五难"。一难,各地征地价格不一,各方平衡难。二难,在土地补偿标准确定上,既要使失地农民满意,又要在政策允许范围内,还要防止因土地价格过高而影响投资环境,寻找最佳结合点难。三难,在对失地农民的安置上,方法途径单一,解决后顾之忧难。四难,土地补偿费及时到位难。有的地方村干部素质不高,土地补偿费交给村后的管理跟不上,土地补偿款使用上未公开、不合理,有的投资失误,有的被吃喝,有的甚至被个别人贪污挪用等,农民意见很大。五难,一些农民群众国土意识淡薄,尤其在城市郊区,有的把许多政府投资形成的地价因素也全部当成了自己的合理收益,政府需要征地时讨价还价,任意哄抬土地价格,要求得不到满足就可能引发群体事件,社会稳定难。

对此,我们一方面要依法征地,确保发展建设的土地供给;另一方面要认真、深入、细致、稳妥地加强和改进我们的征地工作。重点把握好以下几个问题。

一是要认真贯彻土地征用补偿的有关政策。市政府在深入调研论证的基础上,出台了《加强和改进土地征用工作的意见》《绍兴市区征用集体土地办法》,重点在推行区片综合价、实行被征地农民基本生活保障制度、建立征地调节资金等方面进行了改进,有的县(市)已经出台了相关政策,对这些政策我们要认真贯彻落实。

二是要合理利益分配,保障农民利益。耕地是一切财富的源泉,也是农民的命根子,失去了土地农民就失去了基本生活保障。而在城市化的过程中占用耕地不可避免,如何将城市化中土地的增值收益在国家、集体、农民、用地者之间进行合理分配是维护农民利益、保持长治久安的大事。对此，有关部门要做进一步研究，既要适当提高征地标准，又要处理好与政府财力、企业发展承受力和投资环境允许度之间的关系。

三是要切实解决被征地农民的后顾之忧。21 世纪头几年，绍兴市每年耕地减少量约在 5 万亩左右，按人均耕地 0.7 亩计算，全市每年将新增失地农民 7 万人左右，被征地农民的后顾之忧不解决，社会稳定始终存在隐患。当时，市区和绍兴县（现柯桥区）已经开展了被征地农民的养老保障工作，其中市区被征地农民养老保障到 7 月底已申报 5.39 万人，占已征地"农转非"人员的 72%，共核准参保 4.9 万人，其中有 1.36 万人可按月享受被征地农民养老保障待遇。要积极探索失地农民的就业之路，广辟就业渠道，为失地农民提供更多的就业岗位。

四是要切实转变征地工作作风。征地涉及农民切身利益，必须加强思想政治工作，开展耐心体贴入微的说服教育，帮助被征地农民正确处理好各种矛盾和关系，兼顾国家、集体、个人三者利益，切忌简单粗暴、激化矛盾。

第三，认真履行占补平衡义务。耕地占补平衡是法定义务，丝毫没有商量余地。绍兴市已经连续七年实现占补平衡，并且有少量结余。但绍兴市的耕地后备资源本身十分有限，且经过多年开发，后备资源逐年减少，开发整理的难度和成本不断提高，实现耕地的"占补平衡"面临着资金和资源的双重压力，任务越来越艰巨。

为此，要积极研究对策措施，多渠道解决占补平衡问题。一是继续走异地委托造地的路子，尽量节约本地的后备资源。二是抓紧建立和完善耕地储备库，充分利用确已补充的耕地剩余指标。三是拓展补充耕地的内涵，即以是否具有粮食生产能力和粮食生产潜力为标准衡量，废弃或退化必须淘汰的园地垦造成具有粮食生产潜力的土地，就可以视作耕地，我们要充分利用好耕地内涵扩展而新增加的耕地后备资源。四是抓紧修改补充完善土地整理开发规划。对耕地后备资源要做详细的调查摸底，对哪些土地还可以整理要研究分析，并且要制订相关计划，有组织地实施。

第五个问题，如何积极拓展开发区的发展空间？

我指出，开发区是绍兴市经济发展的新高地，招商引资的主战场，拓展开发区发展空间，我们的态度要积极、方法要稳妥。

2003年7月18日，国务院办公厅发出《国务院办公厅关于暂停审批各类开发区的紧急通知》；30日，国务院办公厅又发出了《国务院办公厅关于清理整顿各类开发区加强建设用地管理的通知》。对这些新政策我们一方面要严格执行，另一方面要把它作为机遇来抓，通过清理整合，提高开发区的发展水平。

我认为重点是要做好以下几件事。一是要坚决执行暂停审批各类开发区的文件精神，不铺新的摊子，集中精力办好现有开发区。二是要积极主动清理整合各类开发区，把清理整合作为开发区自身发展和提高的机遇来抓。这项工作市区已经开始了，各县（市）也要加快步伐。三是要把各类园区尽可能纳入城市发展功能区，把开发区规划、土地利用规划、城市发展规划衔接好。四是要对当前土地征用、供应过程中出现的违法违规问题依法处理，积极想办法弥补。五是开发区清理后要积极做好申报验收工作。六是要抓紧研究出台开发区集约发展的政策措施。

第六个问题，拓展发展空间要落实好哪几件事？

拓展发展空间是一项系统工程，是一个事关经济社会可持续发展的重大问题。拓展发展空间重点是土地问题，大力拓展发展空间需要同心协力、密切配合，需要各县（市、区）牢固树立"全市一盘棋"的思想，按照"合力建市"的要求共同努力、齐心协力，共同拓展发展空间。我们对区域发展空间要有更全面、更深刻的理解，充分认识到空间是一个战略性问题，是发展观问题，空间是可开发可利用的，而且潜力很大，区域空间有限，但发展无限。我敦促各有关部门和同志重点落实好以下几项工作。

一是要抓紧开展土地利用情况调查和规划修编，此项工作由市国土局负责。

二是要对此次会议情况进行概况总结,并就绍兴市前阶段开发区清理整合情况形成书面材料,上报省政府和省有关部门,此项工作由市国土局牵头,市政府办公室参与。

三是要对开发区集约化用地出台引导性政策意见,此项工作由市经贸委牵头,市国土局和各开发区配合。

四是要对存量土地闲置抛荒进行专门调查和清理整治,此项工作由市国土局负责。

五是要出台有关奖励政策,调动多方积极性争取更多的用地指标,此项工作以市国土局为主,市计委、市财政局参与。

六是要围绕绍兴大城市建设,研究出台具体的用地政策意见,此项工作由市国土局负责。

七是要进一步"跑步进厅",力争更多的项目进入国家和省重点计划"盘子",此项工作由市计委牵头。

(二)发展用地是个难解之题　必解之题　可解之题

2004 年 9 月 17 日,我又一次对土地空间问题做了专门调研,并召开了缓解土地要素制约专题座谈会,我在会上做了讲话。

首先,我指出,发展用地问题是个难解之题。之所以难解,原因是多方面的。

一是土地问题是当前要素制约中最严重的制约因素。我们在经济发展过程中,遇到了"成长的烦恼","成长的烦恼"最明显的表现,就是要素制约和环境承受能力问题。当时要素制约中最严重的问题,最令人烦恼的问题,就是土地问题。电力制约当时已有所好转。资金问题,在经济发展方面,像工业技改投入资金,基本上能得到保证,只是城市建设方面的有关贷款还会有较多困难。所以,当时真正制约发展的难中之难的问题,是土地问题。我们讲投入问题,讲经济发展的后劲问题,讲招商引资问题,真正的"牛鼻子"在哪里? 最主要、最关键的问题,还是土地问题。这个问题之所以难解决,当然不是因为我们的国土部门和开发区主观上不努力。实际上我们开发区也好，国土部门也好，都已经做了大量的工作，都做到了积极有为，应该给予充分的肯定和感谢。土地制约之所以严重，是有客观原因的。而且，从当时情况看，用地矛盾将会越来越突出，不是短期内能够顺利解决的。

二是绍兴的土地总量有限。我们在 1997 年编制了《土地利用总体规划(1997—2010)》，当时的耕地总量是 317 多万亩，其中农保田 270 万亩，我们能够用于建设的土地总共是 47 万亩，47 万亩要用 14 年时间。2003 年，47 万亩土地已经用了 20 多万亩，还剩下 20 多万亩。这些年我们靠动态平衡盘出了一些土地，但总的来说来，我们可用的土地总量是十分有限的。

三是用地需求的增长越来越快。绍兴市经济社会发展对土地的需求量近年来增长很快。2002 年绍兴市的用地总量是 6.9 万亩，2003 年上升到 10 万亩。按照这样的增长速度，今后每年起码要用 10 多万亩。预计 2004 年、2005 年要用 26 万亩。经济社会发展对土地的需求量确实很大。

四是国家的土地管理政策越来越规范。当时国家实施最严厉的耕地保护政策，用地审批越来越严，管理越来越规范，这些政策都是十分正确的；但在客观上给我们解决发展用地问题带来了困难。

五是用地成本越来越高。用地成本越来越高，既有有利的方面，也有不利的方面。一方面，用地成本提高以后，有利于我们推进土地的集约利用；另一方面，用地成本提高，无论是对于我们寻求更大的发展空间，还是对于具体的项目建设来说，都是不利的。

六是征地难度加大。现在由土地问题、征地问题引发的矛盾仍旧不少，征地难度比较大，这也在一定程度上制约着用地问题的解决。

绍兴市经济社会发展正处在一个加快发展、率先发展、提升发展的阶段，包括经济增长方式的转变，包括城市化和城乡一体化的推进，都处在加快发展、加快提升的阶段，而土地问题已经成为发展中的难解之题。如果这个问题解决不好，就会成为制约我们发展的一个主要矛盾。因此，各级各部门要高度重视这一问题，进一步统一思想，加强领导,采取扎实措施,努力缓解土地要素瓶颈制约,为经济社会发展提供用地保障。

其次,我认为,发展用地问题是个必解之题,解决发展用地问题具有多方面的重要意义。

一是解决发展用地问题,是落实科学发展观和省委"八八战略",推动经济增长方式由粗放型向集约型转变的需要。

二是解决发展用地问题,是保证绍兴市经济社会持续增长,保持目前良好发展态势的需要。当时,区域经济竞争日趋激烈。用地问题不解决好,势必影响绍兴的整体发展。

三是解决发展用地问题,是我们适应新的形势攻坚克难、化解难题的需要。面对宏观调控形势下出现的新情况、新问题、新矛盾,我们必须主动适应抓机遇,攻坚克难促发展。在大家都有困难、都面临矛盾的情况下,谁在这个问题上抓得紧一点、醒得早一点、办法多一点,谁就能赢得主动,抓住机遇,加快发展。

四是解决发展用地问题,也是贯彻落实中央关于加强土地管理的有关政策的需要。中央实施宏观调控也好,实施对土地的严格管理也好,都不是不要发展,也不是放慢发展,而是要实现更快更好发展。我们一定要以积极有为的态度理解、把握、贯彻中央的方针政策。

总之,土地问题不解决好,从宏观层面讲,会影响全局,影响中央方针政策的贯彻落实;从中观层面讲,会影响全市经济社会的发展;从微观层面讲,会影响我们一个地方或一个开发区的发展。所以,发展用地问题应该解决、必须解决。实践证明,只要动脑筋、想办法,在土地问题上、在发展空间问题上、在用足用好土地存量的问题上,是大有文章可做、可以大有作为的。

再次,我们坚信,发展用地问题也是个可解之题。

如何解决?总体要求是:保护耕地,保护农民利益,保障发展,盘活存量,扩大增量。

一是调整规划。就是调整土地利用总体规划和城市发展总体规划,通过调整规划来扩大我们的可用土地总量。

二是造田造地。就是搞围涂造地，搞土地整理，包括有些小山挖得差不多了，干脆把它搬掉算了，搬掉了景观好看多了，土地也多出来了。

三是增加指标。就是要想办法去争取指标，通过向上争取指标包括折抵指标等来扩大增量。

四是调整结构。就是调整经济结构，包括产业结构、产品结构、企业结构、投资结构等的调整，用更少的土地来换取更大的产出，这是解决发展用地问题的根本性的也是长远的办法。

五是增资扩股。就是鼓励原地增资扩股，也就是无地招商。

六是增资技改。就是原地技改，如诸暨的零土地技改。

七是"两高两低"。就是提高投资强度，提高容积率，降低绿化率，降低生活办公等非生产性用地率。

八是互惠整合。就是鼓励企业之间进行互惠互利的调剂整合。

九是拆迁腾地。就是通过加快"城中村"改造和拆除违章建筑，把土地盘整出来。

十是抓紧用好已批未供的土地。当时全市已批未供的土地有4万多亩，利用好这些土地能够解决很多问题。

十一是抓紧用好已供未用土地。已经供了但还没有用的土地为数也不少，有地应该快用。

十二是处理好已用未批的土地。

十三是建造标准厂房。就是通过建造标准厂房，解决中小企业的发展问题，尽量节约土地。

十四是有地优用。就是部分企业当时多批了土地，目前只用了一部分，可以把剩余部分调剂出来，促进有地优用。

十五是市外拓展。就是把一些生产环节特别是粗放型的项目转移到外地去，促进产业梯度转移。

十六是重视地下空间资源的利用。

十七是激活各类闲置土地。就是尽快把一些闲置的厂房和供而未用的土地利用起来。

十八是脱胎换骨，以新换旧。就是企业在原有厂房条件下，用新设备更换旧设备。诸暨虹绢丝绸就是用这个办法搞技改升级的。

十九是实施"村改居"。就是根据政策和实际情况，积极稳妥地把整个行政村村民转为居民、村改为社区，集体土地使用权可以转为国有土地。

二十是以项目审批来增加土地供给。就是加快项目的筹划、包装和上报，争取更多的土地指标。

最后，我强调，发展用地问题是个务必要解好的难题。

解好发展用地问题，要积极有为，多动脑筋，多想办法。具体说来，要做到以下几点。

一是要有强烈的责任意识、忧患意识、有为意识。发展用地问题是难解之题，但我们不能被难题所难倒。难题很难，如果我们不动脑筋、不想办法，难题就永远是难题。我们一定要有强烈的责任意识，努力把这篇文章做好。这篇文章做不好，我们对今后的发展不好交代。特别是对开发区来讲，开发区是我们经济建设的主战场，今后发展的主要增长点和主要平台。2004年，绍兴市工业产值的40%左右是由开发区创造的，工业性投入的45%左右、招商引资的70%以上是由开发区完成的。所以开发区能否做好这篇文章显得尤为重要。当然，国土部门作为业务主管部门，责任也非常重大。所以大家务必把精力更多地转移到做好土地这篇文章上来。不要老是埋怨这个难、那个难，要迎难而上。党委、政府要加强领导，同时要多在发展问题上体谅下级，多为下级承担一点责任。

二是要对土地问题进行大排查，摸清家底，特别是摸清闲置土地的家底。原先市政府成立的"优化资源配置、促进经济发展"7个工作小组中，其中之一就是土地工作小组。要进一步充实这个小组力量，专门就盘活存量土地问题开展工作。以国土部门为主，彻底地查一查，把土地问题的家底搞清楚。

三是国土部门和规划部门要做好土地利用总体规划和城市发展总体规划编修的准备工作，能做的工作赶紧做起来，争取主动。

四是出台相应的政策,对盘活土地存量、用好闲置土地采取引导、鼓励的办法和措施,通过政策杠杆来引导集约用地。当时,市里已经准备出台相应政策措施,主要是关于促进集约用地的意见和处置闲置土地的意见,此外还出台了关于规范经营性国有土地的租赁和有偿使用的意见。

五是进一步加大土地管理的力度,通过加强管理来促进有地快用、有地优用。

六是进一步营造氛围,树立典型。进一步加大宣传力度,提高对优化土地资源配置、缓解土地要素制约工作的认识。对不同的典型进行梳理,在"七艺节"后开展这方面的专题宣传。国土部门可通过内部简报等形式,根据不同的办法、不同的类型,树立一些典型,宣传怎么来"零土地招商""零土地技改",怎么来盘活闲置土地,等等。

七是加快项目的报批。要抓紧筹备项目,抓紧做好有关项目的前期工作,通过项目"进笼子"来争取更多的土地指标。

九 重抓一个根本点：创新是发展必由之路

在抓经济发展工作中，我尤其注重创新发展，先后提出了要建设科技绍兴、数字绍兴、创新型城市、科技型企业等思路性举措。

（一）创新是发展的最大动力

当今时代是一个创新制胜的时代，创新是经济发展的最大动力、最大机遇和最大资源。

关于创新发展、科技进步的重要性，我在多种场合反复强调过。我曾专门阐述了创新发展、科技进步的重要性。当然，这里讲的自主创新，主要还是指科技创新。

科技进步水平和自主创新能力是一个国家、城市、地区和企业的核心竞争力所在。科技进步怎么样，决定着一个国家的前途和命运。就绍兴来说，我们要推进率先发展、实现富民强市，转变经济增长方式、提供发展竞争力，重要的、关键的就是要真心实意、一心一意、全心全意地把精力和力量放在依靠科技进步上。谁在这方面醒得早、干得实，谁就有竞争优势，谁就会赢得发展机遇，谁就能走上经济发展的常青之路。

第一，我们的民族要立足于世界民族之林，发展要不受制于人，就必须增强自主创新能力。我国是一个人口大国，也是一个经济大国，但还很难说是科技强国。如果我国的科技水平不提升，发展就要受制于人。改革开放以来，就产品层面来说，起初是大量依靠引进，现在是既有引进,也有出口,出口产品数量巨大。就绍兴市来说,2005年100亿美元的进出口总额中,出口占到80亿美元。就装备来说,原来更多地依靠引进,现在则有所改变,一般性设备都能国产,但高精设备还是要靠引进。就技术层面来说,我们总的还是以引进为主,特别是核心技术。因此,我们要在国际竞争中立于不败之地,要维护国家经济安全,要取得经济发展主动权,要摆脱受制于人的局面,必须加强自主创新。

第二,我们要加快调整经济结构、转变经济增长方式,就必须增强自主创新能力。总体而言,我们的增长方式比较粗放,增长还是主要依靠资源消耗,是一种数量型的增长。这种增长方式导致经济运行成本大幅上升,资源、环境压力加大,可持续发展面临严峻形势。我们要落实科学发展观,发展循环经济,建设资源节约型、环境友好型社会,就必须调整经济结构、转变增长方式。而提高自主创新能力则是推进结构调整、转变增长方式的中心环节和根本途径。我们必须紧紧依靠科技进步,大幅度提高自主创新能力,加快用先进技术改造传统产业,积极发展高新技术产业,逐步实现经济发展从投资驱动型向创新驱动型转变。同时,我们要提高产业竞争力,也必须依靠科技,走自主创新之路。

第三,我们要增强经济发展的拉动力和推动力,就必须增强自主创新能力。从一般意义上说,拉动经济增长的是"三驾马车",也就是出口、消费和投资。但过去区域发展、企业发展更多的是依靠投入拉动,依靠体制机制的创新,而现在和今后一个时期,发展的动力除了投资、体制机制优势外,根本的是要依靠科技进步,依靠人才和知识。

第四,我们要破解当前发展中的矛盾和困难,就必须增强自主创新能力。绍兴市经济发展的总体态势是好的,但也存在着一些新的困难和问题。比如:一是要素紧缺,土地、电力、资金、劳动力等生产要素,成为制约经济发展的一大瓶颈;二是工业效益回落,工业企业利润下滑,企业亏损额增加;三是市场空间受挤,一些企业特别是纺织企业遭遇贸易壁垒,反倾销案例增加,国际市场风险增大。我们在发展中遇到的这些困难和问题,根本的原因是增长方式粗放、科技竞争力不强。

根本的化解办法，也只能是依靠科技进步，实现创新发展、集约发展，降低生产成本，提高竞争能力。

第五，我们要保持科技进步的相对领先地位，就必须增强自主创新能力。 当时，绍兴市是浙江省唯一的全国技术创新工程示范城市、全国四个重要技术标准研究试点城市之一、全国制造业信息化工程重点城市，并已连续四次被授予"全国科技进步先进市"称号，科技综合实力、科技进步水平居全省第三位。但也要清醒地看到，绍兴市技术创新工作仍有不少薄弱环节，尤其是企业的自主创新能力仍然十分薄弱，对外技术依存度高，"重引进轻消化"，对引进技术的消化吸收与创新不够，"重硬件轻软件"，引进技术时以成套设备进口为主，以设备为主的合同额占 80%，以技术为主的合同额占 20%。由此可见，企业的技术创新能力比较薄弱。

（二）创新发展的基本内容

市县推进创新发展，要解决的主要问题是：怎样使产业结构由低级向高级转变，怎样使我们的增长方式由粗放型向集约型发展？我认为，重点要抓好以下几个方面的创新。

第一，推进结构创新。

一是产业结构创新。坚持工业立市，积极走新型工业化道路，着力打造先进制造业基地；坚持用工业的理念发展特色农业、设施农业，加大外拓基地力度，推进农业产业化经营；发展壮大现代服务业，着力提高第三产业比重，推进三大产业协调发展。二是投资结构创新。按照发展优势产业、稳定均势产业、淘汰劣势产业的要求，突出发展高新技术产业和用高新技术改造传统产业，把投资的重点放到低能耗、无污染、高技术含量的项目上来。三是空间结构创新。整合提升园区建设，特别要加快杭州湾绍兴产业带的规划建设。积极推进产业梯度转移，促进产业"头脑和手脚的分离"，不断拓展发展空间。

第二，推进科技创新。

从绍兴经济发展角度讲，推动科技创新主要抓三个方面。

一是大力推进企业创新。重点是继续实施"三个两百"科技创新工程，着力扶持200家民营科技企业，实施200项科技创新和产学研合作项目，创办200家区域科技服务中心和企业技术开发中心。二是产品结构创新。强化新产品开发，提升产品科技含量，重视名牌产品的培育、开发和宣传，加快由贴牌向名牌转变，提升产品的附加值。三是合作方式创新。继续加强与大专院校、科研院所的合作，力争在招商引校方面取得新的突破。

第三，推进开放创新。

对外合作开放也要创新，重点抓三个方面。

一是招商方式创新。以园区招商、产业招商、区域招商和大项目招商为重点，加快推进与国外研究机构、技术中心合作，并争取在绍兴落户。二是市场结构创新。积极争取设立出口加工区和保税仓库，巩固传统市场，拓展新兴市场，特别要鼓励发展加工贸易，保持外贸出口快速增长。三是接轨方式创新。加快接轨上海的重大基础设施建设，主动融入"长三角经济圈"，着力推进浙东四市经济协作和"山海协作"工程，鼓励优势企业到中西部投资创业。

第四，推进体制创新。

推进体制创新，重点抓五个方面。

一是深化国有资产管理和监督体制改革，实现政府公共管理职能与国有资产出资人职能分开。二是继续加大国有集体资本从竞争性行业退出的力度，加快建立现代企业制度。三是进一步深化文化、卫生、教育等社会领域改革，鼓励民间资本进入，吸收外来资本竞争。四是推进企业并购重组，鼓励买壳上市，着力做大做强"绍兴板块"。五是继续深化行政审管理体制改革，加快政府职能转变，进一步提高依法行政能力，深化部门预算改革，加强公共财政体制建设，完善四大中心运作机制，努力打造服务型政府。

第五，推进要素配置方式创新。

推进要素配置方式创新，重点抓三个方面。

一是在电力供应方面，继续坚持开源、节流与挖潜相结合，加强电力基础设施建设,按照"有序用电"要求,加强科学调度,优先保证城乡居民生活用电,优先保证对全局影响较大的行业和企业用电。二是在土地整合方面,严格执行关于加强土地管理促进土地集约利用和处置闲置土地的政策意见,进一步提高土地集约利用水平,并通过拓展空间、保障发展,盘活存量、集约用地,规范政策、有偿使用,集中资源、确保重点等措施,把有限的土地资源用到必需而紧迫的重点建设项目上来。三是在资金保障方面,广辟渠道,扩大总量。在抓好本地金融业务的基础上,通过招商引资、引进外地银行来绍兴市设立分支机构和推进企业上市等方式,进一步扩大融资规模,保障发展资金。

第六,推进领导方式创新。

按照党的十六届四中全会精神和政府职能转变要求,切实加强执政能力建设。重点抓三个方面。

一是以提高执政能力为重点,切实加强领导班子建设。加强对领导干部正确的政绩观教育,探索领导干部政绩的科学评价体系。认真落实各级领导班子重大事项议事规则及其他各项制度。适时成立市财经工作领导小组,加强对经济工作的领导和协调。二是以实施农村工作指导员制度为抓手,切实加强基层组织建设。真正发挥农村工作指导员作为政策法规宣传员、富民强村服务员、矛盾纠纷调解员、党务村务督导员、精神文明推广员的作用。三是以机关效能建设为载体,继续加强干部作风建设。结合四轮审改方案落实,围绕机关干部"在不在岗、在不在状态、在不在行"这一要求,有效解决机关作风中存在的突出问题,努力树立良好的服务形象。

(三)开展创新发展的"十个一"活动

抓工作有载体才能积极推进。创新发展也必须有工作载体才能抓实抓出实效。为此我们开展了广泛宣传、政策扶持、项目推进、强化企业主体、科技创新提升、选资招商、外贸提质增效、提高资源要素利用水平、推进节能降耗和管理创新等"十大系列活动",具体工作中重点抓好"十个一"的工作。

一是以培育一批科技型企业为重点，提升科技创新能力。抓创新发展，重中之重是抓科技创新。抓科技创新，主要载体是抓科技型企业培育。只有抓好这个问题，才能把科技创新抓到实处，充分发挥企业主体作用。2005 年，绍兴市拥有不同类型的科技型企业 800 多家，2006 年要新培育各类科技型企业 700 家以上，重点培育一批国家级、省级创新型企业，力争通过若干年努力，把全市所有规模以上企业培育成各种类型的科技型企业。这里的科技型企业不仅仅是高新技术企业，传统产业的企业也要成为科技型企业。要把企业培育成为科技型企业，必须持续不断地加强企业技术改造和技术研发，2006 年规模以上企业技术开发费增幅要力争高出销售收入增速 10 个百分点。要完善企业自主创新支撑平台，加强与浙江大学等高等院校的产学研合作，积极创建企业技术中心，更好地发挥纺织产业联盟等区域科技创新平台的作用，努力在推进科技创新上有突破性进展。当时，国家马上要出台企业所得税方面的政策，这些政策最大的特点是鼓励企业科技投入，政策规定企业用于科技创新、技改投入可以抵扣相当于投入 150% 的企业所得税。同时，高新技术企业的优惠政策覆盖面进一步扩大，原来企业必须在园区才能享受，今后不在园区的高新技术企业同样可以享受优惠政策。

二是以实施一批重大项目为重点，加快产业结构调整。按照"优一产、强二产、兴三产"的思路，实施一批重大项目，积极推进产业结构战略性调整。第一，要积极实施一批现代农业项目。实施"强龙兴龙"工程，力争 2006 年新增特色基地 10 万亩，年销售 5 亿元以上农业龙头企业 2 家、亿元以上 5 家，外建基地新增 20 万亩。第二，要积极实施一批重大工业投入项目。推动纺织、化工等传统产业升级换代，积极培育电子信息、新型材料等高新技术产业，重点实施 150 项科技含量高、投资结构优、市场前景好的重大工业项目，力争电子信息、环保节能、机电一体化等产业项目占工业投资的 60% 以上。在优化投资结构、提高投资效益的基础上，全年完成工业性投入 550 亿元，其中以技术、设备投入为主的技术改造投资 380 亿元，占全部工业性投入的

70%以上。第三，要积极实施一批三产服务业项目。大力发展旅游业，推进鲁迅故里二期、中国黄酒城二期、会稽山旅游度假区休闲中心、绍兴县（现柯桥区）大香林景区二期、诸暨西施故里旅游区二期等旅游项目建设，争创中国最佳历史文化旅游城市。要加快商贸业发展，引进大型商贸企业，推进迪荡新城商贸中心建设，加快中国轻纺城等一批专业市场的改造升级，抓好袍江汽车城等商贸项目，进一步激活农村消费市场。大力发展生产性服务业和中介组织，培育大型现代物流企业，力争服务业增加值占生产总值比重每年提高1个百分点。我曾去一家外贸企业调研了这家企业和美国有关企业签了订单，对方企业要来考核。但考核的内容不是设备、产品质量，而是考核企业的厕所卫生情况以及车间有没有休息室等内容。我国的绝大多数企业的管理还没到这个阶段，但美国很多企业在这方面都已经很完善了。从这件事我们可以看出，随着经济的发展，工业企业配套服务业的发展潜力很大，将会成为一个新的经济增长点。

三是以扶持一批规模企业和发展现代家庭工业为重点，激发企业主体创新活力。一方面，要积极实施"培大育强"工程，推动各类要素向优势行业、优势企业集中，鼓励企业做大做强，培育一批规模企业，力争全年销售收入超10亿元的企业65家，超50亿元的企业8家，超100亿元的企业2家。另一方面，要积极鼓励中小企业发展，特别要引导传统家庭工业向现代家庭工业转变。近年来，各县（市）都很重视家庭工业，也取得了很好的成绩。习近平同志在新昌调研时曾要求我们在抓规模企业发展的同时，绝不能忽视现代家庭工业的发展，要把现代家庭工业作为解决农民增收和劳动力就业问题的重要手段来抓。后来他还要求省有关部门，进行深入调查研究，制定相关措施，引导鼓励发展现代家庭工业。因此，我们在扶持规模企业同时，也要鼓励发展中小企业和现代家庭工业，努力形成"航空母舰式"企业与"满天星斗式"企业共同发展的良好局面。

四是以培育一批名牌产品为重点，提升产品附加值。按照"发展最终产品、培育名牌产品、做优特色产品"的发展思路，加大新产品研发力度，大力发展高科技、高附加值、拥有自主知识产权的产品，力争规模以上工业新产品产值占工业总产值的比重提高2个百分点。大力实施品牌战略，加强品牌扩散和品牌经营，积极创建"中国名牌产品""中国驰名商标""重点出口名牌"三大品牌。

五是以实施一批循环经济项目为重点，推进企业节能降耗。实施循环经济发展规划，组织实施工业循环经济评价考核体系，着力抓好重点行业和省控重点污染、高消耗企业的清洁生产，重点推进开发区和重点工业功能区的生态化改造，不断优化生态环境。广泛开展各种形式的资源节约活动，大力推广节能先进技术，提高资源利用效益，促进经济可持续发展。

六是以抓好一批开发区建设为重点，提高资源要素集约利用水平。提高资源要素集约利用水平，是实现集约发展的关键之举。而提高资源要素集约利用水平，根本之举是推动产业向园区集聚。要抢抓大桥、大闸和港口建设机遇，重点推进沿杭州湾产业带、沿曹娥江产业带建设，提高36个块状特色园区的建设水平。引导企业"入园进区"，强化11个省批开发区的功能定位，推进开发区向专业化、特色化、科技化方向发展，促进布局集中、产业集聚、用地节约。严格执行土地单位面积投资强度标准，鼓励开发区和企业实施"二次开发""深度开发"，提高土地集约利用率。加快实施"腾笼换鸟"，有效整合土地资源，逐步转移中心城市二环以内的非都市型工业，腾地发展新型服务业或都市型工业；有序转移规划确定的"禁止开发、限制开发"区域内不符合产业发展方向的企业，腾地发展生态型、环保型产业。

七是以推进一项"外贸转型"计划为重点，促进外贸提质增效。积极实施"外贸转型"计划，着力优化外贸结构，推动外贸出口从数量型创汇型向质量型效益型转变。第一，要优化外贸产品结构，提高一般贸易中高新技术、具有自主知识产权和名牌产品的出口比重。第二，要优化外贸企业结构，鼓励外贸企业做大做强，支持有发展潜力的企业开展加工贸易。第三，要优化外贸市场结构，加强外贸组展工作，加大对非设限地区市场的拓展力度，重点拓展非洲、东盟、俄罗斯等新兴出口市场,抢占美国、欧盟市场。第四,要优化外贸出口方式,支持有发展潜力的企业扩大加工贸易规模,着力解决发展加工贸易的政策障碍,继续积极申报出口加工区,重点推进袍江出口加工区的规划建设。

八是以开展一批选资招商活动为重点,提高对外招商水平。要以绍兴市获得中国城市总体投资环境"金牌城市"为契机,积极推介绍兴市投资环境,开展一批有规模、有实效的招商活动。第一,要坚持引进外资与引进内资并重。第二,要坚持引资与引智并重,着力引进一批国外先进管理经验、先进技术和高素质人才,重点加强对世界500强企业、行业龙头企业的招商工作,千方百计引进一批技术先进的外资项目,力争在引进境外产业研发机构、技术创新中心上有所突破。第三,要坚持第二产业引资与第一、第三产引资并重,不断拓宽引资领域,在抓好工业招商的同时,加大农业和第三产业的招商引资力度。第四,要坚持"引进来"与"走出去"并重,鼓励企业赴境外和跨区域投资,开发重要资源性基地,拓展产业发展空间,促进产业梯度转移。

九是以培育一批中心镇、中心村为抓手,推进城乡协调发展。加大大城市特别是中心城市建设力度,全面落实加快市区发展的若干意见,不断提升市区综合竞争力和辐射集聚能力。全面推进社会主义新农村建设,深入实施市委、市政府有关培育中心镇的政策意见,积极稳妥地推进镇村"撤扩并",实施新一轮"千村整治、百村示范"工程,着力培育一批中心镇和中心村,加快产业集聚,加强基础设施建设,推进城乡一体化进程。

十是以培育一批和谐企业为重点,推进企业管理创新。加快现代企业制度建设步伐,完善法人治理结构,实现管理信息化、理念人本化,提高现代化管理水平。强化企业社会责任意识,加强优秀企业文化建设,改善员工生产生活环境,促进员工生产生活化,提高员工工作的满意度,营造和谐的劳动关系,积极创建和谐企业,充分调动企业员工的积极性和创造性。积极创建环境友好型企业,企业要与周边乡村、社区、单位保持友善关系,为构建和谐社会做出积极贡献。

（四）科技进步是创新的根本

2003 年 11 月 7 日,我在全市企业科技创新暨制造业信息化工作会议上,专门强调了这个问题。

第一,科技创新是经济社会发展的必由之路,要从推进跨越式发展的高度来认识重要性。

科技创新是经济社会发展的第一动力,离开科技创新发展既无动力也无希望。从区域看,当时绍兴市正处于依靠科技创新推进跨越式发展的重要时期。绍兴市五届一次党代会明确提出,绍兴必须紧紧围绕经济社会跨越式发展的主题,力争率先全面建成小康社会,率先基本实现现代化。为此,要抓住机遇,充分发挥科技第一生产力的作用,通过科技创新改造传统产业,发展高新产业,进一步提升区域经济发展实力。从企业看,当时许多企业正处于依靠科技创新实现新一轮扩张的关键时期。体制创新解决了企业发展活力,科技创新要解决的是企业的发展实力。如浙江丰利把科技创新作为企业发展的生命线来抓,引进德国先进技术,每年投入的科技经费占到整个销售收入的9.5%;通过建立废旧轮胎研发中心、开发废旧轮胎常温处理设备专利技术,大大降低了废旧轮胎处理成本,有效地开发了下游产品。通过几年努力,企业成了国内规模最大的废旧橡胶常温精细粉碎设备的生产基地,成了国家废旧轮胎处理管理办法起草小组的成员单位,走出了一条依靠科技发展循环经济的新路子。实践证明,无论是区域发展还是企业发展,无论是过去发展还是将来发展都要紧紧依靠科技创新推进跨越式发展。因此,在指导思想上,我们必须坚定不移地把科技创新作为第一生产力、第一资源、第一推动力、第一实力和第一优势来认识,以到位的认识、有效的投入和创新的体制推动科技进步,提升发展实力。

第二,科技创新是企业发展的生命线,企业要发挥好主体作用。

在与企业家交流过程中,大家普遍认为,要把企业经营得生机勃勃,有发展前途和生命力,必须以企业为主体,重点抓好六个方面的创新。一是体制创新,这是企业发展的根本。要通过体制创新来进一步解放生产力。二是管理创新,这是企业发展的基础。要通过管理创新来实现企业的发展目标,并在持续改进中不断提升企业的管理水平。三是技术创新,这是企业发展的动力。要依靠科技创新来推进企业的跨越式发展。四是产品创新,这是企业发展的核心。要依靠科技改造传统产品,开发高新产品,实现企业的持续发展。五是市场创新,这是企业发展的关键。没有市场的企业是没有希望的企业。六是素质创新,这是企业发展的方向。离开人的素质谈发展,企业难成大事。在日趋激烈的市场竞争中,体制和科技问题已成为制约企业发展的两大"瓶颈"。特别是随着经济全球化步伐的加快,科技创新在企业竞争中的地位和作用更加突出。我衷心地希望绍兴的企业家成为讲科技、重科技的企业家,成为尊重知识、尊重人才的企业家。尤其在企业改制以后,更要把科技创新作为重中之重来抓,把它渗透到企业发展的各个环节之中。要依靠科技改进生产装备,提升产品档次;依靠科技提高产品质量,开拓国内外市场;依靠科技提高人的素质,改进企业管理,从而让产品更具市场竞争力,让企业更具发展实力。打造"百年企业",培育名牌产品是企业发展的根本目标,也是科技创新的基本要求。

第三,推动科技进步是政府的重要职责,政府要发挥好主导作用。

科技创新的主体是企业,但政府的作用也十分重要,推动科技进步是各级政府的重要职责。要按照"务实、落实、实效"的要求,认真落实市人代会提出的科技教育创新工程,重点实施好"三个两百"和"八个一批",为绍兴市实现"两个率先"目标提供有力的科技支撑。特别要在构建区域科技创新服务体系方面多下功夫、多做文章。一要继续推进产学研结合。企业要进一步加强与大专院校、科研院所的联系合作,政府要在更高的层次上搭建产学研合作平台。二要继续做好孵化器的培育工作。要明确定位,科学规划,进一步整合、规范、提升各类科技园和特色产业园,不断提高发展水平;切实抓好一批高新技术创业服务中心、企业科技园和科技中介服务组织,为高新技术企业搭建更好的创新发展平台。三要继续办好网上技术市场。要在强化创新理念、探索长效机制、总结特色经验上下功夫，为企业发展搭建技术平台。四要继续构建公共技术创新平台。五要继续提供强有力的教育、人才支撑。要在继续办好本地高校的基础上，加强与外地著名高等院校的联系合作，引进一些大学到绍兴办学，在市区建设大学城。同时要进一步加强对企业家的教育培训，大力发展职业技术教育，建设好企业家队伍和职工队伍，为科技创新服务体系建设创造良好的人才环境。

无论是科技创新工作还是其他工作，我们都不能停留在一般性的号召上，而是要有号召、有目标、有任务，要建立责任制，抓好督查落实。这样持之以恒，一抓几年，工作一定会有声势、有力度、有成效。

（五）抓科技进步就是抓明天的发展

科学技术是第一生产力，抓科技进步就是抓明天的经济、明天的发展。

2002年，绍兴全市实现生产总值1088亿元，人均生产总值超过3000美元，经济发展已经具备比较雄厚的实力，可以说已步入了一个新的发展阶段。这是追求经济发展高水平、文化发展高品位、人的发展高素质的新阶段，是推进经济社会全面协调可持续发展的新阶段，是推进率先发展、实现富民强市的新阶段。

新阶段、新发展，绍兴既有难得机遇，更有诸多挑战。站在新起点，实现新跨越，我们必须在发展中寻找新突破，在创新中获取新动力。这个新突破，首要的是科技进步的突破；这个新动力，根本的是科技创新的动力。千动力万动力，科技创新才是不竭动力；千机遇万机遇，根本是要抓住科技进步的机遇。

第一，重视科技进步和科技创新，是适应经济社会发展规律的需要。

我们做任何事，都要把握规律，顺应潮流。历史潮流，浩浩荡荡，一部世界文明发展史，就是一部科学技术进步史。从农业文明发展到工业文明，从工业文明发展到信息时代，科技对人类文明的发展起到了巨大的推动作用。特别是意大利文艺复兴后的400年间，科技突破势如破竹,技术发明日新月异,每一次重大的科技创新都推动着产业革命的重大突破。18世纪瓦特蒸汽机的发明,推动了工业革命的第一次浪潮;19世纪后半叶、20世纪初电气化运动,造就了工业革命的第二次浪潮;20世纪中叶,晶体管的发明和微电子制造技术的飞速发展,开创了全新的信息时代,使生产制造、科研开发、社会生活发生了质的变化,有人称为"第三次产业革命"。

工业化的历程还告诉我们,越是创新活跃的地方,就越容易爆发产业革命,带来经济社会发展的巨大进步。世界经济发展规律充分证明,科学技术是决定经济社会发展的重要力量,落后国家和地区掌握了先进科技,就有可能赶超先进国家和地区;先进国家和地区如果不重视科技创新,就必定由先进变为落后。

就绍兴而言,如果不把握规律、顺应潮流,不抢抓发展机遇、加快科技进步与创新,就不可能加快发展,推进率先发展,实现富民强市。

第二,重视科技进步和科技创新,是适应新的发展阶段,进一步加快绍兴经济社会发展的需要。

我们所处的阶段,是质量型、素质型发展的阶段。绍兴要落实科学发展观、实现创新发展,必须依靠科技进步的推动。树立和落实科学发展观,走出区域全面协调可持续发展的新路子,关键是把经济社会发展真正转移到依靠科技进步上来。只有依靠科技的不断创新和进步,才能真正提升经济发展水平、促进生态保护、实现社会和谐进步。

为什么绍兴市在经济发展总体态势很好的情况下,会出现诸如要素紧张、效益降低等问题,关键在于经济发展的素质性、结构性矛盾,在于经济发展的科技含量不高。当我们看到我们的一车货物只能换取人家一手提箱芯片的时候,我们不能不为自己的发展缺少高新化、缺少高技术、缺少高附加值而感到担心和遗憾。2003年,绍兴市固定资本形成占生产总值的比重高达49.2%,电力消耗弹性系数高达1.59,每亩土地投资强度仅为51万元,工业企业成本费用利润率仅为6%,每创亿元生产总值所产生的废气、废水、废物等,都超过发达国家标准几倍甚至几十倍,与国内发达地区相比也有不小的差距。

我们的发展陷入了"成长的烦恼"，陷入了"青春的困惑"，这应该引起我们的警醒。改变这种高投入、高消耗、高排放、低效益的粗放型经济增长模式，唯一的出路是依靠科技进步，根本的办法是依靠科技创新，这是难点所在，也是希望所在。

第三，重视科技进步和科技创新，是适应激烈的区域经济竞争的需要。

我们所处的环境竞争激烈。绍兴要赢得竞争优势，实现率先发展，必须依靠科技进步的动力。改革开放以来，绍兴市经济社会快速发展，综合实力显著增强。总结过去的发展，我们主要是抓住了短缺经济的机遇，率先发展了乡镇企业；抓住了市场发育不全的机遇，率先发展了专业市场；抓住了经济体制改革的机遇，率先发展了民营经济，从而赢得了先发优势。

现在，我们这些优势正在逐步弱化，而有些劣势开始显现。制造业成本竞争不过其他发展中国家和中西部地区，高科技产业竞争不过发达国家和地区。绍兴要保持相对先进的发展态势，必须营造新的优势，关键是要营造科技创新的优势。连上海这样的大城市，都把"科教兴市"视为加快发展的"华山天险一条路"，绍兴更应该重视科技进步与科技创新。在前有标兵、后有追兵的激烈竞争中，绍兴要立于不败之地，必须把提升科技创新能力作为提升综合竞争力的重中之重来抓。

第四，重视科技进步和科技创新，也是被实践反复证明的成功经验。

无数事实告诉我们，科技在推进经济社会发展中能产生无穷的力量。2003年，全市省级以上高新技术企业实现产值515亿元，占全市规模以上工业的27.2%；销售收入495亿元，占26.8%；利税82亿元，占43.7%。高新技术企业的销售利税率16.6%，大大高于全市平均的10.1%，高新技术企业已成为绍兴经济发展的重要生力军。依靠科技创新、实现企业腾飞的例子更是举不胜举。浙江万丰奥特集团积极实施"科技强企"战略，建立院士工作站、博士后科研站，开展高科技项目研究，成功开发了21只新技术产品，使企业平均每年以67%的速度增长,被经济界誉为"万丰奥特现象";诸暨海亮集团自1997年以来,面对国内铜加工市场竞争激烈、价格低迷的情况,实现了一系列技术改造,企业的产销量几乎每年以翻番速度增长,至今已成为国内最大的铜管生产企业;宝业集团大力实施"鼠标加水泥,建造到制造"战略,以科技创新改造传统产业,以智能化和环保节能技术改造秦砖汉瓦,成为国内很有实力的建筑企业。

事实证明:科技是经济发展的第一推动力,谁把握了科技的优势,谁就赢得了竞争的优势、发展的先机。

绍兴正处于依靠科技创新推进新一轮发展的重要时期。抓科技就是抓发展、抓未来、抓出路,就是对企业负责、对历史负责、对人民负责。走科技创新之路,就是走发展之路、希望之路、腾飞之路,再创辉煌之路。

(六)把绍兴"八大优势"转化为科技创新的优势

在新的形势下,要加快创新发展创业,重要的是要把绍兴已形成的发展优势转化为科技创新的优势。我在《把体制创新优势转化为科技创新优势 着力建设科技型创新型企业》一篇文章中,专门讨论了这个问题。

第一,加快把产业优势转化为科技创新优势。绍兴块状特色经济十分明显,至今已形成纺织、机械、电子信息、生物医药等41个块状特色优势产业。但这些块状特色产业总体上产业层次比较低。要把产业优势转化为科技创新优势,就必须瞄准国内外先进技术和最新成果,推进关键技术攻关。特别要突出纺织科技攻关,拉长产业链,增强差别化,提高科技含量,真正把绍兴建成国际先进纺织制造业基地,打响"中国纺织看绍兴"品牌,提高绍兴市区域经济和支柱产业竞争力。

第二,加快把企业规模优势转化为科技创新优势。经过多年发展,绍兴已形成了一批规模企业。在2005年中国企业500强中,绍兴有5家;在中国民营企业500强中,绍兴有45家;在全省100强民营企业中,绍兴有37家。这些规模企业具有明显的产业优势、科研优势、产品优势、市场优势、资本优势等，要引导这些企业更加注重技术创新，努力做行业龙头。比如，引导企业凭借雄厚的资本优势，不断推进技术改造，形成新的经济增长点；凭借先进的设备优势，加大产品开发力度，提高产品科技含量；凭借领先的技术优势，通过原始创新、集成创新和消化吸收再创新，抢占技术制高点。

第三，加快把专业市场优势转化为科技创新优势。绍兴是专业市场大市，特别是中国轻纺城已成为全国第二大专业市场、亚洲最大的纺织品市场，为绍兴块状经济的发展起到了极大的推动作用。我们一定要把这种专业市场优势加快转化为科技创新优势，通过专业市场改造提升，更好地了解市场行情，掌握消费动向，以此开发出符合市场需求和高附加值的新产品。利用专业市场，发展技术要素市场和人才要素市场，培育科技中介企业，引进各类科技人才，为企业科技创新创造条件。我们要加快推进中国轻纺城等专业市场的改造提升，加快形成现代化的轻纺城主体市场和网上市场、人才市场、科技市场三个配套市场，使中国轻纺城真正成为国际纺织品贸易中心。

第四，加快把产学研优势转化为科技创新优势。绍兴产学研结合的工作起步较早，并取得了较好的效果。我们要把这种产学研优势进一步提升为科技创新优势，推动企业与大专院校、科研单位通过股份合作等途径研发科技项目；鼓励企业向科研单位购买科研成果，促进科研成果产业化；促进企业建立企业技术研发中心，提升企业自主研发能力；推动地方政府与科研单位联合建立区域性科技创新服务中心，为企业提供科技创新依托。这几年，绍兴与浙江大学开展紧密型合作关系，中国纺织科学院在绍兴建立了江南分院，都取得了很好的效果。

第五，加快把产品优势转化为技术创新优势。产品是企业的生命，是推进科技创新的重要落脚点。"十五"期间，绍兴累计开发省级新产品 522 个、国家重点新产品 211 个，并已成为 12 个"中国品牌经济城市"之一。我们要把这种产品优势进一步扩大，在现有基础上，进一步加强市场研究，加大科技型产品研发力度，提高产品科技含量和附加值。同时，要加大科技型产品的市场拓展力度，积极争创中国驰名商标和中国名牌,扩大高科技产品的市场知名度和覆盖率。

第六,加快把外贸出口优势转化为科技创新优势。21 世纪头几年,绍兴的外贸出口快速增长,2002 年全市自营出口总量已达 81.4 亿美元。外贸出口有利于拓展市场,也有利于提高产品国际竞争力。要把外贸出口优势转化为科技创新优势,就要优化出口产品结构,努力培育技术含量高、附加值高的出口商品;就要拓展出口市场,特别要积极拓展欧美等高层次市场,以此提升产品档次;就要积极通过外贸出口的渠道,引进先进设备、先进技术和优秀人才,促进企业提升发展。

第七,加快把体制机制优势转化为科技创新优势。当时,绍兴民营经济比重已占 95%,体制机制相对比较灵活。要充分利用这种优势,以更加灵活的办法,用股份合作等方式与科研机构开展科研合作。完善激励人才引进、人才创新、人才创业的体制机制,创新利益分配和共享机制,通过技术入股、柔性机制等措施,引进高层次人才,激励人才创新创业。加快建立现代企业制度,特别要通过建立多元混合型产权,激发各方面创新活力。

第八,加快把企业家优势转化为科技创新优势。绍兴的企业家有较高的素质,有胆识、有魄力。要发挥绍兴企业家坚韧不拔的精神品质,鼓励企业家在推进科技创新中敢于冒险、敢于突破、敢为人先。要发挥绍兴企业家的素质优势,加快企业管理创新,推进企业文化建设,努力促进企业和谐。

(七)科技创新重在信息化、数字化

2003 年 10 月 28 日,在全市信息化工作领导小组会议上,我以"建设数字绍兴 提升综合实力"为题,专门阐述了这个问题。

会议讨论了《数字绍兴建设规划纲要(2003—2007 年)》,研究部署了数字绍兴建设,目的是通过信息化建设全面提升绍兴的城市化、市场化和国际化水平,不断增强区域经济的综合实力。

第一,信息化是人类社会发展的必然方向,要把握趋势加快发展。可以说,当今世界没有任何一项技术像信息技术那样影响深远,渗透

到社会的各个方面；没有任何一项技术像信息技术那样成熟，被人类熟练地使用；也没有任何一项技术像信息技术那样普及，被人类广泛地应用。信息化是人类社会发展的必然规律、必然趋势和必然方向，要因势而动，积极应对。

第二，信息化是现代经济发展的基本推动力，要科学认识加快发展。要把它当作第一生产力中的第一资源、第一优势来认识，以信息化带动工业化，以工业化促进信息化，走新型工业化道路，推动经济可持续发展。

第三，信息化是赶超发达国家的最基本途径，要抓住机遇加快发展。信息化是推动跨越式发展的基础，离开信息化也就谈不上跨越式发展。我国是发展中国家，要发挥后发优势，赶超发达国家，就要运用现代信息技术的最新成果改造传统产业，发展高新产业，努力谋求跨越式发展。

第四，信息化是一个地区抢占发展制高点、提升综合竞争力的基本手段，要打造平台加快发展。从某种意义上说，今后区域经济的竞争实际上就是信息化的竞争，包括信息资源、信息人才、信息技术和信息管理体制等方面的竞争。信息技术已广泛地渗透到经济社会发展的方方面面，并日益影响着人们的工作和生活。大到海湾战争、"9·11"事件情报收集，小到银行付费、社区服务等，信息技术已无处不在。信息化正成为一个地区抢占发展制高点、提升综合竞争力的重大战略。要抓住有利时机，加快打造信息化平台，为区域经济创造更大的发展空间。

（八）打造科技绍兴

我在2002年召开的全市民营企业科技工作会议上提出了"打造科技绍兴，提升绍兴实力"的战略理念。在2004年11月3日召开的科技工作会议上，我做了更明确、具体的安排。

第一，打造科技绍兴、提升绍兴实力的总体要求是：围绕"推进率先发展、实现富民强市"的目标要求，突出高新技术产业的培育发展和传统产业的改造提升,改善科技发展环境,深化科技体制改革,优化科技资源配置,提升科技创新能力,加快建设以高新技术产业为主导的先进制造业体系、以产学研合作为基础的科技创新体系、以技术服务为主体的区域科技服务体系,不断提高绍兴的综合竞争力,促进经济社会全面、协调、可持续发展。

第二,打造科技绍兴、提升绍兴实力的具体目标:一是基本形成以高新技术产业为主导的产业结构,到 2007 年高新技术产业增加值占工业增加值的比重达到 10% 以上,每年工业技术改造投资保持 15% 的增长速度,省级以上高新技术企业达到 200 家;二是基本形成以企业为主体、产学研合作为基础的区域科技创新体系,到 2007 年建成省级以上区域科技创新服务中心 10 家以上,全社会研发投入占 GDP 的比重达 2% 左右;三是基本形成以科技人才为支撑、以学习型社会建设为载体的社会知识体系,到 2007 年人才总量达到 36 万人,占总人口的比例达 8%;四是科技综合实力保持全国同类城市先进、省内前列,使绍兴成为长三角地区重要的科技成果研发基地、高新技术成果转化基地和科技型企业培育基地,到 2007 年科技进步对全市经济增长贡献率达到 50% 以上。

第三,打造科技绍兴、提升绍兴实力的基本原则:一是强化企业主体,要强化企业在技术创新中的主体地位,积极引导企业走科技创新的发展道路,使企业成为技术创新的决策主体、开发主体、投资主体和应用主体,提高企业的核心竞争力;二是强化市场导向,要遵循市场经济规律和科技发展规律,充分发挥市场在配置科技资源、引导科技活动中的基础作用,用市场的手段激励科技人才进行技术攻关、产品开发,实现产学研更加紧密的结合,促进科技成果产业化;三是强化创新灵魂,要深化全国技术创新示范城市建设,抓好全国重要技术标准试点和全国制造业信息化重点工程试点城市的实施工作,坚持引进吸收与自主创新相结合,集聚优质科技资源,增强区域科技创新能力;四是强化人才支撑,要强化人才资源是第一资源的意识,大力培养、积极引进、合理使用科技人才,最大限度地调动科技人才的积极性、主动性和创造性，努力打造绍兴人才高地；五是强化体制保障，要推进新一轮的企业改革，加快政府职能转变，深化科技体制改革，优化科技资源配置，尽快建立起有利于技术创新和科技成果向现实生产力转化的机制。

（九）打造科技绍兴的"八个一批"

打造科技绍兴不但要有目标、原则、思路，重要的是还必须有工作载体。在科技工作会议上，我专门做了安排，就是坚定不移、坚持不懈地抓好"八个一批"的工作。实际上，"八个一批"早在2002年我就提出并组织实施了，也取得了明显成效，但还必须继续抓下去。只有一年一年抓下去，才能积少成多，抓出实效。

一是着力实施一批技改项目。推进科技进步，项目是基础、是根本、是最有效的载体。没有项目的支撑，科技创新全是空话。要始终围绕培育高新技术产业和传统产业改造提升，加大技改投入的力度。积极实施一批高新技术产业化项目，重点发展电子信息、机电一体化、生物医药、环保和新材料等高新技术产业，使高新技术企业在重点领域形成特色、形成优势、形成新的经济增长点；积极实施一批传统产业改造升级项目，提升装备水平，改进生产工艺，应用信息技术，加快高新技术向传统产业扩散渗透，使纺织、机械、黄酒等绍兴传统产业具有国内领先、国际一流的竞争能力。

二是着力抓好一批科研项目。推进科技进步，关键要提升创新能力。一个产业、一个企业，往往创新一种新技术、应用一种新材料、开发一种新产品，就能降低生产成本，拓展市场空间，带来丰厚效益。要围绕绍兴区域经济和支柱产业发展中的关键、共性技术，积极跟踪国内外先进技术和最新成果，推进关键技术创新，努力研发掌握一批核心技术。我们要突出纺织科技攻关和制造业信息化科技攻关，以实施火炬计划项目、重大高新技术产业化项目为载体，组织一批重大科技项目进行联合招投标、联合攻关，开发一批具有自主知识产权的高新技术及其产品，抢占发展制高点，提高绍兴区域经济和支柱产业的竞争力。

三是着力开发一批科技型新产品。产品是企业的生命，是推进科技创新的重要落脚点。要加强市场研究，根据消费对象的需求，开发多样性、差异化的产品，提高产品科技含量和附加值。以优化农业结构、促进农民增收与农业增效为目的，大力实施种子工程和农业技术创新工程，培育一批名特优农产品，提升农产品质量。积极培育名牌产品，创建一批在国内甚至国际上都有一定知名度的名牌产品和驰名商标。加大对科技型产品的市场拓展力度，引导市场，引导消费，扩大高科技产品的市场覆盖率，使高新科技产品快出效益、出好效益。

四是着力培育一批科技企业。企业是市场竞争主体，推进科技进步必须围绕企业来展开，大力扶持科技企业发展。要激励和引导规模企业建立符合市场经济发展规律的企业内部技术创新运行机制，鼓励和支持规模企业及成长型企业增加科技投入、引进高素质人才、建立技术开发机构，积极推动各类生产要素向拥有核心竞争力的企业集中，努力提升企业的科技含量和整体素质。我们要通过若干年努力，在全市各领域、各行业形成一大批研发能力强、全国行业领先、具有国际竞争力的科技企业，使这些企业成为行业龙头、绍兴品牌。

五是着力建设一批研发中心。无论是科研攻坚，还是开发产品，都要有研发中心支撑。要加强区域科技创新服务中心建设，重点在绍兴纺织产业基地、上虞精细化工基地、新昌医药产业基地、诸暨环保装备产业基地、嵊州机电基地，建设几家区域性的生产力促进中心，为千家万户中小企业提供研发机构。省级高新技术企业和大中型企业都要建立自己的研发机构，择优扶持30家省级以上重点高新技术企业研发中心和企业技术中心，鼓励有条件的企业建立博士后流动站、工作站。

六是着力寻找一批科技合作对象。绍兴大专院校、科研单位少，自身科技支撑能力不强，必须借梯上楼、借脑引智，到国内外寻求科技依托。绍兴市在产学研合作上起步比较早，效果比较好，也创造了不少好的经验。我们一定要继续支持和鼓励更多企业与高等院校、科研院所互利合作。要重点深化与浙江大学的全面合作，做好中国科学院、中国纺织科学研究院、中国人民大学、东华大学等在绍兴市共建科研机构工作。要积极探索和推行符合市场经济规律的产学研联合机制，创新合作方式，提高合作层次。

七是着力办好一批高新园区。高新园区是高新技术产业的集聚地。要强化开发区的极化扩散效应，促进科技资源向开发区集中。要重点抓好绍兴、上虞、新昌三个省级高新技术产业园区建设，进一步提升产业优势，强化园区功能，促进集约发展，提高园区档次，把高新技术产业园区建成高新技术产业发展的先导区、示范区、集聚区。要在高新技术产业园区建设一批高新技术孵化器，既孵化尚未产业化的高新技术项目，也孵化已经产业化的高新技术项目，重点建设袍江工业区科技创新服务中心，提升城东园区科技创新服务中心，完善配套服务，强化孵化功能。各县（市、区）也要创造条件，集中力量办好一个孵化器，实施一批科研项目，孵化一批科技企业。

八是着力造就一批科技人才。科技创新靠人才，人才资源是第一资源。打造科技绍兴，提升绍兴实力，我们呼唤一大批高质量的科技人才，需要一大批高技能的技术工人。我们要有一种求贤若渴的人才

2004 年 5 月 29 日，绍兴市与浙江大学签订全面战略合作关系

意识，进一步落实人才引进的各项政策，进一步营造尊重人才、爱护人才、使用人才的良好环境，进一步创造激励人才创新、人才冒尖、人才创业的体制机制，使绍兴真正成为人才向往、施展才华的地方。培养人才，重在教育。要围绕培养科技人才，大力发展高等教育，积极引进中国人民大学等名牌大学来绍创办高层次教育，继续办好绍兴文理学院等现有高校。围绕建设一支高素质的职业技术工人队伍，切实加强职业技术教育，尽快形成劳动资源的新优势。

"八个一批"是抓科技创新的工作载体，也是基础性工作。"八个一批"抓好了，就会盛开科技创新之花，结出科技创新的丰硕成果。

（十）打造科技型企业是个好招法

抓科技创新，重抓培育科技型企业，是一个重大的工作创新，是真正抓到了关键处，是个好招数。

企业是市场竞争的主体，同时也是技术创新的主体。抓经济发展必须落实到企业，不落实到企业，一切都是空的。抓科技创新也是同样道理。没有企业的参与，没有企业的依托，没有企业的支撑，技术创新就成了无源之水、无本之木。特别是就市、县一级来说，抓科技创新，主要就是抓应用型科技创新，主要就是抓企业。现在，绍兴市企业已基本解决了体制机制问题，正处于依靠科技创新实现新一轮扩张的关键时期。我们要把增强企业的科技创新能力，培育科技型企业，作为打造科技绍兴、提升绍兴实力的重中之重来抓。这是绍兴新一轮发展的潜力所在、出路所在、希望所在。

企业要充分认识到，科技就是出路，科技就是效益，科技就是实力，科技就是竞争力。我们应该看到，市场竞争越来越激烈，生产成本不断上升，像过去那样粗放经营利润空间越来越小；要素供给日益趋紧，环境制约越来越大，像过去那样靠铺摊子、牺牲环境来求得发展已没有出路；低档产品出口市场趋向饱和，国内需求增长不容乐观，像过去那样靠低档次、单一性产品来拓展市场已没有竞争力。压力也是动力，审时度势，顺应大势，企业必须在科技创新上下功夫。

企业是科技创新的主体。没有企业的参与，没有企业的依托，没有企业的支撑，科技创新就成了无源之水、无本之木。我们要把建立以企业为主体的技术创新体系作为加强自主创新的突破口和着力点，使企业成为自主创新的决策主体、开发主体、投资主体和应用主体，着力培育一批科技型企业。市委、市政府着力培育科技型企业，这是对绍兴历史的负责，对绍兴长远发展的负责。

什么样的企业才算是科技型企业？科技型企业应该是以技术创新为主旨，以新产品研制、开发、生产和技术转让、技术咨询、技术服务为主要业务的"高效低耗"型企业；应该是科技投入大、自主创新能力强、设备先进、技术领先、产品科技含量高、拥有一批高素质科技人才和职工队伍的企业。具体而言，在研究开发经费的投入方面，每年应当不低于年销售额的 3%，省级以上高新技术企业应不低于 5%；在技术改造方面，要瞄准国内外的最新技术，持续进行技术改造，注重引进外部资金和先进的技术、装备；在自主创新方面，有较高的研发能力，能不断开发满足消费者需求和市场认可的新产品，拥有高新技术产品和自主知识产权；在人才队伍建设方面，应该拥有一批素质较高的管理人才、科技人才和专业技术人才做支撑，并有较完善的人才培养、选用机制。

经过多年的培育、发展，绍兴市科技型企业的队伍不断壮大，并正在成为推动全市经济发展的主力军。2006 年，全市共有市级以上高新技术企业 264 家，其中国家重点高新技术企业 106 家，占全省近 1/3。市科技局要进一步摸清全市科技型企业情况，掌握各种类型科技型企业在自主创新方面的特色。全市企业的技术创新能力也进一步增强。全市企业主要产品的技术来源独立开发的占 50% 左右，与科研机构合作开发的占 30% 左右，在模仿基础上创新的占 12% 左右，而购买现成技术、模仿现有产品技术或委托科研机构开发的企业占 8% 左右。

市政府还出台了关于加快培育发展科技型企业的若干意见，我们提出要重点培育三种类型的科技型企业。一是通过科技人才的引进和自主创新能力的提高,培育一批在国内外有影响的国家级和省级科技型示范企业;二是通过对共性关键技术的攻关和广泛的产学研合作,培育一批有良好发展前景的科技型中小企业;三是通过加快科技企业孵化器建设,培育一批具有高成长性的科技型苗子企业。

(十一)企业建设科技型企业的十大途径

在实践中如何打造科技型企业？许多企业已在实践中创造了很好的经验,广大企业要积极借鉴,取人之长,创己之新,不断探索出符合市场经济规律、具有自身企业特点的发展新路子,努力使企业发展从"制造型"向"创造型"转变,从"创业型"向"创新型"提升,使企业经营者从厂长、经理向企业家转变。

第一,设备更新。科技型企业,设备陈旧是不行的。要瞄准国际最新技术,持续进行技术改造,提高技术装备水平,形成与企业发展相适应、产品档次相配套的生产装备。

第二,工艺改进。不断进行技术革新,提高工艺水平,以此提升产品质量,提高劳动生产率。要重视专利申请,增强自我保护意识,真正拥有具有自主知识产权的先进技术。

第三,产品研发。加强市场调查,不断开发满足消费者需求和市场认可的新产品,提高产品的差异化程度,提高产品的科技含量和附加值。

第四,培育品牌。好的品牌就有好的效益。要加大产品的市场宣传力度,积极创建名牌产品和驰名商标,扩大品牌的市场知名度,提高产品的市场占有率。

第五,利用成果。科技创新,光靠企业自身的力量是远远不够的,要实行"拿来主义"。现在,许多科研机构研发了许多新产品、新技术,企业可以认准一些有市场潜力的项目,直接购买科研成果,或与科研单位、科研人员以技术入股形式共同开发,让科研成果在自己的企业生根发芽,转化为现实生产力。

第六,外资嫁接。积极引进国内外的大企业、大集团或行业龙头,参股甚至控股企业，在引进外资的同时，引进先进设备、引进先进技术、引进优秀人才。开展与国外大公司、大企业的配套协作，强化"学习效应"，提升自身档次。

第七，信息化改造。在生产流程、市场营销、企业管理等环节积极推广流程自动化、电子商务、办公自动化等，提高企业的技术水平和劳动生产率。

第八，校企合作。积极走产学研合作之路，加强与科研机构、大专院校的科技合作，建立企业技术研发中心，寻求技术依托。

第九，人才强企。人才是企业保持长盛不衰的关键因素。在企业需要提升的时候，拥有一批人才，往往就能腾飞一家企业；在企业发展困难的时候，引进一个人才，往往也能救活一家企业。企业家要求贤若渴，高质量引才、高待遇留才、高效益用才，使企业拥有一批高素质的管理人才和科技人才。要加强对职工的培训，提高他们的技能素质。

第十，管理创新。加强企业科学管理，强化现代管理理念，引进先进管理方式，提高企业管理水平。特别要重视企业文化建设，创新企业内部机制，更好地激发职工的创新热情和创新潜力。

总之，通过长期的努力，我们希望规模以上企业都能成为科技型企业。企业在科技进步中的主体作用发挥到什么程度，直接决定着绍兴科技创新的能力和竞争力。从这种意义上讲，绍兴未来的发展和希望，很大程度上就寄托在企业的科技创新上。

（十二）政府如何培育科技型企业

在培育发展科技型企业中，各级党委、政府必须做好以下几方面工作。

第一，坚持一个导向。这个导向就是科技进步。科技进步是发展的灵魂和主动力。抓科技进步就是抓明天的发展。

第二，坚持一个目标。这个目标就是要把绍兴所有规模以上的企业都建成各种类型、各种层次的科技型企业，努力把绍兴建设成为创新型城市。在创建创新型城市方面，我们是有基础的。因为绍兴在制度创新、科技创新等方面,都是走在全国前列的。

第三,**抓实一个载体**。这个载体就是我们要坚定不移地推进"八个一批"的工作,即着力实施一批技改项目、抓好一批科研项目、开发一批科技型新产品、培育一批科技企业、建设一批研发中心、寻找一批科技合作对象、办好一批高新园区、造就一批科技人才。

第四,**抓好一个活动**。这个活动就是每年开展的"科技创新月"活动。"科技创新月"活动内容丰富,形式多样,为企业解决了不少实际问题。

第五,**完善一些政策**。在已有政策基础上,根据发展的需要,进一步制定完善鼓励科技进步和自主创新的政策,加强对科技型企业的考核评选,抓好对各县(市、区)科技进步工作的考核。

第六,**积极探索一些机制**。这些机制就是有利于科技进步的一些机制,特别是扶持高新技术产业、中小型科技企业发展的机制。要探索研究风险投资的机制,切实解决中小型科技企业"融资难"问题和科技投资风险问题。

第七,**搭建一些平台**。这些平台包括行业科技服务中心、科技中介机构、孵化器等创新服务平台。比如,我们与中国纺织科学研究院等高等院所开展了合作,积极构筑了区域科技创新服务平台体系。

第八,**营造一个氛围**。这个氛围就是形成全社会尊重知识、尊重人才的良好氛围,为绍兴科技进步营造良好的社会环境。

十 抓实一个突破口：招商引资的"七个有"

从时间上讲，我到绍兴任职后，抓经济工作首先是从抓招商引资、开放型经济开始的。

（一）招商引资是个大抓手

2001年11月28日，我在市外经贸系统调研时，专门谈了开放型经济的意义。

第一，发展开放型经济是推动经济结构调整的有效手段，通过发展开放型经济可以有效推动经济结构调整。第二，开放型经济是提高经济质量的重要途径，我们讲的经济质量要提高，怎么提高？一个重要的抓手、载体、切入口就是发展开放型经济。一般情况下，我们的企业能够"走出去"，能够在国际市场上站住脚，经济效益一般都是比较好的。反过来说，进来的企业肯定也是比较好的，人家进来以后，技术、管理等各方面都带进来了。第三，开放型经济是促进经济发展的重要增长点。第四，通过发展开放型经济也是培养领导干部，特别是熟悉国际经济规则的领导干部的重要途径。所以，抓开放型经济是政府抓经济工作的重要着力点，各级领导对这项工作的重要性认识要进一步提高，把它摆在更加突出的位置上来抓。

在一次招商引资经验交流会上，我又强调了招商引资的重要性。

第一，招商引资是事关经济社会发展全局的战略性措施。抓经济工作，就主导方面来看，要提倡存量抓技改投入、增量抓招商引资。通过抓存量,不断技改,不断发展;抓增量,不断引资,不断发展。我们要提倡高增度技改投入,全方位招商引资。抓招商引资就是抓经济结构的调整,就是抓经济效益的提高,就是抓经济竞争力的增强,就是抓经济开放度的提升。从这个意义上讲,招商引资是经济发展的重要动力和载体,是事关经济全局和长远发展的战略措施。

第二,招商引资是实现经济跨越式发展的有力杠杆。绍兴的经济要在已有基础上实现跨越式发展,就要有载体、有途径、有措施,而招商引资就是实现跨越式发展的一条便捷的通道,一条代价最小的通道、一条见效最快的通道。一般而言,外来投资者都有一定实力、一定规模,技术含量也较高,他们有较强烈的发展欲望。而且,外资进来后还有滚动效应,通过以外引外,以商引商,外资进来会越来越多。

第三,招商引资是事关工业立市、开放兴市战略的一个重要内容。

第四,招商引资是提高社会开放度和干部素质的有效途径。干部通过招商引资,可以熟悉经济,了解外面的世界,增强驾驭全局的能力,增进对中心工作的理解和支持。而且,通过招商引资,与外界接触多了,全社会的文明程度、开放程度也必然会随之提高。

第五,招商引资是贯彻落实省政府开放型经济目标任务的需要。

(二)招商引资要做到"七个有"

招商引资是开放型经济的重要内容,也是发展当地经济的重要抓手。招商引资要有成效,总的来说,要做到"七个有"。

一是要做到有人招商。首先要看到这个问题的重要性,思想观念要跟上。要解决精神状态问题,不要以为现在困难很大,有畏难情绪,要树立积极有为、奋发进取、迎难而上的精神,就是要发扬"蚂蟥"的精神,盯住不放,就是要感动上帝。招商引资最后拼在什么地方,就是要拼一股劲,就是要靠一股精神来感动他、感化他,使人家愿意到你这里来投资;要有专门的组织机构来负责这项工作;招商还要有专门人才,同时也要靠方方面面的力量,各级领导和企业都要发动起来,要聘请一批招商顾问,组建一个在全省、全国星罗棋布的招商网,网越密、越大，机会越多。要把企业发动起来，"以外引外"，再研究回报政策。

二是要解决有地招商问题。企业来了以后要有土地，凡是有项目来的，土管部门要保证发展用地，现在没有什么问题，不能说明将来没有问题，我们还是要节约土地，要有长远打算。

三是要解决好有政策招商问题。我国加入世界贸易组织后，税制又有调整，招商要有好的政策。有关部门要看看还有哪些办法好想，有哪些政策需要梳理，要多搞一些调查研究，尽最大可能在政策上创造宽松的环境。

四是要解决有办法招商问题。节会是一种办法，要增加针对性，明确重点地区、重点对象。以外引外、网上招商、委托中介招商、定点招商等都是好办法，关键的就是要在抓手方面下功夫，要出绝招、出新招，要多动脑筋想办法，一年之中重点抓住一两个问题加以突破。

五是要解决有钱招商问题。招商不能搞"无米之炊"，精神状态是根本的，但也要有适当的经费，保证必要的投入，包括一些奖励的政策。投入的力度要在原来的基础上尽可能有所加大。

六是要解决有项目招商问题。我们自己要尽可能储备一批项目推出去，要让企业滚动发展，主动为它们出出点子，推动它们不断增资、扩资。

七是要解决有好的环境招商问题。要形成好的氛围，要尊重投资者，多接近他们，和他们交朋友，理解支持他们，为他们解决实际问题，要想办法让他们富起来，让他们赚到钱，要亲商、安商、扶商。

（三）成立招商服务局

为解决有部门、有人招商问题，我力促建立市招商服务局。2003年6月21日，终于成立了市招商服务局并举行了授牌仪式。会上，我做了简短讲话。

"经过半年多的筹备组建，绍兴市招商服务局正式成立了。招商服务局是绍兴市从事招商引资、为境内外投资者服务的专门机构。它的成立是贯彻全市'学苏南经验，抓招商引资'动员大会精神的一个

重大举措，标志着绍兴市的招商引资工作进入了一个以专业化为主，多种方式并存的新阶段，可喜可贺。借此机会，我提几点要求。

"一要以高度的责任心来抓招商。 没有强烈的事业心招不了商、引不了资。招商引资事关大局，事关长远。'开放兴市'重在招商引资。招商引资工作是一项竞争性、挑战性很强的工作。通过组建招商服务局开展专业化招商，在绍兴市是一项全新的工作，需要

绍兴成立招商服务局

我们上下一心、艰苦创业、自加压力、负重奋进，以高度的责任心、事业心来干好这件事。市委、市政府对招商服务局寄予了很高的期望，希望招商服务局尽快建设成为专业化水平高、管理能力强、捕捉信息快，并能适应全方位对外招商需要的工作机构。

"二要以市场的机制来抓招商。 招商引资既需要政府主导，也需要发挥企业的主体作用。招商服务局实行'专业化招商、企业化管理、市场化运作'，人员要面向社会公开招聘，管理上实行'班子组阁制、人员聘任制、绩效考核制和末位淘汰制'，真正建立能进能出、能上能下的优胜劣汰机制；收入分配要拉开档次，以业绩论报酬，以业绩论优劣。

"三要以优质的服务来抓招商。 招商引资的生命在于优质服务。招商服务局作为绍兴市招商引资的重要力量，承担着招商和服务两大

职能。因此，在抓好自身招商引资工作的同时，要切实承担起对全市招商引资工作的指导、联络、协调职能，以用好外资政策、宣传推介绍兴投资环境、策划境内外重大招商活动、构建招商引资网络、创新服务手段为重点，在信息发布、项目推介、投资洽谈以及招商人才库、外商信息库等方面发挥优势，使更多的外来投资企业成为服务对象。

"四要以整合的方式来抓招商。 整合出优势、出新的创造力。要牢固树立全市'一盘棋'思想，按照'成本低、服务优、回报高'的要求，对各种招商资源进行整合，努力谋求招商引资新优势。把各县（市、区）以及各类开发区的环境资源、招商队伍、政策资源和需求信息作为一个整体，统一策划，整体推介，做到资源共享、优势互补。认真组织开展全市性、专业性的招商活动，做到全市性活动有规模、有影响力，专项性活动有特色、有吸引力。按照产业发展、环境承载等要求，有针对性地共享客商资源，做到客商投资意向和区域招商需求有效对接，最大限度地提高投资项目和招商项目信息的共享性。

"招商服务局要加强与各级各部门的联络、沟通和合作，凡是有利于招商的事要主动地做，凡是有利于开放的事要认真地做，凡是有利于发展的事都要踏实地做，努力为自身开展工作创造一个良好的环境。各有关部门要把思想统一到市委、市政府的重大决策上来，形成共识、形成合力，满腔热忱地支持招商服务局开展工作，齐心协力地创造招商引资大环境，为实现'一年上个新台阶、两年实现翻一番、三年突破十个亿'的招商引资目标而共同努力！"

（四）开展"招商引资年"活动

2002 年，市里开展了"招商引资年"活动。

开展"招商引资攻坚年"活动有多方面原因。一是在招商引资方面确实碰到了不少困难，招商引资增长势头有所回落，特别是土地、电力等要素的制约，给招商引资工作增加了难度。二是招商引资工作正处在"爬坡""过坎"阶段，这对我们当时的工作是一大考验。上了这个坡、过了这道坎，前景将一片光明。三是从国际国内形势和绍兴市实际看,当时招商引资正面临新的机遇。我们必须顺势而为,乘势而上,抢抓机遇,力求招商引资工作有新的突破。

招商引资也是推动开放型经济再上新台阶和推动经济结构调整的有效手段,是提高经济增长质量的重要途径,是促进经济发展的重要增长点,因而也是政府抓经济工作的重要着力点。

我国加入世界贸易组织为发展开放型经济提供了新的契机,市委、市政府决定将2002年作为"招商引资年",把发展开放型经济作为"一把手"工程来抓,推动绍兴市开放型经济再上一个新的台阶。要进一步强化开放意识、营造开放氛围。要保持和提升对招商引资工作认识的高度、氛围的热度、推进的力度。要在继续落实好有人、有钱、有地、有政策、有办法、有环境招商的同时,进一步完善考核办法,把招商引资工作不断引向深入。

利用外资是2003年抓开放型经济工作的重中之重。我们要抓住国际资本加速流向中国的时机,远学苏州、近学嘉兴,全方位、多层次开展招商引资活动,努力做到有钱招商、有人招商、有地招商、有政策招商、有办法招商、有良好的环境招商。要尽快出台"关于进一步改善发展开放型经济投资环境的若干意见",组织开展了"发展环境建设月"和外商评议政府部门活动。要加大招商引资考核奖励力度,进一步调动各级各部门和全社会的招商引资积极性。要强化专业招商队伍,组建招商引资网络。要从绍兴市的产业优势和产品特点出发,重点做好纺织业利用外资的文章。要加强招商引资的针对性,重点做好日本、韩国、德国等地的招商引资工作。要修订和强化招商引资优惠政策,积极吸引国内外大企业、大集团到绍兴投资。要切实抓好招商载体,精心策划和组织"招商引资年"系列活动。

(五)在招商引资中要发挥企业的主体作用

2003年7月22日,我们召开了全市企业招商引资工作会议。我在会上以"强化企业主体作用 兴起招商引资新高潮"为主题做了讲话。

我在讲话中指出,这次会议的目的,是"学苏南经验、抓招商引资"，进一步把企业发动起来，积极投身招商引资主战场，大力发展开放型经济，为提高绍兴经济的国际化程度做出新的贡献。

我强调，这次会议之所以把企业招商引资作为主题，是由企业的主体地位所决定的。招商引资光靠政府远远不够，必须充分发挥企业的主体作用。一个地方的经济，特别是开放型经济的发展，其主体只能是企业。市场经济越发达，国际化程度越高，企业的主体地位就越重要。

我首先和大家交流了当时组织赴无锡、青岛学习考察的几点感受："'山外有山，天外有天'，无锡、青岛之行让我们进一步看到了差距、找到了不足；'抢抓机遇，开放兴市'，无锡、青岛之行让我们进一步坚定了发展开放型经济的决心；'义无反顾，持之以恒'，无锡、青岛之行让我们进一步认识了招商引资工作的规律（创造财富靠劳动，招商引资靠活动）；'急起直追，再创辉煌'，无锡、青岛之行让我们进一步增强了危机感、责任感和使命感。"

接着，我重点阐明了为什么要把招商引资作为经济发展的"金钥匙"。

从大的方面来看，一是现代经济是全球化经济，不融入国际，竞争力就不强，就不可能有大的发展，必须要有危机意识；二是现在正处于新一轮国际产业转移的重要时期，在大重组、大调整的时候商机很多，必须有发展意识；三是我们国家特别是沿海一带，经济发展处于一个重大变革时期，经济结构正在由轻工阶段向重化阶段转变，而一旦进入了重化阶段，企业规模、科技含量、经济实力都会有一个质的飞跃，必须有机遇意识；四是世界关注中国，中国看好"长三角"，越来越多的外商认识到占领中国市场首先要进入"长三角"，"长三角"是中国经济发展的制高点。因此，"长三角"已成为外资"抢滩"中国的首选之地，必须有合作意识。

具体而讲，因为招商引资意味着：

第一，借资发展。 就是说，通过招商引资，实现外资和内资的有效对接，进一步发展自己。两个轮子不仅可以跑得更快，而且可以跑得更稳。如果把内资比作一个轮子的话，那么外资就是另外一个轮子。

广东、江苏、山东等地为什么发展得这么快,一个根本的原因就是狠抓了招商引资、发展了开放型经济。绍兴要在激烈的竞争中立于不败之地,就必须不断地投入,但投入光靠自己不够,必须实行"拿来主义",引进国外的东西,为我所用。正如苏南的同志所说的那样:"靠国家投资太少,靠原始积累太慢,靠银行贷款太难,靠百姓集资太险,靠利用外资最好。"通过引进外资不仅可以增加经济总量,还可以调整产业结构、推进技术进步、增加财政收入、扩大社会就业等。绍兴的优势在民营经济,如果能把内资和外资、本源经济和外源经济结合起来,就会迸发出新的生产力、创造出新的优势。

第二,借梯登高。就是说,通过招商引资,一手抓传统产业提升,一手抓高新技术产业发展,推动产业升级和经济结构的战略性调整。绍兴的产业优势在传统产业,2003 年,绍兴市规模以上纺织企业销售收入已占全国的 7.3%,布产量占全国的 1/6,印染布产量占全国的 31.8%,领带产量占全国的 80%,袜子产量占全国的 65%。应该说绍兴市的纺织等传统产业已具有明显的规模优势及质优价廉的劳动力优势。随着产业竞争越来越注重质量和技术,仅有这两个优势还不够,只有与高新技术相结合,才能形成新的更大的发展优势。而传统产业和外资结合,从一定意义上说就是和高新技术结合。我们通过招商引资进行大规模的技术改造,借梯登高,实现了纺织产业的升级换代。

第三,借船出海。就是说,通过招商引资,引进资金、技术,接轨国际市场,在更大范围内参与国际市场竞争。从某种意义上说,利用外资就是利用国际市场。所以有远见的企业总是站在全球的高度,整合资源,优化布局,增强自己的国际市场竞争力。

第四,借肩上行。就是说,通过招商引资,引进国际上先进的企业管理经验,为我所用,进一步提升企业发展档次。利用外资不仅仅是引进项目、资金,更重要的是引进观念、技术、人才及管理经验。

因此,我们要牢固树立开放意识,敢于超越自我,从国际化的高度看待自身的发展,尤其要积极利用招商引资这个"金钥匙"来打开应用高新技术、学习国际先进经验和走向国际市场的大门,打开企业跨越式发展的大门。

最后，我强调了企业在招商引资中的主体作用。

企业是发展的主体，更是走向国际化、开展招商引资的主体。企业引资比政府引资更符合市场规则、更符合国际惯例，也更容易为外商所接受。以企引企、以外引外、以商引商，这是招商引资最主要、最有效的途径。2003年，绍兴有8万多家工业企业，其中有2200多家是规模企业，还有20多万户个体工商户，加起来有近30万个招商主体，如果把这些企业的中层干部和员工都发动起来，那将是一个巨大的招商网络。衷心希望我们的企业尽快成为更大范围、更高层次的招商引资主体。

第一，要努力把自己的企业做大做强。招商引资是一种实力的对话、一种实力的竞争、一种实力的合作。企业规模、实力的大小，决定了企业能不能高层次走向国际化。

第二，要积极谋求与外资及国外技术、人才的合作与嫁接。利用外资发展自己，进一步做大企业规模、做强企业实力，提高国际市场竞争力，这是企业招商引资的根本目的。在招商引资过程中，有实力的企业要重视引进国外的研发中心、技术中心和人才，要通过引进研发中心、技术中心，让先进技术和高层次人才为我所用。

第三，要主动把有价值的招商信息提供给其他企业和政府招商部门。有些招商信息你自己的企业用不上，就请提供给人家，实现信息共享。这是企业家的一种责任，是企业家热爱绍兴的具体体现，同时市里制定了相应的奖励措施，提供招商信息也有利于企业自身的发展。市里成立招商服务局，目的就是要更好地收集和利用招商信息，促进招商引资，加快绍兴开放型经济的发展。招商服务局要加强与企业的联系，搭建好信息平台和招商网络，积极有效地服务于招商引资。

第四，要积极参加各种经贸活动，广交朋友，把握商机。"走出去"才有商机，参加活动才能把握商机。翻开绍兴的名人史，自春秋战国以来，绍兴的每一位名人都是在大风大浪中锻炼出来的。办企业也一样，如果"坐井观天"，自我满足，就不可能做大，更不可能做强。所以企

2007 年 7 月 25 日，"品牌大省"建设高峰论坛暨绍兴袍江首届经贸活动周在绍兴举行

业要积极参加各种经贸活动，广交朋友，捕捉和把握商机。

第五，要积极宣传推介绍兴。热爱绍兴、宣传绍兴、发展绍兴，这是绍兴企业家的使命。我们不仅要把自己的企业发展好，还要利用各种场合、各种途径宣传推介绍兴，为提升绍兴的知名度做出贡献，共同树立绍兴良好的投资形象。

当然，要继续发挥政府在招商引资中的主导作用。在招商引资工作中，政府是主导，企业是主体，园区是主阵地，经贸活动是主载体。政府要继续发挥好招商引资中的主导作用，着重为企业做好以下几件事：一要为企业招商引资打造平台，这个平台就是企业的发展空间；二要为企业招商引资组织各种活动载体；三要为企业招商引资提供政策保障；四要为企业招商引资提供良好的服务。

我还提出，各地各有关部门要共同努力，以市招商服务局成立为契机，尽快建立一支 1000 人以上的专业化招商队伍和遍布全球的多层次招商网络；积极探索新的招商机制，进一步把规模企业发动起来，形成强大的招商合力；按照"主攻日韩、挖掘港台、突破南亚、拓展欧美"的思路，在日本、韩国等重点区域招商方面要有新的突破。

（六）营造招商、安商、富商的好环境

如果说企业创造财富的话，政府就应该创造环境。市场经济体制下的政府，其主要职责就是要提供高效、诚信的服务，为企业发展创造良好的环境。绍兴要成为开放的绍兴，首先要成为服务的绍兴，没有优质、高效、诚信的服务，就谈不上开放的城市。企业是发展主体，政府重在创造良好的环境。在2002年的招商引资年中，政府还专门开展"服务月"活动。我还以个人名义给外来投资者发了一封信，进行了一次专题调研，并办了一个恳谈会。

2002年5月23日，我在外来投资者恳谈会上以"开放的绍兴将更加开放"为题，做了即席发言，向外来投资者们介绍绍兴卓越的投资环境。

"**第一，绍兴正在走向开放和现代化**。改革开放以来，绍兴和其他沿海地区一样，成为外商投资的一片热土，凭借着自身优势正在走向更加开放和现代化。绍兴的优势主要体现在四个方面。一是经济基础较好。市场繁荣、块状经济发达，而且已经形成了轻纺、环保、机电、医药等几大支柱产业。二是区位优势明显。绍兴地处杭州和宁波之间，临近上海，是中国目前最具活力和发展潜力的经济增长带——长江三角洲的重点城市之一，经济发展的前景广阔。三是自然环境优越。绍兴是中国著名的水乡，素有'东方威尼斯'之称，能够为外来投资者提供良好的居住、生活环境。四是文化底蕴深厚。绍兴是中国首批历史文化名城之一，又是著名的'水乡'、'酒乡'、'桥乡'和'名士之乡'，在国内外享有较高的知名度。凭借这些优势和全市人民的共同努力，绍兴的经济呈现出良好的发展态势。

"2002年4月底，全市已累计批准外商投资企业2207家，总投资55.1亿美元，合同外资24亿美元，外资实际到位11.7亿美元，共有48个国家和地区的客商前来投资办厂。这些外资项目（包括内资）落户绍

兴，为我们引进了许多国内外的先进设备、先进技术和先进管理经验，推动了全市产业结构的调整和升级，提高了区域经济的整体竞争力。

"**第二，绍兴正视并努力克服开放过程中存在的问题和不足。**改革开放以来，绍兴在改善投资环境方面做出了很多努力，取得的成效有目共睹。但是我们在肯定成绩的同时，更需要正视问题，我们的投资环境还不尽如人意。

"前段时间，我以个人名义发信征询了一些外来投资者对改善投资环境的意见和建议，同时也实地走访了一些企业。结合意见征询和刚才大家谈到的，我看目前存在的问题主要是三大类：一是城市发展中基础设施相对滞后的问题；二是政策不到位的问题；三是服务不够高效的问题。对于存在的这些问题，我们自己要进行反省，从政府领导、政府部门到全体机关工作人员都要认真反思，外来投资者碰到的困难，就是我们的工作差距，必须采取切实有效的措施加以改进。

"对于大家提出的意见和建议，我可以负责任地讲，市政府是十分重视的，而且一定会予以认真解决。条件成熟的，限时解决；条件不具备的，积极创造条件，争取解决；对涉及上级部门的问题，我们也会主动帮助联系反映。在意见征询信中大家提出的问题，市政府办公室已经汇总反馈给市级有关部门，同时又会同监察局、外经贸局、经贸委、计委等部门对有关县（市）政府和市级部门落实外来投资者的意见和建议的情况进行了督查，有关职能部门也都做出了明确的答复，可以解决的问题立即予以解决。同时，我们也诚恳希望各位，在恳谈会结束之后，继续通过各种途径和方式，提出建议，反映问题。

"**第三，努力建设更加开放和现代化的新绍兴。**绍兴是不断开放和不断发展的绍兴。下一步我们将重点做好三篇文章。一是始终坚持以经济建设为中心，努力推进经济跨越式发展。二是要拉开框架，建设一个大城市。加快城市化是促进经济社会结构转型和区域经济发展的重要途径，也是实现现代化的重要载体。三是要继续搞好历史文化名城的保护和开发。对于历史文化名城，我们既要整体保护也要有序开发，要在开发中保护，保护中开发，做到保护与开发的有机统一。

"第四，要进一步创造良好的环境，加快区域经济发展。创造良好的投资环境，是我们市政府和政府各部门义不容辞的职责。环境也是生产力，区域经济竞争已经转变为综合发展环境的竞争，用创造环境来集聚产业、资金和人才已越来越成为区域经济发展的重要途径，特别是对我们开放型经济的发展，创造良好的环境显得更为重要。市政府在广泛听取各方面意见、建议的基础上，对切实加快发展开放型经济、改善投资环境等方面，采取了一系列的措施。其中包括开展全市性的'招商引资年'活动，建立市领导定期会见外商制度，制定出台发展开放型经济、优化发展环境等一系列政策，对提高政府职能部门的办事效率也做出了相应规定，力争为外来投资者来绍提供更好的舞台。我们还将在现有政策措施基础上进一步改善绍兴人居环境、教育环境、治安环境、引才环境，进一步减少办事环节，提高机关干部素质，努力为外来投资者提供高效服务。

"同时，我也真心希望大家共同参与我们的环境建设，一是做好参谋，二是当好评论员，三是认真监督。通过我们双方的共同努力，切实改善我们的创业环境和发展环境。我也希望通过你们的宣传，动员更多的朋友来绍兴投资创业，在绍兴这片热土上生根、开花、结果。"

（七）做大做强外贸出口

开放型经济除了招商引资，还包括外经、外贸。当年，中国企业到海外经营、发展的还不多，"走出去"的形式主要是外贸出口。

2002年11月28日，我在调研开放型经济工作时，就进一步做大做强外贸出口、增强经济的国际竞争力问题，谈了几点想法。

第一，做大做强外贸出口，是经济发展的必然趋势。我们的经济发展到现阶段，越来越取决于开放型经济的发展，越来越取决于"引进来，走出去"，越来越取决于经济国际化程度和国际竞争力的提高。首先，这是由整个经济的国际化、全球化趋势决定的。实践证明，企业要做大做强，经济要有更大发展，就必须融入经济的全球化过程中，否则就会失去竞争力。世界上没有一个国家能够封闭起来，仅仅依靠自己

2002年8月27日，王永昌欢迎新加坡经贸考察团

的国内市场而实现现代化的。其次，这是由我们国内经济的形势和走势决定的。我们的经济已经不是过去的短缺经济，而是相对的过剩经济，只有"走出去"，积极开拓国际市场，充分利用国际国内两个市场、两种资源，才能最大限度地发展壮大自己。再次，这是由绍兴经济的产业特点决定的。我们的产业结构是以纺织为主的劳动密集型传统产业居多，这些产业全国各地都有，竞争非常激烈，我们必须在努力占领国内市场的同时，走向世界，积极拓展国际市场。而且，我国加入世界贸易组织以后，绍兴市轻纺等劳动密集型传统产业扩大出口具有相对优势，我们要充分加以利用。最后，这是由企业发展所决定的。一方面，我们的企业经过几十年的发展，已经有一定的规模和实力，可以"走出去"；另一方面，扩大出口对企业加快发展、提高产品档次、加强企业管理，以及人才的培养、观念的变革都具有积极意义。总之，我们要把外贸出口始终作为经济工作的重点来考虑。

第二，做大做强外贸出口，必须紧紧抓住机遇。我们的经济发展，特别是从外贸角度看，当时正面临着不少难得的机遇，我们要紧紧抓住，千万不能错过。一是我国加入世界贸易组织以后，整个市场的开放度提高。虽然有的产品出口还有配额限制，但总的来说，外贸市场是越来越大。特别是近期，我们的轻纺等劳动密集型产品竞争优势还比较明显，出口这些产品还是利大于弊。二是国际产业结构的大调整给我们带来了很多商机。除了发达国家的产业转移，市场发生变化外，原来的东欧国家也处在调整和恢复时期。中东、南亚的局势虽然不是很稳定，但是里面蕴藏的商机很多。三是国际采购集团越来越青睐中国市场。世界上一些大的跨国公司、采购集团和连锁超市正在把它们的采购视野更多地转向中国市场，今后会更多地到中国来采购，这个机遇我们绍兴的企业要紧紧抓住。四是党的十六大召开，对整个经济发展，包括外贸出口都是难得的利好消息。相信中央会采取更多的措施来提高我们经济的国际化程度，增强国际竞争力。

第三，做大做强外贸出口，要采取更加积极有效的举措。一是要进一步优化出口主体。从一定意义上讲，这些年我们外贸出口形势之所以这么好，关键在于出口主体比较多。因此，绍兴要继续努力，进一步培育更多的出口主体，实现出口主体多元化。在培育更多出口主体的同时，要注意培育大而强的出口企业，重点企业要重点支持。二是要进一步优化出口产品。从绍兴市出口产品的结构现状看，纺织服装类所占比例相当高，这是我们的优势所在。在坚持发挥优势的同时，也要进一步拓宽出口产品，努力实现出口产品的多元化。与此同时，还要想方设法提高出口产品的附加值，努力提高出口产品的科技含量，尽可能培育一批出口品牌。三是要进一步优化出口市场。当时和我们有贸易关系的国家和地区已经有 169 个，可以说，绍兴的产品已经走遍世界。进一步优化出口市场，既要巩固美、日、韩、阿联酋等一些重点国家和地区，同时也要坚持出口市场的多元化，不断开拓新的市场。在市场开拓方面，我们还是要多动一些脑筋，比如"走出去"搞展销，到境外办一些与绍兴产品相关的市场等。四是要进一步优化出口方式。比如通过加工贸易、来料加工等方式促进外贸出口。围绕"四个优化"，我们的企业和政府部门要共同动脑筋、想办法，采取一些积极有效的具体措施。

第四，做大做强外贸出口，要进一步优化出口环境。优化出口环境，一方面有关部门已经做了大量的工作。比如出口退税，这是当时出口企业反映最大的问题。2002 年绍兴市拿到 5.45 亿元的出口退税指标，占全省同期的 16.7%，大大高于绍兴市出口量占全省的比重。除此以外，银行质押贷款的比例进一步提高，已经达到了 90%。另一方面要进一步优化支持外贸出口的政策措施。一是改善服务除了提速以外，还要尽量积极主动。外贸出口和国税、海关、商检、银行等部门关系都比较密切，我希望，企业要了解和遵守国家的刚性规则，做业务时没把握，以及与要求有一定距离的，事先要和相关部门多沟通、多咨询，请它们指点，既不违规，又把事情做好；同时，也希望各个部门在已有基础上，继续为企业发展积极主动地搞好服务，为企业化解难点，使企业更快更好地发展。二是要进一步改进服务方式，拓宽服务领域。比如积极探索电子通关、绿色通道等。三是中介服务要跟上。与世界贸易组织接轨，行业协会、中介组织职能将会越来越强化，无序竞争要尽可能通过行业协会、中介组织来管理、来协调。四是要适应我国加入世界贸易组织的需要，围绕反倾销加强服务。随着我国越发深入参与到世界经济之中，这方面的案例会越来越多，总的来说，我们鼓励和支持企业积极应诉，这也是提高企业应变能力和国际竞争力的一个重要方面。应对反倾销，有关部门要多做咨询、服务工作，包括建立一些协会、基金等，当然，反倾销最好还是通过行业管理的方式出现。五是外贸出口中问题还比较多，有些问题由于体制原因比较难解决，自己市里能够解决的，要尽量解决。包括单证、商标、外商管理问题等，请有关部门再进一步了解一下，适当时候统一提出来，然后搞一次专题性的服务活动，通过市县联动，采取一些新的政策措施，能解决的尽量解决。

绍兴经济的发展越来越取决于开放型经济，外贸出口是开放型经济的重要方面，在做大做强外贸出口问题上我们要保持清醒，抓住不放，增强信心，充分利用国际市场的机遇，通过全市上下的共同努力，再创外贸出口的新奇迹。同时，政府将一如既往地关心、支持外贸出口企业，为做大做强外贸出口，努力创造更加宽松的发展环境。

十一 培育一支大队伍：企业才是发展的主力军

（一）我心目中的企业家

2004 年 8 月 18 日，我们曾专门召开千家企业落实科学发展观、提升核心竞争力的大会。这在绍兴历史上也许是第一次，在企业界产生了广泛影响。

我在讲话中开宗明义：我们要落实科学发展观、贯彻省委"八八战略"，要推进率先发展、实现富民强市，企业是根本，企业是主体，企业是基础。只有把企业和企业家的积极性调动起来，把企业和企业家的创造性激发起来，把企业和企业家的力量凝聚起来，科学发展观才能真正落到实处，率先发展、富民强市的目标才能加快实现。

企业是发展的主体。发展是当今时代的主题，经济的发展是第一位的发展。经济的发展，归根结底需要企业的支撑。没有企业的依托，经济发展便是无源之水、无本之木。改革开放以来，绍兴的经济发展取得了显著成绩。从乡镇企业到专业市场，从传统产业到高新产业，从"低小散"到"大高优"，在一块块富有生机的热土上，创造了发展的奇迹；在一片片充满希望的田野上，书写着发展的辉煌。2003 年，全市生产总值突破 1000 亿元人民币，人均生产总值达到 3000 美元，财政总收入超过 100 亿元人民币，使绍兴经济迈上了具有里程碑式的新阶段。这其中，广大企业功不可没。可以说，没有企业的支撑，就没有绍兴的经济；没有企业的贡献，就没有绍兴的今天；没有企业的发展，就没有绍兴的美好未来。企业兴旺，绍兴就大有希望。

企业家是社会的财富。综合实力的竞争，实质是经济发展水平的竞争；经济发展水平的竞争，实质上是企业之间的竞争；企业之间的竞争，在一定程度上是企业家之间的竞争。一个地区企业家数量的多少、素质的高低和受重视的程度，决定着一个地方的经济竞争力。企业家是新时期的英雄和巨人，企业家是社会的财富。改革开放以来，绍兴的广大企业经营者在市场经济的大潮中勇于拼搏，敢立潮头，创造了非凡业绩，也锻炼成长了不少企业家。我们需要有更多的知名企业，呼唤有更多的知名企业家。企业家是一个地方经济实力的象征，也是一个城市的形象。我们期望企业家的社会地位和职业声望进一步提升，期望企业家的社会知名度高过政府官员。企业家就是财富，企业家就是竞争力，企业家就是发展后劲。企业家不断涌现，企业家受到尊重，企业家声名显赫，我们的发展就有了脊梁、有了动力、有了希望。

我们要关心企业家。企业是发展的基础，企业家是人才中的人才，全社会都要格外爱护、倍加珍惜。要在政治上爱护企业家，给企业家以一定的政治地位；要在工作上支持企业家，给企业家以更加宽松的工作环境；要在荣誉上褒奖企业家，对有突出贡献的企业家给重奖、授荣誉；要在生活上关心企业家，给企业家以优厚的生活待遇；要在感情上亲近企业家，激发企业家的创业热情。我们反对领导干部"傍大款"，但要提倡领导干部与企业家交朋友，经常与他们进行感情的交流，真心听取他们的意见和建议，切实为他们排忧解难。

我们要尊重企业家。企业家是社会的精英，企业家的地位崇高，企业家的劳动是一种受人尊敬的劳动。全社会都要尊重企业家的创业，肯定他们创业的艰辛，弘扬他们的创业精神；要尊重企业家的创造，感谢他们为社会创造了财富，为绍兴发展做出了贡献；要尊重企业家的创新，崇尚成功，包容失败，鼓励他们创新创业、不断开拓，激励他们敢闯敢冒、超越自我。新闻舆论部门要加强对优秀企业和优秀企业家的宣传，宣传他们创业的艰辛历程、成功经验和精神风貌，以增强他们的成就感和责任感。

我们要服务企业家。要努力创造企业称心的政策环境，进一步深化和落实促进企业发展的各项政策，在不违背国家法律、法规和大政方针的前提下，凡是政策法规没有明令禁止的都可以大胆探索和试行，凡是上级政策和规定有弹性的都可以创造性地用足和用好，凡是外地已经实行的都可以积极借鉴和运用，使绍兴成为发展政策最优、企业获利最多的地区。要努力创造企业顺心的服务环境，进一步转变政府职能，深化机关效能建设，推进政府审批制度改革，坚决清理不符合发展要求的条条框框和办事规章，切实为企业排忧解难，使绍兴成为商务成本最低、政府服务最佳的地区。要努力创造企业安心的社会环境，严格规范执法行为，坚决治理乱收费、乱罚款、乱摊派行为；加强基础设施建设，改善人居环境，提升城市文明；进一步加强社会治安综合治理，全力打造"平安绍兴"，使绍兴成为人居环境最佳、创业条件最好的地区。

我们要培育企业家。要大力发展个体私营经济，鼓励和支持人民群众创新创业创大业，培育更多的市场竞争主体；要积极支持企业做大做优做强，为企业的发展壮大提供优质服务、创造更好条件；要深入开展"绍兴市杰出企业家"评选活动切实加强企业家队伍建设，重视培养新生代企业经营者，全面提升企业经营管理者素质，努力造就一批企业界的领军人物、统帅人物。市企业家协会要努力创新，增强活力，更好地发挥联系企业和企业家的桥梁纽带作用。

我们要引导企业家。企业家是敢于创新、善于开拓，具有战略眼光、善于把握未来，具有良好素质和修养的企业经营管理者。我们要引导广大企业经营者不断提高自身素质，加快从厂长、经理向企业家的提升。一要加强学习，提高素质，努力使自己成为既有学识也有见识，更有胆识的企业家，成为既具悟性也具理性，更具韧性的企业家。二要敢于创新，善于开拓，不小富即安、小进则满，崇尚事业，追求卓越，敢于挑战，善于竞争。三要艰苦创业，遵纪守法，保持艰苦奋斗的良好品质，顽强拼搏的高昂斗志，诚实守信的人格魅力，不因取得一点成功就忘乎所以，不因有点挫折就萎靡不振，更不能做有违法律、有违道德、有损形象的事。优秀的企业家应该是社会的楷模，应该是时代的标杆，志存高远，为人师表。四要致富思源，要有得诸社会还诸社会的思想境界和高度的社会责任感，努力为家乡的发展、为父老乡亲的致富做出更大的贡献。

（二）高水平是财富，低水平是包袱

在同一个会议上，我希望企业家们再创发展新业，再谱"胆剑"新篇，不断探求发展新路子。要明白未来的发展，高水平是财富，低水平是包袱，企业要坚定地走创新发展之路。

我分析说，在 2004 年国家实施重大宏观调控政策的新形势下，绍兴经济发展中存在的矛盾和问题水落石出、集中暴露。经济发展速度有所减缓，增长幅度处于全省中下水平；经济增长方式粗放的矛盾日益突出，单位 GDP 增量所需的投资、所耗的能源、所产生的污染都超过全省平均水平；生产要素和环境承载的瓶颈制约越来越突出，生产缺电、招商缺地、投入缺钱的问题也比较严重。这些矛盾和问题提醒我们，如果再不转变经济增长方式，再不谋求新的发展路子，我们将深陷"增长的烦恼"。就一个区域而言，就会出现资源供给难以承受、环境容量难以承受等更大更多的困难，使发展遇到更大的压力；对于企业来说，长期在管理粗放、效益低下，产品粗放、市场萎缩，技术粗放、竞争乏力的状态下，最终将会举步维艰。这是市场竞争严酷无情的现实。落实科学发展观、提升核心竞争力，是摆在我们所有企业面前一项十分紧迫而重要的任务。

高水平是财富，低水平是包袱。全市各级和所有企业都要立足新的起点，开始新的征程，围绕落实科学发展观、提升核心竞争力，创新发展理念，探求发展新路，转变增长方式，不断提升发展水平。

（三）企业由"创业型"向"创新型"转变的十大路径

使我们的经济发展从"制造型"向"创造型"转变、从"创业型"向"创新型"提升。这里，我向大家提出提升发展的十种路径，希望企

业结合实际，积极探索实践。

第一，推进投资创新。这就是做好增量文章，要上那些"高优"项目。没有投入，就没有产出；没有源源不断的投入，就没有源源不断的产出；没有高质量的投入，就没有高质量的产出。要大力发展符合市场需求和产业发展导向的行业、产品和投资项目，积极实施低能耗、无污染、高技术含量、高市场竞争力的"大高优"项目，依靠高效投入，增强企业持续发展动力。

第二，推进技术创新。这就是要做好存量文章，用高新技术改造、提升传统产业和传统产品。技术创新是企业永续发展的不竭动力，是强化核心竞争力的重要途径。要对照国内外行业最新技术要求，结合企业自身特点和优势，加快新技术引进、吸收、创新和转化，加快传统产品升级换代和传统产业升级步伐，进一步做大做强块状特色经济。重视建立自己的技术创新体系和技术开发机构，增强技术储备，抢占技术制高点。注重核心技术、关键技术的研发，努力形成和拥有一批具有自主知识产权的核心技术和高新产品。

第三，推进品牌创新。品牌是企业的"名片"，是企业获取超额利润、提高产品附加值的重要条件。长期以来，绍兴市企业缺乏自主品牌，更缺乏名牌。绍兴企业要提升核心竞争力，必须拿出一批知名品牌。我们要充分利用产品的制造基地和优势，加快由"贴牌"向"创牌"转变，塑造自主品牌，争创知名商标，提升产品的附加值和企业的竞争力。要加大企业和品牌的宣传力度，提升企业和品牌的知名度及市场影响力。

第四，推进开放创新。面对全球范围内前所未有的大竞争，我们要有奋力去游、力争上游的自信和气度，在更大范围、更广领域和更高层次上参与国际经济技术合作和竞争，在推进国际化进程中转变经济增长方式。要积极拓展国际市场，巩固传统市场，拓展新兴市场，提高国际市场的竞争力和占有率。要积极招商引资，发挥自身在资本实力、市场经验、产业基础等方面的优势，把民资与外资、内源经济与外源经济结合起来，加强与国外知名企业的合作，引进国际资本、先进技术、世界人才,通过开放的创新来提升发展水平。

第五,推进资本创新。提升核心竞争力,既要善于生产经营,更要善于资本运作。要提升资本运作水平,积极争取企业股票上市,投身资本市场。利用企业自有资本去整合市外更大空间内的外地资本为我所用,积极稳妥地推进产业梯度转移,到外地拓展农业基地,兴建加工基地,促进产业"头脑和手脚的分离"。利用少量自有资本,通过兼并收购、产权转让、租赁托管等方式,实现更多的社会资本向优势企业聚集,加速企业发展壮大。

第六,推进规模创新。企业做大做优做强,是企业核心竞争力的重要体现,规模企业的数量多寡、实力强弱也是衡量一个地区经济实力的重要标准。当时,海尔集团营业收入超 800 亿元,相当于绍兴市几十家企业集团的总和,我们多么需要一批像海尔这样重量级的企业集团。2003 年,绍兴市营业收入超 30 亿元的已有 9 家,有 1 家企业超过了 50 亿元,为我们做大做强企业奠定了基础。规模更大、实力更强应成为每个企业的永恒追求。要通过持续的技改投入、适时的并购重组、不断的优势扩张,全力打造科技型、出口型、环保型、效益型等创新提升型企业,成为支撑区域经济的产业龙头和"航空母舰"。

第七,推进资源利用创新。更有效地利用资源和保护环境,以尽可能小的成本,获得尽可能大的经济效益和环境效益,才是可持续的经济增长。要积极推进资源的集约利用,特别要通过厂房加层、改造老厂、内部整合和余缺调剂等途径,变存量为增量,提高土地集约利用率。加大技术改造,改进生产工艺,提高单位能源的产出率。发展循环经济,推行清洁生产,发展环保产业,推动经济发展从线性增长向循环增长转变。我们要建设节约型社会,广大企业要自觉响应,积极参与,努力推进集约经营。

第八,推进人才创新。人才资源是第一资源。提升企业核心竞争力,关键要有一批高素质人才和职工队伍。要尊重劳动、尊重知识、尊重人才、尊重创造,积极吸引人才、用好人才、留住人才,形成有利于人才脱颖而出、施展抱负、发挥作用的机制。要高度重视职工岗位技能培训，提高职工掌握现代技术、先进设备的能力。

第九，推进机制创新。体制机制的创新是企业发展的最大动力，体制机制的滞后是企业发展的最大制约。要继续深化企业产权改革，通过股权社会化等途径，创新产权结构。按照现代企业制度要求，完善企业法人治理结构，真正建立起现代企业制度。创新优化企业经营机制，充分调动各个层面、所有员工的积极性和创造性，推动企业由活力到实力的转变。

第十，推进管理创新。管理是生产力，管理是竞争力。要注重以信息化建设提升管理水平，注重抓好产前、产中、产后各环节以及售后服务全过程的科学管理，提高企业经营管理的水平和效益。要加强企业文化建设，提升企业发展的"软实力"。

十二 发现一个新现象："绍兴板块"

绍兴人非常能干，不仅创造了辉煌灿烂的古越文明、特色鲜明的块状经济，而且在中国资本市场创造了具有很高知名度的"绍兴板块"。

（一）提出"绍兴板块"

绍兴企业上市起步早，上市企业比较多。我到绍兴工作，较早地关注和思考企业的上市现象。2002年5月30日，在企业上市工作会议上，我在调研的基础上就提出了"绍兴板块"的说法。

到2002年5月止，绍兴已先后有11家企业上市。数量在全省名列前茅（除宁波市外为全省第一）。上市公司数量和募资额在全国地级城市中处于前列，证券市场的"绍兴板块"已初步形成。

2004年10月，我在上市工作会议上又讲道，绍兴经济发展的一个亮点、一块招牌、一张金名片，就是企业上市工作。2004年，绍兴上市企业已有23家，在全国地级市中，只有无锡可以与绍兴相媲美。绍兴的上市企业不但数量多，而且很有特点，开创了不少国内、省内第一："国祥股份"是第一家在国内上市的台资控股企业，"稽山控股"是第一家在新加坡发行上市的省内企业，"新和成"是第一家在深圳中小企业板块发行股票的企业。中小企业板块一度是千呼万唤不出来。当时推出的一共是8股，浙江省占了3股，其中绍兴有2股，这很不容易。绍兴县（现柯桥区）杨汛桥一个镇就有7家上市企业，堪称国内"上市第一镇"，这个称号的含金量是很大的。可以说，到 2004 年，我们已经创造了令人自豪的"绍兴板块"。

"绍兴板块"的创造，对推动绍兴经济社会发展已经产生并将继续产生重大而积极的意义。概括地说，"绍兴板块"提升了绍兴经济的产业结构，提升了绍兴企业的体制和机制，提升了绍兴企业家的素质，提升了绍兴经济社会的开放度，提升了绍兴的知名度。从一定意义上说，上市公司和拟上市企业已成为经济增长的"火车头"，有力地推动了绍兴经济的持续快速健康发展。这些企业代表了绍兴企业的素质、水平和能力，体现了绍兴经济的规模、质量和实力，也展示了绍兴经济蓬勃发展的新形象。总而言之，它提升了绍兴的综合竞争力。

对"绍兴板块"，我们要百倍珍惜，精心呵护。我把绍兴上市企业概括为"绍兴板块"，并希望立足发展，乘势而上，进一步做大做强"绍兴板块"。

（二）企业上市意义的思考

在 2002 年、2003 年多次会议上，我还分享过对企业上市重要性、必要性的思考。其主要观点有：企业上市具有融资功能，但绝不仅仅是为了融资，是更有深刻的意义，我们要站在更高的层次上，更全面深刻地认识上市工作的必要性。

一是有利于完善一种体制，就是完善区域性社会主义市场经济体制。证券市场是现代市场经济的重要组成部分，要率先完善区域性社会主义市场经济体制，离不开健全的金融、证券市场。同时，企业上市与证券市场接轨，能加快建立现代企业制度，加快适应现代市场经济。企业上市就是在自觉或不自觉地创造历史，创造与证券市场接轨的历史，与市场经济接轨的历史，与国际市场接轨的历史。上市企业接轨市场经济时间最早、体制最完善、诚信最讲究，是产权制度改革的先锋，是完善社会主义市场经济体制的先锋，是接轨国际市场的先锋，在市场经济体制的改革与发展历程中肯定有你们辉煌灿烂的一笔。绍兴的上市工作抓得比较早，抓住了机遇，因而企业发展有新的优势，有

王永昌代表市政府与中国证监会杭州证券监管特派员办事处签订上市公司备忘录

更强的竞争力。

二是有利于倡导一种精神，就是倡导一种创业干事的精神。不能说企业不上市就是不再创业，而是说企业上市后，意味着发展的目标要求更高，制度安排更为合理；意味着企业更要不断地做大做强，创新创业干大事。企业上市以后，企业家心随股市跳动，忽高忽低，股市上涨你兴奋得睡不着觉，股市下跌你难受得吃不下饭，这就是证券市场的魅力。企业上市以后，你必须更加关注市场竞争，更加关注发展业绩，更加关注股民对回报的期望，唯有不断地做大规模，做好业绩，实现最大效益。这个过程就是在培养一种创新创业干大事的企业家精神。

三是有利于造就一支队伍，就是造就一支具有现代市场经济理念的高素质企业家队伍。造就一支高素质企业家队伍的方法途径很多，而企业上市是其中一条非常好的途径、一种非常好的方法和一个非常好的载体。市场经济是一所大学校，企业上市也是一所大学校。上市后，许多企业家不仅加强了企业内部管理，而且更加关注证券市场形势，更善于把握资本运作规律，大大提高了驾驭市场的能力。

四是有利于培育一批规模企业，就是培育一批年销售收入几十亿元、上百亿元的"航空母舰"。现代市场经济的发展，需要规模企业引领、支撑和推动。不管是区域集聚还是产品集聚，最终都要通过企业的规模集聚来实现。而上市可以加快培育规模企业的步伐，更快地提升企业竞争力。我们要坚持运用上市手段，在绍兴大地上尽快培育一批规模企业，一批能够禁得起市场经济风浪，能够"漂洋过海"的"航空母舰"，进一步提升绍兴经济的竞争力和知名度。

五是有利于形成一条融资链条，就是通过上市，把投资、融资和用资等环节很好地连接起来，进一步拓宽融资渠道，集聚社会闲散资金。

六是有利于募集一批资金，就是募集一批企业新上项目的建设资金，推动企业的持续发展。

（三）创新提升"绍兴板块"

虽然绍兴创造了"绍兴板块"，但不能满足现状。我们必须看到工作中的不足，看到面临的大好机遇，积极创新"绍兴板块"。

我曾提出上市企业的数量要翻一番，这是简单的量的扩张。接下来，要坚持质和量并举，坚持做好上市工作和建好资本市场并重，努力率先形成区域性的资本市场。也就是说，我们不仅要在企业上市数量上率先，而且要在形成区域性资本市场上率先。围绕这个目标，重点要做好以下几项工作。

第一，上市企业总量要在同等城市中稳居前列，力争第一。

第二，务必在融资规模上有新突破。我们不光要追求数量，关键要讲融资规模。当时，绍兴到上市企业融资规模还是比较小的。这也是浙江上市企业的一个特点，企业比较小，融资不多。要尽可能扩大上市企业的融资规模。

第三，要在再融资、可持续融资方面有新进展。要通过再增资、再融资，增发股票来挖掘上市企业的潜力。

第四，要积极培育区域性资本市场。在近现代的经济发展中，除了工业资本、商业资本之外，那就是金融资本，最近一二十年来还出现了知识资本。现代经济的灵魂就是金融经济。大家要高度重视资本市场，积极探索社会资金资本化、资本市场社会化，这是一个很大的课题。国务院曾就培育资本市场、发展资本市场专门发了文件,简称"国九条",这是一个非常重要的、有着很多机遇的政策性文件。根据"国九条"精神,地方一级也是有大量工作可做的。比如说可以通过金融工具的创新,开展募股融资、租赁融资、权证融资、股权质押等。

现代的资本市场非常发达,上市只是融资的一个渠道,其他的融资渠道很多,但好多我们还不熟悉,要有个过程。希望我们在省有关部门的指导下,在形成区域资本市场方面多做一些积极探索。

(四)合力推进"绍兴板块"

发展壮大"绍兴板块",企业、政府和社会各界要统一认识,形成合力。

第一,认识要再强化。各级党委、政府要进一步提高认识,积极支持企业上市,加快培育资本市场。作为企业,一要破除"不想上市"的观念。不能认为自己有钱、过得去就行了。企业上市具有很多积极意义,企业只要有可能、有条件都应该积极上市。二要正确看待上市。上市是一条"金光大道",但它不是唯一的融资道路,不是"独木桥"。没有条件的企业,不一定非要去挤。也就是说,有条件的要积极创造条件争取上市,不成熟的也不一定非要拼命去上市。三要把握好上市的机遇。企业发展是有规律的,就阶段性来讲,第一个阶段是求生存期,这个时候是不可能上市的;第二个阶段是扩张期,虽然有一定的原始积累,但也不太可能有上市的条件;第三个阶段是提升期,这个阶段,生存没有问题了,扩张也已进行到了一定的程度,具有一定的实力了,这是企业上市的最佳时期。但是,企业提升发展的时候,企业上市以后,一定要处理好主业和副业的关系,也就是说要通过上市使企业壮大一步、提升一步,而不要使之成为"包袱"。不要简单地认为,企业上市后就可以搞资本运作,而忽视实业的发展,我们还是要把主要精力和希望放在发展实业、发展企业上面。

第二,重点要再突出。一是上市公司数量要增加;二是再融资工作要突破;三是注重可持续上市,培育后备力量;四是创新金融工具,逐步培育区域性资本市场。

第三，合力要再形成。各级党委、政府要高度重视，企业要积极参与，社会各界要大力支持，新闻单位要营造舆论，努力形成推进企业上市的强大合力。

第四，形象要再强化。"绍兴板块"的素质要进一步提高，更好地展示绍兴上市企业的风采。企业上市以后一定要守法守信，对企业负责，对股民负责，对社会负责。在绍兴的上市企业之中，如果有一家出了事，那就不止是这一家企业的问题，而是涉及整个绍兴企业，涉及绍兴形象。一些上市民营企业的信用曾受到社会的关注和质疑。2003年，我们到香港推介民营企业上市，香港媒体就问我们，对于上市企业，政府是如何把关的？上市企业千万要维护企业的大局，维护绍兴的大局，千万不要在守法守信方面出事，千万不要出现"一粒老鼠屎毁了一锅粥"的情况。总之，"绍兴板块"形象要再强化、再维护，要内强素质、外树形象，进一步打响"绍兴板块"品牌，提高"绍兴板块"含金量。

第五，领导要再加强。要继续从思想认识、规划计划、政策舆论、组织服务等方面，进一步加强领导、加强服务，加大对大企业的培育和支持力度。进一步完善企业上市工作领导小组，加强从事上市工作的机构队伍建设，推动全市上市工作上新的台阶。

十三 思考一个方法：如何领导经济工作

我在工作中多次总结过领导经济工作的方法，以提高自己驾驭经济的能力。这是一个需要不断思考的领导方法问题，过去实践中有些答案，不敢说得了高分。现摘录于后，以供来者借鉴。

（一）谋科学发展之势

绍兴正处在改革发展的关键时期，也是推进经济社会全面协调可持续发展的新阶段。绍兴具有体制机制优势、块状经济优势、区位条件优势、城乡发展相对平衡优势、发展环境相对领先优势以及人文优势。从现状看，绍兴发展在很大程度上依靠资金高投入、资源高消耗、污染高排放来实现，粗放增长的格局尚未得到根本改变；生产要素和环境承载力的瓶颈制约越来越明显；经济社会发展还存在不协调问题。因此，绍兴发展与科学发展观的要求相比还有较大差距，还存在不少突出矛盾和问题。

（二）鼓科学发展之劲

面对各种矛盾和困难，关键看我们的意志、我们的精神、我们的毅力。在实际工作中，我们始终把保护、引导和发挥好各方面加快发展的积极性作为树立科学发展观、贯彻"八八战略"，推进率先发展、实现富民强市的首要任务，鼓科学发展之劲，造实干兴业之势。

大力倡导"胆剑精神"。把弘扬"胆剑精神"作为区域核心竞争力来培育，及时总结一批先进典型，加大宣传力度，大力弘扬"坚定目标、坚忍不拔、艰苦创业、奋发图强"的新时期"胆剑精神"，引导干部群众正确对待发展中的困难，化困难为机遇，变压力为动力，做到只争朝夕而不等待观望，大胆创新而不因循守旧，知难而进而不畏首畏尾，真抓实干而不坐而论道，奋发有为而不安于现状，引导各级更加坚定、清醒、有作为。

（三）求科学发展之策

树立科学发展观、贯彻"八八战略"，推进率先发展、实现富民强市，最重要的是付诸实践，见诸行动，取得实效。求科学发展之策，就要着力探索"创新"和"提升"之策，通过发展思路的创新，实现发展水平的提升。以推进率先发展、实现富民强市为主题，努力率先走出区域全面协调可持续发展的新路子，努力开创绍兴现代化建设的新局面。推进率先发展，就是要更加注重转变经济增长方式，更加注重经济社会发展相协调，更加注重城市发展与农村发展相统筹，更加注重改革发展稳定相统一，率先走出区域全面协调可持续发展的新路子，率先实现统筹协调发展。实现富民强市，就是要充分体现科学发展观以人为本和统筹协调、提升素质的要求，进一步提高人民的收入水平和生活质量，提高人民的精神生活水平，提高人民参与管理国家社会事务的民主程度，提高人民的思想道德素质和科学文化素质，让全市人民过上更加富裕文明的生活；就是要加快由经济大市向经济强市提升，确立经济总量、发展速度、增长质量和可持续发展能力的相对率先地位，确立部分支柱产业和一批规模企业在国际国内竞争中的相对优势地位，确立绍兴经济社会和城乡协调发展水平的相对领先地位，全面提升绍兴的综合实力。

（四）务科学发展之实

落实科学发展观、贯彻"八八战略"，推进率先发展、实现富民强市，既是长远的战略任务，更是现实的艰巨任务。围绕这一要求，我们着重抓了以下工作。

第一，提升块状经济，着力打造先进制造业基地。坚持走新型工业化道路，按照建设"一大中心"（国际纺织中心）、"二大基地"（国际精细化工产品制造业基地、全国新型医药制造业基地）和"十大主产区"的总体要求，围绕大企业发展、优势产品培育、工业园区提升、技术改造投入、技术创新推进、开放型经济发展、企业信息化建设、现代物流建设八个方面内容着重抓了以下工作：一是抓技改投入；二是抓规模集聚，积极培育大企业、大集团；三是抓品牌提升，积极培育市场占有率高、在国内外有较大影响的知名品牌；四是抓好袍江工业区等重点园区建设；五是抓科技创新，重视产学研合作。

第二，统筹城乡发展，推进城乡一体化。我们把统筹城乡发展作为着力突破的关键性问题来抓。一是全力推进基础设施建设；二是切实抓好全面小康新农村建设；三是着力提升农业产业化水平。

第三，主动接轨上海，全面推进对外开放。按照省委提出的加快开放步伐、发挥区位优势、接轨上海、融入长三角、东引台资和跳出浙江发展浙江的要求，坚持开放不动摇。一是积极实施接轨上海战略；二是加大招商引资力度。进一步深化招商引资年活动；三是大力发展对外贸易。

第四，深化体制改革，增创发展优势。围绕率先建立区域性社会主义市场经济体制这一目标，千方百计培育市场主体，充分发挥市场在配置资源中的基础性作用，继续保持相对领先地位。一是大力发展民营经济；二是稳步推进事业单位改革；三是全力推进企业股票上市；四是深化完善国有资产监督管理体制；五是推进政府职能转变；六是扎实推进社会保障制度建设。

第五，加快环境建设，扎实开展国家级生态城市创建。坚持生态是产业、生态是经济、生态是资源的理念，在成功创建国家环境保护模范城市和国家园林城市的基础上，积极创建国家级生态市。一是制定规划纲要；二是强化目标责任；三是落实创建措施；四是推进区域保护。

第六，推进协调发展，加快建设文化强市。一是以"争做文明绍兴人、争创全国文明城"活动为载体，进一步深化精神文明创建活动；二是加强历史文化名城保护,进一步凸显古城风貌;三是成功举办"七艺节"分会场和闭幕式盛典;四是大力发展文化事业;五是加强文化市场管理。

第七,坚持执政为民,不断提高人民群众生活质量。在扩大社会保险覆盖面的同时,努力做好以下工作:一是千方百计扩大就业;二是千方百计畅通为民办事渠道;三是千方百计抓好实事工程;四是千方百计保障困难群众生活。

第八,创新"枫桥经验",打造"平安绍兴"。在调查研究基础上,制定"双创"(创新"枫桥经验"、创建"平安绍兴")五年规划,召开"双创"工作会议,部署"双创"工作,确保社会稳定。市委做出了建设"平安绍兴"的决定,提出了在全省率先实现"平安市"创建目标。重点抓了以下几方面工作:一是严厉打击各类违法犯罪活动,扎实开展社会治安、市场经济秩序和安全生产等专项治理;二是加强信访工作,广泛开展矛盾纠纷排查工作;三是强化基层基础,完善经济社会突发事件处置工作预案和有关责任制,基本形成城乡一体的维稳工作网络;四是加强队伍建设,增加经费投入,充实政法、公安、信访队伍力量。

(五)解科学发展之难

随着科学发展的要求越来更高,我们从绍兴实际出发,主动适应抢机遇,攻坚克难促发展,把着力点放在突破"瓶颈"制约和促进结构调整上来,认真做好适应性调整和战略性调整两篇文章。

扎实开展"优化资源配置,促进协调发展"工作。为进一步优化资源配置,缓解要素制约,市政府有效开展"优化资源配置,促进协调发展"工作,成立领导小组,并针对当前经济社会发展中的突出问题,下设资金保障、有序用电、油煤调配、土地整合、粮食安全、防控非典、集约发展7个工作小组。

认真落实宏观调控政策。更加重视粮食生产,落实和出台暂免2004年农业税、对种粮大户实行直接补贴、重点粮食品种最低收购价制度等政策,一举扭转了粮食生产连续四年滑坡的状况;加强开发区和土地市场秩序治理整顿工作,开发区从75个削减为13个,土地市场秩序治理整顿工作通过国务院检查组的检查；积极调整投资结构，对 2004 年初确定的 118 个重点项目进行重新梳理，调整计划实施 41 个。由于较好地落实了中央宏观调控政策，得到时任浙江省委书记习近平同志的充分肯定，在绍兴市关于主动适应宏观调控、促进经济增长方式转变的情况报告上做了重要批示。

着力缓解要素瓶颈制约。针对用地控紧情况，坚持"开源"与"节流"并举，通过挖掘、清理、置换等办法，妥善处置闲置或低效利用的存量土地，对投资项目实行"批项目、核土地"制度，努力实现土地资源利用效益的最大化；针对用电趋紧的情况，制定落实电力供应保障应急措施，加强科学调度，实行有序用电，优先保证城乡居民生活用电，优先保证对全局影响较大的行业和企业用电；针对银根收紧的情况，积极拓展融资渠道，特别是做好本地银行和外地银行融资工作，并根据项目的轻重缓急安排建设资金，尽力保重点、保在建、保生产、保与人民群众利益直接相关的项目建设。针对部分优势企业拓展缺要素，而部分中小企业生产能力过剩的情况，鼓励企业联合、并购、优化重组。既盘活存量，优化资源配置，又有效地避免了一些不稳定因素。

加大政策扶持力度。2004 年，出台热电企业低谷顶发电和自备柴油机发电两项补助政策，预计全年财政补贴将达 4 亿元，可新增电容量 70 多万千瓦，相当于新增一座中型发电厂；出台免征农业税和加强农民培训转移等扶持政策，仅免征农业税一项，农民就人均增收 17.6 元；专门制定相关的奖励政策，鼓励企业上规模、发展开放型经济、培育名牌产品等。此外，为切实转变增长方式，绍兴市正在研究制定加强企业集约经营的政策意见，以促进企业走内涵发展、集约发展之路。

（六）统科学发展之力

市委的基本职责，就是统筹各方力量，推动当地经济社会各项事业持续健康发展。工作中重点应注意以下几点。

牢固树立正确的政绩观。科学发展观引导着正确政绩观，正确政绩观实践着科学发展观。能不能自觉追求全面协调可持续发展的政绩，是对所有干部实践科学发展观的考验。各级领导干部把认真回答"为谁创造政绩、创造什么样的政绩、靠什么创造政绩、用什么检验政绩"这四个问题，放在树立正确的政绩观首要位置加以认识，坚持在落实科学发展观中创造良好政绩。对各级干部的政绩，既注重经济建设成果，又注重社会进步；既注重城市变化，又注重农村发展；既注重硬环境建设，又注重软环境改善；既注重当前发展，又注重可持续发展；既注重经济增长总量，又注重人民群众生活质量；既注重经济社会成果，又注重党的建设。把落实科学发展观所取得的实际效果，作为衡量政绩的基本依据。

切实增强统揽发展全局的能力。统发展之力，根本的是科学把握发展大势，正确引导好、保护好、发挥好各方面的积极性，统筹兼顾各方面的发展和各方面的利益，聚一切可聚之力。各级党委、政府围绕提高把握大势、抢抓机遇能力，正确判断形势、敏锐把握机遇、科学进行决策，尊重经济规律，按客观规律办事，始终做到坚定清醒有作为。围绕提高统筹协调、驾驭全局能力，以统筹的理念谋划全局，部署工作，着力研究和解决具有全局性、战略性和前瞻性的重大问题，善于调动各个层面、各个领域的积极性，整体联动，系统推进。围绕提高敢于竞争、勇于争先的能力，与强的比、向高的攀、同勇的争、和快的赛，以一流的标准、一流的干劲，创造一流的业绩。

着力提高干部队伍的整体素质。各级领导干部以开阔眼界、开阔思路、开阔胸襟为要求，运用科学的思想方法，依据科学规律来思考问题、谋划发展、指导工作。一是加强学习，进一步提高在科学发展观指导下驾驭发展全局的能力。二是注重实践锻炼，主动投身发展第一线，在实践中把握和实践正确政绩观，在实践中树立和落实科学发展观。三是善于总结思考，在实际工作中，既注重总结成功经验，也注意总结失误教训，更强调总结在实践科学发展观方面的好做法，使自己站得高一点、抓得准一点、干得实一点。

大力弘扬求真务实的作风。坚持一切为了发展，一切围绕发展，一切服务发展，多干打基础的事，多干大多数群众受益的事，多干长远起作用的事。积极创建服务型政府,以实施《行政许可法》为契机,扎实推进第四轮行政审批制度改革,进一步规范政府权力和行政行为。深入开展机关效能建设,重点解决机关干部"在不在岗、在不在状态、在不在行"的问题,提高服务质量。坚持讲实话、出实招、办实事,尽最大努力帮助基层和群众解决实际困难和问题。

始终保持清正廉洁的共产党人本色。认真落实市委《关于建立反腐倡廉防范体系的决定》,坚持从严治标、着力治本,探索建立切合实际的教育、制度、监督相结合的反腐倡廉防范体系。各级领导班子和党员干部,自觉做到六个"严格":严格依法行政、廉洁从政,坚决反对以权谋私、滥用权力;严格遵守领导干部廉洁自律的各项规定,坚决不违反规定收受现金、有价证券、支付凭证和贵重物品;严格执行《党政领导干部选拔任用工作条例》,坚决反对和抵制跑官要官;严格落实"两个务必"要求,坚决反对和制止各种奢侈浪费行为;严格管好配偶、子女、亲友和身边工作人员,坚决不允许打着领导旗号办私事、谋私利;严格履行党风廉政建设责任制,坚决反对各种消极腐败现象和不正之风。目前全市没有发现重大违纪违法事件。

第九章 无穷的魅力：文化建设的『十个一』

在浙江省，绍兴市域面积不算大，人口规模也比较小。但绍兴的经济总量一般在杭、宁、温之后，处于浙江省第四位，而绍兴城的文化厚度，则是有口皆碑的，不但在浙江数一数二，就是在江南、国内外都有极高的知名度。

能够到绍兴任职，对我来说，自然是十分幸运的。因为，这可以近距离地学习、领悟、感受深厚的绍兴文化底蕴，以丰富和滋养自己的文化素养，还可以为宣传、传承、提升绍兴文化做些力所能及的事。

一 "绍兴有深厚的文化底蕴,派一位博士市长去"

我于 2001 年 11 月 8 日赴绍兴任市委副书记,办完有关程序后任副市长、代市长和市长。在这之前,任杭州市委常委、市委秘书长。11 月初的某一天,组织上通知我去谈话,告知我准备到绍兴任职。

后来,在省委召开的一次领导干部会议上,时任省委书记张德江在讲话中专门介绍了我的情况。大意是:绍兴是著名的历史文化名城,经济发展和社会文明都要全面推进。省委最近派一位有博士学位的同志到绍兴任市长,这从某种意义上是对绍兴历史文化的尊重,也是为了适应社会发展的需要,领导干部要不断提高自己的素养。

省委领导的讲话,当然主要不是为了介绍我,目的是强调经济、文化等各项事业要全面发展,领导干部要多学习,这体现了省委重视人才的培训和使用。听了省委领导的讲话,深受教育和感动之余,我也深深感受到了压力和责任,生怕辜负组织的信任。因此,下决心尽心尽力做好工作。

到绍兴工作后不久,一位领导同志十分关心我的工作,在百忙中专门抽时间听取我的工作汇报,重点帮我分析全省经济社会发展特点,介绍他的领导经验。这位领导同志曾经是我的直接领导,对绍兴和全省情况很熟悉,很善于思考分析问题,他对我到绍兴任职后的工作提出了不少很有见地的意见。其中最重要的一条,是希望我结合绍兴历史文化丰厚的实际,好好调研和探索出新的历史时期文化发展的新路子。这位领导毕业于经济专业、有丰富的领导经验,他的这番见

2005 年 4 月 11 日,王永昌参加第二十一届中国兰亭书法节开幕式

识对我影响深刻,使我颇为受益。

作为一级政府的主要领导,抓好经济工作自然是重点,但人毕竟不只是经济动物,社会也不止是经济一方面,民生、文化等事业也需要进步。只有这样,人和社会才能协调健康地向前发展。

二 何谓"绍兴"

中国的地名很有学问，常常包含着极为丰富的地理、人文历史知识。像"绍兴"这个地名，就很有故事，已远远超出了一般地名的概念。

"绍兴"是什么含义？为什么叫"绍兴"？这是初到绍兴的客人大都会有的疑问。记得2002年，时任中共中央政治局委员、中宣部部长丁关根同志来绍兴视察，他曾问过我这个问题。

我到绍兴工作后，只对绍兴历史做了大致了解，细的说不清楚，只告诉丁关根同志，"绍兴"是南宋赵构皇帝取的名字，"绍兴"古称越州、

2006年4月1日，王永昌参加绍兴历代名贤馆开馆活动并讲话

会稽等，"绍兴"的含义大致是"绍祚中兴"。这是南宋赵构皇帝1131年（宋绍兴元年）为越州改升绍兴府而题写的府额，意思是南宋朝廷要继承大宋国统，重新振兴宋朝。"绍"为"承继"之意，"祚"为"国统""帝业"之意，"中兴"也就是衰而复兴、振兴之意。丁关根同志还对赵构皇帝评论了几句。我见他对历史人物颇有兴趣，便半开玩笑地说，"绍兴"的含义，如撇开赵构皇帝要承传、振兴宋朝大业的历史背景的话，用我们今天的话，可以理解为：继往开来，振兴中华。丁关根同志也笑了起来，并说，"兴"即可理解为"复兴""振兴"，但"绍"字怎么解？他还要求我找出依据来，下午送给他。

看来，丁关根同志是一位爱学习、办事认真、思维缜密的长者。于是，午饭过后我赶紧找来资料翻阅起来。

从有文字记载的角度讲，绍兴古时为"会稽"，是於越民族的生活之地。绍兴城始建于公元前490年，距今（2002年）已有近2500年，城址始终未变。大禹治水和越王勾践卧薪尝胆等故事都发生在这里。

据史载：大禹治水告成，在境内茅山会集诸侯，计功行赏，死后葬于此山，更名茅山曰"会稽"，是为会稽名称之由来。春秋时期，於越民族以今绍兴一带为中心建立越国，成为春秋列国之一。战国时期，越王勾践大败吴国，疆域拓展至江淮地区。从两千多年的历史沿革变迁看，绍兴最早为会稽和越地，秦王朝（前222年）平定江南后降越君，以吴越地置会稽郡，治吴县（今苏州），会稽郡先后辖山阴等二十余县，西汉置十三州刺史部，督察各郡，会稽郡受督于扬州刺史部。三国时期，会稽郡隶属于吴，治山阴。一直到隋朝开皇九年（589年），省郡县制，废会稽郡，改东扬州为吴州，会稽为县；公元605年，又废吴州，并以原吴州境置越州，治会稽，这是为越州名称之始。到公元607年又复为会稽郡。唐朝武德四年（621年），又改会稽郡为越州。景云二年（711年），天下分为二十四都督府以统属州，越州定为中都督府，隶属江南道。乾元元年（758年），废越州中都督府，置浙江东道节度使驻越州。

宋朝（北宋）靖康二年（1127年），金军攻破东京（今河南开封）后，掳徽、钦二帝北归。康王赵构幸免而被朝臣们推举主持朝政，但被金人所逼，步步南撤。1127年，康王赵构渡过长江后于江浙一带建立南宋政权。他即皇帝位后，就成为后来的宋高宗。随后若干年，金宋军前线形成拉锯战，局势总算稳定了一些。在建炎四年（1130年），宋高宗赵构驻跸越州，大赦改元，敕曰："绍奕世之宏休，兴百年之丕绪。爰因正岁，肇易嘉名，发涣号于治朝，霈鸿恩于寰宇，其建炎五年（1131年），可改为绍兴元年"，并升越州为绍兴府，取"绍奕世之宏休，兴百年之丕绪"之意，下诏从建炎五年正月起改元绍兴，并升越州为绍兴府。

这是绍兴名称的起源。绍兴府治设山阴，辖山阴、会稽、诸暨、萧山、余姚、上虞、嵊县、新昌八县。后辖地虽多有调整变化，但自南宋始，其格局延续至今。此后，除民国三年（1914年）于省县间设会稽道（治宁波，民国十六年取消道制）外，"绍兴"的名称就再没有大的变化。

这也就是说，"绍兴"一名是1130年宋高宗赐予的，而"绍兴"名字直接取这两句的头一个字："绍奕世之宏休，兴百年之丕绪。""绍"即继承，也就是继往开来的意思；"奕世"，即累世，一代接一代的意思；"宏休"即宏大的事业；"兴"即中兴、振兴、复兴；"丕绪"即皇统、朝纲、帝业。这两句话的意思，就是要使赵宋统治继往开来、重新振兴。越州升绍兴府后，赵构因越州官绅上表乞赐府额，即题"绍祚中兴"，意为继承帝业，中兴社稷。1131年，宋高宋便正式改年号为绍兴元年。由此看来，"绍兴"一词是先有年号，再有府名，而后再有"绍祚中兴"一额。

可见，"绍兴"之前主要有会稽、越州之称。这么详细的材料自然不必送给丁关根同志，我把"绍兴"的由来给丁关根同志做了更翔实的介绍，并把"绍奕世之宏休，兴百年之丕绪"这两句话抄录给他。然后又补充说，从一定意义上讲，"绍兴"是指"继往开来、振兴中华"的意思。大家觉得有理，但总感到仍有未尽之处。

三 极富魅力的文化圣城

　　绍兴是中国江南很著名的历史文化名城。过去，我对绍兴古城及它的历史文化，只是有个大概的、抽象化的概念，对其悠久的历史、丰富的文化并无多少具体的认知。到绍兴任职后，才有了比较具体的感受。

　　后来，我看到一本名为《一生要去的 66 个地方》的书，其中以"没有围墙的古城文化博物馆"为题介绍了绍兴。作者认为绍兴简直可

2006 年 4 月 1 日，王永昌与前来参加绍兴历代名贤馆开馆活动的著名电影导演谢晋先生亲切交谈

以称为一座"文化圣城"。我以为,这在一定意义上是有道理的。像绍兴这样有如此厚重文化底蕴的城市,在全国都是不多的。

绍兴是首批中国历史文化名城,文化资源丰富,文化氛围浓厚,文化特色鲜明。源远流长的物质文化资源和非物质文化遗产构成了厚重的绍兴历史文化。比如说,有着悠久的古城文化。绍兴城有2500多年的历史,是越文化发源地,到处可见文化遗存和文物古迹,被誉为"没有围墙的古越文化博物馆"。又如,有着浓浓的江南特色的水乡风光。绍兴是非常典型的江南水城,水网纵横,河湖密布,绿水青山,风光秀丽。再如,有灿烂夺目的名人文化。绍兴被毛泽东誉为"名士之乡",在古代就有文武状元27名、进士2238名。北京中华世纪坛的40个中华名人雕塑中,绍兴籍名人就有王羲之、蔡元培、鲁迅、马寅初4人。在历任北京大学校长中,就有何燮侯、蔡元培、蒋梦麟、马寅初4位。名人文化在一定程度上代表着绍兴文化的精华。绍兴还有别具特色的民俗文化。绍兴的瓷文化、桥文化、酒文化、茶文化、水文化,绍兴的书画艺术,绍兴的越剧、绍剧、莲花落,绍兴的乌篷船、茴香豆,等等,形成了富有特色的物态化文化、文化艺术和民俗风情。

特别值得一提的是,绍兴具有奋发图强、自立自强的人文精神。特别是"卧薪尝胆、奋发图强、敢作敢为、创新创业"的"胆剑精神",更是激励着一代又一代的绍兴人开拓进取,奋勇向前。"卧薪尝胆"是古越文化的精华,也是中华优秀传统文化的重要内容。

有如此厚重的历史文化和如此多彩的城市文化,的确是极富魅力的。说绍兴是一座"文化圣城",自然是有道理的。

四 文化是资源，更是灵魂

很多人把文化事业看作不太重要的、不能创造社会实际财富的行业。其实，历史上传承下来的财富主要还是文化，文化是社会的风骨和灵魂。文化是有强大力量的。

作为党政主要领导，在抓好经济建设的同时，也应高度重视民生和文化事业的发展。那么，我为何比较重视文化建设呢？

（一）社会是一个有机整体

我们生活的社会，是一个包括思想文化在内的有机整体。人的生存和需求，包括要满足其精神、心理、文化的需要，如果只有生理、物质的需要，那就只是一般动物而不是人的需求。我们讲要推进整个社会现代化发展、建设全面进步的社会主义社会，都离不开文化事业的繁荣。没有思想文化的进步，就建不成真正和谐的社会。

（二）文化对人类发展的意义

文化是财富，是资源，是我们人类自己的灵魂和力量。

文化是人的本质力量。人是一种有思想、有文化的动物。文化生活是人特有的生活。文化是人类文明最重要的积淀。人与人最大的区别就在于知识背景和文化积累不同。文化也是人生存和理解世界的基本方式。人从自然、动物中分离出来而成为"人"，人就是文化的人，人的行为就是一种文化行为，人的智慧和力量最基本的就是文化。

561

2006 年 3 月 14 日，王永昌在中央电视台接受《中国焦点》栏目现场访谈

　　文化是一种精神、一种风骨、一种灵魂。文化是人最内在的精神品质，是人的行为修养。一个人与另一个人的不同特性，就是由这个人的不同阅历、知识、修养、习俗等形成的品行，每个人的文化特质是不一样的。

　　文化是一种资源、一种财富。文化是宝贵的资源和财富。文化是人类自己创造和积累起来的财富，是培养人、提升人素养的主要营养，也是推动经济社会发展的巨大资源。

　　文化是一种产业、一种发展动力。文化是一种可以在相当范围内经营的产业，是经济社会发展的一种动力，像文化旅游产业等。

　　文化是民族的脊梁。随着经济与文化的相互依赖、相互促进、相互融合，文化已成为一种"软实力"，文化的作用也越来越显著，已成为一个地方、一个国家竞争力的重要体现。文化是民族精神的火炬，是人民奋进的号角。

　　文化滋养着生命力，激发创造力，铸造凝聚力。文化发展的意义已远远超出文化本身。文化是人类的灵魂。文化是维系人类生存和社会发展的根源，也是人类文明进步的结晶。人类从猿到人的进化，记录着文化的经历；社会从古到今的演变，镌刻着人类文化进步的印记。没有文化，就没有人类社会；没有文化，就没有人类社会的发展。文化是重要的发展目标。人类社会发展不仅是生命的延续和时间的推移，更是文化进步和文明传承的历史。从广义上讲，人类的所作所为都是文化，都是人类社会发展的重要标志，也是我们孜孜以求的重要目标。文化是巨大的发展力量。积极的、进步的、健康的文化是人类社会发展取之不竭的力量，是人类社会发展的内在驱动力、凝聚力和发展力。文化能拓展人们的视野，激励人们的斗志，陶冶人们的品格，激发人们的创造力，从而推动社会的文明进步。

（三）从人类文明发展规律看文化

人类文明发展的基本规律，就是它的继承性和开放性。

人类社会的任何进步，都是在继承历史上的文明成果和学习借鉴各民族的文明成果基础上，通过开放性的融合创新实现的。因此，必须善于把历史文化与现代文明、本民族文化与世界文明成果有机地结合起来，一步步地推进社会发展的文明水平。

文化的传承是一个不断积累、不断完善、不断发展的过程。只有历史文化而没有现代文明是"文"而不"化"；反之，则是"化"而不"文"。我们深深体会到，"继往"还需"开来"，只有在保护历史文化的基础上，不断赋予具有时代特色的文化内涵，一个城市、一个地方的文化才会有生命力。

我们建设文化强市、提升城市品位，是适应经济社会发展规律的必然要求。当今世界，文化与经济、政治相互交融、相互渗透，经济社会的发展离不开文化的支撑，城市的发展离不开富有个性的城市文化。

（四）提升文化软实力是当今世界的发展潮流

综观当今时代，文化发展已进入新的阶段。这是一个多种思想文化相互激荡的时期，历史文化与现代文明加速融合的时期，文化与经济、文化与产业、文化与市场互促互进的时期，文化在推进经济发展、社会进步中的作用越来越突出。

当今世界，文化在综合国力竞争中的地位更加突出，成为与经济、政治相互交融、相互影响、相互促进的重要因素。一个国家经济越发达，文化的软实力就会越强，其国际地位就越高，发展的持续力也越强。这是一个显而易见的客观事实。

我们要顺应文化与经济、政治相互交融发展的客观趋势，深刻认识到，文化的力量，深深熔铸在民族的生命力、创造力和凝聚力之中，文化总是"润物细无声"地融入经济力量、政治力量和社会力量之中，成为经济发展的"助推器"、政治文明的"导航灯"、社会和谐的"黏合剂"。

文化作用越来越重要是人类社会发展的趋势。文化在人类社会的发展和进步中的地位和作用将越来越突出。这是一种必然趋势。当今时代和今后社会的综合实力、核心竞争力将会越来越取决于文化的软实力、竞争力和创造力。因此，我们要用战略的思维、时代的要求、发展的眼光来审视文化建设，加快文化的发展。

绍兴的核心竞争力说到底是深厚的文化底蕴，对外地客人来说，绍兴令他们记忆深刻的不是 GDP 的多少，更重要的是绍兴是一个水乡、桥乡、名人之乡、黄酒之乡，一个有着悠久历史文化传统的美丽古城。

（五）不负绍兴历史文化名城

绍兴是有悠悠 2500 多年历史的古城，有非常典型的江南水乡风光，有灿烂耀眼的名人文化，有底蕴深厚的地域文化，有丰富多彩的物产文化，历史和自然馈赠给绍兴太多的文化瑰宝，怪不得有人称绍兴为"文化圣城"。

文化是绍兴的特色、是绍兴的优势。绍兴最大的魅力还是文化。继承弘扬绍兴的文化，我们深感责任重大。历史已经为我们打造了很高的平台，但我们不能停留于历史，必须继往开来，必须不断创新、丰富、提升绍兴的文化，创造出更多的现代文明成果。我们要百倍珍惜绍兴的文化优势和文化财富，在前人的基础上，做保护历史文化的薪火传人，并创造更加灿烂、更有魅力的绍兴文化，这是当代人义不容辞的历史责任。

我曾经在市委党校的一次干部培训春季班开学典礼上讲过，几千年来，绍兴人民对浙江乃至中国主要有两大贡献。一是历史文化。绍兴几千年来对江南乃至中华民族文化的贡献，在这方面我们如果能系统地理一理，将是一件很有意义的事。二是在新的历史条件下，绍兴发展形成了具有区域特色的经济和产业。这也是我们引以为自豪的。当代绍兴人必须切实承担起创造更加灿烂的绍兴文化的历史责任，进一步增强前列意识和责任意识，承前启后，继往开来，在文化建设方面高人一筹，领先一步，努力在文化建设上走在全省、全国前列。

（六）把文化优势转化为发展优势

没有繁荣的文化就没有真正的现代化，没有足够的文化软实力就

2004年4月15日，王永昌陪同十届全国政协文史和学习委员会副主任刘枫同志参加兰亭书法节活动

谈不上强大的综合竞争力。文化是一国、一地综合发展力的重要组成部分。

现代竞争，是硬实力和软实力相结合的竞争，主要有经济发展的竞争、城市发展的竞争、体制机制的竞争、文化的竞争和人（人才）的竞争五大竞争。这些竞争其实都与文化有关。今天的文化，就是明天发展的优势。

有专家研究认为，"文化力"对新经济有强烈的推动作用。所谓新经济有三种形式和特征：第一种形式是人才经济，其特征表现为"以人的才能为中心"形成的经济；第二种形式是注意力经济，其特征是"寻求人的注意力变得很重要"；第三种形式是创造力经济，其特征是以创造力为中心形成的经济，尤其是科技创新基础上的新业态。这三种经济共通的地方在于，给人或物以及人的活动增添魅力变得很重要。能够增添这种魅力的最主要的就是"文化"、文化创意，还有生产生活的文化环境。

绍兴有着丰富的文化资源和优势，怎么把已有的文化优势加快转化为发展优势，是我经常思考的一个课题。我们要通过文化强市建设，努力使绍兴加快发展。这个发展，不仅仅指经济上的，也包括提升绍兴城市竞争力，也就是说要把"死"文化变成"活"文化，把历史文化变成现实文化、现代文明，从而提高全市人民对城市文化的自豪感。在这方面，我们已经做了大量工作，也有了不少成功经验。如对鲁迅故里的改造，实际上就是把文化优势转化为旅游优势的一个成功例子。

在做透做好历史文化的基础上，做大做强现代文化，这也是做发展的新优势。做大做强现代文化，充分展示绍兴的现代文化、现代文明，并形成优势，这相对于做历史文化的文章来说，难度就更大一些。绍兴要改变过去常常局限于"文化名城"的这种建设状况。"文化名城"更多的是代表历史的，但对于一个城市来讲，仅有历史文化是远远不够的，一定要有现代文化。还有，文化建设做得比较精致、精明而不大气、不开放，也是不行的。在文化建设中，太精明就发展不了文化。精打细算不是不好，但如果什么事情都斤斤计较，什么工作都想少投入或不投入，或者总认为搞文化工作办大事很难，也办不了大事，这是不对的。在文化发展中，要努力做好精致与大气的结合文章。能做到大气、精致的有机统一，本身就代表着一种文化。这方面，我们要进一步转变观念，多动点脑筋，多想办法。

要把文化优势转化为发展优势，还必须有现代文化意识，加强项目的企业化、市场化运作。办大事要有大项目、大企业的支撑。市场化运作是综合性的，不是单一性的。借助企业来运作的文化项目，要出台相关政策加以扶持。我们要有经营意识，对于一些纯粹公益性的文化项目，要尽可能为投资者提供好服务。有些大的文化项目引进后，就要加大政策扶持力度，支持这些项目很好地发展。现在有些"死"资产，也要考虑如何把它用好，转化为"活"的资产。我一直在思考，能不能结合现代文化的发展，搞一些有活力的现代文化产业，如动漫游戏、通信文化产业、现代演艺业等。

我们要进一步转变观念，以文化的意识、从文化的高度来看待经济的发展。现代文化与现代经济紧密相连，现代发展要有现代文化意识。城市经济很大程度上就是文化经济。从发展的意义上讲，现代文化已经与现代经济融为一体了。

要把文化优势转化为发展优势，还必须大力发展"文化经济"。推进文化发展，要善于使文化与经济互动发展。我们现在正处文化与经济相互融合的时期，文化"经济化"，经济"文化化"。我们坚持文化与经济的互动发展，在经济发展中注入更多的文化内涵，在文化发展中吸收更多的经济成分，大力发展文化经济。近年来，我们精心打造鲁迅故里等旅游景点，努力培育企业文化，积极开发文化产品，文化资源加速向经济资源转变，文化产业逐渐成为带动经济增长的新兴产业。我们还必须在经营文化中提升城市品位。文化资源是潜在的经济资源，文化形象是宝贵的无形资产。我们体会到，在市场经济体制下，必须善于用经营的理念、经营的手段开发利用文化资源、文化形象，最大限度地发挥文化的综合效应。比如，在我任职期间，绍兴市吸引民间资本参与重大文化设施建设和重要文化项目的发展，通过举办"七艺

2005 年 9 月 18 日，王永昌陪同全国人大领导参观兰亭书法学院学生书法展

节"闭幕式、参评中国魅力城市和各类创建活动，增强了经营文化的能力，提高了文化建设的档次和水平，也大大扩大了绍兴文化的影响力、吸引力、竞争力。

（七）执政力离不开文化力

作为执政党和当政者，不但要善于领导经济工作，而且要善于领导经济。从一定意义上讲，思想文化难度更大，而且政绩难显现。

党的十六届四中全会提出了加强党的执政能力建设的五大任务，其中之一就是要提高建设社会主义先进文化的能力。绍兴要在落实科学发展观、保持经济健康协调发展方面走在前列，在打造"平安绍兴"、促进社会和谐稳定方面走在前列，就需要在文化发展方面走在前列。我们要深刻把握发展趋势，切实把建设文化强市作为推进率先发展、实现富民强市的重点工作来抓，营造绍兴城市的个性魅力和文化风格，努力在我们手中使绍兴的文化更加灿烂、更富魅力。

一个合格的现代领导，要有文化意识和文化情怀，多学习文化知识，不断提高自己的文化素养和文化执政力，重视文化建设。

五 文化强市的目标和思路

　　绍兴市委、市政府审时度势,及时提出要在继承绍兴优秀传统文化的基础上,大力发展现代文化,推进区域文化由文化名城向文化强市提升,这是构筑绍兴综合竞争软实力的主要内容,是推进率先发展、实现富民强市战略的重要组成部分,是推进绍兴经济社会全面协调可持续发展的重大举措。

　　建设文化强市、提升城市品位,是全面落实科学发展观和省委"八八战略"的具体行动。通过文化强市建设,可以促进经济、政治、文化的全面协调发展。文化强市建设,为经济发展提供重要支撑,为政治文明建设提供重要依托,为构筑和谐社会提供重要保障。当今世界,文化与经济、政治相互交融、相互渗透,经济社会的发展离不开文化的支撑,城市的发展离不开富有个性的城市文化。绍兴经济社会已进入了新的发展阶段,推进率先发展、实现富民强市,是我们的战略思路和目标。我们的经济发展要上新水平,社会进步要上新台阶,城市建设要上新品位,人民生活要有新提高,这些都需要发挥文化的作用、文化的力量。

　　绍兴市委、市政府在建设文化大市、文化名市的基础上,比较早地提出了"文化强市"的目标。

　　2005 年,省委提出了建设"文化大省"的目标和要求,并做出了全面部署,概括起来就是增强"三个力"、推进"八项工程"、建设"四个强省"。增强"三个力",就是要增强先进文化凝聚力、解放和发展文化生产力、提高社会公共服务能力；推进"八项工程"，就是重点实施文明素质工程、文化精品工程、文化研究工程、文化保护工程、文化产业工程、文化阵地工程、文化传播工程、文化人才工程；建设"四个强省"，就是加快建设教育强省、科技强省、卫生强省、体育强省。

省委提出的增强"三个力"、推进"文化建设八项工程"和社会事业"四个强省"建设的总体思路，对新时期文化建设赋予全新内容。根据省委、省政府的要求，绍兴市进一步明确了今后一个时期文化强市建设的总体目标和工作任务。

总的来说，绍兴要通过长期努力，基本形成城市文化与农村文化各具风采、传统文化与现代文化交融互进、文化事业与文化产业交相辉映的现代文化发展格局，形成开放大气的人文精神，开放创新的文化风范、充满活力的文化机制，使绍兴成为一个具有深刻历史内涵、鲜明时代特征、浓郁地方特色的区域文化中心和较强影响力竞争力的文化强市。文化强市是一个介于宏观和微观之间的中观概念。随着时代发展和社会进步，文化强市的内涵也在不断丰富和深化。

"十一五"时期，绍兴建设文化强市的总体目标是：一是使历史文化名城得到较好保护、开发和利用，保护和利用水平走在全国前列；二是教育、科技、文化、卫生、体育等社会事业综合发展水平继续走在全省前列；三是人的素质和城乡文明程度不断得到提升，取得"全国文明城市"等一系列省级、国家级荣誉称号；四是形成一批文化品牌，建成一批文化设施，培养一批文化名人，发展一批文化产业，使绍兴的城市特色和文化个性进一步凸显，文化发展的主要指标、文化综合竞争力全省领先、全国有名。通过努力，使绍兴的全民素养良好、文化风尚优化、文化人才众多、文化设施先进、文化产业发达、文化体制顺畅、文化市场繁荣有序，建成具有深厚历史内涵、鲜明时代特征、浓郁地方特色和强烈时代气息的有较强影响力、较高知名度的文化强市。

六 绍兴文化建设的"十大工程"

在调查研究的基础上,我们编制了绍兴市文化强市建设规划,坚持历史文化与现代文明相承接、精品文化与大众文化相兼顾、本土文化与外来文化相结合、文化事业与文化产业共推进、文化繁荣与文化安全共关注、专业文化人才与大众文化素养共培育的原则,重点实施文化强市建设"十大工程"。

一是实施文明素质提升工程。继续深化"争做文明绍兴人,争创全国文明城"活动,努力创建成为全国文明城市,提升城乡文明程度。大力弘扬与时俱进浙江精神和新时期"胆剑精神",提升绍兴人文精神。深入开展学习型城市创建活动,加强公民思想道德教育,提升市民文明素养。

二是实施文化精品生产工程。深入实施《绍兴历史文化名城保护规划》,着力打造文化名城。办好公祭大禹陵、鲁迅文化艺术节、兰亭国际书法节等重大文化节会,着力打造文化名节。每年规划和创作一批思想精深、艺术精湛、制作精良的优秀作品,着力创作文化名作。

三是实施文化阵地扩建工程。深入实施《2005—2007年公益性文化设施建设规划》,以县(市)中心城市、乡(镇)、行政村、社区等为重点,大力加强多功能的文化设施建设。整合文化资源,建设现代化的标志性文化场馆(中心),提升城市文化品位。

四是实施群众文化繁荣工程。广泛开展特色文化、广场文化、

2003 年 10 月 17 日，绍兴举行首届鲁迅文化艺术节

社区文化、校园文化等群众喜闻乐见的文化活动。大力加强青少年、老年人和外来建设者的精神文化建设，有针对性地提供各种文化服务。

五是实施文化研究工程。整合各方力量，加强绍兴当代发展问题研究、绍兴历史文化专题研究、绍兴名人研究、绍兴历史文献整理，切实注重研究成果的转化和应用。

六是实施文化保护工程。大力加强国家级非物质文化遗产的保护，全面整治和改善重点文物保护单位的周边环境，继承和发展具有越地文化特点的优秀传统文化和民俗风情。

七是实施现代传媒做强工程。发挥党报党刊和广播电视在舆论引导中的龙头作用，加强对互联网的管理，加快广播电视网络化进程，提高现代传媒的综合实力和引导水平。

八是实施文化产业发展工程。加快发展优势文化产业，大力发展文化创新项目，推进集约化、规模化经营。

九是实施社会公共事业推进工程。优先发展教育事业，大力推进科技创新,全面发展医疗卫生事业,大力发展体育事业,不断提升社会公共事业发展水平。

　　十是实施文化人才培育工程。着力培养和引进一批文化名人,选拔和培养具有全省先进水平、全国知名度的杰出人才和专家。建立健全文化科学合理的人才使用、流动和评价管理机制,形成良好的用人导向。

七 "十个一"的文化建设任务

根据文化强市的目标和"十大工程"建设要求,明确了当时重点要抓好的"十个一"建设任务。

第一,塑造一种城市精神。绍兴历史文化源远流长,底蕴深厚。"卧薪尝胆、奋发图强、敢作敢为、创新创业"的"胆剑精神",是绍兴文化最本质、最集中的体现,是绍兴城市精神的根脉和灵魂。根深才能叶茂,有魂才有力量。一个城市如果没有一种能凝聚人、号召人、激励人的城市精神,就如一个人没有了脊梁骨。"胆剑精神"是绍兴宝贵的文化财富,它与共产主义的理念信念、与中华民族精神是一脉相承的,任何一个有责任感、历史感的人,都要大力弘扬这种精神,塑造以新时期"胆剑精神"为核心的城市精神,在全社会确立高尚的理想信念和强大的精神支柱。要深入研究"胆剑精神",挖掘思想精髓,提升精神品质,使"胆剑精神"成为绍兴具有鲜明特色的人文精神;要广泛宣传"胆剑精神",加强舆论引导,做到家喻户晓,使"胆剑精神"成为绍兴人的精神品质和文化品牌;要大力弘扬"胆剑精神",广泛开展"胆剑精神"教育活动,充分发挥"胆剑精神"的能动作用,使之内化为落实科学发展观,推动绍兴率先发展、富民强市的强大动力。

第二,创建一个全国文明城。全国文明城是一张"金名片",是衡量一个地方经济社会发展"软实力"的重要依据。要深化创建内涵,创新创建载体,拓展创建领域,以"争做文明绍兴人、争创全国文明城"为重要抓手,进一步细化计划、实化措施、优化机制、强化督查,力争在

2005年创建成为全国文明城市。

第三，建设一个学习型城市。谁拒绝学习，谁就是拒绝进步；一个城市如果不注重学习，就意味着不注重发展。建设学习型城市，提升全体市民和各类组织的学习力、创新力和竞争力，是提高城市品位和增强区域综合竞争力的基础工程。要按照建设学习型城市的要求，建立各类学习型组织，重点抓好学习型机关、学习型社区（村）、学习型企业、学习型家庭建设，构筑学习型城市的框架体系，推进学习型城市建设。

第四，建设一批文化设施。文化设施是发展先进文化的硬件环境和物质支撑。建设文化强市，必须建设一批高质量、高品位的重大标志性文化设施和多功能、多用途的基层普通文化设施。各级都要统一规划，加大投入，建设一批标志性文化设施。市区要重点建好市综合科学馆、鲁迅研究中心、公共游泳中心、中国绍兴黄酒城（黄酒文化博物馆）等重点文化设施，加快推进数字电视建设。要建设一批基层文化设施，加强社区配套文化设施建设，加大乡镇文化站、文化活动中心和图书馆、影剧院建设力度，让群众充分享用文化设施。

第五，建设一个科教城。建设文化强市，必须坚持教育优先，特别要大力发展高等教育和职业教育。要加快城南科教城的规划建设，使之成为绍兴科教发展的集聚区，绍兴文化建设的新亮点。全力办好文理学院，合力建设绍兴大学，扩容壮大其他高校，积极引进几所国内知名高校来绍办学。办好兰亭书法艺术学院，打响"书法之乡"品牌。到2010年，全市高校全日制在校生达6万人左右，成人高校在校生达3万人以上。

第六，创作一批文化精品。文化之强，强在精品。文化精品是衡量地方文化发展水平的重要标志。要组织实施文化精品战略，努力创作一批具有较强吸引力、感染力、渗透力的精品力作，争取获全国"五个一工程"等大奖。特别要下功夫编纂一部《绍兴通史》，创作一部以越王勾践为题材的电视剧、一部以绍兴黄酒为题材的长篇小说（电影）、一首《绍兴之歌》、一部绍兴形象电视专题片和一台综合反映绍兴文化的大型歌舞节目，为绍兴文化宝库增添一批有价值的文化精品。

同时,要办好一个文化名节,整合中国黄酒节、兰亭国际书法节、祭祀大禹陵等各类文化节会,打响"鲁迅文化艺术节"的品牌,把它办成国内一流的文化节会。

第七,推出一批群众性文化活动。广泛开展丰富多彩的群文活动,不断满足群众日益增长的文化需要。要扎实开展"全国文化先进县""东海明珠工程""文化示范镇(乡)"创建活动,不断提高农村文化品位。以百场演出进广场、千场戏曲进社区、万场电影进农村为载体,推进社区、广场、企业、学校、农村文化活动的蓬勃兴起。深化"三百特色村"创建活动,努力形成"一村一品""一镇多品"的大众文化新特色。继续开展"三下乡""五服务"活动,满足群众求知、求美、求乐的文化需求。

第八,培养一批文化人才。文化人才是文化生产力中最活跃的因素,是建设文化强市、提升城市品位的中坚力量。要建立绍兴文化人才库,重点培养"梅花奖""文华奖"演员和全国级书法、美术、文学创作人才,造就一大批全国有名气、省内有影响、市内能领军的优秀文艺人才。要建立健全用人机制,鼓励优秀人才脱颖而出,以重点剧目、重大项目、重点课题引进和培养人才。要以开阔的胸怀、开放的视野吸引四方人才,加大人才引进力度,特别要加快引进一批高层次人才,社会各界也要积极引荐人才。要在城市社区、乡镇农村和大中型企业、各级各类学校中,广泛培养和建立群体性文化队伍,为繁荣基层文化提供人才保证。要变文人相轻为文人相亲、文人相尊、文人相学、文人相携,创造良好的工作环境和创作氛围。

第九,挖掘一批文化资源。绍兴 2500 年建城史所积累的文化遗产,是建设文化强市的宝贵财富。要坚持"保护为主、抢救第一"的方针和"有效保护、合理利用、加强管理"的原则,做好文物古迹的挖掘、抢救和保护工作,积极实施"民俗民间文化保护工程",扎实推进历史文化名城保护。要重点保护、开发绍兴名人故居、故地、遗迹,发掘、整理越文化、南宋文化、辛亥革命文化,精心打造浙东唐诗之路、越子城、兰亭书法圣地,形成一批地域特色鲜明的文化品牌,推动绍兴旅游业

2007年4月19日，中国记协主席邵华泽书法展在绍兴举行，王永昌与邵华泽先生合影

发展，使文化资源转化为现实文化生产力。

第十，发展一批文化产业。在市场经济条件下，文化产业和文化事业是社会主义文化建设的两翼，是城市综合竞争力的重要方面。要抓特色产业培育，优先发展文化旅游业、新闻传媒业、文体娱乐业、会展文博业、信息服务业、图书音像业，吸引社会资本流向这些行业，有序扩大产业规模。要抓文化骨干企业培育，重点建立影视、演艺、娱乐健身、文化旅游等有一定实力的文化产业集团，着力培育有区域特色的文化经济园区和文化特色街区，做大做强文化产业的区域规模。要抓文化产品培育，加强与其他行业的联姻结合，开发和拥有一批辐射力强、附加值高的名牌文化产品。要整合全市名人、名品、名企、名牌、名景、名校等资源，增强集约开发利用的社会效益和经济效益。

八 文化建设也要创特色、创品牌

我的一个重要工作方法，就是强调任何工作都要有重点，创特色，形成品牌亮点。

对绍兴文化建设，我强调重点要打好四张品牌。

一是历史文化品牌。绍兴是具有 2500 年历史的文化古城。如何把底蕴深厚的历史文明与生机勃勃的现代文明有机结合起来，相得益彰地体现出来，这是"五四"运动以来，许多地方一直在研究、探讨的问题。

二是人文精神品牌。一座没有人文精神的城市，是一座没有灵魂的城市，是一座没有凝聚力的城市，也是一座没有人文关怀的城市。"卧薪尝胆、奋发图强、敢作敢为、创新创业"的"胆剑精神"，是绍兴的城市精神，是绍兴最本质的人文精神。我们在创建活动中，要结合公民道德实践活动和市民文明素质提升工程，大力弘扬"胆剑精神"，使"胆剑精神"形象化、具体化、普及化，成为绍兴人的精神品质。

三是魅力城市品牌。绍兴是"十大最佳中国魅力城市"之一。在创建活动中，我们要大力推介、精心经营这张城市名片，争创"中国人居环境奖"，进一步提升城市魅力，为群众的生产、生活、学习创造良好的环境。

四是打造绍兴独有文化品牌。比如，绍兴的越剧文化、绍剧文化、书法文化，以及鲁迅文化等。

此外，我在绍兴提出的最值得一提的是"三看"品牌，即"江南古城看绍兴，江南文化看绍兴，江南风情看绍兴"。"三看"在城市建设一章中已做了专门介绍，这里就不再赘述了。

九 办成和未办成的几件教育方面的事

绍兴市区的教育基础是相当不错的,但随着经济、城市发展和市区城乡结构的新的调整,中学布局结构调整任务仍很重,尤其是绍兴人民长期以来的"大学梦"一直未能实现。

2002 年前后,正是绍兴市区中学、中等教育学校布局较大规模的调整和建设时期。比如,在 2002 年市区安排的社会事业的 18 项重点实事工程中,教育就占了 5 项:继续实施绍兴文理学院扩建工程;实施浙江工业职业技术学院扩建工程;基本建成绍兴一中袍江分校;启动建设绍兴市高级中学;基本建成市艺术学校。

(一)创办兰亭书法艺术学院

2020 年 2 月 22 日,我在整理有关材料时,发现了一份绍兴市人民政府文件。这是市政府向省政府要求补助兰亭书法艺术学院建设经费的请示件。在这份请示件上,有时任省政协主席刘枫同志的一个批示,他指出建设兰亭书画院,是中央领导提出并大力支持的一个举措,省委领导也去绍兴调研过。兰亭书画院是中国第一所独立建制的书画学院,能建设起来是件大好事。中央和省委领导如此关心兰亭书法艺术学院建设,很是令人感动。这也说明,要办一两件大一点的事,实在是很不容易的。我希望绍兴兰亭书法艺术学院的师生们,能了解学院的创办过程,珍惜机会,为弘扬中国优秀传统文化贡献力量。

在绍兴建设书法艺术学院是有缘由的。我们知道,绍兴因"书圣"

王羲之组织曲水流觞诗书画活动并写下《兰亭集序》而成为书法圣地，也由此经千年历史传承而形成了广为普及的书法文化，绍兴民间书法家和习书者甚众。

书法圣地是绍兴一张在全国乃至世界上都具有很高知名度的"金名片"。随着社会物质生活水平的提高，人们对精神文化也有了更多更高的追求，因而学习、追求书法艺术的人也越来越多。

不只是绍兴，浙江省也是公认的书画大省。西泠印社早已名扬海内外，中国美院书画大师云集，浙江各地书画人才荟萃。

当时，省里筹划利用好王羲之书法文化资源，推动浙江书法教育的新发展，拟筹办兰亭书法艺术学院。据说，有两个方案：一个是放在中国美术学院，另一个是放在绍兴。最后，综合考虑，拟选择放在绍兴。

兰亭书法艺术学院放在绍兴，对提升绍兴书法文化和促进高等教育发展，都是很有意义的。绍兴兰亭是书法圣地，创办中国兰亭书法艺术学院既具有得天独厚的优势，又落实了中央、省领导的有关指示精神，而且对提升文化名市建设很有意义。当然，办大学是很费钱的。记得当时省教育厅、文化厅领导专程来绍兴商议筹办兰亭书法艺术学院，省市领导认识基本上是一致的。主要是出资比例问题。最后，省里安排了 500 万元的专项经费，市里首批安排了 2000 多万元，以市里出资为主。

2002 年 11 月 4 日晚上，市委召开筹建中国兰亭书法艺术学院专题会议。市委、市政府有关领导，市级有关部门、绍兴文理学院负责人出席会议。会议明确书法艺术学院要办成学历教育与非学历教育有机结合的本科二级学院，学院建在兰亭风景区，学院的建设要与兰亭景区相协调，并要考虑书法艺术教育的特点和形式，又要把教学、展览、旅游等功能有机结合起来。

从现实和可行性考虑，在运行体制上，将兰亭书法艺术学院纳入绍兴文理学院统一管理。

一晃二十年过去了，我想，如今的兰亭书法艺术学院，应该是一座像模像样的本科学院了吧。

我写这段几乎没有什么惊奇的往事，只是想告诉大家：绍兴具有深厚的历史文化底蕴，需要我们珍惜、挖掘和发扬光大，建设兰亭书法艺术学院只是我们的一个实际行动；衷心希望大家都来做传承中国优秀传统文化的薪火传人，把兰亭书法艺术学院办得更好。

（二）在文理学院召开的市委常委扩大会

2006 年 6 月 1 日下午，我们在绍兴文理学院召开市委常委扩大会议，请市级各相关部门和各县市负责人，都列席了会议。会议主要研究绍兴文理学院和绍兴高等教育的发展问题。时任省教育厅厅长侯靖方等也应邀参加了会议。

绍兴文理学院是绍兴人民心目中的大学。她在政府和社会各界支持下，实现了快速发展。但在发展过程中，难免有这样那样的困难，尤其是如何成为、何时成为名副其实的"绍兴大学"？这是绍兴市历届领导班子都积极努力的奋斗目标之一，是绍兴文理学院全体师生员工的共同理想，更是绍兴人民长期以来期盼的梦想。

绍兴人民对于办一所名实相副的大学，似乎有着特殊的情结。这是因为，绍兴是国家首批历史文化名城，文化积淀深厚，教育基础扎实，如果能办一所名实相副的大学，是具有特别意义的。

绍兴办大学是我们奋斗的理想。但要办成一所名副其实的大学谈何容易？对大学，国家教育部门有许多底线条件和要求，我们只能扎扎实实去创造条件。有"名"当然好，但根本的是"实"。为此，我们就只能首先办好绍兴文理学院。

会议认为，"十五"时期，绍兴高等教育取得了突破性进展。绍兴的高等院校已由 1 所发展为 5 所，在校学生从 5700 人增加到 3.1 万人，校园占地面积扩展到 195 万平方米；专任教师由 1039 人增加到 1946 人。当时我们工作的重点是要抓好现有 5 所高校的发展，尤其是绍兴文理学院，要努力提升教育教学质量，加快申办硕士点和创建绍兴大学的工作进程。

文理学院办成"绍兴大学"，需要有一个较长期的奋斗过程。我在常委扩大会上提出了如下几点要求。

第一，要在发展目标上有新的明确。要立足绍兴、争创全省一流大学，力争各项指标或多数指标进入全省高校前十名。

第二，要在建设绍兴大学上有新的推进。建设绍兴大学，是绍兴人民的理想和愿望，是绍兴经济社会发展的要求。争取早日实现绍兴大学挂牌。

第三，要在办学质量上有新的提升。绍兴文理学院要坚持"质量立校"的方针，坚持稳定规模、提升质量，坚持调整结构、优化结构，建设名副其实的绍兴大学。

第四，要在办学特色上有新的突破。绍兴文理学院在越文化研究、鲁迅文化研究和书法艺术教学与研究等方面形成了自己的特色。还要力争建设 1—2 个在全省乃至全国有影响的重点学科，抓住重点、抓出特色，在加强学科建设、增强学科特色等方面有新突破，尤其要在理工类学科的专业建设方面下大功夫、花大力气。希望学院各级认真研究学科建设和申办硕士点这两件大事，并千方百计把它办成。

第五，要在合力办学上有新的进展。申办绍兴大学，必须争取中央和省市有关部门和领导的关心支持，集聚各方力量。各县（市、区）要在支持绍兴文理学院发展方面有新进展，支持的力度要在"十五"的基础上有所加大。绍兴文理学院要在与企业合作方面多动脑筋，切实利用企业力量，不断做大做强绍兴文理学院。

第六，要在落实保障措施上有新的举措。关于成立申办绍兴大学领导班子的提议，考虑到这是一项长期工作，目前市里还不便建立绍兴大学建设领导小组，但可以建立以文理学院领导为主、市里有关人员参加的争办绍兴大学工作班子，明确相关责任。在资金方面，市里继续对文理学院给予必要的支持，重点用于学科建设、人才引进和提高办学质量。政府性的直接资金投入，原则上高于"十五"期间政府性的直接资金的投入数，由市与各县（市）共同承担，资金逐年分步到位。文理学院提前申办硕士点所需经费单列，由市里另行安排。文理学院要尽快拿出申办的具体方案。对文理学院引进人才，仍按市委、市政府相关文件精神予以资金支持，引进的人才可继续享受市政府经济适用房政策。

会议除了明确绍兴文理学院发展方向和发展重点外，主要是解决"十一五"时期市里和各县市政府性资金支持文理学院发展问题。我记得总规模是 1.5 亿元左右，比"十五"期间有了较大的增长。

在绍兴文理学院召开市委常委扩大会，对市委对绍兴文理学院来说，也许都是第一次。应邀出席会议的时任省委教育工委书记、省教育厅厅长侯靖方，对此次会议给予了高度评价。他说，绍兴市委常委会专门在文理学院开会，研究学校的改革发展问题，在全省是第一个，为其他市做了榜样，这说明绍兴市委、市政府下了决心，是动真格，这体现了一种认识、一种胸怀、一种境界，值得佩服。

当然，由于种种原因，绍兴要建设一所有一定水准的地方综合性大学，从名实一致角度讲，仍是一个在奋斗追求中的目标理想。

（三）希望绍兴成为一座学习城、教育城

学习和教育是人类文明进步的基础。办好教育是功在当代、利在千秋的事业。尽管它不是一时的显政绩，但是为百姓、为民族长远发展打基础的真政绩。各地、各国的最根本的竞争，说到底是人的素质和人的教育竞争。"百年大计、教育为本"，教育是人类知识传播和文明延续的基本途径，没有教育，我们只能停留在野蛮状态。与发达国家相比，我们的主要差距在于国民素质和自然生态环境，而提高人的素质和保护环境都直接或间接地需要教育事业的发展。因此，教育确实是我们的全局之要、长远之计，也是当务之急。

2003 年 8 月 25 日，市政府召开全市教育现代化建设工作会议。主要任务有两个：一是对高标准"普九"工作进行总结和表彰；二是分析形势，对推进教育现代化建设进行全面部署。我在充分肯定绍兴过去教育事业发展成绩的基础上，阐述了推进教育现代化建设的重大意义，鲜明提出了"大教育"的观念。

"推进教育现代化建设的总目标，关键是要抓好高质量普及十五

年教育,建立和完善从幼儿园到大学相互沟通的开放教育体系,职前教育和职后教育前后贯通的终身教育体系,形成多元化办学的教育格局。为此,我们提出了'五个化'的发展要求,即要实现学前教育低龄化、义务教育均衡化、高中教育普及化、高等教育大众化、成人教育终身化。

"我们现在讲的教育现代化不仅是学历教育上的现代化,而且是一个广义的大教育概念,现在的教育已经由原来的学历教育进展到社会教育,由阶段性教育进展到终身教育,教育的主体由学校演变为整个社会。因此,我们要响亮地提出,把绍兴打造成为'学习城''教育城'。"

我在会议上提出,绍兴之所以要打造成为"学习城""教育城",主要是基于以下几方面考虑。

第一,学校教育、学历教育是教育事业的基础和主干,但教育现代化不仅是学校教育和学历教育,而且是一个大教育的概念。

第二,提出建设"学习城"和"教育城",就是要进一步号召全社会都来关心教育、支持教育、发展教育,充分调动社会力量办学的积极性。

第三,教育是一个社会、一个城市、一个人发展的立身之本。人是一种会学习的动物,人类的历史就是在不断学习中发展的,社会化的过程就是一个学习的过程。教育是人类文明的阶梯和动力,是人力资源的发展资本,是社会进步的一个根本动力,是国民素质提高的基本途径,社会要发展就要通过教育和学习。

第四,教育不仅可以传承文明,同时也是一个经济产业,而且是一个潜力巨大,可以不断做大做强的产业。打造"学习城""教育城"为教育产业的做大做强提供了一个大平台。

第五,我们提出打造"学习城""教育城",构筑学习型社会,就是要提倡把教育和学习贯穿任何时间、任何领域、任何过程,建设一个全民重视学习,全民不断学习,全民善于学习的社会,营造浓厚的学习氛围。

因此，我们提出建设教育现代化，不仅要致力于学校教育、学历教育的不断发展和提高，而且要把教育渗透到各个领域，直至我们的灵魂深处，形成学习型社会，建成教育型城市。

当然，这次教育现代化建设工作会议上，还部署了今后一个时期推进教育现代化建设重点要突破的一些工作任务。

小到一个家庭，中到一个城市，大到一个国家，真正成为学习型的、教育型的话，那将是最根本的发展动力、竞争实力，也将是真正具有光明前景的。

（四）未能实现的中国人民大学"绍兴学院"

说到绍兴要办大学的事，不能不提到这样一件事，就是我们曾努力争取中国人民大学来绍兴办一所"绍兴学院"。

20世纪末21世纪初，各地除了招商引资竞争外，就是纷纷争办大学，包括引外校合作办学。从浙江情况看，长期以来大学数量偏少，考生大学录取分数线高于全国。再说，绍兴文理学院短期内很难升为大学。2004年上半年，当我们了解到中国人民大学正在南方几个省寻找合作办学的信息后，就与中国人民大学取得了联系。经初步接触了解，校方确有诚意，我们就邀请校方领导（校方领导先后4次来绍兴）前来绍兴考察。校方领导还在杭州受到了当时省委主要领导的接见。绍兴市委、市人大、市政府、市政协主要领导做了交流沟通，大家认识高度统一。

当我们有了初步意向性想法后，分管市长就向省教育厅和分管省长汇报。大家知道，由于历史原因，浙江省高等教育规模较小，层次不够高，名校不多。当年除浙江大学外，地方高校中无一所进入国家"211工程"，普通高校招生本专科比例低于全国平均水平，研究生招生规模居全国各省（区、市）倒数第7位，这与浙江经济社会发展水平不相符合。而且就浙江现有的高等院校结构讲，多以理工科为主，人文社科类大学缺少。中国人民大学来绍兴合作办学，能起到优化浙江高等教育结构，提升浙江高等教育层次，为浙江省在推进人文科学方面的人才培养和学术研究提供支持的积极作用。省里教育部门认为，这是件好事。它们尤其认为，中国人民大学作为以综合性文科见长的著名大学，如能来浙办学院，对改变浙江的大学结构很有现实意义。因此，省有关部门非常支持绍兴与中国人民大学合作办"绍兴学院"。

但此事需得到教育部的支持和肯定才有可能继续推进。为此，中国人民大学校方和我们绍兴方面，分别向教育部和中央有关领导汇报了合作办学事宜。中央有关领导对教育事业和绍兴发展怀有特殊感情，予以热情关心。

在2005年的全国"两会"期间，我和时任分管市长还向当时国务院分管教育的领导专门做了汇报。这位领导事先已有所了解，我们汇报后不久，她亲自在中南海办公室召集教育部领导、中国人民大学领导和我们绍兴的同志，开了一个协调会，希望相关各方推进合作办学。我们书面和口头做了汇报，汇报的基本内容是：(1)绍兴市基本概况；(2)引进中国人民大学来绍兴合作办学的重要性和必要性，主要从落实科学发展观和科教兴国战略、促进绍兴经济社会全面协调可持续发展、满足人民群众教育需求、提升绍兴历史文化名城形象、推进绍兴教育事业自身发展等角度做了阐述；(3)介绍了前一阶段与中国人民大学合作办学的沟通、准备工作情况和现实条件；(4)提出了与中国人民大学合作办学的初步设想和建议。

市里对引进中国人民大学来绍兴合作办学十分重视，多次进行了认真的分析、论证和讨论。我们认为，引进中国人民大学来绍兴合作办学，符合科学发展观要求，符合中央宏观调控政策，符合教育部《关于规范并加强普通高校以新的机制和模式试办独立学院管理的若干意见》的精神和要求。而且，从绍兴市经济社会发展情况看，一方面具有较强的综合经济实力；另一方面教育事业发展较快，包括高等教育发展也有一定的基础。因此，具有与中国人民大学合作办学的基本条件。

中国人民大学对来绍兴合作办学也高度重视，多次前来绍兴考察和商谈，认为在绍兴合作办学条件较好、比较理想，并于2004年12月

30日向教育部上报了《关于在浙江省绍兴市筹建独立学院的请示》。

浙江省对中国人民大学来绍兴合作办学开始阶段也是十分支持的，并已原则同意绍兴市与中国人民大学合作办学。2005年1月31日，省政府向教育部呈送了《关于商请支持中国人民大学在浙筹办独立学院的函》（浙政函〔2005〕4号），明确表示，省里将加强配合和服务，在项目建设、财政补助、招生和收费等方面给予全力支持。

为了推进与中国人民大学在绍兴合作办学的工作，我们与中国人民大学经过多次磋商，双方就合作办学的目的、规模、机制和双方职责达成了共识，并草拟了《中国人民大学与绍兴市人民政府关于在浙江省绍兴市合作办学的框架协议》文本，就中国人民大学绍兴学院的性质、办学方针、主要专业学科、办学规模、基础设施投资、组织管理等达成了合作意向。

后来，由于一些特殊原因，绍兴与中国人民大学合作办"绍兴学院"最终未能实现。这不能不说是一件很令人遗憾的事。

历史无法假设，也无法重新再来。但愿绍兴能早日实现办一所有名有实"绍兴大学"的梦想。

十 迎接"七艺节"

"绍兴的核心竞争力说到底是文化的竞争力。"这是我的一个重要观点。毫无疑问，文化优势的确是绍兴发展的一张"金名片"。

而办好"七艺节"分会场和闭幕式，是市委、市政府在 2000 年到 2004 年 9 月 26 日这段时间内的一项重要任务，也是提升绍兴文化竞争力、影响力的重大机遇。我们把迎办"七艺节"闭幕式活动作为提升绍兴文化和全局工作的一个重大载体。

（一）中国艺术节是一个国家级文化艺术节日

中国艺术节是一个全国性、群众性的重要国家文化艺术节日。1987 年秋，由中国政府批准，在北京举办了首届中国艺术节，此后原则上每三年举行一届，节期为 15 天或 20 天。邓小平同志亲自为中国艺术节题写了节名。艺术节由中华人民共和国文化部与所在省、市的人民政府共同主办。

"中国艺术节作为高水平的综合性艺术活动，在丰富人民群众的文化生活，促进文艺事业不断发展方面发挥了重要作用，是弘扬民族优秀文化，繁荣社会主义文艺，丰富人民群众文化生活的好形式，也是促进经济发展，促进改革开放和社会进步，保持社会稳定，振奋民族精神的好形式。"

（二）第七届中国艺术节概况

第一届、第二届中国艺术节在北京举行，第三届至第六届分别在云南、甘肃、四川和江苏举行。第七届中国艺术节2004年在浙江杭州举办。第七届中国艺术节的主题是：发展先进文化，振奋民族精神。宗旨是：艺术的盛会，人民的节日。"七艺节"期间，除了51台文华奖参评剧目演出102场外，组委会邀请的41台省内外、港澳台地区和国外祝贺演出剧目演出场次也近130场。在17天的时间里，浙江各地还举办了600余场次丰富多彩的群众文化活动，以及24个美术、书法、摄影和文物、博物等各种文化艺术门类的展览展示、学术研讨和交流项目。

（三）绍兴是"七艺节"的闭幕地

绍兴是"七艺节"的分会场，并荣获闭幕式的举办地。历时17天的第七届中国艺术节，于2004年9月6日晚在绍兴市胜利闭幕。第十五届中共中央政治局常委李岚清，国务委员、第七届中国艺术节主席陈至立，时任全国政协副主席、中国工程院院长徐匡迪出席闭幕式。时任中共浙江省委书记、省人大常委会主任、"七艺节"副主席习近平致辞。

"七艺节"各奖项的评选也在当晚揭晓。在评选出的12个文华大奖中，浙江省参演的甬剧《典妻》、音乐剧《五姑娘》榜上有名；绍剧《真假悟空》获得文华大奖特别奖；开幕式大型文艺晚会《洒满阳光的天堂》和群文开幕演出《风从东海来》获得中国艺术节特别奖；越剧《流花溪》《藏书之家》，音乐剧《蓝眼睛·黑眼睛》，舞剧《玉鸟》获得文华新剧目奖；此外，还评出了文华单项奖180余个。

习近平同志在致辞中说，第七届中国艺术节围绕"发展先进文化，振奋民族精神"的主题，荟萃中外艺术精品，促进文艺繁荣发展，服务广大人民群众，取得了丰硕的成果，真正成为"艺术的盛会、人民的节日"。艺术节坚持改革与创新，积极探索"政府主导、社会参与、市场运作"的办节思路，促进艺术与人民、艺术与时代、艺术与市场的结合，是推进文化体制改革的一次有效探索，也是文化艺术战线贯彻"三个代表"重要思想的一次成功实践。"七艺节"的成功举办，是浙江广大文化艺术工作者的一种荣耀，是浙江文化发展史上的里程碑，也是向新中国成立 55 周年献上的一份厚礼。

时任"七艺节"组委会主任、文化部副部长陈晓光致闭幕词并宣布第七届中国艺术节闭幕。他说，本届艺术节全面展示了 21 世纪初我国舞台艺术欣欣向荣的喜人景象，集中检阅了文艺事业蓬勃发展的丰硕成果。这是一次具有鲜明特色的艺术盛会，是一个欢乐祥和的人民节日。作为 21 世纪第一次国家艺术盛会，第七届中国艺术节是中国艺术节历史上规模最大、时间最长、参加人员最多的一次。本届艺术节参加各类演出、展览和研讨活动的人员达 1.5 万人，直接参与各项活动的观众近 100 万人次，以前所未有的盛大规模、整体水平、创新机制和人民群众的广泛参与，充分体现了"发展先进文化、振奋民族精神"的主题和"艺术的盛会，人民的节日"宗旨。

在"记住沈园黄昏，鉴湖黎明；记住咸亨黄酒，水乡乌篷；记住古

2004 年 9 月 26 日，"七艺节"鉴湖放舟绍兴环河彩船大巡游

城群贤,老友新朋;记住节日之夜,笑语欢声……"的歌声中,闭幕式圆满结束,随后演出了绍剧《真假悟空》。

(四)请时任文化部副部长陈晓光创作《记住今晚,记住绍兴》

一首好歌,对宣传一个城市以及提升一地的文化素养都会产生重要影响。时任文化部副部长的陈晓光先生,是"七艺节"组委会主任,直接分管"七艺节"的筹备工作。

2002年4月5日,陈晓光来绍兴检查"七艺节"分会场的筹备工作情况。他饶有兴致地欣赏了绍兴戏曲的汇报演出,漫步在环城河边,倘徉在沈园春色里。古城绍兴厚重的文化积淀深深地吸引着这位著名的词作家。陈晓光说:"绍兴有着深厚的历史文化积淀,广泛的群众文化基础,较为完善的文化基础设施。作为'七艺节'分会场,绍兴当之无愧。"

陈副部长的一席话激励着绍兴,也催生了绍兴承办闭幕式的一个灵感:陈晓光是著名的歌词作家,能不能请他为绍兴、为"七艺节"闭幕式创作一首歌? 2002年的夏天,在他来考察绍兴市"七艺节"分会场和闭幕式活动的筹备工作期间,我委托当时的市文体局局长,向陈晓光提出了为"七艺节"绍兴闭幕式创作歌词的请求。

"记住沈园黄昏,鉴湖黎明;记住咸亨黄酒,水乡乌篷;记住古城群贤,老友新朋;记住节日之夜,笑语欢声。啊,记住今晚,记住绍兴;啊友谊长存,艺术永恒……"

《记住今晚,记住绍兴》的歌词由陈晓光创作。陈晓光早就以词作家成名,大家耳熟能详的歌曲《在希望的田野上》《那就是我》等歌曲的歌词,就出自他的手笔。歌曲《记住今晚,记住绍兴》的曲子,是由创作《同一首歌》的著名作曲家孟卫东先生谱写的。(本节参用了《绍兴日报》记者裘一倩采写的相关报道。)

(五)举办"七艺节"活动的主要收获

为办好"七艺节"分会场和闭幕式,市委、市政府花了不少精力和工作,主要有:创造良好的城市软硬环境、加快文化卫生基础设施建设、创作文化艺术作品和组织分工落实等。

2004年11月14日，市里专门召开了"七艺节"总结表彰暨建设文化强市、最佳人居环境城市动员大会，会上我以"建设文化强市 提升绍兴实力"为题做了讲话。讲话中做了总结，认为，七艺盛会是绍兴历史上规模影响最大、时间跨度最长、活动项目最多、参与人数最广、节会氛围最浓、各方配合最好、群众艺术享受最多的一次盛会。应邀参加本次节会的中外来宾达4000余名，副部级以上来宾42批次，李岚清同志及党和国家领导人陈至立、徐匡迪莅临了闭幕式。节会期间，各项活动精彩纷呈，整个绍兴成了群众文化活动的大戏台、经济社会发展活力的大展台、全民欢乐喜庆的大舞台。时任省委副书记梁平波代表省委、省政府，专门为"七艺节"总结表彰会发来贺信，充分肯定了绍兴在举办"七艺节"分会场和闭幕式方面的工作，这也充分体现了省委、省政府对绍兴的关心、厚爱和支持。

回顾"七艺节"的工作，其主要收获表现为以下五个方面。

第一，闭幕盛典精彩难忘。2004年9月26日晚的"七艺节"闭幕式上，党和国家领导人陈至立、徐匡迪颁发文华大奖，时任浙江省委书记习近平致辞，颁奖典礼形式新颖，构思巧妙，典雅大气，精彩难忘。献演绍剧《真假悟空》主题鲜明，艺术精湛，气势恢宏，舞美精致，给观众留下了深刻印象。由时任文化部副部长陈晓光作词的闭幕式歌曲《记住今晚，记住绍兴》，可以说是为"七艺节"度身定做的艺术精品和点睛之作，受到各界的广泛好评。整个闭幕式被新闻媒体、领导和群众誉为历届中国艺术节中最富创意、最为成功的闭幕式之一。

第二，文艺创作喜结硕果。以"七艺节"为契机，积极实施文艺精品战略，创作了一批佳作。绍剧《真假悟空》获文华大奖特别奖和观众最喜爱剧目奖。另有三件作品荣获全国第十三届"群星奖"，获奖数量占全省的1/4，居全国地级市第一。

第三，群众文化丰富多彩。节会之前，绍兴市深入开展以"百场演出进广场、千场戏曲进社区、万场电影进农村"为主要内容的群众文化活动。节会期间，共有国内外24台35场优秀的专业艺术演出，并组织了一系列展览、广场演出和大型文化活动。据统计,全市共有 10 万余名演职人员参与群文活动,市区 8 个展览观众近 15 万人次,环城河彩船巡游现场观众 15 万人,焰火晚会现场观众 30 万人,整个绍兴成了欢乐的海洋。为充分体现"七艺节"的人民性,我们还通过赠送爱心票、降低票价、向特困户免费赠票、邀请外来民工表演节目等方式,让广大群众充分享受文化生活。

第四,文化名城形象提升。本次节会通过精心组织文化、经贸、旅游等活动,全方位展示了绍兴形象,使应邀参加节会的 4000 余名嘉宾和 360 多名中外记者亲身感受了绍兴的魅力,中央电视台、新华社等 80 余家媒体宣传推介了绍兴,提升了绍兴形象,提升了绍兴在国内外的知名度。

第五,借势推动成效明显。一是借势推动城市建设。绍兴市借助"七艺"东风,2002—2004 年在城市建设上共投入 150 多亿元,城市面貌发生了显著变化。二是借势繁荣文化事业。以筹办"七艺节"为契机,建设了一批文化设施,创作了一批文艺精品,繁荣了群众文化。三是借势提升绍兴文明。广泛开展了"争做文明绍兴人、争创全国文明城"活动,加强了城市管理,提升了城市文明程度。四是借势促进经济发展。按照文化与经济互动的理念,节会期间举办了一系列经贸和科技合作洽谈活动,共签订外资、内资、科技合作和人才引进项目 70 余个,协议引进外资 2.6 亿美元,引进内资 9.4 亿元。

"七艺节"的成功举办,大大提高了绍兴的知名度,提升了绍兴的城市品位,增强了全市人民的自豪感和凝聚力,也必将对绍兴现在和今后的发展产生重大而长远的影响。

(六)举办"七艺节"活动的主要体会

总结"七艺节"的承办和有关创建活动,我们主要有以下四点体会。

第一,领导重视、广泛动员是前提。市委、市政府把承办"七艺节"作为展示绍兴、提升绍兴、发展绍兴的极好机遇,高度重视,精心组织,广泛动员,扎实部署,召开全市性的动员大会,抽调精干人员组成强有力的工作班子,认真策划,精心组织。市人大、市政协高度重视、积极参与，做了大量工作。老同志、老领导也十分关注，积极支持。各级各部门和各新闻舆论单位广泛宣传、深入动员、积极配合，形成了各方参与、全民关心的良好氛围，确保了各项工作的顺利开展。

第二，健全机制、落实责任是根本。在筹办"七艺"盛会和创建中国魅力城市、国家节水型城市的过程中，我们精心制定了工作方案，并就具体工作制订了周密计划，建立了协调机制和分工负责制度，把工作责任落实到部门、落实到人，保证了各项工作环环紧扣，有序运行。

第三，突出重点、争创一流是关键。抓任何工作都要突出重点、争创一流。只有注重突出重点，工作才能推进、才能深化；只有着眼争创一流，工作才能有高质量、才能上高水平。在迎办"七艺"盛会的过程中，我们围绕打造一流的演出场馆、一流的演出剧目、一流的组织策划、一流的接待服务、一流的城市形象等工作重点，齐心协力，真抓实干，工作成效明显。我们的绍兴大剧院、参评的《真假悟空》和闭幕式盛典，受到广泛好评，被公认为是一流的场馆、一流的剧目、一流的闭幕式。

第四，借题发挥、借势发展是目的。迎办"七艺"盛会，我们真正的目的是借题发挥，借势推动，提升绍兴品位，促进绍兴发展。实践证明，"七艺"盛会的举办和一系列争创工作的成功，使绍兴经济社会发展和城市建设都呈现新的面貌，也给绍兴的城市品牌注入了难以估量的无形资产，对绍兴的发展产生了深远的影响。

会上，就下一步建设文化强市，提升城市品位，构筑绍兴综合竞争的软实力，以及创建全国文明城市、"中国人居环境奖"、"联合国人居环境奖"和国家级生态市等工作进行了动员和部署。

十一　荣获"最佳中国魅力城市"

2004 年下半年,我们还办了一件很有意义的事,即获得了由中央电视台举办的首届魅力城市评选活动的"最佳中国魅力城市"称号。这是从全国 600 个城市竞选中 10 个城市之一。刚开始得知要举办这个评选活动的消息时,我们怕成本比较高,后来了解到中央电视台不收什么费用,只需要自己市里制作宣传片等费用即可,又考虑到这事对宣传绍兴很有意义,我们就下决心去参加这次评选活动。

（一）花小钱办了一件大好事

2004 年 11 月 14 日,我在"七艺节"总结表彰暨建设文化强市、最佳人居环境城市动员大会上,对此做了总结。

"在成功举办'七艺节'分会场和闭幕式的同时,绍兴市还参加了中央电视台 2004 年度中国魅力城市展示活动。这次中国魅力城市展示活动,共分三轮展开:第一轮,从全国 600 多个城市中选出 40 个城市作为入围城市;第二轮,40 个入围城市在中央电视台黄金时段进行专题展示;第三轮,从 40 个城市中评选出 10 个'中国魅力城市'和 10 个'最佳中国魅力城市',在长城脚下举行颁奖盛典。绍兴积极参与中国魅力城市的展示活动,我们精心谋划了实施方案,成立领导小组和精干的工作班子;我们邀请上海一个著名影视公司和绍兴电视台拍摄精致一流的绍兴城市形象片;我们向社会广泛征集城市魅力口号,共收到社会各界人士提供的口号 100 多条,最后确定'古城历史悠悠

2004 年 7 月 27 日，在纪念越剧百年活动期间王永昌接受央视采访

长，名人名酒名水乡'为绍兴城市魅力口号；我们还聘请鲁迅先生儿子周海婴先生出任城市推荐人，浙江电视台的两位同志担任总策划和城市魅力大使，有效提升了参评效果。在这次参评中，绍兴无论是城市形象片，还是专题展示、颁奖展示盛典，都受到了领导、专家和观众的高度评价。在颁奖盛典上，绍兴还是连线现场采访的两个城市之一。最后，绍兴以悠久的历史文化、浓郁的水乡风情、充满活力的经济，在全国 600 多个城市中脱颖而出，荣获'最佳中国魅力城市'称号。中国魅力城市的参评活动，是一次城市经营、城市形象策划的成功实践，花小钱，办大事，在海内外产生了很大的影响。"

（二）评选的七大标准

此次由中央电视台发起的中国魅力城市评选活动竞争十分激烈，先从全国 600 多个城市中选出前 40 名作为入围城市，然后从入围城市中提名前 20 名，最后由中国魅力城市展示评委会评选出前 10 名。为体现权威性，央视此次活动的评委会评委由社会知名人士、研究城市的学者、城市环境学家、建筑学家、民俗学家、历史学家、媒体人士等共 20 人组成。评委会在进行初步评选的基础上，最后投票决出 10 个最佳魅力城市。

那么，央视此次魅力城市评选的标准到底是什么？此次评选对一座城市的意义又在哪里？

据了解，央视在评选中主要有七项具体标准，七项标准的综合评分结果，将决定一座城市在此次评选中的位置。

一是科学的城市发展规划。在全球化时代的背景下，一座城市应注重生态环境、信息技术和生物技术革命，这必须使这座城市里有不同文化背景、信仰、性别、年龄、职业的居民能共同和谐生活。

二是充满活力的经济。有活力的城市才是最美的。大到一座城市的规划和战略，小到市民生活的丰富程度、购物、旅游等消费行为的满意程度，都映射出一座城市非凡的发展潜力。

三是富有创造力的城市建设。用什么样的色彩、什么样的风格来表现一座城市创造力？建筑是最能体现一座城市创造力和艺术感悟力的指标。评选标准中列出了具有标志性的建筑，充满灵气的城区规划等要求。

四是优雅的城市环境。城市环境是一座城市的外表，这是其吸引外来者的第一要素。清洁程度、绿化水平、公共设施的完备状况，均表现出一座城市里人们的生活水平和生活态度。

五是独特的民俗风情。民俗风情是最具有地域色彩的元素，一个健康的、独具特色的民俗细节，蕴含着无比丰富的市民生活信息，这也是展示城市个性的重要环节。

六是悠久的历史文化。文化是一个城市的灵魂。悠久的历史文化会让一座城市呈现出与众不同的性格。评选包含市民对城市历史文化的了解程度，和对历史遗迹的保护程度。

七是积极向上的精神风貌。城市因为有了人，才有了生气。城市人群的生活态度如何，对于未来，对于自己生活的环境，他们有怎样的打算和看法，也同样决定一座城市的竞争力。

七项标准既包含了物质层面的因素，也包含城市的精神、气质等无形元素，这些渗透在城市中的每一个细节，都将综合构成一座城市的风貌。

最后，根据绍兴的优势，我们确定以"古城历史悠悠长，名人名酒名水乡"为竞选的主题词。

（三）央视星光演播厅的竞选

这次评选的一个主要环节和特点，就是央视评委会投票评选之前，20个入围城市分成10组，由两个城市分别展现自己城市的魅力，在双方竞选中产生一个城市为"最佳魅力城市"，另一个则为"魅力城市"。

2004年8月25日下午3点，在中央电视台星光演播厅，绍兴等几个参选城市拉开了各城市竞选的序幕并现场录制节目。

央视为各个城市竞选和节目录制的内容，也是评选的基本依据，主要内容分为四个板块：(1)播放城市名片和城市速写专题，然后由"城市魅力大使"进行魅力陈述；(2)城市推荐人讲述与该城市的渊源及推荐理由；(3)展示"城市瑰宝"；(4)城市管理者阐述城市魅力。

各个参选城市都做了精心准备，并早早来到了央视演播厅。8月24日下午，先期到评选驻地的绍兴一些同志，就见到许多前来为各城市助阵的名人：龙永图，作为山东烟台的城市推荐人；余秋雨，充当海南三亚的城市推荐人；河南安阳紧扣"殷墟文化"的主题，请来了国内著名的夏商周断代工程学术领头人、清华大学教授李学勤；山东长治请的则是聂卫平。

有的城市为展示城市形象，不惜巨资，请张艺谋担纲拍摄了城市宣传片；有的城市则请来影视明星，任城市魅力大使。

8月25日下午3点，绍兴代表登场：

"我是古城绍兴的女儿。到绍兴，也许你一不小心就认识了一个名人后代，也许你不小心就踏进了一个名人故里，整个城里都活色生香，到处充满了灵性……故乡留给我的那种印象正是我最宝贵的资源，她有太多太多的东西养育了我，滋润了我……"

绍兴"魅力大使"第一个出场。她以感人的话语向人们诉说着这座城市所给予自己的滋养，并当场即兴表演了书画，更加深了人们对这座到处都散落着文化的城市印象。

随后，幕布徐徐揭开。黄酒、《兰亭集序》、越王剑，三件瑰宝呈现在人们面前。从 2500 多年前黄酒酿造史的起源,到越王勾践卧薪尝胆的历史,再到东晋年间的流觞盛事,一座城市源远流长的历史也随之徐徐揭开。

接着绍兴城市的推荐人周海婴出场:

"绍兴是我父亲鲁迅先生出生和童年生长的地方。父亲的血液里浓缩着绍兴的血液,他的笔尖里流露出的每一篇文章都是绍兴的感情。

"我推荐绍兴成为中国的魅力城市,作为鲁迅的儿子,作为一个绍兴人,我对绍兴充满着深厚的感情! 作为一个绍兴人我非常自豪! ……我相信,家乡的变化,家乡的每一个进步,对我的父亲鲁迅,以及我们的家庭而言,都是倍感欣慰的事情。"

最后,我作为城市管理者出场介绍绍兴:

"绍兴古城有着 2500 年历史。绍兴的每一个街道,绍兴的每一条河流,绍兴的每一幢建筑,都承载着历史的精神,都体现着古城的风采……绍兴是中国的纺织大市,有着近 8 万台的纺织机,每一年织出的布占中国的 15% 左右。我们绍兴现在生产总值超过了 1000 亿元人民币,人均 GDP 超 3000 美元,我们的经济综合实力在全国同等城市当中位居前十。

"绍兴这座城市从古到今,充满着魅力,充满着活力,几千年来,辉煌不断,体现的内在生命力是什么? 这种生命力就是当年春秋战国时期,越王勾践等所培育出来的'卧薪尝胆,奋发图强,有胆有识,创新创业'的'胆剑精神'。正是这种精神,激励着我们绍兴人民,使我们不断地发展,不断地继往开来。这就是我们绍兴城市内在的魅力,内在的特色,这就是我们绍兴城市内在的力量。"

(四)居庸关长城下的颁奖晚会

历经 4 个多月 3 轮的层层筛选,绍兴从全国 600 多个城市中脱颖而出,获得本次央视"2004 年度中国魅力城市"评选活动最高荣誉——"最佳中国魅力城市"称号。

2004 年 10 月 12 日下午 6 时，颁奖晚会正式开始，可容纳 1500 人的居庸关长城广场座无虚席。

现场各获奖城市都有自己的队伍。由近 100 名来自北京大学、中央戏剧学院、北京体育大学的绍籍大学生，组成了绍兴的代表队，他们头戴乌毡帽，身穿印有"绍兴"字样的文化衫，手持小红旗，喊出了他们心声中最强的音符："绍兴——充满东方江南情调的魅力城市。"

我带着 435 万绍兴人民的期盼，激情满怀地从主持人敬一丹手中接过了奖杯，并发表了热情洋溢的获奖感言：

"首先我代表市委、市政府和全市人民向社会各界对绍兴城市魅力的认同表示衷心的感谢。绍兴是座具有独特魅力的城市，'古城历史悠悠长，名人名酒名水乡'，是魅力绍兴的生动写照。'江南风情看绍兴，江南古城看绍兴，江南文化看绍兴，中国轻纺看绍兴。'绍兴既是一座具有悠久历史的城市，也是一座正在蓬勃发展的城市。过去的绍兴充满魅力，现在的绍兴正在创造魅力，未来的绍兴必将具有更多更大的魅力。我们热忱欢迎国内外朋友走近锦绣江南，走近古城绍兴，感受魅力绍兴的迷人风采。"

中央电视台还现场连线绍兴，当咸亨酒店的画面出现在现场大屏幕上时，全场气氛沸腾了！

魅力绍兴不仅在长城留下了身影和足迹，更在世人心中留下了魅力永恒的印记。

（五）白岩松对绍兴的点评

央视名嘴白岩松、敬一丹代表评委会分别对 10 个"中国魅力城市"和 10 个"最佳中国魅力城市"进行了精彩的点评。

白岩松用如诗的语言，对古城绍兴进行了精到的点评：

"一叶乌篷，漂泊着 2500 年的沧桑；百转河曲，流动着大禹治水的英魂；几代文豪，传扬着古越文化的精致机灵；黄酒社戏，演绎着寻常巷陌的风俗百态。绍兴，以深厚的底蕴催生了新的经济步伐，历史的精神振兴了新的文化结构，使充满韵味的水城显现了勃发的生机。

2004 年度最佳中国魅力城市——绍兴！"

最后，绍兴以"科学的城市发展规划、充满活力的经济、富有创造力的城市建设、幽雅的城市环境、独特的民俗风情、悠久的历史文化和积极向上的精神风貌"七大综合优势折服了专家评委们，荣获了 2004 年度"最佳中国魅力城市"称号。

（六）我心中的魅力绍兴

我对绍兴怀有深厚的感情，下文是我对绍兴的历史、人文、经济等"魅力"主要内容的介绍，同时也寄托着我对绍兴未来的美好期望。

附：魅力绍兴

绍兴地处长江三角洲南翼，浙江中北部，西接杭州，东临宁波，北濒杭州湾，下辖绍兴县（现柯桥区）、诸暨市、上虞市、嵊州市、新昌县和越城区，面积 8256 平方公里，人口 435 万，其中市区面积 362 平方公里，人口 64 万。

绍兴素有"山清水秀之乡、历史文物之邦、名人荟萃之地"的盛誉，是首批中国历史文化名城、首批中国优秀旅游城市、中国环境保护模范城市、国家卫生城市、国家双拥模范城、国家园林城市、国家节水型城市、全国创建文明城市先进城市、全国科技进步先进城市、最佳中国魅力城市。

绍兴有悠久的历史文化。"古城历史悠悠长，名人名酒名水乡。"7000 多年前，绍兴属于河姆渡文化圈的中心区域，是我国古代越民族的生息之地。4000 多年前，大禹治水功成，在此会集诸侯，计功行赏。公元前 490 年，越王勾践在绍兴建立都城，至今已有近 2500 年的建城史。1131 年，宋高宗赵构取"绍祚中兴"之意，升当时的越州为绍兴府，绍兴由此得名。历史上绍兴名人辈出。"古有三圣，越兼其二"，传说中的舜皇和大禹在绍兴留下了许多足迹。越王勾践"十年生聚、十年教训"，其卧薪尝胆的故事流传久远，"卧薪尝胆、奋发图强、敢作敢为、创新创业"的新时期"胆剑精神"，已成为今日绍兴人文精神的核心内容。绍兴名人中有东汉哲学家王充，晋代书法家王羲之，唐代诗人贺知章，南宋诗人陆游，明代哲学家王阳明、书画家徐渭，清代巾帼英雄秋瑾，民国文学巨匠鲁迅，一代伟人周恩来，著名学者范文澜、马寅初、竺可桢、钱三强等。北京中华世纪坛的40个中华名人雕塑中，绍兴名人占了4位，他们分别是王羲之、蔡元培、鲁迅、马寅初。百年名校北京大学的历任校长中，绍兴籍校长也占了4位，他们分别是何燮侯、蔡元培、蒋梦麟、马寅初。当今中国科学院和工程院院士中，绍兴籍院士有56名。毛泽东主席曾赋诗赞誉绍兴为"鉴湖越台名士乡"。除了"名士之乡"的美称外，绍兴还是著名的"黄酒之乡""戏曲之乡""书法之乡"。黄酒是世界三大古酒之一，绍兴黄酒被誉为"东方名酒之冠"，盛行不衰的酒事、酒艺、酒趣，形成了富有绍兴特色的黄酒文化。绍兴是越剧和绍剧的发源地，其中越剧是我国第二大剧种，其影响力仅次于京剧；绍剧《孙悟空三打白骨精》曾得到毛泽东、周恩来的高度赞扬，绍剧新剧目《真假悟空》曾获文化部颁发的文华奖特别奖。晋代王羲之在绍兴兰亭书写的《兰亭集序》，被誉为"天下第一行书"，兰亭也因此成为著名的书法圣地。

绍兴有秀丽的山水风光。"山阴道上行，如在镜中游。"历史上李白、杜甫、白居易、孟浩然等400多位著名诗人都留下了赞美稽山鉴水的绚丽诗篇。作为首批中国优秀旅游城市，绍兴的风景名胜秀甲江南，全市有国家级和省级风景名胜区8个，尤以山水风光、古城风貌、人文景观为特色。近年来，绍兴市编制并实施了《历史文化名城保护规划》，加强了对旧城的保护和改造，历史上有400多位著名诗人留下了赞美稽山鉴水的绚丽诗篇。作为首批中国优秀旅游城市，绍兴的风景名胜秀甲江南，全市有国家级和省级风景名胜区8个，尤以山水风光、古城越乡风情与山水风光相得益彰、名人名居文化与粉墙黛瓦建筑交相辉映的城市景观。其中仓桥直街历史街区保护工程，曾获得2003年联合国教科文组织亚太地区文化遗产保护优秀奖。市区的东湖、兰亭、大禹陵、鲁迅故里、沈园和镜湖国家城市湿地公园，绍兴县（现柯桥区）的柯岩，诸暨市的五泄，新昌县的大佛寺，众多的名胜古迹吸引着大批国内外游客，形成了"江南风情看绍兴，江南古城看绍兴，江南文化看绍兴"的特色。

绍兴有较强的经济实力。改革开放以来，绍兴人民坚定不移地贯彻党的路线、方针、政策，解放思想，开拓创新，励精图治，奋发图强，经济社会发展取得了显著成绩。特别是近几年来，深入贯彻科学发展观和省委"八八战略"，主动适应抢机遇，攻坚克难促发展，保持了经济社会持续稳健发展的良好态势。2004 年，全市实现生产总值 1314 亿元，同比增长 15.3%；全社会固定资产投资 624.9 亿元，同比增长 16.8%；进出口总额 86.6 亿美元，同比增长 45.3%；外商实际投资 8.2 亿美元，同比增长 10.9%；财政总收入 128.8 亿元，同比增长 20%；城镇居民人均可支配收入 15642 元，同比增长 18.9%；农村居民人均纯收入 6970 元，同比增长 13.5%。2003 年绍兴经济总量位居全国大中城市第 28，同类城市第 8。人均生产总值位居全国大中城市第 24。中心城市综合实力位居全国第 42、浙江省第 3。全市农村全面小康实现程度位居浙江省第 2。在《福布斯》发布的"2004 年中国大陆最佳商业城市排行榜"中名列第 9。下辖的 6 个县(市、区)中，有 4 个进入了全国百强县行列，其中绍兴县(现柯桥区)在全国百强县中名列第 10。有 19 个乡镇入围浙江省百强乡镇，其中有 5 个乡镇进入前十位，绍兴县(现柯桥区)杨汛桥镇连续几年在全省百强镇中位列榜首。

绍兴有鲜明的产业特色。改革开放以来，绍兴逐步形成了以第二产业为主、民营经济为主、轻纺产业为主的产业特色。第二产业增加值占全市经济总量的 60% 以上。2004 年规模以上工业总产值达 2546 亿元，增长 32.9%；建筑业总产值 758 亿元，总量居全国地市级之首，同比增长 30%。通过不断深化产权制度改革，绍兴已形成了以民营经济为特色的经济结构，民营经济总量已占全市经济总量的 95%。在全国 500 强民营企业中，绍兴占 50 家；在全省 100 强中，绍兴占 36 家；在全省 50 强中，绍兴占 16 家。绍兴目前已有上市公司 24 家，上市企业总量名列全国地级市前列，形成了富有特色的"绍兴板块"。绍兴的轻纺产业十分发达，轻纺产业产值占工业总量的一半以上，基本形成了纺丝、织造、印染、服饰相配套的产业格局。绍兴是亚洲最大的化纤面料生产基地，中国轻纺城是亚洲最大的纺织品集散中心，2004年成交额超过250亿元；诸暨是全国最大的袜业生产基地，年产量达88亿双，占全国总量的1/3；嵊州是全国最大的领带生产基地，年产量达3.5亿条，占全国的80%、世界的30%。除轻纺产业外，绍兴的电子、机械、医药、精细化工、环保设备等产业也具备一定实力，不少企业在国内同行业中占据领先地位。

第二产业的快速发展，带动了农业和商贸旅游业的发展。农业生产向高效型、生态型发展，至2003年底有各类农业特色基地190万亩，农业龙头企业1200余家，珍珠、茶叶、香榧、板栗、特种水产、麻鸭等农产品远销国外。近年来，绍兴农民积极向市外拓展特色种养基地，目前已有市外农业基地380余万亩。商贸服务业快速发展，2003年全社会消费品零售总额335亿元，增长14.9%；旅游总收入95.2亿元，增长19.1%；第三产业实现增加值434.9亿元，增长14.7%。

作为长三角南翼先行规划、先行开发的重点城市和沿海经济开放区，古城绍兴充满生机、充满活力、充满希望。根据科学发展观和省委"八八战略"的要求，绍兴市提出了推进率先发展、实现富民强市的战略部署，那就是坚持以科学发展观和省委"八八战略"统领经济社会发展全局，围绕率先走出区域全面协调可持续发展的新路子、2007年率先全面建成小康社会、2015年率先基本实现现代化，着力推进产业高级化、经济国际化、城乡一体化、体制市场化、社会和谐化五个战略重点，推进发展理念、经济增长方式、城乡结构、区域文化、生产生活环境、人民生活质量、人的技能素质和体制机制八个创新提升，努力建设经济强市、文化强市、生态绍兴、和谐绍兴，促进绍兴全面协调可持续发展。

魅力绍兴，活力四射。背靠四千年的历史，肩负新时期的重任，435万绍兴人民正以自己的创新勇气和实干精神，谱写着绍兴现代化建设的新篇章。

十二 提出编纂《绍兴通史》并为其作序

中国人有个传统，就是喜欢盛世修史。这自然是有道理的。因为，国泰民安的年代，人们才能有客观条件去做"闲"一点的事。但在我看来，后人总是在前人基础上进步的，历史是我们的最好老师。再说，编纂通史、历史典籍的事，实在是花小钱办好事难事的善举。所以，我主张有关部门编一部有别于《绍兴市志》的、更简明和普及的《绍兴通史》。

2002 年，我在调研市社会科学、文史和文化工作时，主动提出市政府可以拨专款，支持组织编纂《绍兴通史》。经多年努力，五卷本的《绍兴通史》于我调离绍兴后的 2008 年正式出版。主持者希望我为《绍兴通史》的出版写几句话作为序言，我欣然应许。现将该序收录如下。

《绍兴通史》序

绍兴作为我国江南一座重要的历史文化名城，有着悠久的历史、鲜活的个性、灿烂的文化和说不完的动人故事。

我为绍兴而自豪，也为自己能有机会在绍兴工作、生活了七八年时间而庆幸。虽然我于 2008 年 2 月调回省城工作，但对绍兴总有一种挥之不去的情结和魂牵梦萦的感情，总会常常想起绍兴的山山水水。

不久前，碰到《绍兴通史》的主要组织者李永鑫同志，告知《绍兴通史》即将完稿，就要付印了，并希望我为《绍兴通史》的出版写几句话。

时值 2011 年 10 月的杭城，秋高气爽，桂花飘香，西湖碧波荡漾，景色万千。这样的时节，自然让人想起收获的到来。

记得我当选绍兴市市长不久，在调研人文社会科学、文化事业发展时，提议有关部门组织编写《绍兴通史》。我认为这是一件很值得做的事情。2003 年经集体研究决策后，正式启动编撰工作，成立了编撰机构，拨了专款资金。现在，经过诸多专家学者 8 年多的辛勤劳动，一部五卷本的《绍兴通史》终于要出版面世了，这当然是值得庆贺的。

那么，为什么要组织编写这样的地方通史呢？

大家知道，历史是过去的历史，也是今天和未来的历史。一个人、一代代人的成长进步，总是离不开养育他们的历史根基的。我们只有站在历史这个巨人的肩膀上才能前行；今天和未来也只能是过去历史的延续。因此，如果我们不去更多地了解、懂得些历史知识，就会愧对过去、现在和未来。

历史是一座无穷丰富的宝库，有太多的优质财富需要后人传承光大。历史也是一面公正的镜子，有无数的经验教训可供后人借鉴，让人洗涤尘土、净化心灵，淡泊名利、志存高远，自强不息、有所作为。对历史负责，也可以说是对现在和未来负责。

当然，之所以要组织编写《绍兴通史》，还因为在此之前，绍兴已经编撰了不少断代的和各个领域专题性的史籍，独缺贯通古今、覆盖各行的"通史"。此次编写《绍兴通史》，也可以说是拾遗补阙吧。

不过，这样的"通史"，又非得组织集体力量不可。好在大家认识比较一致，加上绍兴学人如林，终于成就了此事。甚幸。

更重要的还在于，绍兴非一般之域。作为江南一个地级之市，绍兴的历史确实非普通城市所能比。绍兴历史悠久，名人辈出，文化积淀深厚。换句话说，《绍兴通史》是有东西可写的。

2001 年 11 月，组织上调我到绍兴任职后，出于对绍兴历史的初步了解，尤其出于对绍兴的热爱之情，在调查研究的基础上，我提出了"江南风情看绍兴，江南古城看绍兴，江南文化看绍兴"的城市发展理念或者说城市品牌，并得到了绍兴社会各界的高度认可。而提出这"三看"

理念的基本依据,就是绍兴深厚的历史文化和它独具的城市特性。

绍兴有久远的历史。从文物考古的角度讲,绍兴的历史文化已有7000多年甚至近万年之久。例如,历史上同属古越之地的余姚河姆渡文化和嵊州近万年前的小黄山文化,都说明绍兴这一区域历史文化深远。

绍兴是历史古都。当然,这里主要是指区域性的历史国都。绍兴地处东南沿海,是我国古越民族的生息之地。春秋战国时期,以绍兴为中心建立的越国,就定都绍兴。秦汉三国两晋南北朝时期,这里称"会稽";隋唐五代北宋时称"越州",南宋以后改称"绍兴"至今。值得一提的是,南宋初立时,宋高宗赵构曾于1129—1130年在绍兴过渡了一年多,后移都杭州,并于1131年改称绍兴元年。其后,绍兴一度为南宋的陪都。

绍兴是历史古城。自公元前490年越王勾践命范蠡筑城始,绍兴古城至今已走过了2500多年的漫长岁月,而且时至今天,其城址一直未变。历史如此悠远且城址未迁移的古城,在江南乃至全国都实属罕见。正因为如此,绍兴被誉为"没有围墙的博物馆"。在绍兴古城,中华上下五千年文明史,几乎都可以有相应的遗存和文物来印证,舜禹遗迹、越国古址、秦汉碑刻、唐宋摩崖、明清故居等,都展示着绍兴古城历史的厚重性。

绍兴是名士之乡。也许,绍兴历史最令人称绝、最光彩夺目的,是这块土地上人才辈出。历史是人民的历史。但从一定意义上说,历史是不可能离开名人的。毛泽东曾有诗文称绍兴为"鉴湖越台名士乡"。

绍兴是文化名城。从古越的稻作文化、舟楫文化、陶瓷文化、刀剑文化到现在的兰文化、酒文化、茶文化,绍兴处处都散发着浓浓的、有鲜活特色的区域文化。绍兴的江南风光、江南水秀、江南乡情、江南文化是很典型的,也是人所共赞的。以越剧、绍剧为主体的绍兴戏曲文化,以王羲之兰亭曲水流觞为源头的书法文化,更是绍兴璀璨文化园中的奇葩。绍兴作为历史文化名城,源远流长。绍兴历史文化的主干,可以说是越文化。越文化的内核,就是越王勾践那段感天动地的绝唱——

"卧薪尝胆"。自此几千年来，它就永恒地流淌在绍兴人的血液中，成为绍兴文化延绵不绝的文化基因。我们今天，甚至永远，不同样需要高扬"卧薪尝胆"的精神吗？有鉴于此，当年我曾提议研讨并传承发扬生生不息的"卧薪尝胆、奋发图强、敢作敢为、创新创业"的"胆剑精神"。

绍兴可说的事、可写的人、可讲的故事，的确汗牛充栋，浩如烟海，数不胜数。因而需要有大部头的"通史"，才能比较系统地加以梳理、展现。

我想，《绍兴通史》就应该是这样的一部史书。它通过对绍兴 7000 年历史做较为广泛深入的研究和梳理，向读者展示绍兴人、绍兴古城、绍兴文化、绍兴文明的演进过程及其特点，展示被誉为"鱼米之乡""文物之乡""名士之乡""戏曲之乡""书法之乡"的绍兴的发展历史。我期待并相信这部《绍兴通史》，是能够承担起上述使命的。

即将面世的《绍兴通史》，是绍兴有史以来第一部通史。虽有开先河之功，但可能难免有这样那样的不足，需要完善提高。历史在延续，发展无止境。为了更美好的绍兴，同人们当不懈努力。

2011 年 11 月 18 日于杭州竺泉斋

十三 绍兴举办第六届"世界合唱比赛"的来历

力所能及举办国际国内大型赛事，对推动当地发展是很有意义的。为获得 2010 年在绍兴举办第六届"世界合唱比赛"，我们做了积极的努力。

（一）一个"世界合唱比赛"

"世界合唱比赛"是一个世界合唱比赛活动，被誉为合唱界的"奥林匹克"。这一音乐盛会每两年一届，是世界合唱音乐活动中最有生命力、最有影响力的赛事。

据说，这一比赛起源于这样一个想法：让来自不同种群，不同民族和不同国家的人们，用歌声把他们联系在一起，在一个自由的氛围里同台竞技；让会聚在一起的人们在艺术上有一个激动人心和五彩缤纷的时刻，也让他们在竞技中不断追求更高的艺术目标。

世界合唱比赛由国际文化交流基金会主办。国际文化交流基金会(Interkultur Foundation)是非营利的国际组织，总部设在德国，其分支机构和办事处遍及欧洲和世界各地。自 1988 年以来，基金会以 MUSICA MUNDI（音乐萌笛）为品牌，在世界各地举办国际合唱音乐节和合唱比赛。国际文化交流基金会每年会在德国等多国举办国际合唱比赛及音乐节活动，其中规模最大的全球性的比赛是合唱奥林匹克比赛，即现在的"世界合唱比赛"（World Choir Games）。

国际文化交流基金会的宗旨是：和平—友谊—合作—发展，让所有热爱和平的人在音乐的屋檐下融为一体。

自 2000 年以来，该基金会主办的世界合唱比赛首届在奥地利林茨亮相，自始确定为两年举办一次。2002 年第二届在韩国釜山举办，2004 年第三届在德国不莱梅举办，2006 年第四届在中国厦门举办，2008 年第五届也将在奥地利格拉茨拉开帷幕，而 2010 年第六届世界合唱比赛在中国绍兴举行。

（二）一位杭州同事的来信

过去，我们对"世界合唱比赛"知之不多，甚至毫无概念。不知是 2006 年底或 2007 年初的某一天，我收到了杭州有关部门领导同志的一封来信。

这位同事时任杭州市的外事办负责人，我来绍兴任职前，曾在杭州市委任秘书长，工作上多有联系。他给我来信，说世界上有个合唱比赛活动，曾在厦门举办过，主办方想寻求第六届（2010 年）在中国某市城市举行，问绍兴有无兴趣，他可以做引荐工作。

我现在回忆起来，信中介绍的几点情况令我产生了兴趣。第一，合唱节期间可以有几十个国家的一两万外国客人来绍兴。如此规模的外宾来绍兴，不是宣传绍兴和推动文化旅游业的好机会吗？第二，所有外宾来绍兴的吃住费用自理，整个活动费用需政府开支不高，大概花不了几百万元人民币。第三，此事涉及国际关系和外事问题，不过，2006 年 7 月在厦门举办过第四届"世界合唱比赛"，并得到了中国政府外交部、文化部和厦门市政府的大力支持与积极合作。所以，从外事角度讲也不太会有大的问题。

基于上述情况，为慎重起见，我将来信批转分管文化教育工作的副市长分析论证后提出决策建议。这位副市长很认真负责，经与相关部门商讨论证后，认为此事值得做并是可行的。后经市委、市政府讨论后，正式向"世界合唱比赛"主办方的国际文化交流基金会提出了申请。

（三）会见冈特·铁驰阐明绍兴举办优势

2007 年 8 月 15 日至 17 日，国际文化交流基金会主席一行来绍兴就中办 2010 年第六届"世界合唱比赛"进行实地考察。8 月 17 日我与冈特·铁驰先生进行了会谈，向他介绍了绍兴的概况以及申办的理由。

首先，我告诉冈特·铁驰先生，绍兴之所以提出申办"合唱节"，是因为我们对合唱艺术有比较深刻的认识和理解。我简要谈了人类为什么有"唱的艺术"？这是人类掌握世界和人类自身的基本方式之一，是用"唱的声音"来表达自己情感的重要方式。人类把"说的声音"用音乐旋律表现出来，就达到了审美的艺术境界。各种"唱的声音"让世界充满欢快，使人们在歌唱中生活。其次，简单谈了举办"世界合唱比赛"对推动各国人民的意义。"世界合唱比赛"在全世界范围内有广泛的影响，是世界和平友谊的桥梁，而且能促进合唱艺术的发展和普及，由此从一个侧面推动世界文明发展。再次，通过举办"世界合唱比赛"，可以提高当地的知名度，提升当地人民群众的文化素质，带动文化、旅游产业发展。最后，绍兴有良好的基础和条件。绍兴是中国著名的历史文化名城，2010 年又是绍兴建城 2500 周年，申办"世界合唱比赛"有着十分深远的意义。同时，绍兴有较强的经济实力，又有举办过大型节会（比如"七艺节"闭幕式）和比赛活动的经验和能力。绍兴人民有着开放的情怀，较高的文明素质。绍兴有条件、有能力成功举办合唱节的比赛活动。我们将以极大的热情、坚实的努力，全力以赴，争取成功申办第六届"世界合唱比赛"（节）。

国际文化交流基金会主席冈特·铁驰一行在绍期间，考察了绍兴大剧院、市体育中心、绍剧艺术中心、越秀外国语学院、绍兴文理学院等，听取了有关申办工作的情况介绍。冈特·铁驰先生认为，绍兴具有悠久的历史文化、现代化的城市基础设施以及社会各界广泛的参与热情，各项申办工作富有成效。这些都使绍兴成为第六届"世界合唱比赛"的理想举办城市。

8 月 17 日下午，我们与冈特·铁驰先生正式签约，绍兴成为

2010 年第六届"世界合唱比赛"的举办候选城市。在第五届"世界合唱比赛"活动闭幕时,绍兴申办圆满成功,正式成为 2010 年第六届"世界合唱比赛"的举办城市。11 月 30 日,国际文化交流基金会主席冈特·铁驰一行再次来绍,与我们一起出席第六届"世界合唱比赛"的启动仪式。

（四）第六届"世界合唱比赛"在绍兴隆重开幕

2010 年 7 月 15 日晚,第六届"世界合唱比赛"开幕式暨中国绍兴建城 2500 年庆典晚会在绍兴中国轻纺城国际会展中心隆重举行。

时任中共中央政治局常委、中央书记处书记、国家副主席习近平为比赛致贺信。贺信中说,"世界合唱比赛"作为当今世界规模最大的合唱活动,已成为国际文化交流的艺术盛会。相信这一盛会将让人们更好分享合唱和谐共鸣的欢乐,也必将进一步促进世界各国人民加强交流、增进友谊、和谐共处。祝愿来自五大洲的 2 万多名选手,用美妙的歌声、动人的旋律,歌唱世界的和平、发展、合作,歌颂人类的团结、友谊、祥和,为推进世界合唱艺术的发展,为推动建设持久和平、共同繁荣的和谐世界做出积极贡献。

时任中共中央政治局委员、国务委员刘延东宣布第六届"世界合唱比赛"开幕。时任全国人大常委会副委员长韩启德,时任全国政协副主席何厚铧出席开幕式。国家部委及有关机构负责人和浙江省诸多领导出席开幕式。我也有幸参加了开幕式活动。

国际文化交流基金会主席冈特·铁驰在致辞中说,绍兴以一个最出色的东道主的姿态为本次"世界合唱比赛"做出了非凡的贡献。我相信,绍兴必将成为合唱歌手们乐居的家园。铁驰说,我们第二次选择在中国举办"世界合唱比赛",是希望让这个世界上规模最大的合唱盛会能够继续承载奥林匹克的精神与理念:参与就是至高无上,最优秀者必定胜出。

从 7 月 15 日到 26 日,来自 83 个国家和地区的 2 万多名合唱歌手陆续会聚绍兴,参加第六届"世界合唱比赛",为这座有着 2500 年

2010年第六届世界合唱比赛绍兴启动仪式

历史的古城营造了和谐、开放、多彩的文化氛围。

这是一场足以载入史册的艺术盛典。站在这个舞台上，"世界合唱比赛"主席、国际文化交流基金会主席冈特·铁驰自豪地宣布，我们完成了迄今规模最大、最为精彩的一场演出。第六届"世界合唱比赛"，是迄今绍兴市乃至浙江省举办的规模最大的国际性文化赛事，在"世界合唱比赛"史上也是空前的。有83个国家和地区，472个合唱团队，2.17万余名嘉宾、评委、歌手、乐者参加本届世界合唱比赛，规模宏大，盛况空前。

这是古越文化与世界文明一次交响共鸣的盛会。它为古城绍兴的独特风情和古越文化的独特魅力，也为绍兴2500年城庆增添了一道亮丽的风景，留下了宝贵的现代文明记忆。

十四 赶上越剧百年纪念节

（一）越剧诞生在绍兴嵊州

越剧是居昆剧后的中国第二大戏曲剧种，有着独特的艺术风格和广泛的社会影响力。越剧以浙江嵊州方言和民间音乐为渊源，博采绍剧、京剧、昆曲、话剧、电影等多种艺术精华，表演真切细腻、动情，唱腔委婉动听，风格柔美抒情，受到了大批戏迷和观众的青睐，尤其在上海、江南一带，深受人民群众的喜爱。

据记载，1906 年 3 月 27 日，男班说唱艺人在嵊州东王村登台演出，这标志着越剧艺术的诞生。1917 年，"小歌班"男班艺人首次到上海演出，为越剧在上海的发展拉开了序幕。1923 年，第一个女子科班诞生，从此，开创了女子越剧繁荣发展的新格局。此后，浙江各地女子科班兴起，名伶辈出，并逐渐取代了越剧男班。

20 世纪 40 年代，大批女子越剧艺人涌向上海。以袁雪芬为代表的"雪声越剧团"，大胆改革创新，使越剧艺术得到新的发展。1946 年，由袁雪芬主演的越剧《祥林嫂》大获成功，成为越剧的现实主义里程碑式作品。1947 年，袁雪芬、尹桂芳、范瑞娟、徐玉兰、傅全香、竺水招、筱丹桂、张桂凤、吴小楼、徐天红以"越剧十姐妹"名义联合义演越剧《山河恋》，在百年越剧史上留下了灿烂绚丽的一页。

越剧发源于浙江，升华成熟于上海。越剧在上海汲取了新文化的养分，率先在中国戏曲中完成了从农村民间艺术向城市现代剧场艺术的转型；与此同时，开始于 20 世纪 40 年代的改革，形成了越剧风格各异的 13 个流派，完成了艺术样式和艺术风格质的飞跃和转型。

新中国成立后，越剧艺术迎来了全面发展的鼎盛时期，并实行了越剧男女合演的改革实验。包括浙江、上海、江苏、福建在内的许多省市，纷纷组建越剧艺术院团，形成了众多的越剧流派唱腔。上海越剧院创作排演的《红楼梦》《梁山伯与祝英台》等优秀剧目广为传唱。

经过几十年演变，越剧艺术开始由浙江、上海走向全国。

改革开放以来，中国培养了一大批越剧优秀艺术家，创作排演了许多优秀新剧目。1984 年，浙江省组建浙江小百花越剧团，凝聚了茅威涛等一批年轻的表演人才和顾锡东、杨小青等优秀创作人员，推出了《五女拜寿》《陆游与唐琬》《西厢记》等优秀剧目，创造了越剧"小百花现象"。

绍兴市的嵊州市、绍兴县（现柯桥区）、诸暨市、上虞市（现上虞区）都有越剧剧团，为传承越剧艺术做出了贡献。

2006 年 3 月 27 日，越剧在杭州迎来了它 100 周岁的生日。浙江

2006 年 3 月 26 日，王永昌与著名越剧演员袁雪芬、徐玉兰、范瑞娟等在嵊州越剧博物馆留影

省召开了纪念大会。袁雪芬、徐玉兰、傅全香、王文娟、吕瑞英、金采风、尹小芳等曾在越剧舞台红极一时的前辈纷纷从各地赶来杭州西子湖畔，为越剧祝寿。（本节根据有关资料和张乐有关报道整理）

（二）在中国越剧百年诞辰纪念大会上的发言

2006 年 3 月 27 日，浙江省、上海市和文化部在杭州隆重举行中国越剧诞辰 100 周年纪念大会。

时任中共浙江省委书记、省人大常委会主任习近平致辞，时任上海市副市长杨晓渡致辞，时任文化部副部长陈晓光讲话，著名越剧表演艺术家、越剧老艺术家代表袁雪芬讲话，浙江小百花越剧团团长、越剧青年表演艺术家代表茅威涛发言，我作为越剧故乡代表也发了言。大会上，越剧青年演员代表还向十位越剧老艺术家献了花。

会上，我作为越剧故乡代表，也以"承百年越剧辉煌 谱民族文化新篇"为题做了发言。

"绍兴是历史文化名城，历史悠久，文化灿烂。在绍兴这块灿若星辰的文化园地里，越剧是其中一朵绚丽多彩的艺术奇葩。绍兴是越剧的故乡，越剧是绍兴的金名片。越剧从一百年前的曲艺落地唱书起步，发展成为当今全国最有影响力的地方剧种之一，为中华戏曲百花园增添了一道独特的风景。绍兴涌现了袁雪芬、范瑞娟、傅全香、王文娟等一批老一辈越剧表演艺术家，成功演绎了《红楼梦》《梁山伯与祝英台》《祥林嫂》等一批脍炙人口的精品剧目，为越剧事业的发展做出了重大贡献。改革开放以来，绍兴的越剧事业又得到了新的发展，现在全市有专业越剧团 5 家，民间越剧团 100 多个，创作了一大批越剧精品，培养了吴凤花等一批优秀青年演员，有 4 人获得了中国戏剧梅花奖。越剧是绍兴的一大财富，绍兴人民深深地为越剧而陶醉，为越剧而自豪。

"文化雨露，润物无声。越剧是中华民族优秀传统文化的重要组成部分。越剧发源于民间，植根于人民群众，它清新脱俗、贴近生活，又勇于创新、善于吸收，使越剧这一民间艺术不断被赋予新的内涵和

2006 年 3 月 26 日，王永昌在嵊州参加《百年越剧》纪念活动

形式。越剧是吴越文化的重要组成部分，它所蕴含的精神品质是浙江精神的生动体现，对促进经济社会发展具有极大推动作用。伴随着百年越剧的发展，绍兴综合实力明显增强，城乡面貌明显变化，社会事业明显进步，人民生活明显改善，正在向历史文化与现代文明融为一体的经济强市、文化强市、生态绍兴、和谐绍兴阔步迈进。

　　"越乡人民对越剧始终怀有一种独特的深厚情怀，我们有责任做百年越剧的薪火传人。绍兴有良好的经济基础、文化氛围和人文条件，也一定能够推动越剧艺术继往开来、再创辉煌。我们要牢固树立和认真落实科学发展观，全面落实省委'八八战略'和'干在实处、走在前列'的要求，大力弘扬和培育与时俱进的浙江精神，以更加宽广的视野、更加务实的举措，推动越剧新发展。我们要积极实施精品战略，着力打造若干精品佳作；要提升发展专业越剧团，培养优秀越剧演员，着力打造若干有影响力的艺术团体和艺术人才；要繁荣活跃越剧文化，提升民间职业剧团档次，不断提高艺术水平；要加快文化体制改革，促进越剧产业化进程，大力培育戏曲市场；要精心组织中国越剧节、越剧精品展演、越剧票友大奖赛、越剧大家唱等活动，努力把绍兴打造成为越剧艺术研究中心、越剧创作生产中心和越剧文化旅游中心；要积极推进越剧申报世界非物质文化遗产，使越剧成为世界级的艺术。在发展越剧文化的过程中，越乡人民有过不懈的努力；同样，我们也有责任、有信心去创造越剧艺术明天的辉煌，使越剧真正成为绍兴的文化品牌，为建设文化大省做出应有的贡献。

"纪念百年越剧之际，越剧故乡的人民更有一种新的期盼。我们热切期望各级党委、政府高度重视和关心支持越剧事业，不断加大扶持力度，推动越剧艺术新发展；我们热切期盼越剧界着力推进艺术创新，不断推出新人精品，实现越剧艺术新跨越；我们热切期待社会各界积极参与和热情呵护越剧事业的发展，不断注入发展活力，促进越剧艺术新繁荣。只要我们共同努力，越剧这朵民族文化奇葩一定能永葆无穷的魅力和强大的生命力。

"今年秋季，中国越剧节将在绍兴举行。我们热诚欢迎各位领导、各位专家和社会各界朋友届时光临绍兴，共享这百年越剧的盛会、人民大众的节日。"

（三）做越剧薪火传人

2006 年 3 月 26 日，在嵊州市举行了"梨园经典·越剧百年畅想"座谈会上，我以"继往开来，做越剧薪火传人"为题发言。根据现场录音整理如下：

继往开来，做越剧薪火传人

在喜迎越剧百年庆典之际，举行"梨园经典·越剧百年畅想"座谈会非常有意义。刚才，各位领导和专家的发言都非常精彩，使我深受启发和教育。下面，我简要谈一些想法。

越剧是中华戏曲百花园中一朵非常鲜艳、充满魅力的艺术奇葩。走过百年历史的越剧，她以独特的艺术魅力在戏曲舞台上赢得了一席之地,并越来越受社会各界和人民大众的欢迎。可以说,越剧为中华民族文化的发展做出了重要贡献,更为提升绍兴文化软实力做出了重大贡献。艺术作为一种文化形态。无论是人类的进步还是社会的发展都离不开文化、精神和艺术。一个地方、一个社会、一个时代,如果没有文化和艺术的发展,那是不可想象的。人类有一种天性,就是审美的需要,就是不断提升和丰富生活的需要。从这种意义上讲,各种艺术的发展是人类发展的一种表现,也是社会进步不可或缺的重要内容。因此,我们为绍兴能够诞生越剧这样一种艺术感到非常自豪。100年来,社会各界特别是在座的以袁雪芬老师为代表的老一辈艺术家以及各位戏曲家、评论家、剧作家等都为越剧的发展做出了巨大贡献,也为中华民族文化事业的发展以及社会的进步做出了重大贡献。在此,请允许我代表中共绍兴市委、市政府以及435万绍兴人民,向老一辈越剧表演艺术家、社会各界朋友们对越剧的关心支持和做出的巨大贡献表示衷心的感谢!

时代在发展,越剧也要发展。正如刚才各位专家和老师在发言中所谈到的,艺术在时代发展的过程中,必然会面临新的矛盾和问题,越剧也不例外。就越剧而言,一方面,当前越剧正处在一个青春期,具有强大的生命力和美好的前途。大家对越剧怀着特殊的情感,对越剧的发展有着共同的心愿,对越剧美好的未来也充满着信心。这是我们对越剧艺术的判断,也是我们对社会发展的判断。对越剧美好的前景,我们坚信不疑。另一方面,我们清醒地看到,随着现代文明的发展,包括越剧在内的各种艺术也面临着这样那样的挑战和困难。现代艺术的理念、观众、市场都与过去有所不同,现代艺术的表达方式、传播方式也与过去大相径庭了。百年越剧,由农村走向城镇,再由小城镇走向大上海,其间有辉煌也有失败。远的不说,以袁雪芬老师为代表的40年代的越剧就是非常辉煌的,"文革"后,以《红楼梦》为代表的越剧电影也非常走红,随后又出现了一大批以"小百花"等为形式的各种越剧专业团体,使越剧艺术再次走向辉煌。但当前我们要考虑的是,百年后的越剧应该以什么样的形态、方式展现在世人面前? 如何发挥越剧新的活力,推动越剧新的发展,创造越剧新的辉煌? 虽然当前的越剧仍处在一个以"小百花"为代表的辉煌时期,但从党委和政府的角度看越剧的发展,我们要考虑"小百花"之后发展越剧的路在何方,在绍兴或者更大的区域范围内,如何营造"后小百花"时代,这是一个很值得研究的问题。当然,这是我个人一个不成熟的想法和期待。今天的座谈会,各位艺术家、专家都能站在越剧百年新的历史起点上思考越剧的发展,关注越剧的未来,渴望越剧新的繁荣和辉煌。我对在座各位艺术家、专家对越剧艺术的执着追求感到深深敬佩,同时也为大家坚定不移地守望越剧,为越剧发展殚精竭虑的敬业精神深深感动。作为越剧的发源地,在庆典越剧百年之际,我们的历史责任感、时代使命感油然而生。这就是如何做好越剧的薪火传人,为越剧的发展做出新的贡献?

第一,学习弘扬百年越剧所积淀的宝贵经验。越剧是一门艺术,也是一种文化、一种精神,即越剧精神。刚才,袁雪芬老师和各位专家在回顾越剧百年的历程中,已经阐述和总结了越剧百年所积淀的宝贵精神。我听了以后,简要地概括为以下几个方面。一是创业、敬业的精神。百年越剧的发展是充满创业、敬业的一百年。二是创新的精神。没有创新就没有越剧的诞生和发展。随着时代的发展,越剧经过不断的创新发展,已形成自己独特的艺术个性和魅力。三是开放的精神。越剧的发展需要宽阔的胸怀和宽广的视野,越剧有海纳百川、博采众长的精神。四是以民为本的精神。越剧来自群众艺术,她的发展也离不开广大群众,必须面向群众,紧贴群众。五是团队精神。越剧是一门综合艺术,她不仅需要优秀的越剧人才,同时也需要其他各方面人才来共同传承和发扬光大。这些宝贵的经验和财富都需要我们很好地学习、继承、宣传和弘扬。

第二,办好中国越剧节。关于举办中国越剧节,文化部已做出2006年10月中旬在绍兴举办的批复。举办中国越剧节,是纪念越剧百年的重要内容和载体,我们要把举办好中国越剧节作为重中之重的工作来抓。届时,我们将征求各方意见,组织开展各种活动。另外,我们还将每年举办越剧节,为越剧的发展尽最大的努力,做最大的贡献。

第三,要继往开来发展越剧。要努力创作、推出若干精品剧目。绍兴是越剧艺术发展的中心之一,在组织各类优秀人才排演、推出一批精品剧目方面应该有一定的条件和优势。前阶段,绍兴县(现柯桥区)小百花越剧团排演了《越王勾践》,市文化局组织了《越女千古情》等新剧目。在纪念越剧百年诞辰之际,我们要思考如何联合、借用、整合资源,充分发挥越剧界优势,努力推出若干精品剧目。到2006年下半年越剧节时,能否将"三名",即名剧、名段以及全国越剧名演员结合在一起,演一台综合性的越剧,为优秀越剧演员展示风采提供舞台,为普及越剧搭建营造氛围。

第四,要着力支持嵊州打造越剧文化名城。越剧诞生于嵊州,越剧中很多语言与嵊州的方言有关,嵊州有着得天独厚的越剧文化因子。我们要支持嵊州打造越剧文化名城,使嵊州城乡充满越剧情调、越剧文化,到处都能看到越剧表演。

第五,要年年举办越剧大会演。要把全国各地优秀的越剧团请到绍兴来演出、展示,使绍兴成为一个越剧的大舞台。

第六,要努力培养一代又一代的越剧人才。越剧的传承和发展,人才是关键。刚才刘主席向我们提出了殷切的希望,希望绍兴成为培养越剧人才的基地和摇篮,而且要力争培养一流人才。这就需要我们继续努力,办好越剧艺术学校,源源不断地为各类越剧团体输送越剧人才。

第七,要支持繁荣民间越剧事业。越剧不但需要"阳春白雪",也需要"下里巴人"。越剧是一种"草根"文化,她根植于大众百姓,从乡间田头一步步走向城镇都市,很不容易。现在嵊州的"越剧大巴"和民间越剧团实际上是一种高层面上的"草根"文化,我们要让越剧这种文化形式在建设新农村、培育新农民过程中发挥新的更大作用。民间越剧很有市场,很有生命力,我们要加强引导,大力倡导和支持民营剧团发展,使越剧走进农村,走进社区,健康发展。

第八,要打响越剧这张"金名片"。越剧是我们国家地方戏曲中的"金名片",更是我们绍兴含金量比较高的"金名片"。之所以高,是因为她是非常有艺术个性和特色的剧种;之所以高,是因为她的知名度在不断提升,而且在全国各地有袁雪芬等一批老一辈越剧表演艺术家,同时还有一批又一批的年青越剧人才。因此,我们要为越剧的发展创造良好条件,进一步打响越剧这张"金名片",繁荣民族文化、绍兴文化,促进社会和谐发展,为现代化建设做出更大贡献。

最后,衷心祝愿老一辈表演艺术家身体健康,同时也希望你们常回家看看。

(四)传承百年越剧辉煌

2006年3月26日,绍兴市暨嵊州市召开了越剧诞生100周年纪念大会上,我做了讲话。

我在会上指出,越剧诞生100周年纪念大会是越剧发展史上的一件大事,也是越剧故乡人民的一件喜事。为此,我到场参加纪念活动的各位领导、嘉宾和朋友表示了热烈的欢迎,也向一直以来关心支持越剧事业发展的各级领导、各界朋友表示崇高的敬意和衷心的感谢!

绍兴是越剧的故乡,越剧是绍兴的骄傲。100年前,越剧作为一种民间曲艺落地唱书诞生于嵊州,在绍兴这座历史文化名城破土萌芽。经过100年的风风雨雨,越剧从草台登上舞台,从民间小戏发展为中国第二大地方性剧种,风靡大江南北,唱遍长城内外,已成为绍兴最响亮的品牌和最亮丽的名片之一,成为中华戏曲百花园中一朵绚丽多彩的艺术奇葩。越剧是绍兴的宝贵财富和"金名片",是吴越文化的重要组成部分,也是中华民族优秀传统文化不可或缺的一部分。绍兴人民深深地为越剧而陶醉,为越剧而自豪。

绍兴是越剧的发源地,为百年越剧的发展做出了应有的重大贡献。绍兴市积极培育和扶持了一大批越剧艺术表演团体和表演人才,到2006年,全市已有专业越剧团5家、民间越剧团100多个,有4人获得了中国戏曲梅花奖;有力推进了越剧的创作和生产,演绎和创作了《红楼梦》《梁山伯与祝英台》《越王勾践》《越女千古情》等一大批脍炙人口的精品剧目;有效扩大了越剧在国内外的影响,各类剧团多次进京赴沪并到 20 多个国家和地区演出,普及和提升了越剧文化。

越剧百年发展,也见证了绍兴经济社会发展的巨大成就。伴随着百年越剧,绍兴的经济建设、文化建设和社会建设也翻开了崭新的篇章。全市上下一心一意谋发展,聚精会神搞建设,绍兴的综合实力明显增强,城乡面貌明显变化,社会事业明显进步,人民生活明显改善。2006 年,全市经济总量已位居全国大中城市第 28、同类城市第 8,中心城市综合实力已位列全国第 41、浙江省第 3,农村全面小康实现程度已位居全省第 2。绍兴以科学发展观和省委"八八战略"为指导,深入实施推进率先发展、实现富民强市的战略部署,向着历史文化与现代文明融为一体的经济强市、文化强市、生态绍兴、和谐绍兴阔步迈进。

越剧百年发展,创造了弥足珍贵的发展经验。回首越剧百年,我们深切地感到,越剧因时而生,因时而盛,因时而变,因时而新。无论是早期的小歌班男班艺人闯荡上海,还是越剧女子科班异军突起;无论是 20 世纪 40 年代越剧改革风潮的掷地有声,还是新中国成立后越剧流派的异彩纷呈;无论是改革开放以来越剧"小百花"的姹紫嫣红,还是 21 世纪初越剧事业的扬鞭奋进,越剧始终做到了与时俱进、趋新求变、锐意创新。我们纪念百年越剧,就要全面总结百年越剧的发展经验,学习百年越剧勇于创新、善于吸取的精神,继承百年越剧贴近生活、清新脱俗的风格,认清百年越剧源于生活、服务群众的本质,进一步继承创新中华民族优秀传统文化,大力弘扬与时俱进的浙江精神和新时期"胆剑精神",着力推进文化强市建设。

我认为,越剧艺术发展正面临着难得的机遇,也面临着严峻的挑战,越剧艺术发展将踏上新的征程。经济实力的不断增强,人民群众日益增长的精神文化需求,市场经济体制的逐步完善,日新月异的科技进步,对外开放和国际交流的扩大,都为越剧艺术的发展繁荣、走向世界提供了坚实的支撑,搭建了宽广的舞台,开辟了广阔的空间。但是,在现代社会,电视、网络等现代传媒广泛普及,人们文化消费呈现多元化趋向,生活和工作节奏不断加快,对文化艺术提出了更新更高的要求。越剧艺术只有与人民同心，与时代同行，才能实现新的繁荣发展。

越乡人民对越剧事业的发展始终有一种独特的深厚情怀，我们要承担起做百年越剧薪火传人的历史责任和光荣使命，继承越剧、创新越剧、发展越剧，开创越剧发展新的纪元。我们要牢固树立和认真落实科学发展观，全面落实省委"八八战略"和"干在实处、走在前列"的要求，按照市委建设文化强市的总体思路和部署，改革创新，继往开来，使越剧这朵民族文化奇葩永葆无穷的魅力和强大的生命力。我们要积极实施精品战略，着力打造若干精品力作；要加快发展专业剧团，努力培养优秀演员，着力打造若干有影响力的艺术团体和艺术人才；要繁荣活跃越剧文化，大力提升民间职业剧团档次，不断提高艺术水平；要加大文化体制改革力度，促进越剧产业化进程；要精心组织中国越剧节、越剧精品展演、越剧票友大奖赛、越剧大家唱等活动，扩大越剧的影响力；要挖掘、整理、保护和开发越剧文化，积极推进越剧申报世界非物质文化遗产工作，努力把绍兴打造成为越剧艺术研究中心、越剧创作生产中心和越剧文化旅游中心。

走过百年历程的越剧仍很年轻，我们热切希望越剧艺术创造新的辉煌。各级党委、政府要高度重视和关心支持越剧事业，不断加大扶持力度，推动越剧艺术新发展；越剧工作者要着力推进艺术创新，不断推出新人精品，实现越剧艺术新跨越；社会各界要积极参与和热情呵护越剧事业发展，不断注入发展活力，促进越剧艺术新繁荣。我们相信，只要共同努力，绍兴一定能再续百年越剧辉煌，再谱越剧发展新篇。

（五）迎接中国越剧艺术节

2006年10月10日，为办好中国越剧艺术节，我们专题召开了工作会议，以确保越剧盛会圆满精彩。

当时距离中国越剧艺术节开幕只有6天时间了。之所以召开这次工作会议，是为了进一步统一思想，统一行动，明确任务，明确要求，全力以赴办好百年越剧盛会。总的来看，这次越剧艺术节的筹备工作

2006 年 8 月 30 日，王永昌出席中国越剧艺术节新闻发布会

可以说筹谋精细，组织精心，各方面齐心协力；节前活动的开展更是好戏连台，高潮迭起，成效显著。特别是"百年越剧万里行"活动，历时一个多月，先后在杭州、武汉、北京、上海巡演，在当时引起了非常大的社会反响。北京的新闻发布会和在上海的文艺界、新闻界恳谈会也非常成功，影响很大。

为了办好中国越剧艺术节，我在会上做了三点要求。

第一，进一步增强责任意识，各级领导要高度重视，确保精力到位。

绍兴是越剧的故乡，经过我们紧张的申办，有幸获得了"中国越剧艺术节"的承办权。中国越剧艺术节是越剧诞生以来举行的规模最大、规格最高的国家级艺术盛会。承办好中国越剧艺术节，让越剧"荣归故里"，展示绍兴作为越剧之乡的魅力，为弘扬和发展越剧艺术做出贡献，这是全体绍兴人民的光荣和自豪，也是我们做百年越剧薪火传人的责任所在。我们必须充分认识承办越剧艺术节的重要意义，切实增强工作责任感。

越剧艺术节是展示绍兴的好机会。绍兴是一个历史文化积淀深厚的城市,是越剧、绍剧艺术的故乡,在全国都有一定的影响力。承办越剧艺术节有利于展示绍兴的良好风貌,展示绍兴越剧之乡的魅力,展示绍兴经济社会发展的成果。

越剧艺术节是发展绍兴的好机会。越剧艺术节的举办,有利于繁荣发展文化事业,有利于建设和谐绍兴,有利于建设文化强市,有利于推动城市建设,有利于发展文化经济。

越剧艺术节是提高绍兴的好机会。举办越剧艺术节,可以进一步提高绍兴的知名度和美誉度,提高绍兴市民的文明素养,提高越剧艺术的发展水平和影响力。

这次节会,一个重要特点就是充分整合节会资源,以越剧艺术节带动黄酒节、轻纺博览会、袜业博览会、家私博览会等系列经贸活动,实行一节带多节。这就对我们组织、领导节会工作提出了更大考验,对提高节会运作水平提出了更大挑战。当时离开幕只有6天时间了,时间紧、任务重、活动多、工作量大、涉及面广,我要求各级部门领导精力高度集中,把兴奋点迅速转到办好越剧艺术节上来,把办好越剧艺术节真正当成当前市里的一项中心工作。为此,务请市委、市政府分管领导切实承担起责任,市人大、市政协要加强督促检查;筹委会组成人员和各工作部室的同志一定要全力以赴,全身心投入;市级有关部门和单位也要树立一盘棋思想,一切服从于越剧艺术节,一切服务于越剧艺术节,把各项工作做深、做细、做实。

第二,进一步明确任务重点,各项活动要精益求精,确保圆满成功。

这届越剧艺术节是越剧诞生以来规模影响最大、时间跨度最长、活动项目最多、参与人数最广的一流艺术盛会。通过整合节会资源,整个越剧艺术节共有26项活动,其中文化类活动19项,经贸类活动7项。应邀参加本次节会的中外来宾很多,既有各级领导同志,也有港澳台同胞及海外侨胞;既有文化艺术界的专家学者,也有经济界人士、企业界精英,体现了多层次性和开放性。为此,我要求大家一定要把百年一遇的艺术盛会办好,做到精心谋划,精心组织,精心准备,以一流的演出场馆、一流的演出剧目、一流的组织策划、一流的接待服务,确保成功。

这次越剧艺术节是市县联动,文化经贸旅游互动,纵横交错,要做到忙而不乱,多而有序,就一定要突出重点。重点抓好开幕式盛典、重点剧目交流演出、招待酒会安排、文化产业推介和黄酒节、领带节、旅游节及纺博会、袜业博会、家私博览会等系列经贸旅游活动,所有这些活动都要高度重视,各有关部门细化具体的活动方案,明确任务职责,确保安全、有序、精彩。

一要确保安全。按照"周密部署、万无一失"的要求,精心制定保卫工作方案,层层落实安全工作责任,切实抓好安全保卫工作。

二要确保有序。周密制定接待方案,精心安排接待工作,努力为领导来宾提供热情、周到、优质的服务。要抓好环境整治工作,以优美整洁的城市形象迎接盛会。各大宾馆、演出场所、旅游景点和有关服务单位要增强服务意识,提升服务水平,展示文化名城风采。

三要确保精彩。统筹安排各项文化艺术活动、展览展示活动和经贸旅游活动,让国内外来宾在活动中感受绍兴的文化、绍兴的经济、绍兴的风情、绍兴的文明和绍兴的热情,使他们在绍兴度过难忘的日子,留下美好的回忆。

第三,进一步加强统筹协调,各个部门要形成合力,确保工作落实。

举办越剧艺术节,是一项复杂的系统工程,是对我们的组织能力和协调水平的全面考验。我要求,各级各部门一定要统筹协调,形成合力,在最后几天的筹备工作中,务必把思想和行动凝聚到精心筹备好本届越剧艺术节的重点上来。在筹备工作的冲刺阶段,一定要真抓实干,讲求实效,各部门务必以大局为重,相互支持,密切配合,全力以赴,使大家心往一处想、劲往一处使、拧成一股绳。重点要加强如下三方面的协调配合。

一要加强上下之间的协调配合。重点是加强与上级有关部门的协调配合,重大事件一定要及时向越剧艺术节组委会、省文化厅和文化部请示汇报,需要领导协调的事,要及时提出,急事急办;决定了的事,要立即实施,宁早勿迟。

　　二要加强筹委会各部室及职能部门之间的协调配合。要加强责任制的落实,切实做到每件事情有人负责,各个环节紧密相扣,围绕同一个目标,各司其职,互相补台,相互支持,密切配合,形成合力。

　　三要加强越剧艺术节文化活动与经贸活动之间的统筹。要以节带节,有机整合,充分体现市县联动,经贸、旅游和文化经济相结合的特色,真正实现文化与经贸的双向互动。

　　总之,我们要珍惜机遇,全市上下一心,社会各界齐力,以饱满的工作热情、负责的工作态度、务实的工作作风,把每一件筹备工作做深、做细、做实、做到位,确保环环相扣,不出丝毫差错,把中国越剧艺术节办精彩、办成功、办圆满。

（六）中国越剧艺术节开幕

　　2006 年 10 月 16 日晚,由文化部和浙江省人民政府主办,绍兴市人民政府承办的中国越剧艺术节在绍兴大剧院隆重开幕。

　　时任浙江省委书记习近平同志在讲话中代表省委、省政府,对中国越剧艺术节的开幕表示热烈祝贺。他说,越剧诞生于浙江,繁盛于上海,影响遍及全国各地,声名远播东南亚及全球华人社会。越剧不仅是浙江人民的宝贵文化财富,更是全国和全球华人共同珍视的民族文化瑰宝。在中国越剧百年华诞之际,中国越剧艺术节迎四方宾客,展精品佳作。这对于推进中国越剧的创新发展,具有积极意义和重要作用。我们要牢牢把握社会主义先进文化的前进方向,在建设和谐文化的实践中,大力弘扬民族优秀文化传统,充分调动广大文化工作者的积极性和创造性,促进越剧艺术和浙江文化事业不断取得新的发展。

　　习近平同志希望广大越剧艺术团体和越剧工作者,抓住深化文化体制改革、加快文化大省建设的机遇,继续秉承百年越剧与时俱进、开拓进取的创新精神和扎根民间、关注民生的大众情怀,振奋精神,昂扬进取,为浙江全面建设小康社会和构建社会主义和谐社会做出新的贡献。

　　陈晓光同志在致辞中说,越剧百年发展史,是一部不断继承、不断创新、不断发展的历史。一百年前,越剧从绍兴嵊州一个"落地唱书"的民间曲艺发源,到现在成为中华民族传统文化中的艺术瑰宝,作为越剧诞生地的浙江人民、绍兴人民为百年越剧发挥了积极的作用,做出了杰出的贡献。越剧百年盛会我们选择在越剧的故乡浙江举办,在历史文化名城绍兴举办,意义深远,影响巨大。既能表达越乡人民对越剧艺术的独特情愫,又能展示古城绍兴独具的人文环境和文化底蕴,更能体现当代绍兴承担起做百年越剧薪火传人的历史重任。陈晓光同志希望 2006 年中国越剧艺术节办成精彩、难忘、圆满的艺术盛会,越剧艺术在文化艺术的百花园中一定会绽放得更加绚丽多彩、光芒灿烂。

　　开幕式上,我以"传承百年越剧辉煌　推进文化强市建设"为题做了发言,现将发言稿收录于下。

传承百年越剧辉煌　推进文化强市建设

　　今年(2006 年)是越剧诞生 100 周年,我们欣喜地迎来了中国越剧艺术节的隆重开幕。这是越剧发展史上的一件大事,也是越剧故乡人民的一件喜事。让我们共享这一百年越剧的盛会、人民大众的节日。

　　绍兴是历史文化名城,历史悠久,文化灿烂。在绍兴这块灿若星辰的文化园地里,越剧是其中一朵绚丽多彩的艺术奇葩。绍兴是越剧的故乡,越剧是绍兴的骄傲。越剧从一百年前的曲艺落地唱书起步,发展成为当今全国最有影响力的地方剧种之一,为中华戏曲百花园增添了一道独特的风景。绍兴涌现了袁雪芬、范瑞娟、傅全香、王文娟等一批老一辈越剧表演艺术家,成功演绎了《红楼梦》《梁山伯与祝英台》《祥林嫂》等一批脍炙人口的精品剧目,为越剧事业的发展做出了重大贡献。改革开放以来,绍兴的越剧事业又得到了新的发展,现在全市有专业越剧团 5 家,民间越剧团 100 多个,创作了《越王勾践》《越女三章》等一大批越剧精品,培养了吴凤花、陈飞等一批优秀青年演员,有 4 人获得了中国戏剧梅花奖。越剧是绍兴的一大财富，绍兴人民深深地为越剧而陶醉，为越剧而自豪。

越剧是中华民族优秀传统文化的重要组成部分。越剧发源于民间，植根于人民群众，她清新脱俗、贴近生活，又勇于创新、善于吸收，使这一民间艺术不断被赋予新的内涵和形式。越剧是吴越文化的重要组成部分，她所蕴含的精神品质是浙江精神的生动体现，对促进经济社会发展具有极大推动作用。伴随着百年越剧的发展，绍兴综合实力明显增强，城乡面貌明显变化，社会事业明显进步，人民生活明显改善，正在向历史文化与现代文明融为一体的经济强市、文化强市、生态绍兴、和谐绍兴阔步迈进。

越乡人民对越剧始终怀有独特的深厚情怀，我们有责任、有义务做好百年越剧的薪火传人。绍兴有良好的经济基础、文化氛围和人文条件，也一定能够推动越剧艺术继往开来、再创辉煌。我们要认真贯彻党的十六届六中全会精神，全面落实科学发展观、构建和谐社会和省委"八八战略"等重大战略部署，大力弘扬和培育与时俱进的浙江精神和新时期的"胆剑精神"，以更加宽广的视野、更加务实的举措，开创越剧发展新纪元，推进绍兴文化强市建设。我们要积极实施精品战略，着力打造精品佳作；要提升发展专业越剧团，培养优秀越剧演员，着力打造有影响力的艺术团体和艺术人才；要繁荣活跃越剧文化，提升民间职业剧团档次，不断提高艺术水平；要加快文化体制改革，促进越剧产业化进程，大力培育戏曲市场；要精心组织中国越剧艺术节、越剧精品展演、越剧票友大奖赛、越剧大家唱等活动，努力把绍兴打造成为越剧艺术研究中心、越剧创作生产中心和越剧文化旅游中心，使越剧真正成为绍兴的文化品牌和"金名片"。

百年越剧，沧海桑田。再续百年越剧辉煌，再谱越剧发展新篇，需要各级党委、政府高度重视和关心支持越剧事业，不断加大对越剧的扶持力度，推动越剧艺术新发展；需要越剧工作者着力推进艺术创新，不断推出新人精品，实现越剧艺术新跨越；需要社会各界积极参与和热情呵护越剧事业的发展，不断注入发展活力，促进越剧艺术新繁荣。我们相信，只要我们共同努力，越剧这朵民族文化奇葩就一定能永葆无穷的魅力和强大的生命力。

开幕式结束后,领导和来宾一起欣赏了"姹紫嫣红——中国越剧名家名段百年盛典"的大型文艺演出,全国众多梅花奖得主登台献艺。

(七)中国越剧艺术节闭幕

2006 年 10 月 28 日晚上,举行了 2006 中国越剧艺术节闭幕式,我做了致辞。

"为期 12 天的 2006 中国越剧艺术节,今晚即将落下帷幕。在此,我谨代表中共绍兴市委、绍兴市人民政府和 435 万绍兴人民,对中国越剧艺术节的圆满成功表示热烈祝贺!对各级领导、各界朋友对越剧艺术节的关心支持,对广大越剧艺术工作者的精彩演出,对所有为越剧艺术节的成功举办做出贡献的同志表示衷心感谢!

"绍兴是越剧的故乡,越剧是绍兴的骄傲。在越剧诞辰百年之际,我们有幸承办中国越剧艺术节,感到非常自豪。艺术节期间,我们坚持政府主导、市场运作、社会参与,精心组织开展了一系列文化内涵丰富、地方特色鲜明的文化、经贸、旅游活动,使这次越剧艺术节真正成为'百年越剧的盛会、人民大众的节日',为绍兴的发展留下了一笔宝贵的财富。

"传承百年越剧辉煌,做越剧艺术的薪火传人,是我们的历史责任。本次越剧艺术节的成功举办,让我们进一步增强了发展越剧艺术的信心,看到了越剧事业发展的希望。我们恳切希望各级领导和有关部门一如既往地关心支持越剧事业发展,为越剧事业创造良好的发展条件;热切希望广大越剧艺术工作者进一步拓展视野,创新思路,着力打造精品佳作,不断提升越剧艺术;真诚希望社会各界积极参与和热情呵护越剧事业的发展,促进越剧艺术更加繁荣。"

第十章

醉在绍兴：
千年古酒话振兴

　　酒，可谓是人类的一大发明。各国、各民族几乎都有自己种类不同的酒，而且古往今来，上至皇家贵族，下至黎民百姓的日常生活，几乎都离不开酒，或以酒助兴，或借酒消愁。没有了酒，人们的生活会少很多情趣，人类的历史和文化也会逊色不少。

一 千年古城醉悠悠

绍兴是著名的酒乡。黄酒作为世界上三大古酒之一（其余两种为葡萄酒和啤酒），是中国独有的酒种。当然，中国的黄酒品种众多，如山东即墨老酒、福建老酒等，而最能代表中国黄酒的，当数绍兴黄酒。

绍兴黄酒历史非常悠久，源头可上溯到七千年前的河姆渡文化时期。而在春秋战国时期，越王勾践就用酒犒劳军队出征。据说，绍兴古城中的投醪河，就是当年越王泼酒慰劳将士的地方。

绍兴的历史文化乃至中国历史上的许多诗文典故，都与绍兴酒有关。据说，当年南巡的乾隆皇帝在喝了绍兴酒后，赞不绝口，兴之所至，御赐"金爵"予以褒奖，并题写下了"越酒行天下，东浦酒最佳"的赞词。在中国文学史上有一个"元白唱和"的典故。"醉乡"一词，也许就是唐朝大诗人元稹任越州刺史时的诗作中最早赋予绍兴的"雅号"。元稹与白居易都是诗词大家又是至交。有一年，元稹邀一江之隔、任杭州刺史的好友白居易来越州喝酒作诗。元稹自夸所任的越州，不仅风光美若仙境，而且盛产黄酒、美酒，是可以天天畅饮的"醉乡"。这两位同年登科的诗友、酒友，还利用以竹筒传诗稿的方式，唱和活动闹得动静有点大，留下了许多名篇佳作，还开创了和韵唱和的新天地，为文人间相互异地唱和的艺术化交往确立了新的范式。

诗以酒兴，酒以诗传。这样，绍兴的光环中又多了"醉乡"、后人称为"酒乡"的一个美誉。

不知多少历史事件和名人雅士都与绍兴黄酒难解难分。据说，当

在绍兴仓桥直街上的黄酒花雕体验馆

年王羲之一气呵成的天下第一行书《兰亭集序》，就是他酒喝到醉意状态下的杰作。说来也巧，据朱翼中的《酒经》记载，夏朝初年，一个叫仪狄的官员无意中用桑叶包饭的发酵方法制造了酒，他把"酒"献给大禹。自此，中国的酒便诞生了。而大禹陵就在绍兴，这样说来，绍兴就更是名副其实的酒乡了。

绍兴黄酒业到了宋代已盛享美誉。南宋时期，绍兴作为陪都，已设有酒署，负责酒税及酒务管理，乡贤、爱国诗人陆游的笔下曾记录绍兴城乡"家家酿酒，户户当垆""城中酒垆千百家""倾家酿酒三千石"。从陆游当年所写的诗句中，我们便可以发现，南宋时的绍兴酒业是相当繁荣的。当然，那时的"酒垆"只是家庭自酿而已，但至少也是个家庭作坊。

绍兴还是中国黄酒的发祥地，黄酒工艺是国家首批公布的非物质文化遗产，黄酒是原产地保护对象，天下黄酒源绍兴，这不是广告词，而是历史的真实。江泽民同志当年视察中国绍兴黄酒集团时，就曾题词赞誉"中国黄酒，天下一绝"。

黄酒，是绍兴的一绝，是绍兴人民为中国贡献的瑰宝。

二 偶然得知是"国酒"

绍兴酒名扬天下,在普通百姓中也有很好的口碑。我到绍兴工作后,就想着对黄酒业做些调研,并就加快绍兴黄酒业发展采取一些举措。

记得在一次国航的航班上,服务员送来一份酒水茶点目录单,上面一款"中国酒"引起了我的注意,我即问,这"中国酒"是什么品牌的酒? 服务员告诉说是"绍兴黄酒"。这让我格外欣喜! 过去,我们大多数人只知道绍兴酒是天下闻名的名酒,也知道是国宴酒,但很少听说是"中国酒"——国酒的。这次经历更加增强了我心中要加快绍兴酒业发展的责任感。

绍兴人民创造的绍兴酒无论是工艺还是产业,无论是作为物质的饮料还是酒文化,都是极为宝贵的遗产,我们作为后来人,都有责任和义务爱护它、继承它、光大它,做绍兴酒的薪火传人,而不能躺在它身上只吃老祖宗的饭,更不能去糟蹋它、败坏它。作为绍兴市的市委书记、市长,更应该把振兴绍兴黄酒产业,促进黄酒产业大发展,作为一项重要工作来抓。

三 一次专题调研座谈会

2003 年 12 月 19 日,我提议市政府专门召开一个黄酒骨干企业座谈会。

座谈会前,主要围绕如何振兴绍兴黄酒业做些调查研究,实地看了几家企业,然后再请企业负责人来开座谈会。这次调研和座谈会摸清了绍兴黄酒业的现状,研究如何振兴发展绍兴黄酒业的对策。

座谈会上,我首先阐述了为什么要振兴绍兴黄酒业问题。

(一)从黄酒的历史看,绍兴黄酒业需要振兴

我指出,绍兴黄酒是绍兴的历史、绍兴的文化,是几千年来绍兴人民创造的传统优势产业。酒业是一个很大的产业,而且中国的历史是和酒紧紧联系在一起的,历史上无论寻常百姓家还是富丽堂皇的皇宫里,都是离不开酒的。绍兴是黄酒的故乡,这是一份宝贵的财富和遗产,老祖宗的饭我们要吃好。面临着国内外发展的新形势,继往开来,发展绍兴的黄酒业,使这份宝贵财富能够发扬光大,对得起前人,对得起来者,是我们当代人的一种责任与义务。

(二)从黄酒的现状看,绍兴黄酒业需要振兴

当时,绍兴黄酒业的产出规模、产值和销售收入占全国的比重总体下降。以 2002 年为例,绍兴黄酒年产量 20 万吨左右,销售收入 17 亿元,而 1995 年、1996 年产量就曾到过 25 万吨。总的来说,绍兴黄

2003 年 1 月，王永昌在上海推介绍兴黄酒

酒占全国全省黄酒总产量的比重却有所下降。尽管话不能简单地说，好像比重高了就一定怎么样，但是作为绍兴来讲，其他经济、其他产业发展了，黄酒业也应该相应地不断做大做强。当时，绍兴黄酒业的生产能力相当大的一部分在放空。因此，从当时黄酒业的状况与历史上曾经有过的生产销售比重看，绍兴黄酒业也需要振兴。绍兴黄酒在绍兴经济、文化发展中占有特别重要的位置，各项经济社会事业发展了，黄酒业也应该发展。

（三）从黄酒的竞争态势看，绍兴黄酒业需要振兴

我们需要跳出绍兴来看绍兴黄酒业的发展。据了解，2002 年全国黄酒类年生产规模是 145 万吨左右，且呈逐年上升势头。黄酒业的竞争在加剧。上海的和酒、石库门酒在崛起，绍兴黄酒在上海的市场

在萎缩,份额在下降。在座谈会上,我提醒大家要正视这个问题,要有一种危机感、忧患意识。不要以为绍兴酒的根在我们这儿,不管怎么样人家是拿不去的,其实大为不然。可能"绍兴酒"的名称拿不去,但我们的市场在不断萎缩。上海的例子就在眼前,已经成为现实了。你没了市场,或者说年产量少到一定程度,那"绍兴酒"就徒有虚名,甚至有一天连"名"也会丧失,"绍兴酒"就进了历史博物馆,成了历史的记忆。

(四)从发展前景看,绍兴黄酒业有发展的优势与潜力

随着经济发展、社会进步,黄酒市场前景看好。少吃米饭,适当喝点酒,也是个消费趋向。问题是,随着饮食结构和生活方式的变化,黄酒业的发展也要跟上时代变化的步伐,要把黄酒与现代的文化、旅游,现代人的消费观念、生活方式更好地结合起来。绍兴黄酒的发展,既要继承发挥传统的优势,又要有所创新,把两者结合起来,市场天地才会广阔。

(五)从遇到的几个事例看,绍兴黄酒业发展值得重视

2002年底,我到日本去考察,发现日本人相当喜欢绍兴酒,说绍兴酒好,有益健康。我们坐飞机时,经常会发现:那酒水单上的"中国酒""国酒",其实就是我们的绍兴黄酒。绍兴黄酒一般在江浙沪等江南市场销售,但2002年我到黑龙江的牡丹江去参加一个会议,发现当地人也喜欢喝黄酒。这说明绍兴黄酒在北方也有市场。江泽民同志当年到绍兴黄酒集团视察后,题了"中国黄酒,天下一绝"。说明我们绍兴黄酒是"天字""国字"号的。

因此,无论从历史、文化、现状还是从竞争态势看,我们都要提升绍兴黄酒在全国酒类中的地位,在全国市场中的地位,进一步振兴绍兴的黄酒产业。

四 "5·23" 假酒事件

2003 年 12 月 19 日的座谈会后，极大地激发了相关企业的积极性，政府有关部门也迅速着手制定振兴绍兴黄酒业的发展纲要，筹备召开振兴绍兴黄酒业的会议。各方面围绕着"四个一"：打响一个大品牌、打造一座黄酒城、打开一个大市场、推进一个大整合而全面展开了实施，其取得的主要成效体现在四个方面。

一是认识有了新的提高。各级各部门对绍兴黄酒的历史、竞争态势和发展前景认识更加清醒，广大黄酒企业对政府专门研究黄酒业振兴问题感到非常高兴，全市上下对振兴黄酒业的重要性、必要性、紧迫性、严峻性认识更加提高，振兴黄酒业的危机感和责任感进一步增强。

二是初步形成了发展纲要。市有关部门在深入调研的基础上，制定了振兴绍兴黄酒业的发展纲要及有关配套政策，充分体现了政府对黄酒业实实在在的关心、支持和推动。

三是黄酒城建设项目顺利启动。从规划到项目前期准备工作进展都比较快。

四是加强了质量检查监管。市经贸、工商、卫生、质监等部门对全市黄酒生产企业进行了三次大规模的抽检，对黄酒生产质量、市场程序进一步加强了监管，对检查中发现的问题，督促企业及时进行了整改。

但想不到半年后，即 2004 年，出了个很有轰动效应的"5·23"假酒事件：央视在《每周质量报告》栏目中曝光了绍兴一家叫叶万源的酒厂，以酒精、色素、香精等勾兑假黄酒，打着绍兴名特产、绍兴黄酒招牌销售于市场。曝光后绍兴黄酒业声誉大跌，使原来已呈颓势的黄酒业雪上加霜。

问题出现了，关键是及时有力处置，并能举一反三，借机推动工作。尽管我对市县政府有关职能监管部门明显存在监管不力而深感遗憾，因为2003年底我们就专门布置过要对酒类食品加强监管，严查假冒伪劣产品；但作为领导，首先是从大局、根本上着手，化被动为主动，借机来加快推动绍兴黄酒业的健康发展。从一定意义上说，"5·23"假酒事件为振兴绍兴黄酒业提供了难得的机遇。

五 时刻提着"乌纱帽"干工作

"5·23"假酒事件发生后，首先是要正确看待这件事，正确对待媒体的监督。

据分析，20世纪末，在市场经济逐浪高的背景下，绍兴黄酒企业一度疯长，酒厂从十余家一下子增加到138家，良莠不齐，鱼龙混杂，假冒伪劣也应运而生。2003年金华出了"毒火腿"事件，地方名特优产品傍名牌、粗制滥造，吃祖宗饭、竭泽而渔，成了普遍现象，这虽已引起了我们的警惕，当时发展纲要中"大整合"口号的提出，就是为了解决这个问题，但我们的整合工作不到位，力度欠大，监管部门监管也不力，留下了盲区，我们领导抓工作也不够彻底。我们痛定思痛，决心因势利导，亡羊补牢，把大整合、大整治这项工作置前抓，重点抓，不清除黄酒生产中的害群之马，其他事项也不可能抓到位，抓了也白抓。

经过准备，2004年6月11日，我专门召开了振兴绍兴黄酒业领导小组扩大会议。这次会议有一个特殊的背景，就是"5·23"假酒事件。我指出：我们最不希望发生的事情发生了，这无论从理性角度，还是感情角度，我们都有点难以接受，绍兴老百姓也是痛心疾首。但是事情既然发生了，我们就必须正确对待，"亡羊补牢"，认真总结教训，并以此为契机，进一步做好工作，千方百计保护绍兴黄酒品牌，坚定不移振兴绍兴黄酒产业。

我在讲话中指出，事实上，早在2003年，当"金华毒火腿"事件曝光后，我们就已经意识到，对绍兴黄酒的质量问题必须进一步引起重视。当时，有位部门的领导同志专门给我写过一封信，以高度的责任心和敏锐性，提出要对绍兴黄酒质量引起警觉。我认为这个意见非常好，并要求有关部门立即开展检查。2003 年 12 月，我们也专门就振兴黄酒业进行了调查研究，当时就提出要"打响一个大品牌，打造一座黄酒城，打开一个大市场，推进一个大整合"。其中也专门强调，要加强对绍兴黄酒的品牌保护，扶持精品，查处伪劣。随后半年中，我们在各种场合，以及有关群众来信上，做过多次强调和批示。市有关部门也紧紧围绕绍兴黄酒品牌的保护和黄酒产业的振兴，积极开展黄酒生产质量、市场秩序的治理整顿，做了大量的工作。

但问题还是出现了，这充分说明保护绍兴黄酒品牌的艰巨性和复杂性。问题发生了，政府和部门，特别是领导干部要勇于承担责任。不敢承担责任的领导不是好领导，我们应该时时刻刻提着"乌纱帽"干工作，而不要捂着"乌纱帽"干工作，甚至捂着"乌纱帽"不干工作。什么叫对人民负责？那就是对影响老百姓切身利益的事，决不手软；对危害老百姓生命健康安全的事，敢动真格；对那些制假售假者，坚决追究他们的法律责任，让他们倾家荡产。当时，中央正式查处了"阜阳奶粉"事件的有关责任人，尽管"5·23"假酒事件性质不同，危害程度不同；但我们必须引以为戒，各级各有关部门必须好好总结，认真反省，总结教训。

六 振兴绍兴黄酒动员大会

　　2004 年 6 月 11 日振兴绍兴黄酒业领导小组扩大会议后,23 日又专门召开了全市振兴绍兴黄酒动员大会。这在绍兴黄酒发展史上是空前的,虽然不能说"绝后",但的确是值得一说的。

　　会议的主题仍是"保护黄酒品牌　振兴黄酒产业"。会上,时任分管副市长代表市委、市政府做了工作部署,绍兴县(现柯桥区)政府、市级监管部门做了发言,绍兴黄酒行业协会宣读了行业自律公约,黄酒集团代表 12 家生产黄酒的企业宣读了倡议书。我在会上又做了讲话。

　　我再次对"5·23"假酒事件做了反思,要求正确对待,"亡羊补牢",认真总结教训,并以此为契机,进一步加大治理整顿力度,做好工作。充分肯定前一阶段对全市黄酒生产企业进行三次大规模抽查监管工作的成效。

　　围绕"保护黄酒品牌、振兴黄酒产业",我重点强调了三个问题。

　　第一个问题,我强调要更深切地认识保护绍兴黄酒品牌、振兴绍兴黄酒产业的重大意义。

　　首先,绍兴黄酒是国宝、是国粹,保护黄酒品牌,就是保护黄酒国粹。世界三大古酒,唯有黄酒源于中国,而绍兴黄酒则是中国黄酒的代表。1995 年江泽民同志在考察中国绍兴黄酒集团公司时嘱咐,中国黄酒,天下一绝,这种酿造技术是前辈留下来的宝贵财富,要好好保护,防止被窃取仿制。黄酒在全国甚至国际上有着崇高的声誉和广泛的影响。我们要站在保护黄酒品牌就是保护黄酒国粹的高度去认识,

上海旅交会上的绍兴黄酒展台

去落实。

其次，绍兴黄酒是绍兴的传统优势产业，保护黄酒品牌，就是保护绍兴发展。黄酒是绍兴传统产业之一，历史非常悠久，优势十分明显。绍兴黄酒业产量占全国黄酒产量的 1/6，出口量占全国总量的 80%，在绍兴市经济发展中占有重要地位。从一定意义讲，我们保护黄酒品牌，就是保护绍兴发展；振兴黄酒产业，就是振兴绍兴经济。

再次，绍兴黄酒是绍兴的名片，保护绍兴品牌，就是保护绍兴形象。绍兴酒的历史可上溯到七千年前的河姆渡文化时期。从明代开始，绍兴酒就声名大振。到了清代，绍兴黄酒已成为闻名遐迩的酒中极品。绍兴黄酒是名副其实的"东方美酒"，足以使每一个绍兴人为之骄傲、为之自豪。绍兴作为历史名城、著名酒乡，黄酒是绍兴的一张"金名片"，保护绍兴黄酒，就是保护绍兴的历史、保护绍兴的文化、保护绍兴的声誉。

最后，特别要指出的是，绍兴黄酒属于食品，保护黄酒品质，就是保护人民健康。黄酒是一种食品，质量问题人命关天。"金华毒火腿""阜阳奶粉"事件都应该引起我们的高度警觉。我们一定要站在保护人民群众身体健康、生命安全的高度，十分重视黄酒的品牌和质

在上海旅游节上的绍兴咸亨酒店展区

量问题。

讲话的第二个问题是强调了抓好保护黄酒品牌、振兴黄酒产业的工作，重点讲了"五个两手抓"：一手抓治理整改，一手抓振兴发展；一手抓品牌宣传，一手抓品牌保护；一手抓企业自律管理，一手抓行业自律管理；一手抓依法依规管理，一手抓行政管理；一手抓本级，一手抓县（市）。

由于会议的重要背景是"5·23"假酒事件，所以讲话中重点突出了整治和监管。振兴绍兴黄酒，产品质量是基础，只有质量保持稳定和提高，才能谈得上振兴。要以"5·23"央视曝光为契机，从严依法加强监管，继续开展全面彻底的清理整顿，决不遗漏一家。要坚决查处那些不合格的黄酒生产企业和产品，该取缔的要取缔，该关闭的要关闭，该整改的要整改，强力整治，决不手软。清理整顿是当前保护黄酒品牌、振兴黄酒产业重中之重的工作，务必抓紧抓出成效。在抓好黄酒整顿的同时，要切实落实好振兴绍兴黄酒决策、已出台的振兴绍兴黄酒业的发展纲要和扶持政策。

讲话的第三个问题，我强调要切实加强对保护黄酒品牌、振兴黄酒产业工作的领导，强调政府要成立相关组织，加强引导、监管和服务。

七 推进一个大整合

"5·23"假酒事件，也使得如何保护绍兴黄酒名牌、彻底整治、整合黄酒生产销售企业被提上了更重要的议程。市里原来提出的"推进一个大整合"，也更多地被赋予了"大整治、大整顿"的内容。

早在 2003 年的那次专题座谈会上，我就明确指出："要加强对绍兴黄酒的品牌保护，扶持精品，查处伪劣，防止出现类似'金华毒火腿'那样的事件，否则我们就对不起古人，对不起历史，也对不起后人。"不幸而言中，真是让人痛心疾首。

绍兴黄酒作为著名的老字号品牌，我们有责任有义务把它保护好，进一步发扬光大。"5·23"央视曝光应该说还是比较客观的，节目开头和结尾都声明绍兴黄酒绝大多数是合格、优质的，最后还提请消费者放心消费，应该说是比较负责任的。但是据中央电视台掌握的情况，产品质量不过关的绍兴黄酒的生产企业绝非一家，有关部门几次检查结果显示，不合格的黄酒生产企业和产品也并非少数。所以，我们对黄酒产品质量和市场流通秩序要时时刻刻高度关注，保持清醒，千万不可麻痹大意。

在 2004 年 6 月 11 日召开的振兴绍兴黄酒业领导小组扩大会议上，我讲话的主题是"千方百计保护绍兴黄酒品牌，坚定不移振兴绍兴黄酒产业"。

当务之急，自然是要开展大整治、大整合。为此，我强调三点。

第一，要进一步增强大局意识。绍兴黄酒是历经几千年形成的优

2007 年 10 月 29 日，王永昌在中国黄酒博物馆调研

势传统品牌，在全国有着崇高的声誉和广泛的影响，它在绍兴、在全国的地位决定了它的发展具有一定的全局性意义。同时，绍兴黄酒属于食品，质量问题事关人命，作为负责任的政府必须管好黄酒产品质量，促进黄酒业的健康发展，这对绍兴而言，也是大局。

第二，要进一步增强品牌保护意识。黄酒与葡萄酒、啤酒并称"世界三大古酒"，其中缘于中国的只有黄酒，绍兴黄酒是绍兴的骄傲，也是国宝。保护绍兴黄酒就是保护"中国酒"、保护国宝，就是保护绍兴的历史，保护绍兴的文化，保护绍兴的发展。绍兴文化上有鲁迅的品牌，经济上就是黄酒的品牌，绍兴真正称得上著名国家级品牌的，可能只有黄酒这么一个，保护不好对绍兴人民不好交代，对全国人民都不好交代。所以，我们重任在肩，必须进一步增强保护品牌的意识。

第三，要进一步增强责任意识。要以积极的态度认识和对待央视的曝光。一方面，这次曝光影响很大，给我们带来的损失很大。2003年全国"两会"期间，时任国务院副总理吴仪参加浙江代表团讨论时，针对"金华毒火腿"事件说："我最痛心的就是中国的一些老字号传统品牌，由于质量问题垮下来。"培育一个这样的品牌要花几百年，甚至几千年时间,但是垮下来就在一夜之间。另一方面,曝光对我们改进工作的确是很大的推动,我们应该感谢新闻舆论部门的监督。

保护绍兴黄酒,是每一个绍兴人的责任,政府和有关部门责任更大、更直接。"5·23"假酒事件发生后,政府和有关部门态度坚决,行动迅速,措施得力,体现了依法从严治理,查处工作是及时、到位的。对这件事,我们自己要深刻反省。有关责任要更明确,对出现的问题要动真格,再出现类似问题,就说明我们的工作没有到位,责任没有尽到,那么"谁家的孩子谁家抱",该追究谁的责任就追究谁。"亡羊补牢,为时未晚。"我希望有关部门都能认真吸取教训,对绍兴黄酒业的发展时刻保持高度的责任意识和忧患意识,努力探索形成产品质量、市场秩序检查监管的长效机制。同时,我们还要举一反三,不要今天重视了黄酒,明天又出现其他问题,对绍兴香糕、药品等一些老字号品牌的质量问题,我们都要提高警惕。

光讲认识是不够的,接下来我着重提出了工作要求,就是要以"5·23"央视曝光为契机,从严、依法加强监管。具体要做到"两手抓":一手抓治理整顿,一手抓振兴发展。主要做好以下几方面工作。

第一,要继续对全市黄酒业进行全面彻底的清理整顿。对全市所有黄酒生产企业必须一家一户地清查,然后列出清单,建立档案,哪些企业是合格的,某家企业哪些产品是合格的,都要一清二楚、一目了然,时间越快越好。如果人手比较紧缺,我们可以通过市县联动、借用外力等途径进一步整合检查监管力量,提高效率。在全面彻底清查的基础上,有关部门要认真分析,提出处理意见,强力整治,决不手软。坚决查处那些不合格的黄酒生产企业和产品,就是服务大局、维护大局,就是对绍兴黄酒业负责,就是对人民负责,对历史负责,对绍兴的未来发展负责。清理整顿是当前保护黄酒品牌,振兴黄酒产业重中之重的工作,希望各级各部门各司其职,认真抓好落实,坚决抓出成效。

第二,要建立和完善绍兴黄酒的质量监管体系。一是要严格执行绍兴黄酒的质量标准。对绍兴黄酒生产企业研发的新品黄酒必须经过严格评审,符合绍兴黄酒基本特性的才能列入绍兴黄酒系列。对不符合绍兴黄酒生产标准的其他黄酒产品,决不允许打绍兴黄酒品牌。同时要把佐料酒和绍兴黄酒严格区分开来。二是要严格黄酒市场准入要求,黄酒行业协会要加紧制定黄酒市场准入的规范性意见。三是要进一步规范政府部门的执法监管行为。四是要加快形成打假治劣的协作网,不仅要打击市内的,还要打击外地的制售假冒伪劣行为,加强绍兴黄酒的原产地保护。五是要强化行业自律管理,制定和完善行业自律公约。

第三,要建立和完善绍兴黄酒的品牌保护体系。对不符合统一品牌质量标准的企业和产品必须淘汰。外地经验告诉我们,产品质量被曝光后,最有效的补救办法就是把合格的、优质的产品推出去,重塑品牌形象。要加快形成绍兴黄酒的统一品牌,打响统一品牌;让检查合格的黄酒生产企业提个倡议,让合格企业就产品质量向公众做出承诺;要认真做好绍兴黄酒原产地保护的文章。

我们紧紧抓住央视曝光的契机,对低下、伪劣的小酒厂,进行全面摸排,分类处理,以铁腕严打严管严治,取缔了29家不合格企业,并以召开新闻发布会、媒体公告等形式,大造舆论,在业界形成声威,巩固取得的成果。

现在回头看,2004年出现"5·23"假酒事件,其实仅是进行曲中一首不愉快的插曲,这个"反面角色"的出现,促使我们把坏事变好事,借了央视曝光的东风,趁势推进了大整合,通过去劣存良、去芜存菁,形成了黄酒发展从小、散、乱到集团作战的态势。

八 打响一个大品牌

绍兴酒本身知名度就很高，为什么还要提出"打响一大品牌"呢？

首先，要转变一个旧观念，就是"皇帝的女儿不愁嫁，酒香不怕巷子深"。这虽然有一定道理，但在市场经济竞争条件下，这种农耕生产经济基础上形成的传统观念，已经不大适应激烈的市场竞争环境了。在今天，再好的大众商品，如果不把自己的产品宣传出去，就不可能扩大市场，做大做强。而且，把产品上升为品牌，才能升值，才有品位。

其次，打响品牌包括保护好品牌，查处打击各种破坏品牌的行为。绍兴黄酒是著名的老字号品牌。培育这样一个好品牌要花几十年、几百年，甚至几千年时间，但是垮下来却是一夜之间的事。绍兴真正称得上著名国家级品牌的，可能只有黄酒这么一个，保护不好对绍兴人民不好交代。保护绍兴黄酒品牌，关键是要建立和完善绍兴黄酒的品牌保护体系，内抓规范管理，外抓打击商标侵权。内抓规范管理，就是要做好各种商标、品牌的规范使用管理，如原产地保护、"绍兴黄酒"证明商标等，全市黄酒企业要有自律意识，不能用的就不要用，不要做一些商标上的小动作，打擦边球，让消费者一头雾水，难以分辨。外抓打击商标侵权，就是对违法的、违规的商标侵权行为，要严厉查处，特别是对假冒绍兴黄酒重点地区，要加大打击力度。

再次，黄酒是个笼统品牌，但我们要有自己的品牌，即"绍兴黄酒"。"黄酒"不仅我们这里有，别的地方也有。但"绍兴黄酒"是个特定概念，属于原产地保护产品，我们要把它规范起来，形成"中国绍兴

2004 年 4 月，古越龙山黄酒在城市广场展示黄酒宣传广告

黄酒"的统一品牌。统一品牌建立以后，要确定严格的标准，使用特殊的标志，并承诺：凡是有这个统一品牌的，消费者是绝对可以放心的正宗品牌。绍兴黄酒之所以有这么好的品质和美誉度，工艺是一个方面，地理环境稽山鉴水也是一个重要方面，必须规定绍兴黄酒只能在绍兴区域内生产。政府有关部门要建立打假协作网，加强对绍兴黄酒品牌的监管，凡标明"绍兴黄酒"的品牌，必须执行绍兴黄酒的监管标准，新品黄酒必须经过严格评审方可列入绍兴黄酒系列。同时要求，绍兴的黄酒企业要有自律意识，就产品质量做出公开承诺，凡使用"绍兴黄酒"这一统一品牌的，都要自觉维护这一品牌的声誉。

古人曰：名正才能言顺。有了统一的品牌，就有了相对统一的质量标准和监管体系，遏止无序竞争、低价竞争、劣币驱逐良币的乱象。"绍兴黄酒"这一品牌就是为绍兴的黄酒产品正名，为集约化生产、为提升品质打好基础。

九 打开一个大市场

打开一个大市场，是振兴绍兴黄酒产业的又一个重要举措。

在一次黄酒骨干企业座谈会上，我问在座企业家：我们这几年的产出规模、产值和销售收入占全国的比重是下降还是上升？一番沉默后，回答的结果是下降。市场在萎缩，生产能力有相当大的部分在放空，形势不容乐观。我提出，要敢于把绍兴黄酒向北方销售，向国外销售。我讲了一些情况，在日本考察时，我发现日本人很喜欢绍兴酒。我国北方地区也有市场。我分析了市场前景看好的几个因素：随着健康养生的观念深入，烈性酒消费的人群在逐年减少，低度酒逐渐走俏，黄酒的酒精度不高不低，温润醇厚，馥郁芬芳，特别适宜国人饮用，是大有市场和消费潜力的。要拿出大气势，形成大规模，特别要加大广

2004 年 7 月 27 日，王永昌出席在北京举行的 2004 北京·绍兴文化周新闻发布会暨绍兴黄酒鉴赏会

告宣传方面的整合力度。

古越龙山在振兴绍兴黄酒动员大会后，决定在 2005 年向央视投放 6000 万元的广告，可谓大手笔。但是在当时的绍兴，许多人不理解、不支持，甚至有些老领导直接打电话给公司的负责人，责之是"败家子"行为；但我是此事的坚定支持者。我觉得这不仅仅是企业的自主经营行为，更是绍兴人一次思想大解放的极好机会，因此我不光在市委常委会上说，而且在全市性的有些会议上，也旗帜鲜明地予以支持。当时集团的决策者压力很大，专门跟我汇报此事，我说干大事者不要怕冒风险，要占有大市场，抠门不行，小打小闹也不行，要继续发扬绍兴人、浙商的敢为人先的精神。这 6000 万元广告费下去后，绍兴黄酒的声音一下回响大江南北，接踵而至的订单让绍兴黄酒跨过黄河，飘过秦岭，风靡日本、欧美市场。之后，我多次请古越龙山的领导在会议上讲这件事，讲投入与产出、名牌与宣传的辩证关系，讲创新与创业的作用。渐渐地，人们也扭转了看法，思想渐趋一致了。后来古越龙山又投了 8000 万元，签订了与央视实行三年的战略合作协议。

古越龙山这一举动，打破了绍兴黄酒不在央视媒体做广告的先例，可谓一鸣惊人。事实上，投放的效果的确不错。据说，自 2005 年投放央视广告起，连续七八年古越龙山都以年增长 1 亿元的速度递增，把行业第二名的距离逐年拉开了。

2004 年 7 月 27 日，中央媒体记者在品味绍兴黄酒

十 打造一座黄酒城

我一直认为，绍兴黄酒不只是食品的"酒"，而更重要的是一种文化。它首先是酒工艺、酒文化，同时也是一种生活文化、历史人文文化。

只有一种产品、物品有了文化或者说文化价值越多，才能成为品牌、名牌，才能有品质、品位，才能行稳致远，为更多的人认可，才有持久的生命力。

因此，建设一座黄酒城，是为振兴绍兴黄酒业同步提出的又一个重要举措。

那么，黄酒城项目建在何处，由谁来建呢？大约在 2002 年到 2003 年上半年之间，我就开始思考这个问题。当时，不叫黄酒城，而是叫"黄酒博物馆"。首先，政府不太可能直接出钱来建黄酒博物馆。其次，我们想这个黄酒博物馆应当与黄酒业发展紧密结合在一起。这样，我就考虑由绍兴黄酒集团（古越龙山）负责建设，而且就在古越龙山老酒厂的原址上建黄酒博物馆。这应该是最佳、最可行的方案。但这个方案的关键需要黄酒集团的决策层支持才能实施。

我们把建设黄酒城的任务落到古越龙山头上，因为古越龙山是黄酒行业的领军企业，是上市公司，又是市属国有控股企业。为此，我找该公司当时的主要领导谈我的构思与设想，希望他们把原厂址的"宝地"贡献出来，建一个高规格、高水准、大手笔的黄酒博物馆，这里不仅可以参观、普及酒文化、酒知识，还可以游览、品尝，成为一个产业旅游的景点。

2005年10月17日，王永昌参加中国黄酒城奠基仪式

　　开始，我估计需要几个回合才能做通集团领导同意承担这一任务，因为，毕竟要他们出钱、出地又要出大力的。但完全出乎我的意料，第一次沟通他们就十分爽快地答应了。他们的大局意识和长远战略眼光令我感佩。

　　黄酒博物馆（中国黄酒城）选址就在北海桥老黄酒厂的厂址上，毗连黄酒集团总部，前面是运河一脉，粉墙黛瓦的房舍与依依岸柳辉映，东接古桥光相桥，西连古城迎恩门，算是一块风水宝地。

　　黄酒城项目造价约4亿元。众所周知，博物馆是项公益事业。虽然出资大头在黄酒集团，但政府倡导和支持也要落实到具体政策上。好在当时大家思想比较统一，专门对博物馆建设进行了一定支持。

　　古越龙山的决策者切实负起建设职责，规划设计方案先后就搞了36个。时任董事长傅建伟同志更是全身心投入，他热情洋溢，对黄酒有深厚感情，对黄酒历史、黄酒文化很有造诣。在这些方案中，江南的建筑元素得到了很好的体现，各有千秋。后来，经我提议，把几个成熟的方案放到城市广场，由市民来投票选择，充分体现民意民心。

考虑到黄酒博物馆在主导理念上更突出"博物馆"的特性，而我们希望同时与黄酒业的发展、文化旅游结合起来，绍兴又是中国黄酒的酒都，所以"黄酒博物馆"最后改为"中国黄酒城"，以期有了"城"，更去开疆拓土，绍兴黄酒有更大的发展空间和发展潜力。

经过两年多时间的筹备，中国黄酒城终于在 2005 年 10 月 16 日奠基开工。我出席了奠基仪式并做了致辞。

我在致辞中指出，无论是过去还是现在，绍兴黄酒都为绍兴和绍兴人民争取了很高的荣誉，已成为绍兴城市不可多得的"金名片"。黄酒是世界三大古酒之一，被誉为"东方名酒之冠"。绍兴是著名的"黄酒之乡"。早在吴越之时，就有"一壶解遣三军醉"的美谈。在南北朝时，黄酒被列为贡品。江泽民同志在视察中国绍兴黄酒集团时曾说，中国黄酒，天下一绝。

因此，我在致辞中强调，作为绍兴黄酒的薪火传人，我们有责任、有义务在保护好绍兴黄酒品牌的基础上，进一步把黄酒文化发扬光大。我们要以建设中国黄酒城为契机，进一步弘扬绍兴悠久的历史文化和城市文脉，进一步展示绍兴独特的酒文化、水文化，进一步挖掘绍兴的民俗民风，进一步振兴绍兴黄酒业的发展，努力促进对外开放和商贸旅游业，不断提升绍兴城市的知名度和美誉度。

自然，我对黄酒城的规划建设倾注了一些心血。我时常在晚上会议结束、接待客人后或散步时，到现场去走走看看。在重要的节点上，偶尔也会在晚上十点钟后还把相关部门领导和黄酒集团领导召集到现场开会，协调解决问题，督促加快建设进度。

为了加快推进中国黄酒城建设，确保中国黄酒城如期建成开放，2007 年 4 月 30 日，我和时任分管市长还专门督查了一次，并以"展示绍兴酒文化　打造城市新亮点"为主题，对黄酒城建设提出了要求。

我重点讲了四个问题。

一是关于中国黄酒城的总体定位。

（1）要把中国黄酒城建设成为推动绍兴黄酒产业发展的新动力。中国黄酒城的建设，是绍兴乃至中国黄酒业发展史上的一座里程碑。

过去，我们更多的是注重新产品的开发。现在，我们要通过中国黄酒城的建设，进一步提升黄酒业，打响绍兴黄酒品牌，努力使黄酒文化成为绍兴历史文化的重要组成部分。

（2）要把中国黄酒城建设成为推动城市发展的新平台。要通过提升绍兴黄酒业的发展水平，进一步弘扬绍兴黄酒文化，将中国黄酒城建设成为展示绍兴古城文化、提升绍兴城市品位的新平台、新品牌，努力做好传承、发扬黄酒业和绍兴历史文化的薪火传人。

（3）要把中国黄酒城建设成为推动文化旅游的新亮点。绍兴作为历史文化名城，在黄酒文化、民俗风情等方面很有特色。鲁迅故里的成功开发证明，中国黄酒城的建设必须充分凸显绍兴特色，重点突出文化旅游功能，努力把中国黄酒城建设成为推动绍兴文化旅游的新亮点。

二是经营中国黄酒城应坚持的基本理念。

（1）要处理好黄酒博物馆和中国黄酒城的关系。从最初设想建造一个黄酒博物馆，到后来建设中国黄酒城，这是思路上的一个飞跃。我们在建设和经营过程中务必拓宽视野、开拓思路，正确处理好黄酒博物馆与中国黄酒城之间的关系。

（2）要处理好黄酒和其他酒类的关系。我们建设的是中国黄酒城，主要是为了展示黄酒文化。但与此同时，我们也要适当展示其他酒类的文化，使游客能更加直观地感受黄酒与其他酒类之间的关系。

（3）要处理好黄酒与其他绍兴传统风味的关系。中国黄酒城需要展示的内容，不仅仅局限于绍兴黄酒业，还可以包括整个绍兴文化。因此，展示内容在突出黄酒文化的同时，应该兼顾绍兴的其他传统文化、特色产品。

（4）要处理好精品文化与民俗文化的关系。从建设理念上讲，要把中国黄酒城建设成为精品之作，城内的各种布展也要凸显精品理念，但在内容和形式上，一定要做到雅俗共赏、贴近百姓，便于游客参与。

（5）要处理好传统与现代的关系。中国黄酒城展示的内容本身是传统的，但在展示的形式上，要充分利用现代科技手段，使游客有身临其境、难以忘怀的感受。

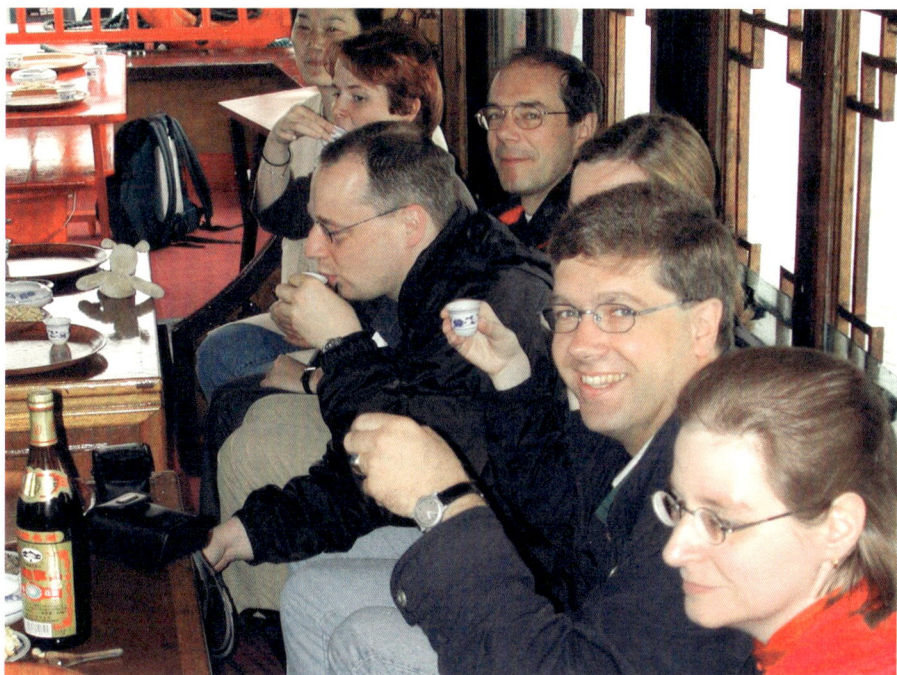
外国来宾在绍兴画舫船上品黄酒

（6）要处理好公益性与经营性的关系。要将展示黄酒文化和促进市场经营充分结合起来，既要充分体现中国黄酒城在展示绍兴黄酒文化方面的社会效益，同时也要充分考虑其经济效益，使中国黄酒城成为提升绍兴旅游产业的新亮点。

三是中国黄酒城应具备的特点。

中国黄酒城是否具有鲜明的特点，关系到黄酒城今后的经营和发展。因此，黄酒城在内容展示和项目开发等方面，要充分体现知识性、历史性、参与性、趣味性、展示性和休闲性，特别是在知识性和参与性方面要下足功夫，努力做到动静结合、雅俗共赏。

四是关于下阶段工作中的几个实际问题。

（1）工程进度问题。2006年，通过大家的努力，中国黄酒城的框架基本建成，确保了黄酒城在中国越剧节期间顺利开游。半年来，黄酒城建设总体进展顺利，希望大家抓紧时间，再接再厉，进一步加快工程进度，确保黄酒城按时建成开放。

（2）周边道路问题。中国黄酒城周边道路交通容量不大，黄酒城建成开放后，周边道路可能会产生交通拥堵问题。有关部门要对周边道路进行规划整治，尽快拿出合理方案，进一步完善黄酒城周边的交通路网建设等配套设施。

（3）文物征集问题。对于文物征集，刚才大家也出了不少好的主意，很值得借鉴。有关部门要进一步研究，尽快拿出可行方案。总的原则是，有文物最好，没有文物也不要强求。

（4）成立公司问题。中国黄酒城开放运作后，是否需要成立一个相对独立的公司，还是继续挂靠在黄酒集团，我们要从是否有利于黄酒城的发展出发来确定。这项工作请市国资委先调研拿出一个可行方案。

（5）旅游推介问题。我们要一手抓中国黄酒城建设，一手抓黄酒城建成后的旅游开发工作，努力做到在黄酒城建成前，全面开发旅游市场，尽早设计一些旅游方案，提前进行市场推介。

（6）布展问题。要进一步完善中国黄酒城的规划布展，全面挖掘绍兴特色文化与传统风味，并使其与中国黄酒城的旅游结合起来，努力把中国黄酒城建设成为集文化、旅游、休闲于一体的精品工程，不断提升绍兴城市的知名度和整体竞争力。

大约从 2002 年运筹谋划到 2003 年 12 月 19 日专题调研会上正式提出，从 2005 年 10 月 16 日奠基到 2007 年 10 月 29 日正式开馆，前前后后共花了 5 年左右时间，总算有头有尾画了一个圆满的句号。中国黄酒城的建成，不仅是对黄酒这一国粹的发掘和提升，也是绍兴从"酒乡"到"酒都"发展进程中的重要一笔。

在绍兴工作 7 年有余，绍兴黄酒业经历了由乱到治的过程，从唯产量到讲究质量、打造品牌的过程，更是从重物态酒到酒文化的提升过程。在这个过程中，作为当事人，我只是做了一点力所能及的工作而已。这里，我要特别感谢同事们和绍兴一大批黄酒骨干企业对市里决策的支持，我也在工作中交上了一些懂绍兴黄酒、爱黄酒文化的企业家朋友，这是深感欣慰的。

十一　中国黄酒城开游：做足酒文化 打响"金名片"

2006年10月16日，中国黄酒城建成开游并举行了开游仪式，我以"做足酒文化　打响'金名片'"为题致辞。现收录如下。

做足酒文化　打响"金名片"

今天，我们在这里举行中国黄酒城开游仪式。中国黄酒城的建设，始终与绍兴的文化建设紧密联系在一起。

2006年10月16日，王永昌为中国黄酒城开游仪式击鼓开游

"古城历史悠悠长，名城名酒名水乡。"绍兴是著名的黄酒之乡，绍兴黄酒是先辈留给我们的宝贵财富和民族瑰宝，黄酒的酿造技术还被列为首批国家级非物质文化遗产。作为绍兴黄酒的薪火传人，我们有责任、有义务宣传保护黄酒品牌，振兴黄酒产业，弘扬黄酒文化。建设中国黄酒城，是市委、市政府多年酝酿和精心谋划的一件大事，也是酒乡人民翘首以待的一件盛事。

中国黄酒城总投资 4.2 亿元，规划面积 4 万平方米，分二期建设，以黄酒博物馆为主体建筑，集酒文化展示、酒文化演示、酒文化旅游、酒文化风情和酒文化研发于一体。中国黄酒城是国内首座全面展示黄酒文化的重大工程，在绍兴黄酒发展史乃至中国黄酒发展史上具有里程碑意义。中国黄酒城是一项产业提升工程，必将有力地推动绍兴黄酒产业的提升发展，进一步打响绍兴作为黄酒之乡和黄酒之都的品牌；中国黄酒城是一项文化旅游工程，必将有力地推动绍兴黄酒产业与文化旅游的融合，更好地展示绍兴作为历史文化名城的魅力；中国黄酒城是一项城市建设工程，必将有力地推动绍兴城市发展，成为提升城市形象的

王永昌为非物质文化遗产黄酒酿制技艺授牌

一大亮点,进一步扩大绍兴城市的知名度和美誉度。总之,中国黄酒城是绍兴作为"黄酒之乡"和"黄酒之都"的象征,对于传承黄酒文化、振兴黄酒产业、建设文化强市、提升城市品位,有着十分重要的意义。

中国黄酒城的开游,仅仅是一个良好的开端。一期工程的完善和二期工程的建设,还需要我们付出艰辛的劳动。我们要以此为契机,真正把黄酒业作为一个产业来发展,当作一种资源来保护,当作一种文化来传承,努力把中国黄酒城建设成为发展绍兴黄酒产业的新平台、提升绍兴文化旅游的新亮点、展示绍兴城市风貌的新形象,进一步做足酒文化,打响绍兴作为"黄酒之乡""黄酒之都"的"金名片",加快绍兴经济强市、文化强市、生态绍兴、和谐绍兴步伐,把绍兴建设得更加美好!

在希望的田野：构筑城乡『十张网』

　　我对农村并不陌生，而且怀有特殊的感情。因为，我生在农家，长在农村，在农村生活了 18 个年头。山坡树林，水田稻穗，小桥流水，牛欢羊叫，蓝天白云，烟雨蒙蒙，土瓦木屋，大伯大嫂……这些都是少年时留下的难以忘怀的记忆。

　　时代在进步，沧海桑田在变迁。现在的农村与儿时的农村、家乡的农村与绍兴的农村自然有很大差异。况且到绍兴担任党政主要领导之后，自然需要熟悉中央、省里"三农"工作的方针政策、工作部署，也要了解绍兴农村发展情况，然后提出工作思路和举措。

　　按照当年的城乡体制，"三农"工作直接由县(县级市)里负责，市级主要负责落实上级要求和指导各县"三农"工作。但我对绍兴的"三农"工作还是花了一些精力。比如，在绍兴工作期间，我走遍了绍兴的所有乡镇；我曾经专门到新昌的一个乡镇蹲点半个月，沉下心调研，摸清情况，提出意见；对于有发展典型意义的乡镇，我曾去调研十多次，有个重点镇则每年至少去一次以上。当然，重要的是我们为绍兴农村发展做了些什么有益的工作。

一 全力推进统筹城乡发展

2001 年底我到绍兴担任市政府主要领导，2002 年对农村工作只做了些一般性调研和指导工作。但到了 2002 年底和 2003 年初，要总结过去一年工作，安排新一年政府工作任务，自然涉及"三农"工作。作为市长，对"三农"工作要进行调研思考，听取相关部门意见。记得我到绍兴工作后，对"三农"工作最早一次也是花较多精力调研思考的一次活动，就是在 2003 年 3—4 月为了给市政协做有关"统筹城乡发展"的报告而展开的调研。

我认为，像绍兴、浙江沿海发达地区，经济社会发展的确已到了需要统筹城乡发展、加快城乡一体化步伐的新阶段，不能再停留于就"三农"论"三农"的老思路上了。中央、省里、市里近几年都立足于统筹城乡发展，提升了"三农"工作水平，但城乡统筹发展是一个永无止境的过程。

2003 年 4 月 12 日，我在市政协"统筹城乡发展"专题报告会上，围绕统筹城乡发展、推进城乡一体化谈了自己的看法。

（一）统筹城乡发展的重要性与必要性

统筹城乡发展，推进城乡一体化，实质是把城市与农村工作作为一个整体来抓，互相促进、共同繁荣、协调发展。城乡统筹是城乡一体化的途径与手段，城乡一体化是城乡统筹的方向与目标。

城乡统筹和城乡一体化的焦点，自然是"三农"问题。"三农"问题，党和国家历来高度重视,也常常成为全国"两会"期间人大代表、政协委员们重点关注的问题。这几年,我国经济社会发展较快,人民生活水平不断提高,绍兴也同全国一样,城乡都有了历史性变化。那么,为什么过去农村不发达、农民生活水平低下时,"三农"问题不那么突出;现在农村发展了、农民生活水平提高了,"三农"问题反而更突出了呢? 我认为,这有其客观必然性,"三农"问题在工业化、城市化推进过程中必然要凸显出来,统筹城乡发展是经济社会发展到一定阶段的必解之题。

第一,从遵循经济社会发展规律的要求看,城乡统筹是必解之题。国际经验表明,人类社会发展到工业化阶段,特别是进入工业化中后期,城市化大步推进,农村问题也就凸显起来了。国内一些知名学者在国际比较研究中发现,发展中国家在上升为发达国家的过程中,存在着两种前途、两种命运。在人均 GDP 达到 1000 美元至 3000 美元的时候,整个社会经济结构处于大升级的发展阶段,劳动力结构也处于大变动时期,社会观念、开放程度、行为方式、消费习惯以及社会体制等都会发生大的变化。在这个阶段,从空间上讲,城市比较发达,农村往往会被边缘化;从人口上讲,一部分阶层、一部分人富得较快,但仍有相当一部分阶层、一部分人收入提高不快,有的甚至处于贫困状态。可以说,人均 GDP 到达 1000 美元至 3000 美元,是经济社会发展的一道"坎儿"。

如果统筹兼顾、协调发展,就能比较顺利地迈过这道"坎儿",经济社会就能更快更好地向前发展;否则就迈不过这道"坎儿",经济社会发展就会出现徘徊,社会稳定就会出现问题,严重的甚至会引发社会动乱。这方面成功的例子很多,如日本、韩国等。但也有一些国家不那么成功,如南美洲一些国家,出现了所谓的"拉美陷阱"。

因此,城乡统筹体现了客观发展规律的要求,这是不以人的意志为转移的。对城乡差距和"三农"问题,早认识,就主动;晚认识,就被动。

第二,从贯彻落实科学发展观的要求看,城乡统筹是必解之题。党中央在总结历史经验教训的基础上，根据当代中国发展历程，提出了以人为本的科学发展观，"五个统筹"是科学发展观的基本内涵，城乡统筹是"五个统筹"的重要内容。按当年的设想，绍兴到 2007 年要率先全面建成小康社会、到 2015 年要率先基本实现现代化，必须全面贯彻落实科学发展观，着力解决好城乡统筹发展问题，推进城乡一体化。没有农村的小康与现代化，就没有整个社会的小康与现代化，也就谈不上"两个率先"；即使有了城市的现代化，那也不是全面的现代化。

因此，城乡统筹发展，是以科学发展观为指导，实现"两个率先"的内在要求。

第三，从解决新时期"三农"问题的要求看，城乡统筹是必解之题。近几年以来，从中央到地方对"三农"问题的认识有了一个大的提升，就是"跳出'三农'论'三农'、抓'三农'"，逐步形成了统筹城乡发展的共识。"三农"问题的产生和发展有一个历史演变过程。21 世纪初存在的"三农"问题，与过去的"三农"问题，其性质、范围和特点都是不完全一样的。改革开放前，城乡关系存在的问题，主要是工农业产品不能平等交易和价格"剪刀差"、城乡劳动力不能自由流动、城乡居民享受的权利待遇不平等，以及把工人和农民划分为两个阶层并制定了不同的政策。改革开放以后，城乡关系发生了重大变化，工农业产品交易的市场化程度大大提高，乡镇企业异军突起，农村劳动力开始向城镇转移，农村城市化水平迅速提升。特别是我们国家基本解决了温饱问题，几千年来没有解决好的这个问题在改革开放后得到了解决，这是一个巨大的历史性进步。

当然，当时的"三农"问题与过去的"三农"问题也有共同之处，就是城乡二元体制尚未根本突破。城乡二元体制结构，造成了城乡难以一体化发展，造成了城乡发展失衡。

有专家认为，新时期的城乡差别和"三农"问题主要表现在三方面。

一是城乡之间居民收入差距在波动中重新扩大。1957 年我国城乡居民收入之比为 3.23 : 1，到了 1964 年下降到 2.22 : 1。改革开放初期,农村率先进行改革,城乡居民收入之比,由 1978 年 2.37：1 缩小到 1984 年的 1.71：1。但是 1984 年以后,城乡居民的收入差距又呈现出波动性扩大,1993 年达到 2.54：1,这个比例超过了改革开放初期的差距。2000 年,城乡收入差距又进一步拉大,达到 3.11：1,而且这个比例并不能够完全反映城乡居民之间的实际收入差距。据有关资料测算,如果考虑政府对城市居民进行补贴的话,城乡居民收入实际差距为 4：1;如果再考虑城市居民其他一些福利性待遇,则城乡居民收入实际差距可能在 5：1 到 6：1。

二是农村内部居民之间收入差距也呈扩大趋势。1978 年城市和农村的基尼系数分别为 0.22 和 0.17,当时城乡内部居民之间的收入分配基本是平均化的。到 2002 年,这个系数扩大到 0.36 和 0.32,说明城市内部和农村内部居民收入差距都在拉大,而农村内部居民收入差距又高于城市居民。

三是城乡社会事业发展存在较大差距。在教育方面,全国农村人口初中及以上文化程度仅占 39.1%,远低于城市人口 65.4% 的水平。农村人口主要由受过小学和初中教育的群体构成,城市人口则主要由接受了高中以上教育的群体构成。在医疗方面,农民群众还缺乏必要的医疗保障,基本处于自费医疗状态,农民个人支付的医疗费用达到 90%,而城市则实行了基本医疗保险制度,城市职工个人支付的医疗费用占总医疗费用的 60% 左右,占全国总人口 60%—70% 的农村人口只消耗了 32%—33% 的卫生费用。在社会保障方面,农村的覆盖面和保障标准都远远落后于城市。城市社会保障覆盖面已达到 66%,而农村社会保障覆盖面还只有 3%,城乡社会保障覆盖面的比例为 22：1,城乡人均社会保障费的比例为 24：1。2003 年,只有 6000 万农民参加养老保险,404 万农民得到最低生活保障。

有经济学家认为,当前中国农村存在“五个难”,即农民增收难、农业增效难、农村就业难、农民维权难、农村建设难。这“五个难”的重要根源,在于城乡经济社会的二元体制结构。不破解城乡二元体制结构,就会严重制约经济社会的进一步发展。因此,统筹城乡发展,推进城乡一体化,是解决新时期"三农"问题的根本之策。

第四,从绍兴城乡发展状况看,城乡统筹是必解之题。改革开放以来,绍兴市积极推进工业化、城市化、市场化和农村经济社会化发展,有力地推动了城乡一体化进程。工业化进程加快,从 1983 年到 2003 年,第一产业增加值占 GDP 的比重由 34.2％降到 7.7％,第二产业增加值占 GDP 的比重由 44.9％上升到 59.2％。城市化进程加快,2003 年按新口径统计的城市化率达到 48％左右。农村劳动力就业领域大大拓展,全市有 216 万农村劳动力,到 2003 年,从事农业生产的农村劳动力已只有 76 万占 35.2％,64.8％的农村劳动力已转移到第二、第三产业。农民收入提高较快,人均纯收入从 1983 年的 350 元提高到 2003 年的 6143 元;2003 年绍兴市农村居民人均纯收入比全省高出 712 元,比全国高出 3521 元。农村居民恩格尔系数为 39.9％,按联合国粮农组织划分标准,恩格尔系数 30—40 为富裕阶段,据此,绍兴市农村居民生活已步入相对富裕阶段。

但是,绍兴市农村经济社会发展过程中,也存在一些突出问题,主要表现在六个方面。

一是农业经济比较薄弱。与工业经济相比,农业经济受自然因素制约大,生产能力低,增长速度慢,比较效益差,两者发展的差距不断拉大。农业在国民经济中的比重持续下降,1983 年农业增加值为 7.64 亿元,占全部 GDP 的 34.2％;2003 年农业增加值为 83.26 亿元,仅占全部 GDP 的 7.7％,下降了 26.5 个百分点。而工业经济迅猛发展,1983 年第二产业实现增加值 9.2 亿元,占全部 GDP 的 41.2％;到 2003 年第二产业实现增加值 644.4 亿元,占全部 GDP 的 59.2％。由于农业经济比较效益低,农民从第一产业中获得收入的比例也在不断下降。2003 年农民人均纯收入 6143 元中,工资性收入为 3150 元,占 51.3％;家庭经营纯收入 2531 元,占 41.2％（其中第一、第二产业收入各 902 元,第三产业收入 727 元）;财产性收入 220 元,占 3.6％;转移性收入 242 元,占 3.9％。第一产业收入仅占农民总收入的 14.7％。

二是城乡社会事业发展差距较大。绍兴市农村人口初中及以上文化程度虽已占 82.4%，但其中高中以上仅占 6.7%。90% 的农村劳动力没有接受过专业技术培训。

三是农民收入差距呈波动性扩大。1986 年市区城镇居民人均可支配收入 1046 元，农村居民人均纯收入 674 元，城镇居民与农村居民收入之比为 1.55∶1。1993 年城镇居民与农村居民收入之比上升到 1.96∶1。2003 年农村居民人均纯收入为 6143 元，而城镇居民人均可支配收入为 13152 元，城乡居民收入比扩大到 2.14∶1，加上城镇居民各种福利待遇，城乡居民收入实际差距在 3∶1 到 4∶1。农村内部收入差距也呈扩大之势。2003 年全市农民人均纯收入 1 万元以上的村有 312 个，其中诸暨市店口镇新一村人均收入 3 万元以上，为全市最高；而人均纯收入在 2000 元以下的，尚有 6 个村，最低的新昌县儒岙镇泄上村仅为 1204 元，高低之差达 25∶1。

四是农村基础设施还有待进一步发展。到 2003 年尚未通电的村有 130 个，占全市行政村总数的 2.7%；尚未通邮的村有 147 个，占 3%；尚未通电话的村有 148 个，占 3.1%；尚未通自来水的村有 635 个，占 13.2%；尚未通有线电视的村有 268 个，占 5.6%；尚未通汽车的村有 445 个，占 9.5%。此外，农村建设缺乏规划指导，布局凌乱；基础设施缺乏系统投入，设施不配套，共享性较差；房屋结构设计不科学，空间布局不合理等。

五是城乡社会保障的差别。2003 年，城乡社会保障仍实行两个体系、两个标准，如市区低保标准城市居民是 230 元，农村居民则为 150 元，而且城乡社会保障的覆盖面差距也很大。全市城镇职工养老保险覆盖面已达 89%，但农村就低得多。

六是地区发展差距，即区域发展不平衡。发达乡镇已完成工业化初期的资本积累，向工业化中后期发展，而欠发达乡镇，尚未摆脱农业社会阶段，基本无工业可言。

绍兴的城乡差距，与全国相比，发展基础起点不完全一样，是更高发展水平上的差距，农村经济社会发展、基础设施建设、社会保障水平等都比全国要好一些。绍兴的城乡差距有些方面在扩大，也有些方面在缩小，即使城乡居民收入等差距仍在扩大，但幅度也要小于全国。因此，我们既要看到绍兴城乡发展过程中的不平衡性和存在的问题，也要看到我们的工作基础，看到我们更有条件搞好城乡统筹，从而坚定解决"三农"问题的信心。

（二）统筹城乡发展的主要目标与基本途径

绍兴市五届一次党代会提出了"两个率先"的战略目标。实现"两个率先"，关键要率先统筹城乡发展，推进城乡一体化，做到"快人一步、高人一筹"。城乡统筹的目标应该与"两个率先"的目标同步实现，即到2007年率先全面建成小康社会时，城乡统筹发展、城乡一体化要有一个大的实质性进展；到2015年率先基本实现现代化时，城乡统筹发展、城乡一体化的主要问题要基本得到解决。

当然，推进城乡统筹发展和城乡一体化的过程中，还会不断出现新情况、新问题。在2003年初，市委、市政府召开的城乡统筹发展工作会议上，市委提出绍兴市当前和今后一个时期城乡统筹发展"一个目标、五大载体、两个作用、一个保障"的思路和要求。"一个目标"，就是加快实现城乡一体化；"五大载体"，就是推动农业产业化、农村工业化、农村城市化、农民非农化和基层民主法制化；"两个作用"，就是发挥市场的基础性作用和政府的指导性作用；"一个保障"，就是加强基层组织建设保障。根据这个总体部署，从统筹的内容讲，我们着力于推进城乡经济发展一体化、劳动就业一体化、教育发展一体化、基础设施一体化、社会保障一体化、生态环境一体化、区域发展一体化、经济文化发展一体化等方面。

从统筹的载体和途径来讲，我们当时已经在做和准备要做的，主要有以下几方面。

第一，推进农业产业化，发挥现代农业在城乡统筹中的基础作用。我们讲城乡统筹，并不是说今后不需要农民、不需要农业了，而是要把农业放在城乡经济发展的大背景中来谋划，加快农业产业化步伐。

一是要抓好粮食生产。要正确处理调整农业结构和保障粮食安全的关系，一方面要坚持推进农业和农村经济结构的战略性调整；另一方面要重视粮食安全问题，确保一定的粮食种植面积。不能简单地把结构调整理解为减少种粮面积，结构调整要重点在提升质量上做文章。2002年绍兴市粮食总产量为83.83万吨，而粮食总需求近200万吨，60%的粮食依靠从外面调入。当时绍兴市的粮食需求仍呈上升趋势。解决绍兴市的粮食安全问题必须产粮与买粮"两条腿走路"，完全自求平衡不现实，完全依靠外购又不可靠。因此粮食生产必须紧抓不放。当然，现在抓粮食生产的办法与过去不一样了，要把讲市场规律与发挥政府的调控作用结合起来。同时，中央、省、市出台了一系列促进粮食生产的政策措施，要认真抓好落实。

二是要抓好特色基地。在"特色 + 规模"的发展中，绍兴已形成了"珍珠之乡""竹编之乡""名茶之乡""葡萄之乡""花木之乡"等12个"中国特产之乡"，形成了"万字号"特色农产品基地80个；到2007年"万字号"特色农产品基地要力争达到100个。

三是要抓好龙头企业。要坚持以工业的理念发展农业，把扶持农业龙头企业作为推进农业产业化的关键环节，重点扶持年销售收入5000万元以上、连接基地5000亩以上、带动农户5000户以上的"三五牌"农业龙头企业，把千家万户的小生产与千变万化的大市场连接起来，努力提高农产品的商品率和市场竞争力。2003年，全市已形成"三五"牌农业龙头企业55家，到2007年力争年销售亿元以上的农业龙头企业达到30家。

四是要抓好外向农业。要坚持"有限区域，无限发展"，积极外拓基地，"借鸡生蛋"。到2002年底，全市外拓基地近230万亩，已相当于全市耕地、养殖水面总面积的近80%。要积极创造条件，组建贸、工、农一体化的农业加工出口龙头企业，进一步扩大绍兴农产品在国际市场的竞争力。

五是要抓好机制创新。要按照"利益均沾、风险共担"的原则，合理调节生产、加工、销售等环节的经济利益关系，积极探索专业合作社、农民协会等有利于农业产业化经营的经济组织运行机制，实行多种形式的联合和合作。

第二，推进农村工业化，发挥工业在城乡统筹中的支柱作用。 解决"三农"问题的根本出路在于非农化。没有哪个国家、哪个地区，不发展工业经济，就能实现现代化的。在城乡统筹发展中，工业起着支柱性的作用。推进农村工业化，要突出抓好发展百姓经济和提升块状经济两件大事。

一是要发展百姓经济。百姓经济是一种实惠经济，是一种富民经济。从整体看，绍兴市已进入工业化中后期，但县（市）之间、区域之间发展不平衡，处于山区、半山区的欠发达地区还远远没有达到这个阶段。因此，发展百姓经济、推进农村工业化，具有很强的现实意义。据工商部门统计，2002年全市登记在册的个体工商户15.3万户，私营企业2.3万家，分别比2001年增长4%和21%，总注册资本达到了320多亿元，总产值、社会消费品零售额和上缴税金分别占全市的近60%、55%和近55%；个私从业人员占全社会从业人员的近70%，个私企业新增就业岗位5万余个，占新增就业岗位的85%以上。绍兴市的私营企业在全省百强中，占据了1/3。今后各地尤其是欠发达地区要继续抓好"铺天盖地"的百姓经济，大力发展面广量大惠及农村千家万户的个私企业，充分发挥其转移农村劳动力、富裕农民的作用。

二是要提升块状经济。块状经济已成为绍兴区域经济的重要特征。如绍兴县（现柯桥区）和市区的纺织、诸暨的袜业、上虞的伞业、嵊州的领带、新昌的医药等都具有相当的规模和影响力。2003年，全市39个较大规模的块状经济实现工业总产值2048亿元，占了全市工业总产值的2/3强。块状经济既要做大更要做强。要继续大力提升块状经济发展水平，以信息化推动工业化，加快结构调整步伐，打造先进制造业基地，转变经济增长方式，走集约化、高效益、低消耗、低污染的发展路子。要着力推进块状经济向园区化方向发展，向规模企业发展，向科技创新发展，向与国际接轨发展。

第三，推进农村城市化，发挥城镇在城乡统筹中的辐射带动作用。 城乡差别的根本原因在于城乡分割。我们要转变观念，把城市和农村作为一个有机的整体,系统考虑和推进城乡发展,努力使农村各种要素向城镇集聚,城市功能向农村延伸,走"以城带乡,城乡互动,共同发展"的路子。

在推进农村城市化方面,一是要完善城镇规划体系。要进一步完善绍虞、嵊新、诸暨三大城镇组群规划,做到中心城市、中心镇、中心村"三位一体"同步编制规划,构筑中心城、中心镇、中心村相互衔接、协调发展的城乡一体化格局。当前要特别重视中心镇的规划,使之成为繁荣农村、服务农业、集聚农民的重要载体。

二是要加快城乡基础设施建设。要以构建内通外畅的交通路网为重点,加快重大基础设施建设由城市向农村延伸,由单项推进向综合配套转变,由项目建设向注重生态景观建设推进。从 2003 年到 2007 年,全市将累计投入 1000 亿元以上,重点建设杭州湾跨江通道、曹娥江大闸等 100 项重大基础设施项目,进一步提升区位优势。

三是要推进优势产业、优势企业向园区集聚。集约化发展的园区是一种进步。园区一方面要整顿规范,另一方面要集约发展。整顿是为了更快更好地发展,要按照"完善布局,优化功能,整合提升"的要求,加快园区建设,推进优势产业、优势企业集聚,使之成为统筹城乡发展、从根本上解决"三农"问题的重要载体和途径。

四是要大力发展第三产业。农村消费和三产功能的培育,是农村城市化的重要内容,是扩大内需的重要途径,也是转移农村剩余劳动力的又一重要举措。要推动城市三产向农村拓展、延伸,发展连锁经营。把农村的商贸等三产网络建立起来,潜力巨大。

第四,推进农民就业技能化,发挥农民在城乡统筹中的主体作用。解决城乡一体化问题,一个重要的途径是转移农民、减少农民。只有转移农民、减少农民才能富裕农民。转移和减少农民,关键在于培训农民、提高农民素质。绍兴转移农村劳动力主要不是缺岗位,而是部分农民的素质和技能不适应,实际上有许多企业出现了"招工难"现象。当时绍兴市每年转移农村劳动力五六万人,2002 年培训了 10 万农民、转移了 6 万人。绍兴市已建立了征地调节资金,从经营性用地出让中每平方米提取 15 元,其他用地出让中每平方米提取 2 元,专项用于农民培训转移等。绍兴市计划在此后五年内为 50 万农民提供免费职业技术培训,转移 40 万左右的农村劳动力,争取全市农村劳动力从事非农产业比重达到 80% 以上。

第五,推进城乡保障一体化,发挥制度安排在城乡统筹中的支撑作用。绍兴市城乡社会保障一体化工作已有了很大突破,特别是 2002 年在构筑"大社保"体系上迈出了实质性步伐。绍兴市已基本做到了农村最低生活保障应保尽保,今后要逐步提高标准。养老保险目前在做的主要是被征地农民和计划生育家庭这两块。被征地农民养老保障制度 2002 年已建立起来,全市参保人数达到 12.2 万人,2003 年计划新增 15 万人。从 2001 年开始,绍兴市对农村"双农独女"计划生育对象实行养老保险,参保人数已达到 12 万人。社会救助,主要是建立农村"五保"对象集中供养制度,从 2002 年起三年内集中供养率要达到 85% 以上。医疗保障,主要是健全农村社区卫生服务组织,建立以大病医疗统筹为主的新型农村合作医疗制度,2002 年已在上虞和诸暨成功地开展了这项制度的试点,2003 年人口覆盖率争取达到 70% 以上,从而使农民群众"少生病、看得了病、看得起病、看得好病"。

第六,推进城乡社会事业一体化,发挥文化在城乡统筹中的动力作用。加强农村精神文明建设,发展社会事业,维护社会稳定,是农村社会进步的重要方面,也是城乡统筹的重要举措。要坚持以实事工程为载体,努力实现城乡经济社会的全面发展。在继续抓好农村教育的同时,更加注重农村卫生、文化、科技、体育事业的发展,每年建设一批与城乡群众密切相关的实事工程。以开展群众性精神文明创建活动为载体,进一步提高城乡群众的文明素质。以文明村镇和文明家庭建设为载体,倡导文明健康的生活方式,丰富农村文体生活,不断提高农民的整体素质和农村的文明程度。以"双创"工程为载体,维护城乡社会稳定,营造稳定和谐的社会环境。

第七,推进城乡环境一体化,发挥生态环境在城乡统筹中的承载作用。城市的生态环境要改善,农村的生态环境同样也要改善。要统筹考虑城乡环境治理和生态保护,加强城乡区域间的联手协作和统一行动,加快推进城乡生态环境一体化进程。要围绕打造"生态绍兴",一手抓国家生态城市的创建,一手抓农村"三千工程"的实施,全面整治改造农村环境,切实改变目前一些农村存在的"年年建新房,不见新村庄""家里像天堂,外面很肮脏"等现象。

第八,深化扶贫帮困活动,为城乡统筹提供必要的救助保障。关心困难群众生活,既是政府的职责,也是全社会的共同责任。要把扶贫帮困作为完善社会保障体系的重要措施,在内容上,以助困、助学、助就业、助医为重点,大力弘扬"安老扶幼、济危助困"的良好风气,把温暖送给每一位贫困者;在措施上,坚持标本兼治,"输血"与"造血"并重方针,鼓励困难人员自强自立、自谋职业,及早走出困境;在方法上,坚持结对帮扶等有效形式,完善协调机制,落实帮扶制度,强化督查考核,推动扶贫帮困活动深入持久地开展下去。

第九,优化财政支出结构,为城乡统筹提供必要的财力保障。要努力发挥公共财政在城乡统筹中的导向作用,加大各级财政对"三农"的扶持力度,建立一种推动农业发展、农村文明、农民致富的财政投入机制,完善政府主导、多元投资、市场运作的投融资体制。2000年到2002年,绍兴市各级财政对农村的转移支付达到25亿元,今后还要继续加人力度。

第十,深化城乡二元体制改革,为城乡统筹提供可靠的体制保障。打破城乡二元体制,是推进城乡一体化的根本途径。绍兴市农村转移出来的劳动力大部分在城镇,但能够转化为市民的还是少数,最主要的障碍在于城乡分割的二元体制。打破城乡二元体制,要着重从三个方面来推进。在城市,要通过户籍制度改革,给进城农民和被征地农民在城镇落户的权利。推进就业制度和社会保障体制改革,给进城落户农民与城市居民同等的就业权利和参加养老、医疗、失业等社会保障以及享受城市低保的权利。推进教育体制改革,给进城落户农民的子女与城市居民同等的享受基础教育权利。推进住房制度改革,给进城落户农民与城市居民同等的享受经济适用房和廉租房的权利。这些改革,其核心就是要通过建立起以居住地为主要内容的新型户籍登记制度,消除依附于户籍的城乡居民不平等待遇,使进城农民能够有序转化为市民。在郊区,要通过推进"城中村"改造,变农村为社区,变农民为市民。城乡接合部往往是较发达的农村,农民观念比较开放,因此城乡统筹的条件也最成熟。这几年各县(市、区)都在积极推进"城中村"改造。在农村,要通过总结推广"三有一化"等改革经验,积极探索集体资产社区股份合作制改革和承包地、宅基地有序流转的办法,使农民不完整的产权转化为完整的、可流转的财产,增强农民进城落户的经济实力。此外,要继续深化土地征用制度改革,规范征地办法,完善征地程序,提高补偿标准。

(三)统筹城乡发展需要进一步研究的几个问题

在统筹城乡发展的实践中,我们也遇到了一些难点与问题,需要进一步研究与突破。

一是城乡一体化的发展纲要问题。统筹城乡发展、推进城乡一体化,下一步的工作目标是什么,采取什么样的工作计划,怎样与"两个率先"目标相衔接? 回答这些问题,需要有一个明确的发展纲要。在这个发展纲要指导下,还要修订完善城镇体系规划、产业布局规划、土地利用规划和基础设施建设规划等。

二是现代农村的发展定位问题。城乡统筹,推进城乡一体化,并不意味着城乡一律化、等同化,今后就没有农村了。那么,今后农村发展的定位是什么,朝着什么方向发展,现代农村是一个什么样子?值得研究。总的来说,城市要像个城市,农村也要像个农村,当然是经济发达、生活富裕、生态良好的现代农村。但具体什么样的模式值得探讨。

三是城乡二元体制的改革问题。改革城乡二元体制结构,是一场深刻的革命,也是一个很长的过程,涉及内容相当复杂,包括城乡二元体制的经济结构、政治结构、文化结构、组织结构和心理结构等。如何打破城乡二元体制结构,采取什么样的措施与对策,值得研究。

　　四是农村经济组织的形态问题。与农村现代化、农业产业化相适应，农村经济组织如何调整完善，可以采取什么样的组织模式？需要结合当前农村经济组织现状，借鉴国内外成功经验，分析利弊，进一步完善提高。这涉及城乡统筹进程中农村经济组织的制度创新问题。

　　五是农村土地资源问题。一方面要加强农业，保护农田，提高粮食生产能力，保障粮食安全；另一方面在工业化、城市化的过程中，不可避免地需要占用农村土地。绍兴市318万亩耕地中，270万亩属基本农田，按规划，10年时间能用48万亩，而2002年仅一年就用了10万亩左右。如何处理好农村土地保护与工业化、城市化用土地的矛盾，值得研究。

　　现在的中国农村、绍兴农村正在发生着新的变革。经济结构正在向现代经济特别是现代工业迈进，相当一部分村落正在向城镇社区转变，相当一部分农民正在向市民转化，农村的体制正在向市场化、现代化、城乡一体化方向融合。农村将打破延续几千年的传统社会结构，这是一场非常深刻的变革。这场变革，从某种程度上讲，又是非常痛苦的，需要有足够的思想准备，需要社会各界共同努力。

二　绍兴城乡统筹发展的基本情况

经过全市人民的共同努力,全面完成了"十五"计划的奋斗目标。2005年全市生产总值达1440亿元人民币(按经济普查调整后口径计算),年均增长13.7%,成为全省第四个经济总量突破1000亿元人民币的地区,人均生产总值突破4200美元。经济总量居全国大中城市第28位、同类城市第8位,城市综合实力居全国第41位、全省第3位。

与此同时,"三农"工作也取得了非常可喜的成绩,保持了农业增效、农民增收、农村发展的良好势头,2005年全市农民人均纯收入达到7704元,比2000年增长54.6%,年均增长8.9%,农村全面小康实现程度居全省第2位,仅次于宁波市。

回顾"十五"时期绍兴市"三农"工作,主要有以下六个方面的亮点。

（一）统筹城乡兴"三农"的理念深入人心

"十五"时期的五年来,根据科学发展观和省委"八八战略"的要求,全市各级切实把"三农"工作放到重中之重的位置,突出统筹城乡发展这一主线,专门制定了《绍兴市统筹城乡发展、推进城乡一体化纲要》,提出了统筹城乡发展"十大网络"建设的实施意见,出台了一系列推动"三农"发展的政策措施,初步形成了以工促农、以城带乡、城乡互动的发展格局。

（二）农村经济结构战略性调整卓有成效

粮食生产实现了恢复性增长，2004 年粮食播种面积和粮食总产量分别比 2003 年增长 12.6% 和 15.0%，扭转了连续五年下滑的势头，被省里评为"粮食生产先进市"。我们抓住粮食购销市场化改革的机遇，大力推进农业结构战略性调整，大力发展特色农业、加工农业、外向农业，特色农业基地已达 223 万亩，占农保田总数的 60% 左右；各类农业龙头企业 1079 家，农业休闲观光园 127 个；农业外拓基地 650 多万亩，包括山地、水塘，相当于再造了两个绍兴的农业面积。与此同时，农村第二、第三产业在产业结构调整中实现新的扩张，科技创新步伐加快，规模效益得到提升，区域块状经济发展格局日益明显。

（三）农村环境面貌明显改善

围绕改善农民生产生活条件，加大基础设施建设和环境改造整治力度。"百村小康示范、千村环境整治"工程全面实施，全市累计完成"城中村"（园中村、城郊村）改造 78 个，建成市级小康示范村 65 个，完成环境整治村 629 个，涌现出了一批布局合理、环境优美、设施配套的农村新社区。乡村康庄工程、千里清水河道工程、千里绿色林带工程、百万农民饮用水工程、"百镇连锁超市、千村放心店"工程建设进展良好。行政村等级公路通车率达 85.1%，道路硬化率达 78.1%，客车通达率达 83%；自来水普及率达 80%；全市所有乡镇建立了超市，85.5% 的村建起了"放心店"。

（四）提高农民、转移农民、保障农民、富裕农民取得明显成效

大力推进农民培训和转移工作，近几年来，完成农民培训 25 万人，转移农民 15 万人，全市农村劳动力非农就业比重达 70%。加强农村社会保障体系建设，农民养老保险参保人数达 46.12 万人，被征地农民养老保障参保人员达 35.86 万人，新型农村合作医疗参保率达到 86.9%，最低生活保障实现"应保尽保"，农村"五保"集中供养率达到

99.6%，居全省前列。健全农村医疗卫生服务体系，建成社区服务中心117个、站650个，基本形成了城乡一体化的卫生服务网络。启动实施下山移民工程，全市已有7508人迁移到山下安居。

（五）农村各项改革深入推进

大力推进农村税费改革，在全省率先实行农业特产税、农业税停征等措施，农民人均减负100多元，基本实现农民零税负。不断深化

发展中的绍兴城市

农村金融体制改革,全市6家农村金融合作机构顺利改制。绍兴县(现柯桥区)率先在全省成功开展农村综合配套改革试点。稳步推进征地制度改革,实行区片综合价,逐步提高对农民的补偿标准。全面落实农户土地承包经营权,积极探索土地使用权流转方式,农业规模经营面积已占承包面积的28.6%。大力发展农村专业合作组织,拥有各类农村专业合作组织336家,带动农户17万户以上。96个村完成了社区股份合作制改革。

（六）农村精神文明和民主政治建设得到加强

近几年来，"双建设、双整治"、"双千结对共建文明"、创建文化示范乡镇、文明家庭等精神文明创建活动深入开展，城乡群众文明素质进一步提高，建成市级以上文明村镇 135 个、文化示范乡镇 19 个。扎实开展先进性教育活动，深化"三级联创"活动，实施"先锋工程"和"凝聚力工程"建设，全面推行农村指导员制度，农村基层组织的创造力、凝聚力、战斗力进一步提高。积极开展"创新枫桥经验、创建平安绍兴"活动，加强乡镇（街道）维稳中心和村（居）维稳组建设，民主法治村创建工作扎实推进，农村社会总体稳定和谐。全面推行乡镇政务公开和村务、财务公开，农村基层民主管理进一步健全。

总的来看，"十五"时期绍兴市"三农"工作主题鲜明、重点突出、措施扎实、成效明显，为全面推进"十一五"时期社会主义新农村建设奠定了良好基础。当然，从全面建设社会主义新农村的要求分析，我们的"三农"工作总体上还是同全国、全省一样处于爬坡过坎的阶段，发展中还存在着深层次矛盾和问题。

下面，以 2004 年为例，说明绍兴城乡统筹发展的基本情况及主要进展。

2004 年，全市农民人均纯收入达到 6970 元，增长 13.5%；乡镇工业实现利润 246 亿元，增长 20%；农民人均消费支出 5266 元，增长 14.1%；农村固定资产投资 300.37 亿元，增长 25.9%，继续保持"农民收入、农民消费、农村投资、农村工业"四个快速增长的好势头。特别是农民收入增幅创 1997 年以来新高。

回顾绍兴的统筹城乡发展工作，亮点很多，成效明显，主要表现在以下几个方面。

第一，统筹城乡发展思路有创新。2004 年初，市委、市政府首次召开全市城乡统筹发展工作会议，提出了"1521"的思路框架。根据科学发展观和省委"八八战略"的要求，市委又分别召开了读书会和市委五届三次全会，做出了《关于树立科学发展观、贯彻"八八战略"，推进率先发展、实现富民强市的决定》,提出了加快推进城乡二元结构向城乡一体化提升的战略任务。在此基础上,又专门制定了《绍兴市统筹城乡发展,推进城乡一体化纲要》,进一步明确了今后一个时期绍兴市统筹城乡发展的目标进程、战略思路和重点任务。这些重大战略思路和决策的形成与实施,突破了就经济论经济、就农村论农村、就"三农"抓"三农"的传统模式,对推动绍兴经济社会全面协调可持续发展将产生极其深远的影响,具有长远的指导意义。

第二,**农业产业化程度有新提高**。坚持结构调整和粮食生产"两手抓",积极实施各项扶农政策,全市粮食生产出现恢复性增长,扭转了连续六年的下滑趋势,实现了粮食播种面积、总产量和效益"三增"。特色农业规模扩大、质量提高、实力增强。各类农业特色基地增长11.6%,新增国家级绿色农产品 165 个、省级无公害农产品 93 个,新增省、市级农业名牌 32 个。新增农业龙头企业 67 家,累计达 1197 家,实现销售额 141.4 亿元,同比增长 38.7%。园区建设成效初现。在建的十大农产品加工园区当年新增投资 5 亿元,入园企业 108 家,建成投产 66 家。休闲、观光、旅游农业蓬勃兴起,全市规划建设 68 个项目,当年接待游客 85 万人次,收益 1.17 亿元。农业外拓步伐加快。新增农业外拓基地 153.7 万亩,累计达 379.7 万亩。农业自营出口额 2.3 亿美元,增长 54.5%。

第三,**社会保障体系建设有新进展**。特别是农村各项社保制度进一步健全完善,覆盖面进一步扩大。农村居民最低生活保障基本实现了应保尽保,全市已有 4.36 万人享受了低保金,其中农村低保 3.6 万人。被征地农民养老保险参保人数达 29.97 万人,其中市区基本实现了全覆盖。农村新型合作医疗制度全面推开,农民参保率达 84.1%。弱势群体的帮扶力度进一步加大,农村"五保"和城镇"三无"对象集中供养率达到 91.5%。农民培训转移工程全面启动,全年完成农民培训 17.1 万人,转移农民 9.6 万人。

第四,**城乡环境面貌有新起色**。一批重大基础设施工程相继建成,"城中村"(城郊村、园中村)改造有序推进。以"百村小康示范、千村改造整治"工程为载体的村庄整治建设态势良好。全市已启动建设小康示范村 95 个,完成 26 个;启动环境整治村 680 个,完成 200 个。"乡村康庄""千里清水河道""千里绿色林带"工程和水利生态环境建设进展明显。全市新增道路面积 1485.92 万平方米、通村公路 1076.5 公里、绿化面积 374.62 万平方米、自来水使用人口 15.76 万人,清水河道 202 公里,营造绿色林带 508 公里,创绿色生态村 100 个。创建省级生态镇 7 个,市级生态村(镇、农场)31 个。

第五,农村改革有新突破。继续深化农村税费改革,全面免征农业税,农民人均减负 19.43 元。制定并实施农村社区股份合作制改革意见,全市已有 80 个村推行了股份制改革。不断完善农村土地承包制度,完成了 2596 个行政村的二轮土地承包扫尾工作。大力发展农村专业合作经济组织,全市已组建农村专业合作经济组织 306 家。农业贷款担保机制日趋完善,市、县二级已建立 6 家农业投资担保公司,担保金额达 3.7 亿元。村镇政务财务公开制度进一步深化,99% 的村实行了村级财务公开。

第六,基层组织建设有新推进。以基层组织建设年为载体,继续深化"三级联创"活动,大力实施"先锋工程"和"凝聚力工程"建设,积极推广村务简报、星期三服务日等成功经验,农村基层组织的创造力、凝聚力、战斗力进一步加强。全面实施了农村工作指导员制度,市、县、乡三级 2985 名机关干部进驻行政村,指导开展工作。积极开展"创新枫桥经验、创建平安绍兴"活动,加强乡镇(街道)维稳中心和村(居)维稳组建设,农村社会稳定和谐,信访势头得到有效遏制,全市信访总量同比下降 20.9%。

三 推进城乡统筹发展的基本方略

2005 年 2 月 17 日，我们召开了全市城乡统筹发展工作会议。会议的主要任务是，认真总结 2004 年城乡统筹工作，部署 2005 年及此后一个时期绍兴市城乡统筹发展任务，进一步把握城乡统筹发展大势，加快推进城乡一体化进程，努力开创绍兴市城乡统筹发展新局面。

为开好这次会议，市有关部门做了大量的前期调查研究，市委常委会对这次会议进行了专题研究。农历新年上班第一天，市四套班子领导就深入企业、种粮大户和乡村，对统筹城乡工作进行专题调研。

党的十六届四中全会上指出，"在工业化初始阶段，农业支持工业、为工业提供积累是带有普遍性的趋向；但在工业化达到相当程度以后，工业反哺农业、城市支持农村，实现工业与农业、城市与农村协调发展，也是带有普遍性的趋向"。的确，中国城乡总体上已到了以工促农、以城带乡的发展阶段。"两个趋向"的重要论断，是我们党在新形势下对工农关系、城乡关系在思想认识和政策取向上的进一步升华，是对国际发展经验的精辟概括，是对我国经济发展阶段的科学判断，是指导我国经济社会协调发展的战略思想，也是制定城乡统筹发展政策的基本依据。

时任浙江省委书记习近平同时在全省农村工作会议上提出，要认真学习和领会"两个趋向"的重要论断，积极探求新阶段经济社会发展规律，努力做到"五个务必"，即务必执政为民重"三农"、务必以人为本谋"三农"、务必统筹城乡兴"三农"、务必改革开放促"三农"、务必求真务实抓"三农"。"五个务必"的工作要求，对于我们顺应"两个趋向"，正确把握进入以工促农、以城带乡新阶段后的经济社会发展规律，特别是"三农"工作的客观规律，切实做好城乡统筹发展工作，具有重大指导意义。

从绍兴的实际情况看，改革开放以来，市场化、工业化、城市化进程不断加快，可以说，绍兴市已经全面进入了以工促农、以城带乡的新阶段，比其他地方更有条件实行"工业反哺农业、城市带动农村"。

一是从经济结构变化看，绍兴已开始从工业化中期向工业化中后期迈进。特别是我们从发展乡镇企业和商品市场入手，以农村工业化推进全市工业化，取得了令人瞩目的成就。产业结构不断调整优化。GDP 中的一二三产业比重从 1978 年 45.6∶32.8∶21.6 调整到 2004 年的 7∶59.9∶33.1，三次产业顺序由过去的一二三变为二三一，非农产业比重达到 93%。产业之间发展的关联度加大。农村搞农业、城市搞工业的传统发展格局已经突破，一批区域特色块状经济初具规模，一二三产业联动发展的局面初步形成。经济综合实力明显增强。2004 年绍兴市 GDP 达到 1314 亿元人民币，人均达到 3655 美元。率先发展的工业化，为进一步统筹城乡发展奠定了坚实的物质基础。

二是从城乡结构变化看，绍兴已开始由城乡分割向城乡融合时期迈进。农村居民不断向城镇集聚，城市化水平明显提高。特别是进入 20 世纪 90 年代中期以来，绍兴市城市化进入高速发展阶段，城市化水平由"九五"初期的 30% 上升到 2005 年的 51%。农村劳动力大量向非农产业转移，农民进城务工经商的比重不断提高，农民收入非农化比例增大。2004 年全市农村劳动力从事非农产业比重达到 68.6%，农民从第二、第三产业中获得的收入比重合计达 75.42%。农村工业化和城镇化进程不断加快，城乡间发展的关联度不断加强，以城带乡、城乡联动发展的格局初露端倪。快速推进的城市化，为进一步统筹城乡发展营造了良好的基础。

三是从体制结构变化看，绍兴已开始由"城乡二元结构"向"城乡接轨"迈进。经过 20 多年的改革开放，绍兴市已基本破除了传统的计划经济体制模式,初步建立了区域性社会主义市场经济体制框架。城乡微观经济主体市场化改革基本完成,形成了以民营经济为主体、多种所有制经济联动发展的格局。城乡一体的劳动力市场和服务体系正在形成,农村劳动力转移与城镇就业规模扩大的关联度不断加大,城乡分割的就业格局正在被打破。全民社会保障体系开始构建。在初步建立城镇居民的社会保障体系后,近年来,我们开始打破城乡分割的社会保障体系,建立了面向农村的低保、被征地农民养老保险、新型农村合作医疗、农村"五保户"集中供养、农村社区卫生服务体系等社会保障制度。率先推进的市场化改革,为进一步统筹城乡发展打下了良好的体制基础。

四是从生活结构变化看,绍兴已从"总体小康"向"全面小康"迈进。城乡居民收入快速攀升。2004 年市区城镇居民可支配收入15676 元,比 1986 年增长 14 倍。全市农民人均纯收入 6970 元,比1980 年增长 28 倍。消费结构不断优化。2004 年全市城镇和农村居民恩格尔系数分别为 35.7% 和 40.2%。按照联合国粮农组织划分标准(恩格尔系数在 30%—40% 为富裕阶段),绍兴市城乡居民生活已步入或接近相对富裕阶段。城乡面貌发生深刻变化,城市基础设施和功能向农村延伸,农村道路建设和住房建设水平明显提高。全市交通实现了"一小时经济圈、两小时旅游圈"。城镇居民人均住房建筑面积达到 32.6 平方米,农村居民人均住房建筑面积超越 50 平方米。社会事业取得新突破,城市文明向农村辐射速度加快,城乡教育质量明显提高,社区卫生服务条件明显改善,群众文化生活明显丰富等。居民生活质量的改善和生活方式的调整,为进一步统筹城乡发展奠定了良好的社会基础。

总之,从经济社会发展规律分析,到 2005 年,绍兴发展已进入工业化的中后期、城市化的加速期、城乡一体化的融合期。从总体上讲,这是一个城乡统筹加速推进的时期,是一个城乡发展加快融合的时期,是一个需要加大城乡统筹力度的时期。我们要紧紧把握这一发展大势和发展规律,认真思考谋划绍兴市的城乡统筹发展工作。

当然，在肯定成绩的同时，也要看到，从城乡一体化的要求分析，我们还有较大的差距，城乡统筹发展任务还相当艰巨，突出表现在"六大差距"上。

一是工、农业经济比较效益差距。与工业经济相比，农业经济受自然因素制约大，生产能力低，增长速度慢，比较效益差，两者发展的差距不断拉大。农业在国民经济中的比重持续下降。2004 年仅占全部 GDP 的 7%，比 1978 年下降了 27.2 个百分点。而工业经济迅猛发展，2004 年第二产业实现增加值 786.73 亿元，占全部 GDP 的 59.9%。由于农业经济比较效益低，农民从第一产业中获得收入的比例总体也在不断下降。

二是城乡居民素质差距。2005 年，绍兴市农村人口初中及以上文化程度虽已占 80% 以上，但其中高中以上仅占 6%—7%，90% 的农村劳动力没有接受过专业技术培训。特别是随着城市化的推进，大量的农民和外地民工进入城（镇）区，如何提高农民的文明素养，促进农民向市民的转化仍是一个有待研究探索的课题。

三是城乡居民收入差距。1986 年城镇居民与农村居民收入之比为 1.55∶1，2004 年扩大到 2.25∶1，加上城镇居民各种福利待遇，城乡居民收入实际差距在 3 至 4∶1。贫富家庭收入差距和农村内部收入差距也呈扩大之势。2003 年全市农民人均纯收入 1 万元以上的村有 312 个，其中诸暨市店口镇新一村人均收入达 3 万元以上，为全市最高；而人均纯收入在 2000 元以下的，尚有 6 个村，最低的新昌县儒岙镇泄上村仅 1204 元，高低之差达 25∶1。

四是城乡基础设施差距。到 2005 年，绍兴市仍有一部分村尚未通电话、自来水、有线电视和班车。此外，农村建设缺乏规划指导，布局凌乱；基础设施缺乏系统投入，设施不配套，共享性较差；房屋结构设计不科学，空间布局不合理等。相比之下，城市的基础设施要完善得多。

五是城乡社会保障差距。城乡社会保障实行两个体系、两个标准，如市区低保标准，城市居民是 230 元，农村居民则为 150 元，而且城乡社会保障的覆盖面差距也很大,全市城镇职工养老保障覆盖面已达86%,但农村就低得多。

六是地区发展差距,即区域发展不平衡。从县(市、区)看,以2004年人均GDP指标分析,最高的绍兴县(现柯桥区)达5658美元,最低为2013美元;从乡镇分析,发达乡镇已完成工业化初期的资本积累,正在向工业化中后期发展,而欠发达乡镇,尚未摆脱农业社会阶段,基本无工业可言等。

因此,我们要站在战略和全局的高度,深刻领会"两个趋向"的重要论断和"五个务必"的工作要求,既要看到绍兴市城乡统筹发展的基础和有利条件,也要看到发展过程中的不平衡性和存在的问题,在把握"两个趋向"中谋划方略,在统筹发展中创新思路,切实找准统筹城乡发展的着力点,努力开创绍兴市城乡统筹发展工作新局面。

根据中央和省委的要求,我提出绍兴今后一个时期统筹城乡发展的基本思路和方略,可概括为"12345",即围绕一个主题,发挥两个作用,明确"三步"目标,突出四个重点,实施五大举措。

围绕一个主题,就是推进率先发展,实现富民强市。率先发展、富民强市是绍兴新一轮发展的总目标、总任务和总要求。能不能率先发展,能不能更快地实现富民强市,重点在城乡的统筹协调发展,难点也在城乡的统筹协调发展,特别是农村的发展。统筹城乡发展是绍兴经济社会发展的核心、关键和重中之重。因此,要加快城乡统筹发展,推进率先发展,实现富民强市。

发挥两个作用,就是要发挥市场的基础作用和政府的主导作用。其中基础的是市场的作用。市场的力量是根本的力量,解决农村问题的根本是要按照市场经济规律办事,支持培育农民、农业龙头企业等市场经济主体,充分发挥市场机制的作用,让市场来配置城乡资源。同时要发挥政府的主导作用。搞市场经济不等于排斥政府的指导、协调、统筹、调控作用。"三农"问题有特殊性,统筹城乡发展,解决"三农"问题,必须发挥政府的主导作用,政府要在创新发展思路、构建符合实际的领导格局和工作格局、提供良好的政策导向、解决城乡的二元体制、建设农村社保与基础设施等方面有所作为。

明确"三步"目标，就是分三步推进城乡一体化进程。第一步，到2007年，在基础设施和社会保障建设等一些重点领域取得实质性进展，农民收入稳定增长，农村面貌有较大改观，基本形成城乡一体的总体框架思路、政策举措和工作格局，为率先实现城乡一体化奠定基础的阶段。第二步，到2010年，城乡收入差距扩大的趋势得到有效遏制，初步消除城乡二元结构，城乡体制基本接轨、城乡空间布局一体、城乡产业协调发展、城乡社会事业统筹发展、城乡社保基本对接、城乡基础设施联网，基本形成城乡一体化的发展格局，为率先实现城乡一体化的全面推进阶段。第三步，到2015年，城乡收入差距明显缩小，基本消除城乡二元结构，与提前基本实现现代化同步，达到经济、社会、文化、生态相互融合、相互促进、持续发展，基本实现城乡一体化，为率先实现城乡一体化的完善提高和形成阶段。

突出四个重点，就是统筹城乡发展的四个重点任务。《绍兴市统筹城乡发展，推进城乡一体化纲要》提出了统筹城乡发展的六个重点任务，但从工作内容和结构看，重中之重是四大问题。

一是统筹城乡基础设施建设。统筹城乡发展，硬件是基础。消除城乡差距，首要的是突破硬件设施差距。因此，要把基础设施先行作为推进城乡一体化的突破口和切入点来抓，按照城乡一体的空间布局，统筹城乡重大基础设施建设，加快城市基础设施向农村延伸，着力建设覆盖城乡的"路网""水网""气网""电网""信息网""生态环保网"，形成城乡一体的基础设施网络。突出"加快三项建设"，即加快城乡交通基础设施建设、加快城乡一体化的公共服务设施建设、加快城乡生态环境建设。

二是统筹城乡产业发展。统筹城乡发展，产业是支撑。没有产业的发展，城乡一体化就没有物质基础和实力支撑。因此，要把统筹城乡产业发展作为推进城乡一体化的关键和重中之重来抓。按照"优化一产、提升二产、突破三产"的要求，顺应城乡经济不断融合和三次产业联动发展的趋势，统筹规划和整体推进三次产业的发展，形成一二三产业相互促进、协调发展的现代产业体系,不断提高城乡产业的整体素质和竞争实力。突出"统筹三大产业布局",即以建设先进制造业基地为方向,构建城乡工业布局;以建设高效生态农业为方向,构建现代农业布局;以提升城市综合服务功能为方向,构建现代服务业布局。

三是统筹城乡劳动就业与社会保障。统筹城乡发展,社会保障建设既是重要内容,也是薄弱点。社会保障统筹对接是消除城乡二元体制结构的难点,也是城乡一体化的重要制度保证。因此,要把统筹城乡劳动就业与社会保障作为推进城乡一体化的重点和难点来抓。坚持以城乡劳动力充分就业和人人享有社会保障为目标,立足于系统化、整体性,着眼于制度创新,突出培训、转移和保障农民,切实提高保障能力和水平,加快推进城乡劳动就业与社会保障一体化。突出"三个重点",即统筹城乡社会就业、完善社会保障体系、健全社会救助和优抚制度。

四是统筹城乡精神文明和民主法制建设。统筹城乡发展,人是主体,人的素质是根本。因此,要把统筹城乡精神文明和民主法制建设,提高人的素质,作为推进城乡一体化重要举措来抓。按照建设"和谐绍兴"和"文化强市"的要求,坚持"两手都要抓,两手都要硬"的方针,切实加强精神文明和民主法制建设,切实加大科教文卫等社会事业的发展,不断提高居民素质和城乡文明程度,推动人的全面发展,促进城市现代文明向农村辐射,使城乡居民共享现代文明。"突出三个重点",即提升市民文明素质、推进城乡教育文化卫生体育事业建设、营造区域和谐环境。

实施五大举措,就是统筹城乡发展,推进城乡一体化的五大战略举措。

一是加快推进城市化。城市化是城乡一体化的主要载体和途径,也是城乡一体化的必经阶段。加快城市化既是适应宏观调控、提高土地集约利用的需要,也是推进要素集聚、提高城市带动作用的内在要求。我们要坚持把加快城市化作为统筹城乡发展的关键来抓。全面实施绍兴大城市发展战略纲要，加快"四大组团、绿色空间"的开发建设，加快县域中心城市建设，加快建设一批有产业依托、区位和特色优势明显的中心镇，努力提升城市的综合竞争力，充分发挥城市对区域发展和社会进步的龙头带动作用。

二是加快推进新型工业化。工业化是城市化和现代化的基础，也是城乡一体化的物质条件。改革开放以来，绍兴经济发展的过程实际上是一个加速推进工业化的过程。今后一段时间，绍兴要在全省率先实现城乡一体化的过程，本质上仍然是一个在更高层次上的工业化即产业高级化过程。只有大力推进新型工业化，在提高运行质量的基础上不断扩张经济总量，才能加快就业结构调整，将更多的农民转移到非农产业，才能为统筹城乡发展提供物质支撑。因此，要把继续推进工业化作为统筹城乡发展的重要内容来抓。按照以信息化带动工业化、以工业化促进信息化的要求，切实转变经济增长方式，积极探索新型工业化道路。要注重把科技进步和调整优化产业结构结合起来，加速形成先进制造业基地；注重把"引进来"与"走出去"结合起来，努力提升经济国际化程度；注重把培育龙头企业和促进块状经济升级结合起来，加快形成一批特色产业群；注重把园区作为重要载体，做大做强工业经济，夯实城乡一体化物质基础。

三是加快推进农业产业化。农业是安天下、稳民心的战略产业，农业也是弱质产业。因此，要坚定农业的基础地位不动摇，把加快推进农业产业化，转变农业增长方式，全面提高农业综合竞争力，作为统筹城乡发展一项十分重要而紧迫的任务来抓。坚持以工业的理念指导农业、以市场的手段经营农业、以开放的思路拓展农业，切实提高农业的自我发展能力。要稳定和提高粮食综合生产能力，确保粮食供给安全。要积极调整农业经济结构，继续扶持发展农业龙头企业和农产品加工园区，大力实施农业"走出去"战略，支持发展各类专业合作社，切实推进农业产业化进程。

四是加快推进农村社区化。城市基础设施向农村延伸、城市公共服务向农村覆盖、城市现代文明向农村辐射，让农村居民拥有优美的生活环境、丰富的文化活动、完善的社区服务、良好的卫生保健,过上文明富裕的现代生活,是统筹城乡发展、推进城乡一体化的客观要求,也是广大农村居民的迫切愿望。因此,要把农村社区化建设摆上重要日程。坚持以硬件建设为主,以提高农民生活质量为中心,搞好社区规划,完善社区设施,优化社区环境,强化社区服务,健全社区管理,发展社区教育,繁荣社区文化,全面提高农村吸纳现代城市文明的能力,促进农村社会和谐安定。

五是加快推进农民非农化。统筹城乡发展的核心问题是农民问题,解决农民问题的关键是减少农民数量、提高农民素质。因此,推动更多的劳动力向非农产业转移,实现农民在非农产业的稳定就业,是统筹城乡发展、推进城乡一体化的一个突破口。我们要坚持把提高农民、转移农民、富裕农民作为统筹城乡发展的重点和难点来抓,大力实施农民培训转移工程,加大山区、地质灾害区移民帮扶力度,清理各种不合理政策,推进农村人口身份由农民向非农转化、居住由农村向城镇转移。

四 推进城乡统筹发展的重点工作

统筹城乡发展，是新一轮发展的重中之重，也是统领新时期"三农"工作的灵魂。2005 年 2 月 17 日，我在全市城乡统筹发展工作会议上以"全面把握城乡统筹发展大势　加快推进城乡一体化进程"为题发表讲话。

我在讲话中指出，今后一个时期，要全面实施《绍兴市统筹城乡发展，推进城乡一体化纲要》，着力提升农民生活水平、农业农村综合竞争力、基层组织战斗力、城乡社会和谐力，促进全市经济社会全面协调可持续发展。

（一）提升高效生态农业和农业产业化发展有新进展

发展高效生态农业，实际上就是新型工业化理念在农业领域的具体体现，就是走新型农业工业化路子，就是对效益农业的进一步提升。从绍兴市农业资源紧缺和发挥比较优势的实际出发，提高农业综合竞争力，建设现代农业，必须坚持以质量和效益为中心，大力发展高效生态农业，进一步提升农业产业层次，使效益农业再上新水平。2005 年要抓好四个重点。

一是大力实施"强龙工程"。坚持把培育发展农业龙头企业作为提升农业产业化层次、增加农民收入的重要举措来抓，作为对农业产前、产中、产后服务的重要抓手，继续加大扶持力度，重点培育一批带动力强、加工增值能力强、市场开拓能力强的"龙型"企业。2005 年力争新增销售额 5000 万元以上龙头企业 15 家,其中亿元以上龙头企业 6 家。农产品加工值增长 15%。按照"高水平规划、高质量建设、高效能管理"的原则,全面推进农产品加工园区建设,充分发挥园区对龙头企业的集聚效应和提升功能。全年加工园区新增投资 2 亿元以上,建成投产企业 50 家。

二是确保粮食供给安全。各地要保持已出台的粮食生产扶持政策内容不变、力度不减,进一步调动和提高农民的种粮积极性,坚决制止弃耕抛荒。全年确保完成 212 万亩种植面积、85 万吨总产量。要加强和扩大与市外粮食主产区的产销协作,大力培育规模型的粮食加工流通主体,进一步搞活粮食流通,确保市场供应。

三是继续优化农业结构。按照发展"特色、高效、生态、精品"农业的要求,大力实施现代农业发展规划,积极推进农业结构战略性调整,着力打造"绿色茶都"、构建"花卉强市"、提升"珍珠之乡"、创建"蔬菜大市",努力形成 10 个特色农业产业带。全年新增特色基地 20 万亩,"万字号"基地 3 个,绿色基地 30 万亩,国家级、省级无公害农产品 50 个。要加强品牌培育,全年新增省级以上著名商标 2 个,农业名牌 5 个。大力发展休闲、观光、旅游农业,全年基本建成 30 个休闲农业工程。

四是加快开放型农业步伐。继续实施农业"走出去"战略,跳出绍兴发展绍兴,不断拓展绍兴农业的发展空间。重点引导和支持龙头企业和专业大户"走出去",外建基地、外引资源、外拓市场和外向创汇,努力扩大绍兴农业在国际、国内市场的占有份额。全年力求新增外建农业基地 50 万亩,争取引进农业项目 20 个,引进资金 4 亿元,农产品自营出口额增长 15% 以上。

(二)提升城市化和农村社区化有新进展

统筹城乡发展,推进城乡一体化,首要的是实行城乡硬件设施对接。因此,要按照"以城带乡、以乡促城、城乡互动"的要求,加强基础设施建设,加快城市化进程,促进农村各种要素向城市集聚,城市设施向农村延伸,进一步提升城市化和农村社区化水平。

2005年要抓好三个重点。

一是大力推进市、县城市建设。按照"拉开框架、积极推进、做特古城、主攻周边"的要求,认真实施绍兴大城市发展纲要,进一步做强城市经济、做大城市规模、做优城市环境、做深古城文章。要以推进城市郊区化、郊区现代化为着力点,加快"城中村"改造步伐,进一步提升城市的产业功能和服务功能。积极推进绍虞、诸暨、嵊新三大城镇组群建设,加快培育形成一批有产业依托、区位和特色优势明显的中心镇,使之成为联结城乡的结点和繁荣农村、服务农业、集聚农村的重要载体。

二是全面推进"百千工程"。按照"一年启动、三年过半、五年完成"的总体要求,2005年是第三年,既是关键之年,也是出形象之年。全年计划新启动建设小康示范村23个,新启动环境整治村236个,争取到年末,全市累计建成53个市级全面小康示范村、474个环境整治村。要把垃圾无害化处理、生活生产污水净化治理、农村宅基地整理作为村庄整治的深入推进项目,以高速公路、国道省道沿线景观带的村庄环境整治建设为重点,推动面上整治工作,力争通过3年努力,切实改变农村卫生"脏、乱、差"状况。2005年,每个县(市)要选择1个至2个基础条件较好的重点镇,全面展开村庄整治建设,其他镇要选择1个以上条件较好的村,开展并完成村庄整治建设任务。对已建成的农村新社区,要加强软件建设,做好农村医疗、商业超市、文化娱乐设施的配套建设,完善社区功能,改善农民群众的生产生活条件,努力提高农村新社区的品位。2005年要在全市推广"放心店"工程。

三是加快推进其他基础设施建设。要加大部门配套工程建设的整合力度,共同推进基础设施的城乡一体化。进一步推进"十个一批"生态工程和"千里绿色林带"工程建设,全年新增市级以上生态镇(乡)15个、绿色生态村100个、绿色长廊260公里。继续开展"千里清水河道"和"千万农民饮用水"工程建设,新增清水河道200公里、自来水使用人口14万人。大力实施"乡村康庄"工程,完成通村公路1106

公里。

（三）提升农民非农就业有新进展

农村劳动力向第二、第三产业转移，是城市化、工业化的必然趋势，也是增加农民收入的重要途径。因此，要继续坚持做好提高农民、转移农民、促进农民稳定就业的文章。按照"政府主导、市场运作、部门协作、企业参与"的原则，深入实施"农民培训转移工程"，推动农村劳动力加快向非农产业转移和向城镇集聚，努力提高农民非农化水平。

2005年，要抓好三个重点。

一是加强培训，着力提高农民就业能力。按照"符合实际、注重实效、讲究实用"的要求，2005年要完成10万人次农村劳动力培训任务。在培训内容上，着重体现"三个适应"，即开展现代农技型的"专业培训"与农业产业化相适应；开展劳动技能型的"转业培训"与纺织印染、服装服饰、五金机电等区域特色产业相适应；开展自我成就型的"创业培训"与部分农民有志于闯荡市场相适应。在培训对象上，重点抓好"三个类型"，即直接为企业提供熟练工人的"订单型培训"；提高在岗农民工技能、实现稳定就业的"提高型培训"；帮助山区农民"走出去"、会赚钱的"输出型培训"。在培训方法上，要注重"三个挂钩"，即培训与企业挂钩、与市场挂钩、与输出挂钩，促进农民分工分业分化。

二是加快发展，着力推进农民转移就业。要充分发挥第二、第三产业在吸纳农村劳动力的主渠道作用，大力推进农业产业化、农村工业化和农村城镇化建设，继续鼓励发展民营经济，加快劳动密集型中小企业的发展，不断拓展就业岗位。2005年新增城镇就业岗位5万个。要继续做好农民培训和转移就业的相互对接，加强就业服务，改善就业环境，加大对企业吸纳本市农村劳动力的政策扶持力度，推动农村劳动力向第二、第三产业转移。2005年要完成转移农民6万人的任务。

三是加强服务，着力帮助外来民工安居乐业。外来民工是绍兴市农村劳动力的重要组成部分,也是绍兴市现代化建设的重要力量,必须引起高度重视,要将其纳入农民非农化工作之中。要进一步清理和取消针对外来民工的各种歧视性规定,制定、完善相关政策,切实解决外来民工在子女就学和住房安置等方面的实际困难。要加快建设一批外来民工子弟学校和"民工公寓",加强对农民工的教育培训管理和权益保护,为外来民工创造更加公平、公正的创业环境。

（四）提升社会保障制度建设有新进展

社会保障对接是城乡一体化的前提和后盾,也是统筹城乡发展的难点和重点。21 世纪头几年,绍兴市在城乡社会保障建设上有了很大的突破,下一步,要重点在完善机制、提高水平和扩大覆盖面上下功夫。

2005 年,要抓好五个重点。

一是巩固和扩大社会保险。继续扩大城镇职工养老保险,今年（2005 年）参保人数净增 2 万人。进一步扩大医疗、失业、工伤和生育保险覆盖面。城镇职工基本医疗保险和企业职工工伤保险参保人数分别净增 4 万人。同时要积极稳妥地探索农村养老保险。

二是进一步完善被征地农民养老保障制度。这项制度绍兴市一直走在全省前列。2005 年参保人数要达到 32 万人以上,基本做到应保尽保。将已经进城务工、有固定工作和就业岗位的农民工纳入企业基本养老保险制度。

三是巩固和完善新型农村合作医疗制度。这项制度在 2004 年取得了突破性进展,2005 年要进一步完善合作医疗的筹资机制,积极探索建立参保农民小病受惠制度,增强新型农村合作医疗制度的吸引力,稳步扩大覆盖面和受益面。争取到年末农民参保率达到 85% 以上。

四是继续实施农村居民最低生活保障制度。这项制度绍兴市总体实施情况较好,基本实现了应保尽保。2005 年要加强对低保信息的规范化、制度化、自动化管理,切实做到在动态管理中实现应保尽保。

五是切实推进农村"五保"和城镇"三无"对象的集中供养。加大对敬老院、福利院等社会公益设施建设的投入,巩固提高"五保"集中供养水平,确保全市集中供养率继续保持全省前列。

此外,要逐步建立"城乡一体、救助标准有别"的医疗救助制度。进一步落实并完善面向农村计划生育家庭的以"养老保险、医疗保障、公益救助、优惠帮扶、奖励激励""五位一体"的计划生育社会保障和利益导向机制等。

(五)提升城乡体制接轨有新进展

改革是推进工业化、城市化进程的力量源泉,也是统筹城乡发展的强大动力。因此,要继续深化市场经济体制改革,努力消除影响城乡统筹发展的体制性和政策性障碍,着力形成城乡平等、互动互促的统筹城乡发展的新体制。

2005年,要抓好三个重点。

一是探索深化乡镇管理体制改革。按照"小政府大服务"的要求,及时总结完善推广"一办几中心"的运作模式,切实加大对现行乡镇(街道)机构改革的力度,调整规范乡镇(街道)机构设置,减少超编人员,转变政府职能,降低行政成本。

二是积极稳妥地推进农村社区化改革。要按照分类指导、尊重民意、统筹兼顾、促进发展的原则,认真总结试点经验,重点在"城中村"、园中村、集体资产雄厚的行政村积极稳妥地推进农村社区股份合作制改革,争取在新的一年有较大的突破。同时,根据条件成熟情况,积极推进"村改居"工作,促进农民向居民、村落向社区转变。

三是加快农村经营体制改革。要进一步完善农村土地承包制度,按照"依法、自愿、有偿"要求,鼓励土地承包经营权流转和发展适度规模经营,推进现代农业建设。要大力发展各种类型的新型农业专业合作经济组织,提高农民的组织化程度,促进农户生产与市场的有效对接。要加快农技推广体制改革,强化公益性农技推广服务,放开搞活非公益性服务,建立与特色农业相适应的区域性农技推广机构。鼓励农科人员以参股形式与企业或个人创办农科示范基地。

此外，要进一步深化农村信用社改革，真正把信用社改造成农村区域性服务的地方金融机构。进一步深化户籍制度和土地征用制度改革。

（六）提升社会文明程度有新进展

构建和谐社会是巩固党执政的社会基础，是实现党执政的历史任务的重要保障，也是经济社会发展的必然要求。因此，要把构筑和谐社会摆到重要位置，提升社会文明程度，维护社会安定团结，为改革发展创造良好的社会环境。

2005年，要抓好三个重点。

一要注重加强精神文明建设。以"双建设、双整治"为载体，大力开展群众性精神文明创建活动，进一步提高城乡群众的文明素质。广泛开展群众性的广场文化、社区文化、校园文化活动，满足基层群众精神文化需求。大力加强以文明村镇、文明家庭为主要载体的农村精神文明建设，倡导健康文明的生活方式，丰富农村文体生活。以创建文化示范乡（镇）为抓手，进一步繁荣农村文化。以人文关怀为出发点，努力丰富广大外来人员的业余文化生活，抓好外来员工的文化知识和文明素养教育，切实加强外来人员精神文化建设。重视加强农民的社会公德、职业道德和家庭美德教育，不断提高农民的整体素质和农村社会的文明程度，为构筑和谐社会奠定扎实的人文基础。

二要着力推进民主法制建设。以创建"民主法治村"为载体，进一步提高农民群众依法履行民主的能力。要大力开展农村普法教育，提升农民群众的法制观念，增强农民群众维护自身合法权益的能力和农村干部依法办事的能力。进一步深化村务、财务公开制度，认真落实《中共中央办公厅 国务院办公厅关于健全和完善村务公开和民主管理制度的意见》精神，进一步健全民主选举、民主决策、民主管理和民主监督，深化和规范村务、财务公开，让村民参与决策和监督，促进村级民主制度化、规范化和程序化。

三要切实维护农村社会稳定。以创新"枫桥经验"、创建"平安乡镇"为载体,全力维护社会政治稳定。积极推广新时期"枫桥经验",健全农村矛盾纠纷的预防、发现和化解机制,坚决查处和纠正土地征用、农房拆迁、土地承包等过程中侵害农民利益的突出问题,努力化解各种矛盾和纠纷。继续健全和完善"三位一体"的基层维稳机构,加强社会治安综合治理,促进农村稳定,构建和谐社会。

(七)提升基层组织的创造力、凝聚力和战斗力有新进展

农村基层党组织是党在农村的根基,是农村全面小康社会建设的组织者、推动者和实践者。因此,要把农村工作的着力点放在基层,切实加强基层组织建设。

2005年,要抓好三个重点。

一是扎实开展共产党员先进性教育活动。按照中央和省委的统一部署,各地要把开展保持共产党员先进性教育活动作为2005年农村党建工作的一项重要措施来抓,精心组织,统筹安排,切实抓紧抓好抓出成效。要继续深入开展农村党的建设"三级联创"活动和"先锋工程"建设,加强对农村基层干部教育培训,通过加强思想作风和班子队伍建设,提高基层干部的整体素质,增强依法办事和带领群众致富的能力。

二是认真做好村两委换届选举工作。2005年上半年,全市村级组织将进行换届选举,这是2005年绍兴市农村基层组织建设和基层民主政治建设的一件大事。村级换届选举工作做好了,有利于提高基层组织的战斗力、创造力、凝聚力,有利于进一步理顺关系,有利于农村的发展,有利于城乡的统筹发展。如果这项工作搞不好,就是一个严重的挑战,会出现这样那样的矛盾与问题甚至一些不稳定的因素。各县(市、区)、乡镇务必要加强领导,精心组织,办好这件事。要稳定各乡镇的主要领导,以便全力做好这项工作。要加强调查研究,周密部署,稳步推进。要充分发扬民主,严肃选举纪律,落实工作责任,确保换届选举工作顺利进行,确保一批德才兼备的高素质人才

进村级班子。

三是完善农村工作指导员制度。建立农村工作指导员制度是省委的要求，也是新时期加强基层组织建设的重要举措。从2004年一年的工作实践看，效果是明显的。根据省里的统一部署，要认真做好第二批农村工作指导员的选派工作。市农办和组织部要做好牵头组织协调工作，市、县、乡镇及各部门要大力支持，选派精兵强将驻村指导。同时，要认真总结经验，建立健全指导员"有事干、能干事、干好事"的长效机制，加强对农村工作指导员的业务指导和日常管理，真正发挥其政策法规宣传员、富民强市服务员、矛盾纠纷调解员、党务村务督导员、精神文明推广员的作用。

顺应"两个趋向"，统筹城乡发展，推进城乡一体化，是城乡关系的大调整，是全面建设小康社会的基本要求，是一场深刻的历史性变革，也是一项造福子孙后代的大事。各级党委、政府一定要树立科学发展观和正确政绩观，切实加强组织领导。党政"一把手"要亲自抓，县、乡级领导要把主要精力放在统筹城乡工作上。要建立健全相应的领导机构，指导和协调统筹城乡发展的各项工作。要强化考核，把统筹城乡发展的工作实绩作为考核各级干部政绩和工作水平的重要内容。要加大对城乡统筹发展的投入，按照建立公共财政体制的要求，调整优化财政支出结构，逐步实现公共财政城乡全覆盖。要整合各部门的力量，调动方方面面的积极性，努力形成全社会关心、支持和参与统筹城乡发展工作的良好氛围。要改进工作作风，大力发扬求真务实的精神，大兴调查研究之风，不断提高解决问题的能力。

做好城乡统筹发展工作意义十分重大，任务相当艰巨。各级党委、政府一定要深入贯彻"三个代表"重要思想，坚持以科学发展观和省委"八八战略"统领经济社会发展全局，按照"推进率先发展、实现富民强市"的总体要求，进一步振奋精神，开拓创新，奋发有为，扎实工作，努力开创绍兴市统筹城乡发展工作新局面，为全市率先走出区域全面协调可持续发展新路子、率先全面建成小康社会、率先基本实现现代化做出新的更大的贡献。

五 全面开展新农村建设

2005年下半年召开的党的十六届五中全会通过的《中共中央关于制定国民经济和社会发展第十一个五年规划的建议》，把建设社会主义新农村作为我国现代化建设的重大历史任务。根据中央、省委有关精神，此后会议的名称由过去的"农村工作会议""城乡统筹发展工作会议"，改为"新农村建设工作会议"。

2005年底，中央和省委先后召开了农村工作会议，对推进社会主义新农村建设进行了全面部署。2006年中央一号文件下发了《中共中央国务院关于推进社会主义新农村建设的若干意见》。浙江省委也将在深入调研的基础上，做出浙江省推进社会主义新农村建设的决定。

（一）新农村建设的基本方向

思考谋划绍兴新农村建设工作，首先要深刻领会、全面把握中央和省委关于推进新农村建设的基本精神，这是新农村建设的基本方向。

对此，我们概括为以下五个方面。

第一，关于基本趋势。大的方面是"两个趋向"，具体就是"九个重大变化"：一是经济社会总体上进入以工促农、以城带乡的发展阶段，国民收入分配格局正在发生重大变化；二是农业农村经济结构调整在更宽领域、更高层次展开，农村经济增长方式正在发生重大变化；三是农村改革向纵深推进，农村经济运行机制正在发生重大变化；四是农民权益保护开始步入规范化、法制化轨道，农民经济社会地位和发展环境正在发生重大变化；五是对外开放全方位拓展，农业发展面临的国际市场环境正在发生重大变化；六是农村基础设施和生态环境建设受到重视，农民生产生活条件正在发生重大变化；七是农村社会事业发展步伐加快，公共产品供给机制正在发生重大变化；八是农村基层组织和民主政治建设得到加强，乡村治理方式正在发生重大变化；九是全党、全社会关注"三农"的氛围更加浓厚，农业农村工作领导方式正在发生重大变化。这九个重大变化概括起来，就是当前我们总体上已进入以工促农、以城带乡的发展阶段，我们必须把握趋势，抢抓机遇，加快新农村建设步伐。

第二，关于基本要求。就是新农村建设"二十字方针"："生产发展、生活宽裕、乡风文明、村容整洁、管理民主。"这是一个内容丰富全面、含义十分深刻的目标，表明我们建设的社会主义新农村不同于以前的新农村建设，不单纯是搞新村建设，而是包含了农村经济建设、政治建设、文化建设、社会建设和党的建设的全面目标。我们所要建设的新农村，是体现科学发展观要求、全面小康社会发展水准、城乡一体化发展趋势的新农村，是繁荣、富裕、民主、文明、和谐的新农村。

第三，关于基本原则。就是中央提出的"五个坚持"：坚持以发展农村经济为中心，进一步解放和发展农村生产力，促进粮食稳定发展、农民持续增收；坚持农村基本经营制度，尊重农民的主体地位，不断创新农村体制机制；坚持以人为本，着力解决农民生产生活中最迫切的实际问题，切实让农民得到实惠；坚持科学规划，有计划、有步骤、有重点地逐步推进；坚持发挥各方面积极性，依靠农民辛勤劳动、国家扶持和社会力量的广泛参与，使新农村建设成为全党、全社会的共同行动。在推进新农村建设工作中，要注重实效，不搞形式主义；要量力而行，不盲目攀比；要民主商议，不强迫命令；要突出特色，不强求一律；要引导扶持，不包办代替。

第四，关于基本任务。就是习近平同志在浙江省农村工作会议上提出的"六大建设"，即农村现代产业体系建设、农村新社区建设、农村公共服务体系建设、现代农民素质建设、农村民主政治建设、城乡协调发展的体制建设。

第五，关于基本政策。根据中央农村工作会议上回良玉副总理的概括，就是要继续坚持多予少取放活的方针，做到"三个高于""三个终结""三个强化""三个加大""三个加快"。"三个高于"：国家财政支农资金增量要高于上年，国债和预算资金用于农村建设的比重要高于上年，其中直接用于改善农村生产生活条件的资金要高于上年。"三个终结"：农业特产税、牧业税、农业税全面画上历史句号。"三个强化"：强化粮食直补、良种补贴、农机具购置补贴。"三个加大"：加大中央财政对粮食主产县和财政困难县的奖励补助力度；加大国有农场税费改革力度；加大农业综合支持和服务能力建设力度。"三个加快"：加快农村九年义务教育和农民培训步伐，加快农村公共卫生设施和基本医疗服务体系建设，加快农村公共文化设施和服务体系建设。

（二）市委部署新农村建设的几大举措

党的十六届五中全会把建设新农村作为我国现代化建设的一项重大历史任务。此后，中央又举办了省部级主要领导干部建设新农村专题研讨班。中央下发了关于推进新农村建设的若干意见。2006年2月28日，召开了市委理论学习中心组的学习会，我在会上谈了学习体会，并结合绍兴实际，就贯彻落实中央、省里推进新农村建设的精神，提出了具体意见。

（1）开展一次学习。中央和省里有关新农村建设的内容非常广泛丰富。"三农"问题、新农村建设，是全局性的、事关全面小康社会和现代化建设的大战略。没有农村的小康和现代化，就没有全国的小康和现代化。解决"三农"问题，推进新农村建设，是一个必然趋势和紧迫课题。城镇化、工业化越是发达，新农村建设的任务也就越迫切。"三农"问题，可以说是我们发展中遇到的最大、最难的问题，是制约国家长远发展的最大难题，也是社会各界最关注的难题之一。解决好"三农"问题，加快推进社会主义新农村建设，对于贯彻落实科学发展观，推进经济社会全面协调可持续发展有重要意义，是绍兴当前和今后要着力推进的一个现实而紧迫的重大任务。

(2)开展一次调研。要对绍兴市"三农"工作和新农村建设开展一次全面系统的调研。每位市领导人人有任务，要根据各自分工，从不同的角度和侧面，扎实开展调查研究。通过调研，为2006年市委读书会做好准备。2006年市委读书会的主题就是"社会主义新农村建设"。

(3)出台一个意见。绍兴市"十一五"时期要开展的"十大建设"中，其中一个就是社会主义新农村建设。要在调研的基础上，根据中央、国务院和省委、省政府的政策及要求，结合实际，就绍兴全面推进"十一五"时期的社会主义新农村建设出台一个意见，并落实相关的配套措施。

(4)制定一个规划。要根据意见，制定关于新农村建设的规划，从方方面面进行具体化。

(5)推进"十大城乡统筹网"（具体内容见本章第七节）建设。"十大城乡统筹网"建设是一个抓手，各地反映比较好，我们也已出台了一个实施意见，明确了这两年的工作任务。要扎实推进城乡一体的"十大城乡统筹网"建设，把新农村建设的各项任务落到实处。

(6)抓实2006年的新农村建设工作。在1月21日的全市社会主义新农村建设工作会议上，我们已就2006年的新农村建设工作进行了部署，明确了任务。希望各地各部门不折不扣地抓好落实，确保新农村建设在"十一五"开好局、起好步。

(7)培育一批典型。要在总结经验的基础上，继续培育、宣传一批新农村建设的先进典型。原来培育了一批典型，有的很不错，已经几十年了，仍很有示范作用。老的、新的典型都要培育，都要宣传，抓两头、促中间，通过典型引路，推动面上的新农村建设工作。

（三）对新农村建设的新认识

中央作出建设社会主义新农村重大决策以后，我们进行了认真学习和贯彻，在工作实践中进一步认识到新农村建设是一个历史过程，以新农村建设来总揽"三农"工作，这是中央对我国经济社会发展规律、发展阶段和发展任务的科学把握,是新阶段"三农"工作指导思想的深化发展。我们要在不断深化认识中推进新农村建设,在不断推进新农村建设的实践中进一步深化提高认识。

第一,建设新农村是一个大趋势。以工促农、以城带乡,统筹城乡发展,加快新农村建设,这是经济社会发展的必然趋势,是不以人的意志为转移的客观规律,如果对这个客观规律认识得早,认识得深刻,并很好地驾驭运用,我们的工作就能够顺势而为,乘势而上。这个大趋势随着工业化、城镇化的发展和提升,随着经济社会的发展,变得越来越明显。国外是这样,国内也是这样,绍兴的经济社会发展也使我们切身感受到,随着农村工业化的发展,城镇化的加快,市场化的推进,以及文明素质的提高,加快推进新农村建设已是势在必行。我们要从这个大趋势大规律中来认识和把握新农村建设。

第二,建设新农村是一个大决策。"三农"问题始终是关系党和人民事业发展的全局性和根本性问题,重视"三农"问题是我们党的一贯战略思想,建设新农村是贯彻科学发展观,全面推进现代化建设的一个根本性问题,也是解决新时期"三农"问题的重大战略决策。我们要从整个现代化建设、全面建设小康社会和贯彻落实科学发展观的战略决策高度,来认识和把握新农村建设。

第三,建设新农村是一个大举措。要保持经济社会的持续发展,加快全面建设小康社会,率先基本实现现代化,最大的制约因素是"三农"问题。"三农"问题不解决好,就不可能率先建成全面小康社会,就不可能率先基本实现现代化。加快新农村建设,对于解决"三农"问题以及解决现代化建设问题都是一个大举措,是一个根本性的战略举措。

第四,建设新农村是一个大任务。新农村建设是一个大趋势、一个大决策、一个大举措,更是一项长期的大任务。无论从发展是执政第一要务还是从执政为民的角度看,建设新农村都是一项十分艰巨的重大任务。我们各级党委、政府必须把新农村建设作为重中之重,作为党委、政府工作大局中的一项基本任务来抓。

第五,建设新农村是一个大机遇。新农村建设需要我们多予少取或者不取，但站在更高的层次看，新农村建设也是发展中的一个大机遇。新农村建设不仅仅是一个简单的"付出"问题，它能拉动投资建设，促进农村经济发展，增加农民收入，推动整个经济的发展，这是提升和加快我们新一轮发展的大机遇，是在已有的基础上有更大作为的一个机遇。我们要把中央和省里提出的新农村建设这一重大决策、战略部署和绍兴的实际很好地结合起来，切实增强自觉性、责任心和紧迫感，全面推进绍兴的新农村建设。

（四）绍兴新农村建设的基本实践

按照科学发展观、省委"八八战略"和市委的决策部署，绍兴市各级党委和政府围绕建设社会主义新农村这一主题，精心谋划，行动迅速，措施有力，工作扎实，全市新农村建设呈现出全面启动、整体推进的良好态势。

当时我们对各地新农村建设情况专题调研，从调研结果看，主要有以下几方面。

第一，基本特点。

一是思想认识深。全市各级对新农村建设思想认识明显提高，充分认识到新农村建设是落实科学发展观的重要载体，是推进城乡统筹发展的重要抓手，是从根本上解决"三农"问题的重要途径，积极主动地把它作为事关发展全局的"一把手"工程和"龙头"工程来抓。

二是目标思路清。按照中央"生产发展、生活宽裕、乡风文明、村容整洁、管理民主"的新农村建设方针和省、市的部署，各地都结合实际，进行了进一步的梳理，统筹谋划，明确了新农村建设目标思路。

三是政策措施实。各地普遍制定了城乡一体化发展纲要，已经或正在制定相关实施意见和配套政策，特别是按照市委、市政府提出的统筹城乡"十网"建设的部署要求，全市各级认真贯彻，积极实施，工作力度大，采取措施实。各地还出台了一些很好的政策措施，而且力度都普遍地加大，范围都比过去扩大。

四是工作载体多。各地广泛开展了以村庄整治为重点的"百千工程"，认真落实城乡统筹"十网"建设的工作载体，有力地促进了基础设施、公共服务的区域共享和有效利用。各地还根据各自实际，积极创设新的载体，有力推进新农村建设。

五是组织保障强。各地切实加强对新农村建设的领导，普遍成立了领导小组，建立了领导、部门联系新农村建设制度等，初步形成了齐抓共管的工作机制。

第二，基本成效。

一是农业产业化有新提升。特别是特色农业不断增大，农业龙头企业和农业专业合作组织健康发展，休闲农业方兴未艾，开放农业和农业物流体系建设态势良好。

二是农村基础设施有新改善。这几年各地加快城市基础设施向农村延伸，特别是通过大力实施"十网"建设，交通道路、水利、文教事业等基础设施和公共服务明显改善。

三是提高农民有新成效。各地普遍加大了对农民培训转移力度，已连续几年每年培训农民 10 万人左右，转移农村劳动力 6 万人左右。同时，农民的文化、教育、思想道德等内在素质也有新的提高。

四是村庄整治有新推进。各地按照省里统一部署，大力实施"百村小康示范、千村改造整治"工程，已建成 65 个市级全面小康示范村，完成 600 多个村庄的环境整治，村庄整治已开始成片连线推进，农村环境面貌有了新的变化。

五是农村基层民主有新进步。各地积极探索农村和谐社会建设新举措，村务管理、民主决策、村规民约不断完善，基层平安创建工作取得明显成效。

六是公共服务职能有新拓展。各级党委、政府在服务农村方面，做了大量的工作，公共卫生、社会保障、信息服务、金融服务等公共服务职能向农村延伸的步伐不断加快。

第三，基本启示。

深化认识是推进新农村建设的先导。推进新农村建设首先要提高认识，我们的认识不能仅仅停留在一般的认识上，今天的认识不等于明天的认识，领导的认识不等于群众的认识。我们要在实践中不断深化对新农村建设的认识，自觉投身于建设新农村的伟大实践。

科学规划是推进新农村建设的"龙头"。规划是建设的依据和先导，推进新农村建设必须有一个科学的规划。我们要坚持以规划为龙头，全面筹划新农村建设的各个方面、各项工作。

惠民富民是推进新农村建设的目的。"三农"问题的核心和本质是农民问题，建设新农村必须让农民得到实惠。我们要坚持以人为本，做到惠民利民先行，不断造福农民、富裕农民。

发展经济是推进新农村建设的基础。经济是基础，新农村建设的主要任务就是发展经济。凡是新农村建设搞得好的村，绝大多数都是经济发展相对比较好的。我们必须坚持以经济建设为中心，发展繁荣农村经济。

提高农民是推进新农村建设的根本。农民是新农村建设的主体，只有农民素质提高了，农民转移了，农民致富了，农民的积极性调动起来了，新农村建设才会有持久的动力。必须把提高农民、发挥农民的主体作用作为根本任务来抓。

先进典型是推进新农村建设的样板。农村工作最有效的方法之一就是抓点作样，典型引路。各级要根据不同情况，挖掘、培育树立一批不同类型的典型，充分发挥典型的示范效应。

社会合力是推进新农村建设的条件。新农村建设光靠政府不够，光靠农民也不行，要形成社会的合力，齐抓共管，调动方方面面的积极性，共同关心支持推进新农村建设。

组织领导是推进新农村建设的保证。新农村建设是一项系统工程，各级党委政府要加强组织领导，整合各方资源，加大政策支持，加强考核激励，提供坚强保障。

（五）各县（市、区）新农村建设的主要亮点

从新农村建设的内容和做法看，各地都形成了一些特色亮点，值得相互借鉴。

绍兴县(现柯桥区)新农村建设基础扎实,创造了许多经验,主要有:
一是抓好布局规划和调整。在完成县域空间规划和村庄布点规划的基础上,及时调整了村庄规模,全部完成了村庄建设规划。同时还设计了一批住宅方案,供各村和农民参考选用。二是培育示范村。确定了 20 个试点村、42 个中心村和 18 个整治村作为示范村,积极培育各种类型的新农村建设典型。三是推进"三有一化"。努力实现被征地农民有保障、有股份、有技能和居住的社区化,当时有股份的农民超过 10 万人。四是率先开展农村综合改革。进一步完善乡镇"四办两中心"模式,理顺财政、教育体制。五是农村基础设施方面全市领先。特别是康庄工程、超市网建设,更是在全省领先。此外,该县还围绕柯桥加快"城中村"改造,加大整个区域的新农村建设力度;围绕加强新农村建设组织领导,准备每个乡镇派一个副书记专门从事新农村建设。

诸暨市新农村建设措施有力,颇有特色。

一是抓分类指导。区别城市社区型、工业主导型、工业成长型、城郊经济型、远郊生态型镇乡,开展"五个一"建设,分类推进新农村建设。二是开展"赤膊屋"整治。对涉及 10 个乡镇(街道)的 238 个行政村的"赤膊屋"进行了集中整治,有力地改善了村容村貌。三是实施农村生活垃圾、污水处理。全市范围的生活垃圾收集处理机制已经建立,统一处理垃圾的村已达 65% 左右。部分村试行生活污水生态湿地四格式净化处理,每户成本只要 1000 元左右,价格便宜,效果较好,有必要在全市推广。四是培训农民有新举措。中央政研室专门对此做了总结介绍。

上虞市(现上虞区)在新农村建设中紧紧抓住一些重点、难点加以突破。

一是开展宅基地整治。通过整治活动,花小钱盘活了大量资源,又可以解决老百姓"建房难"的问题。二是实施行政村规模调整。集中一个多月时间稳妥地实施了全市行政村规模调整,有效整合了资源,为新农村建设规划布局打下了很好的基础。实践证明,农村的工作,看准了,下决心,措施得力,方法得当,是完全能做好的。

嵊州市新农村建设认识高,行动快,力度大。

一是整体推进。全市上下迅速行动,从动员部署、政策措施、抓点作样等,工作体系比较完整,建设氛围比较浓厚。二是实施六村联动。把村庄分为富裕村、文明村、生态村、和谐村、示范村、薄弱村六种类型,进行分类指导,既有目标又有典型。三是注重示范村建设。确定了50个创建村,有几个已取得成效。四是发展百姓经济。

新昌县在山区比较多、条件相对比较差的情况下,也取得了相当大的进展。

一是山区村庄整治有特色。因山制宜、因村制宜推进村庄整治和下山移民。二是园区带动有起色。通过城镇化、工业园区来带动促进农村的发展。三是农业产业化有成效。目前,已有万亩级的特色农业基地11个,各类农业组织64个,在工业反哺农业上也很有特色。四是农民转移有新招。特别是在大力发展劳务经济方面,成效比较明显。

越城区在积极推进"城中村"改造的同时,在发展生态休闲农业方面特色明显等。

（六）绍兴新农村建设的总体目标

总的是要按照中央提出的"生产发展、生活宽裕、乡风文明、村容整洁、管理民主"和省委、省政府提出的"发展新产业、建设新社区、培育新农民、树立新风尚、建立新体制"的要求,努力把传统农业发展成为高效生态农业,把传统村落建设成为农村新社区,把传统农民培育成为现代新型农民,建设繁荣、富裕、民主、文明、和谐的新农村,使绍兴市的新农村建设走在全省和全国前列。

各地要根据中央、省里和市里的要求,结合实际,进一步明确和细化新农村建设目标。

绍兴要力争在建设社会主义新农村方面走在全省前列,使绍兴成为社会主义新农村建设水平最高的地区之一。绍兴市经过改革开放20多年的发展,已进入工业化的中后期、城市化的加速期、城乡一体化的融合期,具有较强的综合实力基础和良好的工作基础,在统筹城乡发展、建设社会主义新农村方面显得更有条件。习近平同志多次强调绍兴应当在统筹城乡发展方面走在前列。他在参加省人代会绍兴代表团讨论时又强调，绍兴总体实力在全省居于第4位，地位十分突出，要求我们加强自主创新，加大经济结构和社会结构调整力度，特别是在社会主义新农村建设方面，绍兴有基础，有条件，要努力走在前列、提供经验。我们一定要切实增强紧迫感和责任感，确保绍兴市新农村建设取得明显进展，努力走在前列，不辜负省委、省政府的期望。

（七）绍兴新农村建设要形成的基本格局

根据中央和省委精神，结合绍兴实际，在深入调查研究的基础上，我们提出未来一个时期绍兴新农村建设，应形成这样的基本格局。

一是加快形成充满活力的产业发展新格局。农业产业化水平不断提高，到2010年基本实现农业现代化。农村第二、第三产业加快发展，经济结构调整取得明显成效，农民非农就业比重达到80%以上。

二是加快形成全面小康的农民生活新格局。到2010年，农村居民人均纯收入达到10000元以上，年均增长6%以上，农村社会保障体系比较健全，人民生活更加宽裕、更加殷实。

三是加快形成整洁优美的农村面貌新格局。基本形成"一大中心、三大组群、三条轴线"的城镇体系格局，城镇化水平达到60%。在2007年全面完成"百村示范、千村整治"任务基础上，力争后三年再建设100个示范村和1000个整治村，使全市70%以上的村庄面貌得到整体改善。当然，要坚持分类指导、因地制宜，按规划、分层次、有步骤地推进。

四是加快形成积极向上的现代文明新格局。高标准普及十五年教育。基本消除文化设施空白点，70%以上镇乡文化活动中心面积达到1000平方米以上，70%以上行政村综合性公共活动中心面积达到150平方米以上。加强农村精神文明建设，形成农村科学、文明、健康、向上的社会风尚。

五是加快形成民主和谐的社会管理新格局。"四民主、两公开"

的民主管理制度全面落实。平安创建全面达到省定标准,社会总体保持稳定和谐。

（八）绍兴新农村建设的基本思路

基本思路实际上是理念、目标、布局的实施方略或者说战术性展开。推进新农村建设,从大的方面来讲,要把握好以下几条思路。

一是以产业化来提升农业。农业的发展最关键的就是按照产业化的思路,加快把传统农业发展成为现代农业。

二是以工业化来反哺农业。一方面,要以工业的理念、产业化的理念来发展农业;另一方面,要加快工业化进程,坚定不移地发展工业经济,通过工业自身的发展来带动农业和解决"三农"问题。

三是以城镇化来带动农村。一方面,要加快农村城镇化进程,坚持以城带乡,推进城乡一体化;另一方面,要充分利用城市的文明、城市的资源,去带动促进农村的发展。

四是以技能化来提高农民。农民素质提高了,转移农民,减少农民,就是致富农民。因此,要通过提高农民的素质和技能水平,加快推进新农村建设,切实解决"三农"问题。

五是以公共服务来促进农村发展。各级党委和政府要围绕新农村建设,不断拓展公共管理公共服务的职能,强化为农服务,促进推动农村的发展。

（九）绍兴新农村建设的六大任务

新农村建设的目标要求、布局思路要落地生根,必须转化为工作任务,直至细化到基层,层层落实才行。但一个时期里,必须抓住重点、难点工作加以突破,才能成效明显。

第一,着力发展新产业。

把发展新产业作为建设新农村的首要任务,按照"优化一产、提升二产、做大三产"的要求,以转变经济增长方式为主线,以提高自主创新能力为支撑,加快经济结构战略性调整,推动农业向"高效"与"生态"

相结合的现代农业转变、农村工业向专业化分工与社会化协作相结合的现代工业转变、农村服务业向生活型服务与生产型服务相结合的现代服务业转变，推进农村现代产业体系建设，促进农村经济繁荣、农村劳动力转移和农民收入增加。为此，我们要重点抓好四项工作。

一是大力发展高效生态农业。按照"打造绿色茶都、构建花卉强市、提升珍珠之乡、创建蔬菜大市、发展休闲农业"的要求，大力培育农业优势主导产业，形成一批区域化布局、产业化经营、品牌化营销的特色农业块状经济。全市新发展特色基地 20 万亩，新增休闲观光农业园区 50 个。实施"强龙兴农"工程，全面推进农产品加工园区建设，全年新增年销售 5000 万元人民币以上龙头企业 15 家。积极提升开放农业，新增外建基地 30 万亩，实到外资 2000 万美元，农产品自营出口增长 20% 以上。

二是发展提升块状经济。围绕提升区域产业竞争力，重抓项目投入、重抓科技创新、重抓园区建设、重抓品牌经济、重抓循环经济、重抓现代服务业，加快经济增长方式转变。要大力发展个体私营经济，特别是欠发达地区，要鼓励农民自主创业、勤劳致富，使个私经济成为转移农民、提高农民、富裕农民的重要载体。我在专门调研的基础上发现，在工业化、城市化的中后期，家庭工业仍然具有顽强的生命力。当时绍兴县（现柯桥区）那么发达，在稽东镇家庭工业却又重新兴起。近年来，诸暨市经济高速增长，这与面广量大的个私企业也密不可分。

三是稳定发展粮食生产。完善重粮政策，稳定粮食播种面积，进一步增强科技对粮食生产的支撑力，提高粮食生产能力和效益。加强市场调控，确保粮食安全。关于粮食生产，我强调四点：首先，要保护耕地、农保田；其次，要保护粮食综合生产能力，并不是非要种水稻不可；再次，要确保完成省政府下达的粮食种植面积指标；最后，要加大市场调控力度，确保绍兴市粮食安全。

四是加强农业基础设施建设。大力推进农田水利基本建设，开展对重要江堤、病险水库的除险加固，加强小流域综合治理，加大土地整理开发力度，抓好标准农田建设。

第二，着力培育新农民。

新农村建设的主体是农民。要把培育全面发展的新型农民作为新农村建设的战略任务来抓，适应工业化中后期农民分工分业分化加速的新形势，加大培训转移的力度，提高农民的生产经营技能、创业就业能力、思想道德素质、科学文化素质和健康素质，培育有文化、懂技术、会经营、高素质的新型农民。

比如，要深入实施"农民培训转移工程"，近期每年要完成培训农民10万人次、转移农民五六万人的任务。重点抓好如下两项工作。

一是抓农民培训。要适应打造先进制造业基地、发展现代服务业和促进农民转移就业的要求，大力培训社会需求量大的制造业技术工人和专业服务人才。要适应发展高效生态农业的要求，大力培训农业专业大户、专业合作社社长、农业龙头企业经营者。大力发展职业教育，有效整合城乡现有职校、技校、成校、农函大等各种教育资源，扩大对农村职业技术招生人数，培育造就一批高素质的技能型人才和后备农村劳动者。

二是抓农民转移。注重培训与转移相对接，积极开展订单培训、委托培训、创业培训。积极开发就业岗位，注重吸收录用本地农村劳动力就业。加大就业转移平台建设，为农民提供更多的就业机会。特别是要高度重视市内、市区的农民就业、转移工作。当时，国务院、省政府将出台《国务院关于解决农民工问题的若干意见》，市里也将根据上级精神，专门制定政策，落实措施。

第三，着力建设新社区。

把建设农村新社区作为建设新农村的突出任务来抓，以规划为导向，以改善农村生产生活条件和村容村貌为重点，以"百村示范、千村整治"工程为载体，整体推进农村基础设施和社区建设，引导农民住宅建设和居住向中心镇、中心村集中，努力把传统村落改造建设成为布局合理、环境整洁、服务健全、文化丰富、管理民主、生活舒适的农村新社区。

要把"百村示范、千村整治"工程作为建设新社区的主要载体，近期确保全年建成一批小康示范村、完成环境整治几百个村。重点抓好五项工作。

一是完善规划编制工作。修编完善城镇体系规划、县域村庄布局规划、村庄整治建设规划。特别要及时调整好土地利用总体规划和基本农田布局,确保新农村建设顺利推进。

二是抓好以垃圾和污水处理为重点的环境整治。把村庄垃圾无害化处理、生活生产污水净化治理新技术新方法的推广应用作为环境整治的重点,逐步建立健全"户集、村收、镇运、县处理"的垃圾收集运行机制,加强农村生活污水和农业面源污染的综合治理,改善农村居民的生活环境。

三是积极开展农村宅基地整理。积极推进村庄撤并迁移,开展"空心村"和闲置宅基地、"一户多宅"的调查清理整治工作,盘活农村存量建设用地,促进农居集聚。积极开展宅基地复垦,经复垦耕地后置换出来的用地指标,应优先用于新农村建设。同时,要通过撤并自然村、退建还耕、土地整理等办法,缓解村庄整治建设用地矛盾,节约集约利用土地。

四是加快重点区域的村庄整治建设。按照"点、线、面"结合的要求,突出重点区域、重点乡镇,以点带面、成片推进村庄整治建设。特别是要切实抓好高速公路、国道沿线景观带等重点片区的村庄环境整治。

五是大力推进基础设施配套建设。推进"十个一批"生态工程、"千里绿色林带工程"、"千里清水河道工程"、"乡村康庄工程"、"农民饮用水工程"、农村现代超市工程、天然气利用工程等系列工程建设,促进城镇基础设施和公共服务向农村延伸。2007 年要确保 40 个以上乡镇创建成为市级以上生态镇乡,新增绿色生态村 100 个,新增清水河道 215 公里,新增绿色林带 200 公里,新增自来水使用人口 18 万人,完成通村公路 806 公里,实现村村有"放心店"。

第四,着力拓展公共服务新职能。

适应加大服务农村力度、提升公共服务职能的新要求,把加快农村社会事业发展,强化公共服务作为建设新农村的紧迫任务,充分发挥公共财政的支撑作用和城市的带动作用,推动公共资源配置向农村倾斜,重点推进农村公共设施建设、农村教育文化建设和农村社会保障体系建设,全面提高农村社会事业发展水平和农村社会保障水平。

在拓展公共服务新职能上要有明显进展,必须发挥公共财政的支撑作用和城市的带动作用,推动公共资源配置向农村倾斜,重点抓好三项工作。

一是加快农村文化教育事业发展。全面建立农村免费义务教育制度,深入实施农村中小学家庭困难学生资助扩面、爱心营养餐、食宿改造、教师素质提升和农村完小建设五项工程,促进义务教育的城乡平等化。深化"东海文化明珠工程""文化示范镇乡""文化特色村"等系列创建活动,推动先进文化在农村的传播。加快农村信息网建设,基本实现村村广播响、村村通宽带、户户有电视。

二是深入实施"农民健康工程"。巩固和扩大新型农村合作医疗覆盖面,争取全市行政村覆盖率达到100%,农民参加合作医疗比例进一步提高。完善农村医疗卫生服务体系,加快实现社区卫生服务机构全覆盖。

三是健全农村社会保障体系。进一步完善职工基本养老保险、被征地农民养老保障、农村最低生活保障、农村新型合作医疗、孤寡老人集中供养、农村社会救助等制度,逐步缩小社会保障的城乡差距,努力做到"少有所学、病有所医、老有所养、弱有所助、贫有所济"。

第五,着力树立新风尚。

把树立社会新风尚作为建设新农村的重要内容,大力加强农村精神文明建设、基层民主法制建设和社会管理,深入开展文明素质提升、文化阵地建设、群众文化繁荣等系列工程建设,推动城市文明向农村辐射,形成与现代社会相适应的科学、民主、健康、向上的农村社会风尚。

要在树立新风尚上有明显进展,重点应抓好三项工作。

一是切实加强精神文明建设。以文明村镇、文明户创建活动为载体,深入开展群众性精神文明创建活动。继续开展文化、科技、卫生"三下乡"活动,丰富和活跃农民群众的精神文化生活。重视加强农民和外来务工人员的社会公德、职业道德和家庭美德教育,提高农村社会的文明程度。

二是切实加强民主法治村（社区）建设。以创建"民主法治村"为载体，加强对农民的法制教育，健全以党支部为核心的农村自治管理机制，完善"四民主""两公开"，推广一事一议、村务监督等制度，保障农民群众的知情权、参与权、管理权、监督权。

三是切实加强平安乡村建设。积极创新"枫桥经验"，抓好"八创建""八进社区"的工作，健全"三位一体"的基层维稳组织机构，努力化解各种矛盾和纠纷。加强社会治安综合治理，深入开展"严打"整治和治安防控工作，加强安全生产，健全流动人口管理和服务体制，促进农村社会的和谐稳定。

第六，着力构建新体制。

首先要完善农村工作自身的一些工作制度和经济运行机制，其次要进一步创新完善党委、政府领导、指导农村工作的体制机制。特别是要按照建立完善的社会主义市场经济体制的要求，深化农村综合改革，积极探索建立城乡平等的制度和以工促农、以城带乡的长效机制。

要在构建新体制上取得明显进展，应着眼于突破城乡二元结构，建立健全以工促农、以城带乡的长效机制，重点抓好五方面改革。

一是全面推进农村综合改革。浙江省委、省政府将于2007年3月左右做出全面部署，要按照省里的统一要求，认真总结绍兴县（现柯桥区）的试点经验，全面推进以乡镇机构、农村义务教育和县乡财政体制改革为主要内容的农村综合改革。

二是积极探索农业经营机制。依照"依法、自愿、有偿"的原则，深化完善土地流转机制，促进市场化土地流转和企业化规模经营。积极培育农业专业合作经济组织，进一步创新农村科技服务机制。

三是稳步推进农村社区股份合作制改革。认真总结经验，规范运行机制，稳步推进农村社区股份合作制改革，确保集体资产保值增值和农民公平享受集体资产收益。

四是深化土地使用制度改革。积极探索农村宅基地等农村非农建设用地的流转形式，完善对被征地农民的合理补偿机制，探索农民住房上市交易和抵押。

五是进一步完善农村金融体系。金融部门一定要站在全局高度，关注"三农"，支持"三农"。加强农村金融网点建设，创新农村金融服务机制，增强农村网点服务功能，优化农村融资环境。

（十）推进新农村建设的基本方法

新农村建设是一项复杂的系统工程，涉及面广，工作难度大，需要不断创新工作载体，积极探索方法路径。

在具体工作实践中，要切实把握好以下几点。

第一，因村制宜，分类指导。新农村建设各地情况不一，山区、平原、郊区条件都不一样，一定要坚持因村制宜，因地制宜，分类指导，不要千篇一律。同时，要积极探索多种建设模式，突出重点，有针对性地开展整治建设，分层次推进新农村建设。

第二，科学规划，分步推进。要把科学规划作为龙头来抓，以规划总领新农村建设，明确总体思路、目标任务和工作措施。要统筹安排新农村建设的各项任务，分轻重缓急确定具体的实施方案，按照不同类型分步推进，一张蓝图绘到底。

第三，典型引导，推动全局。要善于发现总结提炼不同的典型来推动面上的工作，宣传舆论部门要及时发现、挖掘、报道新农村建设中的先进事迹和人物，树立榜样和典型，在全市上下营造各方支持和参与新农村建设的浓厚氛围。

第四，政府主导，农民主体。"三农"问题是全党工作的重中之重，党委和政府要积极有为，发挥总揽全局、协调各方的作用。农民是建设主体，也是受益主体。要坚持惠民富民的原则，围绕农民需求谋划建设新农村，鼓励农民探索建设新农村，切实提高农民素质，实现人的全面发展。

第五，社会参与，合力共建。要探索形成齐抓共管、合力共建的工作机制，积极动员社会力量特别是工商企业的广泛参与，整合凝聚各方面的资源，形成整个社会的合力，齐心协力推进新农村建设。

六 绍兴的"百千工程"

在全省范围内开展"千村示范、万村整治"工程活动,是 2002 年省委、省政府做出的推进城乡统筹发展、加快新农村建设的一项重大战略决策。实施"百千工程"以来,省委、省政府每年都召开现场会进行专题部署,每次现场会时任省委书记习近平都亲自做重要讲话,这充分说明了省委、省政府对这项工作的高度重视。为扎实推进"百千工程",绍兴市也每年召开专题会议部署工作。

(一)推进"百千工程"的工作部署

2005 年 8 月 16 日,市委、市政府在嵊州召开全市"百村小康示范、千村改造整治"工作现场会,目的是贯彻落实全省"千村示范、万村整治"工程嘉兴现场会精神,总结交流经验,分析研究问题,加快建设"百千工程",全面推进社会主义新农村建设。

2005 年是实施"百千工程"的第三个年头。三年来,全市各级加大力度,扎实工作,村庄整治建设有成效。截至 6 月底,全市各级投入村庄整治(包括"城中村"改造)的资金累计达 29.88 亿元,启动建设示范村 107 个,已完成 26 个;启动环境整治村 1002 个,已完成 366 个。预计到 2005 年底,可完成示范村建设 53 个、环境整治村建设 474 个,基本实现"三年过半"目标。这些成绩的取得,有力增强了我们推进"百千工程"的信心,也为我们开展下步工作打下了扎实基础,提供了宝贵经验。

在这次会议上，我做了较为系统的工作部署。

1. 推进"百千工程"必须进一步深化思想认识

当时，绍兴市"百千工程"的实施已取得了明显成效，但还存在不少差距和不足。一是离"三年过半"的目标还有一定差距，预计到年底示范村建设可完成"过半"目标，但环境整治村建设离"过半"尚有距离；二是建设质量有待提高，特色还不够鲜明；三是党委、政府的工作力度和投入力度有待进一步加大；等等。之所以存在这些差距和不足，虽然有客观因素，但说到底是思想认识上的差异。我们一定要从全面建设小康社会和贯彻"两个趋向"重要论断的高度，按照"干在实处，走在前列"的要求，切实把这项工作摆到更加突出的位置。

关于"百千工程"的重大意义，习近平同志在浙江省"千村示范、万村整治"工程嘉兴现场会上的讲话中指出，"千村示范、万村整治"工程的实施，带动了统筹城乡发展各项工程建设，体现了"两个趋向"转换规律的要求；顺应了农民迫切要求提高生活质量的愿望，体现了全面建设小康社会的要求；有助于解决社会矛盾和生态环境方面的问题，体现了构建和谐社会的要求；有助于推动政府职能的转变，体现了建立和完善社会主义市场经济体制的要求；促进了以人为本理念的确立，体现了贯彻落实科学发展观的要求。我们要认真学习领会习近平同志讲话精神，进一步深化对实施"百千工程"重要意义的认识。

第一，实施"百千工程"体现了"两个趋向"客观规律的时代工程。中央指出：在工业化初始阶段，农业支持工业、为工业提供积累是带有普遍性的趋向；但在工业化达到相当程度以后，工业反哺农业、城市支持农村，实现工业与农业、城市与农村协调发展，也是带有普遍性的趋向。这"两个趋向"论述，深刻揭示了经济发展的规律，具有很强的指导意义。2004年，绍兴市人均GDP超过3600美元，城市化率超过50%，非农产业比重达到93%，经济社会发展已进入工业化的中后期、城市化的加速期、城乡一体化的融合期。在这一时期，需要我们更加自觉地把握规律，切实转变工作重心，反哺农业，回报农民，服务农村。实施"百千工程"，对促进从农业支持工业、农村支持城市，向工业反哺农业、城市带动农村的历史性转变,具有十分重要的意义,完全符合"两个趋向"的重要论断,完全符合时代发展规律。

第二,实施"百千工程"是统筹城乡发展的龙头工程。2005 年 5 月以来,我花了 20 多天时间,先后到 6 个县(市、区)进行城乡统筹发展专题调研,实地察看了 50 个乡镇、38 个村、近百个点。通过这次蹲点调研,我感到,推进城乡统筹发展,既要厘清思路,更要抓实载体,关键要构筑城乡一体的十大网络,即村镇布局网、城乡交通网、城乡信息网、城乡生态网、城乡现代超市网、城乡健康保障网、城乡社会保障网、城乡文化教育网、城乡金融网、城乡平安网。这十大网络建设中,最重要的就是实施"百千工程"、抓好村镇布局网建设。村镇布局网的建设,对其他网络建设起到重要的带动和促进作用,能有效推动城市基础设施向农村延伸,城市公共服务向农村覆盖,城市现代文明向农村辐射,对统筹城乡发展起到重要的龙头带动作用。

第三,实施"百千工程"是满足群众需求的民心工程。实施"百千工程",不仅带来了农村面貌和生活环境的改善,也促进了农村经济发展和各项社会事业的全面进步,是一个实实在在的民心工程。近年来,我们切实加快农村基础设施和社会事业发展,通过改水、改路、改房、改厕,农村的生产生活条件得到根本改善,生活质量也得到大幅提高。当然,与城市相比,与其他发达地区相比,农村在社会事业、社会保障、农民文化素质、资源约束、生态环境等方面,还存在着不少差距,而这些方面又恰恰是当前农民群众最盼望解决的热点问题。通过实施"百千工程",把大部分村庄整治改造成全面小康的农村新社区,符合民意,顺应民心。

第四,实施"百千工程"是构建和谐社会的基础工程。随着工业化、城市化和市场化的快速推进,各方面的利益出现失衡现象,农村社会矛盾进一步凸显,维护社会和谐稳定的压力不断加大。深入实施"百千工程",扎实推进城乡统筹发展,有利于缩小城乡差别,全面提升农民群众的生产生活质量,促进城乡关系的和谐;有利于优化生态环境,净化水资源,集约利用土地,促进人与自然关系的和谐;有利于推进农村民主法制建设和文化卫生事业发展，改善党群关系、干群关系、邻里关系，促进人际关系的和谐。

总之，实施"百村小康示范、千村改造整治"工程，是绍兴经济社会发展阶段的必然选择，是改革发展关键时期和转型时期的一项关键举措，既遵循发展规律，也顺应民心民意。改革开放以来，绍兴农村经济社会发展迅速，农民生活水平提高很快；但农民在建房问题上花费很多，浪费也很大。实施"百千工程"，通过统一规划、统一推进，可以让农民建房一步到位，这是改造农村面貌、造福农民群众千载难逢的机遇。我们一定要充分认识做好这项工作的重大意义，再接再厉，持之以恒，扎扎实实推进这项工作。

2. 推进"百千工程"必须进一步深化建设理念

"百千工程"是一个内容丰富、领域广阔、任务艰巨的系统工程。在近三年的实践中，各地都在不断丰富建设的内容，探索有效的机制。我们要坚持与时俱进，不断深化建设理念，在统筹城乡发展的大背景下推进"百千工程"。

学习贯彻全省嘉兴现场会精神，要重点在以下四方面深化建设理念。

第一，要进一步明确新农村建设的基本目标。国务院领导在最近召开的全国农村税费改革会议上提出，要在全国开展社会主义新农村建设工作。当时，中央已确定把加快社会主义新农村建设作为"十一五"发展的一项重点工作。习近平同志在嘉兴现场会上也提出，浙江省实施"千村示范、万村整治"工程，要以社会主义新农村建设为目标，扎实推进农村新社区建设。具体就是要实现"三改一化"，即把传统农业改造建设成具有持久市场竞争力和能持续致富农民的高效生态农业，把农村传统村落改造成为让农民也能过上现代文明生活的农村新社区，把传统农民改造成为能适应市场经济分工分业发展要求的有文化有技能有道德的高素质现代农民，形成城乡互促、共同繁荣的城乡一体化发展新格局。

第二，进一步明确新农村建设的基本任务。我们现在讲的社会主义新农村建设,与过去抓的新农村建设有很大区别。过去是就农村建设抓农村建设,现在是在统筹城乡发展的大背景下,通过以工促农、以城带乡的发展和建设机制,来推进社会主义新农村建设。习近平同志指出,社会主义新农村建设,应当是建设全面体现小康社会水准的、城乡一体化的社会主义新农村,其主要任务是"五大建设":农村现代产业体系建设、农村现代化社区建设、现代农民素质建设、城乡一体的公共服务体系建设、城乡配套的体制改革和制度建设。

第三,进一步明确新农村建设的基本思路。要以统筹的理念推进"百千工程"建设,具体做到"四个结合":一要把单个村庄的整治与连片整乡(镇)的整治结合起来,建设一批高标准的农村新社区;二要把村容村貌的改善与生态环境的治理结合起来,重塑村庄的生态优势;三要把中心村集聚建设与城乡公共服务网络体系建设结合起来,提升农村的公共服务水平;四要把村庄整治建设与特色产业开发结合起来,进一步发展壮大村级集体经济。

第四,进一步明确新农村建设的基本方法。主要是"四个集中":一是乡镇企业向工业园区或工业功能区块集中,推动产业升级,推进环境保护;二是农村人口向城镇集中,实行城乡一体的政策制度;三是农民居住向农村新社区集中,提高农民生活质量;四是农田经营向农业专业大户集中,提高农业产业化程度。这"四个集中",在很大程度上代表着今后农村工作的方向。

3. 推进"百千工程"要进一步深化工作重点

第一,修编和完善规划。抓住当前编制"十一五"规划、城市发展总体规划和土地利用总体规划的有利时机,按照建设资源节约型社会、环境友好型社会和城乡一体化社会的要求,认真审视和完善现有的城镇体系规划和村庄布局规划,进一步提高档次、水平,进一步体现地方特色。要完善各类基础设施建设、产业发展、生态环境保护等专项规划,并做好规划之间的衔接工作,提高规划的整体性、配套性。

第二,推进村庄整理。习近平同志在全省嘉兴现场会上指出,要按照"四个集中"的要求,积极引导农民按规划有序地向城镇和中心村集聚,特别是环杭州湾地区和其他县(市、区)的城郊区,都可以率先进行成片的村庄整理,按照"改造'城中村'、拆除空心村、迁并自然村、建设中心村"的要求,推进村庄集聚和农村新社区建设。我们要按照习近平同志讲话精神,以县域和中心镇周边区域、二三产业项目的实施区域、经济发达的平原地区为重点,积极稳妥地开展村庄整理和撤并,加快推进中心村建设和农民集中居住。

第三,加强农村环境综合治理。要积极推进"生态特色村"建设,加快农村生态环境建设,特别是要切实解决农村垃圾处理和农民饮用水问题。现在农村环境整治的一大难题是垃圾处理。各县(市、区)都要结合实际,全力抓好以垃圾处理为重点的环境综合治理。特别是要建立健全"户集、村收、镇运、县处理"的运行机制,有计划、有步骤地推进农村垃圾无害化处理。同时要切实解决好农村饮用水问题,力争通过三年时间,彻底解决农民群众的饮用水问题。

第四,加强农村综合服务功能建设。各地要按照统筹城乡发展的要求,加快农村公共服务配套建设,强化农村综合服务功能,重点是推进城乡一体的十大网络建设,即加快村镇布局网、城乡交通网、城乡信息网、城乡生态网、城乡现代超市网、城乡健康保障网、城乡社会保障网、城乡文化教育网、城乡金融网、城乡平安网建设,扎实推进城乡一体化进程。

第五,深化农村综合改革。重点要深化投资体制改革,调整优化财政支出结构,加大对山区欠发达地区的扶持,逐步实现公共财政城乡全覆盖。积极引导土地承包经营权流转,促进土地集约经营。推进城乡户籍制度改革,培育城乡统一的金融、产权、土地和劳动力市场。深化农村税费改革,坚持落实"多予、少取、搞活"的政策。按照"减人不减事、养事不养人"的原则,积极推进乡镇机构配套改革。深化小城镇综合改革,积极探索有利于中心镇发展的管理体制。

4. 为推动"百千工程",我敦促大家进一步深化工作推进机制

"百千工程"涉及各个领域,工作难度大,情况复杂,需要建立健全工作机制,有效动员各方力量,整合各种资源,协调各个部门,形成工作合力。

第一，强化组织领导。建立健全领导挂帅、部门协同、分级负责的领导机制，为推进"百千工程"提供组织保障。一要健全工作班子。各级党委、政府主要领导要切实负起领导责任，抓好工作班子的落实，搞好综合协调和服务工作，调动各种资源、各方力量，扎实推进工程建设。二要落实工作责任。农办、发展改革委、财政、国土、建设等整治建设的牵头部门和制定政策的部门，要切实抓好综合协调和政策制定工作。组织、宣传、政法、交通、水利、农业、林业、环保等这些具体实施和落实配套建设的部门，务必做到精力、财力、物力、人力到位。三要建立联系点制度。市委、市政府已建立市级领导联系重点乡镇制度，各县（市、区）也应建立相应制度，切实加强领导，负好责任，抓好落实。四要加强考核检查。把实施"百千工程"列入各级党委、政府和有关部门年度工作考核内容，2005 年要加大考核和奖励力度，进一步推进这项工作。

第二，深化投入机制。建立健全政府主导、农民主体、社会参与的投资建设机制，切实加大政府的支持力度和群众的参与度。一要强化政府主导作用。切实加大政府资金的投入和政策支持力度，通过财政预算安排一部分，从土地出让金中提取一部分，部门项目配套一部分和规费收取减免一部分等各种方法，解决村庄整治所需资金。二要调动群众的积极性。借鉴韩国"新村运动"的做法，把居住环境建设和国民教育运动结合起来，把政府加强引导和调动农民积极性结合起来，坚持"自愿、自助"原则，引导群众投工投劳集资建设自己的家园，鼓励先富起来的人多做贡献，鼓励企业和其他社会力量捐资参与整治。三要善于经营。把村庄整理与土地整理结合起来，通过村庄整理腾出更多的空间资源。把村庄整理与经营特色农业、地域文化、绿色食品、休闲旅游等结合起来，实施滚动开发建设，从中筹集部分建设资金。

第三，优化政策保障。建立健全改革先导、城乡互动、政策配套的良好机制，不断增强工程建设的活力和动力。一要鼓励把村庄整治作为项目立项，以争取更多支持。简化村庄整治建设和村庄整理项目立项审批程序，规范和减少有关费用。二要积极推进社区股份合作制改革，落实好村集体留地安置政策，实现集体有物业、农户有股份，探索建立农民和集体的财产增值与财富积累机制。三要研究制定农村范围内农民宅基地异地置换的政策，城镇规划区、工业开发区（园区）范围农民安置公寓的政策，节约用地的政策，促进村庄整理和撤并。四要用足用好省国土厅关于村庄整理过程中宅基地复耕可以转为建设用地指标的有关政策，进一步盘活土地存量。五要切实保证村庄整理所需的有关资金，土地出让金中按规定用于农地开发的部分，要更多地用于"百千工程"。

总之，全市各级要进一步加大实施"百千工程"的工作力度，进一步突出重点，创出特色，取得更大成绩。

（二）实施"百千工程"5年来的主要成绩

2007年11月15日，我们在诸暨市召开了全市"百村小康示范、千村改造整治"工作现场会，回顾总结实施"百千工程"5年来的成效和经验，研究部署今后一个时期实施"百千工程"的工作任务，同时也表彰了先进、交流了经验。会前还组织参观了诸暨市枫桥镇新择湖村、赵家镇东溪村、山下湖镇新桔城村的"百千工程"建设情况。

2003年6月，按照省委、省政府的统一部署，绍兴市启动实施了"百千工程"。该工程实施近5年来，各级各部门抓"百千工程"的思想认识不断提高，工作力度不断加大，资金投入不断增加，"百千工程"建设呈现出点面结合、整体推进的良好态势。至2006年底，全市已建成市级以上全面小康示范村103个，1091个村完成环境整治任务，提前一年完成前一轮"百千工程"建设目标。

特别值得肯定的做法有以下几点。

一是投入力度不断加大。据统计，全市累计投入村庄整治建设资金73.33亿元，有441个村启动示范村建设，有2385个村启动村庄整治工作。

二是人居环境明显改善。全市有 376 个村开展了农村生活污水处理，2505 个村实行垃圾集中收集处理。

三是基础设施更加完善。绍兴市在这方面的工作力度大，成绩可圈可点，如全市等级公路通村率达 99.7%，农村客运班车通达率达92.3%，得到了人民群众的普遍好评。

四是公共服务全面拓展。全市乡村实现连锁超市、"放心店"全覆盖，新型农村合作医疗行政村覆盖率达到 100%，这方面的工作走在了全省乃至全国前列。

五是民主管理不断健全。全市村务公开和民主管理规范化建设达标率达 33%，创造了"夏履程序""八郑规程""乡村典章"等基层民主管理做法和先进经验。

六是社会和谐度有效提升。在当时"中国和谐发展课题组"公布的中国 30 个省区市和 41 个城市和谐发展指数排行榜中，绍兴位居第 8。

总之，通过实施"百千工程"，有力推进了绍兴市城乡统筹发展和经济社会又好又快发展。

（三）进一步深化工作的基本方法

在全市"百村小康示范、千村改造整治"工作现场会上的讲话中，我还专门阐述了深化"千万工程"的工作方法问题。

总的目标和要求是，要着力提高"百千工程"的建设水平，重在"提质扩面"。下一阶段实施"百千工程"的目标任务，就是要全面开展以改善农村人居环境为重点的村庄整治建设，2008 年全市要有 260个左右村完成环境整治任务，整治的面要达到 60% 以上；到 2012 年力争全市绝大部分村庄的环境得到基本整治，最大限度地使绍兴市成为村容村貌洁净、人居环境优美、基础设施配套、公共服务完善、农民生活幸福的地区，推动绍兴市新农村建设继续走在前列。绍兴是一个最具幸福感的城市，曾在全国最具幸福感城市排名中居第 18 位。我们要进一步加强城乡统筹发展，提升农村建设水平，努力提高农民的幸福指数。

围绕上述目标任务，我们要坚持和深化以下几点行之有效的工作方法。

第一，坚持以人为本抓"百千工程"。要按照"以人为本、改善民生"的要求，多听听群众意见和呼声，从人民群众最关心、最直接、最迫切的问题入手，有序推进农村基础设施和公共服务体系建设。

第二，坚持城乡统筹抓"百千工程"。要坚持以城带乡的原则，切实把城市和农村作为一个整体来规划建设，根据城市化进程和城乡人口变动、产业集聚发展的趋势，确定村庄整治建设的重点区域和重点内容。要继续抓好"十大城乡统筹网"建设，增强城市基础设施的辐射能力，切实把城市的现代文明和各种要素、资源向农村辐射与延伸，让更多的农民共享城市基础设施和城市现代文明。

第三，坚持突出重点抓"百千工程"。要把开发区、"城中村"、城乡接合部、中心镇、中心村的建设，作为"百千工程"重中之重加以推进。大力实施中心镇培育工程，使中心镇成为推进新型城市化和建设新农村的结合点，成为农民到城镇创业创新的大舞台、安居乐业的新家园，成为农村经济新的增长点和公共服务的辐射点。把中心村建设作为推进农村新社区建设的主要载体，搞好中心村和中心居住点的规划，引导农民到中心村去建房居住。规划确定的中心村和正在创建的全面小康示范村，村庄人居环境要达到"八化标准"，即"布局优化、道路硬化、村庄绿化、路灯亮化、卫生洁化、河道净化、环境美化和服务强化"；社区服务要达到"八个配套"，即社区医疗、社区教育、社区文化、社区购物、社区福利、社区保洁、社区治安、社区管理服务相配套。

第四，坚持因地制宜抓"百千工程"。要牢牢把握"因村制宜、分类指导"的原则，根据城镇郊区、丘陵山区、平原水乡村庄的经济条件、地形地貌等现实情况，分类型、分层次地推进环境治理、村庄整理、旧村改造、新村建设。特别是历史悠久、具有民俗特色的村庄，要注重延续历史传承，保护特色文化。同时，在整治建设过程中，要坚持尽力而为、量力而行，珍惜财力、爱惜民力，不能盲目铺摊子、超出偿还能力举债搞建设，更不能搞不切实际的形象工程、政绩工程。

第五，坚持整体推进抓"百千工程"。要坚持点面结合的原则，加快重点镇乡的整体推进进度，2008年要加快20个重点镇乡、"十路三河"两旁、水源源头保护区的成片成线推进，提升重点片区的整体形象。要加快欠发达地区的村庄整治建设，充分发挥欠发达地区山水秀丽、生态优美的优势，创新思路，落实措施，打造生态型新农村。

第六，坚持合力共抓"百千工程"。"百千工程"涉及的领域很广，各级各部门要强化配合意识，注重整合资源，建立健全协作机制，形成合心合力、齐心协力推进"百千工程"的良好局面。要充分发挥公共财政的主导作用，把村庄环境整治、农村基础设施建设和公共服务事业发展列入各级政府公共财政重点支出范围。要积极调动全社会力量参与整治建设，特别是要完善村企结对制度，鼓励引导企业以多种方式参与"百千工程"建设，以实际行动回馈社会。要强化群众的主体意识，进一步调动群众的积极性，引导群众以"自愿、自助"的原则，投身家园的整治建设。

第七，坚持强化管理抓"百千工程"。在加强农村水、电、路等基础设施建设基础上，要进一步强化管理，加强软环境建设。要充分借鉴城市现代社区建设管理的理念，把集中性整治建设与长效性管理制度建设结合起来，探索建立综合运用思想教育、村规民约和市场机制的村庄环境长效管理机制。特别是要进一步深化"八郑规程""乡村典章""夏履程序"等村级民主自治经验，强化村民民主意识，提高民主管理能力，建设管理有序、服务完善、文明祥和的新型农村。

第八，坚持促进发展抓"百千工程"。"百千工程"建设不仅要注重改善农村人居环境和生产生活条件，还要有利于促进农村生产发展和农民增收。要把村庄整治建设与创业创新结合起来，引导农民牢固树立"创业富民、创新强农"理念，广泛开展"创业富民、创新强农"活动，大力发展特色农业、开放农业、休闲旅游农业、高效生态农业和与特色经济、块状经济相配套的现代家庭工业等，切实把整治建设成果作为农村谋求新发展的新平台、新动力，全面提升绍兴市农村发展水平。

七 绍兴的"十张网"建设

　　经过改革开放 20 多年的发展，绍兴已全面进入城乡统筹加速推进、城乡发展加快融合的新阶段。我们必须紧紧把握这一发展大势和发展规律，把推进城乡统筹发展、加快城乡一体化进程，作为落实科学发展观、推动经济社会全面协调可持续发展的重中之重来抓，在把握"两个趋向"中谋划方略，在统筹发展中创新思路，切实找准统筹城乡发展的着力点，努力开创绍兴市城乡统筹发展的新局面。

　　2005 年，我曾到数十个乡、镇、村，近百个点进行城乡统筹发展专题调研。通过这次蹲点调研，我感到，推进城乡统筹发展，既要厘清思路，更要抓实载体。起初，我从加快基础设施、公共服务向农村延伸辐射的角度，提出了推进城乡统筹"网络化"建设的思路，后来，进一步形成了要构筑城乡一体的"十大网络"建设的设想，即村镇布局网、城乡交通网、城乡信息网、城乡生态网、城乡现代超市网、城乡健康保障网、城乡社会保障网、城乡文化教育网、城乡金融网、城乡平安网。

　　这是顺应城乡经济社会一体化发展的新趋势，在"百千工程"建设过程中提出的。随后，市里专门做了部署，专门制定出台了加快城乡统筹发展"十大网络"建设的实施意见，并按照"一年启动、二年推进、三年基本完成"的工作部署，扎扎实实推进了"十张网"建设的各项工作。

　　2006 年 5—6 月，我和市委、市人大、市政府、市政协及市有关部门负责人，再次到各县（市、区）开展新农村建设专题调研，实地了解、督查检查了各地推进城乡统筹"十张网"建设的情况。2006年6月6日,市委、市政府专门召开城乡统筹"十张网"建设汇报会,各牵头单位负责人分别汇报交流了工作进展情况。各地的反映和工作实践表明,市委、市政府关于"十张网"建设的决策部署、目标思路,完全符合绍兴实际,对于促进城乡统筹发展、推进社会主义新农村建设具有十分重要的作用。

通过调研,我总体感觉到,各级对推进城乡统筹"十张网"建设思想认识高,采取措施实,工作成效比较明显。

一是领导重视。各级把"十张网"建设作为推进新农村建设的重要抓手,作为职能部门的中心工作,建立了主要领导负总责、分管领导具体抓的工作机制,切实加强组织领导,对一些重点、难点问题,主要领导亲自调研、亲自部署、亲自督促落实。

二是责任到位。市委、市政府制定了《关于加快统筹城乡发展"十大网络"建设的实施意见》,明确了牵头单位、责任单位。市级各牵头、责任单位都制定了到2007年的建设实施规划,提出了每一张网络建设的总体要求、主要目标、重点工作,量化了工作标准,落实了工作责任。

三是部门配合。各部门强化大局观念和协作意识,统筹谋划,群策群力,切实履行职责,形成了齐抓共管的良好工作格局。

四是措施有力。在制定实施意见和建设规划的基础上,出台了一系列配套的政策举措。如为推进现代流通网建设,市政府出台了推进农村消费安全建设的若干意见、加大农村"放心店"扶持力度和完善长效管理措施的意见,还与各县(市、区)签订了目标责任书。

五是上下联动。各地因地制宜制定相应的建设规划和政策举措。如嵊州等一些县(市)专门制定"十张网"建设的实施规划,形成了市县镇村联动的可喜局面。

从这次调研的情况看,"十张网"建设已在各地全面推进,开局良好,有力地加快了基础设施向农村延伸、公共服务向农村辐射的进程,极大地推动了社会主义新农村建设,提升了城乡一体化水平。

（一）推进村镇布局网建设

推进城乡一体化首先要调整村落空间布局。几年来，村镇布局网建设取得了积极进展。

一是规划编制进展顺利。绍兴市城市总体规划和市域城镇体系规划已基本完成，5个县（市）均已编制县（市）域城镇体系规划、县域村庄布点规划。绍兴县（现柯桥区）在完成县城空间规划、县城村庄布点规划的基础上，需编制建设规划的245个村也已全部完成规划编制，同时还设计了一批住宅方案，供各村和农户免费选用。

二是村庄撤并工作稳妥推进。绍兴县（现柯桥区）已于2003年实施了行政村规模调整，行政村数量由738个减少到359个。新昌县在2004年进行了行政村规模调整，行政村数量从777个调整为416个。2006年上半年，上虞市（现上虞区）集中一个月时间，积极稳妥地实施行政村规模调整，行政村数量由786个减少到361个，调减幅度达54.1%，村平均人口由773人增加到1760人。

三是"百千工程"扎实推进。2006年启动建设示范村155个、环境整治村577个，建设资金达2.29亿元。2006年可提前一年完成建成100个左右全面小康示范村、1000个左右环境整治村的目标。在"百千工程"建设的同时，各地还探索了一些村庄建设和整治的有效办法。如新昌县按照"建设一批、搬迁一批、整治一批"的原则，对有条件的中心村和区域实施整体迁建，对一些地质灾害村和不适宜居住的村庄实施整体搬迁，对面广量大的其他村庄实施有效整治，如回山镇下山村地处地质灾害重灾区，243户共716人已基本搬迁，建成了下山新村。上虞市（现上虞区）集中开展宅基地整治，共投入6800多万元，拆除旧房22853间，涉及农户12548户，退宅还耕3000多亩，也解决了1007户农户的"建房难"问题。诸暨市通过"户出、村贴、镇补、市奖"的办法，对涉及10个乡镇（街道）的238个村的"赤膊屋"进行整治。

四是"城中村"改造取得积极成效。坚持"政府主导、多元运作，整体规划、统筹推进,依靠群众、让利于民"的原则,"城中村"(园中村)改造以点带面,整体推进,被舆论界誉为"绍兴模式"。特别是绍兴中心城市"城中村"(园中村)改造已投入94亿元,拆迁村庄85个659.4万平方米,新建小区48个443万平方米,在建209万平方米,入住25332户,有力提升了城市郊区化、郊区现代化、城乡一体化水平。

(二)推进城乡交通网建设

城乡交通网建设是推进城乡一体化的基础性条件。近年来,城乡交通网建设取得了积极进展。

一是骨干路网加快形成。在全省率先实现"县县通高速"的基础上,着力构筑与周边城市相连的网络化交通格局。甬金高速公路绍兴段顺利通车,诸永高速公路已完成主体工程总量的60%,嘉绍高速、绍诸高速公路建设正在抓紧开展前期准备。

二是康庄工程快速推进。全市已投入15.2亿元,完成了2165个工程项目。到2006年底,全市农村公路通达率将达97.3%、硬化率达91%,可提前一年完成省下达的建设任务。特别是绍兴县(现柯桥区)投入7700万元,已在全省率先完成了乡村康庄工程,实现村村通公路和村村通公交。山区的通村公路建设也在扎实推进,像新昌县澄潭镇

村村通路又通车

坑下村是一个山区村，近年来村主要造路和区间道路已全部硬化，总投资 450 万元的坑下公路大桥也正式通车。

三是城乡公交一体化全面启动。市政府出台了《关于市区和绍兴县城乡公交一体化改革的意见》，各县（市）开通了一条以上二级公交化班线，通等级公路的 3599 个行政村都开通了客车。

（三）推进了城乡信息网建设

城乡信息网建设也是推进城乡一体化的基础性工程。近年来，城乡信息网建设也取得了积极进展。

一是信息基础网络不断完善。全市已实现"村村通宽带"，覆盖率全省领先；除新昌县外，其他县（市、区）都实现广播村村响，通响率达 93%；有线电视通村率已达 98% 以上、入户率近 75%，城区已开通数字电视；教育专网已实现乡村完小以上"校校通"。像绍兴县（现柯桥区）马鞍镇国庆村还建起了村级局域网，拥有电脑的家庭有 210 户，其中 180 户接入宽带，占总户数的 25%。二是信息资源共享加快推进。开通了政府门户网站，建立了 50 余个政府部门网站，启动了"绍兴市新型农村合作医疗数据交换平台"，为网上咨询、网上办事提供了方便。三是农业信息服务全省领先。建成了由市、县、部门、乡镇、村相互联系的服务网络，发展农民信箱注册用户 12.2 万户，居全省第一。嵊州市在全省率先开通了"嵊州农业 110"网站。

（四）推进了城乡燃气网建设

改善生态环境需要改变农村砍林木烧饭菜的传统能源结构。近年来，绍兴的城乡燃气网建设取得了积极进展。

一是覆盖面不断提高。全市燃气普及率达 92%，其中乡镇政府所在地和集镇达 92.7%，中心村和平原村达 89.9%，山区农村达 79%。

二是农村用气大力拓展。积极优化瓶装气供应网点，扩大天然气和瓶装液化气销售量。像嵊州市在山区增设服务网点，仅 2006 年就新增用户近 2000 户。

三是燃气安全得到保障。发布《绍兴市燃气管理办法》,制定燃气重特大事故应急预案,着力打造"平安燃气"。一些县(市)积极开展燃气安全专项整治,其中诸暨市就取缔了不符合要求的供应点32家。

(五)推进了现代流通网建设

物流网建设是城乡统筹发展很重要的内容,也易被忽视。近几年来,绍兴流通网建设取得重大成绩。

一是覆盖面不断扩大。市政府专门出台了进一步加大农村"放心店"扶持力度和完善长效管理措施的意见,有力推进了以"三网一制度"为主要内容的农村现代流通网建设。乡镇放心超市已实现全覆盖,符合条件的3203个行政村已建立"放心店"3031家,覆盖面达94%,基本形成了以中心镇为核心、乡镇为骨干、村为基础的农村现代流通网络。

二是"放心店"不断扩面提质。绍兴县(现柯桥区)"放心店"已实现村村全覆盖,并向学校和城市社区延伸。诸暨市在全省率先实施了"农资放心店"工程建设,拓展了农村"放心店"功能。

三是农村消费市场有效激活。全市农村市场2006年1—4月社会消费品零售总额同比增长15%,高于城镇消费增速。

(六)推进了健康保障网建设

农村健康保障网建设,主要改善生态环境、村居环境、饮用水水质和医保体系。近几年来,绍兴农村的健康保障网建设主要进步有四方面。

一是林业"三大工程"大力推进。全市已建成生态公益林100万亩,退耕还林2.1万亩,新建绿色林带771公里,完成任务的154.2%。

二是"百万农民饮用水工程"积极实施。全市2006年已改善农村饮用水人口35万人。日供水能力达40万吨的小舜江供水二期工程正式竣工。新昌县近年来新建、改造了61座水厂,自来水普及率达

农家用上小舜江水

76.1%。诸暨市投入 2.3 亿元实施陈蔡水库引水工程，新建日供水 20 万吨的城南水厂，改善了 50 万居民的饮用水条件。

三是农村环境有效改善。上虞市集中开展农村垃圾集中处置专项工作，健全"户负责盛放、村负责收集、乡镇（街道）负责中转、市里负责处理"的运作模式，对农村垃圾进行焚烧发电或集中填埋。诸暨市在 5 个乡镇的部分村建造生活污水处理设施，经过生态湿地四格式净化处理，水质可达到国家二类水标准，有效改变了农村污水横流、蚊蝇飞舞的现象。新昌县开展城乡垃圾集中处理，已建成 650 个垃圾房（箱）、8 座中转站，特别是绿夏环保有限公司对垃圾实行无害化和资源化处理的办法，已引起国内一些城市的广泛关注。

四是农村卫生服务体系基本建成。全市初步形成县、乡、片、村四级农村医疗卫生服务体系，实现社区卫生服务网络全覆盖。特别是一些山区村的卫生服务体系建设也有了明显改善，像嵊州市黄泽镇前良村的卫生服务室有 100 多平方米，拥有 3 名专职医生，内设诊疗室、治疗室、输液室和药房,满足了周边村民的基本医疗服务需求。地处山区的新昌县儒岙镇横板桥村,也建起了集医疗、保健、预防、康复、健康教育、计划生育技术指导于一体的社区卫生服务站,服务范围覆盖7个行政村,为85%的60岁以上老人建立了健康档案。

(七)推进了社会保障网建设

社会保障制度建设是城乡一体化发展的重要内容,直接关乎民生。近几年来,绍兴社会保障网建设主要进步有四个。

一是就业形势比较稳定。各地围绕失业人员、城镇新成长劳动力、农村转移劳动力的就业、再就业问题,完善统筹城乡的就业服务体系,全市城镇登记失业率为3.6%。

二是社保覆盖面不断扩大。进一步完善城镇职工基本养老和基本医疗、失业、工伤、生育保险制度,被征地农民基本实现"即征即保",新型农村合作医疗实现行政村全覆盖。绍兴县(现柯桥区)新型农村合作医疗人均筹资标准已从67元提高到83元,增资部分由县、镇(街)两级财政负担,农民个人缴费30元不变。

三是社会救助广泛开展。上虞市(现上虞区)开展"百企连百姓"活动,百家企业共捐助冠名慈善救助基金4.3亿余元,五年内,企业每年拿出基金总数的5%捐给慈善机构。各县(市、区)的低保标准都有所提高,市区实施低保"提标扩面"工作,低保标准城镇从230元提高到250元,农村从150元提高到170元。

四是社保服务平台逐步建立。全市315个乡镇、街道、社区中,有242个建立了劳动保障工作机构,基本实现机构、人员、经费、场地、制度、工作"六到位"。

(八)推进了文化教育网建设

城乡文化教育差距大,提高城乡文化教育一体化是个长期的历史过程。近几年来,绍兴农村文化教育网建设主要进步有三个。

一是城乡均衡教育不断推进。大力实施农村中小学"四项工程",

积极创建教育基本现代化乡镇，开展新一轮中小学网点调整，教育发展的重心加快向农村转移。2006年，全市义务教育阶段入学率达99.8%，初中升高中入学率达95.53%，居全省第一。绍兴县（现柯桥区）在全省率先实施了外来民工子女入学"零门槛"和"一费制"。

二是文化体育设施有效改善。全市30%的乡镇创建绍兴市文化示范镇乡，建成浙江省"东海文化明珠"31个，60%以上的乡镇（街道）和50%以上的村（社区）已建或在建体育俱乐部（活动室）。诸暨市将投入1.1亿元，3年内在所有乡镇（街道）、行政村建成综合性文化活动中心。嵊州市实施越乡文化"六百"工程，建成了一批文化特色村和文化集聚区。如利用市区的空余厂房建起"艺术村"，把书画古玩、泥塑根雕、竹编、戏曲服饰等民间工艺集结起来，有效集聚了产业和人气。甘霖镇施家岙村是女子越剧诞生地，通过建设，现已成为越剧风情旅游地。

三是农民培训转移成效明显。全市2006年已投入培训资金1800余万元，培训农民10.2万人，转移就业率达75%以上。诸暨市着力构筑以职业技术院校、就业培训中心、乡镇成人学校为骨干，各类社会力量培训机构、行业主管部门、企事业单位共同参与的城乡劳动力培训体系，中央政研室专门对此做了推介。上虞市（现上虞区）制定了农民培训转移五年规划，每年培训1.8万人、转移1.2万人，已举办农民培训班767期，培训4.2万人、转移2.96万人。嵊州市专门组织"培育新农民、建设新农村"主题教育活动，推进政策、科技、法制、文化、健康、美德"六进农家"，同时还提出"三个100%"，即初中毕业生没有入高中的、高中毕业生没有被大学录取的达到100%的知识或技能培训，并达到100%的就业，积极培育新农村建设后备军。该市金庭镇坎头村，加强对农民厨师培训，着力打造厨师专业村，给我们留下了深刻的印象。

（九）推进了城乡金融网建设

农村金融业发展是一个被严重忽视、低估的大问题。通过努力，近几年来绍兴城乡金融网建设取得了积极进步,主要有三方面。

一是服务网络不断健全。全市共有农村信用服务站 694 家,有农村合作金融机构协贷员 3910 名,基本形成了覆盖所有行政村的金融服务网络。像绍兴县(现柯桥区)农村合作银行钱清支行有 8 个网点,重点为钱清轻纺原料经营户提供配套的特色金融服务。

二是服务功能不断增强。2005 年有 15 家农村银行营业网点升级改造为支行和分理处,各县(市)农村合作银行、市区信用联社都开设了银行卡业务和银行承兑汇票自营业务,新昌农村合作银行还被批准开办外汇业务。

三是支农力度不断加大。各地都推出了"商家乐""创业信用卡"等信贷业务,推广农户小额信用贷款,扩大农户联保贷款范围。绍兴县(现柯桥区)还成立了民营或会员制担保企业 9 家,注册资本 1.29 亿元,为中小企业发展提供金融支持。新昌合作银行每年新增贷款的 60% 以上用于"三农"贷款,并建立 300 万元的"三农"贷款风险专项补偿基金。

(十)推进了城乡平安网建设

城乡一体化发展包括城乡平安网建设。通过努力,近几年来绍兴城乡平安网建设取得了积极进步,主要有四方面。

一是维稳网络进一步健全。全市所有乡镇(街道)都建立了综治工作中心,在村(社区)建立了综治工作站。健全了村、乡、县三级矛盾纠纷调处网络,完善了群体性事件预防处置工作机制。

二是创建活动深入开展。广泛开展"八创建"和"八进社区"活动,积极参与乡镇(街道)示范综治工作中心创建和"综治进民企"活动。诸暨市还全面推行"综治进民企"活动,有力推进了"和谐建厂"。如枫桥镇的浙江齐锂机械有限公司专门成立综治工作组,车间有综治联络员、班组有综治信息员,企业内部关系和谐。

三是社会管理得到加强。加强交通、信访、安全生产管理,开展外来务工人员"大调查、大走访、大服务"活动,积极探索有效的管理方式。如诸暨市店口镇的"外警协管制"被称为"店口模式"。

四是治安防控不断加强。坚持依法从严治市方针，坚持人防、技防、物防并举，扎实开展"打黑除恶"、"两抢一盗"、交通整治等活动，社会治安进一步好转，群众安全感满意率达98.56%，被评为全国综治工作优秀市。

总体上看，"十张网"建设态势良好，成效十分明显，实实在在推进了城乡统筹发展和新农村建设，为农民办了看得见的实事。

八　构筑农村超市网，造福绍兴老百姓

　　农民的消费需求如何扩大，农民消费安全如何保证，农民的生活品质如何提升，党和政府能做些什么？当年，绍兴市全面开展了城乡现代流通网建设，其主要是农村超市网络建设。这是为绍兴老百姓造福的又一件好事。

　　2005年3月22日，为推进建立、健全、提升农村的消费网络和消费市场安全建设，绍兴县（现柯桥区）召开了推进农村消费安全建设现场会，我在会上以"构筑农村超市网　造福绍兴老百姓"为题讲了话。

　　我认为，推进农村消费安全建设，是加快现代商贸服务业发展和为民办实事的一项重点工作，这件事非常有意义，非常值得做，也必须把它做好。这件事做好了，我们就建立和构筑起了绍兴农村的超市网，这是一张造福绍兴老百姓的"安全网""放心网"。

（一）构筑农村超市网，是一件造福绍兴农民的大好事

　　推进农村消费安全建设，构筑农村超市网，从大的方面来讲，是落实科学发展观的需要，是坚持立党为公、执政为民的需要，是建设和谐社会的需要。构筑农村超市网，从更现实、与老百姓更密切的角度看，确实是党委、政府的一项民心工程、实事工程。概括起来有以下几个方面的意义。

　　第一，有利于推进城乡统筹发展，加快城乡一体化步伐。加快农

村消费流通网络以及监管网络的建设，是推进城乡统筹发展、促进城乡一体化的重要抓手和很好载体。抓好了这件事，就能以城市的发展、城市的文明来带动、提升农村的发展，加快城市一体化步伐。

第二，有利于提升农村的消费水平。乡镇超市、行政村的"放心店"建好后，就可以极大地改善农村的消费环境，挖掘农民的消费潜力，提升农村的消费水平，也能够借此改变农民的消费理念。

第三，有利于保障农民的消费安全。构筑这个网络的主要目的，就是维护和保障农民的消费安全。建立了农村超市网后，并不是说商品质量、消费安全百分之百有了保障，但从面上来看，就不太会有大的问题。我看到过一则材料，没有建"放心店"之前，农村的许多商品来路不明，变质的商品充塞其间。建起这个网络以后，就可大大减少这些现象，有效保障老百姓的身体健康。

第四，有利于促进农民文明消费、合理消费。这里主要是有两层意思。一是可以引导农民文明消费，从消费中享受现代文明。商品当中包含着许多现代信息、现代文明，提供什么样的商品，消费什么样的商品，往往反映出文明程度。我们可以通过这张网络，把一些富有现代文明信息的商品，输送到农村市场，促进农民的文明消费。二是可以保证合理的消费价格。构筑这个网络后，农村消费市场可以形成竞争机制，同类商品的价格，总体上会有所下降。因此，我希望供销系统和各家超市，商品价格一定要合理，不要片面追求高利润。要坚持薄利多销，确保农民的合理消费、公平消费，让老百姓满意，得到实惠。

第五，有利于培育、发展、提升城乡一体的消费市场。拉动经济发展的有"三驾马车"，也就是三大动力：一是出口，二是投入，三是消费。现在，出口势头强劲，投入也非常大，以致出现"投资过热"，但消费这一块始终不旺。究其原因，关键是农村的消费市场没有被很好启动。这几年，城市消费市场相对还旺一点。抓农村消费安全建设，对于激活、发展城乡一体的消费市场，对于扩大内需，具有积极的作用。

第六，有利于增加就业机会，引导农民更多地进入第二、第三产业。在构建农村超市网的过程中，资金流、商品流、信息流比较活跃，必然会创造出一些新的就业机会，包括直接的和间接的。另外，消费也能带动生产，使得当地的一些农产品有机会进入超市，由此也会增加农民的收入。

第七，有利于推动农村民主法制建设，保障农民权益。构筑农村超市网，既是一个经济行为，实际上也是带有政治意义的。网络建设中的群众监督，就是保障民主权益的体现。在整个建设过程中，对农村精神文明建设、民主法制建设都是有促进作用的。

第八，有利于相关部门更充分地行使执法监管职能，更好地为农民服务。农村食品安全，事关群众的切身利益。通过这个渠道，政府各有关部门特别是工商、质监等部门可以依法行使职能，更好地为民服务。

（二）构筑农村超市网，是一件必须尽快办的大好事

构筑农村超市网，对于促进经济发展、维护社会稳定和提高老百姓生活水平非常重要，是名副其实的民心工程、实事工程，我们必须尽快来办。理由有以下几点。

第一，群众有需求。农民群众迫切需要改善消费环境，提升消费水平，满足消费需求。从全市试点和绍兴县（现柯桥区）的情况来看，群众反映不错，觉得这样的消费是放心消费、安心消费、称心消费、舒心消费。

第二，上级有要求。国家商务部、省经贸委有实施这方面工作的要求，出台了一些政策意见。2005年的全国人民代表大会期间，吴仪同志参加了浙江代表团的审议，对浙江的农村消费网络建设给予了充分肯定，并答应到浙江来视察。

第三，我们有经验。各个县市对这项工作都有试点，基本上已经推开，特别是绍兴县（现柯桥区）已有80%左右建立了。既然已有成熟的经验可供借鉴，当务之急就是要顺势而为，乘势而上，加快推进这项工作。

第四，市场运作有主体。这项工作是多赢的，对老百姓也好、政府也好、经营业主也好，都是有利的。经营业主的积极性是很高的。可以这样说，这是一块"肥肉"，给了谁谁就可能兴旺发达，更不要说政府又是这么支持，花大力气加以引导、推动。如果大的超市商获取这个信息后，肯定会拼命来争取。因为，现在一些大超市，城市里的网络建设已经差不多了，正在采取"农村包围城市"的策略，努力开拓农村市场。农村超市网的建设工作，省里给了供销系统，因为供销系统是主要为农村服务的。绍兴县（现柯桥区）也是这样。我们不求千篇一律，可以给供销系统，也可以采取其他的市场方式。作为已经承揽这项工程的供销系统要知足，要有长远眼光，商品价格一定要合理，不要把这件好事办砸了。

第五，目标已明确。绍兴市推进农村消费安全建设的目标已经明确，要通过两年时间抓好这件事。2005年，除城区以外的所有乡镇都要建立连锁超市，符合条件的行政村60%以上要建立"放心店"。到2006年底，基本上全面完成。

总之，我认为，当时抓这件事的时机已经很成熟，要抓紧落实，能快则快，千万不要拖。

（三）构筑农村超市网，是一件必须认真办的大好事

如何办好这件事？绍兴市政府已出台了《绍兴市人民政府关于进一步推进农村消费安全建设的若干意见》。我们要认真抓好落实，真正把好事办好、实事办实。有条件的地方，还可以向学校和企业延伸，确保学生和职工的消费安全。

第一，要作为一项重点工作来抓。市委、市政府非常重视这项工作，已列入七大系列活动中的"为民办实事"工作之一，政府工作报告中也有体现。各级都要充分认识这项工作的重要性，把它作为造福百姓的实事来抓，作为2005年城乡统筹发展的实事来抓，作为我们先进性教育活动中的实事来抓。

第二，要建立领导机构和工作机构。市里已经建立了领导小组，

分管副市长任组长。各县(市、区)也要建立相应组织机构,进一步明确责任和任务,确保有人来抓、有组织来抓。主要领导要亲自过问,分管领导要抓好落实。

第三,要最大可能地坚持"三种模式、四个标准、五个统一"。"三种模式",第一种是直营连锁模式,第二种是加盟连锁模式,第三种是准入台账模式。"四个标准",就是要落实农村现代流通网、执法监管网、群众监督网和商品准入制度的有关建设要求及工作要求。"五个统一"有两个方面,一是涉及"放心店"建设的,指的是统一配送、统一价格、统一营销、统一管理、统一形象;二是涉及监管的,指的是一块牌匾、一套制度、一个标识、一本台账和一项承诺。上面这些工作要求,我们原则上要坚持和落实,这样才能提升这项工作的层次和水平。

第四,要坚持市场主导、政府引导、政策支持、部门服务、形成合力。所谓市场主导,是说这项工作是市场行为,要按市场规律办事。但是,政府要加强引导,各个部门要全力支持,协同作战,真心实意办好这件事。我在一份"动态清样"里看到,老百姓对这个问题主要有三个方面的要求,一是希望政府长期坚持下去,不要搞"一阵风";二是希望能体现税收公平;三是希望供应的商品多样化,不要太单一。我们要根据群众的意愿,切实解决好这些问题。

第五,要加强指导、督查和考核。这是一个重要环节。市里把这项任务交给分管副市长,平时要加强检查指导。市政府商贸办要出台一个考核制度,加强指导、督查。

总而言之,我们务必把这件大好事办好,实实在在地为绍兴老百姓造福。

(四)绍兴农村流通超市网建设经验报送国务院领导

绍兴农村现代流通网络、超市网建设受到了中央和省里领导的充分肯定,并就绍兴加强农村现代流通、推进农村消费安全工作情况,专题报送国务院领导。现将此材料原文附后。

关于绍兴市加强农村现代流通、推进农村消费安全工作情况汇报

绍兴地处长江三角洲南翼，辖绍兴县（现柯桥区）、诸暨市、上虞市、嵊州市、新昌县和越城区，面积8256平方公里，人口435万。绍兴既是历史文化名城，又是经济发达地区。预计今年全市生产总值可达1500亿元人民币，增长13.5%，人均GDP超过4200美元，财政总收入150亿元人民币，进出口总额100亿美元，城镇居民人均可支配收入17300元人民币，农民人均纯收入7600元人民币。绍兴经济总量在全国大中城市中位居第28，在同类地级城市中位居第8。这几年，绍兴市还先后被评为中国优秀旅游城市、国家环保模范城市、国家卫生城市、国家园林城市、全国科技进步先进城市、创建全国文明城市先进城市、中国最佳魅力城市和中国最佳商业城市。

近年来，党中央、国务院高度重视农村市场的开拓，就加强农村现代流通、促进农村消费等工作下发了一系列文件。我们根据中央的要求和省委、省政府的部署，积极创新，大胆探索，从2004年开始开展了以"三网一制度"（建设农村现代流通网、监管责任网、群众监督网和商品准入制度）为主要内容的农村消费安全建设，并把它作为商贸流通工作的重要内容和城乡统筹的有效载体来抓。在商务部，省委、省政府的直接关心下，在各级党委、政府的高度重视下，绍兴市农村现代流通网建设进展顺利，成效明显，工作进度在全省名列前茅。到2005年10月底，全市6个县（市、区）已有绍兴、诸暨、嵊州和越城区4个县（市、区）全面完成乡镇现代流通网的建设；全市97个乡镇，已有91个乡镇建立起连锁超市，连锁超市的乡镇覆盖面达到93.8%；全市符合条件的3203个行政村，已有1654个行政村建立了"放心店"，正在创建的有577个行政村，创建率达到69.7%。与此同时，全市农村已建立起消费维权站260个，维权分会52个，消费维权点3818个，消费维权监督员4163名。一个以县城为中心、以乡镇为骨干、以村为基础的农村现代流通网正在逐

步形成。

推进农村现代流通网，没有现成的经验可以借鉴。我们根据上级要求，结合绍兴实际，积极探索实践，在推进过程中主要把握了以下几点。

(1) 深化认识，全面部署。我们认为，推进农村消费安全建设，构筑农村流通网，是落实科学发展观、推进和谐社会建设的要求，有利于推进城乡统筹发展、加快城乡一体化步伐，有利于提升农村消费水平、保障农民消费安全，有利于培育发展城乡一体的消费市场，有利于增加就业机会，引导农民更多地进入二三产业，对于促进经济发展、维护社会稳定和提高人民群众生活质量，都有十分重要的意义。为此，我们把构筑农村流通网作为一项十分重要的工作来抓，专门召开会议进行部署，明确要求今年乡镇连锁超市和行政村"放心店"的覆盖率分别达到100%和60%。我们还专门在绍兴县(现柯桥区)召开推进农村现代流通网建设现场会，市政府与各县(市、区)政府签订了目标责任书，有力地推动了农村现代流通网的建设。

(2) 以点带面，稳步推进。在建设农村现代流通网过程中，我们强调以点带面、分类指导，不搞一阵风，强调注重质量，注重效果，做到稳步推进。各县(市、区)都选择1—2个乡镇进行试点，在试点取得经验的基础上再在面上推开。同时，实行分类指导，对乡镇连锁超市和行政村农家店，主要抓负责配送的龙头骨干企业；对农村现有商店，主要抓进货源头关，建立商品台账；对量大面广的农村小商店和批发市场，全面实行商品准入制度，把好商品进货关。原有的一些"夫妻店""代销店"在"放心店"的示范效应下，纷纷改装门面，改进服务，提高商品质量，售正货、树品牌、走正道。

(3) 因地制宜，注重创新。由于农村经济社会发展水平不一、群众消费观念和消费水平参差不齐，在建设农村现代流通网过程中，我们立足当前农村经济发展水平，在方案制定、模式选择上强调因地制宜，因村制宜，不搞"一刀切"。经济发达的乡镇和行政村采取直营连锁方式，由大型骨干超市在乡镇和行政村设立直营连锁门点，实行统一配送、统一形象、统一售价、统一营销、统一管理。经济尚不发达的乡镇和行政村，采取直营连锁或加盟连锁的模式，加盟连锁坚持公平、公开、公正的原则，由原有的农村小商店业主提出申请，经村委选择其中一家商店，作为加盟连锁或"放心店"进行改造，加入大型超市的配送体系，人财物、经营管理仍由业主自己打理。经济基础比较薄弱的乡镇和行政村，采取商品准入模式，即农村小商店设立商品进货台账，实行商品准入，到符合条件的批发企业中去进货，对符合要求的农村小商店，经有关部门验收合格后挂牌。在建设过程中，各地还结合实际进行探索与创新。如诸暨市采取"2+6"模式，即确定2家商业集团公司作为乡镇连锁超市和农村"放心店"的龙头骨干企业；另选择6家企业作为商品配送供应的企业，把竞争机制引入农村消费品供货配送领域。上虞市在建立现代农村消费品市场的同时，建立了优质农产品配送中心，将农村现有的优质农产品通过连锁网络送到千家万户。

(4)政府引导，企业主体。在推进农村现代流通网过程中，我们既不能越俎代庖，直接替代企业构建网络；又不借口市场经济而无所作为，一直遵循政府引导、企业主体、市场运作、部门监管的思路，切实做好指导、协调、督促、检查等工作。流通网络的具体实施，主要依托企业的力量来实施，靠市场这只"无形的手"来推进。无论是直营店、加盟店还是其他模式的"放心店"，我们都十分注重调动业主的积极性，千方百计用政策来引导，用制度来规范，由业主进行自我经营、自我管理，做到了经营主体多元化，资产模式多样化，经营方式灵活化。实践证明，充分发挥政府、企业、社会各方面力量是农村现代流通网建设取得成效的关键。在农村现代流通网建设过程中，政府不是单纯地要求企业建立几家连锁门店或"放心店"，而是把监管、维权寓于现代农村商业流通网建设之中，用发展的思路解决农村消费的现实问题，使网络建设、政府监管、社会监督得到有机的结合。

(5)监管维权，同步推进。推进农村现代流通网的根本目的是扩大农村消费市场，确保农村消费安全。为此，在工作中，我们力求做到三个同步：乡镇的连锁超市与行政村的"放心店"建设同步推进，并逐步向自然村和学校、企业的商店延伸,从而形成纵向到底、横向到边的农村现代零售网络;"三张网"与"一制度"同步推进,在建设农村现代流通网的同时,建立起监管责任网和群众监督网,对整个农村零售商店和批发市场实行商品准入制度;对连锁超市和"放心店"的监管与整个农村市场的监管同步推进,既加强连锁超市和"放心便利店"的指导,又加强非连锁超市和"放心店"的监管,特别对量大面广的农村小商店加强日常监督检查,发现问题,立即查处。各县(市、区)在城区设立消费者协会的基础上,在乡镇建立起了消费者协会分会(或消费维权监督站),在行政村建立起了消费维权监督点(或聘请维权监督员),形成了三级群众维权和消费监督体系,使农村维权监督落到了实处。

(6)密切配合,形成合力。在工作开展过程中,商务主管部门和工商部门发挥了"千镇连锁超市"和"万村放心店"建设的牵头组织作用。商务部门积极做好面上指导、沟通、协调、联系工作,并做好乡镇连锁超市网的建设工作。工商部门负责做好行政村的"放心店"建设和牵头做好监管责任网、群众维权网和商品准入制度的建设实施工作。供销部门利用与农民贴近、农村销售网点设施较为健全的优势,发挥龙头骨干企业的作用。各有关部门简化手续,主动提供服务,形成了推进农村现代流通网建设的强大动力。如对新设连锁超市,可持总部出具的文件,免予办理工商登记核转手续;连锁门店经营卷烟制品(含进口卷烟)、乙类非处方药品、书籍报刊、音像制品、代售邮票、信封、明信片、电话卡、代办公用电话等专营专卖商品,简化办理相关手续;对由总部全资或控股开设,采取计算机联网,实行统一配送、统一经营、统一核算的,由总部向其所在地主管税务机关统一纳税;对重点扶持的连锁经营企业,有关部门提供城区(含县城城关镇)车辆通行、停靠等便利。

绍兴市的这项工作,不仅得到了商务部、全国"整规办"和省委、省政府的充分肯定,而且在实践中越来越显示出了它强大的作用与旺盛的生命力。这些作用与生命力集中体现在"群众称心、业主高兴、政府放心"三句话上。

所谓"群众称心",就是指通过构建新型的流通组织和经营方式,满足了农村居民日益增长的多层次、多样化的消费需求。电信、书报、烟草、日常非处方药品进入农村"放心便利店"，既丰富了农村便利店的商品内容，又提供了农村居民的消费便利，使广大农民在家门口就能买到质量放心、品种多样、价格实惠的商品，享受到像城里人一样的消费，感受到现代社会的文明与进步。可以说，农村连锁超市和"放心便利店"的建设，正在改变长期以来农村消费市场不安全、不方便、不实惠的状况。农家店开到的地方，当地农民普遍反映较好，衷心称赞政府为老百姓办了一件大实事、大好事。一些尚未开农家店的地方，群众主动要求政府列入规划，引导业主尽快开办起来。

所谓"业主高兴"，就是指通过建立农村连锁超市和"放心便利店"，培育了农民现代消费理念，提升了农村消费档次，从而进一步拓展了农村消费市场。特别是就经营业主而言，商品实行统一配送，货源保证，客源增多，成本下降，经济效益明显提高。据调查，农村连锁超市和"放心便利店"，比同类的单体超市和"夫妻店""代销店"营业额少则增长30%，多则增长1倍以上。一些"夫妻店""代销店"由原来的抵制、旁观转到纷纷要求加盟"放心店"。

所谓"政府放心"，就是指通过构筑农村现代流通网，有力地保障了农村消费安全，推进了农村和谐社会的建设。从以往的情况看，城郊和农村往往容易成为假冒伪劣产品的生产经营场所，成为诱发社会不稳定的因素之一。我们在建设农村消费品流通网的同时，同步构建了监管责任网和群众监督网，强化了相关部门的执法责任，提高了群众自我保护、自我服务意识。在农村建立消费安全网后，农村居民的消费投诉明显减少，即使发生投诉，也就地得到妥善的解决，促进了社会和谐稳定。实践证明，从过去靠打击、抓整治，变为现在建网络、抓源头，更有利于管住、管好农村消费品市场，从根本上解决农村食品的安全问题。

绍兴市建设农村现代流通网，虽然取得了一定的成效，但离上级的要求、形势的发展和群众的需求还存在较大的差距。我们将根据国务院和省委、省政府的要求，进一步加大力度，加快进度，采取扎实有效的措施，做好"深化、巩固、拓展、延伸"文章。

一是深化认识。农村现代流通网、监管责任网、群众监督网和商品准入制度"三网一制度"建设，是农村消费安全建设的一场革命。必须从确保农村消费安全、促进农村消费增长、实现"三个代表"、体现执政为民的高度，充分认识到推进"三网一制度"建设的重要性，把推进农村现代流通网建设作为统筹城乡发展、建设和谐社会的重要内容和载体来抓。

二是巩固成果。对建设过程中遇到的新情况、新问题，用改革的精神、创新的办法、务实的态度逐个进行解决，使乡镇连锁超市和农村"放心店"既办得起来，更能够坚持下去，体现出商业连锁化的趋势和"放心店"的旺盛生命力。

三是拓展领域。点面结合，建管并举，既做好连锁超市和"放心店"的建设工作，更做好面上流通企业的监管工作，发挥监管责任网和群众监督网的作用。

四是延伸范围。向社区、学校、大型企业商店、外来民工聚集区延伸，充实商品，一网多用，增加如乙类非处方药、卷烟、电信、报刊等生活商品内容，并逐步增加生产资料和农产品的供应，不断推进连锁超市和"放心店"建设，使绍兴市农村现代流通网建设继续走在前列。

九 情系山区

从地理地貌面积来讲，绍兴实际上是一个山区面积占了 70% 左右的典型山区。尽管农村人口在不断减少，但还有 200 多万农村户口，而且山区人口相对更为稳定些。因此，我在绍兴工作期间，比较多地关注山区发展，尽力为山区老百姓多做点实事。

2002 年 11 月 12 日至 14 日，我带领市政府有关部门负责人，就加快发展山区经济问题，分别赴新昌、嵊州、诸暨等县（市）山区进行了调研，并发表了一些看法。

（一）在新昌调研山区工作时的讲话

2002 年 11 月 12 日上午，我们一行踏看了天玉兔业、国邦农业园、大明市花木基地、西山村家庭工业和珍禽繁育中心；下午又看了大市聚轴承加工园区、茶叶良种场，随后，又召开了座谈会，共同探讨了山区经济如何更快更好发展等问题。会上，围绕"学习贯彻十六大精神，加快山区经济发展"这一主题，我做了讲话。

首先，高度重视山区经济发展是贯彻落实党的十六大精神的需要。党的十六大报告是我们党在 21 世纪进入发展新阶段的一个政治宣言和行动纲领。报告在总结过去 13 年经验的基础上，深刻地阐述了"三个代表"重要思想，并根据当时国际国内形势，提出了全面建设小康社会的战略目标和任务，这对加快发展山区经济具有很强的指导意义。发展是执政兴国的第一要务，是我们当前最大的主题。贯彻党的十六大精神就是要在更大范围内、更高层次上探索全面建设小康社会,率先基本实现现代化。就全国来说,东西部面临一个协调发展问题;就绍兴市而言,平原和山区也面临一个协调发展问题,绍兴市总体上已达到了小康水平,但还有一些山区仅仅是解决了温饱问题,这与党的十六大提出的全面建设小康社会的要求还有差距。所以,加快山区经济发展,促进区域经济协调发展,这是贯彻落实党的十六大精神的一个重大课题。

其次,发展山区经济是我们绍兴全面建设小康社会,率先基本实现现代化的需要。如果占相当大面积、占相当大比例人口的山区没有实现小康,那么"全面建设小康社会,率先基本实现现代化"也就是一句空话。没有山区的小康就没有全市的小康;没有山区的现代化,也就没有全市的现代化。

最后,发展山区经济是实现经济社会可持续发展的需要。区域经济社会发展越平衡越好,如果不平衡,整个发展就要受到牵制,当然这种平衡必须建立在按市场经济规律办事的基础之上。总结新昌经验,很重要的一条就是高度重视山区经济的发展,尽可能地做到区域经济社会的持续协调发展。

我指出,农业和农村经济发展大的方向无非就两个:一个是推进农业产业化;另一个是实行非农化。讲讲很简单,一个"加法",另一个"减法",但要做好又非常不容易。

如何做足做好"加法"文章? 所谓"加法"文章,就是要立足山区实际,以产业化为方向,念好"山字经",走好特色路,不断提高农业产业化经营水平。

总的来说,这几年新昌的农业产业化搞得有声有色,很有成绩,给我留下了深刻的印象:一是种子种苗基地建设有特色,有影响,已成为新昌农业发展的一大亮点;二是农业园区建设初成格局,档次高、数量多,农产品加工园区建设也已有实质性的进展;三是农业龙头企业体制有优势,外连市场、内连基地,辐射带动能力强;四是市场拓展思路清晰,"外地抓完善,国内建网络,境外设窗口"成效显著。

我认为，这些年来新昌的农业产业化经营之所以有声有色，充满活力，一个很重要的原因，就是新昌县委、县政府领导对农业产业化经营高度重视，而且能从实际出发，因地制宜，坚持走自己的路，形成了鲜明特色。

同时，也要做足做好"减法"文章。现在国内一些知名的专家、学者提出了新的观点，就是目前全国农村正在发生一场新的革命，对农民实行一次新的解放。革命体现在哪里？具体体现在"减法"文章上。就是从实际出发，推进劳动力从农村向城镇转移，从农业向非农产业转移，不断提高农村工业化、城镇化水平。把农业产业化做深做透、做强做优，是"加法"文章；推进工业化和城镇化，把农业人口转移出去，是"减法"文章，把"减法"文章做足做好了，增加了农民收入，也就等于做足做好了"加法"文章。

做好"减法"文章的着力点，主要是加快发展农村个私经济，实现家庭工业的升级换代，因地制宜做好招商引资和旅游业发展工作，努力实现农村工业化和城镇化。我认为，如果一个地方没有以工业化和城镇化作为基础，事实上难以建设真正的小康社会。全面的、高水平的小康应该是建立在农业产业化基础之上，以工业化和城镇化为支撑的社会。新昌县西山村之所以发展得那么快，就是因为它们用工业化和城镇化的理念来办企业、搞开发、建园区，把人口转移出来。实践证明，这样做大有成效。

围绕做足做好"加法""减法"文章，政府必须进一步改进服务，不断提高为"三农"服务的水平。

因此，要进一步加大政策扶持和投入力度，切实加强山区基础设施建设，大力发展中介服务机构，坚持开展科技、文化、卫生"三下乡"活动。要讲究工作方法，认真总结经验，抓好典型示范，不断增强工作指导的针对性和经济发展的实效性。要继续做好人均收入在2000元以下贫困村的帮扶工作，进一步增强"造血功能"，为山区经济的协调发展注入新的生机和活力。

（二）在嵊州调研山区工作时的讲话

2002 年 11 月 13 日上午，我们参观了嵊州黄泽镇工业园区、中国百年桂花园、牛团仓移民新村、甘霖镇工业园区以及殿前村个私工业小区；下午我们又参观了崇仁镇应桂岩名茶示范基地和谷来镇高峰村香榧基地，随后召开了座谈会。会上我谈了如下几个想法。

1. 对嵊州山区发展的印象

当天参观的不少山区发展项目，给我留下了深刻的印象。

一是花卉产业。绍兴全市花卉基地 10 万亩，嵊州有 6 万亩；姚幸福中国百年桂花林，是目前全市面积最大的，是全市的"花卉之王"。

二是移民下山。牛团仓村处于海拔近 1000 米的四明山麓，一直以来不通马路，不通广播和有线电视，不通电话，是一个典型的贫困村。通过实施移民下山工程，全村 65 户农户中已有 39 户迁入新居，其他正在搬迁之中。搬迁下山的村民居住条件、思想观念、就业方式都发生了根本性的变化。一位移民老农说："山上百年穷，山下一年富。"这句话很有说服力，深受启发。

三是园区建设。甘霖镇建设工业园区以及殿前村发展个私工业的路子值得肯定。一家一户搞织造，老百姓的家庭年收入能达到 2 万—3 万元，能基本实现小康，但要更富就比较困难了。事实证明，大力发展个私工业小区是实现家庭工业更快更好发展的有效载体。石璜镇的一位周老板从家庭作坊起步，经过五年发展，企业由一家变为三家，资产从几万元发展到了五百多万元，厂址从家里搬到了园区，并向镇里发展，今后还要有更大的空间。这就是家庭个私工业的力量，这就是老百姓致富的源泉。

会上，我初步归纳了嵊州在发展山区经济方面的做法。

一是发展思路定位准、有特色。"山区不仅是当前经济发展的难点，更是今后经济发展的增长点"，这个定位有新意。"立足山区抓山区，跳出山区为山区"，较好地体现了"有限空间无限发展，有限资源可持续发展"的方针。

二是"农"字文章做得比较深。围绕农业产业化这个主题，在建基地、拓市场、抓加工等方面做了大量工作，很有成效。

三是对偏僻高山上的村庄实行整体移民，在探索山区脱贫致富方面迈出了实质性的步伐。

四是在发展个私经济和工业园区建设方面有规模、有声势；家庭工业发展有引导、有重点。

五是对山区经济发展的政策扶持及政府服务力度较大，给我的印象比较深刻。

2. 山区的出路在加快发展

发展就是硬道理；发展是执政兴国的第一要务。我们总结经验，建设小康，展望未来，最根本的还是要靠发展。我们的一切工作都要着眼于发展，服务于发展。

我们要努力实现发达地区与欠发达地区、平原与山区的共同发展、协调发展。从绍兴情况看，全市已基本实现了小康，但与中央提出的全面建设小康社会的目标要求相比，我们还有很大差距。如果没有山区的更快更好发展，全市的发展就会受到制约；如果没有山区的小康，就不可能有全市的小康，更不可能有全市的率先基本实现现代化。

中央提出全面建设小康社会的目标，一方面是指要在更高层次、更高水平上实现小康，而不是原来一般意义上的小康；另一方面是指要在更广的范围内实现小康，包括促进各地更加协调地发展。

因此，学习贯彻党的十六大精神，最重要、最关键的是要更快更好地发展，努力实现新的跨越。

3. 坚持开发兴山，大力发展特色农业

要从山区实际出发，把"山字经"这个"经"念深念透，把"农"字文章做足做好，把山、水、树、草、石等各种资源开发利用好，真正实现"深山有美景，高山有美金"。

嵊州的特色农业可以重点抓好"五朵金花"。一是一张叶。要做大做强茶叶产业，不断拓宽农民增收的渠道。二是一朵花。要继续扶持发展花卉产业，并使之成为农村经济发展的一个新兴产业。三是一

个果。要继续抓好干鲜果生产，重点扶持香榧基地建设，使香榧成为农民的"致富树""养老树"。四是一只兔。要发展规模化养兔，进一步提高兔业发展水平。五是一根竹。要把竹子的生产与加工更好地结合起来，提高其附加值。

只要我们从实际出发，把"五朵金花"的文章做深做透，就能进一步加快山区农民脱贫致富奔小康步伐。

4. 坚持工业兴山，因地制宜发展特色工业

如果一个地方没有工业的发展，就很难达到真正水平的小康。党的十六大报告中讲到实现工业化仍然是我们面临的一个重大问题，并从政治、法律等多个层面充分肯定了"百姓经济"、个私经济发展的地位和作用，强调要让创造社会财富的一切源泉涌现出来，一切力量调动起来，这为个私经济、家庭工业的发展指明了方向。

把个私经济、家庭工业作为山区老百姓自己的经济、致富的经济来发展，把老百姓的积极性进一步调动起来，我们的力量就非常大，我们的前景就很美好。发展个私经济不仅能解决一大批农村剩余劳动力的就业问题，而且能发家致富奔小康。里南乡西景山村在500米的高山上发展家庭织造，谱写了时代发展的小康曲，演奏了山区百姓的致富歌，这就是个私经济力量之源泉，生命之所在。

5. 坚持开放兴山，进一步加大招商引资力度

山区资源丰富，但信息不灵，各方面条件相对较差。因此，要通过招商引资，把项目引进来，把山区的资源优势充分地挖掘出来，变不流动的资源为宝贵的生产要素，变低效益为高效益，实现资源的合理利用和加工增值。

6. 坚持山外兴山，大力推进城镇化

大力推进城镇化是山区经济发展到一定阶段的必然要求，也是跳出山区抓发展的一种有效举措。我们要在现有条件下，加快农村剩余劳动力向城镇转移的步伐，通过推进城镇化和工业化来加快发展山区经济。要把高山上的一些村庄搬迁下来，山外兴山，脱贫致富，同时，要加强绿色生态建设，把山区很好地保护起来，发展生态农业。

7. 坚持政策兴山，进一步加大政策扶持力度

政策是杠杆，是机制。山区经济的发展需要强有力的政策扶持。政策一到位，比如你们对种一棵香榧贴 2 元，种 1 亩茶园贴 100 元，老百姓的积极性就调动起来了。

因此，只要财力允许，就要不断加大扶持力度。特别是在发展个私经济、家庭工业这个问题上，要想得开一些，高明一些，多支持、多鼓励。特别是在企业初创时期，更要多送温暖少设关卡，为它们的发展创造一个良好的外部环境。

总之，我们要在党的十六大精神指引下，认真总结山区发展的经验，不断推进山区经济快速健康发展，使绍兴的区域经济能有一个更快更好的发展，为在更高层次上全面推进小康社会建设，率先基本实现现代化而不懈努力。

（三）在诸暨调研山区工作时的讲话

2002 年 11 月 13 日、14 日，我们到诸暨山区做了调研，14 日下午召开了座谈会，听取了市领导关于山区经济的发展情况介绍，与璜山、陈蔡、同山、陈宅、东和五个乡镇领导做了工作交流。随后我谈了几点看法。

1. 辩证看山区：是发展难点，又是充满希望的地方

理论学习要着眼于发展。离开发展理论就失去生命；离开发展竞争就没有地位；离开发展学习就毫无意义。学习贯彻十六大精神的落脚点是要促进发展，包括促进山区经济的发展。

绍兴市山区面积大、人口多，目前各种条件相对较差，制约发展的困难矛盾较为集中。从一定意义上说，山区还是区域经济可持续发展中的一个难点和薄弱点。压力就是动力，差距就是潜力。辩证地看待问题，山区是区域经济发展中较薄弱的地方，但同时也是很有希望的地方。

党的十六大报告提出我们要在 21 世纪头二十年，集中力量，全面建设惠及十几亿人口的更高水平的小康社会。这次报告中提出的小康与过去讲的小康有很大的不同，过去更多的是强调数量，现在更多

绍兴的城市路网发展迅速

的是注重质量，是一种更高层次上的发展。全面建设小康社会离不开山区的发展，离不开山区的小康。

因此，要按照党的十六大提出的"改革要有新突破，开放要有新局面，发展要有新思路，各项工作要有新举措"的要求，与时俱进，开拓创新，进一步总结经验，厘清思路，提出新目标，明确新任务，出台新举措，努力实现山区经济新的更大的发展。

2. "五进四出"：加快发展山区经济

发展山区经济必须跳出山区抓发展，顺应城市化、工业化趋势，按照"城乡统筹、一体发展"的思路，大进大出大发展，脱贫致富奔小康。

"五进"就是五个方面要进山区。一是名特进山。山区资源丰富，有发展特色农业的优势。要因地制宜，把产品做深做细，把产业做大做强，形成品牌优势和规模优势。新昌的名茶、嵊州的花卉和诸暨的香榧就是名特进山的成功范例。二是政策进山。在新的条件下，山区的发展还需要强有力的政策扶持。要通过建立科学合理的政策激励机制，推进山区经济发展，这是我们当前需要继续抓好的一项工作。

三是设施进山。要进一步加大投入力度，加快水、电、路等基础设施建设，为山区经济发展创造良好的条件。四是企业进山。要进一步扶持发展农业龙头企业，积极引导工商企业投资效益农业，并以工业的理念来发展农业项目。同时还要因地制宜积极发展个私经济、家庭工业和旅游业。五是干部进山。要进一步重视山区、关心山区、支持山区，通过加强山区党组织建设、干部输送和人才培养、科技服务等多种途径，大力促进山区经济发展。

"四出"就是四个方面要出山。一是村民出山。通过劳动力向城镇转移，减少山区农民数量，拓宽农民增收渠道。二是产品出山。通过各种途径，把山区的产品推向市场，把资源优势转变为经济优势。三是村庄出山。对发展条件差、"造血"功能弱的高山贫困村实行整体搬迁，异地脱贫。四是资源出山。依靠招商引资和旅游开发等途径，把山区资源推介出去，实现山区资源的市场化开发。

最后，我从进一步加快山区发展角度强调了两点。一是要在已有基础上，进一步加大政策扶持力度，以进一步调动人民群众发展山区经济的积极性。二是要善于发现、总结、推广先进典型。在农村，不论是发展效益农业，还是发展个私经济和家庭工业，老百姓都有很强的模仿能力。树立典型，以点带面，促进发展，这是一种很好的方法，要灵活运用，以不断推动山区经济更快更好地发展。

（四）让山区百姓尽快致富

2005年9月29日，在我的提议下，召开了全市发展山区工作专题会议，这样的会议是过去很少召开的。会上，我以"促山区经济同步发展　让山区百姓尽快致富"为题发表了讲话。

现将讲话略做个别文字以及人名处理后照录于后。

促山区经济同步发展　让山区百姓尽快致富

市委、市政府今天在这里召开发展山区工作会议，会议规模不算大,参加对象不算多,会议时间也不算长,但是,这个题目非常大,这个问题非常重要。这是因为,绍兴实际上是个山区市,"七山二水一分田",绝大部分是山区;这是因为,山区经济总量尽管不是很大,但它的人口、面积占全市的比重非常大;这是因为,随着工业化、城市化、现代化进程的推进,经济和社会的发展越来越取决于环境的承载力,山区的环境怎样,直接涉及我们的发展,随着时间的推移,山区的地位和作用会越来越凸显出来。所以,市委、市政府非常重视这次会议。事先,市里领导进行了调查研究。市政府有关方面在调研基础上,形成了《绍兴市人民政府关于进一步加快山区发展的若干意见》。

这些年来,在大家的共同努力下,绍兴的山区发展工作应该说取得了非常明显的成效。山区的发展环境、发展条件有了很大改善,山区的发展路子更加明确了,各级支持山区发展的扶持力度进一步加大了。可以这样说,山区发展与全市各方面工作一样,呈现了非常好的发展势头,形成了非常好的发展格局。前不久,我专门花20多天时间到农村调查研究,重点是跑山区。几年前,我跑山区的时候,基层的干部和群众告诉我,我们这里是穷山恶水,意思是说山区发展的条件相对比较差。但是,今年我有一个强烈的印象,跑到哪儿,哪怕是在深山老林里面,干部和群众的观念、理念都发生了很大的变化,他们现在都讲,我们现在可是真山真水、好山好水、青山秀水,他们已把山区作为一个新的发展增长点,发展信心非常足,精神状态非常好,出乎我调查研究前的预料。所以,我们要对这些年来农村和山区的发展成就给予充分肯定。

这里特别需要强调的是,山区发展工作所取得的成绩,离不开各县(市、区)的大量工作,有些县(市、区)工作力度、政策支持力度非常大,老百姓拍手称快。这里还需要特别指出的是,长期工作在山区的基层干部,更是付出了大量的劳动。相对来说,他们的工作环境、生活环境艰苦得多。我也曾经到许多山区去看过,给我印象特别深的是,我7月初到新昌县长征乡调研,看到乡政府的房子有60年代、70年代、80年代、90年代的,每个年代都稍微搭一点,十分简陋。我到乡干部住的地方去看了一看,的确是非常艰苦,心里也非常感动。夏天,就只有那么

第十一章 在希望的田野:构筑城乡"十张网"

765

两层楼，楼板也是高低不平的，闷得很。像这种条件的，不是很多，新昌也有其特殊性。因为，长征乡下步到底如何发展，新昌县现在还没有定下来，所以办公条件也没有改善。我要再次呼吁，新昌县要早点定下来，该改善的改善一下。在这里，我代表市委、市政府，对长期工作在山区的乡镇干部、村干部，表示衷心的感谢和亲切的慰问。

下面，我简单地讲三点意见。

(1)要更加重视山区发展工作。为什么要更加重视、更加关心山区发展工作？

第一，重视山区发展工作，是实实在在落实科学发展观、省委"八八战略"的内在要求。我们讲落实科学发展观，实现全面协调可持续发展，其中就要做到区域的全面协调可持续发展。在一个区域当中，就要加快山区的发展步伐。

第二，重视山区发展工作，是我们坚持立党为公、执政为民的内在要求。客观地说，这些年来，山区发展势头很好，成绩很大，农民增收也不错，上年，全市农村人均年收入达到6970元。但是，我也了解到，人均年收入5000元以下的，全市还有10个乡镇63个村，尽管数量在下降，但我们的统计标准也在提高，原来是3000元的，现在已上升到5000元。但说句实话，山区的农民是特别需要关心、关爱的。我们要落实立党为公、执政为民的本质要求，就要进一步重视、关心山区发展，进一步关注、关爱山区农民。

第三，重视山区发展，是全面建设小康社会的内在要求。离开了山区的全面小康，不可能实现全市的全面小康。当前，我们也非常高兴地看到，在上年的农村全面小康实现程度的考核中，绍兴市在浙江省居第2位，宁波是第1位，我们是走在全省前列的。但要在现有成绩上进一步加快全面建设小康社会步伐，我们就要特别重视和关注山区的小康建设。

第四，构建和谐社会，需要我们更加重视山区这个社会。山区是个大社会，是一个具有特殊性的社会。绍兴应该是个和谐的社会，理所当然包括山区的和谐。山区的发展和非山区的发展，发达地区和欠发达地区,都要实现和谐。

第五,山区是发展的潜力所在、是新的发展增长点。省里明确地指出,山区、欠发达地区尽管原来的步子比较慢,但是未来发展的潜力所在、后劲所在,是现在发展的新的增长点。我们要培育、扶持新的发展增长点,离不开山区这一块。

第六,之所以要更加重视山区发展,是因为山区发展更多的是一种政府主导的行为。最近,在绍兴县(现柯桥区)召开的中国最发达县域经济论坛上,我注意到国家统计局局长邱晓华的报告,他讲道,假如城市经济是以市场经济为主导的话,那么农村经济应该是以政府为主导的。我认为这个观点有相当道理。从理论上讲,市场经济不相信眼泪,不同情弱者。但是,我们的农村、农业、农民,在一定程度上都是弱者,政府要更多地加以关注,更加重视山区发展的工作。

(2)要更加重视探索山区发展的有效途径。这些年来,我市各地在山区发展方面探索出了不少好的思路、宝贵的经验。我们跑到哪儿,都能发现各个地方都有自己的绝活,因地制宜、因村制宜、因人而异、因产业而宜,探索了不少新路子。凡是一个地方发展快的、致富了的,都有自己的独特门道。这需要我们很好地总结和探索。

从大的方面来说,山区发展的有效思路、载体、办法、途径有八个。

第一,走特色化之路。也就是说要发展特色农业、生态农村、高效农业,如茶叶、水果、蔬菜、花卉、毛笋(竹)等。山区在很大程度上,在相当一个时期,仍然是要靠山吃山的。

第二,走产业化之路。农业产业要做大做强,就要加快发展农产品深加工,培育农业龙头企业,发展农业加工园区,拉长产业链,提高附加值。如新昌的丰岛企业,上虞的蔬菜加工业等。

第三,走工业化之路。山区、农村也要走工业化之路。现在看来,山区的个私工业仍然具有顽强的生命力。这是我上半年到农村调研之前所没有想到的。特别是像绍兴县(现柯桥区)工业化那么发达的地方,山区乡镇又重新兴起了家庭工业。如稽东镇,2004年就增加了100多家,增幅达109%。嵊州最南端贵门乡的上坞山村,在几百米的高山腰上,前不着村、后不着店，却建起了一个纺织小区，发展了20台高档剑杆织机。高山的织布声，奏响了一曲曲老百姓的致富曲。一台纺织机，一年少则一万元的收入，多则两三万元，几年下来，就会有一个较大的积累。更重要的是，通过发展个私工业，可以培养和提高人的素质。

第四，走城镇化之路。山区也要走城镇化之路，该下山的就下山，通过做"减法"来增加农民收入，使山区农民尽可能向集镇和中心村集聚，以城镇化来推动山区发展。

第五，走统筹化之路。政府要加大公共财政转移支付力度，科学谋划基础设施、社会事业发展的各种规划，加快交通、信息、卫生、教育、医疗、超市、社会保障等方面的社会统筹力度，促进农村经济社会事业协调发展。

第六，走外向化之路。走出绍兴甚至走到国外去发展，这是绍兴这几年发展的一个重要特点。现在，绍兴已在市外外拓农业基地500万亩（包括水面承包等），提前实现了在绍兴之外打造"第二个绍兴"的目标。越城区一农户还到巴西承包经营了一片山林。走外向化发展之路，能有效拓展农业发展空间和农民致富途径。

第七，走市场化之路。农业也要走向市场。要围绕市场开发产品，加大品牌创新力度，提高农产品附加值。

第八，走科技化之路。要加快实施科技兴农，加大农民培训力度，全面提高农民素质，提高山区生产力发展水平。

发展山区，诸如此类的途径有很多，我们要积极探索，然后加以总结推广。更具体的办法、措施，各地都有，包括最近几年兴起的"农庄经济"，也是一种新的办法。

（3）要更加重视对山区工作的领导。

第一，市里要成立加快山区发展工作领导小组，由市委、市政府有关领导任正副组长，希望各县（市、区）也要加强对山区发展的领导。

第二，市里专门出台了《绍兴市人民政府关于进一步加快山区发展的若干意见》，各县（市、区）也要参照执行，并要在这个"门槛"上出台一些政策措施，只能高、不能低。

第三，各位市委常委要在原来的联系点的基础上，挂钩联系人均年收入 5000 元以下的乡镇，并要把有关部门、发达乡镇捆绑进来，切实加大帮扶力度。

第四，各县(市、区)、各部门要增加责任意识，形成工作合力，确保人、财、物等各方面进一步向山区倾斜。

第五，高度重视山区基层党组织建设。要以第三批先进性教育活动为契机，进一步加强山区基层党组织、领导班子、党员干部队伍建设。无论是发展经济，还是社会稳定工作，一切的一切，关键的关键，都在于人。凡是一个地方搞得好的，发展致富快的，肯定有一个好的班子，有一个好的带头人，这是一个基本规律。譬如，新昌县外婆坑村，路那么远，已靠近东阳了，却靠种茶叶致富了，他们已把未来两三年农民年收入的目标向 1 万元进军了。那里的村班子、村支部书记的素质不错。这样的"领头羊"多了，我们的山区发展就有希望了。

我们还要充分认识到当前发展山区工作的有利形势。第一，中央、省委对农村和山区工作非常重视。中央提出"两个反哺"，即将召开的十六届五中全会要通过的"十一五"规划中，已把社会主义新农村建设放在重要位置。现在，农业税等许多税也取消了，农村发展的条件也很好。第二，这几年中，山区基础设施特别是交通将会有根本性改变。这些条件改善后，山区发展的机遇就会很多，山区是到了该抓发展的时候了。山区发展的时机非常好，我们要乘势而上，进一步重视、进一步集中精力、进一步抓好山区发展工作。我相信，经过大家的努力，绍兴山区的发展，一定会在已有的成绩上，取得新的更大的成绩。

十 中心镇建设

2006 年前后，市里正式提出培育发展中心镇是推进新农村建设的一个重大战略。2007 年 2 月 10 日，市里召开了全市社会主义新农村建设工作会议，会上，我以"坚持统筹城乡发展 突出中心镇村建设 努力开创我市社会主义新农村建设新局面"为题做了讲话。

我在讲话中指出，突出中心镇村建设，就是要把中心镇村作为新农村建设的重点和平台，科学规划，合理布局，整合资源，加强扶持，不断增强中心镇村的集聚和辐射功能，使中心镇村成为联结城乡的结点和繁荣农村、服务农业、集聚农民的重要载体。

加快中心镇建设，是统筹城乡发展、推进城乡一体化的战略举措，也是当时新农村建设的"关注点"和"聚焦点"，2006 年下半年，市里专门制定出台培育发展中心镇的有关政策意见。

（一）加快发展中心镇的重要性

第一，中心镇的发展是推进新农村建设的内在要求。中心镇是各种要素的集聚点，是农村各种要素效率最高的地方，是农村新的文明集中的地方，是加快农业产业化、农村工业化、推进农村城市化最主要的平台。中心镇建设是新农村建设的一项重要内容，从综合的角度讲，抓住中心镇建设，就是抓住了新农村建设的关键点。

第二，中心镇的发展是推进统筹城乡发展的主要平台。中心镇是城之"尾"、村之"头"，是联结城乡的桥梁和纽带，是改变城乡二元结构的切入点和突破口,是新时期统筹城乡经济社会发展的重要平台。城乡空间一体化、基础设施建设一体化、经济一体化、社会一体化、生态一体化,以城带乡、以工促农,都需要以中心镇为载体。

第三,中心镇的发展是推进区域经济发展的客观需要。改革开放以来,绍兴市的农村经济发展都与中心镇发展联系在一起,中心镇具有区位交通、基础设施、服务体系的优势,为农村工业和专业市场提供有力依托,而农村工业和专业市场的发展又成为中心镇发展的经济基础。可以说县域经济的发展很大程度上主要是镇域经济发展。特别是城市化发展到一定阶段后,区域经济的差距主要表现在中心镇上,中心镇的经济实力强,区域综合实力就强;中心镇的发展后劲大,区域经济的发展后劲就大;中心镇的活力足,区域发展的活力就足。中心镇已成为区域经济发展的重要支撑。

与此同时,我们必须看到,经过几十年的改革开放,绍兴的一些重点乡镇(街道)都已有相当的经济发展基础、产业发展基础、规模基础和一定的城市功能基础。在体制方面也积累了一些经验。可以说,绍兴市的中心镇建设已有良好的开端,已经具备了加快中心镇建设的有利条件和基础。

(二)加快中心镇发展的基本思路

根据绍兴实际,此后一个时期,绍兴市中心镇建设要把握以下几条。

一是提升发展理念。加快中心镇建设是个大趋势,它符合城乡统筹发展的趋势,符合经济社会发展的规律,也符合中国的特色。中国发展新型城市化、新型工业化,不可能都集中在城市。中国要实现现代化、新型城市化,也不需要那么多的自然村。必须要有一个结合点,就是要加快中心镇的发展,使广大农村一方面向城市集聚,另一方面向城镇集聚。加快中心镇建设是个大战略。中心镇,向上连接城市、向下辐射一般建制镇和乡村,是城镇化体系网络的重要节点。加快中心镇建设,对于城乡发展、城乡互动和新农村建设具有战略性的意义。

加快中心镇建设是个大机遇。过去乡镇工业是向县城、县（市）开发区转移，根据现在的发展趋势特别是土地政策因素，城市的一些工业、一些要素将重新转移到中心镇和农村。因此，要把建设中心镇作为新一轮发展的大机遇来思考谋划。

2005 年 8 月拍摄绍兴解放北路，从高处往解放北路远眺正在建设开发中的镜湖新区。绍兴城区北拓正在局部形成

二是科学合理定位。市里有一个市域规划,第一批有 12 个中心镇。各县(市、区)要按照市域城镇体系规划的要求,完善县域中心镇、中心村布局规划,重点培育一批产业集聚强镇、大力扶持一批城市发展节点镇、积极发展一批小区域中心镇,适度发展一批山区集镇。每

一个镇都要有一个科学、合理的规划定位。一些重点镇要上升到小城市的高度来规划定位，而不要简单地停留在镇的层面上。

三是稳步调整区划。要抓紧调整完善中心镇的总体规划及新一轮土地利用规划，搞好与周边乡镇的衔接。要积极稳妥地推进自然村、行政村和必要的乡镇撤扩并。通过撤扩并的形式，整体加快集聚。这项工作还没有做的，要积极准备，谋划推进；已经做的，要进一步加以完善提高。

四是加快产业集聚。产业集聚是中心镇建设的关键。要依托块状经济，农业产业化和第二、第三产业都要向中心镇、中心村集聚。要把工业功能区建设放在中心镇经济发展的突出位置来抓，有一定基础的村可以搞一些工业功能区。要因地制宜发展服务业，鼓励大中城市的工商企业到中心镇开展产品开发、信息咨询、物资配送、旧货调剂、农产品加工及批发等经营活动，加强中心镇各类综合性或专业性市场建设，不断壮大具有地方特色的镇域经济。

五是推进设施建设。根据中心镇发展的实际需要和可能，着眼要素集聚和完善功能布局，有效整合资源，加强供水、供电、交通、通信、环卫等硬件设施建设和文化、娱乐、广电、医院、学校等软件设施建设。要把加快新区拓展与促进人口集聚有机结合起来，重视推广公寓式、联体式住宅小区开发，在土地集约利用过程中，不断提高建设品位。

六是加大政策扶持。要从有利于中心镇、农村城镇发展的角度，在体制和政策方面加以创新。市委、市政府鼓励向中心镇下放审批和管理权限，提高规费和土地收益返还比例，加大财政支持力度。首批12个重点培育的中心镇党委书记在任职期间，符合《党政领导干部选拔任用工作条例》所规定的任职资格和条件的，可以高配为副县职级。

各级党委、政府要切实加强组织领导，抓住工作重点，体现建设特色，健全建设机制，形成建设合力，加快推进，早出成效。

（三）中心镇建设的几点意见

2007年5月25日，我专程到绍兴县（现柯桥区）调研中心镇建设工作,并发表加快推进中心镇建设的意见。

就推进中心镇建设而言,绍兴县(现柯桥区)在思想认识、工作措施、工作力度、工作成效等方面,都走在了全市前列,为全市中心镇建设创造了好的做法和经验。

绍兴县(现柯桥区)提出要按照"资源节约、环境友好、经济高效、社会和谐"的新型城市化理念,努力建设经济转型发展示范镇、城乡统筹发展示范镇、社会和谐发展示范镇,我认为这既符合科学发展观与构建和谐社会的要求,也符合绍兴县(现柯桥区)发展的阶段性要求。绍兴县(现柯桥区)还在创新体制机制方面,做了大量的探索性工作,有些是符合实际并值得推广实施的。

调研座谈中,我就中心镇建设强调了几条意见。

第一,推进中心镇建设的信心要更坚定一些。

我们一定要高度统一思想认识,更加坚定发展信心,切实把加快中心镇发展当作推动经济社会发展、实现城乡统筹发展、加快经济结构调整、实现增长方式转变的重大战略来抓。近年来,绍兴县(现柯桥区)经济社会发展一直处在全省乃至全国前列。特别是经过几十年的工业化、城镇化发展,绍兴县(现柯桥区)当前最迫切的就是要用城镇化来带动提升中心镇发展。就绍兴地区特别是绍兴县(现柯桥区)而言,加快、提升中心镇的建设和发展,可以说是正逢其时。为此,我们一定要按照科学发展、集约发展、协调发展、统筹发展的理念,乘势而上,顺势而为,整合资源,集聚要素,切实把加快中心镇建设当作新一轮城乡一体化发展的重要抓手和突破口。

第二,中心镇规划布局要更科学合理一些。

绍兴市已有 12 个镇被列为第一批市级中心镇,其中绍兴县(现柯桥区)占了 3 个。就中心镇的规划建设而言,我认为可以把它分为三类:第一类,从目前看是小镇,但从长远看将会发展成为城镇;第二类,就是一般意义上的中心镇;第三类,只是各种要素相对集中的镇。对于中心镇的规划布局,我们一定要结合中心镇在区域发展中的地位、作用和本身的发展趋势,切实做到科学规划,合理布局,有效推进。绍兴县（现柯桥区）提出"二中心二带"的布局体系，"二中心"即以滨海、柯桥两个开发区为主体的环杭州湾现代工业中心，以柯桥县城为中心的城市经济中心；"二带"即主动接轨杭州和绍兴市区，形成两大城郊型经济增长带。我认为这个规划总体是合理的。对于杨汛桥、钱清镇的发展，从体制上讲是两个镇，但规划上应着眼长远、通盘考虑。希望杨汛桥、钱清两镇不要把发展目标仅仅定位在绍兴的"西大门"上，而且要努力建设成为有一定规模和品位的中小城市。建设好杨汛桥、钱清两镇意义十分重大。一方面可以使绍兴进一步接轨杭州，另一方面可以提升这两个镇的带动力和辐射力。希望绍兴县（现柯桥区）委、县政府能站在全局、长远的高度，进一步完善杨汛桥、钱清两镇的规划布局，不断促进两镇的联系与合作，努力推进两镇率先发展、统筹发展、协调发展。

第三，中心镇的特色要更鲜明一些。

大凡新兴城市和中心镇的崛起，都必须依靠自身突出的优势和明显的特色。比如说绍兴县（现柯桥区）的杨汛桥镇，就是以工业企业集群、上市公司较多为特色而崛起的，钱清镇就是以轻纺原料市场和深厚的历史文化底蕴为特色而崛起的。也就是说，中心镇建设要拓展思路，发挥特色，凸显个性，要重点依靠做优做强某一两个产业，从而带动经济社会全面协调发展。当前，对于钱清镇的发展来说，重中之重是要抓好轻纺原料市场的建设；对于柯桥来说，重中之重是要加快提升中国轻纺城的改造升级，努力以市场兴市。

第四，中心镇建设的起点要更高一些。

各级各部门不要用一般乡镇或者重点乡镇的发展模式来抓中心镇的发展，而应该从各种要素相对集聚的角度来规划、布局和建设中心镇，努力使中心镇的规划、建设站在更高起点上。像钱清、杨汛桥两镇站在更高起点上发展，是完全有基础和条件的。在中心镇建设过程中，我们一定要超前规划，着力提升中心镇的建设规模和品位。对于中心镇楼宇的建设，要着眼长远，按照"能高则高、能大则大"的原则进行规划建设。我认为，只要我们思想统一了，认识提高了，措施落实了，像钱清、杨汛桥这样的中心镇，过不了几年，一定会在现有基础上迅速崛起，成为真正意义上的中心城镇。

我认为，无论是市里还是绍兴县（现柯桥区），在开发建设项目时，都应充分调动企业的积极性，努力让企业参与中心镇建设。城镇建设如果没有企业参与，有些困难就很难解决。对于钱清镇楼宇建设，我认为也可以依托一些实力雄厚的企业来建设，充分整合企业的有效资源，努力实现政府、企业共建共享。

第五，中心镇建设的管理体制和政策要更活一些。

中心镇的建设，不仅要有科学合理的目标、思路，更需要科学合理的体制机制和政策措施保证。市里对中心镇建设已出台了相关政策意见，绍兴县（现柯桥区）在推进中心镇建设的实践中更是对体制机制做了积极探索和大胆创新。我认为，只要不违背原则，都应支持和鼓励大家去创新。市发展改革委要及时总结绍兴县（现柯桥区）在推进中心镇建设方面的好做法，用以指导全市中心镇建设。

第十二章　也是一门学问：如何推介好绍兴

作为党政主要领导，自然要在不同场合推介当地的情况。但如何推介好，则大有讲究。通常，要根据场合、对象（客人）和时间来确定推介的内容和风格。

一 推介讲话的一般类型及重要意义

一般地讲，推介性讲话大致有这样几种类型。

一是工作报告类。主要是上级部门来听取工作汇报或兄弟省市来调研了解情况的。这就需要事先做充分的准备，包括书面材料的准备，场合、氛围都比较规范正式。汇报的材料也会比较全面，而主题内容则会更为具体详细，时间少则 20 分钟，多则个把小时，一般在半小时左右。

二是议程礼节类。在许多节会性活动场合，或欢迎宴请客人场合，或看望拜访客人时，一般以礼节性为主，不宜展开具体情况介绍，只是说些活动的大致目的意义、表示欢迎和感谢之类的话，时间通常也只在 5 分钟左右。

三是介于工作汇报和纯礼节性之间的场合。也就是说，在许多会议、节庆、招商引资、接待客人活动时，需要对当地的历史和现状做个概况性介绍，时间也不严格限定，通常有 10 来分钟时间。在这种情况下，作为一地的党政主要领导，应尽可能地介绍好当地的情况，并且尽量不要呆板地念书面稿子，这样效果会更好。

作为当地党政主要领导，在这些场合讲什么、如何讲？讲话实际上能反映主人的事业性、责任性，反映对客人（对象）的重视和尊重程度，也反映对当地历史文脉、发展（工作）情况的熟悉程度，当然，还直接反映主人的学识、思维、口才等方面的素养。所以，为政者应重视和事先准备好此类演讲，马虎不得。

2003年9月1日，王永昌在香港接受媒体采访推介绍兴

　　如果演讲语言生动且又有恰到好处的演讲内容，那就会收到较佳的效果。比如，过去有人用"没有围墙的历史博物馆""跟着课本游绍兴"等来概括绍兴的特点，就很容易让人记牢绍兴。作为推介性的讲话，主要目的是让人能记住点东西，从而对当地留下较深、较好的印象，直接或间接地为当地发展创造良好的环境。

二 基本概况性的推介

2004 年 1 月 13 日，王永昌在香港·浙江周推介会上推介绍兴

凡外地客人来绍兴，作为主人，都应以适当方式推介绍兴。比较正式场合或外省的客人来，大都是要介绍绍兴概况的，从而使客人对绍兴有个大致了解。2004 年 5 月 30 日，我在接待香港全国人大代表视察团时，就先介绍绍兴一般概况，然后根据客人身体和来访目的，再介绍近年来绍兴工作和今后发展思路。

现将当时讲话稿附后。

在欢迎香港全国人大代表视察团
来绍视察活动时的讲话稿

各位代表，各位朋友：

首先，请允许我代表中共绍兴市委、市人大、市政府、市政协，代表434万绍兴人民，对各位的到来表示热烈的欢迎。希望在绍兴的考察能够给大家留下一段美好的回忆，希望大家对绍兴的发展提出宝贵的意见和建议。

下面，我向大家简要汇报一下绍兴的情况。

绍兴地处长江三角洲南翼，浙江省中北部，西接杭州，南临宁波，北濒杭州湾，下辖绍兴县（现柯桥区）、诸暨市、上虞市、嵊州市、新昌县和越城区，面积8256平方公里，人口434万，其中市区面积344平方公里，人口64万。绍兴历史悠久，名人荟萃，素有"水乡""桥乡""酒乡""书法之乡""名士之乡"的美誉，是首批中国历史文化名城、首批中国优秀旅游城市、国家卫生城市、国家环境保护模范城市、国家园林城市、中国投资硬环境四十优城市和中国经济总量三十强城市。

绍兴的基本情况，可以用三句话来简单概括。

（1）绍兴是一座历史悠久的城市。绍兴是我国古代越民族的生息之地。7000多年前，绍兴属于河姆渡文化圈的中心区域。相传4100多年前，大禹治水东巡到苗山，会集诸侯，计功行赏，将苗山更名为会稽山。春秋战国时，越王勾践在此建立都城，卧薪尝胆，复国兴邦。秦汉时置会稽郡，隋朝称越州，直至晚唐。南宋时，越州两次成为临时都城。1130年，宋高宗赵构取"绍祚中兴"之意，升越州为绍兴府，并于次年改元为绍兴元年，绍兴由此得名。绍兴以其秀丽山川哺育了众多的志士仁人。如春秋战国时期"卧薪尝胆"的越王勾践，东汉哲学家王充，晋代书法家王羲之、政治家谢安，唐代诗人贺知章，南宋诗人陆游，元朝画家王冕，明代哲学家王阳明、书画家徐渭，清朝画家陈洪绶、任伯年，近现代辛亥革命"三烈"徐锡麟、秋瑾、陶成章，学界泰斗蔡元培，文化巨匠鲁迅，一代伟人周恩来，著名学者范文澜、马寅初、竺可桢等。当代绍兴籍中科院、工程院院士就有56名。毛泽东同志曾写诗称绍兴为"鉴湖越台名士乡"。绍兴人文古迹遍布城乡，目前全市共有各级文物保护单位200多处，其中国家级9处，被誉为一座"没有围墙的博物馆"。

(2) 绍兴是一座风光秀丽的城市。"山阴道上行，如在镜中游。"作为首批中国优秀旅游城市，绍兴有典型的江南山水风光，风景名胜秀甲江南，目前全市有国家级和省级风景名胜区8个。历史上李白、杜甫、白居易、孟浩然等400多位著名诗人都留下了赞美稽山鉴水的绚丽诗篇。悠久的历史文化、浓郁的越乡风情、典型的山水风光，颇具特色的绍兴酒文化、石文化、桥文化、水文化，吸引了众多的海内外游客。近年来，我们通过打响"江南风情看绍兴，江南古城看绍兴，江南文化看绍兴"的品牌，旅游业正在成为绍兴经济的支柱产业之一。2003年全市接待国内外游客数超过1000万人次，旅游总收入达到80亿元。

(3) 绍兴是一座经济比较发达的城市。2003年，全市实现生产总值1088亿元人民币，比上年增长15%，人均超过3000美元；财政总收入107.3亿元人民币，其中地方财政收入50.5亿元人民币，分别增长26.3%和34%；全社会固定资产投资535亿元人民币，增长45.6%；社会消费品零售总额292亿元人民币，增长12.6%；城镇居民人均可支配收入13152元人民币，增长12%，农村居民人均纯收入6143元人民币，增长8%。在全国各大中城市中，就面积而言，绍兴居第184位；就人口而言，绍兴居第113位；但就生产总值而言，绍兴居第29位；就人均生产总值而言，绍兴居第24位。下辖的6个县(市、区)中，有4个进入了全国百强县行列，其中绍兴县(现柯桥区)在全国百强县中名列第8。

当然，由于客人是以全国人大代表身份来视察的，所以，推介是以汇报方式进行，并随后向客人汇报了近年来绍兴的主要工作和下一步的发展思路，使代表们对基层情况有更多的了解和指导。

此外，还有一类也是高度概括、浓缩绍兴最基本特点的介绍。尤其在出国访问期间参加一些以外国朋友为主的招待酒会时，就比较适合此类的推介演讲。比如，2004年11月16日我在日本东京的招待酒会上的祝酒词，就是用简短数语来推介绍兴的。

现将当时的祝酒词附后。

各位来宾，女士们、先生们：

晚上好！

刚才，我们举行了绍兴市观光投资说明会。现在，我代表绍兴市人民政府，衷心感谢各位来宾参加招待宴会。

绍兴是一座具有2500年历史的文化名城和江南水城，小桥、流水、古镇、画船绘就了一幅泼墨山水画；绍兴是文豪鲁迅的故乡，层出不穷的名人名士灿若繁星；绍兴是黄酒的故乡，历久弥香，愈品愈浓；绍兴是一座充满活力、具有相当经济实力的城市，城市综合实力居全国第42位；绍兴是十大中国最佳魅力城市。我希望所有在座的朋友记住今晚甘醇的绍兴美酒，记住历史悠久的江南古城，记住现代开放的绍兴。

现在，我提议：为绍兴与各位嘉宾的合作与友谊，为在座各位朋友的身体健康，干杯！

有时候，则可以用更简单概括的语言来推介绍兴。比如，在许多节会、招待会、宴会上，就可以用三五分钟时间既讲几句礼节性的话，也可以讲一点有点内涵的话。比如，我在许多场合，开头一句礼节性话后，就直接讲：

绍兴是一座文化之城，有着2500年的建城史，"古城历史悠悠长、名人名酒名水乡"，是我们绍兴城市的生动写照。

绍兴是一座山水之城，"山阴道上行，如在镜中游"，近年来相继荣获"中国优秀旅游城市""国家环保模范城市""中国人居环境奖"等荣誉称号。

绍兴是一座活力之城，有着较强的经济实力，经济总量居全国大中城市第32位、同类城市第11位，在中国城市竞争力50强中，绍兴居第29位。

绍兴更是一座希望之城，有着广阔的发展前景。我们将全面实施"创业富民、创新强市"战略，积极推进经济强市、文化强市、生态绍兴、和谐绍兴建设，努力推进科学发展，早日建成全面小康社会。

三 兼顾客人特点的推介

多数场合，还要根据客人特点更直接、更简要地介绍绍兴的情况。比如，2005 年 10 月 15 日下午，我在会见全国各地百名台商企业协会会长时的致辞，就是在介绍概况基础上加上了个性化特点。

金秋十月，丹桂飘香！在这蕴含收获的美好季节里，我们迎来了来自全国各地 32 个台商协会的会长和台商朋友，前来参加绍兴市台湾同胞投资企业协会第二届理、监事会换届庆典大会。在此，我谨代表中共绍兴市委、市人大、市政府、市政协，向你们的到来表示热烈的欢迎并致以良好的祝愿！

绍兴是一座历史悠久的城市。（略）

绍兴是一座风光秀丽的城市。（略）

绍兴是一座经济充满活力的城市。（略）

绍兴是一座产业特色鲜明的城市。改革开放以来，绍兴逐步形成了以第二产业为主、民营经济为主、轻纺产业为主的产业特色。第二产业增加值占全市经济总量的 60% 以上，建筑业总量居全国地市级之首，拥有上市公司 24 家，总量名列全国地级市前列。民营经济总量已占全市经济总量的 95%，在全国 500 强民营企业中，绍兴占 50 家；在全省 100 强中，绍兴占 36 家。轻纺产业产值占工业总量的一半以上，基本形成了纺丝、织造、印染、服饰相配套的产业格局。绍兴是亚洲最大的化纤面料生产基地，诸暨是全国最大的袜业生产基地，嵊州是全国最大的领带生产基地。

绍兴是一座全面开放的城市。目前已与日本、美国、丹麦、英国、韩国、意大利、巴西等国家的 16 个城市建立了友好城市和友好交流关系，来自美国、日本、欧盟、中国台湾等 50 多个国家和地区的投资者，累计在绍兴投资近 40 亿美元，共创办了 3600 家企业。与 190 多个国家和地区建立贸易往来，2005 年 1—9 月进出口总额达 67.4 亿美元，增长24.3%，其中自营出口 52.7 亿美元，增长 28.9%。截至今年 9 月底，全市累计批准设立台资企业 504 家，合同台资 7.86 亿美元，实到台资 3.5 亿美元，分别占全市累计批准外资项目、合同外资和实到外资总量的 13%、9% 和 11%，合同台资和实到台资总量位居来绍投资国家和地区第二。

各位会长，各位台商朋友：

绍兴市委、市政府正在深入实施推进率先发展、实现富民强市战略部署，积极建设经济强市、文化强市、生态绍兴、和谐绍兴。我们将倾力打造亲商、安商、扶商、富商的社会环境，努力为来绍投资的客商提供优质、便捷的全方位服务。希望各位会长和台商朋友，多来绍兴走一走，看一看，同时也希望各位能将自己在绍兴的所见所闻带回去，进一步帮助我们宣传绍兴、推介绍兴。我真诚地希望各位会长和台商朋友，能以参加这次庆典活动为契机，带领更多的台商朋友常来绍兴参观考察、投资兴业，促进两岸交流，实现合作共赢。

这篇讲话稿中，针对绍兴产业特色、开放经济和亲商环境的介绍，就是根据客人们的身份特点而讲的内容。

四 直奔主题的推介

很多场合，当客人们对当地情况有较多了解时，就没有必要做具体的概况介绍，而应根据对方来访的目的、要求，直接进行主题式的推介和汇报。比如，2007年12月12日，绍兴市举行冠名"红十字博爱基金"暨博爱基金捐赠仪式，参加的主要对象是省市红十字会的领导同志和参加捐赠的绍兴企业家等社会各界人士，我在仪式结束前做的讲话，就是直接围绕这次活动的主题而有感发言的。

尊敬的省红十字会领导，各位企业家，同志们：

今天，我们在这里举行绍兴市冠名"红十字博爱基金"暨博爱基金捐赠仪式，这是绍兴红十字事业的一件大事，也是惠及全社会的一件好事。在此，我谨代表中共绍兴市委、绍兴市人民政府，向在座各位企业家和积极投身红十字事业的社会各界表示衷心的感谢和崇高的敬意！

绍兴是一座充满爱心的城市。近年来，市委、市政府认真贯彻落实科学发展观，积极推进经济社会又好又快发展，着力提高人民群众的生活水平，保持了社会的和谐稳定，城市和谐指数居全国第8位，被誉为"最具幸福感的城市"。预计2007年全市实现生产总值1920亿元，增长14.5%；城镇居民人均可支配收入可达21400元，农村居民人均纯收入可达9480元，分别增长10%左右。我们在保障和改善民生方面，深入开展"推动全民创业、促进全民就业、实现全民保障"活动，深化抓"七助"、解"七难"工作，大力发展慈善事业，积极推进慈善超市建设，认真开展各类慈善救助活动,全市新型农村合作医疗实现行政村全覆盖,低保对象"应保尽保",被征地农民养老保障做到即征即保,全市农村"五保户"和城镇"三无"对象集中供养率分别达到 99.89% 和 100%,居全省前列。

红十字会是一个充满爱心的组织。红十字会作为国际性的慈善组织,作为从事人道主义工作的社会救助团体,涉及群众的切身利益。绍兴红十字会深入贯彻"保护人的生命和健康,发扬人道主义精神,促进和平进步事业"的崇高宗旨,大力弘扬"人道、博爱、奉献"的红十字精神,积极开展贫困群众疾病与健康的救助工作,认真开展各类医疗救助咨询和培训活动,充分动员社会各界力量参与救助帮扶活动,有效保障了人民群众特别是贫病人群的身体健康,为促进社会和谐稳定做出了积极贡献。

企业冠名"红十字博爱基金"项目是一项充满爱心的创举。绍兴红十字会推出 9 个冠名"红十字博爱基金"项目,是发展绍兴红十字事业的创举,有利于更好地发动企业家投身红十字事业,为企业家回报社会提供了一个有效平台;也有利于红十字会更好地借助社会力量,拓宽救助帮扶领域,帮助更多的贫病群众。希望绍兴红十字会,认真组织好这项活动,建立健全各项规章制度,切实加强募捐资金的管理和监督,着力完善社会监督体系,把好事办好、实事办实,努力把冠名"红十字博爱基金"的项目打造成全省红十字会系统的品牌项目。希望绍兴红十字会,以今天这次活动为契机,深入学习贯彻党的十七大精神,切实加强自身建设,积极创新工作举措,着力推进绍兴红十字事业又好又快发展。同时,希望全市各级各部门、广大企业和社会各界,关心支持红十字事业,积极参与红十字会组织的各项活动,努力为推进全面小康社会建设、创造人民更加美好的生活,献出一片爱心,做出一份贡献。

谢谢大家!

五 "魅力绍兴"的推介

2005 年 4 月 19 日晚,绍兴市举行 2005 公祭大禹陵·魅力绍兴水城风情旅游节招待酒会,我致了一个 3 分钟左右的祝酒词,突出了绍兴的主要魅力。

尊敬的各位领导、各位嘉宾,女士们、先生们,朋友们:

晚上好!

首先,请允许我代表中共绍兴市委、市人大、市政府、市政协,对各位领导和嘉宾的光临表示真诚的欢迎和衷心的感谢!

绍兴是一座有着 2500 年建城史的历史文化名城,也是一座典型的江南水城。"江南风情看绍兴,江南古城看绍兴,江南文化看绍兴",这是魅力绍兴的生动写照。我相信,有各位领导和朋友们一如既往的关心、支持,有全市上下的共同努力,绍兴必将显示出更加独特的魅力和活力。

我提议:为各位领导和朋友的健康,公祭大禹陵和魅力绍兴水城风情旅游节的成功举办,为绍兴更加美好的明天,干杯!

除讲话、致辞等口头方式外,有时也可以用书面文字的方式去推介。比如,我为《绍兴博览·中国之乡》(中央文献出版社 2005 年版)作的序,就是重点围绕魅力绍兴的"三看"内容而推介的。

绍兴作为我国首批 24 个历史文化名城之一,素有"山清水秀之乡、历史文物之邦、名人荟萃之地"的盛誉，又有"水乡""桥乡""酒乡""书法之乡""戏曲之乡""名士之乡"等美称，许多自然、人文事象成为全国之最。2004 年被中央电视台评为"最佳中国魅力城市"。"江南风情看绍兴，江南古城看绍兴，江南文化看绍兴"，这是魅力绍兴的生动写照。

　　"江南风情看绍兴。"绍兴山水秀甲江南。"山阴道上行，如在镜中游。"历史上有 400 多位著名诗人留下了赞美稽山镜水的绚丽诗篇，"千岩竞秀、万壑争流"的自然风光，犹如一幅令人陶醉的山水画卷。绍兴的民居特色鲜明。粉墙黛瓦、黑漆台门，是绍兴民居的基本色调。"三山万户巷盘曲、百桥千街水纵横"，小桥、流水、人家，构成了绍兴独特的亲山亲水的人居环境。绍兴的物产十分丰富。绍兴是鱼米之乡、黄酒之乡、纺织之乡、竹编之乡、青瓷之乡、兰花之乡、名茶之乡、珍珠之乡，物产丰富，风物万种，其中要数乌篷船、乌毡帽、乌干菜和绍兴黄酒最有代表性。绍兴的民俗异彩纷呈。曲水流觞古风显，乌篷船上看社戏，这

外国客商正在采购绍兴诸暨珍珠

是绍兴一道独具魅力的民俗风景。

"江南古城看绍兴。"春秋战国时期，越王勾践在绍兴建立都城，至今已有 2500 年的建城史，是江南两个城址未变的古城之一。南宋时期，宋高宗赵构两度驻跸越州，定都杭州后，仍以绍兴为陪都。绍兴堪称一座"没有围墙的博物馆"，中华五千年文明史几乎都可以在绍兴找到相应的遗存和文物来印证。舜禹遗迹、越国古址、秦汉碑刻、唐宋摩崖、明清故居等，为古城增添了历史厚重感和浓浓的文化氛围。近年来，我们按照"水为城市之源、绿为城市之美、文为城市之魂、人为城市之本"的建设理念，完成了一大批城市基础设施，修缮了仓桥直街、鲁迅故里、八字桥等特色街区，形成了历史文化与现代文明相互融合、越乡风情与山乡风光相得益彰、名人名居文化与粉墙黛瓦建筑交相辉映的城市景观，古城绍兴焕发着浓郁的时代气息。

"江南文化看绍兴。"绍兴是越文化的发源地。随着越国先民的流散和越文化流播到东南沿海和海外，作为越文化发源地的绍兴，成为於越子民的寻根访祖之地。绍兴代有人杰，史不绝书，毛泽东同志曾赋诗称绍兴为"鉴湖越台名士乡"。"古有三圣，越兼其二"，舜种嘉谷，禹会诸侯，传说中的舜皇和大禹在绍兴留下了许多足迹。越王勾践"十年生聚、十年教训"，留下了"卧薪尝胆、奋发图强、敢作敢为、创新创业"的"胆剑精神"。绍兴的文化名人中，有范蠡那样的商学家、政治家，王充那样的唯物主义哲学家，蔡元培那样的教育家，鲁迅那样的文学家，也有马寅初那样的经济学家。北京中华世纪坛的 40 个中华名人雕塑中，绍兴名人占了 4 位，他们分别是王羲之、蔡元培、鲁迅、马寅初。绍兴的戏曲和书法独领风骚。绍剧、越剧和莲花落是绍兴地方曲中最具有生命力的曲种，其中越剧是我国第二大剧种。绍兴的书法艺术有深厚的历史底蕴和广泛的群众基础，兰亭是书法圣地，也是绍兴的一张名片。

《绍兴博览·中国之乡》画册，以新颖独特的视角，较为生动形象地介绍了绍兴的历史文化和现代文明。希望此书的出版，能使更多的人了解绍兴的历史，关心绍兴的发展。

六 个性特色的推介

每个地方、每座城市,大都有自己的独特个性特色。有时候可以直接围绕一两个特色个性来推介,既简洁明了,主题突出,又让听者印象深刻,也容易记牢。

比如,2004 年 11 月 6 日,我在 2004 年中国(绍兴)国际纺织品博览会开幕式上致辞,就直接用"中国轻纺看绍兴"来概括绍兴的经济发展特点。

各位领导,各位来宾,女士们、先生们:

绍兴历史悠久、风光秀丽,是首批中国历史文化名城、首批中国优秀旅游城市、国家环保模范城市、国家卫生城市、国家园林城市、全国创建文明城市先进单位。在中央电视台举办的魅力城市评比中,绍兴被评为十大"最佳中国魅力城市"……

中国轻纺看绍兴。轻纺产业比较发达,是绍兴经济发展的一个显著特点。在绍兴工业经济中,轻纺产业产值和销售均占总量的一半以上,已基本形成了纺丝、织造、印染、服饰相配套的产业格局。绍兴县(现柯桥区)是全国十强县,更是全国有名的纺织大县,中国轻纺城是亚洲最大的纺织品集散中心。在绍兴县(现柯桥区)举办中国国际纺织品博览会,具有天时、地利、人和之优势。

在经济全球化、信息产业化的今天,举办 2004 年中国(绍兴)国际纺织品博览会具有重要意义。纺博会的举办必将促进纺织业的信息和

2006年12月28日，王永昌与浙大党委书记张曦共同为"浙江大学——绍兴市共建电子信息公共网络服务平台"正式开通按下按钮

技术交流，有利于促进纺织品内外贸易的发展，有利于提升绍兴的纺织产业，促进我市经济的繁荣和进步。

预祝2004年中国（绍兴）国际纺织品博览会取得圆满成功。

又如，2006年2月15日，在中国轻纺城国际贸易区（时代广场）联合市场开业典礼上，我在讲话中也是直接围绕"中国轻纺看绍兴"而展开推介的：

……"中国轻纺看绍兴"。中国轻纺城是全国第二大专业市场、亚洲最大的纺织品交易中心，在推动绍兴产业结构调整、带动区域经济发展，在提高绍兴城市知名度、美誉度和综合竞争力等方面，都具有举足轻重的地位。近年来，国家有关部门和省、市、县各级都非常重视对中国轻纺城的改造升级，我们专门开展了对中国轻纺城升级改造工作的调研。今天开业的国际贸易（时代广场）是中国轻纺城向新区拓展的杰作，联合市场是中国轻纺城老区改造升级的典范，这两个市场的开业，必将有效地带动整个轻纺城的改造、升级和拓展，极大地推动国际先进纺织业基地和国际纺织品贸易中心的建设。

我们相信……中国轻纺城一定能在新的起点上开拓奋进，进一步扩大经营规模、降低商务成本、拓展交易品种、创新交易方式、规范秩序管理，努力提升整体形象，真正把中国轻纺城建设成为国际纺织品贸易中心。

最后，衷心祝愿中国轻纺城繁荣兴旺、再创辉煌！

再如，2004 年 5 月 26 日，第二届浙江作家节在绍兴举行，我在开幕式上做了 5 分钟左右的致辞：

尊敬的各位领导，各位来宾，女士们、先生们：

在纪念毛泽东同志《在延安文艺座谈会上的讲话》发表 62 周年之际，由中共绍兴市委、浙江省作家协会联合举办的第二届浙江作家节隆重开幕了。亲近鲁迅故乡，领略古城风情，感受名城文化，这是一个贴近群众、贴近生活、贴近实际的文学盛会，是一个作家们了解绍兴、交流采风的难得机会，也是一个展示绍兴形象、繁荣绍兴文学的重要契机。在此，我谨代表中共绍兴市委、绍兴市人民政府，向光临作家节的各位领导和文学界、新闻界的各位朋友，表示衷心的感谢和热烈的欢迎！

鲁迅是绍兴的名片，文化是绍兴的灵魂。在文学巨匠鲁迅的故乡举行第二届浙江作家节，用文学阐释时代精神，用文学记录时代辉煌，这对于坚持先进文化的前进方向，继承鲁迅先生的伟大精神，推动文化名市的建设步伐，塑造绍兴城市的良好形象，具有十分重要的意义。

在此，预祝第二届浙江作家节圆满成功！

祝各位领导、各位来宾身体健康，事业兴旺！

七 综合而又有个性的推介

有很多场合，客人主要想大致了解当地的情况，而不需要比较深入的或专题性的了解。通常，客人想了解当地概括性又比较形象生动的特点，而主人也想把当地有代表性的情况形象生动地介绍给客人。这就要求我们（主人）对当地历史、现状非常熟悉，并具有高度的概括能力。推介的情况既符合客观实际，又显得鲜活生动；既给人展现科学严肃的内容，又令人留下轻松有趣的印象；进而还可能给人以举一反三的启迪意义。这种推介方式应成为非严肃正规场合下，地方党政领导所追求的主要方式。当然，这需要花一些工夫。这方面，我也做了一些尝试。

比如，2004 年 9 月 10 日，在首届中国（绍兴）国际纺织论坛暨纺织交易会开幕式上，我做的十来分钟讲话，就进行了此类的推介。

尊敬的各位来宾，各位朋友，同志们：

中国（绍兴）国际纺织论坛暨纺织交易会在绍兴举行，是绍兴的荣幸。首先，请允许我代表中共绍兴市委、绍兴市人民政府，对论坛及交易会的开幕表示热烈的祝贺，对参加论坛及交易会的各位领导、专家和来宾朋友表示热烈的欢迎！

绍兴地处长江三角洲南翼，浙江省中北部，位于杭州和宁波之间，面积 8256 平方公里，人口 434 万，其中市区面积 362 平方公里，人口 64 万。上年全市实现生产总值 1088 亿元，人均生产总值超过 3000 美元，经济社会发展水平位居全省前列,经济总量在全国大中城市中居 29 位,在全国同类城市中居第 9 位,人均生产总值在全国大中城市中居第 24 位,下辖的 6 个县(市、区),有 4 个进入了全国百强县行列。

绍兴是首批中国历史文化名城、首批中国优秀旅游城市、国家环保模范城市、国家卫生城市、国家园林城市、全国创建文明城市先进单位,历史文化、山水风光和轻纺产业闻名遐迩。

绍兴有一个好名字。1130 年,宋高宗赵构升当时的越州为绍兴府,绍兴由此得名。按现在的说法,"绍兴"意即继往开来、与时俱进、振兴中华。

绍兴有一个好祖先。绍兴是我国古代於越民族的生息之地,7000 多年前,绍兴属于河姆渡文化圈的中心区域。"古有三圣,越兼其二",传说中的舜皇和大禹在绍兴留下了许多足迹。

绍兴有一座古城。春秋战国时期,越王勾践在绍兴建立都城,至今已有 2500 年的建城史,是江南两个至今城址未变的古城之一。

绍兴有一批名人。绍兴以其秀丽山川哺育了众多的志士仁人。北京中华世纪坛的 40 个中华名人雕塑中,绍兴名人占了 4 位,他们分别是王羲之、蔡元培、鲁迅、马寅初。百年名校北京大学的历任校长中,绍兴籍校长也占了 4 位。当今中国科学院和中国工程院院士中,绍兴籍的院士有 56 名。毛泽东同志曾赋诗称绍兴为"鉴湖越台名士乡"。

绍兴有一批典故。大禹治水"三过家门而不入",越王勾践卧薪尝胆、生聚教训,陆游和唐琬、梁山伯和祝英台的爱情故事等,已成为千古流传的佳话。

绍兴有一杯好酒。黄酒是世界三大古酒之一,源远流长,堪为国粹。绍兴黄酒是中国黄酒的代表,在国内外享有崇高的声誉和广泛的影响。

绍兴有一台好戏。越剧发源于绍兴,是我国第二大剧种,其影响力仅次于京剧,在中国戏曲中占有较高的地位。另外,绍剧也发源于绍兴,属著名地方戏曲之一。

绍兴有一幅好字。绍兴是书法之乡,兰亭是书法圣地,王羲之的《兰亭集序》在中国书法史上占有十分重要的地位,堪称书法一绝。

绍兴有一片好山水。"山阴道上行，如在镜中游。"绍兴有国家级和省级风景名胜区 8 个，尤以山水风光、古城风貌、人文景观为特色。近年来，打响了"江南风情看绍兴，江南古城看绍兴，江南文化看绍兴"的品牌，旅游业已成为绍兴经济的支柱产业之一。

绍兴有一个大产业。在绍兴工业经济中，轻纺产业产值和销售均占总量的一半以上，已基本形成了纺丝、织造、印染、服饰相配套的产业格局。上年规模以上轻纺企业实现产值 919 亿元，增长 21.3%；实现销售收入 906 亿元，增长 23.3%；实现利润 44.5 亿元，增长 17.4%。绍兴轻纺企业对国际市场的依赖度比较高，目前产品远销近 200 个国家和地区，上年纺织品出口交货值达 313.2 亿元。绍兴的中国轻纺城是亚洲最大的纺织品集散中心，上年成交额达 246 亿元。绍兴是名副其实的纺织大市，纺织业是绍兴最重要的支柱产业。

随着全球经济一体化步伐的加快和科学技术的突飞猛进，与其他地方一样，绍兴纺织业的发展既面临着重大机遇，也面临着严峻挑战。如何以科学发展观为指导，调整结构，提升档次，整合资源，提高效益，是企业界朋友正在考虑的重大问题，也是绍兴各级党委、政府正在考虑的重大问题。中国（绍兴）国际纺织论坛在绍兴举行，使我们有机会聆听与会的各位领导、专家和业内行家的真知灼见。相信论坛和交易会的举行，对于加强国内外纺织行业的交流和合作，对于绍兴及各地纺织企业更好地应对国际、国内市场竞争，更好地融入全球经济一体化的进程，必将起到积极的推动作用。

最后，祝中国（绍兴）国际纺织论坛暨纺织交易会取得圆满成功。恳请大家对绍兴的工作多提宝贵意见，对绍兴的发展给予更多支持。

八　时序性的推介

有时候，特别是时间不太长、氛围又相对宽松的场合，也可以用绍兴的昨天、今天、明天（过去、现在、未来）的时序方式来介绍情况。

比如，2007年11月8日第五届"百名海内外博士绍兴行"活动开幕式，我就用这种叙述方式做了简短的讲话。

绍兴是长三角中心城市之一，西接杭州、东临宁波，下辖6个县（市、区），总面积8256平方公里，常住人口435万，外来人口120多万。

绍兴的昨天，历史悠久令人自豪。7000多年前，绍兴属于河姆渡文

2007年6月23日，王永昌为绍兴网上大学城开通按下按钮

化圈的中心区域,是古於越民族的生息之地。自越王勾践在绍兴建立都城,至今已有2500年建城史,是江南两个至今城址未变的古城之一。绍兴是"黄酒之乡""越剧之乡""书法之乡",培育了一代又一代绍兴人,毛泽东同志曾赋诗称为"鉴湖越台名士乡",传说中的舜皇和大禹都在绍兴留下了许多足迹,在北京中华世纪坛40个中华名人雕塑中绍兴人占了4位,在"两院"院士中绍兴人有60位。

绍兴的今天,发展成果令人振奋。2006年,全市实现生产总值1678亿元人民币,人均GDP超过了4800美元,经济总量在全国大中城市排第32位、同类城市第11位。近年来,又先后荣获"国家环保模范城市""国家园林城市""中国品牌经济城市""中国优秀创新型城市""中国人居环境奖"等荣誉称号。

绍兴的明天,前景广阔令人向往。今后一个时期,我们将以学习贯彻党的十七大精神为动力,深入贯彻科学发展观,围绕"推进科学发展、实现全面小康"的奋斗目标,大力实施"创业富民、创新强市"战略,全面推进经济强市、文化强市、生态绍兴、和谐绍兴建设,争取在全国率先实现全面小康、率先实现基本现代化,早日建设成为长三角地区和杭甬之间拥有百万人口的现代化生态型大城市。

九 思考性的推介

在客人面前,通常以正面介绍当地的情况为主。但有些以研究、探讨为主的会议,则适合从分析、研究、思考的角度去介绍当地的发展情况。

2002 年 11 月 23 日,为期 3 天的中国内地、香港、澳门、台湾城市发展论坛在杭州举行,我应邀参加会议并做演讲。会议由中国城市科学研究会发起,来自中国内地、香港、澳门、台湾的百余位专家学者围

王永昌陪同新加坡经贸考察团在袍江新区考察

绕城市化、城市竞争力、城市文化、城市特色、城市规划、城市经营等专题展开分析、讨论。我从未来视角畅谈绍兴这座古老城市的建设和发展,重点阐述了绍兴在推进城市化进程中遇到的挑战及采取的对策措施。

我在发言中说:

绍兴是典型的江南名城、文化名城、名士之乡、名酒之乡和经济强市。近年来,随着经济社会的快速发展,绍兴城市化进程得到了大力推进,城市面貌日新月异,城市规模不断扩大,居民生活水平不断提高,一个以优势产业为依托、百万人口以上的大城市已"呼之欲出"。

但在推进城市化进程中,新情况、新问题层出不穷,各种矛盾和困难纠缠错结。我们必须正视这些困难和挑战,并采取有力措施切实加以解决。绍兴市在推进城市化进程中,主要面临着七个方面的问题和挑战,并就相应的对策措施做了积极的探索。

一是长江三角洲与绍兴城市化。绍兴大力推进城市化进程,必须加快曹娥江两岸、杭州湾沿岸的重大基础设施建设和产业布局步伐,使绍兴从"山会时代"走向"鉴湖时代""杭州湾时代",主动接轨上海,接受上海的辐射,尽快融入以上海为龙头的长江三角洲城市群中去。

二是区域绍兴与行政绍兴。随着城市化的推进,现行的行政区划有可能会不完全适应城市发展的要求。近年来,我们调整了市、县行政体制,对局部地区的乡镇布局进行了调整,大力发展经济开发区、工业园区,调动了多个积极性来共同建设绍兴大城市。

三是古城绍兴与现代绍兴。绍兴是一座有着近2500年建城史的文化古城,保护与建设的矛盾一直十分突出。我们要加强舆论宣传,提供法律保障,实行重点文物保护与成片开发并重,对8.32平方公里的老城实行整体保护,与此同时,在古城之外兴建新的城市组群,拉大城市框架。

四是城市绍兴与农村绍兴。我们既要加快郊区的城市化进程,又要对农民的失土、失业、失房、失农问题引起足够的重视。我们要对郊区"城中村"进行全面改造,通过大力发展二产、三产,增加就业机会,实行政策倾斜,妥善安排农民生计,提供社会保障,保护失土农民的根本利益。

五是产业绍兴与环境绍兴(生态绍兴)。城市化必须以产业为依托,但日益严重的工业文明与生态文明之间的矛盾也不容忽视。我们要对污染企业实行"关、停、并、转",大力治理废水、废气,积极推进能源革命,实行生态保护。

六是开发区与城市化。城市要大胆突破现有的建设模式,大力建设工业园区和生态、旅游产业园区,形成组团式城市建设格局。

七是建设绍兴与经营绍兴。城市化进程的推进需要大量的资金投入,我们必须树立经营城市的理念,努力盘活现有的土地资源,按市场化、企业化的模式推进城市基础设施建设,大力推进城市化进程。

绍兴接轨上海投资环境推介会在上海举行

十 工作汇报性的推介

工作汇报可以分多种类型。比如，有正式和非正式的，有书面和口头的，有综合和专题的，有对上级领导（机关）和其他的（兄弟市县、外地客人）等。

这里讲的工作汇报性（报告）的推介，通常指不直接对上级领导（机关）的正式工作汇报，而是指兼有报告情况与宣传介绍情况的两方面特点，通常听者与绍兴关系比较密切，但又不需要系统深入了解，而只需要对新近工作（发展）情况做一般性了解即可。比如，在接待外地的绍籍乡贤活动场合的讲话，就应从工作汇报性的角度去介绍绍兴的最新发展情况。

2008 年 1 月 13 日，我们在上海举行了 2008 年在沪绍兴籍各界人士迎新春座谈会（当时，几乎在北京、上海每年春节前都举行类似的活动），我的讲话分两部分：报告 2007 年工作进展情况和 2008 年工作打算。

各位领导，各位乡贤，同志们：

在新春佳节即将到来之际，我们在这里隆重举行 2008 年在沪绍兴籍各界人士迎新春座谈会。在此，请允许我代表中共绍兴市委、市人大、市政府、市政协和 435 万绍兴人民，向长期以来关心、支持绍兴经济社会发展的各级领导、各位乡贤和上海市各界朋友表示衷心感谢！并祝大家新年好！

过去的一年,是党的十七大胜利召开之年,也是绍兴市新一届市委班子的开局之年。一年来,全市上下在市委、市政府的正确领导下,坚持以科学发展观统领全局,深入贯彻落实党的十七大和省、市党代会精神,围绕"推进科学发展、实现全面小康"的奋斗目标,大力实施"创业富民、创新强市"战略部署,加快建设经济强市、文化强市、生态绍兴、和谐绍兴,实现了经济社会又好又快发展。

一是综合实力迈上新台阶。2007 年,全市经济总体保持平稳较快增长,呈现"高开稳走趋好"发展态势。预计 2007 年全市实现生产总值 1920 亿元人民币,增长 14.5% 左右;规模以上工业总产值 4850 亿元人民币,增长 25%;财政总收入 237 亿元人民币,增长 28.4%,其中地方财政收入 122 亿元人民币,增长 29.2%;全社会固定资产投资 840 亿元人民币,增长 10% 左右;进出口总额 190 亿美元,增长 36%,其中自营出口 135 亿美元,增长 28.5%;社会消费品零售总额 510 亿元人民币,增长 16%;实际利用外资 11 亿美元,增长 13.7%。经济总量居全国第 31 位、同类城市第 11 位,中心城市综合实力前移 8 位,跃居全国地级以上城市第 33 位,居同类城市第 13 位、全省第 3 位。

二是创新发展实现新突破。被中国城市发展研究会评为"中国优秀创新型城市"称号,位列全国地级以上城市第 8。全市已培育科技型企业 1000 多家,其中国家重点高新技术企业 148 家,占全省的 34%;省级高新技术企业 310 家,占全省的 16%,居全省前列。全市中国驰名商标数量达 87 件,中国名牌产品总数达 61 个,均排全省前列。

三是居民生活实现新改善。扎实开展"推动全民创业、促进全民就业、实现全民保障"活动,不断深化抓"七助"、解"七难"工作,城镇居民人均可支配收入可达 21400 元,农村居民人均纯收入可达 9500 元,分别增长 10% 左右。全面实施城镇居民和未成年人医疗保障制度,新型农村合作医疗参保率达 93.76%,行政村覆盖面达 100%。全市社会发展水平综合评价居全省第 4 位。

四是古城保护走出新模式。积极推进古城保护和开发利用,历史街区保护规划荣获全国优秀城市规划设计一等奖,中国黄酒博物馆、越

2003 年 9 月 1 日，王永昌在香港出席绍兴上市企业推介会

文化博物馆等场馆建成开馆，越王城、鲁迅故里二期、清水工程等重点工程顺利推进，古城保护的绍兴模式进一步得到肯定和推广。

五是城镇建设开创新局面。积极实施大城市发展战略，全面启动越州新城规划建设，加快推进中心镇建设，并启动了首批 12 个省级中心镇和 16 个市级中心镇，成功举办首届中国小城镇发展高层论坛暨中国强镇镇长峰会，为国内其他地区加大中心镇培育力度，推进中心镇建设提供了有效的实践和经验。

六是城乡统筹迈入新阶段。统筹城乡发展的"十张网"建设三年计划基本完成，嘉绍跨江通道工程可行性研究报告获得批准，杭甬运河绍兴段、曹娥江大闸、诸永高速、绍诸高速等重大基础设施建设积极推进，"千村整治、百村示范"工程顺利完成，全市城市化水平达 56%，农村全面小康实现程度达 74.6%，城乡统筹协调度超过 65%，进入整体协调发展阶段。

七是文化发展取得新成果。成功举办国家级规格的公祭大禹陵、中国纺博会等节会活动，"鲁迅文学奖"颁奖典礼永久落户绍兴。成功申办 2010 年第六届世界合唱比赛。市人民医院新院正式投入使用,档案馆等一批文化基础设施建设积极推进,市游泳健身中心投入使用。

八是生态建设取得新进展。深入开展国家生态园林城市和联合国人居奖创建活动,获得中国人居环境奖和首批"省级绿化模范城市"称号,被湿地国际组织授予湿地利用和保护"特别成就"奖。

九是和谐社会呈现新面貌。全市信访总量下降 8.3%,各类刑事案件总数下降 2.54%,发生各类事故起数、死亡人数、直接经济损失数分别下降 21.6%、5.8% 和 15.6%。2007 年,绍兴市城市和谐指数居全国第 8 位,群众安全感认可度达 98.3%,居全省第 5 位,比上年提升了 3 位。

以上这些成绩的取得,是我们在中央和省委、省政府的正确领导下,全市上下团结奋斗,创业创新的结果,也是在座各位领导、各位乡贤和上海市各界朋友大力支持、关心帮助的结果。在此,我再次向大家表示衷心感谢!

后 记

《在绍兴的那些岁月》书稿的整理、撰写和出版，得到了许多同事和朋友的热情支持。

绍兴方面的有，阮坚勇、宣传中、赵定国、傅建伟等同志帮助起草了相关章节；王水君、何俊杰、阮建新、王芬祥、单滨新、胡扬、曹本松等同志参与讨论或帮助收集了大量材料，袁云同志更是花了不少心血帮助整理了照片。

浙江省人大、省政协的施伟榴、牟剑、陈允栋、吴江、黄武以及《浙商》杂志的吴美花、潘欣怡、杨曦、赵莹等，不辞辛劳，帮助做了大量的材料汇总和分类整理工作，《浙商》杂志的原负责人朱仁华、臧铯给予了大力支持。

这里，我向诸位同事和朋友深表谢意！你们的付出和支持，也是我下决心完成《在绍兴的那些岁月》的重要动力。我常常提醒自己，不完成《在绍兴的那些岁月》的整理和出版，我会终身不安的。于是，15年来，虽然断断续续，几番变更书稿框架视角，但我始终想着念着此事，也一直在思考、整理、写作书稿。现在终于成稿并交付出版付印，算是完成了人生一件大事。

在编辑出版过程中,得到了中国社会科学出版社社长赵剑英、责任编辑喻苗,人民出版社编辑李甜甜,北京大学硕士生葛行路,杭州美通香薰集团董事长徐力,浙江越生文化传媒集团董事长寿林芬和助理任娜娜等朋友的热情支持。他(她)们为本书的编辑和出版付出了大量心血和劳动。

我由衷地谢谢各位朋友!

王永昌

2021 年 2 月 8 日

于杭州竺泉斋